Das Selbstauflösungsrecht des Sächsischen Landtages

DRESDNER SCHRIFTEN ZUM ÖFFENTLICHEN RECHT

Herausgegeben von Jochen Rozek

Band 7

PETER LANG
Frankfurt am Main · Berlin · Bern · Bruxelles · New York · Oxford · Wien

Kerstin Heinig

Das Selbstauflösungsrecht des Sächsischen Landtages

Eine verfassungsrechtliche, verfassungshistorische und verfassungsvergleichende Untersuchung mit rechtspolitischen Folgerungen für den Sächsischen Landtag und den Deutschen Bundestag

PETER LANG
Internationaler Verlag der Wissenschaften

Bibliografische Information der Deutschen Nationalbibliothek
Die Deutsche Nationalbibliothek verzeichnet diese Publikation in der Deutschen Nationalbibliografie; detaillierte bibliografische Daten sind im Internet über <http://www.d-nb.de> abrufbar.

Zugl.: Dresden, Univ., Diss., 2008

88
ISSN 1439-0132
ISBN 978-3-631-58825-3

www.peterlang.de

Meiner Mutter
in Freundschaft und
Dankbarkeit gewidmet

Vorwort

> „Das fernere Grundgesetz
> ist der Rahmen, der uns hält,
> die Sächsische Verfassung
> ist das nahe Fundament, das uns trägt."
> *(Steffen Heitmann,*
> *Sächsischer Staatsminister der Justiz a.D.,*
> *anlässlich der Zweiten Lesung des Entwurfes*
> *„Verfassung des Freistaates Sachsen"*
> *am 25. Mai 1992 im Haus der Kirche zu Dresden)*

Die vorliegende Arbeit behandelt mit dem Selbstauflösungsrecht des Sächsischen Landtages ein grundlegendes Institut des sächsischen Verfassungsrechtes. In verschiedenen politischen Konstellationen kann es erforderlich werden, die Wahlperiode vorzeitig zu beenden. Hierfür bedarf es klarer Regelungen. Von daher werden vorliegend zentral die verfassungsrechtlichen Voraussetzungen und Folgen einer parlamentarischen Selbstauflösung nach Art. 58 SächsVerf untersucht. Daneben werden aber auch deren historische Wurzeln offengelegt. Hierzu wurden nicht nur Plenardebatten und Protokolle des Verfassungs- und Rechtsausschusses des Sächsischen Landtages ausgewertet, sondern auch Zeitzeugen kritisch befragt. Des Weiteren wird insoweit ein Verfassungsvergleich angestellt, als die parlamentarischen Selbstauflösungsrechte in den anderen Bundesländern und in ausgewählten Mitgliedstaaten der EU erörtert werden. Auch wird das parlamentarische Selbstauflösungsrecht verfassungsrechtspolitisch untersucht, wobei ein Änderungsvorschlag hinsichtlich Art. 58 SächsVerf, v.a. was das Beschlussquorum angeht, unterbreitet wird. Aufgrund des föderalen Aufbaus der Bundesrepublik Deutschland und der umstrittenen Anwendung von Art. 68 GG bei der Auflösung des 15. Deutschen Bundestages im Jahre 2005 werden schließlich noch die Möglichkeiten der vorzeitigen Beendigung der Wahlperiode des Deutschen Bundestages erörtert und wird nach Ausräumung des sog. Weimar-Argumentes empfohlen, das Institut der parlamentarischen Selbstauflösung auch in das Grundgesetz aufzunehmen. Insgesamt zeigt die Arbeit auf, dass das Selbstauflösungsrecht ein wirksames Mittel ist, um parlamentarische Schwierigkeiten zu lösen und die Stabilität des politischen Systems zu erhalten.

Die Arbeit wurde im Sommersemester 2008 von der Juristischen Fakultät der Technischen Universität Dresden als Dissertation angenommen. Literatur und Gerichtsentscheidungen wurden bis zum 31. Oktober 2007 berücksichtigt.

Für die Anregung zu dieser Arbeit und ihre Betreuung möchte ich meinem Doktorvater Herrn Prof. Dr. Dieter Wyduckel herzlich danken. Herrn Prof. Dr. Jochen Rozek danke ich für die Erstellung des Zweitgutachtens sowie für die Aufnahme der Untersuchung in die Reihe „Dresdner Schriften zum Öffentlichen Recht“. Außerdem bedanke ich mich bei Herrn Dr. Ansgar Hense für die Fertigung des Drittgutachtens.

Weiterhin möchte ich Herrn Dr. Ralf Donner, Herrn Dr. Wolf-Dieter Eckardt, Herrn Steffen Heitmann, Herrn Dr. Bernd Kunzmann, Herrn Prof. Dr. Hans von Mangoldt, Herrn Marko Schiemann, Herrn Volker Schimpff und Herrn Arnold Vaatz, die maßgeblich zur Entstehung der Sächsischen Verfassung vom 27. Mai 1992 beigetragen haben, für ihre Bereitschaft zu den geführten Interviews und die Einsichtnahme bzw. Überlassung verschiedener persönlicher Unterlagen zur Verfassungsgenese danken. Hierdurch ließen sich die Diskussionen hinsichtlich der Entstehung des Art. 58 SächsVerf konkret nachvollziehen.

Danken möchte ich weiterhin den Mitarbeitern der Bibliothek des Sächsischen Landtages hinsichtlich der kompetenten und stets freundlichen Unterstützung bei der Bereitstellung zahlreichen Archivmaterials, den Mitarbeitern der Fernleihe der Sächsischen Staats- und Universitätsbibliothek Dresden für die schnelle Bearbeitung eiliger Fernleihen sowie den Mitarbeitern der Bibliotheken der Landesparlamente für die unkomplizierte Zusendung z.T. umfangreichen Materials zur Entstehung der jeweiligen Verfassung.

Schließlich möchte ich auch an dieser Stelle meinem Mann Dr.-Ing. Andreas Heinig sowie meinen Eltern Petra und Michael Uhlig sowohl für ihre engagierte und motivierende Anteilnahme als auch für den finanziellen Beistand und die technische Unterstützung während der Erstellung dieser Arbeit von Herzen danken. Ihr Zuspruch und ihr Verständnis haben mir viel Kraft gegeben.

Dresden, im August 2008 *Kerstin Heinig*

Inhaltsverzeichnis

Zweites Kapitel

Die verschiedenen Auflösungskonstellationen und die bisherige politisch-rechtliche Relevanz des Selbstauflösungsrechtes

Zweiter Teil

Entstehung und politisch-rechtliche Entwicklung des parlamentarischen Selbstauflösungsrechtes in Sachsen - Kontinuitäten und Brüche

Erstes Kapitel

Verfassungsgeschichtliche Grundlagen und Entwicklung des parlamentarischen Selbstauflösungsrechtes in Sachsen

Zweites Kapitel

Die Genese des Selbstauflösungsrechtes gem. Art. 58 SächsVerf

Dritter Teil

Das Selbstauflösungsrecht des Sächsischen Landtages in Abgrenzung zu anderen Möglichkeiten der vorzeitigen Beendigung der Wahlperiode und seine Vereinbarkeit mit dem Grundgesetz

Erstes Kapitel

Die verfassungsrechtliche Ausgestaltung des Selbstauflösungsrechtes des Sächsischen Landtages

Zweites Kapitel

Einordnung des Selbstauflösungsrechtes in die verfassungsrechtliche Systematik der anderen Möglichkeiten der Landtagsauflösung

Drittes Kapitel

Die Vereinbarkeit des Selbstauflösungsrechtes gem. Art. 58 SächsVerf mit dem Grundgesetz

Vierter Teil

Das Selbstauflösungsrecht des Sächsischen Landtages im innerdeutschen und europäischen parlamentarischen Vergleich

Erstes Kapitel

Innerdeutscher Verfassungsvergleich

Zweites Kapitel

Europäischer Verfassungsvergleich in Auswahl

Fünfter Teil

Verfassungsrechtspolitische Folgerungen und Perspektiven für das Selbstauflösungsrecht des Sächsischen Landtages und für den Deutschen Bundestag

Erstes Kapitel

Verfassungsrechtspolitische Folgerungen für Art. 58 SächsVerf

Zweites Kapitel

Verfassungsrechtspolitische Überlegungen zur Aufnahme eines Selbstauflösungsrechtes des Bundestages in das Grundgesetz

Schrifttumsverzeichnis

A. Quellen

I. Gedruckte Quellen

1. Sachsen

a. Bis 1918

aa. Landtags-Acten

Mittheilungen ueber die Verhandlungen des ordentlichen Landtags im Königreiche Sachsen waehrend des Jahres 1849, Zweite Kammer, Nr. 1-59, umfassend die Sitzungen vom 11. Januar bis zum 30. April 1849 und die Seitenzahlen 1-1270, Dresden

Decret an die Kammern vom 28. April 1849, die Auflösung der dermalen versammelten Kammern des Königreichs betreffend, Landtags-Acten vom Jahre 1849. Erste Abtheilung, die Königlichen Mittheilungen an die Kammern und die Eingaben der Letzteren an den König enthaltend, Nr. 62, Dresden, S. 463

bb. Gesetz- und Verordnungsblätter/ Gesetzsammlungen

Verfassungsurkunde des Koenigreichs Sachsen vom 4. September 1831, Gesetzsammlung für das Koenigreich Sachsen vom Jahre 1831, 1stes bis 53. Stueck, Dresden, 40. Stueck, zu Nr. 61, S. 241

Provisorisches Gesetz, die Wahlen der Landtagsabgeordneten betreffend; vom 15ten November 1848, GVBl. für das Königreich Sachsen vom Jahre 1848, 1stes bis 39stes Stück, Dresden, 29stes Stück, Nr. 84, S. 227

Gesetz, die Abänderung der §§ 85 und 120 der Verfassungsurkunde betreffend; vom 31sten März 1849, GVBl. für das Königreich Sachsen vom Jahre 1849, 1stes bis 33. Stück, Dresden, 9. Stück, Nr. 30, S. 57

Bekanntmachung, die Auflösung der dermalen versammelten Kammern des Königreichs betreffend; vom 1sten Juni 1850, GVBl. für das Königreich Sachsen vom Jahre 1850, 1stes bis 28stes Stück, Dresden, 9tes Stück, Nr. 33, S. 135

Gesetz, die provisorischen Gesetze vom 15ten November 1848 betreffend; vom 15ten August 1850, GVBl. für das Königreich Sachsen vom Jahre 1850, 1stes bis 28stes Stück, Dresden, 17tes Stück, Nr. 60, S. 199

Gesetz, einige Änderungen der Verfassungsurkunde vom 4. September 1831, sowie der Nachtragsgesetze zu derselben vom 5. Mai 1851 und 19. October 1861 betreffend; vom 3. Dezember 1868, GVBl. für das Königreich Sachsen vom Jahre 1868, Zweite Abtheilung, enthaltend 21. bis 34. Stück, Dresden, 32. Stück, Nr. 178, S. 1365

Landtagsordnung vom 12. October 1874, GVBl. für das Königreich Sachsen vom Jahre 1874, 1. bis 24. Stück, Dresden, 18. Stück, Nr. 147, S. 378

Gesetz, einige Abänderungen der Verfassungsurkunde vom 4. September 1831 betreffend; vom 12. October 1874, GVBl. für das Königreich Sachsen vom Jahre 1874, 1. bis 24. Stück, Dresden, 18. Stück, Nr. 148, S. 393

Verordnung über die Wahlen zur Volkskammer der Republik Sachsen (Landeswahlgesetz) vom 27. Dezember 1918, GVBl. für die Republik Sachsen vom Jahre 1918, 1. bis 25. Stück, Dresden, 25. Stück, Nr. 120, S. 408

cc. Sonstiges

Constitution, wie sie das saechsische Volk wuenscht, Verfassungsentwurf von Bernhard Moßdorf, Dresden 1831

b. 1919 bis 1945

aa. Verhandlungen

Verhandlungen der Sächsischen Volkskammer im Jahre 1920, Vierter Band. Nr. 85-124, umfassend die Sitzungen vom 27. Januar bis 15. Juni 1920, Dresden 1920

Verhandlungen der Sächsischen Volkskammer im Jahre 1920, Fünfter Band. Nr. 125-154, umfassend die Sitzungen vom 16. Juni bis 28. Oktober 1920, Dresden 1920

Verhandlungen des Sächsischen Landtages, 5. Wahlperiode 1930/31, Erster Band. Nr. 1-34, umfassend die Sitzungen vom 10. Juli 1930 bis 3. März 1931, Dresden 1931

Verhandlungen des Sächsischen Landtages, 5. Wahlperiode 1931/32, Dritter Band. Nr. 59-87, umfassend die Sitzungen vom 24. November 1931 bis 8. Juli 1932, Dresden 1932 bb. Gesetz- und Verordnungsblätter

Vorläufiges Grundgesetz für den Freistaat Sachsen vom 28. Februar 1919, GVBl. für den Freistaat Sachsen vom Jahre 1919, 1. bis 29. Stück, Dresden 1919, 4. Stück vom 7. März 1919, Nr. 29, S. 37

Verfassung des Freistaates Sachsen vom 1. November 1920, GVBl. für den Freistaat Sachsen 1920, 26. Stück vom 12. November 1920, Nr. 137, S. 445

cc. Volkskammer-/ Landtags-Acten

Bericht des Rechenschafts-Ausschusses, die Volkskammer-Ordnung und die Geschäftsordnung der Volkskammer betreffend. Eingegangen am 4. November 1919, Volkskammer-Akten aus dem Jahre 1919. Berichte usw. Nr. 1 bis 496, Dresden 1919, DS 396

Bericht des Rechenschaftsausschusses über 1. die Vorlage Nr. 36, den Entwurf einer Volkskammerordnung betreffend, 2. die Drucksache Nr. 396, Bericht des Rechenschafts-Ausschusses über die Volkskammerordnung und die Geschäftsordnung der Volkskammer betreffend. Eingegangen am 29. Januar 1920, Volkskammer-Akten aus dem Jahre 1920. Berichte usw. Nr. 497 bis 862, Dresden 1920, DS 519

Vorlage über den Entwurf der Verfassung für den Freistaat Sachsen vom 19. April 1920, Volkskammer-Akten aus dem Jahre 1920, Vorlagen Nr. 43 bis 67, 69 bis 101, Dresden, Vorlage 64

Antrag der Kommunistischen Landtagsfraktion auf Auflösung des Landtages vom 22. Juli 1930, Landtags-Acten aus den Jahren 1930 und 1931. Berichte usw. Nr. 1-605 (Beilage zu den Mitteilungen), Dresden, Nr. 56

Antrag der Nationalsozialistischen Landtagsfraktion auf Auflösung des Landtages vom 22. Juli 1930, Landtags-Acten aus den Jahren 1930 und 1931. Berichte usw. Nr. 1-605 (Beilage zu den Mitteilungen), Dresden, Nr. 57

Antrag der Nationalsozialistischen Landtagsfraktion auf Auflösung des Landtages vom 5. Februar 1931, Landtags-Acten aus den Jahren 1930 und 1931. Berichte usw. Nr. 1-605 (Beilage zu den Mitteilungen), Dresden, Nr. 303

Antrag der Kommunistischen Landtagsfraktion auf Auflösung des Landtages vom 30. September 1931, Landtags-Acten aus den Jahren 1931 und 1932. Berichte usw. Nr. 606-1055 (Beilage zu den Verhandlungen), Dresden, Nr. 654

Vorlage über das Volksbegehren „Landtagsauflösung" vom 13. Januar 1932, Landtags-Acten aus den Jahren 1930 bis 1933, Vorlagen Nr. 1 bis 57 (Beilage zu den Verhandlungen), Dresden, Nr. 42

Antrag zum mündlichen Berichte des Rechtsausschusses über 1. die Vorlage 42 über das Volksbegehren „Landtagsauflösung"; 2. den Antrag des Abgeordneten Renner und Genossen - Drucksache Nr. 654 - auf Auflösung des Landtags. Vom 10. Februar 1932, Landtags-Acten aus den Jahren 1931 und 1932. Berichte usw. Nr. 606-1055 (Beilage zu den Verhandlungen), Dresden, Nr. 782

Antrag der Nationalsozialistischen Landtagsfraktion auf Auflösung des Landtages vom 14. Juni 1932, Landtags-Acten aus den Jahren 1931 und 1932. Berichte usw. Nr. 606-1055 (Beilage zu den Verhandlungen), Dresden, Nr. 961

c. 1945 bis 1952

aa. Drucksachen des Landtages (1. Wahlperiode)

DS G, o.D., Antrag des Abgeordneten Prof. D. Hickmann und der übrigen Mitglieder der CDU-Fraktion, in: Anfragen, Gesetzesvorlagen und Anträge 1946-48

DS M vom 1. Dezember 1946, Antrag des Abgeordneten Koenen und der übrigen Mitglieder der SED-Fraktion, in: Anfragen, Gesetzesvorlagen und Anträge 1946-48

DS 70 vom 5. Februar 1947, Antrag des Verfassungsausschusses zu den Anträgen Drucksachen M und G auf Erlaß einer Verfassung des Landes Sachsen, in: Anfragen, Gesetzesvorlagen und Anträge 1946-48

DS 145 vom 15. März 1947, Antrag des Geschäftsordnungsausschusses auf eine Geschäftsordnung für den Sächsischen Landtag, in: Anfragen, Gesetzesvorlagen und Anträge 1946-1948

bb. Plenarprotokolle des Landtages

Akten und Verhandlungen des Sächsischen Landtages 1946-1952, Sitzungsprotokolle 1. Wahlperiode, Band I.1. Beratende Versammlung des Landes Sachsen, Vollsitzungen des Sächsischen Landtages (1. bis 38. Plenarsitzung, vom 22. November 1946 bis 27. Februar 1948)

Akten und Verhandlungen des Sächsischen Landtages 1946-1952, Sitzungsprotokolle 2. Wahlperiode, Band IV. Vollsitzungen des Sächsischen Landtages (1. bis 28. Plenarsitzung, Protokolle vom 3. November 1950 bis 25. Juli 1952)

cc. Gesetz- und Verordnungsblätter

Verfassung des Landes Sachsen vom 28. Februar 1947, GVBl. Land Sachsen, Band 2, 1947-1948, S. 103

dd. Sonstiges

Gesetz über die weitere Demokratisierung des Aufbaus und der Arbeitsweise der staatlichen Organe im Lande Sachsen vom 25. Juli 1952, Akten und Verhandlungen des Sächsischen Landtages 1946-1952, Anfragen, Gesetzesvorlagen und Anträge. Beschlüsse des Plenums. 2. Wahlperiode. Landtagsdrucksachen Nr. 1-155 und Beschlüsse Nr. 1-111, Beschluss Nr. 111, S. 175

d. 1990 bis 2005

aa. Drucksachen des Landtages

DS 1/ 1 vom 27. Oktober 1990, Gesetzentwurf der Fraktionen der CDU und der F.D.P. Gesetz zur Herstellung der Arbeitsfähigkeit des Sächsischen Landtages und der Sächsischen Staatsregierung (Vorschaltgesetz)

DS 1/ 9 vom 27. Oktober 1990, Antrag der CDU-Fraktion „Freistaat Sachsen“

DS 1/ 25 vom 8. November 1990, Verfassung des Freistaates Sachsen. Gohrischer Entwurf (CDU, F.D.P.) - überarbeitete Fassung

DS 1/ 26 vom 9. November 1990, Gesetzentwurf der Fraktion Linke Liste/ PDS

DS 1/ 29 vom 12. November 1990, Gesetzentwurf der Fraktion Bündnis 90/ Grüne

DS 1/ 31 vom 12. November 1990, Antrag der SPD-Fraktion. Gesetz zur Ausarbeitung und Annahme der Sächsischen Verfassung

DS 1/ 981 vom 4. November 1991, Gesetzentwurf der SPD-Fraktion. Gesetz zur Ergänzung des Vorschaltgesetzes (Vorschaltergänzungsgesetz)

DS 1/ 1775 vom 30. April 1992, Dringlicher Antrag der Fraktionen der CDU, der SPD, F.D.P. und Bündnis 90/ Grüne. Thema: 2. Lesung der Verfassung für den Freistaat Sachsen

DS 1/ 1800 vom 18. Mai 1992, Beschlußempfehlung und Bericht des Verfassungs- und Rechtsausschusses des Landtages

DS 1/ 1872 vom 4. Mai 1992, Änderungsantrag der F.D.P.-Fraktion - Die Liberalen zur DS 1/ 1800

DS 1/ 1891-1914, 1916-1918, 1921 vom 12. Mai 1992, Änderungsanträge der Fraktion Linke Liste/ PDS zur DS 1/ 1800

bb. Stenografische Berichte Sächsischer Landtag (1. Wahlperiode)

- *1. Sitzung,* vom 27. Oktober 1990
- *3. Sitzung,* vom 15. November 1990
- *32. Sitzung,* vom 22. November 1991
- *46. Sitzung,* vom 25./ 26. Mai 1992
- *50. Sitzung,* vom 10. Juli 1992

cc. Gesetz- und Verordnungsblätter

Gesetz zur Herstellung der Arbeitsfähigkeit des Sächsischen Landtages und der Sächsischen Landesregierung (Vorschaltgesetz) vom 27. Oktober 1990, SächsGVBl. Nr. 1 vom 23. November 1990, S. 1

Verfassung des Freistaates Sachsen vom 27. Mai 1992, SächsGVBl. Nr. 20 vom 5. Juni 1992, S. 243

Gesetz über den Verfassungsgerichtshof des Freistaates Sachsen (Sächsisches Verfassungsgerichtshofgesetz - SächsVerfGHG) vom 18. Februar 1993, SächsGVBl. Nr. 11 vom 4. März 1993, S. 177 i.d.F. des Änderungsgesetzes vom 27. September 1995, SächsGVBl. Nr. 25 vom 2. Oktober 1995, S. 321

Gesetz über die Wahlen zum Sächsischen Landtag (SächsWahlG) vom 5. August 1993, SächsGVBl. Nr. 36 vom 7. September 1993, S. 723 i.d.F. des dritten Gesetzes zur Änderung des Gesetzes über die Wahlen zum Sächsischen Landtag vom 15. August 2003, GVBl. Nr. 12 vom 8. September 2003, S. 319

dd. Sonstiges

Verfassung des Landes Sachsen. Textentwurf - Version vom 13. März 1990, Gruppe der 20, private Aktensammlung Hans von Mangoldt

Sächsische Verfassung, Leipziger CDU-Entwurf, Diskussionsstand Schimpff, Georgi, Goliasch vom 24. Juni 1990, private Aktensammlung Volker Schimpff

Verfassung des Freistaates Sachsen, 4. Band, Teil II. Gutachten und Anhörung zum Verfassungsentwurf, einzusehen im Archiv des Sächsischen Landtages

Die neue Verfassung für das Land Sachsen, Entwurf sächsischer Hochschullehrer. Mit Vorbemerkung von Thomas Mayer und Ausschnitten aus einem Referat des Mitverfassers Ekkehard Lieberam, Oktober 1990

Entwurf. Geschäftsordnung des Sächsischen Landtages vom 23. Oktober 1990, abgedruckt in: Sächsischer Landtag (Hrsg.), Volkshandbuch, 1. Wahlperiode, 1. Aufl., Rheinbreitbach 1991, S. 106

Pressemitteilung des Vorsitzenden der PDS-Landtagsfraktion Sachsen Peter Porsch 001/ 2002 vom 03.01.2002, „Landtag muss fraktionsübergreifend Biedenkopf-Krise lösen, denn das Parlament hat den Ministerpräsidenten gewählt“

Geschäftsordnung des Landtages des Freistaates Sachsen (GO) 4. Wahlperiode vom 19. Oktober 2004, SächsABl. 2004, S. 1226

2. Andere Bundesländer

a. Baden-Württemberg

aa. Drucksachen des Landtages

DS 11/ 3839 vom 19. April 1994, Gesetzentwurf der Fraktion der FDP/ DVP [Verlängerung der Wahlperiode]

DS 11/ 3968 vom 5. Mai 1994, Gesetzentwurf der Fraktion Grüne. Gesetz zur Änderung der Verfassung des Landes Baden-Württemberg

DS 11/ 5326 vom 27. Januar 1995, Gesetzentwurf der Fraktion der CDU und der Fraktion der SPD. Gesetz zur Änderung der Verfassung des Landes Baden-Württemberg

DS 11/ 5402 vom 7. Februar 1995, Beschlußempfehlung und Bericht des Ständigen Ausschusses zu
a) dem Gesetzentwurf der Fraktion der CDU und der Fraktion der SPD - Drucksache 11/ 5326,
b) den beiden Gesetzentwürfen der Fraktion der FDP/ DVP - Drucksachen 11/ 3839, 11/ 4583 und 11/ 4584,
c) den Gesetzentwürfen der Fraktion Die Republikaner - Drucksachen 11/ 4828, 11/ 4829, 11/ 4830, 11/ 4831, 11/ 4832, 11/ 4833, 11/ 4834, 11/ 4835, 11/ 4836 und 11/ 4837

bb. Plenarprotokolle des Landtages

- *11. Wahlperiode,* 48. Sitzung vom 16. Juni 1994; 56. Sitzung vom 1. Februar 1995; 61. Sitzung vom 15. Februar 1995

- *14. Wahlperiode,* 1. Sitzung vom 13. Juni 2006

cc. Gesetzblätter

Gesetz über die vorläufige Ausübung der Staatsgewalt im südwestdeutschen Bundesland - Überleitungsgesetz vom 15.05.1952, GBl. für Baden-Württemberg Nr. 2 vom 17.05.1952, S. 3

Verfassung des Landes Baden-Württemberg vom 11. November 1953, GBl. für Baden-Württemberg Nr. 29 vom 19. November 1953, S. 173 i.d.F. vom 12. Februar 1991, GBl. für Baden-Württemberg Nr. 4 vom 18.02.1991, S. 81

Geschäftsordnung des Landtags von Baden-Württemberg in der Fassung vom 1. Juni 1989, GBl. für Baden-Württemberg Nr. 12 vom 8. Juli 1989, S. 250, zuletzt geändert durch Beschluss vom 19. Juni 2002, GBl. für Baden-Württemberg Nr. 8 vom 29. Juli 2002, S. 269

Gesetz zur Änderung der Verfassung des Landes Baden-Württemberg vom 15. Februar 1995, GBl. für Baden-Württemberg Nr. 9 vom 10. März 1995, S. 269

dd. Sonstiges

Verfassung für Württemberg-Baden vom 28. November 1946, zu finden im Internet unter www.verfassungen.de → Verfassungen Deutschlands → Verfassungen in Baden-Württemberg → Württemberg-Baden → Verfassung vom 30. November 1946

Verfassung des Landes Baden vom 18. Mai 1947, zu finden im Internet unter www.verfassungen.de → Verfassungen Deutschlands → Verfassungen in Baden-Württemberg → Baden → Verfassung vom 28. Mai 1947

Verfassung für Württemberg-Hohenzollern vom 18. Mai 1947, zu finden im Internet unter www.verfassungen.de → Verfassungen Deutschlands → Verfassungen in Baden-Württemberg → Württemberg-Hohenzollern → Verfassung vom 31. Mai 1947

b. Bayern

aa. Stenografische Berichte

Stenographische Berichte über die Verhandlungen des Verfassungs-Ausschusses der Bayerischen Verfassungsgebenden Landesversammlung, Band 1, 1.-12. Sitzung (16. Juli 1946 - 5. August 1946)

bb. Gesetz- und Verordnungsblätter

Verfassung des Freistaates Bayern vom 2. Dezember 1946, BayGVBl. Nr. 23 vom 8. Dezember 1946, S. 333

Bekanntmachung der Neufassung der Verfassung des Freistaates Bayern vom 15. Dezember 1998, BayGVBl. Nr. 26 vom 23. Dezember 1998, S. 991

Gesetz über Landtagswahl, Volksbegehren und Volksentscheid (Landeswahlgesetz - LWG) in der Fassung der Bekanntmachung vom 5. Juli 2002, BayGVBl. Nr. 16 vom 15. Juli 2002, S. 278 i.d.F. des Gesetzes zur Änderung des Landeswahlgesetzes und des Bezirkswahlgesetzes vom 26. Juli 2006, BayGVBl. Nr. 14 vom 31. Juli 2006, S. 367

Geschäftsordnung für den Bayerischen Landtag vom 9. Juli 2003, BayGVBl. Nr. 20 vom 22. September 2003, S. 676 i.d.F. der Änderung der Geschäftsordnung für den Bayerischen Landtag vom 17. März 2004, BayGVBl. Nr. 9 vom 15. Mai 2004, S. 168

Gesetz zur Änderung der Verfassung des Freistaates Bayern - Gesetz zur Weiterentwicklung der Wahlgrundsätze, der Grundrechte und der Bestimmungen über das Gemeinschaftsleben vom 10. November 2003, BayGVBl. Nr. 26 vom 14. November 2003, S. 817

c. Berlin

aa. Drucksachen des Abgeordnetenhauses

DS 12/331 vom 23. Mai 1991, Antrag der Fraktion der SPD und der Fraktion der CDU über die Einsetzung einer Enquete-Kommission Verfassungs- und Parlamentsreform

DS 12/ 654 vom 19. September 1991, Beschlußempfehlung des Rechtsausschusses vom 19. September 1991 zum Antrag der Fraktion der SPD und der Fraktion der CDU über die Einsetzung einer Enquete-Kommission Verfassungs- und Parlamentsreform - Drs 12/ 331 -

DS 12/ 4376 vom 18. Mai 1994, 2. Bericht (Schlußbericht) der Enquete-Kommission „Verfassungs- und Parlamentsreform"

bb. Plenarprotokolle des Abgeordnetenhauses

- *12. Wahlperiode,* 14. Sitzung vom 26. September 1991
- *15. Wahlperiode,* 3. Sitzung vom 17. Januar 2002
- *16. Wahlperiode,* 3. Sitzung vom 23. November 2006

cc. Gesetz- und Verordnungsblätter

Verfassung von Berlin vom 1. September 1950, Verordnungsblatt für Groß-Berlin Nr. 61 vom 29. September 1950, S. 433

Gesetz zur Änderung der Verfassung vom 22. November 1974, GVBl. Nr. 30 vom 2. Dezember 1974, S. 2741

Zwanzigstes Gesetz zur Änderung der Verfassung von Berlin vom 26. Februar 1981, GVBl. für Berlin Nr. 14 vom 3. März 1981, S. 346

Zweiundzwanzigstes Gesetz zur Änderung der Verfassung von Berlin vom 3. September 1990, GVBl. für Berlin Nr. 59 vom 6. September 1990, S. 1877

Verfassung von Berlin vom 23. November 1995, GVBl. für Berlin Nr. 69 vom 28. November 1995, S. 779 i.d.F. des Neunten Gesetzes zur Änderung der Verfassung von Berlin vom 6. Juli 2006, GVBl. für Berlin Nr. 26 vom 14. Juli 2006, S. 710

Zweites Gesetz zur Änderung der Verfassung von Berlin vom 3. April 1998, GVBl. für Berlin Nr. 11 vom 15. April 1998, S. 82

Achtes Gesetz zur Änderung der Verfassung von Berlin vom 25. Mai 2006, GVBl. für Berlin Nr. 19 vom 3. Juni 2006, S. 446

Bekanntmachung der Geschäftsordnung des Abgeordnetenhauses von Berlin vom 3. November 2006, GVBl. für Berlin Nr. 39 vom 21. November 2006, S. 1053

d. Brandenburg

aa. Drucksachen des Landtages

DS 1/2882 vom 25. März 1994, Antrag von sechs Abgeordneten auf Selbstauflösung des Landtages gemäß Art. 62 Abs. 2 der Landesverfassung

DS 1/2883 vom 25. März 1994, Antrag von vier Abgeordneten auf Selbstauflösung des Landtages gemäß Art. 62 Abs. 2 der Landesverfassung

DS 1/2884 vom 25. März 1994, Antrag von dreizehn Abgeordneten auf Selbstauflösung des Landtages gemäß Art. 62 Abs. 2 der Landesverfassung

DS 3/4536 vom 25. Juni 2002, Antrag der Fraktion der PDS. Entscheidung über die Selbstauflösung des Landtages Brandenburg

bb. Plenarprotokolle des Landtages

- *1. Wahlperiode,* 91. Sitzung vom 13. April 1994
- *3. Wahlperiode,* 58. Sitzung vom 26. Juni 2002

cc. Gesetz- und Verordnungsblätter

Gesetz über die vorläufige Sicherung der Arbeitsfähigkeit des Landtages und der Regierung des Landes Brandenburg vom 1. November 1990, GVBl. für das Land Brandenburg Nr. 1 vom 26. November 1990, S. 2

Verfassung des Landes Brandenburg. Entwurf vom 31. Mai 1991, GVBl. für das Land Brandenburg Nr. 9 vom 7. Juni 1991, S. 96

Verfassung des Landes Brandenburg vom 20. August 1992, GVBl. für das Land Brandenburg Teil I, Nr. 18 vom 20. August 1992, S. 298 i.d.F. des Gesetzes zur Änderung der Verfassung des Landes Brandenburg vom 16. Juni 2004, GVBl. für das Land Brandenburg Teil 1, Nr. 11 vom 17. Juni 2004, S. 254

Geschäftsordnung des Landtages Brandenburg vom 31. Januar 2005, GVBl. für das Land Brandenburg Teil 1, Nr. 2 vom 31. Januar 2005, S. 6, zuletzt geändert durch Artikel 3 des Siebenten Gesetzes zur Änderung des Abgeordnetengesetzes und anderer Rechtsvorschriften vom 29. Mai 2006, GVBl. für das Land Brandenburg Teil I, Nr. 6 vom 1. Juni 2006, S. 66, 70 dd. Sonstiges

Entwurf einer Verfassung für das Land Brandenburg, erstellt von der Arbeitsgruppe Landesverfassung vom April 1990, abgedruckt in: JöR 39 [1990], S. 387 ff.

Zweiter überarbeiteter Entwurf der Verfassung für das Land Brandenburg, vorgelegt von den Regierungsbevollmächtigten der Bezirke Cottbus, Frankfurt (Oder) und Potsdam im September 1990, abgedruckt in: JöR 40 [1991/ 92], S. 366 ff.

Verfassung des Landes Brandenburg - Entwurf der Fraktion der SPD, der CDU, der PDS-LL, der F.D.P., des Bündnis 90 vom 13. Dezember 1991, Drucksache 1/ 265, abgedruckt in: JöR 41 [1993], S. 111 ff.

e. Bremen

aa. Drucksachen der Bürgerschaft

DS 13/ 23 vom 6. Dezember 1991, Antrag der Fraktionen der CDU, SPD, DIE GRÜNEN und der FDP. Nichtständiger Ausschuß Reform der Landesverfassung

DS 13/ 592 vom 21. Juni 1993, Bericht und Antrag des nichtständigen Ausschusses „Reform der Landesverfassung"

DS 13/ 608 vom 2. August 1993, Antrag der CDU-Fraktion: Gesetz zur Änderung der Landesverfassung der Freien Hansestadt Bremen

DS 13/ 897 vom 3. Mai 1994, Bericht und Antrag des nichtständigen Ausschusses „Artikel 125 LV - Reform der Landesverfassung"

bb. Plenarprotokolle der Bürgerschaft (13. Wahlperiode)

- *36. Sitzung,* vom 19. August 1993
- *56. Sitzung,* vom 19. Mai 1994
- *58. Sitzung,* vom 30. Juni 1994

cc. Gesetzblätter

Landesverfassung der Freien Hansestadt Bremen. Vom 21. Oktober 1947, GBl. der Freien Hansestadt Bremen Nr. 47 vom 21. Oktober 1947, S. 251

Gesetz zur Änderung der Landesverfassung der Freien Hansestadt Bremen. Vom 8. September 1970, GBl. der Freien Hansestadt Bremen Nr. 29 vom 21. September 1970, S. 93

Gesetz zur Änderung der Landesverfassung der Freien Hansestadt Bremen. Vom 1. November 1994, GBl. der Freien Hansestadt Bremen Nr. 44 vom 7. November 1994, S. 289

Gesetz zur Änderung der Landesverfassung der Freien Hansestadt Bremen. Vom 16. Mai 2006, GBl. der Freien Hansestadt Bremen 2006 Nr. 33 vom 29. Mai 2006, S. 271

dd. Sonstiges

Bekanntmachung des endgültigen Abstimmungsergebnisses des Volksentscheides über die Änderung der Landesverfassung der Freien Hansestadt Bremen am 16. Oktober 1994, Amtsblatt der Freien Hansestadt Bremen Nr. 78 vom 2. November 1994, S. 501

Geschäftsordnung der Bremischen Bürgerschaft in der Fassung des Übernahmebeschlusses vom 7. Juli 1999 und den Änderungen vom 7. Juli 1999, abgedruckt in: Bremische Bürgerschaft (Hrsg.), 15. Wahlperiode, Volkshandbuch, Rheinbreitbach 2001, S. 118 ff.; in der 16. WP übernommen, Bremische Bürgerschaft, 1. Sitzung (3. Juli 2003), S. 9

f. Hamburg

aa. Drucksachen der Bürgerschaft

DS 14/ 4410 vom 24. Juni 1993, Antrag, betr. Auflösung der Bürgerschaft

bb. Plenarprotokolle der Bürgerschaft (14. Wahlperiode)

- *57. Sitzung,* vom 22. Juli 1993

cc. Gesetz- und Verordnungsblätter

Verfassung der Freien und Hansestadt Hamburg vom 6. Juni 1952, GBl. der Freien und Hansestadt Hamburg Nr. 29 vom 12. Juni 1952, S. 117 i.d.F. des Zehnten Gesetzes zur Änderung der Verfassung der Freien und Hansestadt Hamburg vom 16. Oktober 2006, Hamburgisches GVBl. Teil I, Nr. 43 vom 24. Oktober 2006, S. 517

Sechstes Gesetz zur Änderung der Verfassung der Freien und Hansestadt Hamburg vom 20. Juni 1996, Hamburgisches GVBl. Teil I, Nr. 24 vom 25. Juni 1996, S. 129

dd. Sonstiges

Geschäftsordnung der Hamburgischen Bürgerschaft vom 17. März 2004, zuletzt geändert am 6. Juni 2007, zu finden im Internet unter www.hamburgische-buergerschaft.de → Aufgaben und Stellung → Geschäftsordnung

g. Hessen

aa. Plenarprotokoll des Landtages (15. Wahlperiode)

- *26. Sitzung,* vom 25. Januar 2000

bb. Gesetz- und Verordnungsblätter

Verfassung des Landes Hessen. Vom 1. Dezember 1946, GVBl. für das Land Hessen Nr. 34 vom 18. Dezember 1946, S. 229 i.d.F. des Gesetzes zur Ergänzung der Verfassung des Landes Hessen (Aufnahme des Konnexitätsprinzips) vom 18. Oktober 2002, GVBl. Nr. 26 vom 24. Oktober 2002, S. 628

Geschäftsordnung des Hessischen Landtages. Vom 16. Dezember 1993, GVBl. für das Land Hessen, Teil I, Nr. 31 vom 22. Dezember 1993, S. 628 i.d.F. vom 16. Juni 2004, GVBl. für das Land Hessen, Teil I, Nr.12 vom 29. Juni 2004, S. 223

cc. Sonstiges

Stenographische Protokolle über die Verhandlungen des Verfassungsausschusses der Verfassungsberatenden Landesversammlung Groß-Hessen, Vergleichende Gegenüberstellung

h. Mecklenburg-Vorpommern

aa. Drucksachen des Landtages

DS 1/2000 vom 30. April 1992, Zwischenbericht der Kommission für die Erarbeitung einer Landesverfassung (Verfassungskommission)

DS 1/3100 vom 7. Mai 1993, Verfassungsentwurf und Abschlussbericht der Verfassungskommission

bb. Gesetz- und Verordnungsblätter

Vorläufiges Statut für das Land Mecklenburg-Vorpommern vom 26. Oktober 1990, GVBl. für Mecklenburg-Vorpommern, Nr. 1 vom 26. Oktober 1990, S. 2

Gesetz über die Verabschiedung und das Inkrafttreten der Verfassung von Mecklenburg-Vorpommern vom 23. Mai 1993, GVBl. für Mecklenburg-Vorpommern Nr. 10 vom 23. Mai 1993, S. 371

Verfassung des Landes Mecklenburg-Vorpommern vom 23. Mai 1993, GVBl. für Mecklenburg-Vorpommern Nr. 10 vom 23. Mai 1993, S. 372 ff. i.d.F. des Zweiten Gesetzes zur Änderung der Verfassung des Landes Mecklenburg-Vorpommern vom 14. Juli 2006, GVBl. Nr. 13 vom 28. Juli 2006, S. 572

Geschäftsordnung des Landtages Mecklenburg-Vorpommern (5. Wahlperiode). Vom 16. Oktober 2006, GVBl. für Mecklenburg-Vorpommern Nr. 19 vom 8. November 2006, S. 783

cc. Sonstiges

Verfassungsentwurf für das Land Mecklenburg-Vorpommern vom Juli 1990, erarbeitet im Auftrag der Bezirksverwaltungsbehörden Schwerin, Rostock, Neubrandenburg, abgedruckt in: JöR 39 [1990], S. 399 ff.

Entwurf. Verfassung für das Land Mecklenburg-Vorpommern vom Oktober 1990, erarbeitet im Auftrag der Bezirksverwaltungsbehörden Schwerin, Rostock, Neubrandenburg, Mecklenburg und Vorpommern, abgedruckt in: JöR 40 [1991/92], S. 399 ff.

Entwurf für eine Verfassung des Freistaates Mecklenburg-Vorpommern vom 5. Juni 1991. Entwurf der Minister für Justiz, Bundes- und Europaangelegenheiten der Länder Mecklenburg-Vorpommern, Landtag Mecklenburg-Vorpommern, Verfassungskommission, Kommissionsdrucksache Nr. 16 vom 5. Juni 1991, abgedruckt in: JöR 41 [1993], S. 130 ff.

i. Niedersachsen

aa. Drucksachen und Vorlagen des Verfassungsausschusses des Landtages

1. WP, Landtagsdrucksache Nr. 476 vom 9. Dezember 1947, Fraktion der DP. Entwurf eines Niedersächsischen Staatsgrundgesetzes

1. WP, Vorlage Nr. 13 vom 7. Februar 1950, Gegenüberstellung der Regierungsvorlage Nr. 2073 mit dem Beratungsergebnis der ersten Lesung

1. WP, Landtagsdrucksache Nr. 2073 vom 26. Mai 1950, Regierungsvorlage. Vorläufige Niedersächsische Verfassung

1. WP, Vorlage Nr. 15 vom 9. Januar 1951, Anregungen der SPD-Fraktion zur zweiten Lesung der Vorläufigen Niedersächsischen Verfassung (Regierungsvorlage Nr. 2073) im Verfassungsausschuß

1. WP, Vorlage Nr. 24 vom 8. Februar 1951, Beratungsvorlage für den Verfassungsausschuß des Niedersächsischen Landtages

DS 6/ 1175 vom 21. Februar 1970, Antrag des Abg. Kasimier (SPD) und Genossen. Auflösung des Niedersächsischen Landtages

DS 6/ 1236 vom 1. April 1970, Antrag des Abg. Brandes (CDU) und Genossen. Auflösung des Niedersächsischen Landtages

DS 6/ 1238 vom 1. April 1970, Antrag des Abg. Kasimier (SPD) und Genossen. Auflösung des Niedersächsischen Landtages

DS 11/ 3132 vom 27. Oktober 1988, Antrag des Abg. Schröder (SPD) und Genossen. Auflösung des Niedersächsischen Landtages

DS 11/ 3215 vom 21. November 1988, Antrag der Abg. Bruns, Glogowski, Pistorius, Wernstedt (SPD) und Genossen. Mißtrauensantrag gegen Ministerpräsident Dr. Albrecht

bb. Stenografische Berichte

Niedersächsischer Landtag (1. WP), 103. Sitzung vom 6. September 1950; 125. Sitzung vom 3. April 1951

Niedersächsischer Landtag (6. WP), 71. Sitzung vom 4. März 1970, 73. Sitzung vom 18. März 1970, 75. Sitzung vom 8. April 1970

Niedersächsischer Landtag (11. WP), 64. Sitzung vom 9. November 1988, 67. Sitzung vom 21. November 1988, 68. Sitzung vom 24.11.1988, 72. Sitzung vom 19. Dezember 1988

Verfassungsausschuss (1. WP), 4. Sitzung vom 22. September 1950, 17. Sitzung vom 12. Januar 1951, 18. Sitzung vom 18. Januar 1951, 20. Sitzung vom 31. Januar 1951, 21. Sitzung vom 1. Februar 1951, 22. Sitzung vom 9. Februar 1951

cc. Gesetz- und Verordnungsblätter

Gesetz zur vorläufigen Ordnung der Niedersächsischen Landesgewalt vom 11. Februar 1947, NdsGVBl. Nr. 1 vom 26. Februar 1947, S. 1

Vorläufige Niedersächsische Verfassung vom 13. April 1951, NdsGVBl. Nr. 16 vom 13. April 1951, S. 103

Achtes Gesetz zur Änderung der Vorläufigen Niedersächsischen Verfassung vom 20. April 1970, NdsGVBl. Nr. 13 vom 20. April 1970, S. 125

Niedersächsische Verfassung. Vom 19. Mai 1993, NdsGVBl. Nr. 17 vom 26. Mai 1993, S. 107 i.d.F. des Gesetzes zur Änderung der Verfassung und des Gesetzes über den Staatsgerichtshof vom 27. Januar 2006, NdsGVBl. Nr. 5 vom 23. Februar 2006, S. 58

Bekanntmachung der Geschäftsordnung des Niedersächsischen Landtages vom 4. März 2003, NdsGVBl. Nr. 9 vom 27. März 2003, S. 135 i.d.F. der Bekanntmachung einer Änderung der Geschäftsordnung des Niedersächsischen Landtages vom 21. September 2006, NdsGVBl. Nr. 23 vom 21. September 2006, S. 442

j. Nordrhein-Westfalen

aa. Drucksachen des Landtages (1. Wahlperiode)

Landtagsdrucksache II-144 vom 14. Oktober 1947. Verfassungsentwurf der KPD-Landtagsfraktion

Landtagsdrucksache II-166 vom 15. November 1947. Entwurf einer Verfassung für das Land Nordrhein-Westfalen

Landtagsdrucksache II-1359 vom 29. November 1949. Regierungsvorlage. Entwurf eines Grundgesetzes für das Land Nordrhein-Westfalen bb. Protokolle des Landtages

Plenum, 1. Wahlperiode: 117. Sitzung vom 14. Dezember 1949, 129. Sitzung vom 3. Mai 1950, 137. Sitzung vom 3. Juni 1950, 139. Sitzung vom 6. Juni 1950

Verfassungsausschuss, 1. Wahlperiode: 31. Sitzung vom 03.01.1950

cc. Gesetz- und Verordnungsblätter

Verfassung für das Land Nordrhein-Westfalen, GVBl. für das Land Nordrhein-Westfalen, Ausgabe A, Nr. 28 vom 10. Juli 1950, S. 127 i.d.F. des Gesetzes zur Änderung der Verfassung und zur Regelung eines Kostenfolgeabschätzungs- und eines Beteiligungsverfahrens gemäß Art. 78 Abs. 3 der Verfassung für das Land Nordrhein-Westfalen vom 22. Juni 2004, GVBl. für das Land Nordrhein-Westfalen Nr. 23 vom 9. Juli 2004, S. 360

dd. Sonstiges

Geschäftsordnung des Landtags Nordrhein-Westfalen für die 14. WP gemäß Beschluss des Landtags vom 8. Juni 2005 (Stand: 15. März 2006), zu finden im Internet unter www.landtag.nrw.de → Dokumente → Parlamentarische Rechtsgrundlagen → Geschäftsordnung des Landtags

k. Rheinland-Pfalz

aa. Drucksachen der Beratenden Landesversammlung

DS Nr. 11, ausgegeben am 9. April 1947, Entwurf einer Verfassung für Rheinland-Pfalz nach dem Stand am Schluß der 1. Lesung des Verfassungsausschusses der Beratenden Landesversammlung

DS Nr. 12, ausgegeben am 22. April 1947, Entwurf einer Verfassung für Rheinland-Pfalz nach dem Stand am Schluß der 2. Lesung des Verfassungsausschusses der Beratenden Landesversammlung

DS Nr. 16, Protokoll über die 8. Sitzung der Beratenden Landesversammlung vom 23. bis 25. April 1947

bb. Plenarprotokolle des Landtages

- *14. Wahlperiode,* 1. Sitzung vom 18. Mai 2001
- *15. Wahlperiode,* 1. Sitzung vom 18. Mai 2006

cc. Gesetz- und Verordnungsblätter

Verfassung für Rheinland-Pfalz vom 18. Mai 1947, VOBl. der Landesregierung Rheinland-Pfalz Nr. 14 vom 24. Mai 1947, S. 209 i.d.F. des fünfunddreißigsten Landesgesetzes zur Änderung der Verfassung vom 16. Dezember 2005, GVBl. für das Land Rheinland-Pfalz Nr. 25 vom 22. Dezember 2005, S. 495

Geschäftsordnung des Landtags Rheinland-Pfalz vom 10. November 2006, GV-Bl. für das Land Rheinland-Pfalz Nr. 19 vom 8. Dezember 2006, S. 368

l. Saarland

Verfassung des Saarlandes vom 15. Dezember 1947, ABl. des Saarlandes Nr. 67 vom 17. Dezember 1947, S. 1077 i.d.F. des Gesetzes Nr. 1622 zur Änderung der Verfassung des Saarlandes vom 4. Juli 2007, ABl. des Saarlandes Nr. 37 vom 13. September 2007, S. 1798

Geschäftsordnung des Saarländischen Landtages vom 20. Juni 1973, ABl. des Saarlandes Nr. 29 vom 31. Juli 1973, S. 529 i.d.F. der Bekanntmachung betreffend Änderung der Geschäftsordnung des Saarländischen Landtages vom 6. Oktober 2004, ABl. des Saarlandes Nr. 47 vom 21. Oktober 2004, S. 2188

Gesetz Nr. 970 über den Landtag des Saarlandes vom 20. Juni 1973, ABl. des Saarlandes Nr. 29 vom 31. Juli 1973, S. 517 i.d.F. des Gesetzes Nr. 1559 zur Änderung des Gesetzes über den Landtag des Saarlandes vom 6. Oktober 2004, ABl. des Saarlandes Nr. 52 vom 25. November 2004, S. 2310

Gesetz Nr. 1102 zur Änderung der Verfassung des Saarlandes vom 4. Juli 1979, ABl. des Saarlandes Nr. 28 vom 27. Juli 1979, S. 650

m. Sachsen-Anhalt

aa. Drucksachen des Landtages

DS 1/ 78 vom 9. Januar 1991, Verfassung Sachsen-Anhalt. Entwurf der Fraktion Bündnis 90/ Grüne, auch abgedruckt in: JöR 41 [1993], S. 205 ff.

DS 1/253 vom 27. Februar 1991, Verfassung des Landes Sachsen-Anhalt. Gemeinsamer Entwurf der Koalitionsfraktionen der CDU und der F.D.P. im Landtag von Sachsen-Anhalt, auch abgedruckt in: JöR 41 [1993], S. 219 ff.

DS 1/260 vom 12. März 1991, Verfassung für das Land Sachsen-Anhalt. Verfassungsentwurf der SPD-Fraktion vom 26. Februar 1991, auch abgedruckt in: JöR 41 [1993], S. 228 ff.

DS 5/1/1 B vom 24. April 2006, Geschäftsordnung des Landtages von Sachsen-Anhalt (fünfte Wahlperiode) vom 24. April 2006 i.d.F. der DS 5/1/11 B vom 24. April 2006

bb. Gesetz- und Verordnungsblätter

Gesetz über die vorläufige Ordnung der Regierungsgewalt in Sachsen-Anhalt vom 28. Oktober 1990, GVBl. für das Land Sachsen-Anhalt Nr. 1 vom 17. Dezember 1990, S. 1

Verfassung des Landes Sachsen-Anhalt. Vom 16. Juli 1992, GVBl. für das Land Sachsen-Anhalt Nr. 31 vom 17. Juli 1992, S. 600 i.d.F. des Gesetzes zur Änderung der Verfassung des Landes Sachsen-Anhalt vom 27. Januar 2005, GVBl. für das Land Sachsen-Anhalt Nr. 7 vom 31. Januar 2005, S. 44

cc. Sonstiges

Entwurf. Verfassung Sachsen-Anhalt (1990), Arbeitsgruppe Landtag, Unterarbeitsgruppe Verfassung, abgedruckt in: JöR 39 [1990], S. 455 ff.

n. Schleswig-Holstein

aa. Drucksachen des Landtages

DS 11/8 (neu) vom 29. September 1987, Antrag der Fraktion der SPD: Einsetzung eines Untersuchungsausschusses zur Aufklärung von eventuell rechtswidrigen Handlungen und Unterlassungen des Ministerpräsidenten Dr. Barschel, der Mitglieder, Mitarbeiter und Helfer der Landesregierung gegen zum 11. Landtag kandidierende Parteien und ihre Repräsentanten

DS 11/ 9 (neu) vom 30. September 1987, Antrag der Fraktionen der SPD, der CDU, der F.D.P. und des Abg. Karl-Otto Meyer (SSW). Einsetzung eines Untersuchungsausschusses zur Aufklärung von eventuell rechtswidrigen Handlungen und Unterlassungen des Ministerpräsidenten Dr. Barschel, der Mitglieder, Mitarbeiter und Helfer der Landesregierung gegen zum 11. Landtag kandidierende Parteien und ihre Repräsentanten

DS 11/ 13 (neu) vom 2. Oktober 1987, Antrag der Fraktion der CDU. Einsetzung eines Untersuchungsausschusses

DS 11/ 66 vom 5. Februar 1988, Bericht des parlamentarischen Untersuchungsausschusses

DS 12/ 14 vom 23. Juni 1988, Antrag der Fraktionen der SPD, CDU und des Abg. Karl Otto Meyer (SSW). Einsetzung einer Enquête-Kommission für die Verfassungs- und Parlamentsreform

DS 12/ 180 vom 7. Februar 1989, Schlußbericht der Enquête-Kommission Verfassungs- und Parlamentsreform

DS 12/ 637 vom 22. Dezember 1989, Gesetzentwurf der Fraktion der SPD und des Abgeordneten Karl Otto Wuttke (SSW). Entwurf eines Gesetzes zur Änderung der Landessatzung

DS 12/ 638 (neu) vom 21. Dezember 1989, Gesetzentwurf der Fraktion der CDU. Entwurf eines Gesetzes zur Änderung der Landessatzung für Schleswig-Holstein

DS 12/ 826 vom 22. Mai 1990, Bericht und Beschlußempfehlung des Sonderausschusses „Verfassungs- und Parlamentsreform"

DS 16/ 1638 vom 24. September 2007, Antrag der Fraktionen von FDP, Bündnis 90/ Die Grünen und der Abgeordneten der SSW. Vorzeitige Beendigung der 16. Wahlperiode des Schleswig-Holsteinischen Landtages nach Artikel 13 Absatz 2 der Verfassung des Landes Schleswig-Holstein

bb. Plenarprotokolle des Landtages

- *1. Wahlperiode,* Wortprotokoll der 28. Tagung vom 12./ 13. Dezember 1949
- *12. Wahlperiode,* 55. Sitzung vom 30. Mai 1990
- *16. Wahlperiode,* 69. Sitzung vom 10. Oktober 2007

cc. Gesetz- und Verordnungsblätter

Landessatzung für Schleswig-Holstein vom 13. Dezember 1949, GVBl. für Schleswig-Holstein Nr. 2 vom 12. Januar 1950, S. 3

Gesetz zur Änderung der Landessatzung für Schleswig-Holstein vom 13. Juni 1990, GVBl. des Landes Schleswig-Holstein Nr. 16 vom 20. Juni 1990, S. 391 i.d.F. des Gesetzes zur Änderung der Verfassung des Landes Schleswig-Holstein vom 20. Juli 2007, GVBl. Nr. 14 vom 26. Juli 2007, S. 338

Geschäftsordnung des Schleswig-Holsteinischen Landtages vom 8. Februar 1991, GVBl. für Schleswig-Holstein Nr. 3 vom 28. Februar 1991, S. 85 i.d.F. der Änderung vom 27. April 2005, GVBl. Nr. 9 vom 30. Juni 2005, S. 257

dd. Sonstiges

Landesregierung Schleswig-Holstein, Ministerium des Innern, Landtagsvorlage Nr. 263/3 vom 11. Oktober 1949 - Entwurf einer Landessatzung für Schleswig-Holstein

o. Thüringen

aa. Drucksachen des Landtages

DS 1/ 285 vom 10. April 1991, Verfassung des Landes Thüringen. Gesetzentwurf der Fraktion CDU, auch abgedruckt in: JöR 40 [1991/ 92], S. 481 ff.

DS 1/ 301 vom 25. April 1991, Verfassung für das Land Thüringen. Entwurf der Landtagsfraktion der F.D.P.-Thüringen, auch abgedruckt in: JöR 40 [1991/ 92], S. 470 ff.

DS 1/ 590 vom 9. Juli 1991, Verfassung für das Land Thüringen. Entwurf der Fraktion der SPD, auch abgedruckt in: JöR 41 [1993], S. 260 ff.

DS 1/ 659 vom 23. August 1991, Verfassung für das Land Thüringen. Entwurf der Fraktionen NF/ Grüne/ DJ, auch abgedruckt in: JöR 41 [1993], S. 272 ff.

DS 1/ 678 vom 9. September 1991, Verfassung für das Land Thüringen. Entwurf der Fraktion Linke Liste/ PDS, auch abgedruckt in: JöR 41 [1993], S. 287 ff.

DS 1/ 2106 vom 1. April 1993, Beschlußempfehlung des Verfassungs- und Geschäftsordnungsausschusses

DS 4/ 2 vom 8. Juli 2004, Geschäftsordnung des Thüringer Landtags i.d.F. der DS 4/ 3004 vom 3. Mai 2007

bb. Gesetz- und Verordnungsblätter

Vorläufige Landessatzung für das Land Thüringen vom 7. November 1990, GBl. für Thüringen Nr. 1 vom 7. November 1990, S. 1

Verfassung des Freistaats Thüringen vom 25. Oktober 1993, GVBl. für das Land Thüringen Nr. 30 vom 29. Oktober 1993, S. 625 i.d.F. des Vierten Gesetzes zur Änderung der Verfassung des Freistaates Thüringen vom 11. Oktober 2004, GVBl. Nr. 17 vom 20. Oktober 2004, S. 745

cc. Sonstiges

Entwurf einer Verfassung des Landes Thüringen. Privatentwurf von Prof. Dr. G. Riege, veröffentlicht am 19. Mai 1990, abgedruckt in: JöR 39 [1990], S. 468 ff.

Verfassung des Landes Thüringen. Entwurf des Unterausschusses Verfassung des politisch-beratenden Ausschusses zur Bildung des Landes Thüringen vom 30. August 1990, abgedruckt in: JöR 39 [1990], S. 480 ff.

3. Reichsrecht

a. Bis 1919

Verfassung des Norddeutschen Bundes vom 16. April 1867, BGBl. des Norddeutschen Bundes Nr. 1 vom 2. August 1867, S. 2

Verfassung des Deutschen Reichs vom 16. April 1871, BGBl. des Deutschen Bundes Nr. 16 vom 20. April 1871, S. 63

b. 1919 bis 1945

aa. Drucksachen der verfassunggebenden Deutschen Nationalversammlung

Drucksache Nr. 59 vom 21. Februar 1919, Entwurf einer Verfassung des Deutschen Reichs vom 21. Februar 1919, in: Drucksachen der verfassunggebenden Deutschen Nationalversammlung, Band 306 (Drucksachen 1-300), 1919

Drucksache VII. (Korrektur), o.D., Zusammenstellung des Entwurfs einer Verfassung des Deutschen Reichs - Nr. 59 der Drucksachen - mit den Beschlüssen des 8. Ausschusses in erster Lesung, in: Drucksachen der verfassunggebenden Deutschen Nationalversammlung, Band 306 (Drucksachen 1-300), 1919

bb. Gesetzblätter

Verfassung des Deutschen Reichs vom 11. August 1919, RGBl. Nr. 152 vom 14. August 1919, S. 1383

Ermächtigungsgesetz. Vom 13. Oktober 1923, RGBl. Teil I, Nr. 98 vom 15. Oktober 1923, S. 943

Ermächtigungsgesetz. Vom 8. Dezember 1923, RGBl. Teil I, Nr. 126 vom 10. Dezember 1923, S. 1179

Verordnung des Reichspräsidenten, betreffend die Auflösung des Reichstags. Vom 13. März 1924, RGBl. Teil I, Nr. 20 vom 18. März 1924, S. 173

Verordnung des Reichspräsidenten über die Auflösung des Reichstags. Vom 20. Oktober 1924, RGBl. Teil I, Nr. 61 vom 21. Oktober 1924, S. 713

Vorläufiges Gesetz zur Gleichschaltung der Länder mit dem Reich. Vom 31. März 1933, RGBl. Teil I, Nr. 29 vom 2. April 1933, S. 153

Verordnung zur Sicherung der Staatsführung. Vom 7. Juli 1933, RGBl. Teil I, Nr. 78 vom 11. Juli 1933, S. 462

Verordnung des Reichspräsidenten über die Auflösung des Reichstags. Vom 14. Oktober 1933, RGBl. Teil I, Nr. 113 vom 14. Oktober 1933, S. 729

Gesetz über den Neuaufbau des Reichs. Vom 30. Januar 1934, RGBl. Teil I, Nr. 11 vom 30. Januar 1934, S. 75

Gesetz über die Aufhebung des Reichsrats. Vom 14. Februar 1934, RGBl. Teil I, Nr. 16 vom 14. Februar 1934, S. 89

cc. Verhandlungen der verfassunggebenden Deutschen Nationalversammlung

- *Band 326,* Stenographische Berichte. Von der 1. Sitzung am 6. Februar 1919 bis zur 26. Sitzung am 12. März 1919, Berlin 1920
- *Band 336,* Anlagen zu den Stenographischen Berichten. Nr. 391. Bericht des Verfassungsausschusses, Berlin 1920

4. Bundesrecht

a. Parlamentarischer Rat 1948-1949

Der Parlamentarische Rat 1948-1949, Akten und Protokolle, Band 1. Vorgeschichte, herausgegeben für den Deutschen Bundestag von Kurt G. Wernicke und für das Bundesarchiv von Hans Booms unter Mitwirkung von Walter Vogel, bearbeitet von Johannes Volker Wagner, Boppard am Rhein 1975

Der Parlamentarische Rat 1948-1949, Akten und Protokolle, Band 2. Der Verfassungskonvent auf Herrenchiemsee, herausgegeben vom Deutschen Bundestag und vom Bundesarchiv unter Leitung von Kurt G. Wernicke und Hans Booms, bearbeitet von Peter Bucher, Boppard am Rhein 1981

Der Parlamentarische Rat 1948-1949, Akten und Protokolle, Band 7. Entwürfe zum Grundgesetz, herausgegeben vom Deutschen Bundestag und vom Bundesarchiv unter Leitung von Rupert Schick und Friedrich P. Kahlenberg, bearbeitet von Michael Hollmann, Boppard am Rhein 1995

Der Parlamentarische Rat 1948-1949, Akten und Protokolle, Band 9. Plenum, herausgegeben vom Deutschen Bundestag und vom Bundesarchiv unter Leitung von Rupert Schick und Friedrich P. Kahlenberg, bearbeitet von Wolfram Werner, München 1996

Der Parlamentarische Rat 1948-1949, Akten und Protokolle, Band 13. Ausschuß für Organisation des Bundes/ Ausschuß für Verfassungsgerichtshof und Rechtspflege, Teilband I, herausgegeben vom Deutschen Bundestag und vom Bundesarchiv unter Leitung von Hans-Joachim Stelzl und Hartmut Weber, bearbeitet von Edgar Büttner und Michael Wettengel, München 2002

Parlamentarischer Rat, Verhandlungen des Hauptausschusses, Bonn 1948-49 (3., 4., 33. Sitzung vom 16., 17. November 1948 und 8. Januar 1949)

b. Deutscher Bundestag/ Bundesrat

aa. Drucksachen des Bundestages

Nr. VI/ 3380 vom 24. April 1972, Antrag der Abgeordneten Frau Griesinger, Katzer, Struve, Stücklen, Windelen, Dr. Wörner und der Fraktion der CDU/ CSU nach Art. 67 des Grundgesetzes

Nr. VI/ 3829 vom 21. September 1972, Zwischenbericht der Enquête-Kommission für Fragen der Verfassungsreform gemäß Beschluß des Deutschen Bundestages - Drucksache VI/ 1211

Nr. 7/ 5924 vom 9. Dezember 1976, Schlußbericht der Enquête-Kommission Verfassungsreform gemäß Beschluß des Deutschen Bundestages - Drucksache 7/ 214 (neu)

Nr. 8/ 1517 vom 16. Februar 1978, Entschließungsantrag der Abgeordneten Dr. Lenz (Bergstraße), Dr. Bötsch, Erhard (Bad Schwalbach), Dr. Jaeger, Dr. Klein (Göttingen), Dr. Langner, Dr. Schneider, Vogel (Ennepetal), Dr. Wittmann (München) und der Fraktion der CDU/ CSU zur Beratung des Schlußberichts der Enquête-Kommission Verfassungsreform - Drucksache 7/ 5924

Nr. 9/ 2004 vom 28. September 1982, Antrag der Fraktionen der CDU/ CSU und FDP nach Art. 67 des Grundgesetzes

Nr. 9/ 2304 vom 13. Dezember 1982, Antrag des Bundeskanzlers gemäß Artikel 68 des Grundgesetzes

Nr. 9/ 2379 vom 7. Januar 1983, Unterrichtung durch den Bundespräsidenten. Anordnung über die Auflösung des 9. Deutschen Bundestages

Nr. 12/ 415 vom 24. April 1991, Antrag der Fraktion der SPD. Weiterentwicklung des Grundgesetzes zur Verfassung für das geeinte Deutschland - Einsetzung eines Verfassungsrates

Nr. 12/ 563 vom 13. Mai 1991, Antrag der Gruppe Bündnis 90/ Die Grünen. Vom Grundgesetz zur gesamtdeutschen Verfassung - Einrichtung und Aufgaben eines Verfassungsrates

Nr. 12/ 567 vom 13. Mai 1991, Antrag der Fraktionen der CDU/ CSU. Einsetzung eines Gemeinsamen Verfassungsausschusses

Nr. 12/ 1590 vom 14. November 1991, Beschlußempfehlung des Ältestenrates [zur] Einsetzung eines Gemeinsamen Verfassungsausschusses

Nr. 12/ 1670 vom 28. November 1991, Änderungsantrag der Fraktionen der CDU/ CSU, SPD und FDP zur Beschlußempfehlung des Ältestenrates (Drucksache 12/1590)

Nr. 12/ 6000 vom 5. November 1993, Bericht der Gemeinsamen Verfassungskommission gemäß Beschluß des Deutschen Bundestages - Drucksachen 12/ 1590, 12/1670 - und Beschluß des Bundesrates - Drucksache 741/ 91 (Beschluß)

bb. Drucksachen des Bundesrates

Nr. 103/ 91 vom 1. März 1991, Beschluß des Bundesrates zur Einsetzung der Kommission „Verfassungsreform“

Nr. 360/ 92 vom 14. Mai 1992, Bericht der Kommission Verfassungsreform des Bundesrates

cc. Stenografische Berichte des Bundestages

- *6. Wahlperiode,* 183. Sitzung vom 27. April 1972
- *6. Wahlperiode,* 184. Sitzung vom 28. April 1972
- *6. Wahlperiode,* 197. Sitzung vom 20. September 1972
- *6. Wahlperiode,* 199. Sitzung vom 22. September 1972
- *8. Wahlperiode,* 73. Sitzung vom 17. Februar 1978
- *8. Wahlperiode,* 97. Sitzung vom 14. Juni 1978
- *9. Wahlperiode,* 115. Sitzung vom 17. September 1982
- *9. Wahlperiode,* 118. Sitzung vom 1. Oktober 1982
- *9. Wahlperiode,* 121. Sitzung vom 13. Oktober 1982
- *9. Wahlperiode,* 140. Sitzung vom 16. Dezember 1982
- *9. Wahlperiode,* 141. Sitzung vom 17. Dezember 1982
- *15. Wahlperiode,* 185. Sitzung vom 1. Juli 2005

dd. Kommissionsdrucksachen

Kommissionsdrucksache zu Nr. 052 (1) vom 3. Dezember 1973, Zur Problematik „Auflösung des Bundestages“, Ausarbeitung von Landtagspräsident Helmut Lemke

Kommissionsdrucksache Nr. 059 vom 11. Februar 1993, Antrag zur Ergänzung des Artikels 39 GG „Selbstauflösungsrecht des Bundestages“ (SPD-Mitglieder)

ee. Bundesgesetzblätter

Grundgesetz für die Bundesrepublik Deutschland. Vom 23.05.1949, BGBl. Teil I, Nr. 1 vom 23. Mai 1949, S. 1 ff. i.d.F. des Gesetzes zur Änderung des Grundgesetzes vom 28.08.2006, BGBl. Teil I, Nr. 41 vom 31. August 2006, S. 2034

Bekanntmachung der Geschäftsordnung des Deutschen Bundestages. Vom 28. Januar 1952, BGBl. Teil II, Nr. 5 vom 3. März 1952, S. 389

Gesetz zu dem Vertrag vom 12. August 1970 zwischen der Bundesrepublik Deutschland und der Union der Sozialistischen Sowjetrepubliken. Vom 23. Mai 1972, BGBl. Teil II, Nr. 27 vom 24. Mai 1972, S. 353

Gesetz zu dem Vertrag vom 7. Dezember 1970 zwischen der Bundesrepublik Deutschland und der Volksrepublik Polen über die Grundlagen der Normalisierung der gegenseitigen Beziehungen. Vom 23. Mai 1972, BGBl. Teil II, Nr. 27 vom 24. Mai 1972, S. 361

Anordnung über die Auflösung des 6. Deutschen Bundestages vom 22. September 1972, BGBl. Teil I, Nr. 107 vom 26. September 1972, S. 1833

Dreiunddreißigstes Gesetz zur Änderung des Grundgesetzes (Artikel 29 und 39) vom 23. August 1976, BGBl. Teil I, Nr. 107 vom 27. August 1976, S. 2381

Gesetz zu dem Vertrag vom 31. August 1990 zwischen der Bundesrepublik Deutschland und der Deutschen Demokratischen Republik über die Herstellung der Einheit Deutschlands - Einigungsvertragsgesetz - und der Vereinbarung vom 18. September 1990. Vom 23. September 1990, BGBl. Teil II, Nr. 35 vom 28. September 1990, S. 885

Bekanntmachung der Neufassung des Bundeswahlgesetzes. Vom 23. Juli 1993, BGBl. Teil I, Nr. 39 vom 29. Juli 1993, S. 1288 i.d.F. der Änderung durch die Bekanntmachung zur Wahlkreiseinteilung für die Wahl zum Deutschen Bundestag vom 21. Juli 2005, BGBl. Teil I, Nr. 45 vom 23. Juli 2005, S. 2180

Bekanntmachung der Neufassung des Bundesverfassungsgerichtsgesetzes. Vom 11. August 1993, BGBl. Teil I, Nr. 45 vom 19. August 1993, S. 1473, zuletzt geändert durch Art. 7 Abs. 12 des Gesetzes zur Stärkung der Selbstverwaltung der Rechtsanwaltschaft vom 26. März 2007, BGBl. Teil I, Nr. 11 vom 30. März 2007, S. 358, 366

Bekanntmachung der Neufassung des Strafgesetzbuches. Vom 13. November 1998, BGBl. Teil I, Nr. 75 vom 19. November 1998, S. 3322, zuletzt geändert durch Art. 1 des Gesetzes zur Umsetzung des VN-Übereinkommens vom 13. April 2005 zur Bekämpfung nuklearterroristischer Handlungen vom 26. Oktober 2007, BGBl. Teil I, Nr. 54 vom 31. Oktober 2007, S. 2523

Anordnung über die Auflösung des 15. Deutschen Bundestages. Vom 21. Juli 2005, BGBl. Teil I, Nr. 45 vom 23. Juli 2005, S. 2169

Bekanntmachung einer Änderung der Geschäftsordnung des Deutschen Bundestages. Vom 26. September 2006, BGBl. Teil I, Nr. 45 vom 10. Oktober 2006, S. 2210

ff. Sonstiges

Deutscher Bundestag, P-A 3109 Rechtswesen, 8. WP, Rechtsausschuss, Tätigkeitsbericht

Gemeinsame Verfassungskommission, 9. Sitzung, Stenographischer Bericht vom 9. Juli 1992 - Parlamentsrecht

Gemeinsame Verfassungskommission, 13. Sitzung, Tonbandprotokoll vom 26. November 1992 - Parlamentsrecht

Gemeinsame Verfassungskommission, 24. Sitzung, Stenographischer Bericht vom 17. Juni 1993

Gemeinsame Verfassungskommission, 4. Öffentliche Anhörung am 10. September 1992 - Parlamentsrecht

Interview der Woche mit Ernst Gottfried Mahrenholz am 24. Juli 2005, „Ehemaliger Verfassungsrichter plädiert für Selbstauflösungsrecht des Bundestages"; zu finden im Internet unter http://www.dradio.de/dlf → Interview → Interview der Woche → Suche: Mahrenholz

Beschlussübersicht Nr. 23 vom 26. Oktober 2007. Selbstauflösungsrecht des Bundestages und Vertrauensfrage des Bundeskanzlers, zu finden im Internet unter http://www.parteitag.spd.de → Anträge und Beschlüsse → Beschlüsse → Beschlussübersicht 23 I17

5. Deutsche Demokratische Republik

a. Gesetzblätter

Die Verfassung der Deutschen Demokratischen Republik. Vom 7. Oktober 1949, GBl. der DDR Nr. 1 vom 8. Oktober 1949, S. 4

Gesetz über die weitere Demokratisierung des Aufbaus und der Arbeitsweise der staatlichen Organe in den Ländern der Deutschen Demokratischen Republik. Vom 23. Juli 1952, GBl. der DDR Nr. 99 vom 24. Juli 1952, S. 613

Ordnung für den Aufbau und die Arbeitsweise der staatlichen Organe der Bezirke. Vom 24. Juli 1952, GBl. der DDR Nr. 101 vom 29. Juli 1952, S. 621

Gesetz über die Auflösung der Länderkammer der Deutschen Demokratischen Republik. Vom 8. Dezember 1958, GBl. der DDR Teil I, Nr. 71 vom 11. Dezember 1958, S. 867

Verfassung der Deutschen Demokratischen Republik vom 6. April 1968, GBl. der DDR Teil I, Nr. 8 vom 9. April 1968, S. 199

Verfassung der Deutschen Demokratischen Republik vom 6. April 1968 in der Fassung des Gesetzes zur Ergänzung und Änderung der Verfassung der Deutschen Demokratischen Republik vom 7. Oktober 1974, GBl. der DDR Teil I, Nr. 47 vom 27. September 1974, S. 432

Beschluß der Volkskammer der Deutschen Demokratischen Republik zur Beendigung der Legislaturperiode der Bezirkstage vom 17. Mai 1990, GBl. der DDR Teil I, Nr. 28 vom 25. Mai 1990, S. 269

Verfassungsgesetz zur Bildung von Ländern in der Deutschen Demokratischen Republik - Ländereinführungsgesetz - vom 22. Juli 1990, GBl. der DDR Teil I, Nr. 51 vom 14. August 1990, S. 955

b. Sonstiges

Entwurf. Die Verfassung der Deutschen Demokratischen Republik vom 4. April 1990, abgedruckt in: JöR 39 [1990], S. 350 ff.

6. Österreich

a. Bundesrecht

Stenographische Protokolle über die Sitzungen der Konstituierenden Nationalversammlung der Republik Österreich, III. Band, 80. bis 102. Sitzung (Seite 2445 bis 3516), Wien 1920

Bundesverfassungsgesetz vom 7. Dezember 1929, betreffend einige Abänderungen des Bundesverfassungsgesetzes vom 1. Oktober 1920 i.d.F. des BGBl. Nr. 367 von 1925 (Zweite Bundes-Verfassungsnovelle), BGBl. für die Republik Österreich, 93. Stück vom 10. Dezember 1929, S. 1323

Bundesgesetz über die Geschäftsordnung des Nationalrates (Geschäftsordnungsgesetz 1975) vom 4. Juli 1975, BGBl. für die Republik Österreich Nr. 410/ 1975 i.d.F. BGBl. I, Nr. 29/ 2005 vom 25. Mai 2005, S. 1733

Bundesgesetz vom 23. September 1986, mit dem die XVI. Gesetzgebungsperiode des Nationalrates vorzeitig beendet wird, BGBl. für die Republik Österreich, 212. Stück vom 25. September 1986, Nr. 516, S. 3387

Bundesgesetz vom 13. Oktober 1995, mit dem die XIX. Gesetzgebungsperiode des Nationalrates vorzeitig beendet wird, BGBl. für die Republik Österreich, 230a. Stück vom 16. Oktober 1995, Nr. 686a, S. 8356a

Bundesgesetz, mit dem die XXI. Gesetzgebungsperiode des Nationalrates vorzeitig beendet wird, BGBl. für die Republik Österreich Teil I vom 21. September 2002, Nr. 154, S. 1619

b. Landesrecht

aa. Verfassungen

Landesverfassung Burgenland, Landes-Verfassungsgesetz vom 14. September 1981, StF: LGBl. Nr. 42/ 1981 i.d.F. LGBl. Nr. 44/ 2006

Kärntner Landesverfassung, Landesverfassungsgesetz vom 11. Juli 1996, StF: LGBl. Nr. 85/ 1996 i.d.F. LGBl. Nr. 33/ 2007

Landesverfassung Niederösterreich, Verfassungsgesetz vom 7. Dezember 1978, LGBl. Nr. 205/ 1978 i.d.F. LGBl. Nr. 79/ 2007

Landesverfassung Oberösterreich, Landesverfassungsgesetz vom 11. Oktober 1930, LGBl. Nr. 38/ 1930 (WV LGBl. 122/ 1991) i.d.F. LGBl. Nr. 79/ 2004

Landesverfassung Salzburg, Landesverfassungsgesetz vom 27. April 1999, LG-Bl. Nr. 25/ 1999 i.d.F. LGBl. Nr. 85/ 2006

Landesverfassung Steiermark, Landes-Verfassungsgesetz 1960 vom 23. November 1959, StF: LGBl. Nr. 1/ 1960 i.d.F. LGBl. Nr. 94/ 2005

Landesordnung Tirol, Landesverfassungsgesetz vom 21. September 1988, LGBl. Nr. 61/ 1988 i.d.F. LGBl. Nr. 125/ 2003

Landesverfassung Vorarlberg, Verfassungsgesetz vom 25. Februar 1999, LGBl. Nr. 9/ 1999 i.d.F. LGBl. Nr. 52/ 2007

Verfassung der Bundeshauptstadt Wien, Gesetz vom 15. Oktober 1968, LGBl. Nr. 28/ 1968 i.d.F. LGBl. Nr. 33/ 2007 bb. Geschäftsordnungen

Geschäftsordnung des Burgenländischen Landtages, Gesetz vom 14. September 1981, LGBl. Nr. 47/ 1981 i.d.F. LGBl. Nr. 74/ 2005

Geschäftsordnung des Kärntner Landtages, Gesetz vom 11. Juli 1996, LGBl. Nr. 87/ 1996 i.d.F. LGBl. Nr. 100/ 2005

Geschäftsordnung des Niederösterreichischen Landtages, vom 28. September 2001, StG: LGBl. Nr. 96/ 2001

Geschäftsordnung des Landtages Oberösterreich, vom 25. Oktober 1973, StF: LGBl. Nr. 125/ 1991 i.d.F. LGBl. Nr. 25/ 2002

Geschäftsordnung des Landtages Salzburg, Gesetz vom 10. Dezember 1998, LGBl. Nr. 26/ 1999 i.d.F. LGBl. Nr. 56/ 2004

Geschäftsordnung des Steiermärkischen Landtages, Gesetz vom 1. Juli 1997, StF: LGBl. Nr. 71/ 1997 i.d.F. LGBl. Nr. 110/ 2006

Geschäftsordnung des Tiroler Landtages, Gesetz vom 7. Oktober 1998, LGBl. Nr. 110/ 1998 i.d.F. LGBl. Nr. 19/ 2003

Geschäftsordnung für den Vorarlberger Landtag, vom 1. Mai 1973, LGBl. Nr. 11/ 1973 i.d.F. LGBl. Nr. 55/ 2007

Geschäftsordnung des Landtages von Wien, vom 17. Juli 2001, LGBl. Nr. 2001/ 58

cc. Stenographische Protokolle

- *55. Sitzung der XI. Wahlperiode des Burgenländischen Landtags,* vom 28. Juni 1972
- *48. Sitzung der XV. Wahlperiode des Burgenländischen Landtags,* vom 22. April 1991
- *55. Sitzung der XVII. Wahlperiode des Burgenländischen Landtags,* vom 15. September 2000
- *59. Sitzung der XVIII. Wahlperiode des Burgenländischen Landtags,* vom 21. Mai 2005
- *14. Sitzung der XI. Wahlperiode des Landtags von Niederösterreich,* vom 12. Juli 1983
- *62. Sitzung der XIII. Wahlperiode des Landtags von Niederösterreich,* vom 4. März 1993

II. Ungedruckte Quellen

1. Sächsisches Hauptstaatsarchiv Dresden

Bestandssignatur 10693, Landtag 1919-1933, Band 2. 1919-1920, Nr. 283. Verfassungsentwurf für den Freistaat Sachsen. Band 1

Bestandssignatur 10736/ Ministerium des Innern, Nr. 5321

Bestandssignatur 13035/ Sächsisches Staatsministerium der Justiz,

- Nr. 3. Ältere Verfassungen und Verfassungsentwürfe (1990)
- Nr. 4. Materialien und Schriftwechsel des Arbeitsstabes (1990-1991)
- Nr. 6. Veröffentlichungen (1990-1992)

2. Interviews und schriftliche Auskünfte

a. Interviews

Gespräch mit dem Abgeordneten *Marko Schiemann* (CDU) am 28. Oktober 2002 im Sächsischen Landtag

Gespräch mit dem Berater *Jürgen Rühmann* am 12. November 2002

Gespräch mit dem Berater der SPD-Fraktion *Michael Haas* am 21. November 2002 in der Rechtsanwaltskanzlei Poeppinghaus, Schneider & Haas, Maxstraße 9, 01067 Dresden

Gespräch mit dem Sächsischen Staatsminister der Justiz a.D. *Steffen Heitmann* (CDU) am 27. November 2002 in seinem Wahlkreisbüro Berggartenstraße 7, 01309 Dresden

Gespräch mit dem stellvertretenden Vorsitzenden des Verfassungs- und Rechtsausschusses *Ralf Donner* (Grüne) am 17. Dezember 2002

Gespräch mit dem MdB *Arnold Vaatz* (CDU) am 9. Januar 2003 in seinem Wahlkreisbüro Rähnitzgasse 10, 01097 Dresden

Gespräch mit dem Abgeordneten *Volker Schimpff* (CDU) am 10. Februar 2003 im Sächsischen Landtag

b. Schriftliche Stellungnahmen

Schriftliche Auskünfte des Beraters der Gohrischen Gruppe *Hans von Mangoldt* vom 5. und 20. Dezember 2002, vom 28. Januar und 2. Mai 2003 sowie vom 27. November 2006

Schriftliche Auskünfte des stellvertretenden Vorsitzenden des Verfassungs- und Rechtsausschusses *Ralf Donner* vom 12. Dezember 2002, 6. Januar und 5. Februar 2003

Schriftliche Auskunft des Beraters der Gohrischen Gruppe *Hans-Peter Schneider* vom 15. Dezember 2002

Schriftliche Auskunft des Berichterstatters des Verfassungs- und Rechtsausschusses *Bernd Kunzmann* vom 5. Januar 2003

Schriftliche Stellungnahme der Parlamentarischen Beraterin der PDS-Fraktion im Sächsischen Landtag *Rosemarie Jarosch* vom 24. März 2003

Schriftliche Äußerung des parlamentarischen Beraters der SPD-Fraktion *Kai Kerkhof* vom 19. September 2003

c. Fragenkatalog

1. Warum wurde das Selbstauflösungsrecht in die Sächsische Verfassung vom 27. Mai 1992 aufgenommen?
2. Orientierten sich die Vorstellungen zur Ausgestaltung des Selbstauflösungsrechtes des Sächsischen Landtages an anderen Bundesländern?
3. Gab es zum Selbstauflösungsrecht des Sächsischen Landtages im Verfassungs- und Rechtsausschuss intensive Beratungen oder wurde es eher unstreitig in den Verfassungstext aufgenommen?
4. Warum wurde das Beschlussquorum von 2/3 statt z.B. 1/2 der gesetzlichen Zahl der Mitglieder des Landtages gewählt?
5. Warum wurde das Antragsquorum in die Geschäftsordnung und nicht in den Verfassungstext aufgenommen?
6. Wurde im Rahmen der Beratungen zu Art. 58 SächsVerf über die (Notwendigkeit der) Erfüllung materieller Tatbestandsmerkmale, beispielsweise das Vorliegen einer politischen Krise, diskutiert?
7. Warum wurde die Bezeichnung „Selbstauflösung“ statt „vorzeitige Beendigung der Wahlperiode“ gewählt?

8. Wurde in die Beratungen zu Art. 58 SächsVerf einbezogen, dass das parlamentarische Selbstauflösungsrecht nicht auf Bundesebene verankert ist?

9. Warum wurde die in anderen Bundesländern vorgesehene (Landtagsauflösung nach gescheiterter) Vertrauensfrage nicht in die Sächsische Verfassung aufgenommen?

10. Warum wurde die in anderen Bundesländern vorgesehene Landtagsauflösung durch Volksentscheid nicht in die Sächsische Verfassung aufgenommen?

d. Einzelauskünfte

1. Gespräch mit dem parlamentarischen Geschäftsführer der CDU-Fraktion *Erhard Weimann* am 21. März 2003, mit dem Parlamentarischen Berater für Justizpolitik der SPD-Fraktion *Kai Kerkhof* am 2. Oktober 2003 sowie mit der Parlamentarischen Beraterin der PDS-Fraktion *Rosemarie Jarosch* am 26. April 2004 zu der Frage, ob es in der parlamentarischen Arbeit seit Inkrafttreten der Sächsischen Verfassung vom 27. Mai 1992 Überlegungen zur Anwendung des Art. 58 SächsVerf gegeben hat und welche Auswirkungen hierauf die Ausgestaltung des Selbstauflösungsrechtes hatte.

2. Schriftliche Äußerung des Mitgliedes der Arbeitsgruppe Landesverfassung *Martin Böttger* vom 12. Juni 2003 zu der Frage, ob und wenn ja, an welchen Verfassungen er sich bei seinem Entwurf einer Sächsischen Verfassung vom 27. Mai 1990 orientiert hat.

3. Schriftliche Äußerung des Direktors des Landtages von Tirol *Thomas Hofbauer* vom 17. Oktober 2006 zu der Frage, ob und aus welchen Gründen bislang eine Selbstauflösung des Landtages von Tirol beschlossen wurde.

B. Literatur

Abelein, Manfred, Plebiszitäre Elemente in den Verfassungen der Bundesländer, in: ZParl 1971, S. 187-199

Achterberg, Norbert, Parlamentsrecht, Tübingen 1984

ders., Vertrauensfrage und Auflösungsanordnung. Kritische Bemerkungen zum „Wahlurteil" des Bundesverfassungsgerichts, in: DVBl. 1983, S. 477-486

Alder, John, Constitutional and Administrative Law, Houndsmills 1989

Allemann, Fritz René, Bonn ist nicht Weimar, Köln 1956

Anschütz, Gerhard, Die Verfassung des Deutschen Reichs vom 11. August 1919. Ein Kommentar für Wissenschaft und Praxis, Neudruck der 14. Aufl. Berlin 1933, Aalen 1987

Arbeitsstab Landtag (Hrsg.), Der Sächsische Landtag. Geschichte und Gegenwart, herausgegeben aus Anlaß der konstituierenden Sitzung des Sächsischen Landtages am 27. Oktober 1990 im Haus der Kirche (Dreikönigskirche) zu Dresden, Dresden 1990

Avenarius, Hermann u.a. (Hrsg.), Festschrift für Erwin Stein zum 80. Geburtstag, Bad Homburg vor der Höhe 1983

Baentsch, Wolfram, Der Doppelmord an Uwe Barschel. Die Fakten und die Hintergründe, München 2006

Banaszak, Boguslaw, Verfassungsänderungen in der Republik Polen, in: MfOR 1993, S. 109-118

ders.,/ Rynkowski, Michal, Die neue polnische Verfassung vom 2. April 1997, in: MfOR 1997, S. 407-423

Barendt, Eric, An Introduction to Constitutional Law, Oxford 1989

Barschel, Uwe/ Gebel, Volkram, Landessatzung für Schleswig-Holstein - Kommentar, Neumünster 1976

Bauer, Hartmut, Die Bundestreue, Tübingen 1992

ders. u.a. (Hrsg.), 100 Jahre Allgemeines Baugesetz Sachsen, Stuttgart 2000

Baumann-Hasske, s. Kunzmann/ Haas/ Baumann-Hasske, Die Verfassung des Freistaates Sachsen

Baumeister, Peter, s. Schenke/ Baumeister, Vorgezogene Bundestagswahlen

Becker, Bernd, Politik in Großbritannien. Einführung in das politische System und Bilanz der ersten Regierungsjahre Tony Blairs, Paderborn 2002

Benz, Wolfgang, Die Rolle Weimars in der Verfassungsdiskussion und im Parlamentarischen Rat, in: Gusy, Weimars lange Schatten, S. 199-214

Bericht des vom Bundesminister des Innern eingesetzten Beirates für Fragen der Wahlrechtsreform, Zur Neugestaltung des Bundestagswahlrechts, Bonn 1968

Berlit, Uwe, Die neue Niedersächsische Verfassung. Zur Ablösung eines provisorischen Organisationsstatuts, in: NVwZ 1994, S. 11-17

Bernet, Wolfgang, Aspekte zur Wiedereinführung der Länder, in: LKV 1991, S. 2-6

Beyme, Klaus von, Die parlamentarische Demokratie. Entstehung und Funktionsweise 1789-1999, 3. Aufl., Opladen 1999

Blackstone, William, Commentaries on the laws of England. In four books, Book the first. Of the rights of persons, 10th edition, London 1787

Blaschke, Karlheinz, Landstände, Landtag, Volksvertretung - 700 Jahre politische Mitbestimmung im Lande Sachsen, in: Arbeitsstab Landtag (Hrsg.), Der Sächsische Landtag. Geschichte und Gegenwart, S. 7-20

Böckenförde, Ernst-Wolfgang, Überlegungen und Empfehlungen der Enquête-Kommission Verfassungsreform im Hinblick auf die demokratisch-parlamentarische Verfassungsorganisation, in: Die Ergebnisse der Enquête-Kommission Verfassungsreform und die verfassungsrechtliche Fortentwicklung der Bundesrepublik, S. 23-50

ders./ Stern, Klaus (Mitarb.), Die Ergebnisse der Enquête-Kommission Verfassungsreform und die verfassungsrechtliche Fortentwicklung der Bundesrepublik. Ein Cappenberger Gespräch, Köln 1977

Böckstiegel, Elke, Volksrepräsentation in Sachsen. Zur Entwicklung der Repräsentation des sächsischen Volkes von 1789 bis 1850, München 1998

Bönninger, Karl, Verfassungsdiskussion im Lande Sachsen, in: LKV 1991, S. 9-12

Borgmann, Klaus u.a. (Hrsg.), Verfassungsreform und Grundgesetz. 32. Tagung der Wissenschaftlichen Mitarbeiterinnen und Mitarbeiter der Fachrichtung „Öffentliches Recht“, Regensburg 1992

Bosl, Karl (Hrsg.), Der moderne Parlamentarismus und seine Grundlagen in der ständischen Repräsentation - Beiträge des Symposiums der Bayerischen Akademie der Wissenschaften und der International Commission for Representive and Parlamentary Institutions auf Schloß Reisensburg vom 20. bis 25. April 1975, Berlin 1977

Braas, Gerhard, Die Entstehung der Länderverfassungen in der Sowjetischen Besatzungszone Deutschlands 1946/47, Köln 1987

Braun, Klaus, Kommentar zur Verfassung des Landes Baden-Württemberg, Stuttgart 1984

Bremische Bürgerschaft (Hrsg.), Volkshandbuch, 15. Wahlperiode, Rheinbreitbach 2001

Brettschneider, Frank, s. Gabriel/ Brettschneider (Hrsg.), Die EG-Staaten im Vergleich

Brosig, Ernst u.a., NÖ Landesverfassung 1979 mit Erläuterungen, Wien 1979

Brünneck, Alexander v. / Buchstein, Hubertus/ Göhler, Gerhard (Hrsg.), Gesammelte Schriften, Band 1: Recht und Politik in der Weimarer Republik, Baden-Baden 1999

Bryde, Brun-Otto, Verfassungsentwicklung. Stabilität und Dynamik im Verfassungsrecht der Bundesrepublik Deutschland, Baden-Baden 1982

Buchstein, Hubertus, s. Brünneck/ Buchstein/ Göhler (Hrsg.), Gesammelte Schriften

Bücker, Joseph, s. Ritzel/ Bücker/ Schreiner, Handbuch für die Parlamentarische Praxis

Buettner, Andreas/ Jäger, Marc, Bundestagsauflösung und Vertrauensfrage. Überlegungen zur Verfassungswidrigkeit der Bundestagsauflösung vom 21. Juli 2005 unter Berücksichtigung des Urteils des Bundesverfassungsgerichts vom 25. August 2005, in: DÖV 2006, S. 408-417

Bugiel, Karsten, Volkswille und repräsentative Entscheidung. Zulässigkeit und Zweckmäßigkeit von Volksabstimmungen nach dem Grundgesetz, Baden-Baden 1991

Bull, Hans Peter, Parlamentsauflösung - Zurückverweisung an den Souverän, in: ZRP 1972, S. 201-204

Busch, Eckart, Die Parlamentsauflösung 1972 - Verfassungsgeschichtliche und verfassungsrechtliche Würdigung, in: ZParl 1973, S. 213-246

Busse, Christian, Regierungsbildung und Regierungswechsel nach niedersächsischem Verfassungsrecht. Eine Untersuchung zum parlamentarischen Regierungssystem in Niedersachsen, Berlin 1992

Busse, Volker, Auflösung des Bundestages als Reformproblem, in: ZRP 2005, S. 257-260

Caesar, Peter u.a., Die Entwicklung der Rechtsstaatlichkeit in den neuen Bundesländern, Heidelberg 1992

Canaris, Claus-Wilhelm, s. Larenz/ Canaris, Methodenlehre

Cech, Gerhard/ Moritz, Reinhold/ Ponzer, Josef, Die Verfassung der Bundeshauptstadt Wien, 2. Aufl., Wien 2004

Clemens, Thomas, s. Umbach/ Clemens, GG-I

ders., s. Umbach/ Clemens/ Dollinger, BVerfGG

Dästner, Christian, Die Verfassung des Landes Nordrhein-Westfalen. Kommentar, Köln 1996

Dautz, Adrian, Bernhard Moßdorfs radikal-demokratischer Verfassungsentwurf, in: Dresdner Hefte, Heft 26/ 91 - „Dem Mute aller Sachsen anvertraut". Landesverfassung und Reformen in Sachsen nach 1831, Dresden 1991, S. 41-46

David, Klaus, Verfassung der Freien und Hansestadt Hamburg - Kommentar, 2. Aufl., Stuttgart 2004

Degenhart, Christoph, Staatsrecht I. Staatsorganisationsrecht, 23. Aufl., Heidelberg 2007

ders./ Meissner, Claus, Handbuch der Verfassung des Freistaates Sachsen, Stuttgart 1997

Delbrück, Jost/ Wolfrum, Rüdiger, Die Auflösung des 9. Deutschen Bundestages vor dem BVerfG - BVerfGE 62, 1, in: JuS 1983, S. 758-764

Demmler, Wolfgang, Der Abgeordnete im Parlament der Fraktionen, Berlin 1994

Denk, Andres/ Matzerath, Josef, Die drei Dresdner Parlamente - Die Sächsischen Landtage und ihre Bauten: Indikatoren für die Entwicklung von der ständischen zur pluralisierten Gesellschaft, Wolfratshausen 2000

Dicey, Albert Venn, Introduction to the study of the law of the constitution, 9th edition, London 1948

Dichgans, Hans, Mehr Freiheitsraum für die Abgeordneten, in: ZParl 1976, S. 127-138

Dickmann, Roman, Das Kappen der historisch-systematischen Taue einer Verfassungsnorm - Eine kritische Betrachtung der Entscheidung des Bundesverfassungsgerichts zur Bundestagsauflösung 2005, in: BayVBl. 2006, S. 72-75

Döring, Herbert, Parlament und Regierung, in: Gabriel/ Brettschneider, Die EG-Staaten im Vergleich, S. 336-358

Döscher, Elvira/ Schröder, Wolfgang, Sächsische Parlamentarier 1869-1918 - Die Abgeordneten der II. Kammer des Königreichs Sachsen im Spiegel historischer Photographien, Ein biographisches Handbuch, Düsseldorf 2001

Dollinger, Franz-Wilhelm, s. Umbach/ Clemens/ Dollinger, BVerfGG

Dolzer, Rudolf/ Vogel, Klaus/ Graßdorf, Karin (Hrsg.), Bonner Kommentar zum Grundgesetz, 131. Aktualisierung, Heidelberg September 2007

Drehwald, Suzanne/ Jestaedt, Christoph, Sachsen als Verfassungsstaat, Leipzig 1998

Dreier, Horst (Hrsg.), Grundgesetz. Kommentar, Band II, Artikel 20-82, 2. Aufl., Tübingen 2006

Driehaus, Hans-Joachim (Hrsg.), Verfassung von Berlin - Taschenkommentar erläutert von Hans-Joachim Driehaus u.a., Baden-Baden 2002

Eckardt, Wolf-Dieter, Die Regierungsgewalt nach der Verfassung des Freistaates Sachsen, in: SächsVBl. 1996, S. 149-154

Edinger, Florian, Wer misstraut wem? Die Entscheidung des Bundesverfassungsgerichts über die Vertrauensfrage des Bundeskanzlers und die Bundestagsauflösung 2005 - 2 BvE 4/05 und 7/05, in: ZParl 2006, S. 28-39

Eicher, Hermann, Der Machtverlust der Landesparlamente. Historischer Rückblick, Bestandsaufnahme, Reformansätze, Berlin 1988

Engelken, Klaas, Änderung der Landesverfassung unter der Großen Koalition, Zugleich erste Kommentierung: Europaartikel, Kommunalwahlrecht der Unionsbürger, in: VBlBW 1995, S. 217-222

ders., Änderung der Landesverfassung unter der Großen Koalition, Erste Kommentierung der übrigen Änderungspunkte (Schluß aus VBlBW 1995, 217), in: VBlBW 1996, S. 121-134

Epp, Ursula, Die Abgeordnetenbestechung - § 108e StGB, Schriften zum Strafrecht und Strafprozeßrecht, Band 29, Frankfurt am Main 1997

Epping, Volker, „Gefühltes Misstrauen" - die inszenierte Vertrauensfrage vom 1. Juli 2005, in: RuP 2005, S. 197-203

Ermacora, Felix, Quellen zum Österreichischen Verfassungsrecht (1920). Die Protokolle des Verfassungsausschusses samt Verfassungsentwürfen mit einem Vorwort, einer Einleitung und Anmerkungen, Wien 1967

Evangelides, Petros, The Republic of Cyprus and its Constitution with special regard to the constitutional rights, Bamberg 1996

Faber, Heiko/ Schneider, Hans-Peter (Hrsg.), Niedersächsisches Staats- und Verwaltungsrecht (NdsStVwR), Frankfurt am Main 1985

Feuchte, Paul, Quellen zur Verfassung von Baden-Württemberg, Zweiter Teil: Juni bis Oktober 1952, Stuttgart 1988

ders. (Hrsg.), Verfassung des Landes Baden-Württemberg. Kommentar, Stuttgart 1987

ders., Verfassungsgeschichte von Baden-Württemberg, Stuttgart 1983

Finkelnburg, Moritz, Die Ostberliner Verfassung vom 23. Juli 1990, Frankfurt am Main 1997

Fischer, Otto, Das Verfassungs- und Verwaltungsrecht des Deutschen Reiches und des Königreichs Sachsens in seinen Grundzügen gemeinfaßlich dargestellt, 10. Aufl., Leipzig 1906

Fischer, Thomas, s. Tröndle/ Fischer, Strafgesetzbuch und Nebengesetze

Fleck, Hans-Joachim, s. Geller/ Kleinrahm/ Fleck, NRWVerf-Komm.

Fraenkel, Ernst, Verfassungsreform und Sozialdemokratie [1932], in: v. Brünneck/ Buchstein/ Göhler (Hrsg.), Gesammelte Schriften, Band 1, S. 516-529

Franke, Dietrich, s. Simon/ Franke/ Sachs, Hdb-Bbg

Friedrich, Thomas, s. v. Mutius/ Friedrich, Verfassungsentwicklung

Friesenhahn, Ernst, Parlament und Regierung im modernen Staat, in: VVDStRL, Heft 16 (1958) S. 9-73

Fromme, Friedrich Karl, Von der Weimarer Verfassung zum Bonner Grundgesetz - Die verfassungspolitischen Folgerungen des Parlamentarischen Rates aus Weimarer Republik und nationalsozialistischer Diktatur, Nachdruck der Ausgabe Tübingen 1960, Goldbach 1997

Gabriel, Oscar W./ Brettschneider, Frank (Hrsg.), Die EG-Staaten im Vergleich. Strukturen, Prozesse, Politikinhalte, 2. Aufl., Opladen 1994

Gas, Tonio, Die Auflösung des Bundestages nach Art. 68 GG mittels unechter (auflösungsgerichteter) Vertrauensfrage. Zur verfassungsrechtlichen Zulässigkeit der Herbeiführung von Neuwahlen, in: BayVBl. 2006, S. 65-72

Gassner, Ulrich M., Gesetzgebung und Bestimmtheitsgrundsatz, in: ZG 1996, S. 37-56

Gebel, Volkram, s. Barschel/ Gebel, Landessatzung SchlH

Geisel, Alfred, Überlegungen zur Änderung der Verfassung des Landes Baden-Württemberg, in: BWVP 1995, S. 73-76

Geller, Georg/ Kleinrahm, Kurt/ Fleck, Hans-Joachim, Die Verfassung des Landes Nordrhein-Westfalen, 2. Aufl., Göttingen 1963

Geppert, Alexander C.T., Forschungstechnik oder historische Disziplin? Methodische Probleme der Oral History, in: GWU 1994, S. 303-323

Göhler, Gerhard, s. Brünneck/ Buchstein/ Göhler (Hrsg.), Gesammelte Schriften

Götz, Volkmar, s. Schneider/ Götz (Hrsg.), Im Dienst an Recht und Staat, Festschrift für Werner Weber

Goldt, Christoph, Parlamentarismus im Königreich Sachsen - Zur Geschichte des Sächsischen Landtages 1871-1918, Münster 1996

Grawert, Rolf, Die Bedeutung gliedstaatlichen Verfassungsrechts in der Gegenwart, in: NJW 1987, S. 2329-2338

Graßdorf, Karin, s. Dolzer/ Vogel/ Graßdorf, BK

Grimm, Dieter/ Papier, Hans-Jürgen (Hrsg.), Nordrhein-westfälisches Staats- und Verwaltungsrecht (StVwR NRW), Frankfurt am Main 1986

Groß, Reiner, Geschichte Sachsens, 3. Aufl., Leipzig 2007

Gusy, Christoph, Die Weimarer Reichsverfassung, Tübingen 1997

ders., Einleitung - Weimar: Geschichte als Argument, in: ders., Weimars lange Schatten, S. 9-20

ders. (Hrsg.), Weimars lange Schatten - Weimar als Argument nach 1945, Interdisziplinäre Studien zu Recht und Staat, Bd. 29, Baden-Baden 2003

Haas, Michael, Der Verfassungsgerichtshof des Freistaates Sachsen, Berlin 2006

ders., s. Kunzmann/ Haas/ Baumann-Hasske, Die Verfassung des Freistaates Sachsen

Häde, Ulrich, Zur Föderalismusreform in Deutschland, in: JZ 2006, S. 930-940

Halmai, Gábor, Einleitung zur ungarischen Verfassungsrevision, in: JöR 39 [1990], S. 253-283

Hamann, Andreas/ Lenz Helmut, Das Grundgesetz für die Bundesrepublik Deutschland vom 23. Mai 1949. Ein Kommentar für Wissenschaft und Praxis, 3. Aufl., Neuwied 1970

Hamer, Kurt, Von der „Ministerpräsidenten-Verfassung" zur „Parlaments-Verfassung", in: Landeszentrale für politische Bildung Schleswig-Holstein (Hrsg.), Eine Verfassung für Schleswig-Holstein, Kiel 1990, S. 9-20

Hartmann, Jürgen, Westliche Regierungssysteme. Parlamentarismus, präsidielles und semi-präsidielles Regierungssystem, 2. Aufl., Wiesbaden 2005

Hauck, Peter, Auflösung des Bundestages zur Verbreiterung der Regierungsmehrheit?, in: DVBl. 1971, S. 135-137

Heitmann, Steffen, Die Revolution in der Spur des Rechts: Verdienst und Schwäche des Umbruchs in der früheren DDR, Hamburg 1996

ders., Entstehung und Grundgedanken der Verfassung des Freistaates Sachsen, in: Caesar u.a., Die Entwicklung der Rechtsstaatlichkeit in den neuen Ländern, S. 11-27

ders., Zur Entstehung des „Gohrischer Entwurfs" der Sächsischen Verfassung - Rede auf der Feier anläßlich des 4. Jahrestages des Koordinierungsausschusses am 6. Mai 1994 in Dresden vor dem Sächsischen Landtag, in: ders., Die Revolution in der Spur des Rechts, S. 31-49

ders./ Vaatz, Arnold, Nachbemerkung zur Verfassung des Landes Sachsen - Gohrischer Entwurf vom 5. August 1990

Hense, Ansgar, Wir müssen die Wunde namens Deutschland offen halten!" - Improvisierender Ausblick, in: Hense u.a. (Hrsg.), 40 Jahre DDR, S. 121-133, Dresden 2001

ders. u.a. (Hrsg.), 40 Jahre DDR + 10 Jahre „Wende" = (k)ein neues Deutschland?, Dresden 2001

Herbst, Tobias, Die auflösungsgerichtete Vertrauensfrage, in: Der Staat 2006, S. 45-82

Heun, Werner, Das Mehrheitsprinzip in der Demokratie. Grundlagen - Struktur - Begrenzungen, Berlin 1983

Heyde, Wolfgang/ Wöhrmann, Gotthard (Hrsg.), Auflösung und Neuwahl des Bundestages 1983 vor dem Bundesverfassungsgericht. Dokumentation des Verfahrens, Heidelberg 1984

Hillgruber, Christian, Das Verfassungsrecht zwischen normativem Anspruch und politischer Wirklichkeit, Thesenpapier des Vortrages vor der Staatsrechtslehrervereinigung am 4. Oktober 2007, demnächst in VVdStRL 67 (2008)

Hinds, Caroline, Die neue Verfassung des Freistaates Sachsen - Berechtigte oder unberechtigte Kritik an der Verfassungsgebung, in: ZRP 1993, S. 149-151

Hinkel, Karl, Verfassung des Landes Hessen - Kommentar, Wiesbaden 1998

Hippel, Eike von, Rechtspolitik. Ziele, Akteure, Schwerpunkte, Berlin 1992

Hochrathner, Uwe J., Anwendungsbereich und Grenzen des Parlamentsauflösungsrechts nach dem Bonner Grundgesetz, Frankfurt am Main 1985

Höfling, Wolfram, Das Institut der Parlamentsauflösung in den deutschen Landesverfassungen, in: DÖV 1982, S. 889-894

Hoegner, Wilhelm, Lehrbuch des Bayerischen Verfassungsrechts, München 1949

Hömig, Dieter, s. Seifert/ Hömig, GG

Hofmann, Hasso, Bundesstaatliche Spaltung des Demokratiebegriffs?, in: Hofmann, Verfassungsrechtliche Perspektiven, Aufsatz 7, S. 146-160

ders., Verfassungsrechtliche Perspektiven. Aufsätze aus den Jahren 1980-1994, Tübingen 1995

ders., Verfassungsrechtliche Sicherungen der parlamentarischen Demokratie - Zur Garantie des institutionellen Willensbildungs- und Entscheidungsprozesses, in: Hofmann, Verfassungsrechtliche Perspektiven, Aufsatz 6, S. 129-145

Hollstein, Andreas, Das staatsorganisatorische Modell der neuen litauischen Verfassung. Ein dritter Weg zwischen präsidialem und parlamentarischen System? Köln 1999

Holoubek, Michael, Rechtswissenschaftliche Rechtspolitik? Plädoyer für einen (weiteren) Gegenstand der Rechtswissenschaften, in: ders./ Lienbacher (Hrsg.), Rechtspolitik der Zukunft - Zukunft der Rechtspolitik, S. 9-20

ders./ Lienbacher, Georg (Hrsg.), Rechtspolitik der Zukunft - Zukunft der Rechtspolitik. Texte zur Rechtspolitik 3, Wien 1999

Hopfauf, Axel, Zur Entstehung des Artikels 68 GG, in: AöR 108 [1983], S. 391-403

Hopfe, Jörg, s. Linck/ Jutzi/ Hopfe, ThürVerf-Komm.

Horst, Patrick, Die Neuwahl zur Hamburger Bürgerschaft vom 29. Februar 2004: Die Hanseaten und Angela Merkel finden einen politischen Hoffnungsträger, in: ZParl 2004, S. 252-270

Huber, Ernst Rudolf, Deutsche Verfassungsgeschichte seit 1789, Band VI - Die Weimarer Reichsverfassung, Stuttgart 1981

ders., Deutsche Verfassungsgeschichte seit 1789, Band VII - Ausbau, Schutz und Untergang der Weimarer Republik, Stuttgart 1984

ders. (Hrsg.), Dokumente zur Deutschen Verfassungsgeschichte, Band 1. Deutsche Verfassungsdokumente 1803-1850, 3. Aufl., Stuttgart 1978

Hübner, Peter, s. v. Mutius/ Wuttke/ Hübner, Kommentar zur Landesverfassung SchlH

IDEE e.V. (Hrsg.), Die neue Verfassung für das Land Sachsen. Entwurf sächsischer Hochschullehrer, Oktober 1990

Iltgen, Erich, Ansprache des Präsidenten des Sächsischen Landtages, Erich Iltgen, in: Sächsischer Landtag (Hrsg.), Festveranstaltung „10 Jahre Freistaat Sachsen - 10 Jahre Sächsischer Landtag" am 27. Oktober 2000, Schriftenreihe „Veranstaltungen des Sächsischen Landtages", Sächsischer Landtag 2000, Heft 23, S. 8-13

ders., Vom Runden Tisch zum ersten frei gewählten Landtag nach der friedlichen Revolution, in: ders. (Hrsg.), Zehn Jahre Sächsischer Landtag - Bilanz und Ausblick, Festschrift, Dresden 2000, S. 13-30

ders. (Hrsg.), Zehn Jahre Sächsischer Landtag - Bilanz und Ausblick, Festschrift, Dresden 2000

Ipsen, Hans Peter, Hamburgs Verfassung und Verwaltung - Von Weimar bis Bonn, Hamburg 1956

ders., Zum Schlußbericht der Enquête-Kommission Verfassungsreform, in: DÖV 1977, S. 537-544

Ipsen, Jörn, Zur Regierung verurteilt? Verfassungsrechtliche Probleme der Vertrauensfrage nach Art. 68 GG, in: NJW 2005, S. 2201-2204

Isensee, Josef, Chancen und Grenzen der Landesverfassung im Bundesstaat, in: SächsVBl. 1994, S. 28-35

ders., Mit blauem Auge davon gekommen - das Grundgesetz. Zu Arbeit und Resultaten der Gemeinsamen Verfassungskommission, in: NJW 1993, S. 2583-2587

ders./ Kirchhof, Paul (Hrsg.), Handbuch des Staatsrechts der Bundesrepublik Deutschland, Band I. Grundlagen von Staat und Verfassung, 2. Aufl., Heidelberg 1995

dies., Handbuch des Staatsrechts der Bundesrepublik Deutschland, Band II. Demokratische Willensbildung - Die Staatsorgane des Bundes, 2. Aufl., Heidelberg 1998

dies., Handbuch des Staatsrechts der Bundesrepublik Deutschland, Band III. Demokratie - Bundesorgane, 3. Aufl., Heidelberg 2005

dies., Handbuch des Staatsrechts der Bundesrepublik Deutschland, Band IV. Finanzverfassung - Bundesstaatliche Ordnung, 2. Aufl., Heidelberg 1999

dies., Handbuch des Staatsrechts der Bundesrepublik Deutschland, Band VI. Freiheitsrechte, 2. Aufl., Heidelberg 2001

dies., Handbuch des Staatsrechts der Bundesrepublik Deutschland, Band IX. Die Einheit Deutschlands - Festigung und Übergang, Heidelberg 1997

Ismayr, Wolfgang (Hrsg.), Die politischen Systeme Osteuropas, 2. Aufl., Opladen 2004

ders., Die politischen Systeme Westeuropas, 3. Aufl., Opladen 2003

Jäger, Marc, s. Buettner/ Jäger, Bundestagsauflösung und Vertrauensfrage

Jarass, Hans D./ Pieroth, Bodo, Grundgesetz für die Bundesrepublik Deutschland. Kommentar, 9. Aufl., München 2007

Jekewitz, Jürgen, Der Grundsatz der Diskontinuität der Parlamentsarbeit im Staatsrecht der Neuzeit und seine Bedeutung unter der parlamentarischen Demokratie des Grundgesetzes. Eine rechtshistorische und rechtsdogmatische Untersuchung, Berlin 1977

Jestaedt, Christoph, s. Drehwald/ Jestaedt, Sachsen als Verfassungsstaat

Jutzi, Siegfried, s. Linck/ Jutzi/ Hopfe, ThürVerf-Komm.

Kersten, Jens, Homogenitätsgebot und Landesverfassungsrecht, in: DÖV 1993, S. 896-902

ders., Parlamentarische oder stabile Regierung, in: Gusy, Weimars lange Schatten, S. 281-310

Kimmel, Adolf/ Kimmel, Christiane, Verfassungen der EU-Mitgliedstaaten - Textausgabe mit einer Einführung und einem Sachverzeichnis von Adolf und Christiane Kimmel, 6. Aufl., München 2005

Kimmel, Christiane, s. Kimmel/ Kimmel, EU-Verfassungen

Kimminich, Otto, Deutsche Verfassungsgeschichte, 2. Aufl., Baden-Baden 1987

Kingdom, John, Government and Politics in Britain - An introduction, 2nd edition, Padsow 1999

Kipke, Rüdiger, Das politische System Ungarns. Eine Einführung, Wiesbaden 2005

ders., „Parlamentsrecht“, in: Konegen/ Nitschke (Hrsg.), Revision des Grundgesetzes?, S. 107-119

Kirchheimer, Otto, Die Verfassungsreform, in: Luthardt (Hrsg.), Von der Weimarer Republik zum Faschismus: Die Auflösung der demokratischen Rechtsordnung, S. 96-112

Kirchhof, Paul, s. Isensee/ Kirchhof, HdStR

Klaas, Helmut (Bearb.), Die Entstehung der Verfassung für Rheinland-Pfalz. Eine Dokumentation, Boppard am Rhein 1978

Klein, Franz, s. Schmidt-Bleibtreu/ Klein, Kommentar zum Grundgesetz

Klein, Friedrich, s. v. Mangoldt/ Klein, GG-II

Klein, Hans-Hugo, Die Auflösung des Deutschen Bundestages nach Art. 68 GG, in: ZParl 1983, S. 402-421

Kleinrahm, Kurt, s. Geller/ Kleinrahm/ Fleck, NRWVerf-Komm.

Kloepfer, Michael, Verfassungsänderung statt Verfassungsreform. Zur Arbeit der Gemeinsamen Verfassungskommission, 2. Aufl., Berlin 1996

Köhler, Horst, Fernsehansprache zur Auflösung des Bundestages in Berlin, 21. Juli 2005, in: ders., Reden und Interviews, Band 2, S. 15-17

ders., Reden und Interviews, Band 2 (1. Juli 2005 - 5. Juli 2006), Berlin 2006

Koellreutter, Otto, Die verfassungsrechtliche Entwicklung in Oldenburg, Braunschweig, Anhalt, Lippe, Schaumburg-Lippe und Waldeck, in: JöR X [1921], S. 409-438

Körösényi, András, Government and Politics in Hungary, Budapest 1999

Konegen, Norbert/ Nitschke, Peter (Hrsg.), Revision des Grundgesetzes?, Opladen 1997

Korte, Heinrich, Verfassung und Verwaltung des Landes Niedersachsen, Göttingen 1962 (Nachdruck Goldbach 1995)

ders., / Rebe, Bernd, Verfassung und Verwaltung des Landes Niedersachsen, 2. Aufl., Göttingen 1986

Kourtellos, Pavlos Neophytou, Constitutional Law, in: Neocleous & Co., Introduction to Cyprus Law, S. 15-43

Krallmann, Lambert, Das Recht zur Auflösung der Parlamente nach Deutschem Reichs- und Preußischem Landesstaatsrecht unter Berücksichtigung der historischen Grundlagen, Dingelstädt 1926

Kretzschmar, Hellmut, Die sächsische Verfassung vom 4. September 1831, in: Arbeitsstab Landtag (Hrsg.), Der Sächsische Landtag. Geschichte und Gegenwart, S. 21-33

Kringe, Wolfgang, Verfassungsgenese. Die Entstehung der Landesverfassung der Freien Hansestadt Bremen vom 21. Oktober 1947, Frankfurt am Main 1993

Kröning, Volker u.a. (Hrsg.), Handbuch der Bremischen Verfassung, Baden-Baden 1991

Kunig, Philip, Das Rechtsstaatsprinzip. Überlegungen zu seiner Bedeutung für das Verfassungsrecht der Bundesrepublik Deutschland, Tübingen 1986

ders., s. v. Münch/ Kunig, GG

Kunzmann, Bernd/ Haas, Michael/ Baumann-Hasske, Die Verfassung des Freistaates Sachsen - Kommentierte Textausgabe, 2. Aufl., Berlin 1997

Landtag des Saarlandes (Hrsg.), Daten, Fakten, Zahlen, 12. Wahlperiode, 4. Aufl., Saarbrücken 2003

Landtagsbüro (Hrsg.), Handbuch des Freistaates Sachsen, Dresden 1929

Lange, Rolf/ Richter, Gerhard, Erste vorzeitige Auflösung des Bundestages, in: ZParl 1973, S. 38-75

Larenz, Karl/ Canaris, Claus-Wilhelm, Methodenlehre der Rechtswissenschaft, 3. Aufl., Berlin 1995

Leibholz, Gerhard, Strukturprobleme der modernen Demokratie, Frankfurt am Main 1974 (Neuausgabe der 3. Aufl. 1967)

Lenz, Helmut, s. Hamann/ Lenz, GG

Leusser, Claus, s. Nawiasky/ Leusser, BayVerf

Ley, Richard, Die Auflösung der Parlamente im deutschen Verfassungsrecht, in: ZParl 1981, S. 367-377

ders., Staats- und Verwaltungsrecht für Rheinland-Pfalz, 3. Aufl., Baden-Baden 1992

Lieberam, Ekkehard, Bürgerdemokratie und soziale Grundrechte. Diskussionsbeitrag zum Verfassungsentwurf sächsischer Hochschullehrer, in: IDEE e.V. (Hrsg.), Die neue Verfassung für das Land Sachsen, S. 28-32

Lienbacher, Georg, s. Holoubek/ Lienbacher, Rechtspolitik der Zukunft - Zukunft der Rechtspolitik

Liesegang, Helmuth, Zur verfassungsrechtlichen Problematik der Bundestagsauflösung, in: NJW 1983, S. 147-150

Linck, Joachim/ Jutzi, Siegfried/ Hopfe, Jörg, Die Verfassung des Freistaats Thüringen. Kommentar, Stuttgart 1994

Lindemann, Helmut, Das antiquierte Grundgesetz - Plädoyer für eine zeitgemäße Verfassung, Hamburg 1966

Lippert, Michael R., Bestellung und Abberufung der Regierungschefs und ihre funktionale Bedeutung für das parlamentarische Regierungssystem. Entwickelt am Beispiel des deutschen Bundeskanzlers und des britischen Premierministers, Berlin 1973

Loewenstein, Karl, Staatsrecht und Staatspraxis von Großbritannien, Band I. Parlament, Regierung, Parteien, Berlin 1967

ders., Verfassungsrecht und Verfassungsrealität. Beiträge zur Ontologie der Verfassungen, in: AöR 77 [1951/ 52], S. 387-435

Löwer, Wolfgang, Inszeniertes Misstrauen, in: DVBl. 2005, S. 1102-1111

ders./ Tettinger, Peter, Kommentar zur Verfassung des Landes Nordrhein-Westfalen, Stuttgart 2002

Lorch, Alexander, Die Parlamentsauflösung nach deutschem Landesstaatsrecht unter Berücksichtigung der Verfassungen von Preußen, Bayern, Württemberg, Baden und Hessen, Frankfurt am Main 1922

Luchterhandt, Otto (Hrsg.), Neue Regierungssysteme in Osteuropa und der GUS. Probleme der Ausbildung stabiler Machtinstitutionen, 2. Aufl., Berlin 2002

Ludwig, Jörg/ Neemann, Andreas, Revolution in Sachsen 1848/ 49 - Darstellung und Dokumente, Dresden 1999

Lungwitz, Wolfgang (Bearb.), UdSSR. Staat - Demokratie - Leitung. Dokumente, 2. Aufl., Berlin 1983

Luthardt, Wolfgang (Hrsg.), Von der Weimarer Republik zum Faschismus: Die Auflösung der demokratischen Rechtsordnung, Frankfurt am Main 1976

Mager, Ute, Die Vertrauensfrage - Zu Auslegung und Justitiabilität von Art. 68 GG, in: Jura 2006, S. 290-296

Mahnke, Hans-Heinrich, Die Verfassung des Landes Sachsen-Anhalt. Textausgabe mit Erläuterungen, Berlin 1993

Mahrenholz, Ernst Gottfried, Die Vertrauensfrage des Kanzlers nach Art. 68 GG kann entfallen. Die Richter haben sich diesmal zu sehr aus der politischen Sphäre herausgehalten, in: ZRP 2005, S. 245 f.

Malinka, Hartmut, Die Verfassungsentwicklung im Freistaat Sachsen, in: Borgmann u.a. (Hrsg.), Verfassungsreform und Grundgesetz. 32. Tagung der Wissenschaftlichen Mitarbeiterinnen und Mitarbeiter der Fachrichtung „Öffentliches Recht“, Regensburg 1992, S. 75-94

Mampel, Siegfried, Die Entwicklung der Verfassungsordnung in der Sowjetzone Deutschlands von 1945 bis 1963, in: JöR (n.F.) 13 [1964], S. 455-579 *ders.*, Die Verfassung der Sowjetischen Besatzungszone Deutschlands. Text und Kommentar, 2. Aufl., Frankfurt am Main 1966

Mangoldt, Hans von, Die Verfassung des Freistaates Sachsen - Entstehung und Gestalt, in: SächsVBl. 1993, S. 25-35

ders., Die Verfassungen der neuen Bundesländer. Einführung und synoptische Darstellung. Sachsen, Brandenburg, Sachsen-Anhalt, Mecklenburg-Vorpommern, Thüringen, Tübinger Schriften zum Staats- und Verwaltungsrecht, Band 15, 2. Aufl., Berlin 1997

ders., Entstehung und Grundgedanken der Verfassung des Freistaates Sachsen, Vortrag am 24. Januar 1996, in: Leipziger Juristische Vorträge, Heft 20, Leipzig 1996

Mangoldt, Hermann von/ Klein, Friedrich, Kommentar zum Grundgesetz - Band 2: Art. 20 bis 82, 5. Aufl., München 2005

Matzerath, Josef, Aspekte sächsischer Landtagsgeschichte, [Sächsischer Landtag] 1998

ders., Aspekte sächsischer Landtagsgeschichte, Umbrüche und Kontinuitäten 1815-1868, [Sächsischer Landtag] 2000

ders., s. Denk/ Matzerath, Dresdner Parlamente

Mauersberg, Jasper, Ideen und Konzeption Hugo Preuß' für die Verfassung der deutschen Republik 1919 und ihre Durchsetzung im Verfassungswerk von Weimar, Frankfurt am Main, 1991

Maurer, Hartmut, Allgemeines Verwaltungsrecht, 16. Aufl., München 2006

ders., Staatsrecht I. Grundlagen, Verfassungsorgane, Staatsfunktionen, 5. Aufl., München 2007

ders., Vorzeitige Auflösung des Bundestages, in: DÖV 1982, S. 1001-1007

Mayer, Heinz, Das österreichische Bundes-Verfassungsrecht. B-VG, Grundrechte, Verfassungsgerichtsbarkeit, Verwaltungsgerichtsbarkeit. Kurzkommentar, Wien 1994

ders., s. Walter/ Mayer, Grundriß des österreichischen Bundesverfassungsrechts

Meder, Theodor, Die Verfassung des Freistaates Bayern. Handkommentar, 4. Aufl., Stuttgart 1992

Meissner, Claus, s. Degenhart/ Meissner, Handbuch

Meißner, Otto, Das neue Staatsrecht des Reichs und seiner Länder, Berlin 1921

Mengele, Hans-Peter, Wer zu Späth kommt... Baden-Württembergs außenpolitische Rolle in den Umbruchsjahren, Tübingen 1995

Mester, Georg, Die Volksinitiative in Sachsen. Ein Beitrag zur verfassungsgeschichtlichen und verfassungsrechtlichen Entwicklung des legislativen Einleitungsverfahrens seit der Verfassung von 1831, Dresdner Schriften zum Öffentlichen Recht, Band 2, Frankfurt am Main 2003

Meuschel, Sigrid/ Richter, Michael/ Zwahr, Hartmut, Friedliche Revolution in Sachsen - Das Ende der DDR und die Wiederbegründung des Freistaates, Dresden 1999

Meyer, Hans, Anmerkung zu BVerfG, Urteil v. 16.2.1983 - 2 BvE 1, 2, 3, 4/83, in: DÖV 1983, S. 243-246

Meyn, Karl-Ulrich, Die Verfassungskonventionalregeln im Verfassungssystem Großbritanniens, Göttinger Rechtswissenschaftliche Studien, Band 93, Göttingen 1975

Mielke, Henning, Die Auflösung der Länder in der SBZ/DDR 1945-1952. Von der deutschen Selbstverwaltung zum sozialistisch-zentralistischen Einheitsstaat nach sowjetischem Modell 1945-1952, Stuttgart 1995

Mittelstein, Max, Die Verfassung der Freien und Hansestadt Hamburg vom 7. Januar 1921 nebst den ergänzenden Gesetzen über ihre Einführung, Bürgerschaftswahl, Senat und Volksentscheid sowie der Geschäftsordnung der Bürgerschaft, Nachdruck der 2., erweiterten Aufl. der Ausgabe Hamburg 1924, Goldbach 1995

Moritz, Reinhold, s. Cech/ Moritz/ Ponzer, Die Verfassung der Bundeshauptstadt Wien

Müller, Friedrich, Juristische Methodik, 7. Aufl., Berlin 1997

Müller, Klaus, Verfassung des Freistaats Sachsen - Kommentar, Baden-Baden 1993

Münch, Ingo von, Staatsrecht I, 6. Aufl., Stuttgart 2000

ders./ Kunig, Philip (Hrsg.), Grundgesetz-Kommentar, Band 2 (Art. 20 bis Art. 69), 5. Aufl., München 2001

dies. (Hrsg.), Grundgesetz-Kommentar, Band 3 (Art. 70-146), 5. Aufl., München 2003

Mutius, Albert von/ Friedrich, Thomas, Verfassungsentwicklung in den neuen Bundesländern - zwischen Eigenstaatlichkeit und notwendiger Homogenität, in: Staatswissenschaften und Staatspraxis 1991, S. 243-281 *ders./ Wuttke, Horst/ Hübner, Peter,* Kommentar zur Landesverfassung Schleswig-Holstein, Kiel 1995

Nawiasky, Hans/ Leusser, Claus, Die Verfassung des Freistaates Bayern vom 2. Dezember 1946. Systematischer Überblick und Handkommentar mit einer Darstellung der nationalsozialistischen Revolution vom staatsrechtlichen Blickpunkt sowie den wichtigsten Durchführungsgesetzen zur Verfassung, München 1948

Nebinger, Robert (Hrsg.), Kommentar zur Verfassung für Württemberg-Baden, Stuttgart 1948

Neemann, Andreas, Landtag und Politik in der Reaktionszeit - Sachsen 1849/ 50 - 1866, Düsseldorf 2000

ders., s. Ludwig/ Neemann, Revolution in Sachsen 1848/ 49

Neocleous, Andreas & Co, Introduction to Cyprus Law, Limassol 2000

Neubauer, Frank, Neuwahlen und Grundgesetz - Vorschlag einer Grundgesetz-Ergänzung, in: DÖV 1973, S. 597-599

Neumann, Heinzgeorg, Die Niedersächsische Verfassung. Handkommentar, 3. Aufl., Stuttgart 2000

ders., Die Verfassung der Freien Hansestadt Bremen. Kommentar, Stuttgart 1996

Neumann, Manfred J., s. Pfennig/ Neumann, Verfassung von Berlin-West

Niclauß, Karlheinz, Auflösung oder Selbstauflösung? Anmerkungen zur Verfassungsdiskussion nach der Vertrauensfrage des Bundeskanzlers 2005, in: ZParl 2006, S. 40-46

Niedermayer, Oskar/ Stöss, Richard, Die Wahl zum Berliner Abgeordnetenhaus vom 21. Oktober 2001: Regierungswechsel nach vorgezogenen Neuwahlen, in: ZParl 2002, S. 244-261

Nitschke, Peter, s. Konegen/ Nitschke (Hrsg.), Revision des Grundgesetzes?

Oberreuter, Heinrich, Regierende Mehrheit und Opposition in Sachsen, in: Iltgen (Hrsg.), Zehn Jahre Sächsischer Landtag - Bilanz und Ausblick, Festschrift, Dresden 2000, S. 130-154

Öhlinger, Theo, Verfassungsrecht, 2. Aufl., Wien 1995

Oldiges, Martin, s. Wiefelspütz/ Oldiges, Pro & Contra

Olivier, Yvonne, Verfassung in der Diskussion. Der Verfassungs- und Rechtsausschuß des Sächsischen Landtages, in: Landtagskurier Freistaat Sachsen, Nr. 4/ 91, S. 4

Papier, Hans-Jürgen, s. Grimm/ Papier, StVwR NRW

Paterna, Tatiana, Volksgesetzgebung. Analyse der Verfassungsdebatte nach der Vereinigung Deutschlands, Frankfurt am Main 1995

Patzelt, Werner J., Vertrauensfrage und Parlamentsauflösung/ Vote of Confidence and Parlamentary Dissolution - Parlamentsauflösung im Internationalen Vergleich, in: ZSE 2006, S. 120-141

Pelinka, Anton, Das politische System Österreichs, in: Ismayr (Hrsg.), Die politischen Systeme Westeuropas, S. 521-607

Pestalozza, Christian, Art. 68 GG light oder die Wildhüter der Verfassung, in: NJW 2005, S. 2817-2820

ders., Die überarbeitete Verfassung von Berlin, in: LKV 1995, S. 344-353

ders., „Formenmißbrauch" des Staates. Zu Figur und Folgen des „Rechtsmißbrauchs" und ihrer Anwendung auf staatliches Verhalten, Münchener Universitätsschriften. Reihe der Juristischen Fakultät, Band 28, München 1973

ders., Verfassungen der deutschen Bundesländer mit den Verfassungsgerichtsgesetzen - Textausgabe mit Sachverzeichnis und Einführung von o. Universitätsprofessor Dr. Christian Pestalozza, Berlin, 8. Aufl., München 2005

Pfeifer, Bernd, Bundestagsauflösung trotz Kanzlermehrheit?, in: VR 2005, S. 253-256

Pfennig, Gero/ Neumann, Manfred J., Verfassung von Berlin - Kommentar, 2. Aufl., Berlin 1987

Pieroth, Bodo, s. Jarass/ Pieroth, GG-Komm.

Pirsch, Jürgen, s. Thiele/ Pirsch/ Wedemeyer, Die Verfassung des Landes M-V

Poetzsch-Heffter, Vom Deutschen Staatsleben (vom 30. Januar bis 31. Dezember 1933), in: JöR 22 [1935], S. 1-272

Pohl, Heinrich, Die Auflösung des Reichstags. Akademische Antrittsrede, Stuttgart 1921

Pokorni, Norbert, Die Auflösung des Parlaments. Bedeutungswandel und Zurücktreten eines Verfassungsinstituts, Bonn 1967

Ponzer, Josef, s. Cech/ Moritz/ Ponzer, Die Verfassung der Bundeshauptstadt Wien

Preuß, Hugo, Denkschrift zum Entwurf des allgemeinen Teils der Reichsverfassung vom 3. Januar 1919, in: Staat, Recht und Freiheit. Aus 40 Jahren deutscher Politik und Geschichte. Mit einem Geleitwort von Theodor Heuss, Hildesheim 1964 (Nachdruck der Ausgabe Tübingen 1926), S. 368-394

Püttner, Günter, Vorzeitige Neuwahlen - ein ungelöstes Reformproblem, in: NJW 1983, S. 15 f.

Pyta, Wolfram, „Weimar" in der bundesdeutschen Geschichtswissenschaft, in: Gusy, Weimars lange Schatten, S. 21-62

Raciborski, Jacek/ Wiatr, Jerzy J., Demokratie in Polen. Elemente des politischen Systems, Opladen 2005

Rebe, Bernd, s. Korte/ Rebe, Verfassung und Verwaltung des Landes Nds

Redslob, Robert, Die parlamentarische Regierung in ihrer wahren und in ihrer unechten Form. Eine vergleichende Studie über die Verfassungen von England, Belgien, Ungarn, Schweden und Frankreich, Tübingen 1918

Reich, Andreas, Verfassung des Landes Sachsen-Anhalt. Kommentar, Bad Honnef 1994

Reich, Siegfried (Hrsg.), Festschrift zum 100-jährigen Jubiläum des Sächsischen Oberverwaltungsgerichts, München 2002

Reichhardt, Hans J., Die Entstehung der Verfassung von Berlin - Eine Dokumentation I, Berlin 1990

Reimer, Franz, Vertrauensfrage und Bundestagsauflösung bei parlamentarischer Anscheinsgefahr, in: JuS 2005, S. 680-683

Reutter, Werner, Vertrauensfrage und Parlamentsauflösung. Anmerkungen zur verfassungspolitischen Debatte und zur Verfassungspraxis in den Ländern, in: PVS 2005, S. 655-673

Richter, Gerhard, s. Lange/ Richter, Erste vorzeitige Auflösung des Bundestages

Richter, Michael, s. Meuschel/ Richter/ Zwahr, Friedliche Revolution in Sachsen

ders., Von der friedlichen Revolution zum Freistaat Sachsen, in: Meuschel/ Richter/ Zwahr, Friedliche Revolution in Sachsen, S. 45-58

ders.,/ Sobeslavsky, Erich, Die Gruppe der 20 - Gesellschaftlicher Aufbruch und politische Opposition in Dresden 1989/ 90, Köln 1999

Ritzel, Heinrich/ Bücker, Joseph/ Schreiner, Hermann J., Handbuch für die Parlamentarische Praxis mit Kommentar zur Geschäftsordnung des Deutschen Bundestages, Neuwied 1990 (Stand: März 2006)

Röhring, Hans-Helmut/ Sontheimer, Kurt, Handbuch des deutschen Parlamentarismus. Das Regierungssystem der Bundesrepublik in 270 Stichworten, München 1970

Röper, Erich, Verfassungsgebung und Verfassungskontinuität in den östlichen Bundesländern, in: ZG 1991, S. 149-169

Roggemann, Herwig, Die DDR-Verfassungen. Einführung in das Verfassungsrecht der DDR - Grundlagen und neuere Entwicklungen, 4. Aufl., Berlin 1989

dies., Die Verfassungen der sozialistischen Staaten, Berlin 1980

Rozek, Jochen, Das Grundgesetz als Prüfungs- und Entscheidungsmaßstab der Landesverfassungsgerichte. Zugleich ein Beitrag zum Phänomen der in die Landesverfassung hineinwirkenden Bundesverfassung, Baden-Baden 1993

Rühmann, Jürgen, s. Schimpff/ Rühmann, Protokolle

Ruhland, Volker, Die bürgerliche Revolution von 1830/ 31 und Sachsens Übergang in den Verfassungsstaat, in: Dresdner Hefte, Heft 26/ 91 - „Dem Mute aller Sachsen anvertraut". Landesverfassung und Reformen in Sachsen nach 1831, Dresden 1991, S. 5-12

Rux, Johannes, Die Verfassungsentwürfe in den neuen Bundesländern, in: NJ 1992, S. 147-151

Rydlewski, Grzegorz, Regierung und Regierungsverwaltung in Polen im Transformationsprozeß, in: Sulowski/ Wojtaszczyk, Das politische System Polens, S. 63-85

Rynkowski, Michal, s. Banaszak/ Rynkowski, Die neue polnische Verfassung

Sabrow, Martin, Die verdrängte Verschwörung - Der Rathenau-Mord und die deutsche Gegenrevolution, Frankfurt am Main 1999

Sacher, Siegfried, Demokratischer Block und Landtag des Landes Sachsen im Prozeß der Herausbildung der sozialistischen Staatlichkeit, in: StuR 1972, Heft 5, S. 745-755

ders., Demokratischer Block und Landtag des Landes Sachsen in der antifaschistisch-demokratischen Revolution, in: StuR 1970, Heft 5, S. 715-725

Sachs, Michael (Hrsg.), Grundgesetz. Kommentar, 4. Aufl., München 2007

ders., s. Simon/ Franke/ Sachs, Hdb-Bbg

ders., Zur Verfassung des Landes Brandenburg, in: LKV 1993, S. 241-248

Sächsischer Landtag (Hrsg.), Volkshandbuch, 1. Wahlperiode, 1. Aufl., Rheinbreitbach 1991

Sannwald, Rüdiger, Die Beratungen zur Reform des Parlamentsrechts in der Gemeinsamen Verfassungskommission, in: ZParl 1994, S. 15-32

Schäfer, Hans, s. Süsterhenn/ Schäfer, Verf RhPf-Komm.

Schambeck, Herbert (Hrsg.), Das Österreichische Bundes-Verfassungsgesetz und seine Entwicklung, Berlin 1980

ders., Die Demokratie, in: ders. (Hrsg.), Das Österreichische Bundes-Verfassungsgesetz und seine Entwicklung, S. 149-252

Schelcher, Walter, Entspricht eine wiederholte Auflösung des Reichstags der Verfassung?, in: DJZ 1924, S. 887-890

Schenke, Wolf-Rüdiger, Das „gefühlte" Misstrauen. Zur Verfassungsrechtslage nach der Entscheidung des Bundesverfassungsgerichts vom 25.8.2005 zur Vertrauensfrage nach Art. 68 GG, in: ZfP 2006, S. 26-49

ders., Die verfassungswidrige Bundestagsauflösung, in: NJW 1982, S. 2521-2528

ders., Zur verfassungsrechtlichen Problematik der Bundestagsauflösung, in: NJW 1983, S. 150-153

ders./ Baumeister, Peter, Vorgezogene Bundestagswahlen: Überraschungscoup ohne Verfassungsbruch?, in: NJW 2005, S. 1844-1846

Schimpff, Volker/ Rühmann, Jürgen, Die Protokolle des Verfassungs- und Rechtsausschusses zur Entstehung der Verfassung des Freistaates Sachsen - Materialien und Studien des Sächsischen Landtages, Band 1, Rheinbreitbach 1997

Schindler, Peter (Bearb.), Datenhandbuch zur Geschichte des Deutschen Bundestages 1949 bis 1982, Bonn 1983

Schmalz, Dieter, Methodenlehre für das juristische Studium, 3. Aufl., Baden-Baden 1992

Schmidt, Gerhard, Der Sächsische Landtag 1833-1918 - Sein Wahlrecht und seine soziale Zusammensetzung, in: Arbeitsstab Landtag (Hrsg.), Der Sächsische Landtag. Geschichte und Gegenwart, S. 35-47

Schmidt-Bleibtreu, Bruno/ Klein, Franz, Kommentar zum Grundgesetz, 10. Aufl., München 2004

Schmitt, Carl, „Einmaligkeit" und „gleicher Anlaß" bei der Reichstagsauflösung nach Art. 25 der Reichsverfassung, in: AöR 8 n.F. [1925], S. 162-174

Schmitz, Georg, Die Vorentwürfe Hans Kelsens für die österreichische Bundesverfassung, Wien 1981

Schnapp, Friedrich E., Das Rechtsstaatsprinzip in der Verfassung der Republik Polen, in: Osteuroparecht 2001, S. 171-183

Schneider, Hans, Gesetzgebung. Ein Lehrbuch, 2. Aufl., Heidelberg 1991

ders./ Götz, Volkmar (Hrsg.), Im Dienst an Recht und Staat, Festschrift für Werner Weber zum 70. Geburtstag, Berlin 1974

Schneider, Hans-Peter, Die vereinbarte Parlamentsauflösung - Zur Funktion des Art. 68 GG im parlamentarischen Regierungssystem, in: JZ 1973, S. 652-656

ders., Sibyllinisch oder salomonisch?, in: NJW 1983, S. 1529 f.

ders., s. Faber/ Schneider, NdsStVwR

ders./ Zeh, Wolfgang (Hrsg.), Parlamentsrecht und Parlamentspraxis in der Bundesrepublik Deutschland. Ein Handbuch, Berlin 1989

Schoch, Friedrich, Vertrauensfrage und Parlamentsauflösung/ Vote of Confidence and Parlamentary Dissolution - Der funktionale Zusammenhang zwischen der Vertrauensfrage des Bundeskanzlers und dem parlamentarischen Regierungssystem, in: ZSE 2006, S. 88-102

Schöneburg u.a., Errichtung des Arbeiter- und Bauernstaates der DDR 1945-1949, Berlin 1983

Schreiner, Hermann J., s. Ritzel/ Bücker/ Schreiner, Handbuch für die Parlamentarische Praxis

Schröder, Wolfgang, s. Döscher/ Schröder, Sächsische Parlamentarier 1869-1918

Schultes, Karl, Der Aufbau der Länderverfassungen in der sowjetischen Besatzungszone, Berlin 1948

Seifert, Karl-Heinz/ Hömig, Dieter (Hrsg.), Grundgesetz für die Bundesrepublik Deutschland. Taschenkommentar, 7. Aufl., Baden-Baden 2003

Simon, Helmut/ Franke, Dietrich/ Sachs, Michael (Hrsg.), Handbuch der Verfassung des Landes Brandenburg, Stuttgart 1994

Skrzydlo, Wieslaw, Konstytucja Rzeczypospolitej Polskiej. Kommtarz, Zakamycze 2000

Sobeslavsky, Erich, s. Richter/ Sobeslavsky, Die Gruppe der 20

Sörgel, Werner, Konsensus und Interessen. Eine Studie zur Entstehung des Grundgesetzes, Opladen 1985

Sommer, Monika, Verfassungsgebung in den neuen Bundesländern - Eine Bestandsaufnahme, in: AuR 1993, S. 381-383

Sontheimer, Kurt, s. Röhring/ Sontheimer, Handbuch

Spanner, Hans, Die Entwicklung, in: Schambeck (Hrsg.), Das Österreichische Bundes-Verfassungsgesetz und seine Entwicklung, S. 33-55

Starck, Christian, Anmerkung zu BVerfG, Urteil v. 25.8.2005 - 2 BvE 4/05 und 7/05, in: JZ 2005, S. 1053-1056

Starke, Enno, Recht und Sinn der Parlamentsauflösung. Zugleich ein Beitrag zur Reform des Grundgesetzes, Hamburg 1972

Statistisches Reichsamt (Hrsg.), Statistisches Jahrbuch für das Deutsche Reich 1933, Berlin 1933

Steiger, Heinhard, Selbstauflösungsrecht für den Bundestag?, in: Avenarius u.a. (Hrsg.), Festschrift für Erwin Stein, S. 349-367

Stein, Erwin, s. Zinn/ Stein, Verfassung des Landes Hessen

Steinberg, Rudolf, Die neuen Verfassungen der baltischen Staaten, in: JöR 43 [1995], S. 55-67

Stern, Klaus, Das Staatsrecht der Bundesrepublik Deutschland, Band 1 - Grundbegriffe und Grundlagen des Staatsrechts, Strukturprinzipien der Verfassung, 2. Aufl., München 1984

ders., Das Staatsrecht der Bundesrepublik Deutschland, Band 2 - Staatsorgane, Staatsfunktionen, Finanz- und Haushaltsverfassung, Notstandsverfassung, 2. Aufl., München 1980

ders., s. Böckenförde/ Stern (Mitarb.), Die Ergebnisse der Enquête-Kommission Verfassungsreform und die verfassungsrechtliche Fortentwicklung der Bundesrepublik

Stober, Rolf (Hrsg.), Quellen zur Entstehungsgeschichte der Sächsischen Verfassung - Dokumentation, Dresden 1993

Stöber, Robert (Hrsg.), Die saarländische Verfassung vom 15. Dezember 1947 und ihre Entstehung. Sitzungsprotokolle der Verfassungskommission, der Gesetzgebenden Versammlung des Saarlandes (Landtag) und des Verfassungsausschusses, Köln 1952

Stöss, Richard, s. Niedermayer/ Stöss, Wahl zum Berliner Abgeordnetenhaus 2001

Sturm, Roland, Das politische System Großbritanniens, in: Ismayr (Hrsg.), Die politischen Systeme Westeuropas, S. 225-262

Süsterhenn, Adolf/ Schäfer, Hans, Kommentar der Verfassung für Rheinland-Pfalz mit Berücksichtigung des Grundgesetzes für die Bundesrepublik Deutschland, Koblenz 1950

Sulowski, Stanislaw/ Wojtaszczyk, Konstanty Adam, Das politische System Polens, Warszawa 2001

Terhechte, Jörg Philipp, Die vorzeitige Bundestagsauflösung als verfassungsrechtliches Problem, in: Jura 2005, S. 512-519

Tettinger, Peter, s. Löwer/ Tettinger, NRWVerf-Komm.

Thiele, Burkhard/ Pirsch, Jürgen/ Wedemeyer, Kai, Die Verfassung des Landes Mecklenburg-Vorpommern. Kommentierte Textausgabe, Berlin 1995

Tiemann, Burkhard, Neuwahlen als Parteivereinbarung?, in: JZ 1972, S. 510-512

Toews, Hans-Jürgen, Die Regierungskrise in Niedersachsen (1969/ 70) - Parteistaat und parlamentarisches Regierungssystem in der Verfassungspraxis, in: AöR 96 n.F. [1971], S. 354-391

ders., Verfassungsreform und Parlamentsauflösung, in: Schneider/ Götz (Hrsg.), Im Dienst an Recht und Staat, S. 269-298

Tosse, Thomas, Parlamentsauflösung - Funktionen und Formen in der Bundesrepublik Deutschland, München 1988

Triepel, Heinrich, Quellensammlung zum Deutschen Reichsstaatsrecht, 5. Aufl., Tübingen 1931

Tröndle, Herbert/ Fischer, Thomas, Strafgesetzbuch und Nebengesetze, 54. Aufl., München 2007

Ullmann, Wolfgang, Vorschule der Demokratie - Kirche und Runder Tisch, Sonderdruck, Berlin 1990

Umbach, Dieter C., Parlamentsauflösung in Deutschland. Verfassungsgeschichte und Verfassungsprozeß, Berlin 1989

ders./ Clemens, Thomas (Hrsg.), Grundgesetz. Mitarbeiterkommentar und Handbuch, Band I (Art. 1-37), Heidelberg 2002

dies./ Dollinger, Franz-Wilhelm (Hrsg.), Bundesverfassungsgerichtsgesetz. Mitarbeiterkommentar und Handbuch, 2. Aufl., Heidelberg 2005

Vaatz, Arnold, s. Heitmann/ Vaatz, Nachbemerkung

Vierhaus, Rudolf, Von der altständischen zur Repräsentativverfassung, in: Bosl (Hrsg.), Der moderne Parlamentarismus, S. 177-194

Vogel, Klaus, s. Dolzer/ Vogel/ Graßdorf, BK

Voigt, Rüdiger, Recht - Spielball der Politik? Rechtspolitologie im Zeichen der Globalisierung, 4. Aufl., Baden-Baden 2000

Vollnhals, Clemens (Hrsg.), Sachsen in der NS-Zeit, Leipzig 2002

Walter, Robert/ Mayer, Heinz, Grundriß des österreichischen Bundesverfassungsrechts, 8. Aufl., Wien 1996

Wassermann, Hendrik, Selbstauflösungsrecht des Bundestags?, in: RuP 2005, S. 186

Wassermann, Rudolf, Die manipulierte Verfassung. Anmerkungen zum politischen Sommertheater um Art. 68 GG, in: RuP 2005, S. 131-136

ders. (Hrsg.), Kommentar zum Grundgesetz für die Bundesrepublik Deutschland. Band 2. Art. 38-146, 2. Aufl., Neuwied 1989

Weber, Max, Zur Neuordnung Deutschlands. Schriften und Reden 1918-1920, Studienausgabe der Max Weber-Gesamtausgabe Band I/ 16, herausgegeben von Wolfgang J. Mommsen, Tübingen 1991

Wedemeyer, Kai, s. Thiele/ Pirsch/ Wedemeyer, Die Verfassung des Landes M-V

Weinberger, Ota, Recht, Institution und Rechtspolitik. Grundprobleme der Rechtstheorie und Sozialphilosophie, Stuttgart 1987

Weis, Hubert, Regierungswechsel in den Bundesländern. Verfassungspraxis und geltendes Recht, Berlin 1980

Wettig-Danielmeier, Inge, Die erste Selbstauflösung eines Parlaments. Analyse der niedersächsischen Koalitionskrise 1969/ 70, in: ZParl 1970, S. 269-284

Wiatr, Jerzy J., s. Raciborski/ Wiatr, Demokratie in Polen

Widder, Helmut, Parlamentsauflösung und Regierungsbildung in Österreich, in: ZParl 1972, S. 86-102

Wieczoreck, Roswitha, Sächsische Landtagsordnungen im 19. Jahrhundert, in: Dresdner Hefte, Heft 26/ 91 - „Dem Mute aller Sachsen anvertraut". Landesverfassung und Reformen in Sachsen nach 1831, Dresden 1991, S. 79-85

Wiefelspütz, Dieter/ Oldiges, Martin, Pro & Contra. Selbstauflösungsrecht des Deutschen Bundestages?, in: ZRP 2005, S. 207

Winkler, Daniela, Vertrauensfrage und Parlamentsauflösung/ Vote of Confidence and Parlamentary Dissolution - Politik im verfassungsfreien Raum, in: ZSE 2006, S. 103-119

Wirsching, Andreas, Konstruktion und Erosion: Weimarer Argumente gegen Volksbegehren und Volksentscheid, in: Gusy, Weimars lange Schatten, S. 335-353

With, Hans de (Hrsg.), Deutsche Rechtspolitik. Entwicklungen und Tendenzen in der Bundesrepublik Deutschland seit 1949, 2. Aufl., Karlsruhe 1980

Wittmayer, Leo, Zur Auflösung des deutschen Reichstages, in: AöR 7 n.F. [1924], S. 86-88

Wittreck, Fabian, Weimarer Landesverfassungen. Die Verfassungsurkunden der deutschen Freistaaten 1918-1933. Textausgabe mit Sachverzeichnis und einer Einführung, Tübingen 2004

Wöhrmann, Gotthard, s. Heyde/ Wöhrmann (Hrsg.), Auflösung und Neuwahl des Bundestages 1983 vor dem Bundesverfassungsgericht

Woelker, Konrad, Die Verfassung des Freistaates Sachsen, Leipzig 1921

Wojtaszczyk, Konstanty Adam, s. Sulowski/ Wojtaszczyk, Das politische System Polens

Wolfrum, Rüdiger, s. Delbrück/ Wolfrum, Die Auflösung des 9. Deutschen Bundestages

Wuttke, Horst, Die Arbeit der Enquête-Kommission, in: Landeszentrale für politische Bildung Schleswig-Holstein (Hrsg.), Eine Verfassung für Schleswig-Holstein, Kiel 1990, S. 21-41

ders., s. v. Mutius/ Wuttke/ Hübner, Kommentar zur Landesverfassung SchlH

Wyduckel, Dieter, Der Verwaltungsaufbau und das Verwaltungsverfahren in Sachsen um 1900, in: Reich (Hrsg.), Festschrift zum 100-jährigen Jubiläum des Sächsischen Oberverwaltungsgerichts, S. 79-106

ders., Die Entwicklung der Staats- und Kommunalverwaltung in Sachsen von 1815 bis 1918, in: Bauer u.a. (Hrsg.), 100 Jahre Allgemeines Baugesetz Sachsen, S. 19-43

Yardley, David, Introduction to Constitutional and Administrative Law, Eight edition, London 1995

Zeh, Wolfgang, s. Schneider/ Zeh, Parlamentsrecht

Zervakis, Peter A., Die politischen Systeme Zyperns, in: Ismayr, Die politischen Systeme Osteuropas, S. 847-892

Ziemer, Klaus, Struktur- und Funktionsprobleme der Parlamente, in: Luchterhandt (Hrsg.), Neue Regierungssysteme in Osteuropa und der GUS, S. 175-203

Ziller, Otto, Die Geschäftsordnung des sächsischen Landtags, Riesa 1930

Zinn, Georg August/ Stein, Erwin, Verfassung des Landes Hessen, Band 1 und 2, Stand: 16. Ergänzungslieferung, Baden-Baden 1999

Zwahr, Hartmut, Die demokratische Revolution in Sachsen: „Wir sind das Volk!“, in: Meuschel/ Richter/ Zwahr, Friedliche Revolution in Sachsen, S. 34-43

ders., s. Meuschel/ Richter/ Zwahr, Friedliche Revolution in Sachsen

C. Beiträge in Zeitungen

Diepholz, Otto, Die SPD möchte über Bundestags-Neuwahlen zum Ziel kommen, in: FAZ vom 14. September 1966 (Nr. 213), S. 1

Eisenhauer, Bertram, s. v. Wrangel/ Eisenhauer, FAS vom 5. Juni 2005, S. 4

Fras, Damir/ Michel, Jörg/ Schellenberger, Rouven, SPD misstraut Müntefering, in: Berliner Zeitung vom 29. Juni 2005 (Nr. 149), S. 1

Fromme, Friedrich Karl, Die vier Stationen vor einer Neuwahl des Bundestages, in: FAZ vom 30.11.1982 (Nr. 277), S. 10 f.

ders., Schwierigkeiten mit der Parlamentsauflösung. Eine Grundgesetzänderung wäre besser als der bevorstehende Präzedenzfall, in: FAZ vom 7. August 1972 (Nr. 180), S. 2

Gröschner, Rolf/ Lembcke, Oliver, Zwei Hüter einer Verfassung?, in: FAZ vom 24. August 2005 (Nr. 196), S. 8

Gropper, Wolfgang von, Mandatswechsel und Parlamentsauflösung. Gegensätzliche Auffassungen zum Thema Grundgesetzänderung, in: Mannheimer Morgen vom 26. September 1972 (Nr. 222), S. 2

Haibach, Hans, Die Berliner Regierung verfällt. Auch Bausenator Ristock zurückgetreten, in: FAZ vom 9. Januar 1981 (Nr. 7), S. 1, 2

ders., Berlins SPD betriebsam und ratlos. Die Suche nach dem neuen Mann, in: FAZ vom 17. Januar 1981 (Nr. 14), S. 1, 2

Heimann, Peter, Aufatmen, Abhaken, Wahlkampf, in: SZ vom 26. August 2005, Ausgabe Dresden, (Nr. 199), S. 2

Isensee, Josef, s. Mehlitz, Rheinischer Merkur vom 26. Mai 2005, S. 3

Klatt, Hartmut, Selbstauflösungsrecht ist nicht notwendig, Interview mit Carlo Schmid, in: Stuttgarter Zeitung vom 23. September 1972 (Nr. 220), S. 2

Lembcke, Oliver, s. Gröschner/ Lembcke, FAZ vom 24. August 2005, S. 8

Mehlitz, Johannes, „Medienwirksamer Regierungsselbstmord". Fragen von Johannes Mehlitz an Josef Isensee, in: Rheinischer Merkur vom 26. Mai 2005 (Nr. 21), S. 3

Michel, Jörg, s. Fras/ Michel/ Schellenberger, Berliner Zeitung vom 29. Juni 2005, S. 1

Paul, Ulrich, CDU-Mitglied will Wahlen vor Gericht stoppen, Berliner Zeitung vom 5. September 2001 (Nr. 207), S. 19

Pieck, Wilhelm, Die Verfassung des Sozialismus, Freie Presse vom 7. Dezember 1946 (Nr. 146), S. 1 f.

Preuß, Hugo, Entwurf des allgemeinen Teils der künftigen Reichsverfassung und Denkschrift zum Verfassungsentwurf, in: Deutscher Reichsanzeiger und Preußischer Staatsanzeiger Nr. 15 vom 20. Januar 1919, Erste Beilage

Rozek, Jochen, Schwierige Situation ist keine Begründung - Interview mit dem Hochschullehrer Jochen Rozek, in: SZ vom 22. Juli 2005, Ausgabe Freital (Nr. 169), S. 2

Scharlack, Ulrich, Alte Idee nun neu belebt, in: SZ vom 27./ 28. August 2005, Ausgabe Dresden, (Nr. 200), S. 2

Schellenberger, Rouven, s. Fras/ Michel/ Schellenberger, Berliner Zeitung vom 29. Juni 2005, S. 1

Schmid, Carlo, s. Klatt, Stuttgarter Zeitung vom 23. September 1972, S. 2

Schütz, Dieter, „Das ist eine unerträgliche Anmaßung". Tagesgespräch mit Wolfgang Thierse, in: SZ vom 12. August 2005, Ausgabe Dresden, (Nr. 187), S. 2

Schuller, Konrad, Opposition aus dem Präsidentenpalast, in: FAZ vom 23. Oktober 2007 (Nr. 246), S. 2

ders., Parlament lehnt Selbstauflösung ab, in: FAZ vom 7. April 2006 (Nr. 83), S. 5

Stade, Bodo, Ralf Stegner geht, die Koalition macht weiter, in: Kieler Nachrichten vom 18. September 2007 (Nr. 218), S. 1

ders., s. Wilke/ Stade, Kieler Nachrichten vom 15. September 2007, S. 15

Thierse, Wolfgang, s. Schütz, SZ vom 12. August 2005, S. 2

Urban, Thomas (tu), Polnisches Parlament berät über Auflösung, in: Süddeutsche Zeitung vom 8. und 9. September 2007 (Nr. 207), S. 8

Verfassung des Landes Sachsen (Gohrischer Entwurf), in: SZ vom 24. August 1990, Ausgabe Dresden, (Nr. 197), Beilage, S. 5 ff.

Verfassung des Landes Sachsen. Textentwurf der Gruppe der 20, in: Die Union vom 29. und 30. März 1990 (Nr. 75 und 76), jeweils S. 3

Verfassung des Freistaates Sachsen (Verfassungsausschuss - Konsens bzw. mehrheitlich - Fassung Mai 1991 - Dissense), in: SZ vom 7. Juni 1991, Ausgabe Dresden, (Nr. 130), S. 17-20 (Vormerkung, Art. 1-97)

Verfassung des Freistaates Sachsen (Verfassungsausschuss - Konsens bzw. mehrheitlich - Fassung Mai 1991 - Dissense), in: SZ vom 8./ 9. Juni 1991, Ausgabe Dresden, (Nr. 131), S. 17 f. (Art. 98-120)

Veser, Reinhard (rve.), In Polen weiter mit Kaczynski und Lepper, in: FAZ vom 18. Oktober 2006 (Nr. 242), S. 1 f.

Wallbaum, Klaus, Die Sachsen wollen ihre Verfassung im Herbst beschließen, in: Stuttgarter Zeitung vom 4. September 1991 (Nr. 205), S. 2

Wilke, Uta/ Stade, Bodo, „Das zu sagen, fällt mir schwer“, in: Kieler Nachrichten vom 15. September 2007 (Nr. 216), S. 15

Wrangel, Cornelia v./ Eisenhauer, Bertram, „Sauber wäre der Rücktritt“, in: FAS vom 5. Juni 2005 (Nr. 22), S. 4

Abkürzungsverzeichnis

a.A.	andere Ansicht
a.a.O.	am angegebenen Ort
Abg.	Abgeordneter/ Abgeordnete/ Abgeordneten
ABl.	Amtsblatt
Abs.	Absatz
Abstimm.	Abstimmung
a.D.	außer Dienst
a.E.	am Ende
ÄndGVvB	Änderungsgesetz zur Verfassung von Berlin
a.F.	alte Fassung
ALL	Alternative Linke Liste
Anm.	Anmerkung
AöR	Archiv des öffentlichen Rechts
Art.	Artikel
Artt.	Artikel (Plural)
Aufl.	Auflage
AuR	Arbeit und Recht
B'90	Bündnis 90
BaWü[1]	Baden-Württemberg
Bay	Bayern
Bbg	Brandenburg
Bd.	Band
Bearb.	Bearbeiter
Beratg.	Beratung
Berl	Berlin
Besprechg.	Besprechung
betr.	betreffend
BFD	Bund Freier Demokraten
BGBl.	Bundesgesetzblatt
BK	Bonner Kommentar
BL	Burgenland
BMI	Bundesminister (-ium) des Innern
BR	Bundesrat
BReg	Bundesregierung
Brem	Bremen
BRV	Bismarck'sche Reichsverfassung vom 16. April 1871

1. Abkürzungen von Bundesländern werden auch adjektivisch verwendet.

BT	Bundestag
BVerfG	Bundesverfassungsgericht
BVerfGE	Entscheidung des Bundesverfassungsgerichtes
BVerfGG	Gesetz über das Bundesverfassungsgericht - Bundesverfassungsgerichtsgesetz
B-VG Ö	Bundesverfassungs-Gesetz der Republik Österreich
BWahlG	Bundeswahlgesetz
BWVP	Baden-Württembergische Verwaltungspraxis
bzgl.	bezüglich
bzw.	beziehungsweise
CDU	Christlich Demokratische Union
CDU-ZME	Zentraler Musterentwurf der CDU (vom 6. Dezember 1946)
ch.	chapter (englisch: Kapitel)
CSU	Christlich-Soziale Union
CSVD	Christlich-Sozialer Volksdienst
CVP	Christliche Volkspartei des Saarlandes
DA	Demokratischer Aufbruch
DBD	Demokratische Bauernpartei Deutschlands
DDP	Deutsche Demokratische Partei
DDR	Deutsche Demokratische Republik
ders.	derselbe
d.h.	das heißt
dies.	diesselbe(n)
DJ	Demokratie Jetzt
DJZ	Deutsche Juristen-Zeitung
DNVP	Deutschnationale Volkspartei
DÖV	Die Öffentliche Verwaltung
Dok.	Dokument
DP	Deutsche Partei
d. Prot.	des Protokolles
Drs/ DS	Drucksache
DSU	Deutsch-Soziale Union
DVBl.	Deutsches Verwaltungsblatt
d. Verf.	die Verfasserin
DVP	Deutsche Volkspartei
DVU	Deutsche Volksunion
Erl.	Erläuterung
EU	Europäische Union
f.	folgende

FAS	Frankfurter Allgemeine Sonntagszeitung
FAZ	Frankfurter Allgemeine Zeitung
FDP	Freie Demokratische Partei (seit 1969 offiziell F.D.P.)
ff.	fortfolgende
FN	Fußnote
Forts.	Fortsetzung
FPÖ	Freiheitliche Partei Österreichs
früh.	frühestens
FS	Festschrift
GBl.	Gesetzblatt
GdP	Großdeutsche Volkspartei
GE-I	Gohrischer Entwurf vom 5. August 1990
GE-II	Gohrischer Entwurf vom 8. November 1990
gem.	gemäß
GeoG	Bundesgesetz über die Geschäftsordnung des Nationalrates (Österreich)
GG	Grundgesetz für die Bundesrepublik Deutschland
ggf.	gegebenenfalls
GL	Grüne Liga
gleichz.	gleichzeitige
GO	Geschäftsordnung
GVBl.	Gesetz- und Verordnungsblatt
GVK	Gemeinsame Verfassungskommission
GWU	Geschichte in Wissenschaft und Unterricht
GZ	Gegenzeichnung
HChE	Herrenchiemseer Entwurf für ein Grundgesetz
Hdb	Handbuch
HdStR	Handbuch des Staatsrechts
Hess	Hessen
h.M.	herrschende Meinung
Hmb	Hamburg
Hrsg.	Herausgeber
HS	Halbsatz
HVerfG	Hamburger Verfassungsgericht
i.d.F.	in der Fassung
insbes.	insbesondere
i.S.d.	im Sinne der/ des
i.S.e.	im Sinne eines
i.S.v.	im Sinne von
i.V.m.	in Verbindung mit

Jh.	Jahrhundert
JöR	Jahrbuch des öffentlichen Rechts der Gegenwart
Jura	Juristische Ausbildung
JZ	Juristenzeitung
K	Kärnten
Kap.	Kapitel
K-E	Verfassungsentwurf von Hans Kelsen
Komm.	Kommentar
KPD	Kommunistische Partei Deutschlands
LDP	Liberal-Demokratische Partei (Deutschlands)
LEG	Ländereinführungsgesetz
LGBl.	Landesgesetzblatt (Österreich)
Lit	Litauen
lit.	littera [lateinisch: „Buchstabe"]
LKV	Landes- und Kommunalverwaltung
LL	Linke Liste
LO	Landesordnung
LPR	Liga Polskich Rodzin (Liga Polnischer Familien)
LS	Leitsatz
LSA	Land Sachsen-Anhalt
LT	Landtag
LTO	Landtagsordnung
LV	Landesverfassung
LWG	Gesetz über Landtagswahl, Volksbegehren und Volksentscheid (Landeswahlgesetz)
m.a.W.	mit anderen Worten
MdB	Mitglied des Bundestages
MfOR	Monatshefte für Osteuropäisches Recht
mind.	mindestens
Mitarb.	Mitarbeiter
MP	Ministerpräsident/ -in
M-V	Mecklenburg-Vorpommern
m.w.N.	mit weiteren Nachweisen
MWS	Studienausgabe der Max Weber-Gesamtausgabe
NDPD	National-Demokratische Partei Deutschlands
Nds	Niedersachsen
NF	Neues Forum
n.F.	neue Folge (im Zusammenhang mit JöR), sonst neue Fassung
NJ	Neue Justiz

NJW	Neue Juristische Wochenschrift
NÖ	Niederösterreich
Nr.	Nummer
NRW	Nordrhein-Westfalen
NSDAP	Nationalsozialistische Deutsche Arbeiterpartei
NVwZ	Neue Zeitschrift für Verwaltungsrecht
o.	ordentlichem
o.Ä.	oder Ähnlichem/ Ähnliches
o.D.	ohne Datumsangabe
ÖVP	Österreichische Volkspartei
OÖ	Oberösterreich
p.	page (englisch: Seite)
P-A	Parlamentsarchiv
PDS	Partei des Demokratischen Sozialismus
PE-M	Privatentwurf Mayr
PiS	Prawo i Sprawiedliwosc (Recht und Gerechtigkeit)
Pkt.	Punkt
PL	Polen
PO	Platforma Obywatelska (Bürgerplattform)
Preuß	Preußen
PSL	Polskie Stronnictwo Ludowe (Polnische Bauernpartei)
PVS	Politische Vierteljahresschrift
RGBl.	Reichsgesetzblatt
RhPf	Rheinland-Pfalz
RN	Randnummer
RuP	Recht und Politik
S.	Satz (im Zusammenhang mit einer Art.-Angabe), sonst Seite
s.	siehe
SA	Sturmabteilung (der NSDAP)
Saarl	Saarland
Sächs.	Sächsische, -s
SächsHStA	Sächsisches Hauptstaatsarchiv
SächsOVG	Sächsisches Oberverwaltungsgericht
SächsVerfGHG	Gesetz über den Verfassungsgerichtshof des Freistaates Sachsen (Sächsisches Verfassungsgerichtshofgesetz)
SächsWahlG	Gesetz über die Wahlen zum Sächsischen Landtag
SB	Salzburg
SBZ	Sowjetische Besatzungszone
SchlH	Schleswig-Holstein

SED	Sozialistische Einheitspartei Deutschlands
SED-LVE I	Erster Landesverfassungsentwurf der SED
SED-LVE II	Zweiter Landesverfassungsentwurf der SED - Zentrale Mustervorlage
SLT	Sächsischer Landtag
SMAD	Sowjetische Militäradministration (in Deutschland)
s.o.	siehe oben
sog.	sogenannte (-r, -n)
Sp.	Spalte
spät.	spätestens
SPD	Sozialdemokratische Partei Deutschlands
SPS	Sozialdemokratische Partei Saar
SRP	Sozialistische Reichspartei Deutschlands
SSW	Südschleswigscher Wählerverbund
St.	Stimme
StatJBDR	Statistisches Jahrbuch für das Deutsche Reich
StF	Stammfassung
StG	Stammgesetz
StGB	Strafgesetzbuch
StM	Steiermark
StuR	Staat und Recht
StVwR	Staats- und Verwaltungsrecht
SZ	Sächsische Zeitung
T	Tirol
Thür	Thüringen
TOP	Tagesordnungspunkt
U	Ungarn
u.a.	und andere
UdSSR	Union der Sozialistischen Sowjetrepubliken
USPD	Unabhängige Sozialdemokratische Partei Deutschlands
usw.	und so weiter
u.U.	unter Umständen
v.	von
v.a.	vor allem
VAB	Vorarlberg
Var.	Variante
VBl.	Verwaltungsblätter
VBlBW	Verwaltungsblätter für Baden-Württemberg
Verf	Verfassung
VerfGH	Verfassungsgerichtshof

vgl.	vergleiche
VN	Vereinte Nationen
VOBl.	Verordnungsblatt
VorlGG	Vorläufige Grundgesetz für den Freistaat Sachsen
VorlNdsVerf	Vorläufige Niedersächsische Verfassung
VR	Verwaltungsrundschau
VVDStRL	Veröffentlichungen der Vereinigung der Deutschen Staatsrechtslehrer
W	Wien
WP	Wahlperiode
WRV	Weimarer Reichsverfassung
WV	Wiederverkündung
Z	Zypern (im Zusammenhang mit Verf), sonst Zentrum
z.B.	zum Beispiel
ZfP	Zeitschrift für Politik
ZG	Zeitschrift für Gesetzgebung
zit.	zitiert
ZParl	Zeitschrift für Parlamentsfragen
ZRP	Zeitschrift für Rechtspolitik
ZSE	Zeitschrift für Staats- und Europawissenschaften
z.T.	zum Teil
zw.	zwischen

Einleitung

Gem. Art. 44 Abs. 1 S. 1 SächsVerf wird der Sächsische Landtag auf fünf Jahre gewählt. Jedoch bestimmt Art. 58 SächsVerf, dass sich der Landtag auf Beschluss von zwei Dritteln seiner Mitglieder selbst auflösen kann, was wiederum gem. Art. 44 Abs. 1 S. 2, 3 SächsVerf mit dem Zusammentritt des neuen Landtages zum Ende der alten Wahlperiode führt. Die Selbstauflösung stellt insoweit einen Ausnahmetatbestand dar. Es handelt sich dabei um ein kaum bekanntes und auch wenig beachtetes Verfassungsinstitut, das aber sehr an Bedeutung gewinnen kann, wenn eine schwierige politische Konstellation zu bewältigen ist oder die Abgeordneten aus verschiedenen noch näher zu erläuternden Gründen ihre Legitimation an das Wahlvolk zurückgeben wollen. Ziel ist es, mittels des Selbstauflösungsrechtes und den damit verbundenen Neuwahlen die Arbeitsfähigkeit des Landtages wiederherzustellen und zugleich den Erfordernissen der parlamentarischen Demokratie Rechnung zu tragen. Das Instrument der parlamentarischen Selbstauflösung ist verfassungsrechtlich durchaus aktuell und kann Gegenstand staats- und verfassungsrechtlicher bzw. -politischer Auseinandersetzungen werden, wie unlängst anlässlich der vorzeitigen Beendigung der Wahlperiode des Abgeordnetenhauses von Berlin im September 2001, der Hamburger Bürgerschaft Ende Dezember 2003 und - auf Bundesebene - der Auflösung des 15. Deutschen Bundestages im Sommer 2005 zu beobachten war.

Die Selbstauflösung ist aber keineswegs die einzige Möglichkeit der vorzeitigen Beendigung der Wahlperiode eines Parlamentes. Hierfür gibt es weitere Regelungen, etwa in Sachsen im Fall der missglückten Wahl des Ministerpräsidenten (Art. 60 Abs. 3 SächsVerf) und - in anderen Bundesländern sowie auf Bundesebene - nach gescheiterter Vertrauensfrage (vgl. z.B. Art. 51 M-VVerf, Art. 73 VerfLSA; Art. 68 GG) sowie aufgrund Volksentscheides, wie beispielsweise in Baden-Württemberg (Art. 43 Abs. 2 LV), Bayern (Art. 18 Abs. 3 LV) und Berlin (Art. 54 Abs. 3 i.V.m. Artt. 62 Abs. 3, 63 Abs. 3 LV).

I. Aufgabenstellung und Methode

Ziel der Arbeit ist eine umfassende Darstellung des Selbstauflösungsrechtes des Sächsischen Landtages. Dies erfordert zum einen eine verfassungsrechtliche Untersuchung dieses Institutes und zum anderen eine verfassungshistorische und verfassungsvergleichende Fundierung, die auf Genese und Geltung des parlamentarischen Selbstauflösungsrechtes gerichtet ist. Darüber hinaus sind auch rechtspolitische Aspekte mit in die Betrachtung einzubeziehen, die sich einmal auf das Selbstauflösungsrecht des Sächsischen Landtages und weiterhin auf Folgerungen für den Deutschen Bundestag und das Grundgesetz erstrecken.

1. Aufgabenstellung

Zunächst bedarf es einer verfassungsrechtsbegrifflichen und verfassungsrechtssystematischen Klärung. Dabei ist auf die Problemstellung der Arbeitsweise des Landtages im Spannungsfeld von institutioneller, sachlicher und personeller Kontinuität sowie auf das Verhältnis des Landtages zur Regierung einzugehen und ein Blick auf den verfassungspolitischen Hintergrund dieses Institutes zu werfen. Auf dieser Grundlage ist das Selbstauflösungsrecht von anderen Möglichkeiten der vorzeitigen Beendigung der Wahlperiode abzugrenzen. Um den Umgang mit dem Selbstauflösungsrecht näher zu beleuchten, ist weiter der Blick auf die Verfassungspraxis zu richten.

Im Rahmen der verfassungshistorischen Einordnung des Selbstauflösungsrechtes ist besonders der Frage nachzugehen, seit wann ein Selbstauflösungsrecht überhaupt in Betracht kommt, wann es erstmalig in eine deutsche, insbesondere die Sächsische Verfassung aufgenommen wurde und welche Bedeutung ihm zugekommen ist. Dabei ist zu untersuchen, welche Anforderungen jeweils an das Selbstauflösungsrecht des Sächsischen Landtages gestellt wurden und in welchen politisch-rechtlich Zusammenhängen es zur Anwendung gekommen ist. Besonders ist auf die Genese des Art. 58 SächsVerf einzugehen. In diesem Zusammenhang ist danach zu fragen, welche Funktion dem Selbstauflösungsrecht nach dem Willen der Verfassunggeber zukommen soll und wie es im Spannungsfeld von Für und Wider ausgestaltet wurde.

Darauf ist Art. 58 SächsVerf anhand der üblichen Kriterien (Wortlaut, Systematik, Telos, Historie) auszulegen. In diesem Zusammenhang werden die Voraussetzungen und Folgen einer Selbstauflösung des Sächsischen Landtages im Rahmen des parlamentarischen Regierungssystems herausgearbeitet. Zu prüfen ist weiter, ob und inwieweit der jeweilige Auflösungsvorgang einer gerichtlichen Kontrolle unterliegt. Darüber hinaus ist das Selbstauflösungsrecht, um seinem Anwendungsbereich und seiner Erforderlichkeit nachzugehen, weiterhin zum Funktionensystem der Sächsischen Verfassung in Beziehung zu setzen. In diesem Rahmen ist die Möglichkeit der Landtagsauflösung nach gescheiterter Wahl des Ministerpräsidenten gem. Art. 60 Abs. 3 SächsVerf zu untersuchen und zu fragen, in welcher Beziehung sie zum Selbstauflösungsrecht steht. Es schließt sich eine Prüfung des Selbstauflösungsrechtes des Sächsischen Landtages im Hinblick auf seine Vereinbarkeit mit dem Grundgesetz an. Hier ist insbesondere das Homogenitätsprinzip zu prüfen, also danach zu fragen, ob und inwieweit das Selbstauflösungsrecht des Sächsischen Landtages den einschlägigen Grundsätzen des Grundgesetzes entspricht.

Der Freistaat Sachsen und seine Verfassung können als Teil der föderativ gegliederten Bundesrepublik Deutschland nicht für sich isoliert betrachtet werden. Daher ist die Ausgestaltung des parlamentarischen Selbstauflösungsrechtes in den anderen Bundesländern und ihr Verhältnis zu den dort jeweils vorgesehenen Möglichkeiten der vorzeitigen Beendigung der Wahlperiode verfassungsvergleichend in die Betrachtung einzubeziehen. Dabei soll der Versuch einer Gruppenbildung unternommen und nach etwaigen Ursachen für die unterschiedliche Ausgestaltung dieses Institutes gefragt werden. Hierbei ist insbesondere zu klären, ob sich das Selbstauflösungsrecht des Sächsischen Landtages als Sonderfall oder als typisches Institut deutscher Länderverfassungen darstellt. Schließlich ist im Rahmen der vergleichenden Ausführungen auch auf Verfassungsrecht ausgewählter europäischer Staaten (Österreich, Polen, Ungarn, Litauen, Zypern und Großbritannien) einzugehen und darzulegen, welche Anforderungen diese an das parlamentarische Selbstauflösungsrecht stellen und wie in der Verfassungspraxis damit umgegangen wird.

Schließlich ist zu untersuchen, ob das Selbstauflösungsrecht des Sächsischen Landtages in seiner gegenwärtigen Ausgestaltung der ihm zugedachten Funktion gerecht wird oder ob es diese effizienter ausfüllen könnte. Hierzu sind die Anforderungen des Art. 58 SächsVerf einer kritischen Würdigung zu unterziehen und ggf. verfassungsrechtspolitische Vorschläge zu unterbreiten. Es ist darüber hinaus zu fragen, ob und inwieweit sich aus alldem verfassungsrechtspolitische Folgerungen für den Deutschen Bundestag ziehen lassen. Da ein Selbstauflösungsrecht im Grundgesetz nicht verankert ist, ist der Frage nachzugehen, ob es sich empfiehlt, ein solches für den Deutschen Bundestag aufzunehmen. Hier ist aus gegebenem Anlass, konkret der Bundestagsauflösung im Jahre 2005, insbesondere auf die Gefahr einer Umgehung der Voraussetzungen des Art. 68 GG und die Stichhaltigkeit des in diesem Zusammenhang häufig gebrauchten „Weimar-Argumentes" einzugehen, d.h. darauf, ob die Stabilität des parlamentarischen Regierungssystems durch ein Selbstauflösungsrecht des Bundestages möglicherweise gefährdet werden könnte.

2. Methode

Zentrales Anliegen der Arbeit ist die verfassungsrechtliche Erschließung des Selbstauflösungsrechtes. Art. 58 SächsVerf steht hierbei im Mittelpunkt. Die Fragestellung setzt mehrperspektivisch an, indem nicht nur die verfassungsrechtlichen Probleme behandelt, sondern auch die verfassungsgeschichtlichen Aspekte einbezogen werden. Hinzu tritt die verfassungsvergleichende Perspektive mit dem Ziel, das Selbstauflösungsrecht des Sächsischen Landtages in Bezug zu den einschlägigen verfassungsrechtlichen Regelungen der anderen Bundesländer und ausgewählten europäischen Staaten zu setzen. Die verfassungsrechtliche Perspektive wird schließlich noch durch eine verfassungsrechtspolitische Dimension ergänzt, die auch die Bundesebene einbezieht und nach der Möglichkeit eines parlamentarischen Selbstauflösungsrechtes auf der Ebene des Grundgesetzes fragt.

Hinsichtlich der Ausgestaltung, aber auch der Entstehung des Selbstauflösungsrechtes des Sächsischen Landtages, ist die einschlägige verfassungsrechtliche und verfassungsgeschichtliche Literatur zu Rate zu ziehen. Was die Genese des Art. 58 SächsVerf angeht, wurden darüber hinaus auch Zeitzeugen kritisch befragt, insbesondere die damaligen Mitglieder des Verfassungs- und Rechtsausschusses des Sächsischen Landtages *Dr. Ralf Donner, Dr. Wolf-Dieter Eckardt, Steffen Heitmann, Bernd Kunzmann, Prof. Dr. Hans von Mangoldt, Dr. Jürgen Rühmann, Marko Schiemann, Volker Schimpff, Prof. Dr. Hans-Peter Schneider und Arnold Vaatz* interviewt. Des Weiteren wurden Vertreter von Parteien, die maßgeblich an der Entstehung der gegenwärtig vierten Sächsischen Verfassung mitgewirkt haben, um eine Stellungnahme zur Ausgestaltung des heutigen Art. 58 SächsVerf, insbesondere mit Blick auf bisherige Neuwahldiskussionen gebeten. So fand ein Gespräch mit dem parlamentarischen Geschäftsführer der CDU-Fraktion *Erhard Weimann* statt, für die SPD wurde der Parlamentarische Berater *Kai Kerkhof* und für die PDS die Parlamentarische Beraterin *Rosemarie Jarosch* befragt.

Die Zeitzeugenbefragung[1] wurde gewählt, um auch unveröffentlichte Hintergrundinformationen zur Entstehung des Selbstauflösungsrechtes zu erhalten. In der Tat verfügen einige der Zeitzeugen noch über persönliche Aufzeichnungen, die einen tieferen Einblick in die Verfassungsberatungen ermöglichen. Eine Zeitzeugenbefragung bedarf jedoch stets einer kritischen Auseinandersetzung. Es muss sicher gestellt sein, dass die Zeitzeugen die an sie gestellten Fragen wahrheitsgemäß, vor allem nicht unter Beachtung persönlicher Interessen bzw. aus subjektiven Eindrücken heraus, beantworten. Aus diesem Grund wurde allen Interviewten der gleiche Fragenkatalog vorgelegt.[2] Auf diese Weise konnten Übereinstimmungen, aber auch Unterschiede in den Aussagen ermittelt und wiedergegeben werden. Sofern im Einzelfall Abweichungen festgestellt wurden, sind die Betreffenden mittels konkreter Nachfragen mit der Diskrepanz konfrontiert und um Aufklärung gebeten worden. Durch Vergleiche der Aussagen untereinander

---

1 Zu den methodischen Problemen der Zeitzeugenbefragung und ihrem Stellenwert s. ausführlich GEPPERT, Forschungstechnik oder historische Disziplin?, in: GWU 1994, S. 303-323.

2 Der Fragenkatalog ist im Schrifttumsverzeichnis (A., II.2.c., S. LXIV f.) abgedruckt.

konnten relativ gesicherte Ergebnisse zur Entstehung des Art. 58 SächsVerf gefunden werden. Schließlich wurden die Aussagen auch mit allgemein zugänglichen Quellen verglichen.[3]

Des Weiteren war Archivmaterial heranzuziehen, vor allem was die Genese der Sächsischen Verfassung von 1992 betrifft. So haben einige Berater, die an deren Entstehung mitgewirkt haben, ihre persönlichen, z.T. noch handgeschriebenen Unterlagen an das Sächsische Hauptstaatsarchiv Dresden gegeben; andere einschlägige Archivalien, in die Einsicht genommen wurde, verwahrt der Sächsische Landtag.

Methodisch wurde aber nicht nur verfassungsrechtlich und verfassungshistorisch, sondern auch verfassungsvergleichend vorgegangen. Zum Vergleich wurden die deutschen Bundesländer mit den entsprechenden Anwendungsfällen zum Selbstauflösungsrecht herangezogen, darüber hinaus ausgewählte europäische Staaten im Hinblick auf das Selbstauflösungsrecht untersucht.

Die Arbeit enthält schließlich verfassungsrechtspolitische Vorschläge für die Sächsische Verfassung und das Grundgesetz. Dabei wird das Fazit aus den angestellten Überlegungen gezogen und für den Sächsischen Landtag sowie den Deutschen Bundestag fruchtbar gemacht. Für Letzteres war die aktuelle Verfassungsrechtslage hinsichtlich der Möglichkeiten der vorzeitigen Beendigung der Wahlperiode des Deutschen Bundestages zu analysieren und waren weiter die Argumente im Für und Wider des Selbstauflösungsrechtes kritisch zu würdigen.

II. Literaturstand

Eingehende Untersuchungen zum parlamentarischen Selbstauflösungsrecht gibt es weder zu Sachsen noch zu anderen Bundesländern. Zwar wird die Selbstauflösung in den Verfassungskommentaren und Handbüchern der einzelnen Bundesländer thematisiert, es fehlt aber an einer umfassenden Darstellung. Das vorhandene Schrifttum ist überwiegend älteren Datums und umfasst zumeist nur Teilbereiche. Das Selbstauflösungsrecht, zumal der Ländervertretungen, wird eher rudimentär erörtert. Insgesamt ist festzustellen, dass das Landesrecht weit weniger Beachtung findet als das Bundes- bzw. Reichsrecht.

Verfassungshistorisch befassen sich nur wenige Arbeiten explizit mit dem Sächsischen Landtag. Immerhin arbeiten *Matzerath*[4] und *Blaschke*[5] die Landtagsgeschichte gründlich auf. Detaillierte Aussagen zum Selbstauflösungsrecht

---

3 Dieser erforderliche Schritt zur Findung allgemein-gültiger Aussagen macht deutlich, dass die Zeitzeugenbefragung eher eine geschichtswissenschaftliche Dokumentationstechnik als eine eigenständige (historische) Disziplin ist, vgl. zum Ganzen näher GEPPERT, Forschungstechnik oder historische Disziplin?, in: GWU 1994, S. 303-323/ 313 ff.

4 Aspekte sächsischer Landtagsgeschichte, [Sächsischer Landtag] 1998

des Sächsischen Landtages sind darin aber nicht enthalten. *Neemann*[6] behandelt den Sächsischen Landtag für einen zeitlichen Teilbereich, die sog. Reaktionszeit, d.h. von 1849/ 50 bis 1866. Jedoch konnte zu dieser Zeit von einem Selbstauflösungsrecht noch nicht die Rede sein. Gleiches gilt für die Darstellung von *Goldt*[7] zur Geschichte des Sächsischen Landtages von 1871 bis 1918. Die Arbeit von *Lorch* „Die Parlamentsauflösung nach deutschem Landesstaatsrecht unter Berücksichtigung der Verfassungen von Preußen, Bayern, Württemberg, Baden und Hessen"[8] geht zwar auf die Auflösungsmöglichkeiten einiger deutscher Länder - allerdings nicht Sachsen - ein, ist aber auf die Anfangsphase der Weimarer Republik begrenzt. Auch *Krallmanns* Dissertation „Das Recht zur Auflösung der Parlamente nach Deutschem Reichs- und Preußischem Landesstaatsrecht unter Berücksichtigung der historischen Grundlagen"[9] ist unter dem hier behandelten Gesichtspunkt nicht ohne Bedeutung, v.a. deshalb, weil sich das Selbstauflösungsrecht gerade zum Zeitpunkt ihres Erscheinens (1926) als „Produkt der neuesten Entwicklung des Parlamentarismus"[10] in den deutschen Landesverfassungen entwickelt hat. Schwerpunktmäßig widmet sich die Arbeit allerdings - dem Titel entsprechend - den Auflösungsmöglichkeiten des Reichstages in der Weimarer Republik, worunter jedoch eine Selbstauflösung nicht fiel, sowie dem Preußischen Landtag, der nach Art. 14 der Preußischen Verfassung einen eigenen Beschluss über seine Auflösung fassen konnte. Andere deutsche Länder werden bei dieser Darstellung allenfalls am Rande (vergleichend) betrachtet. Ebenso enthält die Untersuchung von *Vollnhals*[11] zu Sachsen unter dem Nationalsozialismus nur wenige Worte zum Landtag, da aufgrund der Gleichschaltung der Länder mit dem Reich der Föderalismus und damit auch die eigenständige Bedeutung der Länderparlamente aufgehoben waren und ein parlamentarisches Selbstauflösungsrecht insoweit nicht in Betracht kommen konnte.

Das vorhandene Schrifttum zum geltenden Sächsischen Landesverfassungsrecht streift das Selbstauflösungsrecht nur gelegentlich. Die beiden Kommentare zur Sächsischen Verfassung[12] setzen sich relativ knapp mit Art. 58 auseinander.

---

5 Landstände, Landtag, Volksvertretung - 700 Jahre politische Mitbestimmung im Lande Sachsen, in: Arbeitsstab Landtag (Hrsg.), Der Sächsische Landtag. Geschichte und Gegenwart, herausgegeben aus Anlaß der konstituierenden Sitzung des Sächsischen Landtages am 27. Oktober 1990 im Haus der Kirche (Dreikönigskirche) zu Dresden, Dresden 1990

6 Landtag und Politik in der Reaktionszeit - Sachsen 1849/ 50 - 1866, Düsseldorf 2000

7 Parlamentarismus im Königreich Sachsen - Zur Geschichte des Sächsischen Landtages 1871-1918, Münster 1996

8 Frankfurt am Main 1922

9 Dingelstädt 1926

10 a.a.O., B.II., § 7, S. 23

11 Sachsen in der NS-Zeit, Leipzig 2002

12 KUNZMANN/ HAAS/ BAUMANN-HASSKE, Die Verfassung des Freistaates Sachsen - Kommentierte Textausgabe, 2. Aufl., Berlin 1997; MÜLLER, K., Verfassung des Freistaats Sachsen - Kommentar, Baden-Baden 1993

Bei den vorhandenen Darstellungen zum Sächsischen Verfassungsrecht, insbesondere dem Handbuch der Sächsischen Verfassung von *Degenhart/ Meissner*[13], handelt es sich überwiegend um Beiträge, die mehr einen Gesamtüberblick über die Sächsische Verfassung geben. Die Beiträge von *Steffen Heitmann*[14] und *Hans von Mangoldt*[15] zu Entstehung, Grundgedanken und Gestalt der Sächsischen Verfassung handeln mehr allgemein die Bestimmungen der Sächsischen Verfassung ab, ohne dass das Selbstauflösungsrecht selbst thematisch wäre. Wichtig sind allerdings die Protokolle des Verfassungs- und Rechtsausschusses zur Entstehung der Verfassung des Freistaates Sachsen, die zwischenzeitlich von *Schimpff/ Rühmann*[16] herausgegeben wurden. Sie geben allerdings die im Rahmen der Klausurtagungen angestellten Überlegungen nur stark gekürzt wieder, da es sich um Inhalts- und nicht um Wortprotokolle handelt. Abgesehen von den genannten Arbeiten wurde die einschlägige landes- und bundesverfassungsrechtliche Literatur herangezogen, sofern sie für das gestellte Thema bedeutsam war.

Verfassungsvergleichend war *Höflings* Beitrag „Das Institut der Parlamentsauflösung in den deutschen Landesverfassungen"[17] in die Betrachtung einzubeziehen. Dieser stammt allerdings aus dem Jahre 1981, so dass die aktuellen Entwicklungen in den westlichen Bundesländern, z.B. die Aufnahme des Selbstauflösungsrechtes in die Verfassungen von Bremen (1994) und Baden-Württemberg (1995), nicht mehr eingearbeitet sind und auch die neuen Bundesländer noch nicht berücksichtigt werden konnten.

Im Rahmen des europäischen Verfassungsvergleiches konnte kaum auf einschlägige Arbeiten zurückgegriffen werden. Was das Nachbarland Österreich angeht, bietet allerdings *Schambeck*[18] eine hier heranzuziehende Darstellung zum Österreichischen Bundesverfassungsgesetz. Hinsichtlich der anderen ausgewählten Mitgliedstaaten der EU, die verfassungsvergleichend herangezogen wurden, konnte auf einzelne Beiträge zu neueren Verfassungsentwicklungen[19] und auf Darstellungen zum Staatsrecht des jeweiligen Landes[20] zurückgegriffen werden, die sich aber nicht speziell mit dem Selbstauflösungsrecht befassen.

---

13 Stuttgart 1997

14 Entstehung und Grundgedanken der Verfassung des Freistaates Sachsen, in: Caesar u.a., Die Entwicklung der Rechtsstaatlichkeit in den neuen Bundesländern, Heidelberg 1992, S. 11-27

15 Die Verfassung des Freistaates Sachsen - Entstehung und Gestalt, in: SächsVBl. 1993, S. 25-35; Entstehung und Grundgedanken der Verfassung des Freistaates Sachsen, Vortrag am 24. Januar 1996, in: Leipziger Juristische Vorträge, Heft 20, Leipzig 1996

16 Materialien und Studien des Sächsischen Landtages Band 1, Rheinbreitbach 1997

17 DÖV 1982, S. 889-894

18 Das Österreichische Bundes-Verfassungsgesetz und seine Entwicklung, Berlin 1980

19 Vgl. BANASZAK/ RYNKOWSKI, Die neue polnische Verfassung vom 2. April 1997, in: MfOR 1997, S. 407-423; HALMAI, Einleitung zur ungarischen Verfassungsrevision, in: JöR 39 [1990], S. 253-283; STEINBERG, Die neuen Verfassungen der baltischen Staaten, in: JöR 43 [1995], S. 55-67.

Was die verfassungsrechtspolitischen Folgerungen für den Bundestag und das Grundgesetz angeht, konnten einige einschlägige Darstellungen herangezogen werden, wobei jedoch zu beachten ist, dass das Grundgesetz bislang kein Selbstauflösungsrecht für den Bundestag vorsieht. Neben den gängigen Verfassungskommentaren[21] widmet sich *Pokorni* in seiner Arbeit „Die Auflösung des Parlaments. Bedeutungswandel und Zurücktreten eines Verfassungsinstituts"[22] dem Selbstauflösungsrecht. Allerdings räumt er diesem nur geringe Bedeutung ein. *Starke* befasst sich in seiner Arbeit „Recht und Sinn der Parlamentsauflösung. Zugleich ein Beitrag zur Reform des Grundgesetzes"[23] insbesondere mit der Notwendigkeit des Rechtes zur Parlamentsauflösung durch ein Exekutivorgan nach Art. 68 GG und dessen Verhältnis zum parlamentarischen Regierungssystem, weniger mit dem autarken Recht der Volksvertretung selbst. Aktueller ist das Werk von *Umbach* „Parlamentsauflösung in Deutschland"[24]. Das Selbstauflösungsrecht spielt aber auch in dieser Arbeit nur eine geringe Rolle.

Hinsichtlich der verfassungsrechtspolitischen Frage, ob es eines Selbstauflösungsrechtes des Bundestages im Grundgesetz bedarf, konnte auf die Stellungnahmen in der Literatur nach den Bundestagsauflösungen 1972[25], 1983[26] und 2005[27] sowie die verfassungsgerichtliche Rechtsprechung zu den Bundestagsauflösungen 1983[28] und 2005[29] zurückgegriffen werden. Auch die Ende der achtzi-

---

20 Vgl. nur HOLLSTEIN, Das staatsorganisatorische Modell der neuen litauischen Verfassung. Ein dritter Weg zwischen präsidialem und parlamentarischen System? Köln 1999; RACIBORSKI/ WIATR, Demokratie in Polen. Elemente des politischen Systems, Opladen 2005; KIPKE, Das politische System Ungarns. Eine Einführung, Wiesbaden 2005; NEOCLEOUS & CO, Introduction to Cyprus Law, Limassol 2000; LOEWENSTEIN, Staatsrecht und Staatspraxis von Großbritannien, Band I. Parlament, Regierung, Parteien, Berlin 1967.

21 DREIER (Hrsg.), Grundgesetz. Kommentar, Band II, Artikel 20-82, 2. Aufl., Tübingen 2006; V. MANGOLDT / KLEIN, Kommentar zum Grundgesetz - Band 2: Art. 20 bis 82, 5. Aufl., München 2005; SACHS (Hrsg.), Grundgesetz. Kommentar, 4. Aufl., München 2007

22 Bonn 1967

23 Hamburg 1972

24 Berlin 1989

25 z.B. BUSCH, Die Parlamentsauflösung 1972 - Verfassungsgeschichtliche und verfassungsrechtliche Würdigung, in: ZParl 1973, S. 213-246; BULL, Parlamentsauflösung - Zurückverweisung an den Souverän, in: ZRP 1972, S. 201-204; SCHNEIDER, H.-P., Die vereinbarte Parlamentsauflösung - Zur Funktion des Art. 68 GG im parlamentarischen Regierungssystem, in: JZ 1973, S. 652-656

26 z.B. DELBRÜCK/ WOLFRUM, Die Auflösung des 9. Deutschen Bundestages vor dem BVerfG - BVerfGE 62, 1, in: JuS 1983, S. 758-764; MAURER, Vorzeitige Auflösung des Bundestages, in: DÖV 1982, S. 1001-1007; LIESEGANG, Zur verfassungsrechtlichen Problematik der Bundestagsauflösung, in: NJW 1983, S. 147-150

27 z.B. WIEFELSPÜTZ/ OLDIGES, Pro & Contra. Selbstauflösungsrecht des Deutschen Bundestages?, in: ZRP 2005, S. 207; SCHENKE, Das „gefühlte" Misstrauen. Zur Verfassungsrechtslage nach der Entscheidung des Bundesverfassungsgerichts vom 25.8.2005 zur Vertrauensfrage nach Art. 68 GG, in: ZfP 2006, S. 26-49; MAGER, Die Vertrauensfrage - Zu Auslegung und Justitiabilität von Art. 68 GG, in: Jura 2006, S. 290-296

28 BVerfGE 62, 1

29 BVerfGE 114, 121

ger Jahre erschienene Arbeit von *Tosse*[30] ist in diesem Zusammenhang von Bedeutung, da das Selbstauflösungsrecht darin insbesondere daraufhin untersucht wird, ob es die Funktion einer Krisenlösung sowie der Erneuerung der Legitimität von Parlament und Regierung erfüllt. Darüber hinaus waren die Vorschläge der Enquête-Kommission 1976[31] und der Gemeinsamen Verfassungskommission 1993[32] einzubeziehen.

III. Gang der Untersuchung

Im Ersten Kapitel des *Ersten Teiles* der Arbeit wird die verfassungsrechtsbegriffliche und verfassungsrechtssystematische Ausgangslage hinsichtlich des Selbstauflösungsrechtes dargestellt. Im Zweiten Kapitel dieses Teiles wird ein Überblick über verschiedene Möglichkeiten der vorzeitigen Beendigung der Wahlperiode gegeben. Schließlich werden in der Geschichte der Bundesrepublik Deutschland bislang erfolgte Selbstauflösungen bzw. Versuche hierzu dargelegt und insoweit mögliche Anwendungsbereiche des Selbstauflösungsrechtes analysiert.

Im *Zweiten Teil* der Untersuchung wird der verfassungshistorischen Entwicklung des sächsischen Selbstauflösungsrechtes nachgegangen. Den Schwerpunkt bildet dabei im Ersten Kapitel die Verfassung vom 1. November 1920, in der sich erstmalig das Selbstauflösungsrecht des Sächsischen Landtages findet. Schließlich wird im Zweiten Kapitel die Genese des Art. 58 SächsVerf dargelegt. Hier ist auf die Ausgestaltung des Selbstauflösungsrechtes des Sächsischen Landtages in verschiedenen Verfassungsentwürfen und deren Behandlung in der parlamentarischen Diskussion einzugehen.

Daran schließen sich im *Dritten Teil* - schwerpunktmäßig - die Erörterungen zum Auflösungsrecht des Sächsischen Landtages nach aktueller Verfassungsrechtslage an. Hierzu wird im Ersten Kapitel Art. 58 SächsVerf nach seinem Wortlaut sowie systematisch, teleologisch und historisch ausgelegt. Des Weiteren wird in diesem Teil die in der Sächsischen Verfassung vorgesehene Möglichkeit zur Landtagsauflösung nach missglückter Wahl des Ministerpräsidenten (Art. 60 Abs. 3 SächsVerf) erörtert, mit dem Selbstauflösungsrecht verglichen und dieses in das Funktionensystem der Sächsischen Verfassung eingeordnet. Im Anschluss daran wird auf die Auseinandersetzungen im Verfassungs- und Rechtsausschuss zur Möglichkeit der vorzeitigen Beendigung der Wahlperiode

---

30 Parlamentsauflösung - Funktionen und Formen in der Bundesrepublik Deutschland, Dissertation zur Erlangung des Doktorgrades der Philosophischen Fakultät der Universität Augsburg, München 1988

31 BT-DS 7/ 5924 (09.12.1976), Kapitel 3, 3.

32 BT-DS 12/ 6000 (05.11.1993), 6.1.

des Sächsischen Landtages im Falle einer gescheiterten Vertrauensfrage sowie aufgrund Volksentscheides eingegangen und die Auflösung des Landtages durch die Regierung diskutiert (Zweites Kapitel). Darauf wird im Hinblick auf die Ausgestaltung der Bundesrepublik Deutschland als Föderalstaat anhand des Homogenitätsprinzips die Frage erörtert, ob und inwieweit das Selbstauflösungsrecht mit dem Grundgesetz vereinbar ist (Drittes Kapitel).

Im *Vierten Teil* wird den verfassungsvergleichenden Fragen der Themenstellung nachgegangen. Hierzu werden im Ersten Kapitel Gemeinsamkeiten und Unterschiede des Selbstauflösungsrechtes der Volksvertretungen in den einzelnen Bundesländern dargelegt. In die Betrachtung einbezogen wird dabei der funktionale Zusammenhang des Selbstauflösungsrechtes. Es werden mithin auch die anderen, in den Verfassungen der Bundesländer vorgesehenen Möglichkeiten der vorzeitigen Beendigung der Wahlperiode erörtert und ins Verhältnis zum Selbstauflösungsrecht gesetzt. Daraufhin wird entsprechend den Anforderungen, die an eine Selbstauflösung gestellt werden, insbesondere hinsichtlich der Antrags- und Beschlussquoren, eine Gruppenbildung vorgenommen. Dabei ist auch nach Ursachen für die verschiedenen Ausgestaltungen zu fragen. Im Zweiten Kapitel wird darauf ein Vergleich der Auflösungsmöglichkeiten der Volksvertretungen in ausgewählten europäischen Staaten (Österreich, Polen, Ungarn, Litauen, Zypern und Großbritannien) unternommen.

Das Selbstauflösungsrecht des Sächsischen Landtages wird schließlich im *Fünften Teil* unter verfassungsrechtspolitischem Blickwinkel betrachtet. Hier ist der Frage nachzugehen, ob Art. 58 SächsVerf in seiner derzeitigen Ausgestaltung der ihm zugedachten Funktion gerecht wird oder ob es einer Änderung bedarf (Erstes Kapitel). Aufgrund der föderalen Ausgestaltung der Bundesrepublik Deutschland und der Erkenntnis, dass das Grundgesetz im Gegensatz zu allen deutschen Bundesländern kein parlamentarisches Selbstauflösungsrecht vorsieht, wird im Zweiten Kapitel der verfassungsrechtspolitischen Frage nachgegangen, ob sich die Aufnahme dieses Institutes in das Grundgesetz empfiehlt. Von zentraler Bedeutung sind dabei das Manipulations- und das Weimar-Argument, d.h. der Rekurs darauf, ob und inwieweit ein Selbstauflösungsrecht der Stabilisierung des politischen Systems dient oder eine Destabilisierung der Verfassungsordnung zur Folge haben kann. Die Arbeit endet mit einem konkreten Vorschlag zur Einführung eines Selbstauflösungsrechtes des Deutschen Bundestages in das Grundgesetz.

Erster Teil

Verfassungsrechtsbegriffliche und verfassungsrechtssystematische Ausgangslage

Die Parlamentsauflösung ist ein Verfassungsinstitut, das als „Kernpunkt des parlamentarischen Systems“[1] bezeichnet worden ist. In der Tat stellen Parlamentsauflösungen Konstellationen dar, in denen sich das parlamentarische System zu bewähren hat. Zur Klärung der Frage, ob und inwieweit das Selbstauflösungsrecht im parlamentarischen System erforderlich ist, bedarf es zunächst verfassungsrechtsbegrifflicher und verfassungsrechtssystematischer Vorabklärungen. Dabei ist auch darauf einzugehen, wie das Selbstauflösungsrecht von anderen Möglichkeiten der vorzeitigen Beendigung der Wahlperiode abzugrenzen ist und wie sich seine bisherige politisch-rechtliche Praxis darstellt.

Erstes Kapitel

Begrifflich-systematische Vorabklärungen

Zunächst ist das Selbstauflösungsrecht zu definieren und von verwandten Begriffen abzugrenzen. Daran anknüpfend wird in verfassungsrechtssystematischer Hinsicht untersucht, welcher Zusammenhang zwischen dem Selbstauflösungsrecht und dem parlamentarischen Regierungssystem besteht und welches seine Funktionen sind. Dabei ist auch auf die Vorbedingungen des Selbstauflösungsrechtes einzugehen.

---

[1] KOELLREUTTER, Verfassungsrechtliche Entwicklung in Oldenburg, in: JöR X [1921], S. 409-438/ 413; ähnlich auch LOEWENSTEIN, Verfassungsrecht und Verfassungsrealität, in: AöR 77 [1951/ 52], S. 387-435/ 410.

§ 1 Definition des Selbstauflösungsrechtes und Abgrenzung von verwandten Begriffen

Das Selbstauflösungsrecht kann als das Recht eines Verbandes oder einer sonstigen Personenmehrheit, im vorliegenden Zusammenhang eines Parlamentes, bestimmt werden, nur aufgrund eigener Initiative *und* eigener Entscheidung die Tätigkeit einzustellen.[2] Der Begriff „Selbstauflösung" bzw. das Recht eines Parlamentes „sich selbst aufzulösen" oder „seine Auflösung zu beschließen" findet sich in Art. 58 SächsVerf und auch in Verfassungen einiger Bundesländer.[3] In Verfassungen anderer Bundesländer hingegen ist anstelle von Auflösung bzw. Selbstauflösung von der „vorzeitigen Beendigung der Wahlperiode"[4] (durch Beschluss der Volksvertretung) die Rede. Es wird im Folgenden zu fragen sein, was die unterschiedlichen Formulierungen bedeuten und welche Funktion sie haben.

I. Vorzeitige Beendigung der Wahlperiode, Parlamentsauflösung und Vertagung

Die unterschiedlichen Formulierungen hängen eng mit der Ausgestaltung des jeweiligen Gesetzgebungsorgans[5] zusammen. Ist jenes nicht als ständiges Organ ausgestaltet, so endet seine Tätigkeit mit dem Auflösungsbeschluss, d.h. das Parlament hört in sachlicher und personeller Hinsicht auf zu existieren.[6] Das Parlament selbst besteht dabei als verfassungsrechtlich vorgesehene Institution abstrakt fort (sog. Organ-Kontinuität).[7] Ist das Parlament als ständiges Organ ausgestaltet, d.h. endet die Wahlperiode - wie auch in Art. 44 Abs. 1 S. 2, 3 SächsVerf vorgesehen - erst mit dem Zusammentritt eines neuen Landtages, so dass sich die Wahlperioden nahtlos aneinander fügen[8], so tritt an die Stelle der „Auflösung" des Parlamentes das Instrument der „vorzeitigen Beendigung der Wahl-

---

2 So auch TOSSE, Parlamentsauflösung, 4., S. 135.

3 Vgl. Art. 43 Abs. 1 S. 1 BaWüVerf, Art. 18 Abs. 1 BayVerf, Art. 62 Abs. 2 BbgVerf, Art. 80 HessVerf, Art. 10 Abs. 1 S. 1 NdsVerf, Art. 35 Abs. 1 S. 1 NRWVerf, Art. 84 Abs. 1 RhPfVerf, Art. 69 Var. 1 SaarlVerf und Art. 50 Abs. 2 S. 1 Nr. 1 ThürVerf.

4 Art. 54 Abs. 2 BerlVerf, Art. 76 Abs.1 lit. a) BremVerf, Art. 11 Abs. 1 S. 1 HmbVerf, Art. 27 Abs. 2 S. 1 M-VVerf, Art. 60 Abs. 1 S. 1 VerfLSA, Art. 13 Abs. 2 SchlHVerf

5 Im Folgenden wird hierfür entweder der Begriff Landtag oder - soweit aufgrund der nicht einheitlichen Bezeichnung in den Bundesländern (vgl. nur Berliner Abgeordnetenhaus, Hamburger Bürgerschaft) nicht möglich - der übergeordnete Begriff Parlament bzw. Volksvertretung verwendet. Inhaltliche Abweichungen sind damit nicht verbunden.

6 Vgl. dazu am Beispiel des 20. ÄndGVvB PFENNIG/ NEUMANN, Verfassung von Berlin, Art. 39, RN 7, S. 268.

7 Vgl. zur institutionellen Kontinuität bei personeller und sachlicher Diskontinuität näher STERN, Staatsrecht II, § 26 III 4, S. 74; vgl. auch JEKEWITZ, Diskontinuität, Dritter Teil, 7. Kap., § 24, S. 252 f.

periode". Im Schlussbericht der Enquêtekommission Verfassungsreform vom 9. Dezember 1976[9] heißt es hierzu - auf das Grundgesetz bezogen -, dass der etwaigen Parlamentsauflösung aufgrund der Umgestaltung des Bundestages in ein ständig vorhandenes und handlungsfähiges Organ durch das 33. Gesetz zur Änderung des Grundgesetzes vom 23. August 1976[10] eine veränderte Bedeutung zukommt: Mit der Ausgestaltung des Bundestages als ein ständig vorhandenes Organ bleibe es zwar bei den mit einer Auflösung bezweckten Folgen, diese würden aber nicht unmittelbar mit dem Beschluss des Parlamentes eintreten, sondern erst mit dem Zusammentritt des je neu gewählten Bundestages. Gleichwohl bleibe es weiterhin bei der Diskontinuität zwischen den Wahlperioden. Die 'parlamentslose' Zeit zwischen dem Ablauf der alten Wahlperiode und dem Zusammentritt der neuen Volksvertretung entfalle danach. Aus der „Auflösung des Parlaments" werde die „vorzeitige Beendigung der Wahlperiode".[11] Dem ist nichts hinzuzufügen. Die Kommission hat die Auswirkungen dieser Grundgesetzänderung vollständig und richtig analysiert. Sie sind insoweit - jedenfalls begrifflich-terminologisch - auf die Rechtslage in den deutschen Bundesländern und damit auch in Sachsen übertragbar.

1. Historische Ursprünge des Rechtes zur Auflösung der Volksvertretung

Das Institut der Parlaments*auflösung* stammt aus der Zeit des Konstitutionalismus, in der die Auflösung der Zweiten Kammer der Ständeversammlung alleinige Aufgabe des Monarchen war. Die Ursache dafür, dass sich die Kammern mit der Auflösung der Zweiten Kammer in Sachsen eigenmächtig nicht mehr versammeln durften (§ 118 SächsVerf 1831) und nur noch wenige Ausschüsse geringe Befugnisse hatten, lag darin, dass nach damaligem Staatsverständnis das Parlament nicht als der originäre „Legitimationsträger und -spender" angesehen und von den monarchischen Herrschern nicht ohne weiteres als Vertretungsinstanz des Volkes akzeptiert wurde. Vielmehr trat es zu dem von der Exekutive geprägten und organisierten Staatsbau hinzu. So blieb mit der Auflösung des Parlamentes die Exekutive voll bestehen; sie erwies sich mithin als der eigentliche Staat.[12]

---

8 Ein Ständiger Ausschuss, der die Rechte des Parlamentes gegenüber der Regierung zwischen zwei Wahlperioden wahrnimmt, ist insoweit entbehrlich.

9 BT-DS 7/ 5924, Kapitel 3, S. 39

10 BGBl. I 1976, S. 2381. Die Änderung des Art. 39 GG und die Aufhebung der Artt. 45, 45a Abs. 1 S. 2 und 49 sind am 14.12.1976 in Kraft getreten.

11 BT-DS 7/ 5924 (09.12.1976), Kapitel 3, S. 36, 39

12 BÖCKENFÖRDE, Enquête-Kommission Verfassungsreform, S. 23-50/ 40 f.

2. Die heutige Unterscheidung der Begriffe „Parlamentsauflösung" und „vorzeitige Beendigung der Wahlperiode"

In Sachsen bestimmt Art. 58 SächsVerf, dass sich der Landtag auf Beschluss von zwei Dritteln seiner Mitglieder selbst *auflösen*[13] kann. Der damalige Vorsitzende der Arbeitsgruppe „Verfassung" der Gemischten Kommission Baden-Württemberg/ Sachsen und spätere Justizminister *Steffen Heitmann* äußerte zu dieser Formulierung (in Abgrenzung zur Begrifflichkeit der vorzeitigen Beendigung der Wahlperiode), dass die sächsische Formulierung der Baden-Württembergischen Verfassung entnommen sei.[14] Auch wenn diese zur Zeit der Verfassungsberatungen in Sachsen noch kein Selbstauflösungsrecht gekannt, sondern dieses erst 1995 aufgenommen habe, sei doch in Art. 43 Abs. 1 vorgesehen gewesen, dass der Landtag vor Ablauf der Wahlperiode *aufzulösen* sei, wenn dies von einem Sechstel der Wahlberechtigten verlangt werde und bei einer sich anschließenden Volksabstimmung die Mehrheit der Stimmberechtigten diesem Verlangen beitrete. Weil Sachsen sich bei den Verfassungsberatungen weitgehend an der Verfassung des Landes Baden-Württemberg orientiert habe, sei diese Formulierung in den Gohrischen Verfassungsentwurf übernommen worden.

Da aber im Freistaat Sachsen nach Art. 44 Abs. 1 S. 2 LV der Landtag als ständig vorhandenes Organ ausgestaltet ist, hätte - unter Zugrundelegung der Ausführungen der Enquêtekommission Verfassungsreform 1976 - die Verwendung der Formulierung „vorzeitige Beendigung der Wahlperiode" näher gelegen. Der Begriff „Auflösung" erinnert eher an das Instrument des monarchischen Herrschers als Mittel zur Ausschaltung des Landtages und verschleiert insofern, dass sich die Wahlperioden nahtlos aneinander fügen. Um klarzustellen, dass es in Sachsen keine parlamentslose Zeit gibt, bedurfte es daher der Aufnahme des Art. 44 Abs. 1 S. 3 SächsVerf, wonach auch für den Fall der Auflösung des Landtages dessen Wahlperiode erst mit dem Zusammentritt eines neuen Landtages endet.[15]

Dass dennoch das Wort „auflösen" bzw. „Auflösung" in der Sächsischen Verfassung verwendet wurde, lag - neben der bereits erwähnten Orientierung an der Verfassung des Landes Baden-Württemberg - auch daran, dass am Ende der sächsischen Verfassungsdiskussion der Berater *Hans von Mangoldt* eine sprachliche

---

13 Anstelle der verbalen Beschreibung dieses Institutes im Verfassungstext wird im Folgenden auch seine substantivierte Form („Selbstauflösung") verwendet, da sich dahinter keine andere Bedeutung verbirgt. Ebenso werden „auflösen" und „Auflösung" synonym verwendet; vgl. dazu auch näher i.R.d. Auslegung des Art. 58 SächsVerf, 3. Teil, 1. Kap., § 13, I.5 (FN 14).

14 Äußerung im Rahmen eines persönlichen Gespräches am 27.11.2002; HEITMANN selbst hielt die Terminologie „vorzeitige Beendigung der Wahlperiode" für besser, aber nicht für zwingend korrekturbedürftig.

15 So auch HANS-PETER SCHNEIDER in seiner schriftlichen Stellungnahme vom 15.12.2002.

Anpassung in dem Sinne vorschlug, dass für gleiche Institute auch gleiche Begriffe verwendet werden sollten. So sei es sinnvoll, wenn Regelungen anderer Bundesländer sich bewährt hätten, diesen auch in der Sächsischen Verfassung eine entsprechende Formulierung zu geben. Die diesbezügliche Harmonisierung wurde vorgenommen und von Mangoldt hat darauf geachtet, dass „zur begrifflichen Erfassung herkömmlicher Sachverhalte gewachsene juristische Terminologie", mithin für das untersuchte Institut die Formulierung „Auflösung" herangezogen wurde.[16]

Im Rahmen der Beratungen zur Sächsischen Verfassung wurde des Weiteren erörtert, ob von den Formulierungen des Grundgesetzes abgewichen werden sollte, wenn zwar der Inhalt des betreffenden Artikels in die Sächsische Verfassung aufgenommen werden sollte, in der Literatur aber überwiegend die Ansicht vertreten werde, dass die im Grundgesetz benutzten Begriffe schlecht gewählt seien. Hinsichtlich des Selbstauflösungsrechtes war zu konstatieren, dass dieses im Grundgesetz nicht vorgesehen ist, jedoch in Artt. 39 Abs. 1 S. 4, 63 Abs. 4 S. 3 und 68 Abs. 1 S. 1 in einem anderen Zusammenhang der Begriff der Auflösung (des Bundestages) verwendet wird. Die Verfasser des sächsischen Verfassungstextes entschieden sich in allen Fällen bei der Formulierung für die grundgesetzliche Terminologie. Das hatte seine Gründe darin, dass die juristischen Begrifflichkeiten eingefahren waren.[17] Auch nach Ansicht des - die Entstehung der Sächsischen Verfassung vom 27. Mai 1992 begleitenden - Beraters *Hans-Peter Schneider* wurde der Begriff „auflösen" gewählt, weil er in der öffentlichen Diskussion „gebräuchlicher als der Begriff 'vorzeitige Beendigung der Wahlperiode'" sei.[18]

Nach alledem ist festzuhalten, dass der Formulierung „Auflösung" bzw. „auflösen" heute die gleiche Bedeutung zukommt wie der Formulierung „vorzeitige Beendigung der Wahlperiode": Folge der Auflösung des Landtages in Sachsen ist - unabhängig von der institutionellen Kontinuität des Sächsischen Landtages - die Beendigung der sachlichen Arbeit und der personellen Zusammensetzung des betroffenen Landtages, aber nicht unmittelbar mit dem Auflösungsbeschluss, sondern erst mit dem Zusammentritt des nachfolgenden Landtages. Unter dieser Voraussetzung besteht in der aktuellen Verfassungsdiskussion zwischen beiden Termini kein wirklicher Unterschied. Die Gründe für die Begriffswahl sind dann nicht materiell-rechtlicher, sondern mehr formal-historischer Art.[19]

Auch in den meisten anderen Landesverfassungen fügen sich die Wahlperioden nahtlos aneinander - lediglich in Baden-Württemberg, Hessen und Nordrhein-Westfalen ist dies nicht der Fall.[20] Gleichwohl wird Begriff „Auflösung"

---

16 Schriftliche Stellungnahme des Beraters HANS VON MANGOLDT vom 20.12.2002
17 Schriftliche Stellungnahme des damaligen Beraters HANS V. MANGOLDT vom 28.01.2003
18 Schriftliche Stellungnahme vom 15.12.2002
19 Ebenso der Abg. BERND KUNZMANN in seiner schriftlichen Äußerung vom 05.01.2003.

bzw. „auflösen“ weiterhin gebraucht: So verwenden zwar die Verfassungen von Berlin (Art. 54 Abs. 2 LV), Bremen (Art. 76 Abs. 1 lit. a LV), Hamburg (Art. 11 Abs. 1 S. 1 LV), Mecklenburg-Vorpommern (Art. 27 Abs. 2 S. 1 LV), Sachsen-Anhalt (Art. 60 Abs. 1 S. 1 LV) und Schleswig-Holstein (Art. 13 Abs. 2 LV) die Terminologie „vorzeitige Beendigung der Wahlperiode“, die anderen Bundesländer sprechen aber noch immer von „Auflösung“.[21] In Mecklenburg-Vorpommern werden sogar beide Termini in der Verfassung verwendet: Gemäß Art. 27 Abs. 2 kann der Landtag die Wahlperiode vorzeitig beenden; im Falle des Nichtzustandekommens einer Wahl des Ministerpräsidenten beschließt aber der Landtag gemäß Art. 42 Abs. 2 über seine Auflösung. In Abs. 3 hingegen ist wieder von der „Beendigung der Wahlperiode“ die Rede. Auch die Verfassung des Landes Thüringen (Art. 50 Abs. 2 S. 1 Nr. 1) spricht von einer „vorzeitigen Durchführung der Neuwahl“, wenn der Landtag seine „Auflösung [...] beschließt“. Sofern sich nach dem jeweiligen Landesverfassungsrecht die Wahlperioden nahtlos aneinander fügen, werden daher im Folgenden die Termini „Auflösung“ bzw. „auflösen“ und „vorzeitige Beendigung der Wahlperiode“ für die geltenden Verfassungen synonym verwendet.

3. Abgrenzung Vertagung - Auflösung

In den meisten Landesverfassungen ist das formelle Selbstauflösungsrecht[22] im Zusammenhang mit den Bestimmungen zu Dauer, Beginn und Ende der Wahlperiode zu finden.[23] Das lässt die Einordnung dieses Institutes als Möglichkeit der vorübergehenden Beendigung der Tätigkeit der Volksvertretung aufgrund eigenen Beschlusses zu. Aus diesem Grund ist es von der „Vertagung“ abzugrenzen, die ebenfalls eine Unterbrechung der Tätigkeit des Parlamentes zur Folge hat.

---

20 Vgl. Artt. 30 Abs. 1, 36 Abs. 1 S. 1, 44 BaWüVerf, Artt. 82, 85 S. 1, 93 S. 1, 2 HessVerf, Artt. 36, 40 S. 1, 2, 3 NRWVerf. In Baden-Württemberg und Nordrhein-Westfalen besteht für die Zeit zwischen der Auflösung des Landtages und dem Zusammentritt ein Ständiger, in Hessen ein sog. Hauptausschuss, der die Rechte gegenüber der Landesregierung wahrt. In Bremen fügen sich die Wahlperioden zwar auch nicht nahtlos aneinander an, vgl. KRÖNING u.a., Handbuch BremVerf, Zweiter Teil, S. 307 f., jedoch verweist NEUMANN, H., Die Verfassung der Freien Hansestadt Bremen, Art. 76, RN 2, S. 258, FN 1 auf den Schlussbericht der Enquête-Kommission des Schleswig-Holsteinischen Landtages vom 07.12.1989 (DS 12/ 180), wonach mit dem Institut der vorzeitigen Beendigung der Wahlperiode verhindert werde, dass das Parlament mit dem Auflösungsbeschluss aufhöre zu existieren.

21 Hinsichtlich Baden-Württemberg, Hessen und Nordrhein-Westfalen ergibt sich das bereits aus der Möglichkeit einer parlamentslosen Zeit.

22 Zu den verschiedenen Arten des parlamentarischen Selbstauflösungsrechtes s. sogleich II.

23 In Baden-Württemberg, Sachsen und Sachsen-Anhalt jedoch am Ende der Bestimmungen über den Landtag.

Die Sächsische Verfassung wie auch das Grundgesetz verwenden in ihren Artikeln lediglich die Begriffe „Wahlperiode“[24] und „Sitzung“[25]. Dabei werden unter *„Sitzung“* die Zeiträume verstanden, zu denen das Parlament tatsächlich versammelt ist. Die Sitzungen werden durch sog. *„Vertagungen“* (Schluss der Sitzungen i.S.d. Art. 44 Abs. 4 SächsVerf, 39 Abs. 3 GG) unterbrochen. Weitere Unterscheidungen, etwa nach Tagungs- oder Sitzungsperioden[26], bestehen nicht. Das hat zur Folge, dass das Parlament permanent tagt. Nach den in der Praxis zweifellos vorkommenden Unterbrechungen bedarf es keiner Neukonstituierung.[27]

Im Gegensatz dazu bezweckt die *Auflösung* eines Parlamentes eine andere Zusammensetzung. Aus diesem Grund bedeutet die Auflösung zugleich den Verlust des Mandates.[28] Dies hat zur Folge, dass Neuwahlen innerhalb bestimmter Fristen, die in den einzelnen Bundesländern verschieden sind[29], durchgeführt werden müssen.

II. Arten des parlamentarischen Selbstauflösungsrechtes

Das Selbstauflösungsrecht bedarf aber noch weiterer Klarstellung und Präzisierung. Wie bei der Darlegung der verwendeten Terminologie in Mecklenburg-Vorpommern bereits angesprochen wurde, gibt es Bundesländer, in denen mehrere Selbstauflösungstatbestände vorgesehen sind. Im Folgenden ist zwischen formellem und materiellem Selbstauflösungsrecht zu unterscheiden.

1. Formelles Selbstauflösungsrecht

Es gibt Selbstauflösungsrechte, bei denen sind aus dem Verfassungstext keine expliziten Auflösungsgründe ersichtlich. Die Selbstauflösung des Parlamentes setzt insoweit nur die Beschlussfassung mit einem vorgegebenen Quorum voraus. Für diese Art von Selbstauflösungsrechten wird im Folgenden der Terminus „formelles“ Selbstauflösungsrecht verwendet.

---

24 Vgl. Art. 44 Abs. 1 S. 2 SächsVerf, Art. 39 Abs. 1 S. 2, 3 GG.

25 Vgl. Art. 44 Abs. 4 S. 1 SächsVerf, Art. 39 Abs. 3 S. 1 GG.

26 So z.B. gem. Art. 24 WRV, vgl. dazu näher ANSCHÜTZ, Die Verfassung des Deutschen Reichs 1919, Art. 24, S. 190 ff.

27 SCHNEIDER, H.-P./ ZEH, Parlamentsrecht, § 14, RN 10, S. 471, RN 18, S. 474

28 Zu den genauen Zeitpunkten hierfür s. bzgl. Sachsen 3. Teil, 1. Kap., § 14, II.1., bzgl. der anderen Bundesländer 4. Teil, 1. Kap., § 20, IV.2.

29 Vgl. dazu näher 4. Teil, 1. Kap., § 20, IV.1.

2. Materielles Selbstauflösungsrecht

Eine Selbstauflösung kann aber auch an ganz bestimmte Fallkonstellationen gebunden sein. So kommt sie in einigen Bundesländern im Falle einer gescheiterten Regierungsbildung (vgl. z.B. Art. 42 Abs. 2 S. 1 M-VVerf) oder einer abgelehnten Vertrauensfrage (vgl. z.B. Art. 36 Abs. 1 S. 1 Nr. 3 HmbVerf) in Betracht. Diese Selbstauflösungsrechte werden im Folgenden - in Abgrenzung zu den unter 1. genannten „formellen" Selbstauflösungsrechten - als „materiell" bezeichnet, da bei ihnen die Beschlussfassung mit dem jeweils in der Verfassung vorgesehenen Quorum nicht ausreichend ist.

3. Einordnung des Art. 58 SächsVerf

Das Selbstauflösungsrecht des Sächsischen Landtages in Art. 58 SächsVerf als Untersuchungsgegenstand der vorliegenden Arbeit ist an keinen bestimmten Auflösungsgrund gebunden. Es handelt sich somit nach der soeben dargelegten Terminologie um einen formellen Selbstauflösungstatbestand. Aus diesem Grund werden in der Arbeit in erster Linie Verfassungsnormen untersucht, die ebenfalls dieser Gruppe zuzuordnen sind. Materielle Selbstauflösungsrechte (sowie andere Auflösungstatbestände) werden hauptsächlich im Rahmen des Länderverfassungsvergleiches (4. Teil) zur Abgrenzung und zur Klärung des Verhältnisses zwischen den verschiedenen Auflösungstatbeständen analysiert. Von daher wird im Folgenden anstelle der Formulierung „formelles" Selbstauflösungsrecht verkürzend auch nur von „Selbstauflösungsrecht" gesprochen. Selbstauflösungsrechte, die nur in bestimmten Fallkonstellationen zur Anwendung kommen sollen, werden hingegen stets mit dem Zusatz „materiell" versehen.

§ 2 Systematische Einordnung

Nach der begrifflichen Klarstellung ist nun eine erste Einordnung des Selbstauflösungsrechtes in das Funktionensystem der Sächsischen Verfassung vorzunehmen. Hier ist zu untersuchen, in welchem Kontext dieses Institut zur Anwendung kommen kann und welche systemischen Voraussetzungen für ein parlamentarisches Selbstauflösungsrecht vorliegen müssen.[30]

---

[30] Ob und inwieweit diese systemischen Voraussetzungen auch für das materielle Selbstauflösungsrecht gelten, wird näher im 4. Teil betrachtet (1. Kap., § 20, V.6.).

I. Das Selbstauflösungsrecht im parlamentarisch-repräsentativen System

Gem. Art. 3 Abs. 1 S. 1 SächsVerf geht die Staatsgewalt vom Volk aus und wird von ihm insbesondere durch Wahlen und den Landtag als besonderes Organ i.S.d. Art. 3 Abs. 1 S. 2 SächsVerf ausgeübt. Abgesehen von Volksbegehren und Volksentscheiden gem. Art. 72 SächsVerf sowie Abstimmungen (vgl. Art. 3 Abs. 1 S. 1 Var. 2 SächsVerf) verwirklicht damit die Sächsische Verfassung das parlamentarisch-repräsentative System (vgl. Artt. 39, 44).[31] Mit einer Selbstauflösung wird die politisch-rechtliche Legitimation an das Wahlvolk zurückgegeben. Inwieweit dies in das parlamentarisch-repräsentative System passt, ist im Folgenden zu untersuchen. Dabei ist auch auf den verfassungspolitischen Hintergrund dieses Institutes einzugehen.

1. Die vorzeitige Beendigung der Wahlperiode als Ausnahmeregelung

Das vorzeitige Ende einer Wahlperiode ist häufig Zeichen einer Funktionsstörung des parlamentarischen Regierungssystems. In der Regel liegen mehr oder minder bedeutsame parlamentarische Krisen vor. *Grundsätzlich* gilt, dass das Parlament und mittelbar auch die Regierung gehalten sind, die anstehenden Probleme zu lösen, d.h. auch in schwierigen politischen Lagen die ihnen übertragene Verantwortung interessengerecht wahrzunehmen. Das Parlament soll sich nicht durch Selbstauflösung seiner Verantwortung entziehen. Dies ergibt sich für den Sächsischen Landtag aus Art. 44 Abs. 1 S. 1 SächsVerf, wonach die Wahlperiode fünf Jahre beträgt.

Dennoch kann es sowohl zu Beginn als auch im weiteren Verlauf der Wahlperiode zu Schwierigkeiten kommen, die deren vorzeitige Beendigung *ausnahmsweise* als erforderlich erscheinen lassen. So kann es aufgrund der Mehrheitsverhältnisse nach einer Wahl dem Landtag nicht möglich sein, eine Regierung zu bilden. Hiermit kann die Landtagsauflösung verbunden sein (vgl. nur Art. 60 Abs. 3 SächsVerf). Auch wenn sich im Laufe der Wahlperiode die Mehrheitsverhältnisse beispielsweise aufgrund eines Koalitionsbruches ändern, kann eine vorzeitige Beendigung der Wahlperiode die Folge sein. Auch als Folge einer gescheiterten Vertrauensfrage kommt eine Landtagsauflösung in Betracht. Das in Art. 58 SächsVerf geregelte Recht des Landtages, sich auf Beschluss von zwei Dritteln

[31] So auch DEGENHART, in: Degenhart/ Meissner, Handbuch, § 5, RN 23, S. 143.

seiner Mitglieder selbst aufzulösen, stellt somit eine - als Ausnahme konzipierte - Möglichkeit dar, die Wahlperiode vor ihrem regelmäßigen Ablauf enden zu lassen und Neuwahlen herbeizuführen.

Nicht immer bedarf es aber zur Lösung von parlamentarischen Schwierigkeiten der Auflösung des Parlamentes. Daneben kommt die Auswechslung der Regierung durch konstruktives Misstrauensvotum (vgl. z.B. Art. 69 SächsVerf) oder nach gescheiterter Vertrauensfrage (vgl. z.B. Art. 114 Abs. 5 HessVerf, wenn nach dem Vertrauensentzug der Landtag nicht in der Lage ist, binnen zwölf Tagen einer neuen Regierung das Vertrauen auszusprechen) in Betracht. Auch kann der Ministerpräsident bzw. die Regierung zurücktreten (vgl. z.B. Art. 68 Abs. 1 SächsVerf), was den Weg für Neuwahlen des Regierungschefs bzw. der Regierung freimacht. Von daher stellt sich die Selbstauflösung als *ein* Mittel zur Beseitigung einer parlamentarischen Krise dar. Auch hieraus ergibt sich der Ausnahmecharakter des parlamentarischen Selbstauflösungsrechtes.

2. Plebiszitäre Komponente des Selbstauflösungsrechtes?

Da im Falle einer Selbstauflösung Neuwahlen stattfinden müssen (vgl. nur Art. 44 Abs. 2 Var. 2 SächsVerf), kommt neben seiner Funktion als Krisenbewältigungsnorm auch der Wille der Abgeordneten nach einer Rückgabe der politisch-rechtlichen Legitimation an das Wahlvolk als Auflösungsgrund in Betracht. Von daher ist das parlamentarische Selbstauflösungsrecht auch unter dem Aspekt der Gewaltenteilung i.S.d. Aufteilung der Funktionen zwischen Volk und Parlament näher zu betrachten.

Es lassen sich dabei drei Konstellationen unterscheiden: (1) Nach klassischer Auffassung[32] übt das Parlament als ganzes die Kontrolle gegenüber der Regierung und Verwaltung aus. Dieses Modell ist praktisch-politisch aber weitgehend obsolet. Politisch hat sich nämlich inzwischen die Opposition weitgehend als Träger der parlamentarischen Kontrolle etabliert (s. nur Art. 40 SächsVerf), mit der Folge, dass die Regierung und die sie tragende Parlamentsmehrheit zu einer Einheit verschmelzen[33] (2). Hinsichtlich der Funktionsweise des parlamentarischen Regierungssystems ist so nicht mehr allein auf einen Gegensatz von Regierung und Parlament abzustellen, sondern vielmehr auf die Divergenz von Parlamentsmehrheit und Regierung auf der einen und der Opposition auf der anderen Seite. Damit hat die Opposition im parlamentarischen Regierungssystem weitgehend die ursprünglich dem Parlament in seiner Gesamtheit zukommende Aufgabe der Kontrolle der Regierung übernommen, mit der Folge, dass das herkömmliche Schema von Gewaltentrennung und Gewaltenhemmung sich signifikant verscho-

---

32 Vgl. hierzu HAMANN/ LENZ, GG, Einführung, 7., S. 78 ff.
33 Vgl. dazu näher STERN, Staatsrecht I, § 23 I 3, S. 1032 ff.

ben hat.[34] Die Verfassungen der neuen Bundesländer[35], aber auch der meisten alten Bundesländer[36] sichern aufgrund überwiegend jüngerer Verfassungsänderungen der Opposition ausdrücklich das Recht auf Chancengleichheit zu und verankern deren verfassungsrechtlichen Status als Alternative zur Regierungsmehrheit. Bei der Rückgabe der Legitimation an das Wahlvolk ist dieses daher nun nicht mehr nur Schiedsrichter zwischen Parlament und Regierung; vielmehr werden zugleich politische Konflikte zwischen Regierungsmehrheit und Opposition ausgetragen.

(3) Nach einem dritten Modell sind darüber hinaus verstärkt basisdemokratische Elemente zu berücksichtigen, die sich keineswegs nur auf den Bereich der bekannten Volksgesetzgebung beschränken, sondern sich auf *alle* Bereiche der politischen Willensbildung erstrecken können.[37] Diese käme hinsichtlich der Landtagsauflösung aber nur zum Zuge, falls das Volk hierzu befähigt würde, was in Sachsen verfassungsrechtlich nicht der Fall ist. Gleichwohl ist das Volk bei der Selbstauflösung des Landtages nicht gänzlich aus dem Spiel, da es durch Neuwahlen Einfluss auf die parlamentarisch-demokratische Willensbildung nimmt, indem es zu einer dem politischen Volkswillen besser entsprechenden Sitzverteilung beiträgt.

Aufgrund dessen, dass sich heute nicht mehr Parlament und Regierung, sondern Regierungsmehrheit und Opposition gegenüberstehen, können also Verschiebungen der Mehrheitsverhältnisse in einem Landtag aufgrund von Fraktionswechseln von Abgeordneten oder Patt-Situationen im Landtag, mithin innerparlamentarische Konstellationen, parlamentarische Selbstauflösungen zur Folge haben. Darüber hinaus kommt als Auflösungsgrund auch die Rückgabe der politisch-rechtlichen Legitimation an das Wahlvolk bei Fragen von grundsätzlicher Bedeutung in Betracht. Gleichwohl ist das Selbstauflösungsrecht kein originäres Element der unmittelbaren Demokratie, enthält also keine plebiszitäre Komponente, denn das Volk wird nicht zu einer Sachentscheidung aufgerufen, sondern bestimmt vielmehr die Zusammensetzung des neuen Parlamentes, das für die folgende Wahlperiode seine Interessen repräsentativ zu vertreten hat.[38]

---

34 So auch STERN, Staatsrecht I, § 23 I 4, S. 1035; SCHNEIDER, H.-P./ ZEH, Parlamentsrecht, § 38, RN 19, S. 1064.

35 Artt. 55 Abs. 2 BbgVerf, 26 M-VVerf, 40 SächsVerf, 48 VerfLSA, 59 ThürVerf

36 Vgl. Artt. 16a BayVerf, 38 Abs. 3 BerlVerf, 78 BremVerf, 24 HmbVerf, 19 NdsVerf, 85b RhPfVerf, 12 SchlHVerf.

37 Dieses die Volkssouveränität betonende Konzept fand aber in den Beratungen zur Sächsischen Verfassung vom 27.05.1992 nur begrenzt Zuspruch, was sich sehr deutlich an der Diskussion um die Auflösung des Landtages durch Volksentscheid gezeigt hat, vgl. dazu MALINKA, Verfassungsentwicklung, in: Borgmann u.a. (Hrsg.), Verfassungsreform und GG, III.3., S. 75-94/ 86 ff.

38 So auch STARKE, Parlamentsauflösung, A.I.1., S. 1 f.

II. Vorbedingungen eines Selbstauflösungsrechtes

Beim Selbstauflösungsrecht geht die Initiative zur vorzeitigen Beendigung der Wahlperiode vom Parlament aus. Die Auflösung wird demnach nur durch einen Parlamentsbeschluss vorgenommen. Welche Mindestbedingungen hierfür gegeben sein müssen, ist im Folgenden darzulegen.

1. Parlamentsautonomie und Volkssouveränität

Das Parlament ist in seinem Selbstauflösungsbeschluss autonom. Das setzt zunächst ein Parlament als Repräsentationsinstanz sowie weiter die Parlamentsautonomie, d.h. ein gewisses Gewicht des Parlamentes im Verfassungsgefüge voraus, was keineswegs selbstverständlich ist, da ein solches erst gegen widerstrebende absolute und z.T. auch konstitutionelle Herrscher durchgesetzt werden musste. Dass das Volk sich nach freiem Willen ein Parlament wählen darf, mithin die Staatsgewalt insoweit originär beim Volk liegt, ist somit keineswegs selbstverständlich, sondern musste erst erstritten werden.

2. Ausdrückliche Normierung

Da die vorzeitige Beendigung der Wahlperiode einen Teil des staatlichen Organisationsrechtes darstellt, bedarf es im modernen kontinentalen Verfassungsstaat einer ausdrücklichen verfassungsrechtlichen Normierung der Auflösungstatbestände. Wenn die jeweilige Verfassung eine vorzeitige Beendigung der Wahlperiode nicht vorsieht, kommt eine solche auch nicht in Betracht.

Eine Herleitung aus der parlamentarischen Geschäftsordnungsautonomie, wie sie beispielsweise in Artt. 46, 47 SächsVerf verankert ist, scheidet demnach aus. Eine Verankerung in der Geschäftsordnung des Landtages genügt schon deshalb nicht, da sie im Rang unter der Verfassung steht. Darüber hinaus kann die Geschäftsordnung aufgrund ihres lediglich innenrechtlichen Charakters keine Bindungen gegenüber anderen Verfassungsorganen bzw. der Allgemeinheit hervorrufen[39], was aber bei Neuwahlen aufgrund des Selbstauflösungsbeschlusses der Fall wäre.

[39] Vgl. für Sachsen HAAS, in: Kunzmann/ Haas/ Baumann-Hasske, Die Verfassung des Freistaates Sachsen, Art. 46, RN 1 f., S. 277; für das GG MORLOK, in: Dreier, GG-II, Art. 40, RN 12, S. 1046; MAGIERA, in: Sachs, GG, Art. 40, RN 21 f., S. 1200 f.

3. Der verfassungspolitische Hintergrund des Selbstauflösungsrechtes

Eine Selbstauflösung des Parlamentes bedeutet in einem parlamentarischen Regierungssystem vor allem das Ende der Regierung (vgl. nur Art. 68 Abs. 2 SächsVerf).[40] Aus diesem Grund wird praktisch-politisch die für eine Selbstauflösung erforderliche Mehrheit[41] kaum ohne die den Ministerpräsidenten tragende(n) Regierungsfraktion(en) zustande kommen und v.a. nicht ohne intensive Beratung mit dem Ministerpräsidenten bzw. seiner Zustimmung, ggf. auch der maßgeblichen Regierungsmitglieder möglich sein. Von daher handelt es sich zwar beim Selbstauflösungsrecht allein um eine Frage der Selbstorganisation des Parlamentes - es bedarf keiner zwingenden Mitwirkung eines anderen Verfassungsorganes. In der Verfassungspraxis werden aber in der Regel drei politische Kräfte mit z.T. unterschiedlichen Interessen ihr Plazet geben, damit die jeweils verfassungsrechtlich geforderte Mehrheit erreicht werden kann: der Ministerpräsident (ggf. auch die wichtigsten Regierungsmitglieder), die den Ministerpräsidenten tragende größte Parlamentsfraktion und - je nach Mehrheitsverhältnissen - noch eine (oder mehrere) Parlamentsfraktion(en). Nur wenn diese drei politischen Kräfte sich von vorzeitigen Neuwahlen und der damit verbundenen Neuverteilung der Macht im Land etwas versprechen, wird es auch tatsächlich zur Selbstauflösung des Parlamentes kommen.[42]

Eine Selbstauflösung wird nach allem ein eher seltener Vorgang sein. Insbesondere wird die stärkste und damit die Regierung tragende Fraktion bestrebt sein, eine (Regierungs-) Krise auf andere Weise zu lösen und nicht ohne weiteres zum Mittel der vorzeitigen Beendigung der Wahlperiode, verbunden mit - stets risikoreichen - Neuwahlen, greifen.

40 Zu dieser und anderen Folgen einer parlamentarischen Selbstauflösung vgl. näher zu Sachsen 3. Teil, 1. Kap., § 14, II. und zu den anderen Bundesländern 4. Teil, 1. Kap., § 20, IV.

41 Zu den Anforderungen an das Selbstauflösungsrecht im Einzelnen vgl. für Sachsen näher 3. Teil, 1. Kap., § 14, I.; zu den anderen Bundesländer s. näher 4. Teil, 1. Kap., § 20, I.-III.

42 ENGELKEN, Änderung der Landesverfassung, in: VBlBW 1996, S. 121-134/ 132 f.

Zweites Kapitel

Die verschiedenen Auflösungskonstellationen und die bisherige politisch-rechtliche Relevanz des Selbstauflösungsrechtes

Das parlamentarische Selbstauflösungsrecht ist nur eine Möglichkeit, die Wahlperiode vorzeitig zu beenden. Die Verfassungen aller Länder der Bundesrepublik Deutschland enthalten durchweg Vorschriften für bestimmte Konstellationen, in denen es zu einer vorzeitigen Beendigung der Wahlperiode kommen kann und welche Anforderungen hierfür erfüllt sein müssen. Diese werden im Folgenden überblicksweise vorgestellt.[43]

§ 3 Auflösungsmöglichkeiten der Landtage - Regelungen der Landesverfassungen im Überblick

Neben dem Selbstauflösungsrecht sehen die Landesverfassungen vier konkret umschriebene Konstellationen vor, in denen es zu einer vorzeitigen Beendigung der Wahlperiode kommen kann, nämlich (1) bei Unfähigkeit des Parlamentes, eine Regierung zu bilden, (2) nach gescheiterter Vertrauensfrage oder erfolgreichem Misstrauensantrag, (3) nach Ablehnung eines von der Regierung eingebrachten Gesetzes durch den Landtag nach Annahme des Gesetzes durch Volksentscheid und (4) durch Volksentscheid bzw. Volksabstimmung, wobei aber - wie auch aus Übersicht 4 im Anhang (B.) ersichtlich - nicht immer alle Auflösungsmöglichkeiten in den Verfassungen gleichzeitig verankert sind. Diese Möglichkeiten der Parlamentsauflösung lassen sich danach unterscheiden, von wem die Initiative ausgeht und welche Organe an der vorzeitigen Beendigung der Wahlperiode mitwirken müssen. So bedürfen drei Auflösungsmöglichkeiten ([1]- [3], s. dazu unter I.) der Mitwirkung von Regierung und Parlament (-smehrheit), bei der vierten bedarf es einer ausdrücklichen Initiative der Wähler (s. dazu unter II.). Das Selbstauflösungsrecht hingegen ist - wie dargelegt[44] - nur von einem eigenen Entschluss der Parlamentarier abhängig. Dieser Unterscheidung ist im Folgenden näher nachzugehen.

---

43 Zu den Voraussetzungen im Einzelnen s. näher 4. Teil, 1. Kap., § 20, I.-III.
44 1. Teil, 1. Kap., § 1, vor I.

I. Landtagsauflösung aufgrund von Spannungen zwischen Parlament und Regierung

Sofern die Verfassungen das Instrument der Parlamentsauflösung im Falle von Spannungen zwischen Regierung und Parlament vorsehen, insbesondere bei Unfähigkeit des Parlamentes, eine neue Regierung zu wählen oder im Falle einer gescheiterten Vertrauensfrage, bedarf es eines Zusammenwirkens zweier Organe, nämlich der Regierung und des Parlamentes (abhängig von der genauen Sitzverteilung entweder der Regierungsmehrheit, der Opposition oder beiden zusammen). Diese werden zunächst versuchen, auf anderem Weg als durch Parlamentsauflösung, beispielsweise durch fraktionsübergreifende Verhandlungen und Gespräche, die Spannungen zu beheben. Kommt es jedoch zu keiner Lösung der aufgetretenen Arbeitsunfähigkeit, kann die Volksvertretung entweder sich auflösen, ist sie von Verfassungs wegen aufgelöst oder wird die Wahlperiode durch die Regierung oder den Landtagspräsidenten auf Antrag des Ministerpräsidenten für beendet erklärt. Dies ist im Folgenden näher darzulegen.

1. Landtagsauflösung bei Unfähigkeit des Parlamentes eine neue Regierung zu bilden

Die Parlamentsauflösung kommt in Betracht, sofern die Volksvertretung nicht in der Lage ist, eine neue Regierung zu bilden. Eine solche Regelung findet sich neben Sachsen (Art. 60 Abs. 3 LV) auch in Bayern (Art. 44 Abs. 5 LV), Brandenburg (Art. 83 Abs. 3 LV), Mecklenburg-Vorpommern (Art. 42 Abs. 2 LV), im Saarland (Art. 87 Abs. 4 LV) und in Sachsen-Anhalt (Art. 65 Abs. 2 LV), wobei in diesen Bundesländern bereits das Scheitern der Wahl des Ministerpräsidenten Auflösungsgrund ist.[45] In Baden-Württemberg (Art. 47 LV) und Niedersachsen (Art. 30 Abs. 1 LV) wird dagegen für diese Art der Landtagsauflösung auf das Scheitern der Regierungsbildung insgesamt abgestellt. Es ist noch hervorzuheben, dass die Landtagsauflösung in Sachsen, Baden-Württemberg, Bayern und Brandenburg sowie im Saarland automatische Folge einer gescheiterten Regierungsbildung ist, hingegen in Mecklenburg-Vorpommern, Niedersachsen und Sachsen-Anhalt eines ausdrücklichen Landtagsbeschlusses bedarf, mithin ein materieller Selbstauflösungstatbestand gegeben ist.

---

[45] Auch das Grundgesetz (Art. 63 Abs. 4) kennt diese Form der vorzeitigen Beendigung der Wahlperiode im Zusammenhang mit der Wahl eines Minderheitenkanzlers, vgl. dazu 5. Teil, 2. Kap., § 27, II.

2. Landtagsauflösung nach gescheiterter Vertrauensfrage oder erfolgreichem Misstrauensantrag

Eine weitere Form der vorzeitigen Beendigung der Wahlperiode stellt die Parlamentsauflösung nach gescheiterter Vertrauensfrage oder erfolgreichem Misstrauensantrag dar. In der Sächsischen Verfassung ist diese Möglichkeit nicht vorgesehen.[46] Die Abhängigkeit der Regierung vom Vertrauen des Landtages wird hier über das konstruktive Misstrauensvotum gem. Art. 69 verwirklicht.

Hingegen ist in Brandenburg, Hamburg, Hessen, Mecklenburg-Vorpommern, Sachsen-Anhalt, Schleswig-Holstein und Thüringen sowie im Saarland eine gescheiterte Vertrauensfrage mit der Möglichkeit der Parlamentsauflösung verbunden worden.[47] Während aber in Brandenburg (Art. 87 S. 1 LV) und Hamburg (Art. 36 Abs. 1 S. 1 Nr. 3 LV) der Landtag bzw. die Bürgerschaft über das vorzeitige Ende der Wahlperiode beschließen kann, mithin materielle Selbstauflösungstatbestände vorliegen, ist in Hessen (Art. 114 LV), Thüringen (Art. 50 Abs. 2 S. 1 Nr. 2 LV) und im Saarland (Art. 88 Abs. 2 S. 1 Var. 1 i.V.m. Art. 69 Var. 2 LV) die Landtagsauflösung zwingende Folge einer gescheiterten Vertrauensfrage, *sofern* der Landtag nicht binnen einer bestimmten Frist einen neuen Ministerpräsidenten wählt oder eine neue Regierung bildet. In Mecklenburg-Vorpommern (Art. 51 LV), Sachsen-Anhalt (Art. 73 LV) und Schleswig-Holstein (Art. 36 LV) wiederum wird die Auflösung des Landtages nach erfolgloser Vertrauensfrage in das Ermessen des Ministerpräsidenten gestellt. Auch hier erlischt dieses Recht mit der Wahl eines anderen Ministerpräsidenten.

In Hessen und Rheinland-Pfalz sowie im Saarland ist eine Möglichkeit der Landtagsauflösung mit dem konstruktiven Misstrauensvotum verbunden. Gelingt es dem Landtag nicht, binnen einer bestimmten Frist nach dem Beschluss, der Regierung das Vertrauen zu entziehen, eine neue Regierung zu bilden, ist der Landtag aufgelöst (vgl. Art. 114 Abs. 5 HessVerf, Art. 99 Abs. 5 RhPfVerf, Artt. 88 Abs. 2 S. 1 Var. 2 i.V.m. 69 Var. 2 SaarlVerf).

---

[46] Zur Befugnis des Ministerpräsidenten, dennoch die Vertrauensfrage zu stellen, vgl. 3. Teil, 2. Kap., § 16, I.1.

[47] Auch im Grundgesetz (Art. 68) ist diese Möglichkeit der vorzeitigen Beendigung der Wahlperiode vorgesehen, s. dazu näher 5. Teil, 2. Kap., § 27, I.

3. Landtagsauflösung durch die Regierung

Einzigartig in den Bundesländern sieht die Verfassung von Nordrhein-Westfalen das *alleinige* Recht der Regierung vor, das Parlament aufzulösen (Art. 35 Abs. 2 i.V.m. Art. 68 Abs. 3). Dies kommt dann in Betracht, wenn die Landesregierung ein vom Landtag abgelehntes Gesetz zum Volksentscheid stellt und dieses Gesetz durch den Volksentscheid angenommen wird. Aufgrund dessen, dass gem. Art. 68 Abs. 3 S. 2 HS 2 NRWVerf eine Ablehnung des Gesetzes die Regierung zum Rücktritt zwingt, stellt die Entscheidung über das Gesetz zugleich eine Entscheidung über die Regierung dar.[48]

II. Landtagsauflösung auf Initiative des Volkes

Das Bedürfnis nach einer vorzeitigen Beendigung der Wahlperiode kann aber nicht nur gegeben sein, wenn Spannungen zwischen Regierung und Landtag bestehen. Es ist auch durchaus denkbar, dass eine Landtagsmehrheit und eine von dieser getragene Regierung vorhanden sind, ihre Politik aber im Gegensatz zu der öffentlichen Meinung des Volkes steht. Verschiedene Landesverfassungen sehen von daher eine Landtagsauflösung durch Volksentscheid vor. Eine eindeutige Definition dieses Begriffes existiert nicht.[49] Soweit er in dieser Arbeit verwendet wird, wird darunter eine verbindliche Entscheidung des Volkes über eine in einem Volksbegehren, d.h. in einem auf Initiative einer bestimmten Anzahl von Stimmberechtigten gestellten Antrag, aufgeworfene Frage verstanden. Diese Frage kann sich auf den Erlass, die Änderung oder die Aufhebung eines einfachen Gesetzes oder der Verfassung beziehen. Sie kann aber - für den vorliegend untersuchten Zusammenhang maßgeblich - auch auf die Auflösung des Parlamentes gerichtet sein.[50]

1. Landtagsauflösung durch Volksentscheid

Anders als in Sachsen kann in Bayern (Art. 18 Abs. 3 LV), Berlin (Art. 54 Abs. 3 i.V.m. Artt. 62 Abs. 6, 63 Abs. 3 LV), Brandenburg (Art. 76 Abs. 1 S. 2 i.V.m. Art. 78 Abs. 3 LV), Bremen (Art. 76 Abs. 1 lit. b), Abs. 2 LV) und Rheinland-Pfalz (Art. 109 Abs. 1 Nr. 2 LV) die vorzeitige Beendigung der Wahlperiode Gegenstand eines Volksentscheides sein. Die einzelnen Landesverfassungen stellen

---

48 Vgl. dazu näher MANN, in: Löwer/ Tettinger, NRWVerf-Komm., Art. 68, RN 46 ff., S. 944 f.

49 So auch PATERNA, Volksgesetzgebung, 2., S. 22.

50 ABELEIN, Plebiszitäre Elemente, in: ZParl 1971, S. 187-199/ 187 f.

hierfür sowie für das zuvor stattfindende Volksbegehren[51] unterschiedlich hohe Anforderungen auf. Im Einzelnen sehen die Bayerische Verfassung beim *Volksbegehren* das Erfordernis der Unterschrift von einer Million wahlberechtigten Staatsbürgern (Art. 18 Abs. 3 i.V.m. Artt. 83 f. BayLWG[52]), die Verfassung von Brandenburg von mindestens 200.000 Stimmberechtigten (Art. 77 Abs. 1, 3 S. 2), die Verfassungen der Freien Hansestadt Bremen und von Berlin von einem Fünftel der Stimmberechtigten (Art. 76 Abs. 1 lit. b) BremVerf, Art. 62 Abs. 3 i.V.m. Art. 63 Abs. 3 S. 1 BerlVerf) und die Verfassung von Rheinland-Pfalz von 300.000 Stimmberechtigten (Art. 109 Abs. 1 Nr. 2, Abs. 3 S. 1 LV) vor. Damit der *Volksentscheid* erfolgreich ist, bedarf es in Bayern der Mehrheit der abgegebenen Stimmen (Art. 86 BayLWG), ebenso in Bremen (Art. 76 Abs. 2 LV). Dasselbe Quorum gilt auch in Berlin, wenn sich mindestens die Hälfte der Wahlberechtigten daran beteiligt (Art. 63 Abs. 3 S. 3 LV). Die Mehrheit der abgegebenen Stimmen genügt auch in Brandenburg und Rheinland-Pfalz, sofern diese ein Viertel der Stimmberechtigten ausmacht (Art. 78 Abs. 2 BbgVerf) bzw. sich ein Viertel der Stimmberechtigten an der Abstimmung beteiligt (Art. 109 Abs. 4 S. 3 RhPfVerf).

2. Landtagsauflösung durch Volksabstimmung

Auch in Baden-Württemberg kann auf Initiative des Volkes eine vorzeitige Beendigung der Wahlperiode stattfinden. Das entsprechende Verfassungsinstitut wird in Baden-Württemberg als „Volksabstimmung" bezeichnet, vgl. Art. 43 Abs. 2 BaWüVerf. Dieser Begriff wird in Baden-Württemberg synonym für den sonst gebräuchlicheren Begriff des „Volksentscheides" verwendet.[53] Inhaltliche Abweichungen sind damit nicht verbunden. Der Landtag von Baden-Württemberg ist aufgelöst, wenn dies von einem Sechstel der Stimmberechtigten verlangt wird und bei der sich anschließenden Volksabstimmung die Mehrheit der Stimmberechtigten diesem Verlangen beitritt (Art. 43 Abs. 2 LV).

---

51 Vgl. Art 18 Abs. 3 BayVerf i.V.m. Artt. 83 f. BayLWG, Art. 62 Abs. 3, 4 BerlVerf, Art. 77 Abs. 1, 3 BbgVerf, Art. 76 Abs. 1 lit. b) BremVerf, Art. 109 Abs. 1 Nr. 2, Abs. 3 S. 1 RhPfVerf.

52 Gesetz über Landtagswahl, Volksbegehren und Volksentscheid (Landeswahlgesetz) i.d.F. der Bekanntmachung vom 05.07.2002, BayGVBl. 2002, S. 278 i.d.F. des Gesetzes zur Änderung des Landeswahlgesetzes und des Bezirkswahlgesetzes vom 26.07.2006, BayGVBl. 2006, S. 367

53 MESTER, Volksinitiative, Erster Teil, Erstes Kap., § 2, 1., S. 34

III. Begriffliche Abgrenzung und Zwischenresümee

Zur Abgrenzung der verschiedenen Möglichkeiten der vorzeitigen Beendigung der Wahlperiode ist genau auf die jeweilige Formulierung des Verfassungstextes zu achten. Eine exakte Zuordnung der verfassungsrechtlichen Terminologie zu den o.g. anderen Arten der Parlamentsauflösung ist nicht jedoch ersichtlich, da beispielsweise in Sachsen nach gescheiterter Wahl des Ministerpräsidenten der Landtag aufgelöst „ist“ (Art. 60 Abs. 3 LV), in Brandenburg dagegen der Landtag als aufgelöst „gilt“ (Art. 83 Abs. 3 LV). Im Falle der gescheiterten Vertrauensfrage des Ministerpräsidenten „erklärt“ z.B. in Mecklenburg-Vorpommern (Art. 51 Abs. 1 S. 1 LV) der Präsident des Landtages auf Antrag des Ministerpräsidenten „die Wahlperiode des Landtages vorzeitig für beendet“, während in Thüringen in gleicher Situation eine „Neuwahl vorzeitig durchgeführt“ wird (Art. 50 Abs. 2 S. 1 Nr. 2 LV). Während der Landtag in Baden-Württemberg (Art. 43 Abs. 2 LV) „aufgelöst“ ist, wenn dies von einem Sechstel der Wahlberechtigten verlangt wird und bei der anschließend vorzunehmenden Volksabstimmung die Mehrheit der Stimmberechtigten diesem Verlangen beitritt, kann in Bayern (Art. 18 Abs. 3 LV) der Landtag durch Volksentscheid „abberufen“ werden.

1. Selbstauflösungsrecht: Erfordernis eines eigenen Beschlusses

Entscheidend für die Identifizierung eines Selbstauflösungsrechtes ist danach, dass in der verfassungsrechtlichen Formulierung zum Ausdruck kommt, dass für die Auflösung ein eigener Beschluss der Volksvertretung (mit einem bestimmten Quorum) erforderlich ist, darüber hinaus aber keine weiteren Voraussetzungen erfüllt sein müssen. Werden die Formulierungen *„ist aufgelöst“* bzw. *„gilt als aufgelöst“* verwendet, so kann dies nach der oben genannten Definition[54] *kein* Selbstauflösungsrecht sein, da die vorzeitige Beendigung der Wahlperiode durch Selbstauflösung einen eigenen Beschluss der Abgeordneten voraussetzt und nicht lediglich gesetzliche Folge eines die Auflösung implizierenden Tatbestandes ist. Eine Mitwirkung anderer Verfassungsorgane würde dem Institut der Selbstauflösung seinen spezifischen Charakter als eigenes Recht der Volksvertretung nehmen. Trotz der Formulierung „Der Landtag *ist* aufgelöst, wenn er dies [...] beschließt“[55], enthält daher Art. 69 Alt. 1 SaarlVerf aufgrund des Notwendigkeit eines eigenen Beschlusses ein Selbstauflösungsrecht.

---

[54] 1. Teil, 1. Kap., § 1, vor I.
[55] Hervorhebung durch d. Verf.

2. Fehlende Normierung materieller Tatbestandsmerkmale für eine parlamentarische Selbstauflösung

Der Überblick über die verschiedenen Möglichkeiten der vorzeitigen Beendigung der Wahlperiode in den Bundesländern lässt erkennen, dass bis auf das formelle Selbstauflösungsrecht bestimmte konkrete materielle Voraussetzungen tatbestandlich normiert sind, wenn eine Landtagsauflösung in Betracht kommen soll, so z.B. wenn der Landtag nicht in der Lage ist, die Regierung bzw. den Regierungschef zu wählen oder letzterem das Vertrauen entzogen wird. Auch der Weg einer Parlamentsauflösung auf Initiative des Volkes ist klar vorgezeichnet. Beim formellen Selbstauflösungsrecht ist zwar nicht ausgeschlossen, dass es auch in politischen Krisensituationen angewendet wird, doch sind Konstellationen, unter denen eine Selbstauflösung in Betracht kommt, im Einzelnen nicht näher bestimmt.

3. Verfassungsrechtlicher Vergleich der Anzahl der Auflösungstatbestände

Festzuhalten ist, dass die Ausgestaltungen und Wege zur vorzeitigen Beendigung der Wahlperiode sehr unterschiedlich sind. Nicht jede dieser Möglichkeiten ist in jeder Landesverfassung vorgesehen. Der Freistaat Sachsen hat zwei Möglichkeiten der Landtagsauflösung vorgesehen: Zum einen das Selbstauflösungsrecht gem. Art. 58 SächsVerf und zum anderen im Falle des Scheiterns der Wahl des Ministerpräsidenten gem. Art. 60 Abs. 3 SächsVerf.

Vergleicht man die unterschiedlichen Auflösungstatbestände, so lässt sich Folgendes feststellen: Das Land Brandenburg kennt als einziges Bundesland vier Möglichkeiten der vorzeitigen Beendigung der Wahlperiode. Nur das einzig in Nordrhein-Westfalen verankerte Recht der Regierung, den Landtag im Zusammenhang mit einem Volksentscheid über ein von ihr eingebrachtes, vom Landtag aber abgelehntes Gesetz, aufzulösen, ist in der Brandenburgischen Verfassung nicht niedergelegt. Neben diesem Fall der vorzeitigen Beendigung der Wahlperiode durch die Regierung kennt die Verfassung von Nordrhein-Westfalen auch noch das Selbstauflösungsrecht des Landtages.

Vom Selbstauflösungsrecht einmal abgesehen, haben acht Verfassungen noch eine weitere Form der vorzeitigen Beendigung der Wahlperiode vorgesehen, nämlich die durch Volksentscheid (Bremen und Berlin), die Auflösung im Falle einer missglückten Regierungsbildung (Sachsen und Niedersachsen) sowie die Auflösung nach erfolglosem Vertrauensantrag (Hamburg, Hessen, Schleswig-

Holstein und Thüringen), wobei in Hessen und Thüringen hinzukommen muss, dass der Landtag nicht innerhalb einer bestimmten Frist[56] eine neue Regierung bildet bzw. dieser das Vertrauen ausspricht.

In den übrigen Bundesländern sehen die Verfassungen drei Möglichkeiten der vorzeitigen Beendigung der Wahlperiode vor. So ist in Bayern und Baden-Württemberg eine Landtagsauflösung außer durch Selbstauflösung noch durch Volksentscheid[57] sowie im Falle einer missglückten Regierungsbildung vorgesehen. In Mecklenburg-Vorpommern, im Saarland und in Sachsen-Anhalt treten neben das Selbstauflösungsrecht die Möglichkeiten zur Parlamentsauflösung bei missglückter Regierungsbildung und nach erfolglosem Vertrauensantrag des Ministerpräsidenten bzw. (im Saarland) der Landesregierung. Auch das Land Rheinland-Pfalz eröffnet drei Wege zur vorzeitigen Beendigung der Wahlperiode: Außer durch eine Selbstauflösung kommt die Parlamentsauflösung durch Volksentscheid in Betracht sowie dann, wenn der Landesregierung das Vertrauen durch den Landtag entzogen und nicht innerhalb von vier Wochen eine neue Regierung gebildet wird. Im Folgenden ist, was den tatsächlichen Hintergrund angeht, ein Überblick über die Praxis des (formellen) Selbstauflösungsrechtes zu geben.

§ 4 Überblick über bislang erfolgte und versuchte Selbstauflösungen deutscher Landtage

Praktische Bedeutung haben die Vorschriften zur Selbstauflösung bislang nur selten erlangt und sind zudem dann auch nur z.T. erfolgreich zum Zuge gekommen. Anhand der Darstellung bisher erfolgter und versuchter Selbstauflösungen soll analysiert werden, zu welchen Zwecken zu diesem Instrument gegriffen wurde, insbesondere ob dafür nur Spannungen zwischen der Regierung und dem Landtag ursächlich waren oder ob auch andere Gründe zu einer parlamentarischen Selbstauflösung geführt haben.

---

56 Hessen: zwölf Tage (Art. 114 Abs. 5 LV); Thüringen: drei Wochen nach der Beschlussfassung über den Vertrauensantrag (Art. 50 Abs. 2 S. 1 Nr. 2 LV)

57 „Volksabstimmung" in Baden-Württemberg, Art. 43 Abs. 2 BaWüVerf

I. Bisher noch keine Selbstauflösung des Sächsischen Landtages

Zu einer Selbstauflösung des Landtages ist es im Freistaat Sachsen - auf der Grundlage der Verfassung vom 27. Mai 1992 - bisher nicht gekommen. Dies entspricht dem Ausnahmecharakter des Art. 58 SächsVerf, zumal wenn man die Mehrheitsverhältnisse im Sächsischen Landtag[58] betrachtet. Angesichts der notwendigen Beschlussfassung mit zwei Dritteln der Mitglieder des Landtages für eine Selbstauflösung hätte die Regierungspartei bzw. Regierungsfraktion stets mindestens der Unterstützung einer der Oppositionsparteien bedurft.

1. Überlegungen zu einer parlamentarischen Selbstauflösung im Zusammenhang mit dem Rücktritt des Ministerpräsidenten Kurt Biedenkopf 2001/ 2002

Allerdings kam es im Zusammenhang mit dem Rücktritt des früheren Ministerpräsidenten von Sachsen *Kurt Biedenkopf* am 18. April 2002 zu Diskussionen über eine Selbstauflösung des Sächsischen Landtages. Jedoch fanden derartige Überlegungen keinen Eingang in Fraktionssitzungen oder gar in das Plenum. Es handelte sich vielmehr um interne Überlegungen, was passiere, wenn sich der Landtag nicht auf einen Nachfolger einigen könne.[59] Für die CDU ging es dabei nicht um eine Selbstauflösung nach Art. 58 SächsVerf, sondern um die möglichen Folgen einer gescheiterten Wahl des Ministerpräsidenten gem. Art. 60 Abs. 3 SächsVerf. Insbesondere aufgrund der bestehenden parlamentarischen Mehrheiten mündete die Vertrauenskrise um Ministerpräsident Biedenkopf nicht in einen entsprechenden Antrag auf Selbstauflösung, sondern führte nur zu einer „Neuwahl-Diskussion" auf Beraterebene.[60] In diesem Zusammenhang erklärte der Vorsitzende der PDS-Landtagsfraktion *Peter Porsch* am 3. Januar 2002, dass „Rufe nach Neuwahlen" „unsolide und verfrüht" seien, da die „parlamentarischen

---

58 1. WP: CDU 54,4% (= 92 Sitze), SPD 19,1% (= 32 Sitze), PDS 10,2 % (= 17 Sitze), B'90/ Grüne 7,0% (= 10 Sitze), FDP 5,3 % (= 9 Sitze)
2. WP: CDU 58,1 % (= 77 Sitze), SPD 16,6 % (= 22 Sitze), PDS 16,5 % (= 21 Sitze)
3. WP: CDU 56,9 % (= 76 Sitze), PDS 22,2 % (= 30 Sitze), SPD 10,7 % (= 14 Sitze)
4. WP: CDU 41,1 % (= 55 Sitze), PDS 23,6 % (= 31 Sitze), SPD 9,8 % (= 13 Sitze), NPD 9,2 % (=12 Sitze), FDP 5,9 % (= 7 Sitze), Grüne 5,1% (= 6 Sitze)

59 So der parlamentarische Geschäftsführer der CDU-Fraktion ERHARD WEIMANN i.R.e. persönlichen Gespräches im Sächsischen Landtag am 21.03.2003. Auch nach Aussage des Abg. MARKO SCHIEMANN (CDU) vom 28.10.2002 gab es nur Gedanken in einzelnen Fraktionen, aber keinerlei schriftliche Niederlegungen in Form von Drucksachen o.Ä.

60 So auch der Parlamentarische Berater der SPD-Fraktion KAI KERKHOF in seiner schriftlichen Stellungnahme vom 19.09.2003.

Möglichkeiten zur Bewältigung der vom Ministerpräsidenten ausgelösten Krise [...] noch nicht ausgeschöpft [sind]" und verwies dabei auch auf die Möglichkeit eines konstruktiven Misstrauensvotums: Der Landtag habe Kurt Biedenkopf gewählt; daher müsse der Landtag zunächst versuchen, einen mehrheitsfähigen Nachfolger zu finden; erst danach dürften Neuwahlen angestrebt werden.[61]

Diese Stellungnahme zeigt einerseits, dass mit dem Institut der Selbstauflösung verantwortungsbewusst umgegangen und dieses nur als Ultima Ratio zur Lösung parlamentarischer Schwierigkeiten angesehen wurde, wobei freilich nicht zu übersehen ist, dass die PDS-Fraktion allein und auch zusammen mit der SPD keine Aussichten hatte, Neuwahlen durchzusetzen. Andererseits ist dies zugleich ein Indiz für die hohen, vielleicht zu hohen Anforderungen an einen Selbstauflösungsbeschluss.

2. Volksantrag zur Auflösung des Landtages im Zusammenhang mit dem Rücktritt des Ministerpräsidenten Kurt Biedenkopf?

Neben Überlegungen über Neuwahlen auf Initiative des Landtages gab es im Zusammenhang mit dem Rücktritt des Ministerpräsidenten *Kurt Biedenkopf* auch einschlägige Überlegungen seitens nicht im Landtag vertretener Parteien, einen Volksantrag auf Auflösung des Landtages zu stellen.[62] Da die Sächsische Verfassung jedoch einen Volksentscheid in dieser Frage nicht vorsieht, wäre hierfür eine Verfassungsänderung erforderlich gewesen, so dass derartige Versuche - unabhängig von der Frage der Verfassungsmäßigkeit einer solchen Änderung - praktisch nicht durchsetzbar waren.

II. Parlamentarische Selbstauflösungen in anderen Bundesländern

Im Folgenden ist Ursachen und Hintergründen von bislang in anderen Bundesländern der Bundesrepublik Deutschland erfolgten Selbstauflösungen der Volksvertretungen nachzugehen.[63] Dabei ist auch auf politische Konstellationen einzu-

---

61 PM 001/ 2002

62 So die parlamentarische Beraterin der PDS-Fraktion im Sächsischen Landtag ROSEMARIE JAROSCH in ihrer schriftlichen Stellungnahme vom 24.03.2003.

63 Einen Überblick zu den (Selbst-) Auflösungen der Landtage seit 1946 (Stand 2005) gibt auch REUTTER, Vertrauensfrage und Parlamentsauflösung, in: PVS 2005, S. 655-673/ 664 ff.

gehen, in denen ein Selbstauflösungsantrag zwar gestellt wurde, aber nicht die erforderliche Mehrheit fand oder eine bestehende Krise auf andere Weise beigelegt werden konnte.

1. Die Selbstauflösung des Niedersächsischen Landtages im April 1970 und der gescheiterte Selbstauflösungsversuch im Herbst 1988

Im Zusammenhang mit der Regierungskrise 1969/ 70 in Niedersachsen kam es am 21. April 1970 zur ersten Selbstauflösung eines Landtages in der Verfassungsgeschichte der Bundesrepublik Deutschland.[64] Ein weiterer dahingehender Versuch scheiterte hingegen im Herbst 1988.

a. Politischer Hintergrund der Selbstauflösung 1970

Aufgrund von Differenzen über das Niedersächsische Konkordat zerbrach im Jahr 1965 die Koalition zwischen SPD und FDP; daraufhin wurde eine Große Koalition (CDU und SPD) gebildet. Dennoch bestand ständig Unsicherheit über die Bildung einer erneuten Koalition zwischen SPD und FDP, die gemeinsam die absolute Mehrheit hätten stellen können. Als sich im Frühjahr 1969 die Auseinandersetzungen zwischen „linkem" und „rechtem" Flügel in der niedersächsischen FDP verschärften, traten FDP-Abgeordnete in die CDU ein (Fraktionswechsel der Abg. *Stender*, *Konrad* und *Dreyer*). Damit waren die SPD- und CDU-Fraktion mit je 66 Mitgliedern gleich stark. Als schließlich am 23. Oktober 1969 der bisherige SPD-Abg. *Baselau* aus seiner Fraktion austrat[65] (Sitzverteilung im Parlament nun 66 CDU : 65 SPD : 10 NPD : 7 FDP : 1 fraktionslos), forderte die CDU die Besetzung von mehr Ministerposten aus ihren Reihen. Nachdem weitere Abgeordnete die Fraktion wechselten, bedurfte es Anfang 1970 nur noch der Aufnahme des bisherigen NPD-Mitgliedes *Haas*, um der CDU/ FDP- Koalition die absolute Mehrheit zu verschaffen und damit den Weg zu einem konstruktiven Misstrauensvotum zu eröffnen. V.a. die Aufnahme eines NPD-Mitgliedes stieß auf heftige Kritik: Der amtierende Ministerpräsident *Diedrichs* forderte den Rücktritt sämtlicher CDU-Minister, da aufgrund der Aufnahme eines Mitgliedes

---

64 Die Selbstauflösung des Saarländischen Landtages zum 17.12.1955 soll hier nicht näher dargelegt werden, da das Saarland erst zum 01.01.1957 Bundesland der Bundesrepublik Deutschland geworden ist, vgl. dazu aber LANDTAG DES SAARLANDES, Daten, 12. WP, Kap. 1, S. 35.

65 Die CDU nahm Baselau am 23.01.1970 als Hospitanten und am 17.02.1970 als Vollmitglied in ihre Fraktion auf, vgl. WETTIG-DANIELMEIER, Die erste Selbstauflösung, in: ZParl 1970, S. 269-284/ 270 f.

der NPD die Grundlage für eine Koalition nicht mehr gegeben sei. Die CDU kam dieser Aufforderung jedoch nicht nach und strebte weiterhin den Rücktritt des Ministerpräsidenten an.

Daraufhin reichte die SPD gem. Art. 7 der Vorläufigen Niedersächsischen Verfassung[66] den Antrag auf Selbstauflösung des Landtages[67] ein. Zur Begründung wurde insbesondere angeführt, dass der Wählerwille aufgrund der zahlreichen Fraktionswechsel verfälscht sei.[68] Nachdem der Antrag am 18. März 1970 zunächst abgelehnt wurde - die CDU brachte gegen den Auflösungsantrag der SPD vor, dass eine Landtagsauflösung erst möglich sei, wenn das Parlament nicht mehr in der Lage sei, seine Aufgaben zu erfüllen[69] - stellte sich heraus, dass auch die FDP eine Regierungsbildung mit der CDU und der NPD, die zumindest unter dem damaligen CDU-Fraktionsvorsitzenden *Brandes* nicht ausgeschlossen schien[70], ablehnte. Des Weiteren wurde man sich bewusst, dass eine parlamentslose Zeit zwischen Auflösung und Neuwahl mit dem parlamentarischen Regierungssystem nur schwerlich vereinbar ist. Nach erfolgter Verfassungsänderung[71], die bestimmte, dass die Wahlperiode nicht (mehr) mit der Neuwahl des Landtages, sondern erst sechzig Tage nach dem Auflösungsbeschluss (vgl. Art. 6 Abs. 1 S. 3 NdsVerf 1970) enden sollte, beschloss der Niedersächsische Landtag am 21. April 1970[72] schließlich seine Auflösung.[73]

---

66 Vom 13.04.1951, GVBl. 1951, S. 103; zur VorlNdsVerf s. BERLIT, Die neue Niedersächsische Verfassung, in: NVwZ 1994, S. 11-17. Gem. Art. 61 Abs. 1 VorlNdsVerf trat die Vorläufige Verfassung Niedersachsens am 01.05.1951 in Kraft. Nach Abs. 2 sollte sie ein Jahr nach Ablauf des Tages außer Kraft treten, an dem das deutsche Volk in freier Entscheidung eine Verfassung beschließt. Jedoch waren sich die Parteien des Niedersächsischen Landtages darin einig, dass mit der Ausdehnung des Geltungsbereiches des Grundgesetzes auf das Gebiet der ehemaligen DDR die von Art. 61 Abs. 2 VorlNdsVerf vorausgesetzte Entscheidung des gesamten deutschen Volkes über eine neue Verfassung nicht verbunden war, so dass ohne zeitliche Zwänge an der Reform der Landesverfassung gearbeitet werden konnte, vgl. BERLIT, a.a.O., S. 12.

67 Antrag vom 21.02.1970, vgl. DS 6/ 1175.

68 Vgl. Plenarprotokoll 6/ 71 (04.03.1970), S. 6533 ff.

69 Vgl. Abg. BRANDES (CDU) in: Plenarprotokoll 6/ 71 (04.03.1970), S. 6538; Plenarprotokoll 6/ 73 (18.03.1970), S. 6717 f.

70 WETTIG-DANIELMEIER, Die erste Selbstauflösung, in: ZParl 1970, S. 269-284/ 280 f.

71 Novelle vom 20.04.1970 (NdsGVBl. 1970, S. 125)

72 Antrag der CDU-Fraktion vom 01.04.1970, Niedersächsischer Landtag, DS 6/ 1236, Antrag der SPD-Fraktion vom 01.04.1970, DS 6/ 1238, Plenarprotokoll 6/ 75 (08.04.1970), S. 6836 ff.

73 Mit einer Gegenstimme. Vgl. auch näher TOEWS, Regierungskrise in Niedersachsen, in: AöR 96 [1971], S. 354-391/ 354-357; WETTIG-DANIELMEIER, Die erste Selbstauflösung, in: ZParl 1970, S. 269-284/ 280 ff.

b. Die Selbstauflösung als Schritt zur Bildung einer regierungsfähigen Mehrheit

Der Schritt zur Selbstauflösung des Landtages war fast[74] unausweichlich, da nach dem Zerfall der Koalition keine der Parteien ihren Platz in der Regierung räumen wollte, es aber auch der Opposition nicht gelang, die Regierung zum Rücktritt zu zwingen. So gab es nach dem Bruch der Großen Koalition keine wirklich regierungsfähige Mehrheit mehr ohne eine Einbeziehung der NPD, die - seitens der CDU-Mehrheit wohl eindeutig erst zwischen der Einbringung des Misstrauensantrag vom 23. März 1970 und der einschlägigen Diskussion am 1. April 1970 - politisch abgelehnt wurde. Da schließlich die FDP-Fraktion am 22. März 1970 die Regierungsbildung mit der CDU abgelehnt hatte[75], war die Regierung durch die Mandatsverteilung und die bestehenden Gegensätze in ihrer Handlungsfähigkeit blockiert.[76] In dieser festgefahrenen Situation bot die Verfassung mit der Möglichkeit der Selbstauflösung und anschließender Neuwahl dem Landtag ein Regulativ.[77] Die am 14. Juni 1970 stattgefundene Neuwahl führte dann auch zu einer bereinigenden Lösung: Nur noch SPD und CDU errangen Mandate, sowohl die FDP als auch die NPD waren im künftigen Landtag nicht mehr vertreten. Dies zeigte deutlich den Wunsch der Bevölkerung nach politischer Klarstellung und deutlichen Mehrheiten.

c. Die abgelehnte Selbstauflösung 1988

Am 27. Oktober 1988 brachte die SPD einen Antrag auf Selbstauflösung des Niedersächsischen Landtages ein.[78] Hintergrund dieses Selbstauflösungsversuches war die Ansicht der Opposition (SPD und Grüne), dass das Land Niedersachsen einen neuen Anfang brauche, der nicht ohne die Wähler gemacht werden könne. Die Regierungsfraktion habe zwar zahlenmäßig die Mehrheit im Landtag, diese stimme aber mit dem Willen der Wählerschaft nicht mehr überein. Zur Begründung ging der Abg. *Gerhard Schröder* (SPD) auf zahlreiche Fehler ein, die der niedersächsischen Landesregierung unterlaufen seien. Nur durch Neuwahlen sei der Zerfall des politischen Systems in Niedersachsen aufzuhalten.[79] Dem

---

74 Andere Lösungsversuche scheiterten: So war die zu einem Antrag des Ministerpräsidenten auf Ministerentlassung erforderliche Zustimmung nicht zu erwarten, die Bildung einer Minderheitsregierung durch CDU oder SPD hätte entweder des Rücktrittes des amtierenden Ministerpräsidenten bedurft oder wäre mit dem Makel der Zusammenarbeit mit der NPD behaftet gewesen; ein am 23.03.1970 gestelltes konstruktives Misstrauensvotum scheiterte an der unbedingten Voraussetzung der Benennung eines Nachfolgers.

75 WETTIG-DANIELMEIER, Die erste Selbstauflösung, in: ZParl 1970, S. 269-284/ 280 f.

76 TOEWS, Regierungskrise in Niedersachsen, in: AöR 96 [1971], S. 354-391/ 386

77 TOEWS, Regierungskrise in Niedersachsen, in: AöR 96 [1971], S. 354-391/ 389

78 DS 11/ 3132

79 Vgl. Niedersächsischer Landtag, Plenarprotokoll 11/ 64 (09.11.1988), S. 6043 ff./ 6072

schlossen sich die Grünen an: Die Landesregierung sei durch zahlreiche Skandale politikunfähig geworden; die Neuwahlen böten die Chance auf einen demokratischen Neubeginn.[80] Hingegen wandte sich Ministerpräsident *Albrecht* (CDU) gegen eine Selbstauflösung: Die Mehrheit der Bevölkerung billige die Handlungen der Landesregierung, die Regierungsfraktion sei jederzeit handlungsfähig; wenn die Opposition einen Sturz der Regierung wolle, könne sie dies über das konstruktive Misstrauensvotum versuchen.[81] Auch die FDP lehnte eine Selbstauflösung ab, da weder eine Staats- noch eine Regierungs- oder Koalitionskrise bestehe. Den politischen Schwierigkeiten solle nicht ausgewichen werden, diese seien vielmehr zu lösen; nur dann funktioniere das parlamentarisch-repräsentative System.[82] Der Antrag auf Selbstauflösung wurde daraufhin am 21. November 1988 abgelehnt, da die Regierungsfraktion geschlossen dagegen stimmte.[83]

2. Die Selbstauflösungen des Berliner Abgeordnetenhauses im März 1981 und im September 2001

Die Berliner Bürger hatten - anders als heute, vgl. Art. 100 S. 2 BerlVerf - aufgrund der Verfassung vom 1. September 1950[84] kein Mitspracherecht hinsichtlich von Änderungen ihrer Verfassung. Mit dem Gesetz zur Änderung der Verfassung von Berlin vom 22. November 1974[85] nahm das Berliner Abgeordnetenhaus den Bürgern darüber hinaus die in Artt. 45 Abs. 2, 88 Abs.1 LV a.F. vorgesehene Kompetenz zur Volksgesetzgebung. Bis 1995 hatten daher die Berliner zur Äußerung politisch gegenteiliger Ansichten lediglich die Möglichkeit, die Wahlperiode des Abgeordnetenhauses durch Volksentscheid vorzeitig zu beenden (vgl. Art. 39 Abs. 1 Var. 2 BerlVerf 1950). Im Zusammenhang mit der *Garski*-Affäre[86] drohten die Bürger Berlins im Januar 1981 entschieden von diesem Mittel Gebrauch zu machen. Entsprechend beantragten die Berliner CDU und die Alternative Liste ein Volksbegehren zur Auflösung des Abgeordnetenhauses. Dem kam das Abgeordnetenhaus jedoch zuvor, indem es sich gem. Art. 39 Abs.

---

80 So der Abg. TRITTIN (Grüne), in: Niedersächsischer Landtag, Plenarprotokoll 11/ 64 (09.11.1988), S. 6089 ff.

81 Vgl. Niedersächsischer Landtag, Plenarprotokoll 11/ 64 (09.11.1988), S. 6077 ff. Das konstruktive Misstrauensvotum wurde am 21.11.1988 als DS 11/ 3215 in den Landtag eingebracht, aber nach abschließender Beratung in der 68. Sitzung am 24.11.1988 mit knapper Mehrheit abgelehnt, vgl. Niedersächsischer Landtag, Plenarprotokoll 11/ 72 (19.12.1988), S. 6704 f.

82 Abg. HILDEBRANDT (FDP), in: Niedersächsischer Landtag, Plenarprotokoll 11/ 64 (09.11.1988), S. 6082 ff.

83 Vgl. Niedersächsischer Landtag, Plenarprotokoll 11/ 67 (21.11.1988), S. 6325 ff.

84 Verordnungsblatt für Groß-Berlin 1950, S. 433

85 GVBl. 1974, S. 2741, Art. I, 1.

1 Alt. 1 BerlVerf 1950 am 16. März 1981 selbst auflöste. Die am 10. Mai 1981 durchgeführten Neuwahlen brachten eine Minderheitsregierung der CDU unter *Richard von Weizsäcker* hervor.[87]

Aktuell wurde das Thema der vorzeitigen Beendigung der Wahlperiode erneut in Berlin im September 2001. Nach der Wahl zum Abgeordnetenhaus im Oktober 1999 regierte in Berlin eine Große Koalition (CDU und SPD). Überlegungen der SPD zur Kündigung dieser Koalition wurden spätestens seit Bekanntwerden der „parteifreundlichen Bankgeschäfte" des Chefs der Berlin-Hannoverschen Hypothekenbank und CDU-Fraktionsvorsitzenden *Klaus Landowsky* laut. Landowsky, enger Vertrauter des Regierenden Bürgermeisters *Diepgen*, hatte von den Geschäftsführern der Immobilienfirma Aubis, zwei ehemaligen CDU-Politikern, eine Parteispende in Höhe von 40.000 DM in bar angenommen. Gleichzeitig räumte die Berlin-Hannoversche Hypothekenbank der Aubis Kredite von mehreren hundert Millionen DM ein. Zur Ausweitung dieser „Landowsky-Affäre" zur „CDU-Spendenaffäre" kam es, als sich herausstellte, dass die Spende nicht vollständig im Rechenschaftsbericht der CDU ausgewiesen war. Des Weiteren geriet die Muttergesellschaft der Berlin-HYP, die Bankgesellschaft Berlin, die sich mehrheitlich im Landesbesitz befindet und deren verantwortliches Vorstandsmitglied ebenfalls Landowsky war, durch unseriöse Kredite und zweifelhafte Immobiliengeschäfte in die Schlagzeilen.[88]

Dennoch hielten Diepgen und die (Berliner) CDU an Landowsky fest, so dass die SPD erstmalig Anfang April 2001 mit einem Koalitionsbruch drohte, wenn Landowsky nicht von seinem Posten als Fraktionsvorsitzender zurücktrete, was dann Anfang Mai auch geschah. Der bisherige stellvertretende Vorsitzende *Frank Steffel* trat die Nachfolge Landowskys an. Damit war die Lage aber nicht beruhigt; vielmehr verschärfte sie sich wieder, als der Regierende Bürgermeister Diepgen Ende Mai ankündigte, Berlin müsse zur Deckung der durch die Bankgesellschaft verursachten Verluste zusätzlich einen Kredit in Höhe von sechs Milliarden DM aufnehmen. Hieran zerbrach die Große Koalition endgültig: Die SPD machte den Fortbestand der Großen Koalition von konkreten Sparvorschlägen im

---

86 Dem Architekten *Dietrich Garski* waren ab Herbst 1978 für Bauvorhaben in arabischen Ländern mehrere Bankbürgschaften in Höhe von mehreren hundert Millionen DM seitens des Senats gestellt worden. Aufgrund der Zahlungsunfähigkeit Garskis Ende 1980 traten die bewilligenden Senatoren *Klaus Riebschläger* (SPD) und *Wolfgang Lüder* (FDP) von ihren Ämtern (Finanzen bzw. Wirtschaft) zurück. Die Vorschläge des Regierenden Bürgermeisters *Dietrich Stobbe* (SPD) hinsichtlich der Nachfolger fanden im Senat keine Mehrheit, obwohl der SPD-FDP-Senat über eine Mehrheit verfügte. Daraufhin trat Stobbe zurück, vgl. HAIBACH, Die Berliner Regierung verfällt, in: FAZ vom 09.01.1981, S. 1, 2; DERS., Berlins SPD betriebsam und ratlos, in: FAZ vom 17.01.1981, S. 1 f.

87 Vgl. PFENNIG/ NEUMANN, Verfassung von Berlin, Art. 39, RN 15, S. 271; s. auch TOSSE, Parlamentsauflösung, 6.2.1., S. 201 f., 4.2.1., S. 157 f.

88 NIEDERMAYER/ STÖSS, Wahl zum Berliner Abgeordnetenhaus 2001, in: ZParl 2002, S. 244-261/ 244 f.

notwendig gewordenen Nachtragshaushalt abhängig, die aber nicht zur Stabilisierung des Regierungsbündnisses führten. Auch weigerte sich der Regierende Bürgermeister zurückzutreten. Die Opposition, bestehend aus PDS und Grünen, kündigte daraufhin ab Juni 2001 erste Schritte für einen Volksentscheid an.[89]

Schließlich erklärte der Berliner SPD-Vorsitzende *Strieder* nach einer Sitzung des Koalitionsausschusses am 6. Juni 2001, dass das erforderliche Vertrauen geschwunden sei und es für die Große Koalition keinen Fortgang gebe. Auf einem Sonderparteitag der SPD am 10. Juni 2001 wurde der Koalitionsausstieg bestätigt, der SPD-Fraktionsvorsitzende *Klaus Wowereit* zum Spitzenkandidaten gekürt und ein Misstrauensantrag gegen Diepgen und die vier CDU-Senatoren verabredet. Dieser wurde am 14. Juni eingebracht und am 16. Juni Diepgen mit den Stimmen der SPD, PDS und Grünen abgewählt. Zugleich wurde ein rot-grüner Minderheitssenat mit Wowereit an der Spitze neu gebildet.[90]

Diese Regierung sollte nach dem Willen des neuen Senats aber nur eine Übergangsregierung sein und sich so schnell wie möglich einem Wählervotum stellen. Dies war nur durch einen Volksentscheid oder durch die Selbstauflösung des Abgeordnetenhauses möglich. Obwohl der erste Weg bereits beschritten war, erschien er doch als zu langwierig - aufgrund der gesetzlichen Fristen hätten Neuwahlen frühestens im April/ Mai 2002 stattfinden können. Daher beschloss das Abgeordnetenhaus in einer Sondersitzung am 1. September 2001 mit 143 Ja- zu 9 Nein-Stimmen, also auch mit überwiegender Zustimmung der CDU, nach erheblicher Diskussion um den neuen Wahltermin[91] die vorzeitige Beendigung der Wahlperiode.[92] Der Termin für die Neuwahlen wurde auf den 21. Oktober 2001 festgelegt.[93] Die Neuwahlen führten zu folgendem Ergebnis[94]: SPD 29,7 % (+7,3 %), CDU 23,8 % (-17,1 %), PDS 22,6 % (+4,9 %), FDP 9,9 % (+7,7 %), Grüne 9,1 % (-0,8 %). In Sitzen ausgedrückt ergab sich damit folgende Verteilung: SPD 44 (+2), CDU 35 (-41), PDS 33 (±0), FDP 15 (+15), Grüne 14 (-4). Diese Zahlen zeigten deutlich, wem die Bürger den politischen Neuanfang zutrauten.

---

89 NIEDERMAYER/ STÖSS, Wahl zum Berliner Abgeordnetenhaus 2001, in: ZParl 2002, S. 244-261/ 245

90 NIEDERMAYER/ STÖSS, Wahl zum Berliner Abgeordnetenhaus 2001, in: ZParl 2002, S. 244-261/ 245

91 Die CDU lehnte den 23.09.2001 als zu zeitig ab.

92 Das offizielle Ende der (fünfjährigen) Wahlperiode wäre erst Ende 2004 gewesen.

93 NIEDERMAYER/ STÖSS, Wahl zum Berliner Abgeordnetenhaus 2001, in: ZParl 2002, S. 244-261/ 245 f. Mit der Bekanntgabe des Wahltermins wurde das Volksbegehren zurückgezogen.

94 Die Zahlen in den Klammern geben Gewinne und Verluste gegenüber der Wahl von 1999 an.

3. Die Selbstauflösungen der Hamburger Bürgerschaft im Oktober 1982, März 1987, Juli 1993 und Dezember 2003

Ursache für die Selbstauflösungen der Hamburger Bürgerschaft am 24. Oktober 1982 und am 19. März 1987 waren die Ergebnisse der zuvor stattgefundenen Wahlen (6. Juni 1982 bzw. 9. November 1986): Der Senat hatte keine parlamentarische (regierungsfähige) Mehrheit erreicht, die Oppositionsparteien waren aber auch nicht zur Bildung eines anderen Senats in der Lage. In dieser misslichen Lage kam das Institut der Selbstauflösung der Bürgerschaft zum Zuge. Ein Rückgriff auf Art. 36 HmbVerf war nicht möglich, da die dort verlangte Voraussetzung (gescheiterte Vertrauensfrage des Ersten Bürgermeisters) nicht vorlag. Durch den Rückgriff auf Art. 11 Abs. 1 HmbVerf, nach dem die Bürgerschaft die vorzeitige Beendigung ihrer Wahlperiode mit der Mehrheit der gesetzlichen Mitgliederzahl beschließen kann, bot sich eine sachgerechte Lösung, zumal die SPD bei den Neuwahlen am 19. Dezember 1982 die absolute Mehrheit erreichte. So musste Art. 36 HmbVerf nicht über seinen festgelegten Anwendungsbereich hinaus ausgedehnt werden.

Zu einer weiteren - allerdings eher ausgefalleneren - vorzeitigen Beendigung der Wahlperiode der Hamburger Bürgerschaft kam es im Juli 1993 aufgrund der Ungültigkeitserklärung der Wahl zur Bürgerschaft und zu fünf Bezirksversammlungen vom 2. Juni 1991. Das Hamburgische Verfassungsgericht hatte in seiner Entscheidung vom 4. Mai 1993[95] offen gelassen, ob für den Rest der 14. Wahlperiode eine Wiederholungswahl oder eine Selbstauflösung stattzufinden habe. Dabei ist zu beachten, dass das Urteil des Verfassungsgerichtes bereits vom Tag seiner Verkündung an Auswirkungen auf die Befugnisse der Bürgerschaft der 14. Wahlperiode entfaltete. Das Hamburger Verfassungsgericht hatte nämlich ausgeführt, dass die Bürgerschaft ihre Kompetenzen (gemäß dem Gewaltenteilungsprinzip) bis zur unverzüglich vorzubereitenden Neuwahl der Bürgerschaft weiter wahrnehmen könne, allerdings in dem Bewusstsein mangelhafter demokratischer Legitimation und mit dem daraus erwachsenden Maß an Zurückhaltung. Neben der Kontrolle der Verwaltung, den dem Parlament obliegenden Wahlen und der Gesetzgebung (mit entsprechender Zurückhaltung) gehöre dazu auch das Recht zur Selbstauflösung nach Art. 11 Abs. 1 HmbVerf. In Hamburg war somit die Selbstauflösung der Bürgerschaft nur eine, aber nicht die einzig mögliche Folge der Entscheidung des Verfassungsgerichtes. Die Bürgerschaft sah sich aber durch das Urteil des Verfassungsgerichtes in einem Umfang beschränkt, der hinter dem der Befugnisse einer aufgelösten Bürgerschaft zurückbleibe[96] und beendete deshalb vorzeitig am 22. Juli 1993[97] durch eigenen Beschluss die Wahlperiode.

---

95 HVerfG 3/ 92, in: DVBl. 1993, S. 1070, 1074

Auch in der jüngeren Vergangenheit (2003) fand eine weitere Wahlperiode der Hamburger Bürgerschaft ihr vorzeitiges Ende. Nach wochenlangen Querelen erklärte der Bürgermeister von Hamburg *Ole von Beust* (CDU) die Regierungskoalition für gescheitert, v.a. deshalb, weil der Gründungsvorsitzende der Koalitionspartei (Partei Rechtsstaatlicher Offensive) *Ronald Schill* von seiner eigenen Fraktion ausgeschlossen worden war. Auf Antrag von CDU und FDP beschloss die Bürgerschaft am 30. Dezember 2003 daraufhin einstimmig ihre Selbstauflösung. Anschließend wurde der 29. Februar 2004 als Tag der Neuwahlen festgelegt.[98] Wie auch in Niedersachsen (1970) und Berlin (2001) kam es zu einer eindeutigen Entscheidung der Wähler: Während 2001 ein Mitte-Rechts-Senat aus CDU, FDP und Schillpartei regierte, übernahmen dessen Aufgaben 2004 sechs CDU- und vier parteilose Senatoren. Die CDU erzielte einen Zuwachs von über 20%, während die Schill-Partei an der Fünfprozentklausel scheiterte.[99]

4. Die Selbstauflösung des Hessischen Landtages 1983 und das Scheitern eines entsprechenden Antrages 2000

Nach den Wahlen vom 26. September 1982 wurde die CDU in Hessen stärkste Partei, erreichte aber - ebensowenig wie die SPD - die Landtagsmehrheit; daneben waren erstmalig die Grünen im Landtag vertreten. Ebenso wie in Hamburg (1982) bemühte sich der weiterhin geschäftsführend amtierende Ministerpräsident *Holger Börner* (SPD) vergeblich um eine Koalition mit den Grünen. Seit Dezember 1982 fand die SPD-Minderheitsregierung keine Abstimmungsmehrheiten im Landtag mehr. Daraufhin konnte der Haushalt 1983 nicht ordnungsgemäß verabschiedet werden. Aus diesem Grund beschlossen CDU und SPD gegen die Stimmen der Grünen am 4. August 1983 die Selbstauflösung des Landtages. In den am 25. September 1983 stattfindenden Neuwahlen wurde die SPD dann stärkste Fraktion; der Ministerpräsident blieb weiterhin geschäftsführend im Amt; er wurde am 7. Juni 1984 erneut zum Ministerpräsidenten gewählt und bildete eine reine SPD-Minderheitsregierung unter Tolerierung der Grünen.

---

96 So sah die Bürgerschaft von der Verabschiedung bestimmter Gesetze, v.a. von Bebauungsplangesetzen, ab, zu deren Beschluss selbst eine aufgelöste Bürgerschaft befugt ist. Vgl. auch DAVID, Verfassung der Freien und Hansestadt Hmb, Art. 11, RN 38, S. 257.

97 Vgl. den entsprechenden Antrag in: Bürgerschaft der Freien und Hansestadt Hamburg, DS 14/ 4410; Plenarprotokoll 14/ 57 (22.07.1993), S. 3019-3025.

98 Vgl. dazu näher HORST, Die Neuwahl zur Hamburger Bürgerschaft vom 29. Februar 2004, in: ZParl 2004, S. 252-270/ 252-256.

99 Zu der Regierungsbildung und den genauen Wahlergebnissen s. HORST, Die Neuwahl zur Hamburger Bürgerschaft vom 29. Februar 2004, in: ZParl 2004, S. 252-270/ 263, 267 f.

Ein weiterer Antrag auf Selbstauflösung des Hessischen Landtages im Jahr 2000 fand hingegen keine Mehrheit. Die Opposition, aufgrund der Landtagswahl vom 7. Februar 1999 wie bereits schon von 1987 bis 1991 SPD und Grüne, hatte der Regierungsmehrheit Wahlbetrug vorgeworfen. Sie forderte nunmehr eine Rückgabe der parlamentarischen Legitimation an die Wähler, worüber am 25. Januar 2000 abgestimmt wurde. Im Hessischen Landtag saßen 56 Abgeordnete der Regierungsfraktion (CDU und FDP) und 54 Abgeordnete der Opposition. Die Abgeordneten der CDU- und FDP-Fraktion sahen die Landesregierung als voll handlungsfähig an und warfen der Opposition vor, lediglich aus parteipolitischen Interessen über eine Selbstauflösung des Landtages vorgezogene Neuwahlen zu fordern. Gem. Art. 80 LV genügt für die Selbstauflösung des Landtages die Mehrheit der gesetzlichen Mitgliederzahl. Da die Mitglieder der Regierungsfraktionen geschlossen gegen die Selbstauflösung des Parlamentes votierten[100], scheiterte der Antrag der Oppositionsfraktionen.

5. Die Selbstauflösungsversuche des Brandenburger Landtages im April 1994 und im Juni 2002

In Brandenburg scheiterte am 13. April 1994 eine Selbstauflösung des Landtages. Zu den entsprechenden Anträgen von fünf Abgeordneten der SPD-Fraktion und einem fraktionslosen Abgeordneten (DS 1/ 2882), vier Abgeordneten der CDU-Fraktion (DS 1/ 2883)[101] und der Fraktion PDS - Linke Liste (DS 1/ 2884) war es im Zusammenhang mit einem Gutachten der Gauck-Behörde über Ministerpräsident *Manfred Stolpe* gekommen. 49 Abgeordnete, d.h. die SPD-Fraktion, die Fraktion PDS - Linke Liste sowie der fraktionslose Abg. Wettstädt, stimmten für die vorzeitige Beendigung der Wahlperiode, 27 Abg. der CDU- und der FDP-Fraktion sowie zwei fraktionslose Abgeordnete dagegen, vier Abgeordnete enthielten sich der Stimme.[102] Das waren zehn Stimmen weniger als erforderlich. Ein neuer Landtag wurde erst regulär am 11. September 1994 gewählt.

Wie schon im April 1994 fand auch der Antrag der PDS vom 25. Juni 2002 auf Selbstauflösung des Landtages von Brandenburg[103] nicht die nach Art. 62 Abs. 2 LV erforderliche Mehrheit von zwei Dritteln der Mitglieder des Landtages. Auslösendes Moment war der Rücktritt von Ministerpräsident Stolpe. Der Wahlkampf 1999 seitens der SPD sei - dem PDS-Antrag zufolge - eng mit der SPD-Politikerin *Regine Hildebrandt* und dem Ministerpräsidenten *Manfred Stolpe* verbunden gewesen. Nach dem Tod von Regine Hildebrandt trete nun Manfred

---

100 Hessischer Landtag, Plenarprotokoll 15/ 26, S. 1667 ff./ 1701

101 Zurückgezogen am 13.04.1994, vgl. Plenarprotokoll 1/ 91, S. 7451.

102 Plenarprotokoll 1/ 91, S. 7472, 7476

103 Vgl. hierzu Landtag Brandenburg, DS 3/ 4536.

Stolpe zurück. Deswegen bedürfe es der Rückgabe der Legitimation an das Wahlvolk. Neuwahlen bedürfe es auch aufgrund der schlechten wirtschaftlichen Lage, der hohen Arbeitslosigkeit sowie Insolvenzen bei Großprojekten wie z.B. der Cargolifter AG. Die SPD habe zudem während der ersten Hälfte der Legislaturperiode viele ihrer Ziele der Großen Koalition geopfert; nun solle der Volkssouverän selbst entscheiden, wer die politischen Inhalte der Brandenburger Landespolitik künftig bestimmt.[104]

Im Gegensatz dazu sah die SPD im Regierungschef-Wechsel keinen Grund für eine vorzeitige Beendigung der Wahlperiode; eine tiefe politische Krise werde durch den Rücktritt Stolpes nicht ausgelöst, die wirtschaftliche Lage könne auch durch Neuwahlen nicht spontan verbessert werden; der in Aussicht genommene neue Ministerpräsident *Platzeck* schüre keine Unsicherheiten, sondern stehe vielmehr für Kontinuität; deshalb sollten sich alle Parteien den kommenden Aufgaben stellen. Ebenso sprach sich die CDU gegen eine Auflösung des Landtages aus. Die Große Koalition werde auch mit dem Nachfolger Platzeck zusammenarbeiten, so dass die Fortsetzung dieser Koalition nicht als gefährdet anzusehen sei. Kritisch ist die Haltung der DVU zu bewerten. Sie zeigte zunächst ein katastrophales Bild der Regierung Stolpe auf und hätte insoweit eigentlich für eine Selbstauflösung des Landtages sein müssen. Gleichwohl versagte sie dem PDS-Antrag die Zustimmung. Sie wolle nicht zum „Steigbügelhalter des Sozialismus" werden. Auch sei die nach der Verfassung erforderliche Zweidrittelmehrheit illusorisch.[105] Der PDS-Antrag wurde daraufhin mehrheitlich abgelehnt.

6. Der Selbstauflösungsversuch des Landtages Schleswig-Holstein im Oktober 2007

Auslöser für den Antrag der Opposition (FDP, Bündnis 90/ Die Grünen, SSW) auf Selbstauflösung des Landtages von Schleswig-Holstein vom 24. September 2007[106] war die Äußerung des Innenministers *Ralf Stegner* (SPD) im Rahmen einer Debatte um die Elternbeteiligung an den Kosten der Schülerbeförderung, dass die SPD diese nur mittragen würde, weil die CDU sonst dem neuen Schulgesetz nicht zugestimmt hätte. Dies wurde von CDU-Fraktionschef *Johann Wadephul* vehement zurückgewiesen - „Gegenleistung" sei vielmehr der Verzicht auf Studiengebühren gewesen.[107] Die anschließende Korrektur Stegners genügte der CDU nicht. Um den daraufhin drohenden Bruch der Großen Koalition abzuwen-

---

104 Plenarprotokoll 3/ 58 (26.06.2002), S. 3867 ff.
105 HESSELBARTH, in: Landtag Brandenburg, Plenarprotokoll 3/ 58 (26.06.2002), S. 3869 f.
106 DS 16/ 1638
107 WILKE/ STADE, „Das zu sagen, fällt mir schwer", in: Kieler Nachrichten vom 15.09.2007, S. 15

den, erklärte Stegner schließlich, dass er ab 15. Januar 2008 seinen Ministerposten räume, die Wahlperiode hingegen solle fortgesetzt werden.[108] Dennoch forderten FDP, Grüne und der SSW Neuwahlen, da die Regierung am Ende sei. Dem hielt die Koalition die erreichten und noch zu verwirklichenden gemeinsamen Ziele sowie die Verpflichtung zur Erfüllung des Wählerauftrages über die gesamte Wahlperiode entgegen und stimmte geschlossen gegen den Antrag der Opposition, der damit scheiterte.[109]

III. Zwischenfazit

Es ist festzuhalten, dass zum einen Spannungen zwischen der Regierung und dem Landtag, insbesondere im Falle der Unfähigkeit des Landtages zur Bildung einer Regierung (wie in Hamburg 1982 und 1987 sowie in Hessen 1983) zur Selbstauflösung geführt haben, zum anderen parteiinterne Streitigkeiten (Koalitionsbruch aufgrund Fraktionswechsels von Abgeordneten oder aus anderen Gründen, vgl. die Selbstauflösungen in Niedersachsen 1970, Berlin 2001 und Hamburg 2003) Anlass für parlamentarische Selbstauflösungen waren. Des Weiteren wurde verschiedentlich die Selbstauflösung mit der Rückgabe der parlamentarischen Legitimation an die Wähler begründet (vgl. nur Berlin 1981, Hessen 2000; s. auch die Auflösungsversuche in Brandenburg 1994 und 2002). Die damit verbundene Erwartung, dass die Wähler durch ihre Entscheidung eine politische Klärung herbeiführen werden, wurde dabei erfüllt, was aber nicht immer so sein muss.

1. Offenheit des Selbstauflösungsrechtes

Wie die angeführten Beispiele zeigen, kann das Selbstauflösungsrecht aus verschiedenen Gründen zum Zuge kommen. Es ist zum einen Mittel zur Beseitigung eines Konfliktes zwischen Landtagsmehrheit und Opposition, zum anderen ein Weg zur Beseitigung eines politischen Patts oder allgemein einer krisenhaften politischen Zuspitzung. Es kann aber auch zur Anwendung kommen, wenn sich die Volksvertretung ihrer parlamentarischen Legitimation nicht mehr sicher ist. In diesem Fall wird das Wahlvolk aufgerufen zu entscheiden, wer in der nächsten Wahlperiode seine Interessen vertreten soll. Dabei kann durchaus die Frage relevant werden, ob die Zusammensetzung des bestehenden Landtages noch dem

---

108 STADE, Ralf Stegner geht, die Koalition macht weiter, in: Kieler Nachrichten vom 18.09.2007, S. 1

109 Zur Debatte vgl. näher Schleswig-Holsteinischer Landtag, Plenarprotokoll 16/ 69 (10.10.2007), S. 5004 ff./ 5019.

Willen der Wähler entspricht. Die Volksvertretungen können auf diese Weise dazu beitragen, dass ihre Entscheidungen auch tatsächlich die Meinung der sie legitimierenden Wähler widerspiegeln, ohne dass freilich eine Gewähr dafür besteht, dass bei einer anderen Zusammensetzung der Vertretungskörperschaft die anstehenden Probleme gelöst werden können. Darauf, ob diese Fallkonstellationen abschließend sind, wird noch näher einzugehen sein.[110]

2. Das Selbstauflösungsrecht als Ultima Ratio

Nach den bisher gemachten Erfahrungen kann man sagen, dass das Instrument der vorzeitigen Beendigung der Wahlperiode nicht als Allheilmittel, sondern nur als Ultima Ratio zur Beilegung politischer Krisen angesehen und wohl deshalb eher selten darauf rekurriert wird. Die Auflösung der Volksvertretung erscheint demnach als *ein* Weg zur Beseitigung einer Krise, wenn die Handlungsfähigkeit der Regierung bedroht ist oder davon ausgegangen werden muss, dass die Zusammensetzung und damit die Entscheidungen der Vertretungskörperschaft nicht mehr dem mutmaßlichen Willen des Wahlvolkes entsprechen. Dabei ist vorausgesetzt, dass nach anderen Möglichkeiten zur Beilegung von Krisen und zur Wiederherstellung der parlamentarischen Arbeitsfähigkeit gesucht wurde. Die vom Volk auf vier bzw. fünf Jahre gewählten Abgeordneten dürfen sich mithin nicht durch Neuwahlen vorschnell ihrer Verantwortung begeben. So ist stets nach parlamentsinternen Möglichkeiten der Weiterarbeit bis zum regulären Ende der Wahlperiode zu suchen. Dabei ist auch die Bildung einer Minderheitsregierung in Betracht zu ziehen.

Durchweg haben stets - auch dies ist ein Ergebnis der Faktenanalyse - konkrete Krisen und besondere parlamentarische Konstellationen zur Anwendung des Institutes der Selbstauflösung geführt. Ein willkürlicher und damit missbräuchlicher Gebrauch hat sich nicht feststellen lassen. Vielmehr ist ein verantwortungsbewusster Umgang mit dem Institut der Selbstauflösung festzustellen, der ganz überwiegend das politische Interesse an einem stabilen Regierungssystem verdeutlicht.

Seit dem Ende des Zweiten Weltkrieges fanden in der nunmehr über fünfzigjährigen Geschichte der Bundesrepublik Deutschland weit über 100 Landtagswahlen statt. In dieser Zeit haben sich acht Landtage selbst aufgelöst und gab es fünf dahingehende ernstzunehmende Versuche.[111] Das zeugt einerseits von stabilen Regierungen, andererseits aber auch von nur schwer erfüllbaren Vorausset-

---

[110] S. 3. Teil, 1. Kap., § 13.

[111] Von den insgesamt sechzehn Bundestagen nach dem Ende des 2. Weltkrieges wurden bislang drei aufgelöst. Damit wurden verhältnismäßig mehr Bundestage als Landtage aufgelöst.

zungen zur Durchführung einer Auflösung der Volksvertretungen in den Bundesländern. Es wird noch im Einzelnen zu prüfen sein, ob und inwieweit sich dieser Befund auf die verfassungsrechtlichen Gegebenheiten, insbesondere in Sachsen, auswirkt.[112]

[112] 5. Teil, 1. Kap.

Zweiter Teil

Entstehung und politisch-rechtliche Entwicklung des parlamentarischen Selbstauflösungsrechtes in Sachsen - Kontinuitäten und Brüche

Im Folgenden sind die geschichtliche Entwicklung und die Genese des Selbstauflösungsrechtes in Sachsen zu untersuchen. Es ist der Frage nachzugehen, wann und warum das Selbstauflösungsrecht in die Sächsische Verfassung aufgenommen wurde und welche Rückschlüsse sich hieraus für die Auslegung des Art. 58 SächsVerf ziehen lassen.

Legt man ein enges Wort- und Begriffsverständnis zugrunde, lässt sich die geschichtliche Entwicklung des Institutes „Selbstauflösung" genau genommen nur bis 1920 zurückverfolgen, da erst ab diesem Zeitpunkt vom „Landtag" als einer aus Wahlen hervorgegangenen Volksvertretung ausgegangen werden kann. Bis 1918 herrschte - dem Sprachgebrauch der Verfassung folgend - in Sachsen die Bezeichnung „Ständeversammlung" vor (s. §§ 61 ff. SächsVerf 1831).[1] Allerdings wurde die in zwei Kammern geteilte Ständeversammlung auch bereits in der Verfassung von 1831 (im Zusammenhang mit den Regelungen über den Geschäftsbetrieb der Versammlungen) mitunter „Landtag" genannt (s. z.B. § 115)[2] und die Decrete an die Landstände bzw. Kammern sowie die Protokolle der Kammern ab 1830 in den sog. „Landtags-Acten" gesammelt. Daher wurde vorliegend die parlamentarische Entwicklung ab 1831 mit in die Betrachtung einbezogen.

Die Einführung eines Selbstauflösungsrechtes wurde erst möglich, als die Institution „Landtag" im Staatsgefüge bereits gefestigt war, ihr zugleich Rechte gegenüber der Exekutive eingeräumt wurden, m.a.W. als sie selbst Verantwortung für die Regierungspolitik mittrug, und die Staatsgewalt vom Volke ausging, d.h. genauer mit dem Übergang von der Monarchie zu Republik und Demokratie. Bis dahin kämpften die Vertreter der Stände geradezu um regelmäßige Einberufung zu den Sitzungen. Hier zeigt sich deutlich, dass ein Selbstauflösungsrecht im konstitutionellen System der Monarchie schwerlich denkbar war, sondern sich nur im Rahmen eines parlamentarisch-repräsentativen Systems voll entfalten kann. Dies soll im Folgenden dargelegt werden.[3]

---

1 Vgl. dazu auch GOLDT, Parlamentarismus, 1.1, S. 8 f.

2 Für die Institution als solche wird der Begriff „Landtag" erst seit der Revolution von 1848/ 49 häufiger verwendet.

Erstes Kapitel

Verfassungsgeschichtliche Grundlagen und Entwicklung des parlamentarischen Selbstauflösungsrechtes in Sachsen

Durch Art. 13 der Deutschen Bundesakte vom 8. Juni 1815[4] war vorgegeben, dass in allen deutschen Gliedstaaten eine geschriebene, „landständische" Verfassung in Kraft gesetzt werden sollte. Jedoch war weder der Zeitpunkt, bis zu dem die Verfassungen zu verabschieden waren, festgesetzt noch machte dieser Artikel inhaltliche Vorgaben über Rechte, Funktionen und Zusammensetzung der Landstände oder über die Rechte und Pflichten der Bürger oder der staatlichen Institutionen. Insbesondere der Begriff „landständisch" ließ eine weitgehende Auslegung zu.[5]

Die Herausbildung des konstitutionellen Systems in den deutschen Ländern vollzog sich in drei Wellen: nach dem Wiener Kongress 1815 bis 1820, im Zusammenhang mit der Julirevolution 1830 bis 1833 und nach der Märzrevolution 1848 bis 1850. Sachsen erhielt seine erste Verfassung im Rahmen der zweiten Verfassungswelle.

Nachdem es im Anschluss an die französische Julirevolution insbesondere in Dresden im Herbst 1830 zu politischen Kundgebungen und Unruhen gekommen war[6], bewirkten König *Anton* und sein Minister *Bernhard von Lindenau* „eine

---

3 Eine tabellarische Zusammenstellung über die in der jeweils geltenden Verfassung vorgesehenen Möglichkeiten der Landtagsauflösung findet sich in Übersicht 1 des Anhanges (B.).

4 Abgedruckt in: HUBER, Dokumente 1, Dokument Nr. 30, S. 84-90.

5 VIERHAUS, Von der altständischen zur Repräsentativverfassung, in: Bosl, Der moderne Parlamentarismus, S. 177-194/ 178; s. auch WYDUCKEL, Der Verwaltungsaufbau, in: Reich, FS zum 100-jährigen Jubiläum des SächsOVG, S. 79-106/ 80; DERS., Die Entwicklung der Staats- und Kommunalverwaltung in Sachsen von 1815 bis 1918, in: Bauer u.a., 100 Jahre Allgemeines Baugesetz Sachsen, C.I., S. 22 f.

6 Die Unruhen brachen in Leipzig und Dresden anlässlich des 300. Jahrestages der Konfessio Augustana einen Monat vor der Julirevolution in Frankreich aus. Die Proteste richteten sich dagegen, dass die Behörden die protestantischen Jubiläumsfeierlichkeiten behinderten und wandten sich gegen den Katholizismus des sächsischen Königshauses. Nach der Julirevolution richteten sich die Unruhen, die sich auf über 30 Städte ausgeweitet hatten, v.a. gegen den Staat und die Stadtobrigkeit, vgl. MATZERATH, Aspekte, S. 66. Dem Kabinettsminister *Graf Detlev von Einsiedel* wurde angetragen, seine Entlassung einzureichen. Nachfolger wurde *Bernhard August von Lindenau*. Das Städtebürgertum versammelte sich erstmalig in Sachsen auf Bürgerversammlungen und formulierte seine Forderungen nach „Einführung einer modernen Stadtordnung, [...], nach Einberufung der Landstände und einer zeitgemäßen Repräsentation aller Staatsbürger auf dem Landtag" in Petitionen, RUHLAND, Die bürgerliche Revolution von 1830/ 31, in: Dresdner Hefte 26/ 91, S. 5-12/ 6.

'sanfte' Reform des politischen Systems", als deren Ausdruck und Inbegriff die „Verfassungsurkunde des Königreichs Sachsen" vom 4. September 1831[7] anzusehen ist.[8] Diese Verfassung stellte einen Kompromiss zum einen aus dem Entwurf *v. Lindenaus*, der sich stark an der liberalen badischen Verfassung orientierte und zum anderen aus dem von *Carlowitz* erstellten Entwurf, der sich die konservative württembergische Verfassung zur Vorlage nahm, dar.[9]

§ 5 Das Auflösungsrecht des Königs nach der Sächsischen Verfassung von 1831

Im Gegensatz zu anderen Verfassungen, die im Rahmen der zweiten Verfassungswelle gewährt wurden, gelang es in Sachsen den städtischen und adligen Privilegienträgern, ihre Vorrechte zu erhalten. Das Neue der Verfassung von 1831 war, dass nun das monarchische Prinzip, d.h. die Vereinigung aller Rechte der Staatsgewalt im Herrscher (§§ 3, 4 SächsVerf 1831), konsequent auf den sächsischen Staatsaufbau angewendet wurde. Allerdings wurde nur die Ausübung der Staatsgewalt durch die Ständeversammlung beschränkt.[10]

I. Das monarchische Prinzip als verfassungsrechtliche Grundlage

Die Verfassung orientierte sich in ihrem staatsorganisationsrechtlichen Teil - v.a. hinsichtlich der Regelungen über die Stände - an konservativen und altständischen Vorstellungen. Sachsen wurde zwar eine konstitutionelle Monarchie, aber die Stellung des Monarchen im Sinne des monarchischen Prinzips wurde besonders hervorgehoben.[11]

---

7 Gesetzsammlung für das Koenigreich Sachsen 1831, S. 241 (zu Nr. 61)

8 HEITMANN, in: Degenhart/ Meissner, Handbuch, § 1, RN 6, S. 37. Zur Entstehung der Verfassung von 1831 s. näher KRETZSCHMAR, Die sächsische Verfassung, in: Arbeitsstab Landtag (Hrsg.), Der Sächsische Landtag, S. 21-33/ 24 ff.

9 RUHLAND, Die bürgerliche Revolution von 1830/ 31, in: Dresdner Hefte 26/ 91, S. 5-12/ 8

10 NEEMANN, Landtag und Politik in der Reaktionszeit, S. 71 f.

11 DREHWALD/ JESTAEDT, Sachsen als Verfassungsstaat, S. 17

1. Der König als souveränes Staatsoberhaupt

Zentral ist § 4 SächsVerf 1831, der besagt, dass der König das „souveräne Staatsoberhaupt des Staats" ist, der „in sich alle Rechte der Staatsgewalt" vereinigt und „sie unter den durch die Verfassung festgesetzten Bestimmungen" ausübt. Träger der Staatsgewalt war mithin nicht das Volk. Die Stellung des Königs wurde dadurch verstärkt, dass die Einberufung, die Eröffnung, die Vertagung, der Schluss des Landtages und die Auflösung der Zweiten Kammer ein nur ihm zustehendes Vorrecht darstellten (§§ 115, 116 SächsVerf 1831). Nach einer Auflösung der Zweiten Kammer durften die Kammern nicht versammelt bleiben (Art. 118 SächsVerf 1831).

2. Die Befugnisse der Ständeversammlung

Allgemein und besonders im Verhältnis zur Regierung kamen der Ständeversammlung nur geringe Befugnisse zu. So stand bis 1849 nur dem König das Recht zu, Gesetzvorschläge zu unterbreiten, vgl. § 85 Abs. 1 SächsVerf 1831[12]; ein Gesetz konnte auch nur mittels eines Beschlusses von zwei Dritteln der Anwesenden einer Kammer abgelehnt werden, vgl. § 92 SächsVerf 1831.

Gleichwohl kam der Ständeversammlung eine bedeutende Rolle zu: Ihre Existenz mit zwei Kammern wurde in der Verfassung von 1831 verbürgt. Auch mussten die Stände gem. § 115 Abs. 1 SächsVerf 1831 mindestens aller drei bzw. (seit 1868)[13] aller zwei Jahre einberufen werden. Ohne Zustimmung der Ständeversammlung konnte gem. § 86 SächsVerf kein Gesetz erlassen, verändert oder aufgehoben werden. Darüber hinaus eröffnete das Steuerbewilligungs- und Budgetrecht (§§ 96 ff. SächsVerf 1831) der Ständeversammlung Kontrollmöglichkeiten und damit z.T. auch Einfluss auf die Regierung. Eine Missachtung der verankerten Mitwirkungsrechte wäre verfassungswidrig gewesen.[14] Somit blieb Sachsen wie auch die anderen deutschen konstitutionellen politischen Systeme eine Monarchie, gewährte aber den Untertanen immerhin eine „Art politischer Mitbestimmung".[15]

---

12 Zum Recht der Kammern, Gesetze an den König zu bringen s. aber das Gesetz die Abänderung der §§ 85 und 120 der Verfassungsurkunde betreffend vom 31sten März 1849, GVBl. für das Königreich Sachsen 1849, S. 57.

13 Vgl. Gesetz, einige Änderungen der Verfassungsurkunde vom 4. September 1831, sowie der Nachtragsgesetze zu derselben vom 5. Mai 1851 und 19. October 1861 betreffend; vom 3. Dezember 1868, GVBl. für das Königreich Sachsen 1868, S. 1365.

14 VIERHAUS, Von der altständischen zur Repräsentativverfassung, in: Bosl, Der moderne Parlamentarismus, S. 177-194/ 192 f.

15 MATZERATH, Aspekte, S. 70

Weiter ging die revolutionäre „Constitution, wie sie das saechsische Volk wuenscht" von *Bernhard Moßdorf*[16], die illegal gedruckt und verbreitet wurde[17]. Nach Art. 30 sollte die Souveränität im Volke liegen. Zur Ausübung der Souveränität sollte die gesetzgebende Gewalt der Kammer der Volksvertreter und dem König gemeinschaftlich übertragen werden. Jedoch sollte die vollziehende Gewalt weiterhin allein beim König liegen (Art. 33 Abs. 1 und 2). Von daher konnte auch hier von einem parlamentarischen Selbstauflösungsrecht noch keine Rede sein. Vielmehr war unter Punkt 58 bestimmt, dass der König den Landtag auflösen konnte. Allerdings wurde anders als in § 116 SächsVerf 1831 in diesen Entwurf eine Verkürzung der Fristen für Neuwahlen und Neukonstitution des Landtages aufgenommen: Die Auflösungsanordnung musste zugleich die Ansetzung von Wahlen binnen sechs Wochen und die Einberufung der Kammer[18] binnen zwei Monaten enthalten. Diese Regelung ist aufgrund des damaligen politischen Hintergrundes verständlich, denn auch mit diesem Entwurf kämpfte der Verfasser noch um periodische Sitzungen des Landtages, d.h. um seine regelmäßige Einberufung; ihm konnte es mithin nicht um die vorzeitige Beendigung der Wahlperiode gehen.

3. Die Revolution von 1848/ 49 und ihre Folgen für Sachsen

Im Zuge von Vormärz und der Revolution von 1848/ 49 wurden dann erste Voraussetzungen für eine demokratische Volksvertretung geschaffen, auch wenn sie nicht durchweg von Dauer waren. Wichtig in diesem Zusammenhang war, dass allen erwachsenen und selbständigen Männern über 21 Jahren das aktive Wahlrecht eingeräumt wurde (§ 4 Abs. 1 SächsWahlG 1848[19]).[20] Passiv wahlberechtigt zur Zweiten Kammer waren gem. § 6 SächsWahlG 1848 nur Männer, die mindestens 30 Jahre alt waren. Die Wahlberechtigung zur Ersten Kammer setzte darüber hinaus gem. §§ 8, 6 SächsWahlG 1848 eine jährliche Steuerzahlung von zehn Talern voraus. Im veränderten Wahlrecht zeigte sich der bürgerliche Charakter der Revolution. Es galt aufgrund seiner Ausgestaltung als - nach damaligen Maßstäben - allgemein und gleich als eines der demokratischsten seiner Zeit im damaligen Deutschland.[21] In der Tat entwickelte sich die Ständeversammlung in dieser Zeit zu dem „institutionellen Träger der Mitbestimmungsansprüche"[22],

---

16 Verfassungsentwurf, Dresden 1831

17 DAUTZ, Moßdorfs Verfassungsentwurf, in: Dresdner Hefte 26/ 91, S. 41-46/ 42; s. auch MESTER, Volksinitiative, Erster Teil, 2. Kapitel, § 4, 2., b), S. 57 f.

18 Der Entwurf ging vom Einkammersystem aus, vgl. Pkt. 33 Abs. 2 und Pkt. 49.

19 Provisorisches Gesetz, die Wahlen der Landtagsabgeordneten betreffend, vom 15ten November 1848, GVBl. für das Königreich Sachsen 1848, S. 227.

20 Frauen wurde das aktive und passive Wahlrecht in Sachsen hingegen erst durch die Verordnung über die Wahlen zur Volkskammer der Republik Sachsen (Landeswahlgesetz) vom 27.12.1918, GVBl. für die Republik Sachsen 1918, S. 408, eingeräumt.

also zum Landtag. So konnten seit Januar 1849 die revolutionären Kräfte ihren parlamentarischen Einfluss soweit ausbauen, dass es ihnen gelang, eine ihnen nicht genehme Regierung zum Rücktritt zu bewegen. Allerdings war der Landtag noch nicht in der Lage, eine neue Regierung einzusetzen.

Die Wahlrechtsänderung blieb jedoch nur eine Episode, da sie nur den Wahlen vom November 1848 und Oktober 1849 zugrunde gelegt wurde. Die sich anschließenden Landtage wurden aufgrund des Scheiterns der Revolution wieder nach dem alten Wahlrecht einberufen.[23] Eine Parlamentarisierung konnte mithin noch nicht Platz greifen. Damit missglückte in Sachsen zunächst die Möglichkeit, „de jure oder de facto“ das parlamentarische Regierungssystem einzuführen.[24]

Das zeigt sich auch deutlich an der Auflösung der Kammern vom 28. April 1849: Um ein Ende der Revolution herbeizuführen, wurden gleichzeitig die Herren *von Zschinsky* und *von Beust* in das Gesamtministerium berufen; Sachsen sollte mit ihrer Hilfe wieder auf den Weg von 1831 zurückgebracht werden.[25] Das durch den König eingesetzte Beamtenministerium *Held*[26] fand bei den linken Kräften „keine Gnade“, da diese sich ein Ministerium unter Vorsitz[27] des demokratisch und liberal gesinnten Innenministers *Oberländer* vorgestellt hatten. Dies führte zu einer tiefen Kontroverse zwischen der Krone und den linksgerichteten Ständen. Die Regierung *Held* zerbrach schließlich an der Diskussion um die Annahme der Reichsverfassung von 1849. In einer Rede am 23. April 1849 erklärte der gemäßigt-demokratische Abg. *Hermann Köchly*:

> „Wenn das Ministerium erkennt, daß dieser Conflict von der Art ist, daß es nicht auf die Auffassung der Kammern eingehen kann, so wird es wissen, daß es seine Pflicht ist, daß es seine Schuldigkeit ist, entweder zurueckzutreten oder durch *Aufloesung* der Kammern an das Volk selbst zu appelliren.“.[28]

---

21 LUDWIG/ NEEMANN, Revolution 1848/ 49, S. 77; so auch BÖCKSTIEGEL, Volksrepräsentation in Sachsen, 4. Kapitel, C. III., S. 175.

22 NEEMANN, Landtag und Politik in der Reaktionszeit, S. 33

23 Vgl. Gesetz, die provisorischen Gesetze vom 15ten November 1848 betreffend; vom 15. August 1850, GVBl. für das Königreich Sachsen 1850, S. 199. Damit hatte die Regierung entgegen dem Notstandsparagrafen (§ 88 der Verfassungsurkunde) ein gültiges Wahlgesetz aufgehoben und das Wahlrecht von 1831 wieder als anzuwenden bestimmt, vgl. auch DENK/ MATZERATH, Die drei Dresdner Parlamente, S. 88; SCHMIDT, Der Sächsische Landtag, in: Arbeitsstab Landtag, Der Sächsische Landtag, S. 35-47/ 40; MATZERATH, Umbrüche und Kontinuitäten, S. 63. Zur Entwicklung des Wahlrechtes in Sachsen ab 1850 bis 1918 vgl. auch näher DÖSCHER/ SCHRÖDER, Sächsische Parlamentarier 1869-1918, 3., S. 21-86.

24 MATZERATH, Umbrüche und Kontinuitäten, S. 87

25 Vgl. DREHWALD/ JESTAEDT, Sachsen als Verfassungsstaat, S. 36.

26 Die Minister wurden ausschließlich vom König berufen und abberufen. Eine entsprechende Bestimmung fehlte allerdings in der Verfassung von 1831, vgl. dazu aber DREHWALD/ JESTAEDT, Sachsen als Verfassungsstaat, S. 25.

27 Die Funktion des Vorsitzenden des Gesamtministeriums wurde in der Sächsischen Verfassung von 1831 nicht explizit erwähnt. Der Regierungschef war vielmehr ein „primus inter pares“ (vgl. § 41 Abs. 1), s. dazu näher DREHWALD/ JESTAEDT, Sachsen als Verfassungsstaat, S. 25 f.

Nunmehr wurde *Ferdinand von Zschinsky* als Vorsitzender des Gesamtministeriums berufen, um die Revolution zu beenden, was die Linke endgültig aufbrachte, die den Führer der äußersten Linken *Samuel Erdmann Tschirner* als Regierungschef gefordert hatte. Aus diesen Gründen verweigerte die Zweite Kammer *König Friedrich August II.* Steuerbewilligungen, der daraufhin mit dem „Decret an die Kammern vom 28. April 1849, die Auflösung der dermalen versammelten Kammern des Königreichs [...]" anordnete.[29]

Nach den Neuwahlen erreichte die Linke nur noch schwache Mehrheiten. Nachdem die Kammern anfangs „moderat" waren, lehnten sie schließlich eine Wahlrechtsvorlage der Regierung ab. Des Weiteren kritisierten sie die Abwendung von Preußen und die Hinwendung zu Österreich, was aus ihrer Sicht politisch und wirtschaftlich ungünstig war.[30] Das hatte am 1. Juni 1850 erneut die Auflösung des Landtages zur Folge, die wiederum gegen dessen Willen geschah.[31]

4. Die verfassungsrechtliche Stellung des Landtages zwischen 1871 und 1918

Im Jahre 1866 wurde das Königreich Sachsen Bestandteil des Norddeutschen Bundes, 1871 des Deutschen Kaiserreiches.[32] Sachsen hatte nunmehr die Vorgaben des Reiches zu beachten, was durch Art. 2 BRV, der den Vorrang der Reichsgesetze vor Landesgesetzen bestimmte, vorgeschrieben wurde. Da die Reichsverfassung jedoch sehr föderal ausgestaltet war, konnte sich eine weitgehende landesrechtliche Eigenständigkeit entfalten.[33]

Wie in der Sächsischen Verfassung vom 4. September 1831, die weiterhin Gültigkeit besaß, vorgesehen, bestand der Landtag aus zwei Kammern. Der Landtag war nun jedoch aufgrund des Gesetzes, „einige Änderungen der Verfassungsurkunde vom 4. September 1831, sowie der Nachtragsgesetze zu derselben vom 5.

---

28 Mittheilungen über die Verhandlungen des ordentlichen Landtags im Königreich Sachsen während des Jahres 1849, II. Kammer, Nr. 56 vom 29.04.1849 [54. Sitzung], S. 1175, Hervorhebung durch d. Verf.

29 Landtags-Acten vom Jahre 1849, Erste Abtheilung, Nr. 62, S. 463, auch abgedruckt in: SÄCHSHSTA DRESDEN, [10736/ Ministerium des Innern, Nr. 5321]

30 Vgl. SCHMIDT, Der Sächsische Landtag 1833-1918, in: Arbeitsstab Landtag (Hrsg.), Der Sächsische Landtag, S. 35-47/ 39.

31 Vgl. Bekanntmachung, die Auflösung der dermalen versammelten Kammern des Königreichs betreffend; vom 1sten Juni 1850, GVBl. für das Königreich Sachsen 1850, S. 135.

32 Die Verfassung des Norddeutschen Bundes vom 16.04.1867 (BGBl. 1867, S. 2) wurde bis auf wenige Ausnahmen durch die Verfassung des Deutschen Reichs vom 16.04.1871 (BGBl. des Deutschen Bundes, S. 63) übernommen.

33 So auch DREHWALD/ JESTAEDT, Sachsen als Verfassungsstaat, S. 41.

Mai 1851 und 19. October 1861 betreffend" vom 3. Dezember 1868[34] vom König mindestens aller zwei Jahre einzuberufen (§ 115 SächsVerf 1831 n.F.).

Hinsichtlich der Befugnisse des Landtages galt es, § 79 SächsVerf 1831 zu beachten. Danach durfte er sich nur mit den ausdrücklich in der Verfassungsurkunde aufgeführten Gegenständen befassen. Allerdings standen dem Landtag das Zustimmungsrecht bei der Gesetzgebung - ohne die Zustimmung der Stände konnte kein Gesetz verabschiedet werden, § 86 SächsVerf 1831 - sowie Einflussnahmemöglichkeiten auf das Budget (§§ 96 bis 107 SächsVerf 1831) zu. Jedoch war das Interpellationsrecht, d.h. das Recht von der Regierung Auskünfte zu verlangen, sehr allgemein gehalten. Es stand nach § 31 Abs. 3 LTO 1874[35] im Ermessen des jeweiligen Ministers[36], ob er die gestellte Frage (inhaltlich) beantworten wollte. Den Ständen gemeinsam und jedem einzelnen Ständemitglied stand allerdings das Petitionsrecht zu (§ 109 SächsVerf 1831).[37] Nach wie vor stand dem König allein die Befugnis zu, den Landtag aufzulösen (§ 116 Abs. 1 SächsVerf 1831). Jedoch wurde der Sächsische Landtag zwischen 1871 und 1918 nicht aufgelöst. Eine entsprechende Regelung enthielt übrigens die Reichsverfassung von 1871 für den Reichstag, der gem. Art. 24 durch Beschluss des Bundesrates *unter Zustimmung des Kaisers* aufgelöst werden konnte.

---

34 Vgl. GVBl. für das Königreich Sachsen 1868, S. 1365.

35 GVBl. für das Königreich Sachsen 1874, S. 378. Durch die Verfassung von 1831 wurde die „äußere Ordnung" des Landtages geregelt, aber nicht die „innere". Daher fanden sich nähere Regelungen über die Einberufung des Landtages, die Legitimation der Mitglieder sowie die Konstituierung der Kammern, über das Prozedere und das Verhältnis der Kammern untereinander und zum König sowie zur Beendigung des Landtages (durch Schluss der Session, Vertagung oder Auflösung) in den - für den jeweiligen Landtag geltenden - Landtagsordnungen, vgl. hierzu näher WIECZORECK, Sächsische Landtagsordnungen im 19. Jahrhundert, in: Dresdner Hefte, Heft 26/ 91, S. 79-85.

36 Die Staatsverwaltung des Königreiches Sachsen wurde gem. § 41 Abs. 1 SächsVerf 1831 durch sechs Ministerien (Justiz, Finanzen, Inneres, Krieg, Kultus, auswärtige Angelegenheiten) mit einem Minister an der Spitze und dahinterstehenden Ministerialdirektoren ausgeübt. Alle Minister zusammen bildeten das Gesamtministerium, welches in der Regel unter dem Vorsitz des Königs zusammentrat, vgl. dazu näher FISCHER, Verfassungs- und Verwaltungsrecht, II, S. 87 f.

37 Von den Untertanen konnten gem. § 111 SächsVerf 1831 Petitionen eingereicht werden, wenn die Beschreitung des ministeriellen Verwaltungsweges nicht zum Erfolg geführt hat.

II. Keine Parlamentsherrschaft

Nach alledem war nach wie vor der Einfluss der Regierung, speziell des Monarchen, sowohl auf die Institution Landtag als auch auf Inhalt und Verlauf der Debatten erheblich. Insbesondere musste die Tagesordnung vorab der Regierung überbracht werden (§ 13 LTO 1874), so dass einzelne Beratungsgegenstände auf ihr Verlangen hin wieder von der Tagesordnung abgesetzt werden mussten (§ 19 LTO 1874).

1. Beschränkung der Ausübung der Staatsgewalt des Monarchen

Insbesondere an letzterem Punkt wird deutlich, dass sich der Parlamentarismus in Sachsen im Deutschen Kaiserreich noch nicht frei entfalten konnte, auch wenn sich die politische Praxis aufgrund bestehender Bereitschaft zur Zusammenarbeit zwischen Regierung und Landtag günstiger gestaltete als in der Verfassung eigentlich vorgesehen.[38] Wie bisher ging aber die Staatsgewalt nicht vom Volke, sondern vom Monarchen aus. Der Landtag beschränkte allenfalls die Staatsgewalt des Monarchen im Sinne ihrer Ausübung.

2. Fehlende parlamentarische Verantwortung der Regierung

Bis 1918, d.h. bis zum Ende der Monarchie, blieb der beherrschende Einfluss des Königs erhalten. Der Landtag konnte nur wenig Einfluss erringen, hatte insbesondere nicht die Möglichkeit zur Bestellung der Minister, so dass sich eine Parlamentsautonomie sowie eine rechtliche Abhängigkeit der Regierung vom Parlament nicht herausbilden konnten. Von Volkssouveränität konnte mithin keine Rede sein. So bleibt für die Zeit von 1831 bis 1918 festzuhalten, dass es ein Selbstauflösungsrecht nicht gab (und auch nicht geben konnte), der König aber umgekehrt auch nur ausnahmsweise von seinem Auflösungsrecht Gebrauch machte.

---

[38] GOLDT, Parlamentarismus, 4.2.2.8, S. 139

§ 6 Möglichkeiten zur Auflösung der Sächsischen Volkskammer und des Sächsischen Landtages in der Zeit der Weimarer Republik

Die Weimarer Republik und ihre Verfassung ist demgegenüber von der Ablösung der konstitutionellen Monarchie durch eine demokratisch und parlamentarisch verfasste Republik gekennzeichnet. Dies hatte unmittelbar Auswirkungen auf Zielrichtung und Funktionen des Institutes der Parlamentsauflösung. Erstmals in der deutschen Verfassungsgeschichte stand in der Weimarer Republik der Schutz des Parlamentes vor einer willkürlichen Auflösung durch die Exekutive zur Diskussion. Dabei sollte dem Volk insoweit eine entscheidende Rolle zukommen, als im Konfliktfall mittels Neuwahlen das Gleichgewicht zwischen Legislative und Exekutive wieder herzustellen war.[39] Es wird im Folgenden darzulegen sein, wie sich die damit verbundenen Änderungen im sächsischen Verfassungsrecht ausgewirkt haben.

I. Vorgaben der Weimarer Reichsverfassung

Für die Länder in der Weimarer Republik waren die freistaatliche Verfassung, das Wahlsystem und das parlamentarische Regierungssystem vorgeschrieben, mit dem Ziel, die Homogenität zwischen Reich und Ländern zu sichern. Jedoch wurde durch Art. 17 Abs. 1 S. 3 WRV[40] das parlamentarische Regierungssystem nicht in der für die Reichsebene festgelegten Art und Weise (vgl. Artt. 41 bis 59 WRV) vorgegeben, sondern den Ländern gestattet, auch andere Ausgestaltungen des Verhältnisses von Volksvertretung und Regierung einzuführen, *sofern* die Abhängigkeit der Regierung vom Vertrauen des Parlamentes und die Vorherrschaft der Volksvertretung gewahrt blieben.[41]

1. Die Stellung der Regierung im Verhältnis zum Landtag

Den Ländern stand es somit offen, die Regierung lediglich als „Werkzeug in der Hand der Volksvertretung" auszugestalten oder aber die Stellung der Regierung auszubauen. Letzteres konnte z.B. dadurch erreicht werden, dass ein die Re-

---

39 BUSCH, Die Parlamentsauflösung 1972, in: ZParl 1973, S. 213-246/ 219
40 RGBl. 1919, S. 1383
41 ANSCHÜTZ, Die Verfassung des Deutschen Reichs 1919, Art. 17, 5., S. 135 ff.

gierung zum Rücktritt zwingendes Misstrauensvotum besonderer Voraussetzungen bzw. qualifizierter Mehrheiten im Parlament bedurfte oder dass der Regierung erhebliche Mitwirkungsrechte bei der Gesetzgebung oder gar die Befugnis zur Auflösung der Volksvertretung eingeräumt wurden.[42]

2. Ausgestaltung der Auflösungsmöglichkeiten des Landtages

Nach der Weimarer Reichsverfassung war das Volk gem. Art. 1 Abs. 2 WRV Träger der Staatsgewalt. Damit wurde im revolutionären Übergang von der Monarchie zur Republik das Prinzip der Volkssouveränität verfassungsrechtlich verankert. In Sachsen wird dies noch besonders durch die Verwendung des *Freistaat*begriffes betont, mit dem das Staatswesen charakterisiert wurde.[43]

Dies machte den Weg dafür frei, die Auflösung der Volkskammer als „Organ der Volkssouveränität" nur dem Volkswillen und ihrem eigenen anzuvertrauen.[44] Mit dem Gedanken der Volkssouveränität war eine Fremdauflösung durch andere Organe nicht vereinbar oder jedenfalls nur dann, wenn sich der Landtag zuvor damit einverstanden erklärt hatte.

II. Die Auflösungsregelungen im Vorläufigen Grundgesetz für den Freistaat Sachsen

Nach der Abdankung des Königs am 13. November 1918 und der Ausrufung der „Republik Sachsen" wurden für den 2. Februar 1919 Wahlen zu einer - wohl vor dem revolutionären Hintergrund - als Volkskammer bezeichneten „vorläufige[n] Vertretung des gesamten Volkes der Republik Sachsen" ausgeschrieben. Diese Volkskammer bestand nach der Verordnung der Regierung über die Wahlen zur Volkskammer der Republik Sachsen vom 27. Dezember 1918[45] nunmehr nur aus einer Kammer (§ 1). Gewählt wurde nach allgemeinem, gleichem, unmittelbarem und geheimem Wahlrecht (§ 2 Abs. 1). Insgesamt ergab sich folgende Sitzverteilung: 42 Sozialdemokratische Partei Deutschlands (SPD), 22 Deutsche Demokratische Partei (DDP), 15 Unabhängige Sozialdemokratische Partei

---

42 Vgl. MEIßNER, Staatsrecht, § 11, 2., S. 35 f.

43 Im Vorläufigen Grundgesetz vom 28.02.1919 sowie in der Verfassung vom 01.11.1920 wurde durch die Verwendung dieses Begriffes außerdem die Abgrenzung des Bundeslandes Sachsen zur preußischen „Provinz Sachsen", die auf dem Wiener Kongress gebildet wurde, hervorgehoben und dem Freistaatsbegriff damit ein eigenständiger Gehalt zugewiesen, vgl. dazu KUNZMANN, in: Kunzmann/ Haas/ Baumann-Hasske, Die Verfassung des Freistaates Sachsen, Art. 1, RN 2 ff., S. 83 f.

44 Vgl. Abg. CASTAN, in: Verhandlungen der Sächsischen Volkskammer, 116. Sitzung (12.05.1920), S. 3660 (B).

45 GVBl. für die Republik Sachsen 1918, S. 408

Deutschlands (USPD), 13 Deutschnationale Volkspartei (DNVP), 4 Deutsche Volkspartei (DVP) und 1 Zentrum (Z).[46] Als erstes Gesetz beschloss die - am 25. Februar 1919 zusammengetretene - Sächsische Volkskammer am 28. Februar 1919 das „Vorläufige Grundgesetz für den Freistaat Sachsen“[47]. Darin finden sich zwei die Auflösung der Volkskammer betreffende Regelungen, und zwar in § 10 und § 16, auf die im Folgenden näher einzugehen ist.

1. Auflösung der Volkskammer auf Verlangen der Abgeordneten durch das Gesamtministerium gem. § 10 VorlGG

Nach § 10 VorlGG hatte das Gesamtministerium die Volkskammer aufzulösen, wenn die Mehrheit der anwesenden Abgeordneten dies verlangte, wobei 2/3 der Mitglieder des Landtages anwesend sein mussten. Dem Gesamtministerium als oberste Staatsbehörde (vgl. § 11 Abs. 1 VorlGG) kam dabei kein eigener Entscheidungsspielraum zu. Da die Auflösung der Volkskammer als Träger der gesetzgebenden Gewalt (vgl. § 1 S. 1 VorlGG) noch des Vollzuges durch das Gesamtministeriums bedurfte, handelt es sich hierbei nicht um ein Selbstauflösungsrecht, auch wenn § 10 VorlGG aufgrund der Verpflichtung des Gesamtministeriums zur Auflösung der Volkskammer nach entsprechendem Beschluss der Abgeordneten einem Selbstauflösungsrecht nahekam.

2. Auflösung der Volkskammer nach Volksabstimmung über ein Gesetz gem. § 16 VorlGG

Das Vorläufige Grundgesetz sah in § 16 weiter vor, dass der Regierung die Möglichkeit zugestanden wurde, über von der Volkskammer beschlossene Gesetze binnen eines Monates eine Volksabstimmung anzuordnen. Entschied das Volk im Sinne des Gesamtministeriums, konnte dieses die Volkskammer auflösen (Abs. 4 S. 1); wurde der Beschluss der Volkskammer bestätigt, musste die Regierung zurücktreten.[48]

---

46 WOELKER, SächsVerf 1920, § 9 (Überblick), S. 47. Die aus Mehrheitssozialisten (SPD) und den bürgerlichen Deutschdemokraten (DDP) bestehende Koalitionsregierung unter *Gradnauer* verfügte seit Oktober 1919 über eine solide Mehrheit im Landtag, vgl. dazu DREHWALD/ JESTAEDT, Sachsen als Verfassungsstaat, S. 48.

47 GVBl. für den Freistaat Sachsen 1919, S. 37

48 Eine vergleichbare Regelung findet sich heute noch in Art. 68 Abs. 3 NRWVerf.

III. Die erstmalige Regelung des parlamentarischen Selbstauflösungsrechtes in Sachsen nach Art. 9 Abs. 1 SächsVerf 1920

Das Vorläufige Grundgesetz vom 28. Februar 1919 war Wegbereiter für die - auf staatsorganisatorische Fragen beschränkte - „Verfassung des Freistaates Sachsen“[49] vom 1. November 1920.[50] Die Sächsische Verfassung von 1920 wurde - aus Gründen der Eingliederung des Landes in das Reich - redaktionell eng an die im August 1919 in Kraft getretene Weimarer Reichsverfassung angelehnt[51], enthielt aber auch eigenständige Regelungen wie das Selbstauflösungsrecht.

Zur Entstehung der Sächsischen Verfassung von 1920 ist Folgendes zu sagen: Nach Erlass der Reichsverfassung kam der Landesregierung die Aufgabe der Ausarbeitung einer endgültigen Verfassung zu. Dabei waren insbesondere die in der Revolution zum Durchbruch gekommenen staatspolitischen Ideen umzusetzen. Auch die Erfahrungen, die mit dem Vorläufigen Grundgesetz gemacht wurden, waren einzuarbeiten.[52] Die Landesregierung legte am 19. April 1920 einen entsprechenden Verfassungsentwurf[53] vor. Dabei dienten ihr auch die Verfassungen der Länder Baden, Württemberg, Bayern und Hessen als Vorbild.

1. Der Regierungsentwurf vom 19. April 1920

Das Selbstauflösungsrecht war allerdings noch nicht in dem Regierungsentwurf vom 19. April 1920, bei der Volkskammer eingegangen am 20. April 1920, enthalten. Dieser sah in Art. 9 Abs. 1 lediglich das Recht des Staatsministeriums[54] vor, den Landtag aufzulösen. Besondere Voraussetzungen hierfür mussten nicht vorliegen. Das mag daran gelegen haben, dass von den als Vorbilder die-

---

49 GVBl. für den Freistaat Sachsen 1920, S. 445

50 HEITMANN, in: Degenhart/ Meissner, Handbuch, § 1, RN 11, S. 39

51 WOELKER, SächsVerf 1920, Überblick, § 10, S. 49

52 WOELKER, SächsVerf 1920, Überblick, § 10, S. 49

53 Volkskammer-Akten aus dem Jahre 1920, Vorlage Nr. 64, in: SÄCHSHSTA Dresden, [10693/ Landtag 1919-1933, Nr. 283]

54 Anstelle vom „Gesamtministerium“ wurde im Verfassungsentwurf der Regierung und z.T. auch noch in den Verfassungsberatungen vom „Staatsministerium“ gesprochen. Jedoch wurde - wohl weil der Terminus „Gesamtministerium“ den „kollektive[n] Charakter der obersten Regierungsbehörde“ deutlicher zum Ausdruck brachte und besser vom jeweiligen Fachministerium abgrenzbar war - bereits im Rahmen der Ersten Lesung des Verfassungsentwurfes im Verfassungsausschuss und endgültig im Verfassungstext von 1920 wieder auf die Bezeichnung „Gesamtministerium“ zurückgegriffen, vgl. dazu Abg. WULFFEN, in: Verhandlungen der Sächsischen Volkskammer, 116. Sitzung (12.05.1920), S. 3670; Niederschrift über die 5. Sitzung des Verfassungsausschusses (08.07.1920), Anlage (Stenographischer Bericht), S. 1, in: SächsHStA Dresden, [10693/ Landtag 1919-1933, Nr. 283].

nenden Verfassungen nur Bayern das Selbstauflösungsrecht verankert hatte (vgl. § 31 BayVerf 1919[55]).

Mit der in Art. 9 Abs. 1 des Regierungsentwurfes vorgesehenen Regelung wäre die Bestimmung in § 10 VorlGG verschärft worden[56]: Während nach § 10 VorlGG die Auflösung durch das Gesamtministerium an einen (einfachen) Mehrheitsbeschluss der Volkskammer gebunden war, hätte nach dem Regierungsentwurf das Staatsministerium den Landtag auch ohne diese Voraussetzung auflösen können. Begründet wurde dies damit, dass die Regierung von diesem Recht nur „im äußersten Falle" Gebrauch machen werde, da aufgrund von Art. 26 Abs. 3 des Regierungsentwurfes jede Neuwahl des Landtages eine Neubildung des Staatsministeriums nach sich ziehen würde. Darüber hinaus könne es Konflikte geben, die durch diese Möglichkeit der Auflösung „aufs schnellste und glatteste" entschieden werden könnten.[57] Hierin sind Bestrebungen der Regierung zu erkennen, nicht lediglich Vollzugsorgan des Landtages zu sein, sondern auch eigenständige Befugnisse zu erhalten und zu bewahren.

2. Erste Lesung des Verfassungsentwurfes und Detailberatungen im Sonderausschuss

Der Regierungsentwurf wurde am 12. Mai 1920 in Erster Lesung beraten. Bereits hier wurde Art. 9 Abs. 1 heftig kritisiert. Die Kritik basierte darauf, dass nach dem Verfassungsentwurf das Volk der Träger der Staatsgewalt und der Landtag dem Volk untergeordnet sein sollte. Die Regierung wurde als ein dem Landtag unterstelltes Organ angesehen. Mit dieser Stellung könne es nicht vereinbar sein, wenn die Regierung als vom Landtag beauftragtes Organ diesen auflöse und damit an der Souveränität des Volkes „rüttel[e]".[58] Der Abg. *Castan* (SPD) forderte, da der Landtag Organ der Volkssouveränität sei, dass dessen Existenz entweder nur vom Volkswillen oder von seinem eigenen abhängig sein dürfe.[59]

Im Anschluss an die Erste Lesung wurde der Entwurf für die Detailberatungen an einen als Verfassungsausschuss bezeichneten Sonderausschuss überwiesen. Dieser beriet über den Regierungsentwurf in Erster Lesung in vierzehn Sitzungen und in Zweiter Lesung in fünf Sitzungen. Im Rahmen der 5. Sitzung des Verfassungsausschusses am 8. Juli 1920 wurde zunächst beschlossen, dass - in Anleh-

---

55 S. dazu näher LORCH, Parlamentsauflösung. 2. Abschnitt, II, S. 15 f.

56 So auch der Abg. LIPINSKI, in: Verhandlungen der Sächsischen Volkskammer, 116. Sitzung (12.05.1920), S. 3674 (A).

57 Vgl. Begründung zu Art. 9 des Regierungsentwurfes, in: SÄCHSHSTA Dresden, [10693/ Landtag 1919-1933, Nr. 283], Vorlage Nr. 64, S. 9 f.

58 Vgl. dazu Ministerpräsident BUCK, in: Verhandlungen der Sächsischen Volkskammer, 116. Sitzung (12.05.1920), S. 3656, (B, C).

59 Verhandlungen der Sächsischen Volkskammer, 116. Sitzung (12.05.1920), S. 3660 (B)

nung an den Sprachgebrauch der Reichsverfassung - die Volkskammer nicht Kammer, sondern fortan „Landtag“ heißen solle.[60] Darüber hinaus wurde das Selbstauflösungsrecht ausdrücklich in den Entwurf aufgenommen. Hierfür verwies zunächst der Berichterstatter *Wulffen* (DDP) auf § 10 VorlGG und resümierte, dass er zwar kein Volksbegehren hinsichtlich der Auflösung des Landtages wünsche, aber auch dagegen sei, dass das Staatsministerium allein über eine solche Befugnis verfüge. Er schlug deshalb vor, dass das Staatsministerium einen Volksentscheid über die Auflösung des Landtages herbeiführen können sollte, denn der Regierung müsse es als „äußerstes Mittel“ zustehen, zu einer neuen Volksvertretung zu kommen.[61] Der Abg. *Nitzsche* (SPD) führte hingegen aus, dass das Recht zur Auflösung des Landtages nur diesem oder dem Volk zukommen könne, allerdings *auch* die Regierung einen Volksentscheid gegen die Auflösung ausrufen können sollte. Das alleinige Recht des Gesamtministeriums zur Landtagsauflösung hielt er hingegen für mit dem demokratischen Gedanken und der parlamentarischen Regierung nicht vereinbar.[62] Danach und nach dem Hinweis des Abg. *Lipinski* (USPD), dass § 16 ThürVerf 1919, nach dem sich der Landtag selbst auflösen und auch von der Regierung aufgelöst werden konnte, wenn die Auflösung durch Volksentscheid beschlossen worden sei, gerechter sei als die Entwurfsfassung, betonte der Berichterstatter *Wulffen*, um Missverständnisse auszuräumen, dass „natürlich“ auch er für die Selbstauflösung sei: „Das muss in die Verfassung hinein.“.[63] Schließlich plädierte auch der Regierungsvertreter *Schulze* dafür, „in Anlehnung an Art. 10 des vorläufigen Grundgesetzes“ ein Selbstauflösungsrecht aufzunehmen.[64] Die „Anlehnung an Art. [eigentlich §, d. Verf.] 10 des vorläufigen Grundgesetzes“ ist so zu verstehen, dass die Initiative zur Landtagsauflösung in beiden Regelungen vom Landtag ausgehen sollte, aber nun nicht mehr die Mitwirkung des Gesamtministeriums erforderlich war, sondern die Entscheidung dem Landtag originär zustehen sollte. Auch der Abg. *Menke-Glückert* (DDP) betonte, dass die Auflösung nur vom Landtag selbst beschlossen oder dieses Verlangen vom Volk gestellt werden dürfe.[65] Desgleichen sprach

60 Vgl. Niederschrift über die 5. Sitzung des Verfassungsausschusses (08.07.1920), Anlage (Stenographischer Bericht), S. 3, in: SächsHStA Dresden, [10693/ Landtag 1919-1933, Nr. 283].

61 Niederschrift über die 5. Sitzung des Verfassungsausschusses (08.07.1920), Anlage (Stenographischer Bericht), S. 26, in: SächsHStA Dresden, [10693/ Landtag 1919-1933, Nr. 283]

62 Niederschrift über die 5. Sitzung des Verfassungsausschusses (08.07.1920), Anlage (Stenographischer Bericht), S. 26 f., in: SächsHStA Dresden, [10693/ Landtag 1919-1933, Nr. 283]

63 Vgl. Niederschrift über die 5. Sitzung des Verfassungsausschusses (08.07.1920), Anlage (Stenographischer Bericht), S. 27, in: SächsHStA Dresden, [10693/ Landtag 1919-1933, Nr. 283].

64 Vgl. Niederschrift über die 5. Sitzung des Verfassungsausschusses (08.07.1920), Anlage (Stenographischer Bericht), S. 28, in: SächsHStA Dresden, [10693/ Landtag 1919-1933, Nr. 283].

sich der Abg. *Nitzsche* für die Aufnahme eines Selbstauflösungsrechtes aus, da eine Anrufung des Volkes nicht nur in Betracht komme, wenn zwischen Landtag und Regierung ein Konflikt bestehe, sondern auch dann, wenn in anderen Situationen eine Weiterarbeit des Landtages nicht mehr zumutbar sei, insbesondere bei einem Wandel der politischen Auffassung im Land oder dann, wenn die Abgeordneten glaubten, nicht mehr das Vertrauen ihrer Wähler zu besitzen.[66] Auch die Abg. *Beutler* (DNVP) und *Blüher* (DVP) erkannten diese Befugnis des Landtages an.[67] Das Recht des Landtages, sich selbst aufzulösen, fand nach allem allgemeinen Zuspruch.

Im Folgenden wurde dann über die Ausgestaltung des Selbstauflösungsrechtes diskutiert: Hier vertrat der Abg. *Beutler* die Auffassung, dass zu einem Auflösungsbeschluss die einfache Mehrheit genüge. Auf die Zahl der anwesenden Abgeordneten komme es nicht an, wenn die Tagesordnung vorher den Abgeordneten bekannt gemacht sei.[68] Dem schloss sich der Abg. *Blüher* an. Denn wenn mindestens zwei Drittel der Mitglieder des Landtages anwesend sein müssten, könne die Landtagsauflösung durch eine Minderheit verhindert werden. Er schlug daher vor, für die erste Sitzung, in der über den Auflösungsantrag abgestimmt werden solle, die Anwesenheit von zwei Dritteln der Abgeordneten zu verlangen. Werde dieses Quorum nicht erreicht, solle eine weitere Sitzung stattfinden, in der dann unabhängig von der Zahl der Anwesenden über den Auflösungsantrag entschieden werde.[69] Demgegenüber verlangte der Abg. *Eggert* (SPD), dass auch in der - notfalls erforderlich werdenden - zweiten Sitzung über die Abstimmung des Auflösungsantrages die Hälfte der Abgeordneten anwesend sein müsse.[70] Dem Abg. *Lipinski* genügte hingegen generell bei der Abstimmung über die Selbstauflösung des Landtages die Anwesenheit der Hälfte der Landtagsmitglieder.[71] Der Vorschlag des Abg. *Menke-Glückert*, eine Frist zwischen der Stellung des Antra-

---

65 Niederschrift über die 5. Sitzung des Verfassungsausschusses (08.07.1920), Anlage (Stenographischer Bericht), S. 29, in: SächsHStA Dresden, [10693/ Landtag 1919-1933, Nr. 283]

66 Vgl. Niederschrift über die 5. Sitzung des Verfassungsausschusses (08.07.1920), Anlage (Stenographischer Bericht), S. 30 f., in: SächsHStA Dresden, [10693/ Landtag 1919-1933, Nr. 283]; Bericht des Verfassungsausschusses vom 20.10.1920 (Nr. 834), S. 9 (zu Art. 9), a.a.O.

67 Vgl. Niederschrift über die 5. Sitzung des Verfassungsausschusses (08.07.1920), Anlage (Stenographischer Bericht), S. 28 f., in: SächsHStA Dresden, [10693/ Landtag 1919-1933, Nr. 283].

68 Niederschrift über die 5. Sitzung des Verfassungsausschusses (08.07.1920), Anlage (Stenographischer Bericht), S. 28, in: SächsHStA Dresden, [10693/ Landtag 1919-1933, Nr. 283]

69 Niederschrift über die 5. Sitzung des Verfassungsausschusses (08.07.1920), Anlage (Stenographischer Bericht), S. 29, in: SächsHStA Dresden, [10693/ Landtag 1919-1933, Nr. 283]

70 Niederschrift über die 5. Sitzung des Verfassungsausschusses (08.07.1920), Anlage (Stenographischer Bericht), S. 31, in: SächsHStA Dresden, [10693/ Landtag 1919-1933, Nr. 283]

ges auf Selbstauflösung und dem Tag der Behandlung aufzunehmen, fand keine Zustimmung, da der Antrag geschäftsordnungsmäßig behandelt werde und daher die entsprechenden Fristen liefen.[72]

Am Ende der 5. Ausschusssitzung fand die Abstimmung über das Selbstauflösungsrecht statt. Das Selbstauflösungsrecht des Landtages wurde einstimmig angenommen. Hinsichtlich der Voraussetzungen wurde festgelegt, dass in der ersten Sitzung, in der der Landtag über seine Auflösung berate, mindestens zwei Drittel der Abgeordneten anwesend sein müssten. Hinsichtlich der Beschlussfassung genüge - ebenso wie in der zweiten Sitzung, die nur einberufen werden musste, wenn in der ersten Sitzung die erforderliche Anzahl der Abgeordneten nicht anwesend war - die einfache Mehrheit. Eine weitere Qualifizierung des Beschlussquorums wurde ausdrücklich abgelehnt.[73]

Als Ergebnis der Ersten Lesung des Verfassungsentwurfes war damit in Art. 9 Abs. 1 das Selbstauflösungsrecht aufgenommen. Für einen dahingehenden Beschluss wurde - wie auch sonst grundsätzlich für die Beschlussfassung, vgl. Art. 14 - die einfache Mehrheit, d.h. die Mehrheit der abgegebenen Stimmen, für ausreichend erachtet, wobei zunächst die Anwesenheit von zwei Dritteln der Abgeordneten erforderlich war. Wurde dieses Anwesenheitserfordernis nicht erreicht, durfte in einer weiteren Sitzung unabhängig von der Zahl der Anwesenden über den Antrag auf Selbstauflösung abgestimmt werden.[74] Das Recht des Gesamtministeriums zur Auflösung des Landtages wurde gestrichen. Das Gesamtministerium erhielt auch nicht das Recht, aus eigener Initiative einen Volksentscheid über die Auflösung des Landtages herbeizuführen. Es wurde aber die Bestimmung aufgenommen, dass der Landtag durch Volksentscheid aufgelöst werden könne (Art. 9 Abs. 2).

---

71 Niederschrift über die 5. Sitzung des Verfassungsausschusses (08.07.1920), Anlage (Stenographischer Bericht), S. 31, in: SächsHStA Dresden, [10693/ Landtag 1919-1933, Nr. 283]

72 Niederschrift über die 5. Sitzung des Verfassungsausschusses (08.07.1920), Anlage (Stenographischer Bericht), S. 30, in: SächsHStA Dresden, [10693/ Landtag 1919-1933, Nr. 283]

73 Niederschrift über die 5. Sitzung des Verfassungsausschusses (08.07.1920), Anlage (Stenographischer Bericht), S. 31 f., in: SächsHStA Dresden, [10693/ Landtag 1919-1933, Nr. 283]

74 Im Rahmen der elften Sitzung des Verfassungsausschusses wurde beschlossen, dass im Falle der Auflösung des Landtages die Neuwahl spätestens am sechzigsten Tag nach der Auflösung stattzufinden hat, vgl. Art. 6 des Entwurfes. Spätestens am dreißigsten Tag nach der Wahl sollte der Landtag das erste Mal zusammentreten. Zu den Diskussionen hierüber vgl. näher Niederschrift über die 11. Sitzung des Verfassungsausschusses (21.09.1920), Anlage (Stenographischer Bericht) S. 10 ff., in: SächsHStA Dresden, [10693/ Landtag 1919-1933, Nr. 283].

3. Zweite Lesung des Verfassungsentwurfes

In der Zweiten Lesung des Entwurfes im Verfassungsausschuss unternahmen die Abg. *Blüher* (DVP) und *Beutler* (DNVP) ebenso wie der Regierungsvertreter *Schulze* noch einmal den Versuch, das gestrichene Recht der Auflösung des Landtages durch das Gesamtministerium wieder aufzunehmen. Art. 2 des Regierungsentwurfes schreibe nämlich nicht vor, dass die Regierung vollumfänglich als vom Landtag abhängig ausgestaltet werden müsse. Vielmehr könnten ihr auch eigenständige Befugnisse zukommen. Des Weiteren sei eine Gefährdung des parlamentarischen Systems durch ein Auflösungsrecht der Regierung ebensowenig zu befürchten wie eine missbräuchliche Anwendung desselben.[75] Auch wenn dieser Antrag abgelehnt wurde, so wurde der Regierung - als Kompromiss - nunmehr doch das Recht gewährt, einen Volksentscheid über die Auflösung des Landtages zu initiieren.[76] Am Selbstauflösungsrecht des Landtages wurde aber nicht gerüttelt.

Im Rahmen der Zweiten Lesung im Plenum am 26. Oktober 1920 stellte die DNVP den Antrag, in Art. 9 das Recht des Gesamtministeriums zur Auflösung des Landtages einzufügen. Jedoch fand dieser Minderheitsantrag keine Mehrheit. Das Selbstauflösungsrecht wurde abermals nicht angetastet, so dass Art. 9 in der Fassung der Zweiten Lesung des Verfassungsausschusses angenommen wurde.[77]

Neben dem Selbstauflösungsrecht wurde in Sachsen noch die Möglichkeit der Landtagsauflösung durch Volksbegehren (Art. 9 Abs. 2 Var. 1 i.V.m. Artt. 36 Abs. 1, 38 Abs. 2 SächsVerf 1920) in die Verfassung aufgenommen.[78] Danach musste das Gesamtministerium einen Volksentscheid über die Auflösung des Landtages herbeiführen, wenn dies von einem Zehntel der Stimmberechtigten der letzten Landtagswahl begehrt wurde. Der Landtag war dann aufgelöst, wenn dies die Zustimmung der Mehrheit der Abstimmenden fand, wobei sich an dem Volksentscheid mindestens die Hälfte der Stimmberechtigten beteiligen musste. Eine

---

75 Vgl. Niederschrift über die 19. Sitzung des Verfassungsausschusses (06.10.1920), Anlage (Stenographischer Bericht) S. 11 ff., in: SächsHStA Dresden, [10693/ Landtag 1919-1933, Nr. 283].

76 Vgl. dazu Abg. WULFFEN, DIETEL und die Abstimmung in: Niederschrift über die 19. Sitzung des Verfassungsausschusses (06.10.1920), Anlage (Stenographischer Bericht) S. 13 f., in: SächsHStA Dresden, [10693/ Landtag 1919-1933, Nr. 283].

77 Vgl. Verhandlungen der Sächsischen Volkskammer, 152. Sitzung (26.10.1920), S. 4834 f.

78 Um „wenigstens ein gewisses Gleichgewicht zwischen Volksvertretung und Regierung herzustellen", (KOELLREUTTER, Verfassungsrechtliche Entwicklung in Oldenburg, in: JöR X [1921], S. 409-438/ 414), sahen dies auch noch die Verfassungen von Anhalt (§ 11 Abs. 2 Var. 2), Braunschweig (Art. 23), Bremen (§ 18), Hessen (Art. 24), Lippe (Art. 11), Lübeck (Art. 23), Mecklenburg-Schwerin (§ 30 Abs. 2 Var. 1), Schaumburg-Lippe (§ 11) und Württemberg (§ 16 Abs. 1) vor. In Baden (§ 46), Bayern (§ 30 Abs. 5, 6), Oldenburg (§ 55 Abs. 1 Var. 2), Thüringen (§§ 16 Var. 2, 25) bedurfte es des Vollzuges durch die Regierung bzw. den Landtagspräsidenten. Die Verfassungstexte der Länder der Weimarer Republik sind abgedruckt in: WITTRECK, Weimarer Landesverfassungen.

weitere Auflösungsmöglichkeit enthielt Art. 9 Abs. 2 Var. 2 SächsVerf 1920. Danach konnte das Gesamtministerium gegen den Landtag an das Volk appellieren und die Auflösung des Landtages durch Volksentscheid veranlassen.[79]

Insgesamt wurde das Selbstbestimmungsrecht des Landtages gestärkt. Dies zeigt sich auch darin, dass nunmehr der Landtagspräsident das Recht hatte, den Landtag einzuberufen, wozu er verpflichtet war, wenn dies mindestens ein Drittel der Abgeordneten bei ihm beantragte (Art. 8 Abs. 1 S. 2 SächsVerf 1920). Des Weiteren bestimmte der Landtag *selbst* den Zeitpunkt seiner Vertagung und seines Wiederzusammentrittes (Art. 8 Abs. 3 SächsVerf). Auch gab sich gem. Art. 10 Abs. 2 SächsVerf 1920 der Landtag selbst eine Geschäftsordnung. Nach Art. 11 SächsVerf 1920 führten zwischen zwei Wahlperioden der Präsident des letzten Landtages und dessen Stellvertreter die Geschäfte fort. Darüber hinaus entfiel die in § 79 SächsVerf 1831 vorgesehene Beschränkung der Beratungsgegenstände. Das Befassungsrecht des Landtages wurde vielmehr umfassend ausgestaltet, vgl. Art. 34 SächsVerf 1920. Der Landtag wurde so verfassungsrechtlich zum entscheidenden Staatsorgan in Sachsen - wie auch in den anderen Ländern der Weimarer Republik. Nicht von ungefähr ist in der Sächsischen Verfassung von 1920 daher *erstmals* das *Selbstauflösungsrecht* niedergelegt.

4. Anforderungen an eine parlamentarische Selbstauflösung nach Art. 9 Abs. 1 SächsVerf 1920

Was die Anforderungen an eine Selbstauflösung des Sächsischen Landtages nach Art. 9 Abs. 1 SächsVerf angeht, bleibt festzuhalten, dass hierfür die Anwesenheit von mindestens zwei Dritteln der gesetzlichen Zahl der Abgeordneten erforderlich war (S. 2). Wurde dieses Anwesenheitsquorum nicht erreicht, wurde von diesem Erfordernis in einer weiteren Sitzung abgesehen (S. 3). Für die Beschlussfassung genügte gem. Art. 14 Abs. 1 S. 1 SächsVerf 1920 die „einfache Stimmenmehrheit“, d.h. die Mehrheit der abgegebenen Stimmen.[80]

In der Geschäftsordnung des Sächsischen Landtages[81] war keine spezielle Regelung für einen Selbstauflösungsbeschluss vorgesehen. § 27 regelte lediglich allgemein die Behandlung von Anträgen in zwei Beratungen; eine Ausschussberatung sollte nur auf Beschluss des Landtages oder auf Verlangen der Regierung stattfinden.[82]

---

79 So auch die Verfassungen von Anhalt (§ 11 Abs. 2 Var. 1), Lippe (Art. 11 Abs. 2 Var. 1), Mecklenburg-Strelitz (§ 22), Württemberg (§ 16 Abs. 2 Var. 1).

80 Vgl. auch WOELKER, Art. 14, Anm. 1, S. 96.

81 Diese wurde auf der 91. Sitzung der Sächsischen Volkskammer - basierend auf den DS Nr. 396 vom 04.11.1919 und Nr. 519 vom 29.01.1920 - einstimmig beschlossen, vgl. Verhandlungen der Sächsischen Volkskammer, Plenarprotokoll 1/ 91 (11.02.1920), S. 3095 ff.

5. Das Selbstauflösungsrecht des Sächsischen Landtages im historischen Vergleich

Der Freistaat Sachsen stellt, was die Aufnahme eines Selbstauflösungsrechtes in der Weimarer Zeit in den Verfassungstext angeht, keinen Sonderfall dar. So war auch in § 31 der Verfassungsurkunde des Freistaates Bayern vom 14. August 1919, Art. 24 der Verfassung des Freistaates Braunschweig vom 6. Januar 1922, § 17 der Verfassung der Freien Hansestadt Bremen vom 18. Mai 1920, Art. 14 der Verfassung der Freien und Hansestadt Hamburg vom 7. Januar 1921, § 30 Abs. 2 S. 1 Var. 2, S. 2, 3 der Verfassung des Freistaates Mecklenburg-Schwerin vom 17. Mai 1920, § 21 des Landesgrundgesetzes von Mecklenburg-Strelitz vom 24. Mai 1923, Art. 14 Abs. 1 S. 1 Var. 1, Abs. 2 der Verfassung des Freistaats Preußen vom 30. November 1920 und § 16 Var. 1 der Verfassung des Landes Thüringen vom 11. März 1921[83] ein Selbstauflösungsrecht der Volksvertretung verankert. Jedoch wurden strengere Anforderungen an einen Selbstauflösungsbeschluss als in Sachsen gestellt. So sahen Art. 14 der Verfassung der Freien und Hansestadt Hamburg sowie § 17 der Verfassung der freien Hansestadt Bremen das Erfordernis eines von einem Viertel der Abgeordneten eingebrachten Antrages vor. Bis auf die Verfassung des Landes Mecklenburg-Strelitz und die Verfassung des Freistaates Braunschweig, die die Zustimmung von zwei Dritteln der mindestens zu zwei Dritteln anwesenden Abgeordneten (§ 21 i.V.m. § 33 Verfassung des Landes Mecklenburg-Strelitz, Artt. 24, 27 Abs. 2 S. 1 Verfassung des Freistaates Braunschweig) verlangten, forderten die Verfassungen der anderen Länder für eine Selbstauflösung die Zustimmung von mindestens der Hälfte der Abgeordneten. Die qualifizierte Mehrheit wurde zur Verhinderung von Zufallsmehrheiten und des Missbrauches dieses Instrumentes als erforderlich erachtet.[84] Damit stellte Sachsen im Vergleich zu den anderen Ländern der Weimarer Republik nur sehr geringe Anforderungen an einen Selbstauflösungsbeschluss.[85]

---

82 Vgl. dazu ZILLER, GO-SLT, III. Abschnitt, § 14, 4., S. 33.

83 Die Verfassungstexte sind abgedruckt bei WITTRECK, Weimarer Landesverfassungen. In Oldenburg bedurfte ein dahingehender Beschluss des Landtages noch der Vollziehung durch das Staatsministerium, weshalb es sich nach o.g. Definition (1. Teil, 1. Kap., § 1, vor I.) nicht um ein Selbstauflösungsrecht handelt, diesem aber nahekommt. In Hessen wurde das Selbstauflösungsrecht erst 1930 durch Verfassungsänderung aufgenommen (Art. 24).

84 So zumindest für Preußen LORCH, Parlamentsauflösung, 2. Abschnitt, I.1., S. 10 f.

85 Einen tabellarischen Überblick über die Auflösungsmöglichkeiten der Volksvertretungen 1918-1933 gibt WITTRECK, Weimarer Landesverfassungen, S. 43 ff.

6. Stellungnahme

Bemerkenswert ist nach der verfassungsgeschichtlichen Analyse dreierlei: Zum einen und für sich genommen die Tatsache der Einführung eines Selbstauflösungsrechtes des Landtages, zum anderen, dass der Auflösungsbeschluss an die Anwesenheit der Mitglieder des Landtages (anstelle der gesetzlichen Zahl der Abgeordneten) anknüpft und schließlich, dass für eine Selbstauflösung kein gegenüber Art. 14 Abs. 1 S. 1 SächsVerf 1920 qualifiziertes Beschluss- oder Antragsquorum festgeschrieben wurde.

Die Erörterungen zur Aufnahme des Selbstauflösungsrechtes in die Sächsische Verfassung 1920 lassen erkennen, dass es den Abgeordneten mit der Einführung dieser Bestimmung v.a. um die Sicherung des Selbstbestimmungsrechtes des Landtages ging. Dies war eine Konsequenz daraus, dass mit dem Übergang von der konstitutionellen Monarchie zur Demokratie alle Staatsgewalt vom Volke ausgehen (vgl. Art. 2 Abs. 1 SächsVerf 1920) und weiter, dass die Staatsgewalt insbesondere durch das Volk und den Landtag ausgeübt werden sollte (vgl. Art. 2 Abs. 2 SächsVerf 1920). Wenn Träger der Staatsgewalt das Volk war und dieses seine Vertretung wählte, konnte zur Verwirklichung der Volkssouveränität konsequenterweise nur dem Volk und/ oder dem Landtag selbst das Recht zur Auflösung des Landtages zukommen. Das Selbstauflösungsrecht trug auch insoweit zur Sicherung der Volkssouveränität bei, als es nicht nur als Mittel zur Entscheidung bei Konflikten zwischen Landtag und Regierung angesehen wurde, sondern auch dann zum Zuge kommen sollte, wenn sich der Landtag der Mehrheit im Wahlvolke versichern wollte.[86] Darüber hinaus hätte jede andere Regelung dem von der Verfassung angestrebten Verhältnis von Landtag und Regierung widersprochen: Nach Auffassung der Mehrheit im Verfassungsausschuss und im Plenum stellte die Regierung ein abhängiges Vollzugsorgan des Landtages dar. Ihr sollten keine besonderen Befugnisse eingeräumt werden. Mit diesem Kräfteverhältnis war es unvereinbar, der Regierung das Recht zuzugestehen, die Körperschaft, die ihr die rechtliche Legitimation vermittelte, voraussetzungslos aufzulösen.

Kritisch ist zu der Ausgestaltung des Selbstauflösungsrechtes in Art. 9 Abs. 1 SächsVerf 1920 anzumerken, dass für einen solchen Beschluss letztlich die Mehrheit der abgegebenen Stimmen ausreichen sollte. Damit wäre es einer kleinen Minderheit - in der ersten Sitzung einem Drittel der Abgeordneten und in der ggf. erforderlich werdenden sogar nur einem Viertel der Abgeordneten[87] - mög-

---

86 S. dazu 2. Teil, 1. Kap., § 6, III.2.

87 Dieses Beschlussquorum hätte auch noch geringer sein können, da in Art. 14 Abs. 2 S. 2 SächsVerf 1920 die Gültigkeit der Beschlüsse hinsichtlich des Anwesenheitserfordernis fingiert wurde, wenn nicht vor der Abstimmung die Beschlussunfähigkeit festgestellt worden ist.

lich gewesen, die Arbeit des Landtages zu beenden und die Mehrheit an der Fortsetzung ihrer Arbeit hindern. Schon die Bindung des Beschlusses in der ersten Sitzung lediglich an die *Anwesenheit* von zwei Dritteln der gesetzlichen Zahl der Abgeordneten wird der Tragweite dieser Entscheidung nicht voll gerecht. Hinzu kommt das Fehlen eines Antragsquorums. Dies könnte in der Praxis dazu führen und hat dazu geführt, dass eine kleine Gruppe von Abgeordneten wiederholt einen solchen Antrag stellt, um die Regierungsparteien zu einer Stellungnahme zu zwingen und sich so rechtlich und politisch in Position zu bringen. Daran ist zwar parlamentarisch-demokratisch nichts auszusetzen, doch könnte Parlamentsarbeit erheblich erschwert werden, da hierüber auch dann abgestimmt werden muss, wenn abzusehen ist, dass der Antrag keinerlei Aussicht auf Erfolg hat, wie die Versuche der Kommunistischen und Nationalsozialistischen Landtagsfraktion 1930, 1931 und 1932 zeigen (wird sogleich ausgeführt). Gleichwohl ist trotz aller Kritik zu beachten, dass mit Art. 9 Abs. 1 SächsVerf das erste Mal ein Selbstauflösungsrecht des Sächsischen Landtages in den Verfassungstext aufgenommen wurde und erst Erfahrungen damit gesammelt werden mussten.

IV. Die Praxis des Selbstauflösungsrechtes bis zur 'Neubildung' des Landtages im April 1933

Zu einer Selbstauflösung des Sächsischen Landtages ist es in der Weimarer Zeit nicht gekommen. Allerdings gab es einige dahingehende Versuche, die im Folgenden zu untersuchen sind.

1. Selbstauflösung aufgrund von Schwierigkeiten bei der Regierungsbildung? - Die Anträge der KPD und der NSDAP auf Selbstauflösung des Sächsischen Landtages vom 22. Juli 1930

Sowohl die Kommunistische als auch die Nationalsozialistische Landtagsfraktion stellten am 22. Juli 1930 einen Antrag auf Selbstauflösung des Sächsischen Landtages (Anträge Nr. 56[88] und 57[89]). Zu Beginn der 6. Sitzung am 30. September 1930 wurde seitens der KPD beantragt, die Beratung über die Auflösung des Landtages noch auf die Tagesordnung dieser Sitzung zu setzen.

---

88 Antrag der Kommunistischen Landtagsfraktion, Landtags-Acten aus den Jahren 1930 und 1931, Berichte usw., Nr. 1-605

89 Antrag der Nationalsozialistischen Landtagsfraktion, Landtags-Acten aus den Jahren 1930 und 1931, Berichte usw., Nr. 1-605

Nach Ansicht der KPD sei dies zur Klärung der „Gesamtlage in Sachsen" erforderlich. Es müsse eine Regierung gebildet werden und dazu sei eine Entscheidung der DDP dahingehend erforderlich, ob sie mit den Nationalsozialisten regieren oder zur Opposition gehören wolle. Sei dies nicht möglich, müsse ein neuer Wahlkampf geführt werden. Die KPD erhoffte sich davon eine grundsätzliche Verschiebung der Kräfteverhältnisse im Landtag, konkret ein Abschmelzen der Parteien der Mitte.[90] Der Abg. *Kaiser* von der Wirtschaftspartei erklärte, dass die gestellten Anträge von „weittragender finanzieller Bedeutung" seien und „ohne eine feste Bindung von Parteien in einer Regierungskoalition" nicht hingenommen werden könnten.[91] Der nationalsozialistische Abg. *Fritsch* hingegen zog die politische Legitimation des Landtages in Zweifel, indem er äußerte, dass durch die Reichstagswahlen vom 14. September 1930 erkennbar geworden sei, dass die Zusammensetzung des Landtages nicht mehr dem Willen des sächsischen Volkes entspreche und eine gänzlich geänderte Sachlage eingetreten sei. Jedoch müsse vor einer Selbstauflösung zunächst noch ein Versuch der Regierungsbildung unternommen werden.[92] Der Abg. *Siegert* (DNVP) sprach sich gegen eine Selbstauflösung aus, da der Landtag endlich erst einmal arbeiten solle. Insbesondere müsse der Landtag eine Regierung bilden.[93] Gegen eine Beratung des Antrages der Kommunisten am Tag seiner Einbringung in die Beratung, also am 30. September 1930, erhob auch der Abg. *Dehne* (DDP) Einspruch. Daraufhin wurde die Beratung dieses Antrages auf die Tagesordnung der nächsten Sitzung gesetzt.[94]

Im Rahmen der 7. Sitzung am 7. Oktober 1930 begründete der Dresdener Abg. *Herbert Wehner* (KPD) den Antrag der KPD auf Auflösung des Landtages (Nr. 56) damit, dass die Reichstagswahl vom 14. September 1930 gezeigt habe, dass die Masse der „Werktätigen" gegen die Diktatur des Young-Planes[95] sei und dennoch die NSDAP und die bürgerlichen Parteien dagegen nicht angingen. Zudem habe die Politik der SPD nicht zu „Arbeit und Brot" geführt. Einen Ausweg aus diesem System könnten die genannten Parteien nicht zeigen.[96]

Für die NSDAP begründete der Abg. *Fritsch* den Antrag Nr. 57 auf Auflösung des Landtages. Neben dem Kampf gegen den Marxismus forderte er die Teilhabe seiner Partei an der Regierung. Die Bildung einer Regierung sei bisher durch die „Schuld der Demokraten und Volksnationalen"[97] gescheitert. Deshalb müsse nunmehr eine Entscheidung des Volkes herbeigeführt werden.[98] Der Abg. *Wilhelm* (Wirtschaftspartei) erklärte, dass der Landtag endlich seine Aufgaben erfül-

---

90 Verhandlungen des Sächsischen Landtages, 5. WP, 6. Sitzung, S. 148 f.
91 Verhandlungen des Sächsischen Landtages, 5. WP, 6. Sitzung, S. 149
92 Verhandlungen des Sächsischen Landtages, 5. WP, 6. Sitzung, S. 149
93 Verhandlungen des Sächsischen Landtages, 5. WP, 6. Sitzung, S. 149
94 Verhandlungen des Sächsischen Landtages, 5. WP, 6. Sitzung, S. 150
95 Zu dessen Inhalten, insbesondere den darin neu festgelegten Reparationsleistungen, s. KIMMINICH, Deutsche Verfassungsgeschichte, 8. Kap., 4., S. 516 f.
96 Verhandlungen des Sächsischen Landtages, 5. WP, 7. Sitzung, S. 204 ff.

le solle. Dieser müsse noch einmal versuchen, eine tragfähige Regierung zu bilden, zumal nun die Reichstagswahl vorüber sei und deren Ergebnis die sächsischen Verhältnisse bestätigt habe.[99] Im Rahmen der Aussprache erklärte der Abg. *Siegert* (DNVP), dass er die Bildung eines bloßen Beamtenkabinetts, d.h. einer Regierung, die nicht gewählt, sondern durch das Staatsoberhaupt eingesetzt wird, bis sie durch eine gewählte Regierung ersetzt werden kann, bedauern würde, sah aber in Neuwahlen keinen Ausweg, da diese zu keiner entscheidenden Verschiebung der Kräfteverhältnisse führen würden. Der Landtag sei auch nicht arbeitsunfähig, solange er arbeitswillig sei.[100] Demgegenüber unterstützte die DNVP beide Anträge der NSDAP und der KPD auf Selbstauflösung des Landtages, da inzwischen die Wahl des Ministerpräsidenten zum dritten Mal gescheitert sei und damit der Landtag wiederholt seine Arbeitsunfähigkeit bewiesen habe. Darüber hinaus müsse sich das Ergebnis der Reichstagswahl auch auf die Kabinettsbildung auswirken - eine Ausschaltung der NSDAP sei danach ebenso unmöglich wie die Bildung eines Beamtenkabinetts. Die derzeit geschäftsführende Regierung sei zu positiver Arbeit nicht in der Lage. Sie bedürfe der Unterstützung bzw. Duldung von links, was aber nicht dem Willen der Mehrheit im Volke entspreche.[101] Die SPD nahm zu den Anträgen nicht Stellung. Aufgrund des dargelegten Meinungsbildes wurden schließlich beide Anträge abgelehnt.[102] Der Landtag wurde also nicht aufgelöst.

2. Anhaltende Schwierigkeiten bei der Regierungsbildung - Der Antrag der NSDAP auf Selbstauflösung des Sächsischen Landtages vom 5. Februar 1931

Einen weiteren Versuch zur vorzeitigen Beendigung der Wahlperiode unternahm die NSDAP mit ihrem Antrag Nr. 303 vom 5. Februar 1931[103]. Im Rahmen der 31. Sitzung am 17. Februar 1931 wurde der Antrag damit begründet, dass immer noch keine verfassungsmäßige Regierung gebildet worden sei. Der seit Juni 1930 andauernde Zustand einer geschäftsführenden Regierung sei verfassungswidrig. Auch wenn die NSDAP nicht an den Erfolg ihres Antrages glaube, wolle sie zumindest die Ansichten der anderen Parteien festschreiben. Die Gegner der

---

97 Die „Volksnationale Reichsvereinigung“ bekannte sich zur präsidial-demokratischen Republik, zur staatsbürgerlichen Verantwortung und lehnte radikale Politik von links und rechts ab und verhandelte mit der DDP über die Gründung einer gemeinsamen Partei, s. dazu näher HUBER, Verfassungsgeschichte, Bd. 6, B., Kap. VII., § 18, II.1., S. 220 f.

98 Verhandlungen des Sächsischen Landtages, 5. WP, 7. Sitzung, S. 210 ff./ 213

99 Verhandlungen des Sächsischen Landtages, 5. WP, 7. Sitzung, S. 213 ff.

100 Verhandlungen des Sächsischen Landtages, 5. WP, 7. Sitzung, S. 217

101 Verhandlungen des Sächsischen Landtages, 5. WP, 7. Sitzung, S. 216 ff.

102 Verhandlungen des Sächsischen Landtages, 5. WP, 7. Sitzung, S. 222 f.

103 Landtags-Acten aus den Jahren 1930 und 1931. Berichte usw. Nr. 1-605

Landtagsauflösung seien dieser Auffassung nicht aus gemeinsamer innerer Überzeugung, sondern nur aufgrund des Umstandes, dass Neuwahlen zu einer gänzlich anderen Zusammensetzung des Landtages, konkret zu einem Schwund der SPD und der bürgerlichen Parteien sowie zu einer Stärkung der NSDAP, führen würden.[104] Der Abg. *Renner* (KPD) warf sodann der NSDAP vor, nur nach Ministerposten zu streben und gab dem Kapitalismus die Schuld an der prekären Lage in Deutschland. Er kritisierte dabei auch das Verhalten der SPD zur Regierung unter Reichskanzler Brüning. Aber auch wenn die KPD in dem Auflösungsantrag der NSDAP nur „billiges Theater" sehe, stimme sie gleichwohl für die Auflösung, da auf diese Weise der erforderliche außerparlamentarische Kampf geführt, der Landtag beseitigt und eine Institution, die nur aus Arbeitern besteht, geschaffen werden könne.[105] Auch der Abg. *Siegert* sprach sich im Namen der DNVP für die Landtagsauflösung aus, da der Landtag „seinen Daseinswert verwirtschaftet" habe. Der Landtag sei arbeitsunfähig, was sich insbesondere darin zeige, dass er noch immer keine tragfähige Regierung gebildet habe. Der Zustand der geschäftsführenden Regierung sei nicht länger haltbar.[106] Dem widersprach der Abg. *Böchel* (SPD): Zum einen warnte er vor der „Mordhetze" der NSDAP, zum anderen würde sich bei Übertragung der Ergebnisse der Reichstagswahl auf den Sächsischen Landtag am Kräfteverhältnis nichts ändern bzw. sich eher eine Verschiebung zugunsten der Linken ergeben. Daher werde die sozialdemokratische Fraktion dem Antrag auf Landtagsauflösung nicht zustimmen.[107] Auch die DVP sah keinen Grund für eine Landtagsauflösung: Das Volk wolle dies nicht und der Landtag solle endlich arbeiten, also wenigstens einige Gesetze verabschieden.[108] Nach diesen Stellungnahmen führte die namentliche Abstimmung zur Ablehnung des Antrages der NSDAP auf Auflösung des Landtages.[109]

3. Der Antrag der KPD auf Selbstauflösung des Landtages vom 30. September 1931 im Zusammenhang mit einem Volksbegehren auf Auflösung des Landtages

Ein weiterer Antrag auf Selbstauflösung des Landtages wurde seitens der KPD am 30. September 1931 eingebracht (Antrag Nr. 654[110]). Der Abg. *Renner* erläu-

---

104 Vgl. Abg. STUDENTKOWSKI, in: Verhandlungen des Sächsischen Landtages, 5. WP, 31. Sitzung, S. 1167 ff.
105 Verhandlungen des Sächsischen Landtages, 5. WP, 31. Sitzung, S. 1170 ff.
106 Verhandlungen des Sächsischen Landtages, 5. WP, 31. Sitzung, S. 1174
107 Verhandlungen des Sächsischen Landtages, 5. WP, 31. Sitzung, S. 1174 ff.
108 So der Abg. BÜNGER, in: Verhandlungen des Sächsischen Landtages, 5. WP, 31. Sitzung, S. 1177 f.
109 Verhandlungen des Sächsischen Landtages, 5. WP, 31. Sitzung, S. 1182
110 Landtags-Acten aus den Jahren 1931 u. 1932. Berichte usw. (Nr. 606-1055)

terte hierzu auf der 64. Sitzung des Landtages am 26. Januar 1932 den engen Zusammenhang zwischen der beantragten Selbstauflösung und dem Volksbegehren „Landtagsauflösung" (Vorlage Nr. 42 vom 13. Januar 1932[111]). 733.550 Menschen hätten die Auflösung des Landtages und damit eine Veränderung der Verhältnisse verlangt. Insbesondere würden auf diese Weise der „Faschismus", der „Lohnraub", der „Steuerdruck" und die „Verelendung des Proletariats" bekämpft. Da die Regierung unter Schieck den Faschismus unterstütze, müsse sie „weg" und der Weg dazu sei die Landtagsauflösung.[112] Der Abg. *Hartsch* (SPD) hingegen hielt den Antrag für widersprüchlich, da selbst nach Aussage der KPD ein Ausweg aus der schwierigen Lage mit parlamentarischen Mitteln nicht zu erreichen sei. Darüber hinaus würden Neuwahlen keine wesentliche Veränderung der Zusammensetzung des Landtages bringen; die KPD strebe die Neuwahlen lediglich aus reiner Mandatssucht an und stärke damit die NSDAP. Da die SPD dies verhindern wolle, stimme sie gegen den Antrag der KPD.[113] Hingegen fand der Antrag erneut Zustimmung bei der DNVP. Zur Begründung wurde wieder auf den verfassungswidrigen Zustand der geschäftsführenden Regierung und die Arbeitsunfähigkeit des Landtages verwiesen.[114]

Der Abg. *Studentkowski* (NSDAP) warf der SPD wiederum vor, Neuwahlen lediglich aus Angst vor Stimmverlusten zu verhindern. Darüber hinaus sei die Schieck-Regierung zu schwach; der Parlamentarismus habe sich selbst zerstört.[115] Hingegen stand der Abg. *Dieckmann* (DVP) einem Beamtenkabinett positiv gegenüber; auch habe der Landtag mit der Verabschiedung des Etats eine Hauptaufgabe erfüllt. Er bezweifelte, dass ein neuer Landtag besser arbeiten würde.[116] In diese Richtung ging auch die Stellungnahme des Abg. *Kastner* (DDP): Der Landtag habe einige Aufgaben zu erfüllen und die jetzige Regierung sei immer noch besser als das, was nach einer Neuwahl käme.[117] Der Abg. *Lasse* von der Volksnationalen Reichsvereinigung erwiderte auf die Ausführungen der Abg. Studentkowski und Siegert, dass es in Wirklichkeit nicht um die Auflösung des Landtages, sondern um die Beseitigung der Regierung Schieck sowie um „Ministersessel" gehe. Im Übrigen sei die derzeit lediglich geschäftsführende Regierung verfassungsgemäß.[118]

Anschließend wurde der Antrag Nr. 654 an den Rechtsausschuss überwiesen.[119] Ergebnis der Beratungen im Rechtsausschuss war die Beschlussempfeh-

---

111 Landtags-Acten aus den Jahren 1930 bis 1933. Vorlagen
112 Verhandlungen des Sächsischen Landtages, 5. WP, 64. Sitzung, S. 2692 ff.
113 Verhandlungen des Sächsischen Landtages, 5. WP, 64. Sitzung, S. 2698 ff.
114 Vgl. Abg. SIEGERT, in: Verhandlungen des Sächsischen Landtages, 5. WP, 64. Sitzung, S. 2705 ff.
115 Verhandlungen des Sächsischen Landtages, 5. WP, 64. Sitzung, S. 2706 ff.
116 Verhandlungen des Sächsischen Landtages, 5. WP, 64. Sitzung, S. 2714 ff.
117 Verhandlungen des Sächsischen Landtages, 5. WP, 64. Sitzung, S. 2722 ff.
118 Verhandlungen des Sächsischen Landtages, 5. WP, 64. Sitzung, S. 2724 f.

lung, dem Volksbegehren nicht stattzugeben und den Antrag Nr. 654 abzulehnen. Daneben wurde der Minderheitsantrag (DS Nr. 782[120]), die Drucksache 654 anzunehmen und damit dem Volksbegehren stattzugeben, gestellt. Hierüber wurde auf der 67. Sitzung des Landtages am 18. Februar 1932 beraten. Berichterstatter *Mehlhorn* erklärte, dass es Diskussionen hinsichtlich der Stimmberechtigung gegeben habe, die Voraussetzungen des Art. 36 SächsVerf 1920 aber selbst dann vorgelegen hätten, wenn die strittigen Stimmen abgezogen würden.[121] Im Rahmen der sich anschließenden Aussprache hielt auch der Mitberichterstatter *Bretschneider* die formellen Voraussetzungen des Volksbegehrens für gegeben, allerdings habe er aus materiellen Gründen gegen den Antrag auf Auflösung des Landtages gestimmt.[122] Der Abg. *Renner* (KPD) wiederholte im Wesentlichen seine Ausführungen aus der 64. Sitzung, insbesondere zur Erforderlichkeit eines außerparlamentarischen Kampfes.[123] Abermals wurde seitens der NSDAP und der DNVP die Landtagsauflösung befürwortet. Dies wurde mit der Arbeitsunfähigkeit des Landtages begründet; insbesondere sei dieser nicht in der Lage, eine Regierung zu bilden, die dem Willen des Volkes entspreche.[124] Hingegen fand das Ansinnen auf vorzeitige Beendigung der Wahlperiode bei der SPD erneut keinen Zuspruch: Ein Volksentscheid würde nur das wirtschaftliche und politische Leben behindern. Die NSDAP wolle lediglich die Landtagsauflösung für propagandistische Zwecke nutzen und die KPD sei zum „Schrittmacher des Faschismus" geworden.[125] Da im Rahmen der Aussprache der Abg. *Hickmann* für die DVP, für die Reichspartei des Deutschen Mittelstandes und für die Abgeordneten des Christlich-Sozialen Volksdienstes erklärte, aus Gründen des Staatswohles gegen den Auflösungsantrag zu stimmen[126] und auch die DDP die Auflösung des Landtages als verantwortungslos erachtete[127], wurde der Antrag auf Selbstauflösung des Landtages abgelehnt.[128]

---

119 Verhandlungen des Sächsischen Landtages, 5. WP, 64. Sitzung, S. 2704, 2727
120 Landtags-Acten aus den Jahren 1931 u. 1932. Berichte usw. (Nr. 606-1055)
121 Vgl. Verhandlungen des Sächsischen Landtages, 5. WP, 67. Sitzung, S. 2822 f.
122 Verhandlungen des Sächsischen Landtages, 5. WP, 67. Sitzung, S. 2823
123 Verhandlungen des Sächsischen Landtages, 5. WP, 67. Sitzung, S. 2823 ff.
124 Vgl. Abg. SIEGERT (DNVP), in: Verhandlungen des Sächsischen Landtages, 5. WP, 67. Sitzung, S. 2835 ff., Abg. KUNZ (NSDAP), a.a.O., S. 2840 ff.
125 Abg. GEISER, in: Verhandlungen des Sächsischen Landtages, 5. WP, 67. Sitzung, S. 2837 ff.
126 Verhandlungen des Sächsischen Landtages, 5. WP, 67. Sitzung, S. 2827
127 Abg. CLAUS, in: Verhandlungen des Sächsischen Landtages, 5. WP, 67. Sitzung, S. 2827
128 Verhandlungen des Sächsischen Landtages, 5. WP, 67. Sitzung, S. 2850 f.

4. Selbstauflösung des Landtages infolge der Auflösung des Reichstages? - Der Antrag der NSDAP vom 14. Juni 1932

Mit Antrag Nr. 961 vom 14. Juni 1932 beantragte die NSDAP erneut die Landtagsauflösung. Zur Begründung wurde dargelegt, dass der am 14. September 1930 gewählte Reichstag inzwischen deswegen aufgelöst worden sei, weil seine Zusammensetzung nicht mehr dem Willen des Volkes entspreche. Daher müsse nun auch der Sächsische Landtag eine Anpassung vornehmen.[129]

Im Rahmen der 80. Sitzung am 23. Juni 1932 führte der Abg. *Studentkowski* (NSDAP) aus, dass bislang der Landtag noch immer keine dem Willen der Mehrheit des Volkes entsprechende Regierung gebildet habe und dass somit keine sachlichen Gründe vorlägen, die gegen eine Auflösung sprächen. Zwar sei ihm klar, dass der Antrag wieder abgelehnt werde, er wolle aber nochmals die Haltung der einzelnen Parteien festhalten lassen.[130] Der Abg. *Renner* (KPD) hielt demgegenüber den Antrag der NSDAP für „billige Propaganda". Allerdings genüge eine Ablehnung des Antrages nicht. Um die „heranrollenden nationalsozialistischen Terrormaßnahmen" zu unterbinden, sei vielmehr eine „außerparlamentarische Zusammenballung aller Kräfte" notwendig. Um dies den Massen zu ermöglichen, werde die KPD für die Auflösung stimmen.[131] Auch der Abg. *Siegert* blieb für die DNVP bei der bisher geäußerten Auffassung und hielt dementsprechend die geschäftsführende Regierung für untragbar.[132]

Gegen den Antrag wandte sich der Abg. *Böchel* (SPD), besonders weil erst vor zwei Monaten ein Volksentscheid zur Landtagsauflösung (nach erfolgreich darauf gerichtetem Volksbegehren auf Initiative der KPD) abgelehnt worden sei. Des Weiteren könne sich die NSDAP nicht auf den Willen der Mehrheit des Volkes berufen, da sie die Demokratie ablehne und den diesbezüglichen Willen nach einer Machtergreifung in einer Diktatur ausschalten werde.[133] Auch der Abg. *Hickmann* (DVP) sah in dem Antrag einen Widerspruch zu der Entscheidung des sächsischen Volkes im Rahmen eines Volksentscheides gegen eine Landtagsauflösung.[134] Damit fand der Antrag auf Auflösung des Landtages abermals keine Mehrheit.[135]

---

[129] Landtags-Acten aus den Jahren 1931 u. 1932. Berichte usw. (Nr. 606-1055)
[130] Verhandlungen des Sächsischen Landtages, 5. WP, 80. Sitzung, S. 3447 ff.
[131] Verhandlungen des Sächsischen Landtages, 5. WP, 80. Sitzung, S. 3453 ff.
[132] Verhandlungen des Sächsischen Landtages, 5. WP, 80. Sitzung, S. 3458 f.
[133] Verhandlungen des Sächsischen Landtages, 5. WP, 80. Sitzung, S. 3455 ff.
[134] Verhandlungen des Sächsischen Landtages, 5. WP, 80. Sitzung, S. 3459
[135] Vgl. Verhandlungen des Sächsischen Landtages, 5. WP, 80. Sitzung, S. 3459.

5. Stellungnahme

Die verschiedenen Versuche zur Selbstauflösung des Parlamentes zeigen, dass dieses Institut grundsätzlich in seiner Eigenart und seinem Wesen entsprechend eingesetzt wurde. Es sollte der Beseitigung der Arbeitsunfähigkeit des Sächsischen Landtages dienen und wurde argumentativ herangezogen, um Übereinstimmung zwischen dem Wählerwillen und der Zusammensetzung des Landtages zu gewährleisten. Kritisch zu werten ist aber die Ausnutzung dieses Institutes für propagandistische Zwecke und zum Kampf gegen den Landtag als Institution[136]. Auch geht die Argumentation der Übertragung der Reichstagswahlergebnisse auf die Zusammensetzung des Landtages aufgrund der zu diesem Zeitpunkt noch bestehenden föderalen Ordnung des Reiches fehl.

Zwar gelang es weder der KPD noch der NSDAP, die relativ geringen Anforderungen an eine Selbstauflösung des Landtages gem. Art. 9 Abs. 1 SächsVerf zu erreichen. Jedoch zeigen gerade die Versuche, das Selbstauflösungsrecht als Propagandamittel einzusetzen, insbesondere wenn sich die Parteien der Erfolglosigkeit ihres Antrages bewusst sind, dass eine Erhöhung des Beschlussquorums und die Einführung eines Antragsquorums sich als förderlich erweisen kann. Ein Allheilmittel ist dies freilich nicht, wenn nicht zugleich die parlamentarische Demokratie bejaht wird.

V. Kein Selbstauflösungsrecht unter dem Nationalsozialismus: Die Aufhebung des parlamentarischen Systems

Die „Machtergreifung" in Sachsen wurde mit der Entmachtung der parlamentarisch legitimierten Regierung *Schieck* vom 8. März 1933 eingeleitet. An diesem Tag setzte *Hitler* den Führer der SA *Manfred von Killinger*[137] als Polizeikommisar für den Freistaat Sachsen ein. Killinger sollte den Übergang Sachsens zum „Führerstaat" in die Hand nehmen.[138]

---

[136] S. hierzu unter dem Aspekt des Rechtsmissbrauches näher 3. Teil, 1. Kap., § 13, II.4.b), cc).

[137] Als führendes Mitglied der Geheimorganisation Consul hatte Killinger 1921 den Befehl zur Ermordung des Zentrumspolitikers Matthias Erzberger gegeben, vgl. SABROW, Die verdrängte Verschwörung, S. 51, 66 ff./ 73, 79. Als Leiter der SA-Gruppe Mitte propagierte Killinger offen den Bürgerkrieg.

[138] DREHWALD/ JESTAEDT, Sachsen als Verfassungsstaat, S. 55 f.

1. Die 'Neubildung' des Landtages 1933 ohne Neuwahlen

Dazu veranlasste Killinger am 4. April 1933 die - in der NS-Terminologie sog. - 'Neubildung' des Landtages *ohne* Neuwahlen; die Zusammensetzung erfolgte gemäß den Reichstagswahlen vom 5. März 1933, so dass auf die NSDAP 38, die SPD 22, die KPD 14, die DNVP 6, die DVP 2 und auf CSVD, Deutsche Zentrumspartei und DDP je 1 Sitz entfielen[139], wobei zu beachten ist, dass aufgrund der „Verordnung zur Sicherheit der Staatsführung" vom 7. Juli 1933[140] die Zuteilung von Sitzen auf Wahlvorschläge der SPD und gem. § 4 Abs. 2 S. 2 des Vorläufigen Gesetzes zur Gleichschaltung der Länder mit dem Reich vom 31. März 1933[141] der KPD unwirksam wurde. Am 10. März 1933 trat die Regierung Schieck zurück und Reichskommissar von Killinger besetzte die Spitzen der Ministerien kommissarisch. Bereits auf der vorletzten Landtagssitzung vom 23. Mai 1933 zeigte sich der Verlust der parlamentarischen Rechte der Parteien. So wurde ein Entwurf des sächsischen Ermächtigungsgesetzes erlassen, infolge dessen die Regierung selbst Gesetze erlassen durfte. Darüber hinaus wurden wichtige Minderheitenrechte wie die Einsetzung eines Untersuchungsausschusses und die Einberufung des Landtages beschränkt.[142]

Mit der 'Neubildung' des Sächsischen Landtages auf der Grundlage der Wahlergebnisse der Reichstagswahlen vom 5. März 1933 wurde das parlamentarisch-demokratische System missachtet. Die staatlichen Grundprinzipien der Demokratie und des Freistaates wurden zugunsten der Diktatur beseitigt[143]; auch wurde der geschichtlich gewachsene deutsche Föderalismus aufgegeben.[144]

2. Die Auflösung des Sächsischen Landtages durch das Vorläufige Gesetz zur Gleichschaltung der Länder mit dem Reich

Mittels des Vorläufigen Gesetzes über die Gleichschaltung der Länder mit dem Reich vom 31. März 1933 wurde den Ländern ihre eigenständige Stellung genommen. § 11 sah vor, dass eine Auflösung des Reichstages auch die Auflösung der Landtage zur Folge hat. Nachdem der Reichstag am 14. Oktober 1933 aufgelöst worden war[145], erging darüber hinaus ein Ersuchen an die eingesetzten

[139] STATISTISCHES REICHSAMT, StatJBDR 1933, S. 540 f.; zum Ganzen s. auch GROß, Geschichte Sachsens, VIII., S. 268 f.
[140] RGBl. I 1933, S. 462
[141] RGBl. I 1933, S. 153
[142] Vgl. VOLLNHALS, Sachsen in der NS-Zeit, S. 185 f.
[143] MATZERATH, Aspekte, S. 7
[144] Der Reichsrat wurde am 14.02.1934 aufgehoben, vgl. RGBl. I 1934, S. 89.

Reichsstatthalter, d.h. die Beauftragten der Reichszentrale in den Regionen mit Überwachungs-, Eingriffs- und Leitungsfunktionen, von einer Neuwahl einstweilen abzusehen.[146]

3. Die Aufhebung der Landtage durch das Gesetz über den Neuaufbau des Reiches

Der Hauptschlag gegen den Föderalismus wurde durch das „Gesetz über den Neuaufbau des Reiches" vom 30. Januar 1934[147] geführt. Es ging dabei aber nicht um einen Neuaufbau, sondern um die Zerschlagung der gewachsenen politischen Strukturen: Die Hoheitsrechte wurden auf das Reich übertragen, die Landesregierungen der Reichsregierung unterstellt und die Volksvertretungen der Länder ersatzlos aufgehoben. Neuwahlen waren nicht vorgesehen. Auch wurde das Volk nicht zur Entscheidung aufgerufen, um seine Meinung zur Lösung eines bestimmten Konfliktes oder zur Vergewisserung der politisch-rechtlichen Legitimation kundzutun, sondern es wurde vielmehr seiner Vertretung beraubt. Aus diesem Grund stellte die Landtagssitzung vom 21. Februar 1933 die letzte eines freigewählten sächsischen Parlamentes dar. Die für den 6. März 1933 anberaumte Sitzung fand bereits nicht mehr statt.[148] Ein Selbstauflösungsrecht konnte es danach mangels der Institution der Landtage zwischen 1933 und 1945 nicht geben.

4. Formale Fortexistenz der Länder

Allerdings führten die Gleichschaltungsgesetze nicht zu einer gänzlichen Auflösung der Länder. Diese existierten formal fort, stellten aber keine selbständigen Machtzentren, sondern allenfalls Verwaltungseinheiten dar.[149] Zusammenfassend bleibt festzuhalten, dass infolge der Durchsetzung des Führerprinzips dem Parlamentarismus eine Absage erteilt wurde. Auch das Auflösungsrecht des Landtages war damit obsolet geworden, da von einem Landtag als Institution keine Rede mehr sein konnte.

---

145 Verordnung des Reichspräsidenten über die Auflösung des Reichstags, RGBl. I 1933, S. 729

146 Der Inhalt des entsprechenden Telegramms ist abgedruckt bei POETZSCH-HEFFTER, Vom Deutschen Staatsleben, in: JöR 22 [1935], S. 1-272/ 153 f.

147 RGBl. I 1934, S. 75

148 BLASCHKE, Landstände, in: Arbeitsstab Landtag (Hrsg.), Der Sächsische Landtag, S. 7-20/ 15

149 Vgl. dazu näher GRAWERT, in: Isensee/ Kirchhof, HdStR-I, § 4, RN 11 ff., S. 149 f.

§ 7 Die Selbstauflösungsbefugnis des Landtages unter dem sozialistischen Herrschaftssystem

Nach dem Ende des Zweiten Weltkrieges und der bedingungslosen Kapitulation Deutschlands am 8./9. Mai 1945 ergaben sich ganz neue Voraussetzungen für Deutschland und Sachsen. Der politische Wiederaufbau ging dabei von den Ländern aus, wobei für Sachsen, das in der sowjetisch besetzten Zone lag, der Wille der sowjetischen Besatzungsmacht maßgeblich war.

I. Entstehung und politisch-rechtliche Legitimation der Verfassung des Landes Sachsen vom 28. Februar 1947

Die Schaffung eines Sächsischen Landtages stand zu Beginn der parlamentarischen Arbeit im Mittelpunkt. Sie verlor aber aufgrund der schnell verwirklichten administrativen Zentralisierung und der später erfolgten Umgestaltung der Länder in Bezirke rasch an Bedeutung.[150]

1. Versuch eines demokratischen Neuaufbaus von unten nach oben

Ansätze eines demokratischen Neuaufbaus vollzogen sich ausgehend von den Kommunalverwaltungen zu den Landesverfassungen, da - wie man meinte - zunächst die politischen, ökonomischen und ideologischen Grundlagen für die Bildung und das Wirken revolutionär-demokratischer Volksvertretungen geschaffen werden mussten.[151] Aus diesem Grund wurden in den Gemeinden, Städten, Kreisen und Ländern bzw. Provinzen Verwaltungsorgane eingerichtet.[152]

Die nach klassenmäßig-politischen Prinzipien am 9. Juli 1945 gebildete *Landesverwaltung Sachsens* übernahm mit Zustimmung der SMAD die gesetzgebende Gewalt. Sie übte im Rahmen des Abkommens der Siegermächte und aufgrund der Befehle der SMAD die Staatsgewalt aus. In Sachsen stand der Sozialdemokrat *Rudolf Friedrichs* als Präsident an der Spitze der Landesverwaltung. Man begann, nationalsozialistische Strukturen zu beseitigen, zugleich aber auch erste Ansätze des demokratischen Zentralismus zu verwirklichen. Dabei wurden zu-

---

[150] BRAAS, Die Entstehung der Länderverfassungen in der SBZ, 1., S. 31
[151] BRAAS, Die Entstehung der Länderverfassungen in der SBZ, 1., S. 31
[152] Zur Bildung der Landes- bzw. Provinzialverwaltungen im Juli 1945 vgl. näher SCHÖNEBURG u.a., Errichtung des Arbeiter- und Bauernstaates, 2.2.1., S. 50 ff.; SCHULTES, Der Aufbau der Länderverfassungen in der SBZ, I., S. 7.

gleich auch die personellen Voraussetzungen für das Wirken der Volksvertretungen geschaffen.[153]

Nur wenige Wochen nach der Errichtung der ersten demokratisch-zentralistischen Verwaltungsorgane wurden verschiedene kommunale Beiräte und Ausschüsse geschaffen, die sich aus Vertretern der sich selbst so bezeichnenden „antifaschistisch-demokratischen" Parteien zusammensetzten und die Verwaltungsorgane in ihrer Entscheidungs- und Kontrolltätigkeit unterstützten. Aus dieser Zusammenarbeit entstanden im Juni 1946 bei den Landes- bzw. Provinzialverwaltungen *Beratende Versammlungen*. Diese wiesen bereits Grundzüge der späteren Volksvertretungen auf.[154]

Nach den noch relativ freien und geheimen Landtagswahlen im Oktober 1946[155] - in Sachsen erhielt die 1946 aus der Vereinigung von SPD und KPD hervorgegangene SED 49,1 % der Stimmen (= 59 Sitze), die CDU 23,3 % (= 28 Sitze), die LDP 24,7 % (= 30 Sitze), die Vereinigung der gegenseitigen Bauernhilfe 1,7 % (= 2 Sitze), der Frauenausschuss 0,6 % und der Kulturbund 0,6 % (= 1 Sitz) der Stimmen - erging die Anweisung an die Landespräsidenten, die mit Befehl Nr. 110 vom 22. Oktober 1945 übertragene Gesetzgebungsgewalt nun an die Landtage zu übergeben. In Ausführung dieser Anweisung wurden in Sachsen nach dem Zusammentritt des Landtages am 22. November 1946 der Ministerpräsident gewählt und die Minister vom Landtag bestätigt.[156] Erster sächsischer Ministerpräsident wurde *Rudolf Friedrichs* (SED).

2. Die Stellung des Sächsischen Landtages nach den verschiedenen Verfassungsentwürfen der Parteien

Die zu verabschiedende Sächsische Verfassung sollte den nach Kriegsende und unter der sowjetischen Besatzungsmacht entstandenen politischen, gesellschaftlichen und wirtschaftlichen Verhältnissen Rechnung tragen und die rechtliche Grundlage hierfür bilden.[157] Hierzu legten die SED und die CDU verschiedene Entwürfe vor.

In der SED kristallisierten sich ab Mitte 1946 verschiedene politische Überlegungen heraus. Sie orientierten sich an dem „Entwurf einer Verfassung für die Deutsche Demokratische Republik" vom 14. November 1946[158] und an der sowjetischen Verfassung vom 5. Dezember 1936[159].[160] Allerdings fand sich in der

[153] Vgl. dazu näher SCHÖNEBURG u.a., Errichtung des Arbeiter- und Bauernstaates, 3.1., S. 102.
[154] SCHÖNEBURG u.a., Errichtung des Arbeiter- und Bauernstaates, 3.1., S. 103; s. auch BRAAS, Die Entstehung der Länderverfassungen in der SBZ, 2., S. 43 f.
[155] GROß, Geschichte Sachsens, IX., S. 291
[156] SCHULTES, Der Aufbau der Länderverfassungen in der SBZ, I., S. 9 f.
[157] BRAAS, Die Entstehung der Länderverfassungen in der SBZ, 1., S. 31

zeitgenössischen Literatur von 1946 auch der Hinweis auf eine Auseinandersetzung mit den Erfahrungen der Weimarer Republik.[161]

a. Die zentralen Musterentwürfe der SED

Erwähnenswert ist, dass die Vorschläge der SED hinsichtlich der einzelnen Länderverfassungen von den zentralen Führungsgremien bearbeitet wurden, wobei *ein* Verfassungsentwurf als Grundlage für *alle* Länder der Sowjetischen Besatzungszone dienen und dann von den Regierungen oder von den SED-Fraktionen in den Landtag bzw. die Landtage eingebracht werden sollte.[162] Damit war auch den sächsischen Abgeordneten die Verfassung nur in geringem Maße anheimgestellt.

Der erste Musterentwurf für die Landesverfassung(en) (SED-LVE I) lag am 29. November 1946 vollständig vor und wurde anschließend von den SED-Parlamentsfraktionen in die Landtage von Sachsen, Sachsen-Anhalt, Thüringen, Mecklenburg und Brandenburg in Form eines Antrages eingebracht.[163] In den Artt. 7-29 SED-LVE I fanden sich die Bestimmungen über die Landtage. Sie nahmen den „Gedanke[n] der parlamentarischen Demokratie“[164] auf. Kennzeichnend sollte die Stellung der Volksvertretung als höchster demokratischer Willensträger sein. Die Volkssouveränität wurde besonders hervorgehoben, hingegen die Gewaltenteilung als Ausdruck der Einschränkung der Souveränität des Volkes abgelehnt. Art. 7 Abs. 3 SED-LVE I bestimmte die Abhängigkeit der Regierung vom Vertrauen des Parlamentes als wesentliches Merkmal eines parlamentarischen Regierungssystems. Solange der Landtag nicht versammelt war bzw. in den Zeiten zwischen einer Beendigung der Wahlperiode oder Auflösung des Landtages und dem Zusammentritt des neuen Landtages sollte ein vom Landtag bestellter Ständiger Ausschuss die Rechte der Volksvertretung gegenüber der Regierung wahrnehmen (Art. 17 SED-LVE I). Darin kommt zum Ausdruck, dass der Institution Landtag Bedeutung beigemessen wurde, allerdings nicht i.S.d. hergebrachten parlamentarischen Demokratie. Aufgrund der Stellung, die dem

158 Abgedruckt bei ROGGEMANN, DDR-Verfassungen, Anhang, S. 485 ff.; vgl. - insbesondere zur Propaganda der SED hinsichtlich des Verfassungsentwurfes für die Republik und für die einzelnen Länder der Sowjetischen Besatzungszone - auch BRAAS, Die Entstehung der Länderverfassungen in der SBZ, 3.1., S. 52-55.

159 Abgedruckt in: LUNGWITZ, UdSSR, S. 97 ff.

160 So PIECK, Die Verfassung des Sozialismus, in: Freie Presse vom 07.12.1946, S. 1, 2.

161 Vgl. SCHULTES, Der Aufbau der Länderverfassungen in der SBZ, III., S. 38 f.

162 Vgl. dazu BRAAS, Die Entstehung der Länderverfassungen in der SBZ, 4.1.2., S. 108 f.

163 In Sachsen am 01.12.1946, Sächsischer Landtag, 1.WP (1946-50), DS M, in: Anfragen, Gesetzesvorlagen und Anträge, S. 14-18; der Entwurf ist auch abgedruckt bei BRAAS, Die Entstehung der Länderverfassungen in der SBZ, Anhang, Dokument 1, S. 427-436.

164 Abg. ZEIGNER (SED) anlässlich der Ersten Beratung des SED-LVE I, Sächsischer Landtag, 1. WP, 3. Sitzung (13.12.1946), S. 18

Landtag und der Volkssouveränität nach diesem Verfassungsentwurf zukommen sollte, lag die Aufnahme des Selbstauflösungsrechtes in den ersten Musterentwurf der SED nahe (vgl. Art. 28 S. 1 lit. b), S. 2 SED-LVE I, s. dazu unter II.1.).

Nach Ergänzung des SED-LVE I um einen Grundrechtskatalog legte die SED-Spitze im Dezember 1946 eine neue Verfassungsvorlage, den *zweiten SED-Landesverfassungsentwurf* (SED-LVE II)[165], vor, der in die parlamentarischen Diskussionen einbezogen wurde, nachdem er als Muster den Ländern bzw. Provinzen zugeleitet worden war. An den o.g. verfassungspolitischen Zielen der SED hielt der Entwurf fest[166] und sah in Art. 44 S. 1 lit. b), S. 2 ein Selbstauflösungsrecht vor (s. dazu unter II.1.).

b. Der Verfassungsentwurf der CDU

Die CDU brachte ebenfalls einen Entwurf für eine Landesverfassung in den Landtag ein[167], jedoch wies auch dieser keine regionalen Merkmale auf. Als wesentliche Programmpunkte sah der CDU-Verfassungsentwurf - bezogen auf das Verhältnis zwischen Landtag und Regierung - die Ablehnung des Amtes eines Staatspräsidenten, die Wahl des Landtages aufgrund geheimer, allgemeiner, gleicher, unmittelbarer Verhältniswahl und die Abhängigkeit der Regierung vom Vertrauen des Landtages vor. Darüber hinaus hielt die CDU am Gewaltenteilungsprinzip fest.[168] Im dritten Abschnitt des Entwurfes wurden Funktion und Arbeitsweise des Landtages detailliert geregelt.

Ein vorläufiger Zentralentwurf der CDU[169] wurde am 5. Dezember 1946 verabschiedet. Der endgültige zentrale Musterentwurf (CDU-ZME) wurde nach einer Schlusskorrektur vom 6. Dezember 1946 in seiner endgültigen Fassung[170] vom Vorstand gebilligt und anschließend an die Landesverbände der Partei übermittelt, für die er die Diskussionsgrundlage der Verfassungsberatungen darstellte. Die klare Formulierung in Art. 11 Abs. 3 CDU-ZME, nach der „alle Bestrebungen, die demokratische Staatsform zu beseitigen", „verfassungswidrig" sein sollten, bringt ebenso wie die damit verbundene Betonung der Demokratie ein eige-

---

165 Der Entwurf ist abgedruckt bei BRAAS, Die Entstehung der Länderverfassungen in der SBZ, Anhang, Dokument 2, S. 436-448.

166 Vgl. dazu detaillierter BRAAS, Die Entstehung der Länderverfassungen in der SBZ, 3.1., S. 67-69.

167 „Antrag des Abgeordneten Prof. D. Hickmann und der übrigen Mitglieder der CDU-Fraktion" zu einer „Verfassung des Landes Sachsen", Sächsischer Landtag, 1. WP 1946-48, Anfragen, Gesetzesvorlagen und Anträge, DS G, S. 5-10

168 Vgl. zur Begründung auch Abg. RULAND (CDU) auf der Ersten Beratung des Verfassungsentwurfes, Sächsischer Landtag, 1. WP, 3. Sitzung (13.12.1946), S. 21.

169 Der Entwurf ist abgedruckt bei BRAAS, Die Entstehung der Länderverfassungen in der SBZ, Anhang, Dokument 4, S. 457-465.

170 Der Entwurf ist abgedruckt bei BRAAS, Die Entstehung der Länderverfassungen in der SBZ, Anhang, Dokument 5, S. 466-473.

nes Selbstverständnis von Institution und Funktion des Landtages zum Ausdruck. Nicht von ungefähr ist daher das Selbstauflösungsrecht des Landtages in Art. 18 Var. 1 CDU-ZME verankert, worauf unter II.1. noch näher einzugehen sein wird.

3. Die Verabschiedung der Sächsischen Verfassung nach den Beratungen im Verfassungsausschuss und im Plenum

In den sich anschließenden - unter Einfluss der Sowjetischen Besatzungsmacht stehenden[171] - Verfassungsberatungen oblag in Sachsen dem Verfassungsausschuss die Erarbeitung einer Vorlage an das Plenum.[172] Zunächst wurde der Entwurf der CDU dem der SED gegenübergestellt und anschließend in zwei Plenarsitzungen (am 13. Dezember 1946 und 28. Februar 1947) zur Verfassung beraten, an deren Ende die Abstimmung (durch Aufstehen bei Zustimmung) stand. Nach der ersten Sitzung wurden die Entwürfe an den Verfassungsausschuss überwiesen und in mehreren Sitzungen - auf der Grundlage des SED-Entwurfes - beraten, wobei der erste SED-Entwurf aufgrund der Vorgaben des zweiten Entwurfes erweitert wurde. Um möglichst einheitliche Länderverfassungen zu erreichen, wurde auf der Beratung des zentralen Blockes, einem gemeinsamen Ausschuss der vier Parteien (KPD, SPD, CDU, LDP), am 17. Dezember 1946 beschlossen, das Ergebnis der ersten Verfassungsberatung im Plenum an den zentralen Block zu senden, damit dieser „Angleichungen" vornehmen könne.[173] Trotz einiger heftiger Diskussionen einzelner Bestimmungen wurde die Sächsische Verfassung am 28. Februar 1947 einstimmig verabschiedet.[174] Dies gilt auch für das Selbstauflösungsrecht, das in Art. 44 Abs. 1 Var. 2, Abs. 2 SächsVerf 1947 aufgenommen war.

---

171 Die Besatzungsoffiziere nahmen an den Landtagsverhandlungen, gelegentlich auch an den Fraktionssitzungen, teil. Auch wenn es keine direkten Vorgaben der SMAD für die Arbeiten an der Verfassung gab, lässt sich insgesamt eine enge Kooperation mit der SED feststellen; die Arbeit der anderen (bürgerlichen) Parteien wurde mitunter erschwert, vgl. dazu näher BRAAS, Die Entstehung der Länderverfassungen in der SBZ, 4.1.1, S. 90 ff. Neben dem Einfluss der sowjetischen Besatzungsmacht ergab sich eine weitere Bindung für die Länderverfassungen aus dem Blocksystem, das wesentlich das politische Gefüge prägte. Bereits auf der ersten Sitzung nach den Landtagswahlen, am 21.11.1946, einigten sich die Parteien - auf Initiative der SED - auf ein gemeinsames Handeln hinsichtlich der Landesverfassung, vgl. zur Blockpolitik hinsichtlich Verfassungsfragen detailliert BRAAS, Die Entstehung der Länderverfassungen in der SBZ, 4.1.1, S. 94-99, 4.1.2, S. 106-111. Darüber hinaus wurden wesentliche Verfassungsfragen in gemeinsamen Beratungen von Landesblockausschüssen, Landtagen und Regierungen geklärt, vgl. hierzu SACHER, Demokratischer Block und Landtag des Landes Sachsen in der antifaschistisch-demokratischen Revolution, in: StuR 1970, Heft 5, S. 715-725/ 719.

172 BRAAS, Die Entstehung der Länderverfassungen in der SBZ, 4.1.1., S. 100

173 BRAAS, Die Entstehung der Länderverfassungen in der SBZ, 4.1.2., S. 110 f.

174 Zur Rolle der Landtage bei der Verfassungsentstehung im Ganzen vgl. BRAAS, Die Entstehung der Länderverfassungen in der SBZ, 4.1.1., S. 99-106; vgl. auch SCHÖNEBURG u.a., Errichtung des Arbeiter- und Bauernstaates, 3.4., S. 125.

4. Das demokratisch-parlamentarische Prinzip in der Sächsischen Verfassung von 1947

Formal verpflichteten sich alle deutschen Länderverfassungen nach 1945 auf die parlamentarische Demokratie, wobei zwischen westlichen und östlichen Ländern bekanntlich wesentliche Auffassungsunterschiede bestanden. Was die Sächsische Verfassung angeht, findet sich eine Inbezugnahme auf das parlamentarische Regierungssystem in Art. 26 Abs. 2 S. 1, 2 SächsVerf 1947. Danach stand dem Landtag das Recht zu, den Ministerpräsidenten zu wählen und die von diesem vorgeschlagenen Minister zu bestätigen, was bereits in Art. 31 SED-LVE I und Art. 47 SED-LVE II (und auch in Art. 35 CDU-ZME[175]) vorgesehen war.

Die Abhängigkeit der Regierung vom Vertrauen des Landtages - wie in allen anderen Länderverfassungen vorgesehen[176] - zeigte sich auch in den Regelungen über den Rücktritt der Minister, der erfolgen musste, wenn ihm durch Beschluss von mindestens der Mehrheit der Abgeordneten das Vertrauen entzogen wurde (Art. 51 Abs. 2 S. 1 SächsVerf 1947). Des Weiteren musste die gesamte Regierung zurücktreten, wenn dem Ministerpräsidenten das Vertrauen entzogen wurde (Art. 51 Abs. 2 S. 2 SächsVerf 1947). Auf diese Weise konnten die Landtage erheblichen Einfluss auf die Grundsätze der Regierungspolitik nehmen.

Darüber hinaus wurde formal das Prinzip der Volkssouveränität betont (vgl. Art. 2 SächsVerf 1947). Das Volk sollte seine Gewalt durch den Landtag für die jeweilige Wahlperiode ausüben. In regelmäßigen Abständen bedurfte es einer Erneuerung der Legitimation durch Wahlen. Hervorgehoben wurde damit das Demokratieprinzip, allerdings in der Form des *demokratischen Zentralismus*[177], der an die Stelle des Prinzips der Gewaltenteilung trat.[178] Dies vorausgesetzt, bestimmte Art. 26 Abs. 1 S. 1 SächsVerf 1947 den Landtag zum höchsten demokratischen Organ des Landes. Ihm oblag gem. Art. 26 Abs. 1 S. 2 SächsVerf 1947 nicht nur die Gesetzgebung, sondern gem. Art. 26 Abs. 1 S. 3 SächsVerf 1947 auch die oberste Kontrolle sämtlicher Regierungsmaßnahmen sowie der gesamten Verwaltung und Rechtsprechung.[179] Damit dies durchgängig gewährleistet war, sollte gem. Art. 37 Abs. 2 SächsVerf 1947 für die Zeit, in der der Landtag nicht versammelt war, ein *Ständiger Ausschuss* gebildet werden, dem der Landtagspräsident vorstand. Als Begründung hierfür führte der Berichterstatter *Wil-*

---

175 Der vorläufige CDU-Landesverfassungsentwurf enthielt noch nicht das Bestätigungsrecht des Parlamentes hinsichtlich der Minister, vgl. Art. 39.

176 Vgl. z.B. Art. 31 Abs. 1, 2 und 3 ThürVerf 1946.

177 Damals noch als „Gewalteneinheit“ bezeichnet, vgl. SCHÖNEBURG u.a., Errichtung des Arbeiter- und Bauernstaates, 3.2., S. 116 f., 121. Zu den verfassungspolitischen Zielen der SED 1946 vgl. BRAAS, Die Entstehung der Länderverfassungen in der SBZ, 3.1., S. 48 f. Der Schwenk zur rein kommunistischen Linie unter Zurückdrängung der Vorstellungen der SPD begann erst 1947/ 48.

178 DREHWALD/ JESTAEDT, Sachsen als Verfassungsstaat, S. 61

helm Koenen an, dass der Regierung insoweit keine generellen Vollmachten übertragen werden können.[180] Im Übrigen gab sich der organisationsrechtliche Teil der Sächsischen Verfassung von 1947 „konventionell und [...] repräsentativ-parlamentarisch"[181].

Die Verfassung lässt erkennen, dass der politische Machtprozess zunächst noch relativ offen war. Allerdings zeigten sich bereits Tendenzen, das parlamentarisch-repräsentative Prinzip nur beschränkt zum Zuge kommen zu lassen.

II. Das Selbstauflösungsrecht nach der Sächsischen Verfassung vom 28. Februar 1947

Nachdem das parlamentarische System (formal) in allen Länderverfassungen, auch in der Sächsischen, wieder eingeführt worden war, kam auch das Selbstauflösungsrecht der Ländervertretungen wieder in Betracht. Es wurde - wie auch die Möglichkeit der Auflösung der Volksvertretung durch Volksentscheid - in alle Verfassungen der Länder der Sowjetischen Besatzungszone aufgenommen, was aufgrund der (formalen) Betonung der starken Stellung des Landtages als höchstes Staatsorgan (Art. 26 Abs. 1 S. 1 SächsVerf 1947) nicht unerwartet war. Eine Fremdauflösung wäre hiermit nicht vereinbar gewesen. Näherer Betrachtung bedarf das für einen Selbstauflösungsbeschluss erforderliche Quorum.

1. Unterschiedliche Quoren in den Entwürfen der SED und der CDU

Hinsichtlich der Anforderungen, die an einen Selbstauflösungsbeschluss zu stellen waren, herrschten in den Entwürfen der SED und der CDU verschiedene Auffassungen vor: Während der erste zentrale Landesverfassungsentwurf der SED hinsichtlich der Auflösung des Landtages durch eigenen Beschluss die Zustimmung der Mehrheit der Hälfte der gesetzlichen Mitgliederzahl ausreichen ließ (Art. 28 Abs. 2), sah die zweite zentrale Mustervorlage für eine Verfassung eine Mehrheit von zwei Dritteln der gesetzlichen Zahl der Abgeordneten vor (Art. 44 Abs. 2). Obwohl der zweite Zentralentwurf nur geringfügige inhaltliche Än-

---

[179] Dagegen kritisierte *Hans Peters*, ein Vertreter der CDU, auf der 22. Blocksitzung vom 04.12.1946 die in den Entwürfen der SED konstruierte herausgehobene Machtstellung der Länderparlamente, weil damit gegen Montesquieus Gewaltenteilungsprinzip verstoßen werde. Jedoch stieß er dabei auf den Widerspruch der Vorsitzenden der SED *Wilhelm Pieck* und *Otto Grotewohl* sowie des Sprechers der LDP *Wilhelm Külz*, vgl. BRAAS, Die Entstehung der Länderverfassungen in der SBZ, 4.1.2., S. 107.

[180] Sächsischer Landtag, 1. WP, 13. Sitzung (28.02.1947), S. 246

[181] DREHWALD/ JESTAEDT, Sachsen als Verfassungsstaat, S. 62

derungen erfuhr, wurde also hinsichtlich des Selbstauflösungsrechtes abweichend verfahren. Nach dem endgültigen Entwurf der CDU vom 6. Dezember 1946 (Art. 18 Var. 1) sollte die Zustimmung der Mehrheit der Mitglieder des Landtages genügen.

2. Beschlussfassung mit absoluter Mehrheit

In Sachsen wurde - anders als in Brandenburg und Mecklenburg-Vorpommern - die erste Fassung des zentralen Landesverfassungsentwurfes der SED beantragt und durchgesetzt.[182] Art. 44 Abs. 2 SächsVerf 1947[183] sah somit vor, dass zu einem Beschluss über die Selbstauflösung des Landtages die Zustimmung der Mehrheit seiner Mitglieder erforderlich sein sollte. Ein Anwesenheitsquorum wurde nicht explizit aufgestellt.

Nach der Geschäftsordnung des Sächsischen Landtages 1947[184] unterlagen Vorlagen und Anträge der Regierung sowie Gesetzentwürfe zwei Beratungen, selbständige Anträge von Abgeordneten nur einer Beratung. Zwischen der Verteilung der Anträge und deren Beratung musste ein Zeitraum von zwei Tagen liegen, § 24 GO-SLT 1947. Diese Frist konnte nach § 25 GO-SLT 1947 verkürzt oder sogar aufgehoben werden. Daneben sah § 28 GO-SLT 1947 die schriftliche Einreichung des Antrages vor, wobei der Antrag mindestens von fünf Abgeordneten zu unterzeichnen war, § 28 GO-SLT 1947. Da keine besonderen Regelungen für das Selbstauflösungsrecht vorgesehen waren, waren diese Bestimmungen auch im Falle einer Selbstauflösung anzuwenden.

Aufgrund der Anforderung einer Beschlussfassung mit der Mehrheit der Mitglieder des Landtages war es nun - im Gegensatz zu Art. 9 Abs. 1 SächsVerf 1920, wonach die einfache Mehrheit genügte[185] - einer Minderheit rechtlich nicht mehr möglich, die Wahlperiode des Landtages vorzeitig enden zu lassen. Allerdings findet sich auch in Art. 44 SächsVerf 1947 kein Antragsquorum, so dass von vornherein aussichtslose Anträge zu einer Behinderung der eigentlichen Parlamentsarbeit hätten führen können. Hierauf sollte es aber bald darauf nicht mehr ankommen, weil die Institution des Landtages selbst zur Disposition stand.

---

182 Vgl. den „Antrag des Verfassungsausschusses zu den Anträgen Drucksachen M und G auf Erlaß einer Verfassung des Landes Sachsen", Sächsischer Landtag 1946, 1. WP, Anfragen 1-613, DS 70, S. 44.

183 Sächsische Verfassung vom 28.02.1947, (Verkündung und Inkrafttreten am 15.03.1947), GVBl. Land Sachsen, Band II (1947-1948), S. 103

184 Sächsischer Landtag, Anfragen, Gesetzesvorlagen und Anträge, 1. WP, DS 145 (15.03.1947), S. 68 ff. Der in DS 145 enthaltene GO-Entwurf wurde auf der 15. Sitzung des SLT am 20.03.1947 einstimmig angenommen, vgl. Sächsischer Landtag, Sitzungsprotokolle, 1. WP, Bd. I.1, TOP 2, S. 272 ff. Zu den Geschäftsordnungen der Landtage s. auch SCHÖNEBURG u.a., Errichtung des Arbeiter- und Bauernstaates, 3.2., S. 114.

185 Vgl. 2. Teil, 1. Kap., § 6, III.4.

III. Die schleichende Auflösung der Länder der DDR, insbesondere Sachsens 1952-1968/ 74

Auf dem Weg von der „antifaschistisch-demokratischen Ordnung" zur „sozialistischen Staatlichkeit" konnten die Landtage ihre Aufgabe nach Ansicht der SED „aufgrund ihrer objektiven Anlage" nur erfüllen, „solange die volksdemokratische Revolution noch keinen sozialistischen Inhalt hatte". Nach der staatlichen Gliederung entsprachen jedoch die Länder, Landesparlamente und Landesregierungen (insbesondere im sog. „kapitalistischen Deutschland") einem gänzlich anderen Staatstypus. Sie stellten sich - aus Sicht der Sozialisten - als Gliederung des „Unterdrücker- und Ausbeuterstaates" dar und widersprachen damit den politischen und ökonomischen Ansätzen der sozialistischen Revolution.[186] Auf der zweiten SED-Parteikonferenz vom 9. bis 12. Juli 1952 forderte daher der damalige Ministerpräsident *Otto Grotewohl* eine Verteilung der Arbeit der Landtage und Regierungen auf vierzehn Bezirke. Bis auf wenige Ausnahmen wurden die Bezirke in den Grenzen der zunächst weiter bestehenden fünf Länder gebildet.[187] Die DDR wurde damit entsprechend den Grundsätzen des demokratischen Zentralismus in einen zentralistischen Einheitsstaat umgestaltet.

1. „Gesetz über die weitere Demokratisierung des Aufbaus und der Arbeitsweise der staatlichen Organe"

Mit dem „Gesetz über die weitere Demokratisierung des Aufbaus und der Arbeitsweise der staatlichen Organe in den Ländern der Deutschen Demokratischen Republik" vom 23. Juli 1952[188] verfolgten die Sozialisten das Ziel, „ihren" Staat zu stärken. In der Sitzung vom 25. Juli 1952 nahm der Sächsische Landtag dieses Gesetz für Sachsen an[189] und bewilligte damit dessen Neugliederung in die Bezirke Chemnitz, Dresden und Leipzig. Organe dieser neu gebildeten Bezirke wurden der Bezirkstag und der Rat des Bezirkes. Die Abgeordneten wurden auf die drei Bezirkstage Chemnitz, Dresden und Leipzig aufgeteilt.[190]

---

186 SACHER, Demokratischer Block und Landtag des Landes Sachsen im Prozeß der Herausbildung der sozialistischen Staatlichkeit, in: StuR 1972, Heft 5, S. 745-755/ 751 f.

187 Vgl. Gesetz über die weitere Demokratisierung des Aufbaus und der Arbeitsweise der staatlichen Organe in den Ländern der Deutschen Demokratischen Republik vom 23. Juli 1952, GBl. der DDR I 1952, S. 613; s. dazu auch näher RÖPER, Verfassungsgebung und Verfassungskontinuität, in: ZG 1991, S. 149-169/ 158 f.

188 GBl. der DDR I 1952, S. 613

189 Sächsischer Landtag, Anfragen, Beschluss Nr. 111, S. 175

190 Vgl. Sächsischer Landtag, Akten und Verhandlungen, 2. WP, 28. Sitzung, S. 945-952; s. dazu auch die „Ordnung für den Aufbau und die Arbeitsweise der staatlichen Organe der Bezirke", GBl. der DDR I 1952, S. 621.

Jedoch bestanden die Länder auch nach 1952 zunächst formal fort, wurden also nicht aufgelöst. Hierfür gab es mehrere Gründe, so das Ansinnen, den Weg zur Wiedervereinigung nicht völlig zu versperren, einen Verfassungsbruch zu vermeiden sowie die Rücksichtnahme auf die Gefühle der Bevölkerung und das Abschwächen möglicher Widerstände in den bürgerlichen Blockparteien.[191] Da aufgrund der Auflösung der Landtage 1952 die Wahlkörper zur Wahl der Länderkammer (Art. 72 Abs. 1 Verf DDR 1949[192]) weggefallen waren und die Abgeordneten der Länderkammer von den Landtagen jeweils für die Dauer einer Wahlperiode entsandt wurden, so dass 1954 neu gewählt werden musste, traten die Bezirkstage, d.h. die Volksvertretungen in den Bezirken, ohne gesetzliche Grundlage gruppenweise entsprechend der früheren Länderstruktur zusammen und wählten die Abgeordneten der Länderkammer; 1958 wählten die Bezirkstage dagegen einzeln.[193] Erst durch das Gesetz über die Auflösung der Länderkammer der Deutschen Demokratischen Republik vom 8. Dezember 1958[194] wurde die Verfassung an die Rechtsentwicklung angepasst und die Verfassungsbestimmungen über die Vertretung der Länder (und deren Rechte) aufgehoben. Zum Abschluss kam diese Entwicklung dann 1968/ 74 mit dem Erlass der neuen Verfassung der DDR[195] bzw. der Verfassungsnovelle[196], in der die Länder nicht mehr erwähnt waren. Die Reste der föderalen Ordnung waren damit aufgegeben.

2. Die Selbstauflösung des Sächsischen Landtages vom 26. Juli 1952

Mit der Annahme des Gesetzes über die weitere Demokratisierung des Aufbaus und der Arbeitsweise der staatlichen Organe im Land Sachsen am 25. Juli 1952 war die Tätigkeit des Sächsischen Landtages beendet. Er löste sich auf.[197] Da entgegen Art. 45 Abs. 1 Var. 2, Abs. 2 SächsVerf 1947 keine Neuwahlen vorgesehen waren und auch nicht durchgeführt wurden, entsprach die Auflösung weder dem rechtlichen Gehalt noch dem Sinn des Selbstauflösungsrechtes in Art. 44 Abs. 1 Var. 1, Abs. 2 SächsVerf 1947.

---

191 S. dazu näher MIELKE, Die Auflösung der Länder in der SBZ, 2.3., S. 81, 2.6.2., S. 149 f.
192 Vom 7. Oktober 1949, GBl. der DDR 1949, S. 4
193 Vgl. dazu MAMPEL, Die Verfassung der SBZ, C.II., S. 273; DERS., Die Entwicklung der Verfassungsordnung in der SBZ, in: JöR 13 [1964], S. 455-579/ 527.
194 GBl. der DDR I 1958, S. 867
195 GBl. der DDR I 1968, S. 199
196 GBl. der DDR I 1974, S. 432
197 Sächsischer Landtag, Akten und Verhandlungen, 2. WP, 28. Sitzung (25.07.1952), S. 950

3. Fortgeltung der Sächsischen Verfassung?

Es stellt sich die Frage, die v.a. im Zuge der Wiedervereinigung relevant geworden ist, ob das Land Sachsen, die Sächsische Verfassung vom 28. Februar 1947 und damit auch das parlamentarische Selbstauflösungsrecht abgesehen von dem faktischen Untergang auch juristisch aufgehoben waren. In der Literatur wird teilweise angenommen, dass ebenso wie die Länder als „desorganisierte, organlose und handlungsunfähige Staaten" fortbestanden hätten, auch die Landesverfassungen nie aufgehoben, sondern lediglich funktionslos geworden seien.[198] Danach hätte die Landesverfassung und damit das Selbstauflösungsrecht in Art. 44 Abs. 1 Var. 1, Abs. 2 SächsVerf 1947 nach 1952 weiter gegolten. In diesem Sinne sind auch der Verfassungsentwurf der Parlamentarischen Arbeitsgruppe des Bezirkstages Dresden vom 19. März 1990 und die Verfassungsentwürfe der „Gruppe der 20" vom 13. und 26. März 1990 zu verstehen, da nach Artt. 90 Abs. 1, 100 Abs. 2 bzw. 92 Abs. 2 dieser Entwürfe[199] die Verfassung des Landes Sachsen vom 28. Februar 1947 (mit dem Inkrafttreten der neuen Sächsischen Verfassung) außer Kraft treten, d.h. aufgehoben werden sollte, was nur sinnvoll erscheint, wenn von ihrem Fortbestand ausgegangen wird.

Nach der überwiegenden vorzugswürdigeren Ansicht[200] wurden aber mit der Einführung der Bezirke in den Ländern auch die Landesverfassungen aufgehoben, auch wenn es an einem entsprechenden formalen Akt fehlte, da damit die Länder funktionslos wurden. Spätestens mit Wegfall der Bestimmungen über die Länderorgane oder Ländervertretungen in der Verfassung der DDR vom 6. April 1968 kann nicht mehr von einem (verdeckten) Überdauern der Landesverfassungen ausgegangen werden. Das am 22. Juli 1990 verabschiedete Ländereinführungsgesetz[201] setzte jedenfalls dieses Verständnis voraus, indem es in § 1 Abs. 1 bestimmte, dass im rechtlichen Geltungsbereich der DDR die Länder nicht wiederhergestellt, sondern vielmehr „gebildet" werden sollen. Es wies in § 23 Abs. 2 dem erstgewählten Landtag zugleich die Aufgabe einer verfassunggebenden Landesversammlung zu, was hieß, dass eine neue Verfassung gegeben werden und in Kraft treten sollte. Erst durch das Ländereinführungsgesetz und das Einigungsvertragsgesetz vom 23. September 1990 wurden die Länder wieder eingerichtet.

---

198 RÖPER, Verfassungsgebung und Verfassungskontinuität, in: ZG 1991, S. 149-169/ 151, 159

199 S. dazu sogleich näher im 2. Kap., § 10, I., II.1.

200 Vgl. nur SOMMER, Verfassungsgebung in den neuen Bundesländern, in: AuR 1993, S. 381-383/ 381; BERNET; Wiedereinführung der Länder, in: LKV 1991, S. 2-6/ 4 f.

201 GBl. der DDR I 1990, S. 955

Zweites Kapitel

Die Genese des Selbstauflösungsrechtes gem. Art. 58 SächsVerf

Mit der Schaffung einer Sächsischen Verfassung im Zuge der deutschen Wiedervereinigung stellte sich erneut die Frage nach einem Selbstauflösungsrecht des Sächsischen Landtages, die durch Art. 58 SächsVerf positiv beantwortet wurde. Zur Verankerung des Selbstauflösungsrechtes bedurfte es einer neuen Verfassung. Das parlamentarisch-repräsentative System musste auf der Grundlage demokratischer Strukturen sowohl verfassungsrechtlich als auch verfassungspraktisch eingeführt werden. Diese Entwicklung ging mit der Neubildung des Landes Sachsen einher.

§ 8 Die Neugründung des Freistaates Sachsen und die Wiedererrichtung des Sächsischen Landtages im Zuge der Wiedervereinigung

Im Folgenden soll dargelegt werden, welche rechtlichen und politischen Schwierigkeiten auf dem Weg zur Neugründung der Länder, insbesondere Sachsens, im Zuge der deutschen Wiedervereinigung zu überwinden waren. Auch ist darauf einzugehen, welche Bedeutung dem Sächsischen Landtag nach der Sächsischen Verfassung vom 27. Mai 1992 zukommt.

I. Entstehung des Freistaates Sachsen

Forderungen zur Wiederherstellung der Länder in der noch bestehenden DDR waren seit Herbst 1989 laut geworden.[202] Die Neubegründung der Länder und damit auch des Freistaates Sachsen wurde insbesondere an „Runden Tischen" diskutiert.[203]

[202] Erstmals am 13.11.1989 wurde diese Forderung im Rahmen einer Montagsdemonstration ausgesprochen, vgl. RICHTER, M., Von der friedlichen Revolution zum Freistaat Sachsen, in: Meuschel/ Richter/ Zwahr, Friedliche Revolution in Sachsen, S. 45-58/ 45.

1. Der Koordinierungsausschuss für die Bildung des Landes Sachsen

Die von der Volkskammer am 17./ 18. November 1989 von der Volkskammer gewählte Regierung *Modrow*[204] unterstützte die föderalen Vorstellungen, so dass die Länderbildung durch den Ministerrat bereits Ende Januar 1990 praktisch-politisch entschieden war. Die noch bestehenden Bezirkstage sollten sich nach dem 6. Mai 1990 auflösen[205] und die Räte zu Regierungsorganen der neu zu gründenden Länder umgebildet werden. Im April 1990 setzte sich ein Moderator des Runden Tisches des Bezirkes Dresden, der spätere Landtagspräsident *Erich Iltgen*[206], für die Errichtung eines Koordinierungsausschusses zur Bildung des Landes Sachsen ein, der die notwendige rechtsstaatliche Basis schaffen sollte. Mit seiner Gründung am 3. Mai 1990 war die bestehende Dreigleisigkeit von Rat des Bezirkes, „Runder Tisch" und Bezirkstag aufgehoben. In der Folgezeit leitete der Koordinierungsausschuss die Landesbildung.[207]

2. Das Ländereinführungsgesetz vom 22. Juli 1990

Mit dem - noch von der Volkskammer der DDR beschlossenen - Ländereinführungsgesetz vom 22. Juli 1990 wurde Sachsen als eigener Staat (wie auch die Länder Mecklenburg-Vorpommern, Brandenburg, Sachsen-Anhalt und Thüringen) rechtlich konstituiert. Mit der Bezeichnung Sachsens als „Freistaat" wurde bewusst an die Verfassung von 1920 angeknüpft.[208] Durch den mit dem Einigungsvertragsgesetz vom 23. September 1990 in Kraft getretenen Vertrag zwi-

---

203 Der Runde Tisch des Bezirkes Dresden entstand am 08.12.1989 auf Initiative von Gruppen wie *„Demokratie Jetzt"*, *„Demokratischer Aufbruch"*, *„Gruppe Demokratischer SozialistInnen"*, *„Initiative Frieden und Menschenrechte"*, *„Initiativgruppe Sozialdemokratische Partei"*, *„Neues Forum"* (vgl. ULLMANN, Vorschule der Demokratie, S. 10) und setzte sich anfangs aus sieben Vertretern der bisherigen Parteien sowie sieben Vertretern der neuen Kräfte (Neues Forum [5], Demokratischer Aufbruch und SPD [je 1]) zusammen; Ende Januar fanden sich darin auch Vertreter weiterer Parteien und Interessenverbände, vgl. ILTGEN, Vom Runden Tisch zum ersten frei gewählten Landtag, in: DERS., Zehn Jahre Sächsischer Landtag, S. 13-30/ 14, 17.

204 *Hans Modrow* wurde bereits am 13.11.1989 zum Vorsitzenden des Ministerrates gewählt. Das von ihm gebildete Kabinett wurde am 17./ 18.11.1989 von der Volkskammer bestätigt.

205 Mit Wirkung zum 31.05.1990 wurde seitens der Volkskammer am 17.05.1990 die Beendigung der Legislaturperiode der Bezirkstage beschlossen, vgl. GBl. der DDR I 1990, S. 269.

206 Der andere war als Vertreter der Kirchen *Martin Lerchner*, vgl. ILTGEN, Vom Runden Tisch zum ersten frei gewählten Landtag, in: DERS., Zehn Jahre Sächsischer Landtag, S. 13-30/ 13.

207 Vgl. dazu näher RICHTER, M., Von der friedlichen Revolution zum Freistaat Sachsen, in: Meuschel/ Richter/ Zwahr, Friedliche Revolution in Sachsen, S. 45-58/ 45.

208 Vgl. Sächsischer Landtag, DS 1/ 9 (27.10.1990).

schen der Bundesrepublik Deutschland und der Deutschen Demokratischen Republik über die Herstellung der Einheit Deutschlands - Einigungsvertrag[209] - wurde der ursprünglich vorgesehene Termin zur Neubildung der Länder (14. Oktober 1990) auf den 3. Oktober 1990 vorverlegt. Damit war der Weg zur Wiedererrichtung Sachsens und des Sächsischen Landtages frei.

II. Die Stellung des wiedererrichteten Landtages nach der Sächsischen Verfassung von 1992

Nach der Wiedervereinigung wurde der erste[210] Sächsische Landtag am 14. Oktober 1990 gewählt. Auf seiner konstituierenden Sitzung am 27. Oktober 1990 beschloss er das „Vorschaltgesetz“[211], welches die rechtliche Grundlage für die Tätigkeit der Staatsorgane bis zum Inkrafttreten einer Verfassung, insbesondere für die Wahl des Ministerpräsidenten, bildete.

1. Entscheidung für das parlamentarische Regierungssystem

In der Verfassung vom 27. Mai 1992 wurde das parlamentarische Regierungssystem auf demokratischer Grundlage verankert. Gem. Art. 39 Abs. 1 SächsVerf ist der Landtag die gewählte Vertretung des Volkes. Er übt nach Art. 39 Abs. 2 SächsVerf die gesetzgebende Gewalt aus, überwacht die Ausübung der vollziehenden Gewalt nach Maßgabe der Landesverfassung und ist Stätte der politischen Willensbildung. Er wählt den Ministerpräsidenten (Art. 60 SächsVerf). Damit kommt ihm die Kreationsfunktion für die Regierung zu, weshalb die Legitimation der Regierung unmittelbar auf der des vom Volk gewählten Landtages beruht. Die Regierung ist vom Vertrauen des Landtages abhängig (Art. 69 SächsVerf). Ein Versuch zur Einführung einer Regelung, nach der Landtagsabgeordnete nicht Mitglied der Regierung sein können (vgl. Art. 93 Abs. 4 des Entwurfes der Fraktion Bündnis 90/ Grüne), scheiterte.[212] Die Vereinbarkeit von Regierungsamt und Abgeordnetenmandat wird demzufolge trotz einiger sich aus dem Gewalten-

---

209 BGBl. II, S. 885

210 Zwischen den Institutionen von 1919, 1947 und ab 1990 besteht aufgrund der zweimaligen Abschaffung des Landtages (1933 bzw. 1952) ein Kontinuitätsbruch, so auch MATZERATH, Aspekte, S. 7.

211 Gesetz zur Herstellung der Arbeitsfähigkeit des Sächsischen Landtages und der Sächsischen Landesregierung, SächsGVBl. 1990, S. 1

212 Vgl. dazu SCHIMPFF/ RÜHMANN, Protokolle, 1. Klausurtagung, S. 33 (16 d. Prot.), 5. Klausurtagung, S. 258 (34 d. Prot.). Der noch in der Synopse vom Mai 1991 bestehende Dissens wurde für die Fraktion Bündnis 90/ Grüne durch den Abg. *Ralf Donner* auf der Siebenten Klausurtagung zurückgenommen, vgl. SCHIMPFF/ RÜHMANN, Protokolle, 7. Klausurtagung, S. 506 (75 d. Prot.).

teilungsgrundsatz ergebenden Bedenken als ein wesentliches Merkmal des parlamentarischen Regierungssystems angesehen. Auch die in Art. 40 SächsVerf aufgenommene „Oppositionsklausel" ist für das parlamentarische Regierungssystem Sachsens charakteristisch.[213] Dem Landtag wiederum sollte eine stabile Regierung samt einem mit weitreichenden Rechten ausgestatteten Ministerpräsidenten gegenüber stehen, der nur durch ein konstruktives Misstrauensvotum (Art. 69 SächsVerf) gestürzt werden kann.

2. Der Landtag als ein oberstes Staatsorgan

Der Sächsische Landtag ist - neben der Staatsregierung und dem Verfassungsgerichtshof - ein oberstes Staatsorgan.[214] Mit dieser Stellung des Landtages und der Ablehnung eines Länderforums als Zweiter Kammer[215] wurde die Bedeutung des Landtages hervorgehoben. Dies zeigt sich auch in der Aufnahme des Selbstauflösungsrechtes in die Sächsische Verfassung, worauf noch näher eingegangen wird.[216]

§ 9 Die Diskussion um das Selbstauflösungsrecht im Vorschaltgesetz - Der Gesetzentwurf der SPD-Fraktion, Drucksache 1/981

Zur Herstellung der Arbeitsfähigkeit des Sächsischen Landtages und der Sächsischen Staatsregierung verabschiedete der Sächsische Landtag am 27. Oktober 1990 das sog. Vorschaltgesetz. Es wurde mit Blick auf das Vorläufige Grundgesetz für den Freistaat Sachsen vom 28. Februar 1919, das der Verfassung des Frei-

---

213 Vgl. dazu näher OBERREUTER, Regierende Mehrheit und Opposition, in: Iltgen, Zehn Jahre Sächsischer Landtag, S. 130-154/ 135.

214 So auch MEISSNER, in: Degenhart/ Meissner, Handbuch, § 10, RN 2, S. 293.

215 Die Errichtung eines Länderforums als Zweite Kammer war in Artt. 85 ff. des Entwurfes der Fraktionen Bündnis 90/ Grüne und Linke Liste-PDS vom November 1990 vorgesehen. Ohne Zustimmung des Landesforums hätte kein Gesetz verabschiedet werden können. Den ebenfalls vorgesehenen Sachverständigenräten (vgl. Art. 65 GE-I, -II) sollte nur beratende Funktion zukommen; in den Verfassungsberatungen erschien ihre Einrichtung aber als „Kompetenzzweifel an den demokratischen Institutionen", vgl. dazu OBERREUTER, Regierende Mehrheit und Opposition, in: Iltgen, Zehn Jahre Sächsischer Landtag, S. 130-154/ 131 f.; SCHIMPFF/ RÜHMANN, Protokolle, 1. Klausurtagung, S. 35-38 (18-21 d. Prot.). Letztlich setzte sich der „Selbstbehauptungswille der Parlamentarier" durch, vgl. OBERREUTER, a.a.O., S. 132.

216 2. Teil, 2. Kap., §§ 10 f.

staates Sachsen vom 1. November 1920 vorgeschaltet war, geschaffen.[217] Daher kann in Sachsen fast schon von einer „Tradition der Vorschaltgesetze“[218] gesprochen werden.

I. Inhalt des Vorschaltgesetzes

Im Gegensatz zum Vorläufigen Grundgesetz für den Freistaat Sachsen von 1919 war das Vorschaltgesetz aber keine vorläufige Verfassung; es enthielt nur Bestimmungen für die Arbeitsfähigkeit des Landtages und die noch zu bildende Landesregierung. Es stellte somit eine „rechtstechnische Organisationsregelung“[219] dar.

1. Rechtliche Organisationsregelung

Nach dem Entwurf von CDU und FDP, die das Vorschaltgesetz gemeinsam eingebracht hatten, enthielt es nur die allernötigsten Regelungen. Grund hierfür war, dass die Verfassung nicht präjudiziert werden sollte.[220]

2. Keine verfassungsrechtliche Verankerung eines Selbstauflösungsrechtes

Geregelt waren im Vorschaltgesetz nur der Gang des Gesetzgebungsverfahrens (§ 1), der Status der Abgeordneten (§§ 2, 3), die Rechte des Landtagspräsidenten (§ 4), die Zusammensetzung der Sächsischen Staatsregierung (§ 5), die Aufgaben des Ministerpräsidenten (§ 6), die Grundsätze der Haushaltswirtschaft des Landes (§ 7), die Ausfertigung der Gesetze und Verordnungen im Sächsischen Gesetz- und Verordnungsblatt (§ 8), die Behandlung von Verfassungsgesetzen (§ 9) sowie das Inkrafttreten des Vorschaltgesetzes (§ 10). Eine Selbstauflösungsbefugnis des Sächsischen Landtages war darin nicht enthalten.

---

[217] Vgl. hierzu die Begründung zum Gesetzesentwurf des Vorschaltgesetzes - DS 1/ 1 (27.10.1990), S. 6.

[218] KRAUSE (CDU), in: Sächsischer Landtag, Plenarprotokoll 1/ 1 (27.10.1990), S. 17

[219] KRAUSE (CDU), in: Sächsischer Landtag, Plenarprotokoll 1/ 1 (27.10.1990), S. 17

[220] KUNCKEL (SPD), in: Sächsischer Landtag, Plenarprotokoll 1/ 1 (27.10.1990), S. 18

II. Der Vorschlag der SPD-Fraktion zur Aufnahme eines Selbstauflösungsrechtes in das Vorschaltgesetz

Die SPD-Fraktion brachte im Zusammenhang mit der Frage der Stasi-Problematik im Landtag mit der Drucksache 1/ 981 am 18. Oktober 1991 das „Gesetz zur Ergänzung des Vorschaltgesetzes (Vorschaltergänzungsgesetz)“ in den Landtag ein. Ziel war die Aufnahme eines Selbstauflösungsrechtes für den Sächsischen Landtag. Zwar enthielt § 57 der vorläufigen Geschäftsordnung vom 23. Oktober 1990[221] die Selbstauflösungsbefugnis des Sächsischen Landtages. Darin waren auch bestimmte Verfahrensanforderungen wie das Beschlussquorum von zwei Dritteln der anwesenden Abgeordneten, das Antragsrecht eines Fraktionsvorsitzenden oder eines Drittels der Abgeordneten und die Beratungsdauer festgelegt[222]. Jedoch konnte die SPD hierauf nicht zurückgreifen, da das Selbstauflösungsrecht - wie oben dargelegt[223] - einer Niederlegung im Verfassungstext bedarf.

Nach den Vorstellungen der SPD-Fraktion sollte als § 1b[224] in das Vorschaltgesetz das Recht des Landtages aufgenommen werden, sich selbst auflösen zu können. Hierzu sollte ein entsprechender Antrag beim Präsidenten eingereicht werden, der von einem Fraktionsvorsitzenden oder von mindestens einem Drittel der Abgeordneten zu unterzeichnen sein sollte. Zur Beschlussfassung wurde ein Quorum von zwei Dritteln der Mitglieder des Landtages für erforderlich erachtet. Darüber hinaus sollte die Beratung frühestens am dritten Tag nach Verteilung des Antrages stattfinden. Die Abstimmung sollte zwischen dem zehnten und dem dreißigsten Tag nach der Beratung anzusetzen sein. Die bezweckten Neuwahlen sollten innerhalb von sechzig Tagen nach dem Auflösungsbeschluss stattfinden.

---

221 Diese ist - auch als Entwurf Geschäftsordnung des Sächsischen Landtages bezeichnet - abgedruckt in: SÄCHSISCHER LANDTAG, Volkshandbuch, 1. WP, S. 106-145. Die (endgültige) Geschäftsordnung für den Sächsischen Landtag wurde erst am 10.07.1992 verabschiedet, vgl. Plenarprotokoll 1/ 50, TOP 5, S. 3418 ff.

222 § 57 Abs. 2 der vorläufigen GO sah zur Beschleunigung des Verfahrens vor, dass der Antrag auf die Tagesordnung der ersten Sitzung zu setzen ist, die zehn Tage nach Schluss der Beratung stattfand. Darüber hinaus musste die Beratung am 30. Tag abgeschlossen sein. Gleichzeitig diente die Frist von mindestens zehn Tagen zur Suche nach alternativen Möglichkeiten wie z.B. der Fortsetzung der Landtagsarbeit unter den gegebenen Mehrheitsverhältnissen.

223 1. Teil, 1. Kap., § 2, II.2.

224 Der ebenfalls neu einzuführende § 1a VorschaltG behandelte die Zusammensetzung und die Wahl der Abgeordneten.

1. Die Begründung der SPD-Fraktion für die Aufnahme des Selbstauflösungsrechtes in das Vorschaltgesetz

Zur Begründung ihres Gesetzentwurfes führte die SPD-Fraktion anlässlich dessen Erster Lesung am 22. November 1991 aus, dass ein Selbstauflösungsrecht des Landtages dringend notwendig sei, da die Mehrheit der sächsischen Wähler die „Ausschaltung der Staatssicherheit im Landtag“ für noch nicht gelungen erachte und von vier Abgeordneten der Linken Liste/ PDS und einem jetzt fraktionslosen Abgeordneten zweifelhaft sei, ob die demokratischen Grundsätze eines frei gewählten Parlamentes anerkannt würden. Schon darin liege ein Grund für eine Landtagsauflösung. Da die betreffenden Abgeordneten der Linken Liste/ PDS nicht bereit seien, ihr Mandat - wie vom Bewertungsausschuss des Sächsischen Landtages empfohlen - niederzulegen und die Fraktion auch nicht darauf hinwirke, werde aus der Betroffenheit des Einzelnen ein Problem der gesamten Fraktion. Damit sei die Arbeit des Landtages insgesamt in Frage gestellt, da Anträge und Gesetzentwürfe, die diese Fraktion einbringe - unabhängig von deren Inhalt - durch den Landtag aufgrund der gegebenen Sachlage stets abzulehnen seien. Die Arbeit des Parlamentes werde so ad absurdum geführt. Eine Auflösung des Landtages verbunden mit Neuwahlen stelle sich mithin als notwendige Konsequenz dar. Das Volk wolle sich nicht länger von derartigen Abgeordneten vertreten lassen - das demokratische Prinzip fordere eine Auflösung des Sächsischen Landtages im Wege der Selbstauflösung zusammen mit der Anordnung von Neuwahlen. Im Übrigen halte sich der Gesetzentwurf an die Vorstellungen, die im Gohrischen Verfassungsentwurf sowie im Entwurf des Verfassungs- und Rechtsausschusses[225] niedergelegt seien.[226]

2. Stellungnahmen anderer Fraktionen zum Vorschaltergänzungsgesetz

Im Rahmen der sich an die Einbringung des Vorschaltergänzungsgesetzes anschließenden Debatte äußerte der Abg. *Richter* (FDP), dass aus Sicht seiner Fraktion für eine Ergänzung des Vorschaltgesetzes um ein Selbstauflösungsrecht des Landtages gegenwärtig keine Dringlichkeit bestehe, zumal dieses im Rahmen der Verfassungsberatungen Berücksichtigung finde. Im Übrigen werde die „Stasi-Problematik“ nicht durch eine Landtagsauflösung bewältigt.[227]

---

[225] S. hierzu ausführlich § 10, III., § 11.
[226] LERSOW (SPD), in: Sächsischer Landtag, Plenarprotokoll 1/ 32, TOP 4, S. 2029
[227] Vgl. Sächsischer Landtag, Plenarprotokoll 1/ 32, TOP 4, S. 2030.

Seitens der Fraktion Linke Liste/ PDS bejahte der Abg. *Bartl* für seine Fraktion die im Gesetzentwurf vorgesehene Möglichkeit zur Auflösung des Sächsischen Landtages und verwies auf den entsprechenden Verfassungsentwurf seiner Fraktion. Allerdings stellte er die Ernsthaftigkeit derjenigen in Frage, die wegen fünf stasibelasteten Abgeordneten den Landtag auflösen wollen. Dies wüssten auch die Wähler entsprechend zu werten.[228]

Der Abg. *Volker Schimpff* (CDU) wies darauf hin, dass der Landtag am 14. Oktober 1990 auf vier Jahre gewählt worden sei. Die Dauer der Wahlperiode und die Aufnahme von Bestimmungen zur vorzeitigen Beendigung der Wahlperiode seien Angelegenheiten der Verfassungsberatungen. Mit der Aufnahme einer solchen Regelung würde die Verfassung „übereilt", zusammenhanglos und „folglich willkürlich" präjudiziert. Da das Vorschaltgesetz gerade die Arbeitsfähigkeit des Landtages herstellen solle, könne es nicht zugleich sein „Auseinanderlaufen" regeln. Daher lehne die CDU-Fraktion eine derartige Ergänzung des Vorschaltgesetzes ab. Im Übrigen müsse eine Demokratie auch mit Abgeordneten umgehen können, die von einer Minderheit durchaus bewusst gewählt worden seien. Schließlich könne es sein, dass auch nach einer Neuwahl wieder eine „Stasi-SED-PDS-Fraktion" im Landtag sitze. Nur weil die „einen Sozialisten" im Landtag verharren, könnten die „anderen Sozialisten" nicht den gesamten Landtag „nach Hause schicken wollen".[229] Der Abg. *Ralf Donner* (Bündnis 90/ Grüne) erklärte daraufhin für seine Fraktion, dass an dem Ergänzungsvorschlag problematisch sei, dass es keine Garantie gebe, „daß dem nächsten Landtag nicht ähnliches passieren könnte" und wies auf die „politisch verlorene Zeit bis zur Konstituierung des neuen Landtages" hin.[230]

Anschließend wurde der Gesetzentwurf der SPD-Fraktion (DS 1/ 981) in den Verfassungs- und Rechtsausschuss überwiesen.[231] Da er dort nicht die erforderliche Zustimmung fand, war der Versuch der Einführung eines Selbstauflösungsrechtes des Sächsischen Landtages (im Zusammenhang mit der Problematik stasibelasteter Abgeordneter) zunächst gescheitert.

3. Stellungnahme

Auch wenn man ein Selbstauflösungsrecht für notwendig hält, ist diesem Ergebnis zuzustimmen. Gegen eine Ergänzung des Vorschaltgesetzes um das vorgeschlagene Selbstauflösungsrecht sprach zunächst, dass der Landtag erst ein Jahr vor Einbringung dieser Drucksache gewählt worden war und damit die Wäh-

228 Sächsischer Landtag, Plenarprotokoll 1/ 32, TOP 4, S. 2030
229 Sächsischer Landtag, Plenarprotokoll 1/ 32, TOP 4, S. 2030 f.
230 Sächsischer Landtag, Plenarprotokoll 1/ 32, TOP 4, S. 2032
231 Sächsischer Landtag, Plenarprotokoll 1/ 32, TOP 4, S. 2032

ler deutlich gemacht hatten, welche Parteien sie in welcher Zusammensetzung für die anstehende Wahlperiode vertreten sollten. Auch waren die Abgeordneten der Linken Liste/ PDS in der Tat durch ihre Wähler genauso demokratisch legitimiert wie die Abgeordneten der anderen Fraktionen.

Schließlich ist zu berücksichtigen, dass das Vorschaltgesetz nur als Organisationsregelung gedacht war. Es sollte lediglich für eine begrenzte Zeit die verfassungsrechtliche Grundlage für das sächsische Staatswesen sein. Das Selbstauflösungsrecht, wie es nach den Vorstellungen der SPD in § 1b des Vorschaltergänzungsgesetzes formuliert war, hätte demgegenüber schon eine mehr oder minder verbindliche Vorgabe für die zu schaffende Verfassung bedeutet, was nicht beabsichtigt war. Damit ist allerdings nicht gesagt, dass ein Selbstauflösungsrecht überhaupt nicht in eine vorläufige Verfassung gehört. Im Rahmen eines vorläufigen Gesetzes, das eine Übergangsregelung bis zum Inkrafttreten der eigentlichen Verfassung schaffen soll, ist aber eine solche Regelung durchaus entbehrlich.

§ 10 Die Verfassungsentwürfe für den Freistaat Sachsen unter besonderer Berücksichtigung des Selbstauflösungsrechtes

Das Selbstauflösungsrecht des Landtages wurde schließlich in Art. 58 in die Sächsische Verfassung vom 27. Mai 1992 aufgenommen. Die Gründe hierfür sind im Folgenden näher darzulegen. Von den verschiedenen Verfassungsentwürfen werden dabei nachstehend nur diejenigen näher behandelt, die ein gewisses Gewicht oder politischen Einfluss auf die Entwicklung der heutigen Formulierung der Sächsischen Verfassung erlangt haben, im Einzelnen also der Verfassungsentwurf der Arbeitsgruppe des Bezirkstages Dresden vom 19. März 1990, die Verfassungsentwürfe der „Gruppe der 20" vom 13. und vom 26. März 1990, der Gohrische Entwurf vom 8. August und vom 23. Oktober 1990 sowie der Verfassungsentwurf sächsischer Hochschullehrer vom Oktober 1990.

I. Die politische Ausgangssituation in Sachsen 1989/ 90, insbesondere der Verfassungsentwurf der Arbeitsgruppe des Bezirkstages Dresden vom 19. März 1990

Um die verschiedenen Verfassungsentwürfe zu verstehen und richtig einordnen zu können, ist ein Blick auf die politische Lage in Sachsen in den Umbruchjahren 1989/ 90 erforderlich. Diese ist im Folgenden kurz darzulegen.

1. Errichtung von Ländern oder Bezirken?

Initiiert v.a. durch die Demonstrationen Ende 1989 setzte sich zunächst in örtlichen und überörtlichen Arbeitskreisen sowie „Runden Tischen" der Wille zur Auflösung der Bezirke durch. Sie sollten durch eine Länderstruktur ersetzt werden.[232] Dies geschah überwiegend nicht aus ideologischen Gründen, sondern in erster Linie aus der Erwägung heraus, dass die Beibehaltung der Bezirke als mittlerer Verwaltungsebene nicht in das föderale Raster des Grundgesetzes gepasst und damit die Wiedervereinigung erschwert hätte. Favorisiert wurde die Wiederherstellung der Länder, die seit 1952 schleichend aufgehoben worden waren.[233]

Gegen eine Umstrukturierung der Bezirke in Länder wandten sich zunächst (im Januar/ Februar 1990) vehement die Räte der Bezirke (Dresden, Leipzig, Karl-Marx-Stadt, heute wieder Chemnitz). Als es jedoch zu den ersten Auflösungstendenzen in den Räten kam und in der Absicht, zumindest auf der Länderbzw. Kommunalebene Einfluss zu gewinnen, fassten diese im März 1990 den Entschluss, die Länderbildung in die eigene Hand zu nehmen und so die Initiative für die Neugestaltung in der DDR zu erlangen. Aus diesem Grund gaben sie die Ausarbeitung einer Verfassung für das künftige Land Sachsen in Auftrag. Es wurde eine fünfköpfige Arbeitsgruppe vom damaligen Bezirkstag Dresden gebildet.[234] Ausgangspunkt für den Verfassungsentwurf war eine föderative Staatsstruktur, so dass dem Land zahlreiche Kompetenzen übertragen wurden, die es im Rahmen des Ganzen relativ selbständig machten.[235]

Der Verfassungsentwurf der parlamentarischen Arbeitsgruppe des Bezirkstages Dresden hatte sich die Sächsische Verfassung von 1947 zum Vorbild genommen.[236] Er wurde einen Tag nach der Volkskammerwahl, also am 19. März 1990,

---

232 Vgl. dazu näher HEITMANN, in: Degenhart/ Meissner, Handbuch, § 1, RN 18, S. 42 f.

233 S. dazu bereits oben 2. Teil, 1. Kap., § 7, III.

234 ARNOLD VAATZ anlässlich eines persönlichen Gespräches am 09.01.2003. Vgl. dazu auch den Bericht der parlamentarischen Arbeitsgruppe zur Ausarbeitung des 1. Arbeitsentwurfes der Verfassung des Landes Sachsen, in: Entwurf der Verfassung des Landes Sachsen, aus: SÄCHSHSTA DRESDEN, [13035/ Sächsisches Staatsministerium der Justiz, Nr. 3], S. 28 ff. Die Mitglieder waren *Herbert Funke* für die Domowina, *Otfried Fischer* für die CDU-Fraktion, *Werner Mitzschering* für die DBD-Fraktion, *Horst Winkler* für die NDPD-Fraktion und der Direktor des von 1965 bis 1993 sog. Staatsarchives (des heutigen Sächsischen Hauptstaatsarchives) Dresden *Reiner Groß*.

235 Bericht der parlamentarischen Arbeitsgruppe zur Ausarbeitung des 1. Arbeitsentwurfes der Verfassung des Landes Sachsen, in: Entwurf der Verfassung des Landes Sachsen, aus: SÄCHSHSTA DRESDEN, [13035/ Sächsisches Staatsministerium der Justiz, Nr. 3], S. 30

236 Vgl. dazu näher BÖNNINGER, Verfassungsdiskussion im Lande Sachsen, in: LKV 1991, S. 9-12/ 10. In dem Bericht der parlamentarischen Arbeitsgruppe zur Ausarbeitung des 1. Arbeitsentwurfes der Verfassung des Landes Sachsen (SÄCHSHSTA DRESDEN, [13035/ Sächsisches Staatsministerium der Justiz, Nr. 3], S. 22) heißt es, dass auch an „sächsische Verfassungstraditionen des 19. und 20. Jahrhunderts" angeknüpft sowie ein umfassender Vergleich der Verfassungen der deutschen Bundesländer und der DDR vorgenommen wurde, um sie auf eine Übernahme in die neue Verfassung des Landes Sachsen zu prüfen.

fertiggestellt[237] und sollte - zusammen mit den Entwürfen einer Gemeindeordnung, einer Kreisordnung und dem Kommunalwahlgesetz für Sachsen - am 18. April 1990 anlässlich der geplanten „Konstituierung des Kuratoriums Land Sachsen“ als erster Verfassungsentwurf auf der Albrechtsburg zu Meißen der Öffentlichkeit bekannt gemacht werden. Grund dafür war, diesem Verfassungsentwurf eine unangreifbare Legitimation zu verleihen. Problematisch war jedoch, wer diese Legitimation „spenden“ konnte: Die alten Kräfte kamen hierfür nicht in Frage, die neuen politischen Parteien hatten aufgrund zahlreicher Querelen und Streitereien ihren anfänglichen „Sympathie-Kredit“ weithin aufgebraucht. In Betracht kamen aber sächsische Honoratioren des öffentlichen Lebens in Wissenschaft und Kultur wie der Wissenschaftler *Manfred von Ardenne*, der Trompetenvirtuose *Ludwig Güttler* und der Dirigent *Kurt Masur*. Beabsichtigt war, dass sich diese Persönlichkeiten durch die Übergabe des Verfassungsentwurfes geehrt fühlen und deshalb positive Kommentare dazu abgeben würden. Allein dadurch hätte der Entwurf eine Autorität erhalten, die ihm später nur schwer wieder hätte entzogen werden können.[238] Aus diesem Grund und unter inhaltlichem Aspekt deswegen, weil in der künftigen Verfassung alte Verwaltungsstrukturen und Privilegien übernommen werden sollten[239], wurde die Übergabe und damit auch die von den Räten der Bezirke beabsichtigte „Konstituierung des Kuratoriums Land Sachsen“ von den neuen politischen Kräften durch Veröffentlichung eines alternativen Verfassungsentwurfes (der „Gruppe der 20“ am 29./ 30. März 1990) vereitelt.[240] Der Entwurf der parlamentarischen Arbeitsgruppe des Bezirkstages Dresden wurde somit nicht in den Landtag eingebracht.

2. Das Selbstauflösungsrecht nach dem Entwurf der parlamentarischen Arbeitsgruppe des Bezirkstages Dresden

Der Verfassungsentwurf der parlamentarischen Arbeitsgruppe des Bezirkstages Dresden sah das Selbstauflösungsrecht - neben einer Landtagsauflösung durch Volksentscheid - in Art. 38 vor. Danach konnte der Landtag durch eigenen Beschluss mit der Zustimmung von zwei Dritteln seiner Mitglieder vor Ablauf der Wahlperiode aufgelöst werden.

---

237 Der Entwurf ist abgedruckt bei STOBER, Quellen, Text III.1, S. 105 ff.
238 ARNOLD VAATZ anlässlich eines persönlichen Gespräches am 09.01. 2003
239 WALLBAUM kritisierte in der Stuttgarter Zeitung („Die Sachsen wollen ihre Verfassung im Herbst beschließen“) vom 04.09.1991, S. 2 die weitreichenden Garantien für die Mitarbeiter der alten Verwaltung.
240 Bericht des Verfassungs- und Rechtsausschusses, DS 1/ 1800 (18.05.1992), auch abgedruckt in: STOBER, Quellen, Text III.10., S. 384-408/ 386; DREHWALD/ JESTAEDT, Sachsen als Verfassungsstaat, S. 68

Bemerkenswert ist, dass der Entwurf der Parlamentarischen Arbeitsgruppe des Bezirkstages Dresden davon spricht, dass der Landtag durch eigenen Beschluss aufgelöst *werden* kann (Art. 38 Abs. 1). Die Verwendung des Passivs legt nahe, dass der Landtag weniger autonom ausgestaltet sein sollte. Bei dieser Formulierung könnte es sich um ein Relikt der Sächsischen Verfassung von 1947 handeln. Auch darin wurde - wie in allen Verfassungen der Sowjetischen Besatzungszone und in den Entwürfen der SED hierzu - die Formulierung *„Der Landtag kann vor Ablauf der Wahlperiode durch eigenen Beschluß [...] aufgelöst werden.“* verwendet. Ungeachtet dessen verbirgt sich hinter der Formulierung der Parlamentarischen Arbeitsgruppe des Bezirkstages Dresden - ebenso wie hinter Art. 44 Abs. 1 SächsVerf 1947 - ein Selbstauflösungsrecht, da nach Art. 38 Abs. 1 des Verfassungsentwurfes der Parlamentarischen Arbeitsgruppe des Bezirkstages Dresden sowohl das Initiativ- als auch das Entscheidungsrecht allein beim Landtag liegen sollte. Eine Mitwirkung anderer Organe war nicht vorgesehen.

Im Vergleich mit der Sächsischen Verfassung von 1947 und der Sächsischen Verfassung von 1920 ist das Beschlussquorum auf zwei Drittel der Mitglieder des Landtages erhöht. Darüber hinaus gingen die Initiatoren offenbar nicht von einer Kontinuität des Landtages im Sinne eines ständigen Organs aus. Art. 39 Abs. 1 des Entwurfes bestimmte nämlich, dass erst spätestens am 60. Tag nach dem Ablauf der (vierjährigen) Wahlperiode oder am 45. Tag nach der Auflösung des Landtages Neuwahlen stattfinden sollten. Damit bestand die Möglichkeit einer parlamentslosen Zeit, für die der Landtag zur Wahrung seiner Rechte einen Ständigen Ausschuss bestellen sollte (Art. 30 Abs. 2).

Der Verfassungsentwurf der parlamentarischen Arbeitsgruppe des Bezirkstages Dresden stellte nach allem eine modifizierte Version der Verfassung von 1947 dar. Der Text bleibt „in gewissem Umfang dem Geist marxistisch-leninistischer Staatsauffassung verhaftet, führt [insbesondere] das Prinzip der Gewaltenteilung nicht konsequent durch“.[241] Ihm fehlten auch die Substanz, die die vierzigjährige Erfahrung mit dem Grundgesetz erkennen lässt und die politisch-rechtlichen Ideen, die in der demokratischen Öffentlichkeit der westlichen Länder diskutiert wurden. Er fand deswegen in der Öffentlichkeit nur wenig Beachtung.

II. Das Selbstauflösungsrecht in den Verfassungsentwürfen der „Gruppe der 20“

Die „Gruppe der 20“ ist im Rahmen einer Dresdner Protestdemonstration am 8. Oktober 1989 entstanden. In Erinnerung daran ist auf der Prager Straße ein

[241] HEITMANN/ VAATZ, Nachbemerkung, S. 51; vgl. auch DREHWALD/ JESTAEDT, Sachsen als Verfassungsstaat, S. 73, RN 6.

Stein mit diesem Datum eingelassen. Es gelang den Kaplanen *Frank Richter* und *Andreas Leuschner* aus der Demonstration heraus, Gespräche mit den auf Seiten der Polizei stehenden „Verantwortlichen" zu vermitteln. Dabei war Kaplan Richter bereits in die Demonstration mit dem Ziel hineingegangen, eine „Gruppe von der Straße", die sich mit den staatlichen Vertretern auseinandersetzen sollte, zu bilden. Es wurde daraufhin - auf Initiative des Superintendenten *Christof Ziemer* und des Bischofs *Johannes Hempel* sowie des Oberbürgermeisters von Dresden *Wolfgang Berghofer* - eine Gruppe gebildet, die - bekräftigt durch den Beifall der Demonstranten - das „Mandat für Verhandlungen mit Oberbürgermeister Berghofer" erhielt. So entstand eine erste Zusammensetzung der „Gruppe der 20".[242]

Berghofer wollte die „Gruppe der 20" jedoch nur als Einzelpersonen ansehen. Jedes Mitglied sollte mithin nur für sich sprechen können, so dass die Gruppe von ihm nicht als „offizielle[r] Vertreter des Widerstandes" angesehen wurde. Ihre Legitimation fand die Gruppe mittels einer „Abstimmung" durch symbolische Spenden: Jeder Dresdner, der eine DDR-Mark für die Gruppe gab, drückte damit seine Zustimmung aus. In kurzer Zeit wurden mehrere tausend DDR-Mark gesammelt.[243]

Aus dieser Gruppe von Bürgervertretern bildeten sich nach und nach - unter Leitung des Oberkirchenrates *Steffen Heitmann* und des Bürgerrechtlers *Arnold Vaatz* - verschiedene Arbeitsgruppen mit wechselnder personeller Besetzung. Die *Arbeitsgruppe „Recht in der DDR"*[244] erarbeitete einen Bericht, der die wichtigsten Rechtsgebiete, mithin auch das Verfassungsrecht, in den Blick nahm und der der Stadtverordnetenversammlung am 23. November 1989 unterbreitet wurde. Hier liegen die Wurzeln des heutigen Verfassungstextes.[245]

In diesem frühen Stadium der Erarbeitung der Verfassung entwickelte sich auch die „richtungsweisende Verbindung" zum Bundesland Baden-Württemberg. Anlässlich eines Treffens des damaligen Ministerpräsidenten von Baden-Württemberg *Lothar Späth* mit Repräsentanten der Bürgerbewegung im Dezember 1989 lud dieser die „Gruppe der 20" nach Stuttgart ein, die der Einladung im Januar 1990 nachkam.[246] Hier entstanden maßgebliche Kontakte zu Personen,

---

242 Vgl. dazu näher ZWAHR, Demokratische Revolution, in: Meuschel/ Richter/ Zwahr, Friedliche Revolution in Sachsen, S. 34-43/ 34; s. auch HEITMANN, in: Degenhart/ Meissner, Handbuch, § 1, RN 19, S. 43 sowie die ausführliche Darstellung in RICHTER, M./ SOBESLAVSKY, Die Gruppe der 20, S. 52-59.

243 Vgl. MENGELE, Baden-Württembergs außenpolitische Rolle, S. 175. In Leipzig bildete sich auf die gleiche Weise auf Initiative des Generalmusikdirektors *Kurt Masur* die „Gruppe der 6", vgl. ULLMANN, Vorschule der Demokratie, S. 9. Die „Gruppe der 20" löste sich nach den Kommunalwahlen im Mai 1990 auf, da sie sich lediglich als Übergangsgremium (bis zur Schaffung „neuer demokratischer Strukturen") ansah, vgl. RICHTER, M./ SOBESLAVSKY, Die Gruppe der 20, S. 212.

244 Zur Entstehung dieser Arbeitsgruppe vgl. HEITMANN, Zur Entstehung des „Gohrischer Entwurfs", in: Heitmann, Die Revolution in der Spur des Rechts, S. 31-49/ 33 ff.

245 Vgl. HEITMANN, in: Degenhart/ Meissner, Handbuch, § 1, RN 19, S. 43.

die später intensiv an der Verfassungsgenese mitwirkten, so unter anderem zu dem Staatsrechtslehrer *Hans von Mangoldt* und zu Ministerialdirigent *Wolf-Dieter Eckardt*.[247]

Darin lag zugleich eine Absage an die Aktivitäten der Räte der Bezirke. Sie verdeutlichte, dass die Aufgabe der Verfassunggebung primär eine solche der neuen politischen Kräfte war. Die „Gruppe der 20" beschloss schließlich, selbst eine Verfassung zu entwerfen. „Vorreiter" dieser Initiative war *Arnold Vaatz*. Er nahm sich der Aufgabe an und legte in einer „Nachtarbeit" einen Verfassungsentwurf vor.[248] Als Vorlage hierfür dienten ihm eine Synopse aller Verfassungen von westdeutschen Flächenstaaten, die *nach* dem Grundgesetz entstanden waren, mithin die von Baden-Württemberg, Nordrhein-Westfalen und Niedersachsen[249] sowie die Sächsische Verfassung vom 1. November 1920. Insbesondere lehnte sich der Entwurf von Vaatz an die Verfassung des Landes Baden-Württemberg an. Vaatz trug aber auch eigene Ideen bei.[250] Eingebracht wurden darüber hinaus Forderungen aus der Bürgerbewegung vom Herbst 1989 wie beispielsweise Meinungs-, Demonstrations- und Reisefreiheit sowie Veränderungen des Wahlrechtes.

Auch wenn der daraus hervorgegangene Verfassungsentwurf vom 13. März 1990[251] „juristisch noch nicht ausgereift" war, wurde er doch von der „Gruppe der 20" übernommen und bildete den Ausgangspunkt für die künftige Arbeit, in der es galt, einen Verfassungsentwurf zu erarbeiten, der von möglichst vielen politischen Kreisen und weiten Teilen der Bevölkerung getragen wird.[252]

---

246 Allerdings handelt es sich dabei nicht um die „Urmitglieder", der am 08.10.1989 gebildeten Sprechergruppe. Diese hatte sich im Rahmen der Bildung neuer Formen der Interessenvertretung der Bürger, insbesondere der Bildung der Basisdemokratischen Fraktion, in ihrer ursprünglichen Zusammensetzung immer weiter aufgelöst. Jetzt wurde eine „Gruppe der 20" gebildet, die oppositionsfähig war und politisch klar formulierte Vorstellungen verfolgte. Ausweislich des Gründungsprotokolls der „Gruppe der 20" vom 24.01.1990 wurden *Herbert Wagner* zum Vorsitzenden und *Frank Neubert* zum Stellvertreter und Pressesprecher gewählt. Finanzbeauftragter wurde *Dieter Brandes*. Weitere Mitglieder waren *Andreas Bartzsch*, *Ulrich Baumgart* (CDU), *Karl-Heinz Denkert*, *Henry Matteß*, *Maik Miersch*, *Beate Mihaly*, *Eberhard Ohst*, *Jörg Naumann*, *Erich Sobeslavsky* (SPD), *Werner Ritter* (DA), *Arnold Vaatz* und *Maria Leuschner*. Als Kandidaten wurden *Michael Bartzsch*, *Klaus-Dieter Scholz*, *Christoff Andrich*, *Irmtraut Riethmüller* und *Renate Franz* genannt. *Steffen Heitmann* und *Brunhilde Reim* wurden zur Kontrolle der Kassen- und Finanzgeschäfte berufen, s. RICHTER, M./ SOBESLAVSKY, Die Gruppe der 20, S. 57, 183 f., 188, Dok. 107 (S. 491).

247 Zum Verlauf des ersten Kontaktes vgl. HEITMANN, Zur Entstehung des „Gohrischer Entwurfs", in: Heitmann, Die Revolution in der Spur des Rechts, S. 31-49/ 38 f.; HEITMANN, in: Degenhart/ Meissner, Handbuch, § 1, RN 20, S. 43 f.

248 Persönliches Gespräch am 09.01.2003

249 Die Verfassung von Schleswig-Holstein kam für Vaatz aufgrund ihrer „Küstenspezifigkeit" nicht in Betracht.

250 HEITMANN, Zur Entstehung des „Gohrischer Entwurfs", in: Heitmann, Die Revolution in der Spur des Rechts, S. 31-49/ 41

251 aus: private Aktensammlung Hans v. Mangoldt

252 HEITMANN, in: Degenhart/ Meissner, Handbuch, § 1, RN 22, S. 44

1. Fehlen eines Selbstauflösungsrechtes im ersten Verfassungsentwurf der „Gruppe der 20" vom 13. März 1990

Der Verfassungsentwurf der „Gruppe der 20" vom 13. März 1990 bildete den Ausgangspunkt für die Diskussionen der „Arbeitsgruppe Landesverfassung". In diesem Entwurf findet sich allerdings kein Selbstauflösungsrecht des Landtages. Fälle, in denen eine Auflösung des Landtages in Betracht kommen konnte, waren nach diesem Entwurf allerdings ein darauf zielendes Volksbegehren (Art. 45) sowie die missglückte Wahl des Ministerpräsidenten (Art. 49). In beiden Fällen hätten Neuwahlen binnen 60 Tagen stattfinden müssen (Art. 45 Abs. 2 bzw. Art. 25 Abs. 2 Var. 2.). Hier zeigt sich deutlich die enge Anlehnung an die Baden-Württembergische Verfassung, die zur Zeit der Beratungen der Sächsischen Verfassung noch kein Selbstauflösungsrecht, aber in Art. 43 die Auflösung des Landtages nach einer Volksabstimmung auf Verlangen von einem Sechstel der Wahlberechtigten vorsah[253] und in Art. 47 an das Scheitern der Regierungsbildung binnen drei Monaten nach dem Zusammentritt des neuen Landtages die Auflösung des Landtages knüpfte.

Im Übrigen enthielt Art. 25 des Verfassungsentwurfes eine Bestimmung über die Dauer der Wahlperiode, den Termin der Neuwahl sowie den Schluss und den Wiederbeginn der Sitzungen. Die vierjährige Wahlperiode sollte danach mit dem Ablauf der Wahlperiode des alten Landtages oder nach einer Auflösung des Landtages mit dem Tag der Neuwahl, beginnen, die in diesem Falle binnen sechzig Tagen nach der Auflösung stattzufinden hatte. Da der Landtag mithin nicht als ständiges Organ ausgestaltet war, seine Existenz also unterbrochen werden konnte, ergab sich das Erfordernis eines die Kontinuität sichernden Ständigen Ausschusses, der dann auch folgerichtig in Art. 36 des Entwurfes vorgesehen wurde.

2. Überarbeitung des Verfassungsentwurfes der „Gruppe der 20" nach Anregungen von Prof. Hans von Mangoldt

Nachdem *Vaatz* auf der Grundlage der o.g. Synopse den Verfassungsentwurf der „Gruppe der 20" gefertigt hatte, kam es in Baden-Württemberg zwischen dem 13. und dem 26. März 1990 zu einem Treffen mit dem Tübinger Universitätsprofessor und Staatsrechtslehrer *Hans von Mangoldt*. Dieser äußerte gegen die Auf-

[253] Entspricht heute Art. 43 Abs. 2 BaWüVerf.

nahme eines Volksbegehrens, die Auflösung des Landtages betreffend, keine rechtlichen Bedenken, wies aber darauf hin, dass der Landtag in eine missliche Lage kommen könne, wenn er sich selbst auflösen wolle, die Verfassung aber keine diesbezügliche Regelung vorsehe. Dann sei nämlich der Landtag auf das Volk angewiesen und müsse, um sich auflösen zu können, notfalls eine Volksabstimmung initiieren, was bedeute, dass die Abgeordneten Unterschriften für die Beendigung ihrer eigenen Tätigkeit sammeln würden - das Volk diene somit als „Erfüllungsgehilfe".[254]

Aufgrund des Interviews mit *Vaatz*, das die Verfasserin am 9. Januar 2003 führte, stellt sich die Genese folgendermaßen dar: Er - Vaatz - habe mit von Mangoldt diskutiert, ob das Selbstauflösungsrecht überhaupt in die Verfassung aufgenommen werden müsse. Da er hierfür eine Mehrheit von zwei Dritteln der gesetzlichen Mitgliederzahl favorisiere, die auch für eine Verfassungsänderung ausreiche, könne der Landtag jederzeit mittels eines verfassungsändernden Gesetzes seine Selbstauflösung beschließen. Von Mangoldt wiederum habe darauf hingewiesen, dass dann Gegner der beschlossenen Selbstauflösung den Sächsischen Verfassungsgerichtshof anrufen könnten mit der Begründung, der Landtag habe ein widersprüchliches Gesetz beschlossen, da die Abgeordneten auf vier Jahre gewählt seien, infolge der Auflösung ihr Amt aber nicht mehr ausüben könnten. Diesem Einwand werde - so habe von Mangoldt argumentiert - durch die Aufnahme des Selbstauflösungsrechtes in die Verfassung der Boden entzogen.[255]

Dieser Argumentation ist zu folgen. Das Selbstauflösungsrecht bedarf aufgrund der primären Verpflichtung des Landtages zur Wahrnehmung seiner Aufgaben in der Tat einer Verankerung im Verfassungstext.[256] Wenn ein Selbstauflösungsrecht im Verfassungstext vorgesehen ist, besteht Klarheit über die Möglichkeit der vorzeitigen Beendigung der Wahlperiode und die entsprechenden Voraussetzungen.

3. Die Aufnahme des Selbstauflösungsrechtes in den Verfassungsentwurf der „Gruppe der 20" vom 26. März 1990

Die vorstehenden Überlegungen nahm *Vaatz* in seinen Verfassungsentwurf auf. Dabei lehnte er eine Selbstauflösung durch Beschluss der Mehrheit der Mitglieder des Landtages (absolute Mehrheit) - wie in der Verfassung von Nord-

---

254 ARNOLD VAATZ anlässlich eines persönlichen Gespräches am 09.01.2003

255 ARNOLD VAATZ anlässlich eines persönlichen Gespräches am 09.01.2003; v. Mangoldt konnte sich an dieses Gespräch nicht mehr im Detail erinnern, schriftliche Stellungnahme vom 27.11.2006.

256 S. dazu auch bereits oben 1. Teil, 1. Kap., § 2, II.2.

rhein-Westfalen (Art. 35 Abs. 1 S. 2) vorgesehen - ab. Hierbei habe der Gedanke eine Rolle gespielt, dass es der Regierungspartei, falls sie die absolute Mehrheit hat, nicht möglich sein solle, ggf. sofort Neuwahlen auszuschreiben und so zu für sie günstigen Wahlergebnissen zu gelangen. Auch könnte durch ein solches Vorgehen die Opposition ausgehebelt werden. Vor Augen stand ihm dabei das - freilich ganz anders geartete - englische parlamentarische System, das nicht ohne weiteres auf Sachsen und Deutschland übertragbar ist.[257]

Der Verfassungsentwurf der „Gruppe der 20" vom 26. März 1990[258] sah von daher in Art. 51 vor, dass sich der Landtag aufgrund eines Beschlussquorums von mindestens zwei Dritteln seiner Mitglieder selbst auflösen könne, setzte also die Hürden für eine Selbstauflösung damit relativ hoch. Das Selbstauflösungsrecht wurde nun als Notwendigkeit angesehen, zumal zur Zeit der Entstehung dieses Verfassungsentwurfes völlig unklar war, wie das politische Spektrum nach der Bildung des neuen Landtages beschaffen sein würde.[259]

Mit der Veröffentlichung des Entwurfes am 29./ 30. März 1990[260] war das Rennen um die künftige Gestaltungsinitiative gewonnen. Der Entwurf diente - zumal er „Vorstellungen sowohl basisdemokratischer als auch die etablierter Kreise" einbezog - nunmehr als Diskussionsgrundlage. Einige seiner Vorstellungen, wie die Gestaltung des Aufbaus der staatlichen Ordnung, das Gewaltenteilungsprinzip und die Verankerung der kommunalen Selbstverwaltung, finden sich auch in anderen Verfassungsentwürfen wieder.[261] Wichtig war, dass die Volkssouveränität als Ausdruck des Demokratieprinzips für die zu schaffende Sächsische Verfassung festgelegt wurde. Das Volk sollte seine Staatsgewalt in Wahlen und Abstimmungen sowie durch das von ihm kreierte Organ, den Landtag, ausüben.

Der Entwurf der „Gruppe der 20" vom 26. März 1990 legte damit den Grundstein für die Aufnahme des Selbstauflösungsrechtes in den Verfassungstext. Aufgrund der Verankerung der Volkssouveränität und der damit verbundenen besonderen Stellung des Landtages als Repräsentativorgan des Volkes erscheint es durchaus konsequent, diesem auch das Recht zu geben, die politisch-rechtliche Legitimation ggf. wieder an das Wahlvolk zurückzugeben.

Das relativ hohe Beschlussquorum von zwei Dritteln der Mitglieder des Landtages zu seiner Selbstauflösung diente in erster Linie der Vermeidung von Neuwahlen allein aufgrund wahltaktischer Erwägungen.[262] Vorrangige Aufgabe des Landtages sollte die Ausübung seiner Funktionen sein. Zu häufige Neuwahlen

---

257 S. dazu näher 4. Teil, 2. Kap., § 23, II.
258 Abgedruckt in: STOBER, Quellen, Text III.2., S. 121 ff.
259 ARNOLD VAATZ anlässlich eines persönlichen Gespräches am 09.01.2003
260 in: Die Union vom 29. und 30.03.1990, jeweils S. 3
261 BÖNNINGER, Verfassungsdiskussion im Lande Sachsen, in: LKV 1991, S. 9-12/ 9
262 Zu der Frage, ob und inwieweit ein solches Anliegen missbräuchlich ist, vgl. 3. Teil, 1. Kap., § 13, II.4.b), cc).

könnten eine Schwächung des parlamentarischen Systems nach sich ziehen und aufgrund der möglicherweise einsetzenden Wahlmüdigkeit auch nicht mehr garantieren, dass die Zusammensetzung des Landtages dem Willen des Volkes entspricht und so dazu führen, dass eine Minderheit über die Vertretung des Volkes entscheidet.

III. Das Selbstauflösungsrecht in den Diskussionen der Arbeitsgruppe „Landesverfassung" der Gemischten Kommission Sachsen/ Baden-Württemberg - Der Gohrische Entwurf

Nach der Veröffentlichung des Entwurfes strebte der juristische Berater der „Gruppe der 20" *Steffen Heitmann* die Ausarbeitung eines qualifizierten und von weiten Bevölkerungsteilen getragenen Verfassungsentwurfes an[263]. Ein solcher wurde - mit sachverständiger Unterstützung aus Baden-Württemberg - durch die Arbeitsgruppe „Landesverfassung" der Gemischten Kommission Baden-Württemberg/ Sachsen, zugleich im Auftrag des Koordinierungsausschusses für die Bildung des Landes Sachsen[264], erarbeitet. Er nahm sich den Verfassungsentwurf der „Gruppe der 20" vom 26. März 1990 zum Ausgangspunkt.[265] Der daraus hervorgegangene sog. „Gohrische Entwurf"[266] verdankt seinen Namen dem Kurort Gohrisch als dem Tagungsort der Arbeitsgruppe in der Sächsischen Schweiz, wo die Verfassungsberatungen stattfanden.[267] Der erste Entwurfstext stammt aus den Beratungen von April 1990 bis Juli 1990 und wurde am 5. August 1990 abgeschlossen.

---

263 HEITMANN, Zur Entstehung des „Gohrischer Entwurfs", in: Heitmann, Die Revolution in der Spur des Rechts, S. 31-49/ 42

264 Dessen Legitimation war allerdings anfänglich fraglich. Da jedoch die bereits stark ausgeprägte Akzeptanz der „Runden Tische" und des Koordinierungsausschusses nicht mehr ignoriert und die basisdemokratischen Kräfte nicht mehr übergangen werden konnten, wurde der Leiter des Koordinierungsausschusses (neben zwei weiteren) zum Stellvertreter des Regierungsbeauftragten bestellt und erhielt den Auftrag, die Bildung des Landes Sachsen zu koordinieren. Auf diesem Wege wurde der Koordinierungsausschuss de facto eine offizielle Institution, vgl. dazu näher ILTGEN, Ansprache, in: Sächsischer Landtag, Festveranstaltung, S. 8-13/ 10 f.

265 BÖNNINGER, Verfassungsdiskussion im Lande Sachsen, in: LKV 1991, S. 9-12/ 9

266 Abgedruckt in: STOBER, Quellen, Text III.3., S. 141.

267 HEITMANN, in: Degenhart/ Meissner, Handbuch, § 1, RN 24, S. 45

1. Zusammensetzung und Arbeitsweise der Gemischten Kommission

Die Gemischte Kommission Sachsen/ Baden-Württemberg entstand infolge des - oben[268] bereits erwähnten - Besuches des baden-württembergischen Ministerpräsidenten aufgrund einer Vereinbarung zwischen diesem und den Vorsitzenden der drei sächsischen Bezirke.[269] Sie setzte sich sehr pluralistisch zusammen: Die sächsische Seite wurde durch Vertreter der „Gruppe der 20“ und von Mitgliedern der neuen CDU, der SPD und dem Bündnis 90/ Grüne repräsentiert; aus Baden-Württemberg kamen neben dem Universitätsprofessor *Hans von Mangoldt* der Ministerialdirigent im Justizministerium *Wolf-Dieter Eckardt* und *Konrad Freiherr v. Rotberg*, Ministerialdirigent im Innenministerium. In der Gemischten Kommission waren sowohl Mitglieder der verschiedenen Parteien als auch Parteilose vertreten, ein Spektrum also, dass insgesamt Gruppierungen von „rechts“ bis „links“ umfasste.[270] Darin wird eine „Kontinuität sowohl zu der Arbeit der 'Gruppe der 20' als auch zu der gesamten sächsischen Revolutionsbewegung von 1989“ sichtbar.[271]

Innerhalb der Kommission wurden anfangs zehn Fachgruppen gebildet; die Fachgruppe 11 („Verfassung, Verwaltungsreform“) wurde erst nach der Volkskammerwahl vom 18. März 1990 auf der dritten Tagung der Gemischten Kommission am 4. April 1990 gegründet, wodurch eine weitergehende Besetzung mit den neuen politischen Kräften ermöglicht und zugleich die politische Akzeptanz erhöht wurde.[272] Aufgrund der Bedeutung der Aufgabenstellung wurden Überlegungen angestellt, dieser Fachgruppe eine andere Legitimationsbasis zu geben als sie die bereits vorher existierenden Gruppen hatten. Daher bestätigten die „Runden Tische“ der drei Bezirke die Mitglieder der Fachgruppe. Des Weiteren erhielt

---

268 2. Teil, 2. Kap., § 10, II., vor 1.

269 HEITMANN, in: Degenhart/ Meissner, Handbuch, § 1, RN 23, S. 45. Zum Zustandekommen dieser Kommission vgl. auch näher MENGELE, Baden-Württembergs außenpolitische Rolle, S. 192 f.

270 STOBER, Quellen, Text III.3., S. 141; v. MANGOLDT, HANS, Entstehung und Grundgedanken, S. 13.

271 HEITMANN, in: Degenhart/ Meissner, Handbuch, § 1, RN 23, S. 45

272 Mitglieder der Arbeitsgruppe waren *Karl Bönninger* (Sektion Rechtswissenschaft der Universität Leipzig, Berater, im Sommer 1990 ausgetreten, da er keine Chance sah, seine Ziele [soziale Grundrechte, starker Ausbau plebiszitärer Elemente] zu erreichen), *Martin Böttger* (Neues Forum), *Wolf-Dieter Eckardt* (Justizministerium Baden-Württemberg), *Reiner Groß* (Staatsarchiv Dresden, Berater), *Steffen Heitmann* (Oberkirchenrat), *Bernd Kunzmann* (SPD), *Michael Lersow* (SPD), *Hans v. Mangoldt* (Juristische Fakultät der Universität Tübingen), *Volker Schimpff* (CDU, erst ab der dritten Session), *Arnold Vaatz* (CDU, Stellvertreter des Regierungsbeauftragten des Bezirkes Dresden für Länderbildung), *Konrad Freiherr von Rotberg* (Innenministerium Baden-Württemberg) und *Lutz Zimmermann* (Institut Recht in Wissenschaft und Technik der Technischen Universität Dresden), vgl. HEITMANN/ VAATZ, Nachbemerkung, S. 52 f.

die Fachgruppe ihre Legitimation durch die Integration ihrer Arbeiten in den „Koordinierungsausschuß für die Bildung des Landes Sachsen“.[273]

Die Fachgruppe 11 war wiederum in fünf Untergruppen geteilt, wovon eine die *Arbeitsgruppe „Landesverfassung“* war, die sich auf die Aufgabe der Ausarbeitung der Verfassung konzentrierte. Innerhalb der Arbeitsgruppe wurde anfangs eine Einigung in allen Punkten angestrebt. Dies erwies sich jedoch als zu (zeit-) aufwendig, so dass das umfassende Konsensprinzip nach und nach vom Mehrheitsprinzip abgelöst wurde.[274]

Insgesamt beeinflussten sechs Rahmenfaktoren den Gohrischen Entwurf, die dann auch zur Anerkennung der Landesverfassung in der Bundesrepublik führten: Zunächst wollten die Entwurfsverfasser keinen unmittelbaren Beitrag zur Belebung der verfassungstheoretischen Diskussion im vereinten Deutschland leisten, d.h. es wurde keine Ergänzung des Grundgesetzes um dort bislang nicht verankerte Rechte oder Institute angestrebt, zumal im vorliegenden Zusammenhang wichtigere und dringendere Aufgaben anstanden und auch der praktische Gewinn als gering eingeschätzt wurde. Jedoch sollten Gedanken, wie sie in der revolutionären Zeit des Jahres 1989 sichtbar wurden, zum Ausdruck kommen (1). Des Weiteren war der Entwurf von Anfang an als eine Verfassung angelegt, die auch nach der Geltungserstreckung des Grundgesetzes auf das Gebiet der ehemaligen DDR in Sachsen weiter gültig sein sollte. Aus diesem Grund widmete er besondere Aufmerksamkeit der Stellung der Landesverfassungen nach dem Grundgesetz (2) und betonte die freiheitlich-demokratische Grundordnung des Grundgesetzes, ohne dabei ideologische Ziele zu verfolgen (3). Der Entwurf war weiterhin - ohne auf eine Vollverfassung zu verzichten - um eine Verschlankung des Verfassungstextes bemüht, indem bestimmte Regelungen aus „Gründen der Offenhaltung des politischen Prozesses“ oder auch deshalb nicht in die Verfassung aufgenommen werden sollten, da sie „zu sehr ins Detail gingen, ohne daß hierfür ein gerade nur in der Verfassung zu befriedigender Regelungsbedarf“ bestehe (4). Schließlich zeichnete sich der Entwurf durch eine klare vertikale Gewaltenteilung aus (5) sowie (6) durch eine scharfe Abgrenzung von (einklagbaren) Grundrechten und (nicht einklagbaren) Staatszielbestimmungen.[275]

---

273 HEITMANN, Zur Entstehung des „Gohrischer Entwurfs“, in: Heitmann, Die Revolution in der Spur des Rechts, S. 31-49/ 42; HEITMANN, in: Degenhart/ Meissner, Handbuch, § 1, RN 23, S. 45

274 HEITMANN, in: Degenhart/ Meissner, Handbuch, § 1, RN 28, S. 46

275 Vgl. HEITMANN, Entstehung und Grundgedanken, in: Caesar u.a., Die Entwicklung der Rechtsstaatlichkeit, S. 11-27/ 16 ff.; vgl. auch V. MANGOLDT, HANS, Verfassung des Freistaates Sachsen, SächsVBl. 1993, S. 25-35/ 30; HEITMANN/ VAATZ, Nachbemerkung, S. 51-54/ 53.

2. Vorschlag und Korrektur des Selbstauflösungsrechtes in den Beratungen der Kommission

Der Gohrische Entwurf orientierte sich im Ganzen an der Verfassung des Landes Baden-Württemberg.[276] Dieser Anlehnung an Baden-Württemberg kommt eine gewisse Tradition zu, denn sowohl die Sächsische Verfassung von 1831 als auch die Sächsische Verfassung von 1920 nahmen sich - wie dargelegt[277] - die Verfassungen von Baden und Württemberg, die damals selbständige Länder waren, zum Vorbild. Auch wenn einige Abschnitte beinahe wortgetreu der Verfassung des Landes Baden-Württemberg vom 11. November 1953[278] entnommen wurden, stellt sich die Sächsische Verfassung nach dem Gohrischen Entwurf doch als eigenständige Regelung dar; es war m.a.W. ein „organischer, neuer Text"[279] entstanden. Dies zeigt sich nicht zuletzt an der Regelung des Selbstauflösungsrechtes, denn die Verfassung des Landes Baden-Württemberg kannte zur Zeit der sächsischen Verfassungsberatungen und noch darüber hinaus bis zum Jahre 1995 kein Selbstauflösungsrecht. Art. 54 Abs. 1 GE-I (vorzeitige Landtagsauflösung) bestimmte hingegen, dass sich der Landtag auf Beschluss von zwei Dritteln seiner Mitglieder selbst auflösen könne.

Die Anregung zur Aufnahme des Selbstauflösungsrechtes in den Gohrischen Entwurf stammte von dem Vorsitzenden der Arbeitsgruppe *Steffen Heitmann*. Nach Aussage des damaligen Berichterstatters des Verfassungs- und Rechtsausschusses *Bernd Kunzmann* übernahm Heitmann in seinem Vorschlag vom 28. Mai 1990 nahezu wörtlich den oben dargestellten Art. 51 Abs. 1 des Verfassungsentwurfes der „Gruppe der 20" vom 26. März 1990 für seinen Art. q, allerdings mit einer geringfügigen Abweichung: Statt „seiner Mitglieder" schlug Heitmann die Formulierung „seiner gesetzlichen Mitgliederzahl" vor. Jedoch kam die Gohrische Gruppe später wieder auf die Formulierung des Art. 51 Abs. 1 des Verfassungsentwurfes der „Gruppe der 20" zurück[280], wohl weil es keine ungesetzliche Mitgliederzahl gibt. Dem ist zwar grundsätzlich zuzustimmen, jedoch verdeutlicht Heitmanns Formulierung die Abgrenzung zur einfachen Mehrheit, d.h. zur Mehrheit der anwesenden Abgeordneten.

---

276 Bericht des Verfassungs- und Rechtsausschusses, DS 1/ 1800 (18.05.1992), auch abgedruckt in: STOBER, Quellen, Text III.10., S. 384-408/ 387. Darüber hinaus stellte der Entwurf des Zentralen Runden Tisches für eine neue Verfassung der DDR eine weitere Grundlage für diesen Entwurf dar, so RUX, Verfassungsentwürfe in den neuen Bundesländern, in: NJ 1992, S. 147-151/ 148, FN 4.

277 S.o. 2. Teil, 1. Kap., vor § 5 bzw. 2. Teil, 1. Kap., § 6, III. vor 1.

278 GBl. für Baden-Württemberg 1953, S. 173 i.d.F. vom 12.02.1991, GBl. für Baden-Württemberg 1991, S. 81

279 HEITMANN/ VAATZ, Nachbemerkung, S. 51-54/ 53

280 KUNZMANN, schriftliche Stellungnahme vom 05.01.2003

Nach Aussage des Beraters *von Mangoldt* hat die Regelung zum Selbstauflösungsrecht „keine schriftliche Kommentierung“ gefunden. Nach seinen Beratungsnotizen hat es darüber hinaus auch „keine irgendwie ins Detail gehende streitige Beratung dieser Vorschrift“ gegeben. Eine solche wurde wohl nicht als erforderlich angesehen. Des Weiteren habe sich die Arbeitsgruppe, v.a. aufgrund des engen zeitlichen Rahmens, auf „wesentliche“ Streitfragen konzentriert[281], zu dem das Selbstauflösungsrecht nicht zu gehören schien. All dies lässt darauf schließen, dass das Selbstauflösungsrecht eher als nebensächlich und in seinen Voraussetzungen und Folgen als unproblematisch angesehen wurde.

Danach gefragt, warum in Sachsen ein Selbstauflösungsrecht vorgeschlagen und nicht wie (damals) in Baden-Württemberg darauf verzichtet wurde, sagte *Heitmann* im Interview vom 27. November 2002, dass zum einen gesehen wurde, dass in fast allen anderen (westlichen) Bundesländern - Ausnahmen stellten zur Zeit der Beratungen zur Sächsischen Verfassung lediglich Baden-Württemberg und Bremen dar - diese Möglichkeit der vorzeitigen Beendigung der Wahlperiode vorgesehen war, zum anderen hätten bei den Beratungen die Kommentare von *Feuchte* und *Braun* zur Verfassung des Landes Baden-Württemberg vom 11. November 1953 vorgelegen. Darin finde sich in den Ausführungen zur Auflösung des Landtages nach Volksentscheid der Hinweis, dass der Verfassung von Baden-Württemberg ein Selbstauflösungsrecht fehle, was als „Manko“ empfunden worden sei.[282] Schließlich könne - so Heitmann weiter - durch eine Selbstauflösung in verfahrenen politischen Situationen, die denkbar seien (z.B. im Zusammenhang mit einem Misstrauensvotum, wenn es keine Mehrheit für einen Nachfolger des amtierenden Ministerpräsidenten gebe oder bei unklaren Mehrheitsverhältnissen im Landtag), eine Lösung gefunden werden. Hinsichtlich des Beschlussquorums äußerte Heitmann, dass solche schwierigen und tiefgreifenden Entscheidungen nicht einer einfachen Mehrheit überlassen werden könnten; aus diesem Grund sei das Erfordernis der Beschlussfassung mit zwei Dritteln der Mitglieder des Landtages aufgenommen worden.

Die Übernahme des Selbstauflösungsrechtes aus dem Entwurf der „Gruppe der 20“ in den Gohrischen Entwurf ist eine konsequente Umsetzung des Gedankens des Parlamentarismus auf der Grundlage der Volkssouveränität. Es ist den Beratern darin zuzustimmen, dass politische Konstellationen denkbar sind, in denen eine Auflösung des Landtages rasch und klar zur Bildung neuer, regierungsfähiger Mehrheiten führen kann, auch wenn dies nicht sicher ist. Daneben sind aber

---

281 Mitgeteilt in der schriftlichen Stellungnahme vom 05.12.2002.

282 Eine solche Stellungnahme konnte jedoch weder im BaWüVerf-Komm. von *Braun* noch in dem von *Feuchte* gefunden werden, so dass davon ausgegangen werden muss, dass das „Manko“ im Rahmen der Beratungen von baden-württembergischer Seite ausgesprochen wurde, wofür auch spricht, dass der Berater *v. Mangoldt* den Verfasser des ersten Entwurfes der „Gruppe der 20“ *Vaatz* auf das Selbstauflösungsrecht hinwies.

auch noch weitere Gründe für eine Selbstauflösung denkbar, wie z.B. die Rückgabe der politisch-rechtlichen Legitimation an das Wahlvolk in Fragen von grundsätzlicher Bedeutung.

Das im Verfassungsentwurf der „Gruppe der 20" vom 26. März 1990 noch vorgesehene Wort „mindestens" hinsichtlich der Beschlussfassung mit zwei Dritteln der Mitglieder des Landtages wurde in der Beratung der Arbeitsgruppe vom 15. Juni 1990 aus dem Text des zwischenzeitlich in Art. 66 Abs. 1 vorgesehenen Selbstauflösungsrechtes gestrichen. Es schien überflüssig, da eindeutig war, dass das vorgesehene Quorum eine Mindestanforderung darstellte. Eine ins Einzelne gehende Beratung hat es darüber aber nicht gegeben.[283]

Die daraus hervorgehende Formulierung stellte die Endfassung des Selbstauflösungsrechtes im Gohrischen Entwurf dar. Diesen Stand gibt die Beratungsvorlage zur Schlussberatung zum Gohrischen Entwurf am 25. Juli 1990 in Art. 52 Abs. 1 und 2 wieder; auch hier fand keine weiterführende Diskussion statt.[284] Der Abg. *Schimpff* ergänzte allerdings[285], dass vereinzelt auch geringere Mehrheitserfordernisse für ausreichend erachtet worden seien.[286] Nachdem sich aber herausgestellt hatte, dass dahingehende Vorstellungen keine Mehrheit finden würden, da sie „zu englisch" anmuteten, sei ein dementsprechender Antrag nicht gestellt worden.

Der Veröffentlichung in mehreren Tageszeitungen[287] schloss sich eine öffentliche Diskussion an. So sind von August bis Anfang Oktober 1990 über 200 Stellungnahmen beim Koordinierungsausschuss eingegangen. Einer der Bearbeiter dieser Zuschriften war der frühere Richter am Verwaltungsgericht Karlsruhe und Mitarbeiter des Bundesverfassungsgerichtes *Jürgen Rühmann*, der von der Führungsakademie des Landes Baden-Württemberg, einem Zentrum für Organisations- und Personalentwicklung, entsandt worden war. Seiner Ansicht nach ist das Selbstauflösungsrecht in die Sächsische Verfassung aufgenommen worden, weil die Ereignisse um den damaligen Bundeskanzler *Helmut Kohl* (1982/ 83) noch präsent gewesen seien. Dieser habe sich das Misstrauen aussprechen lassen, obwohl er das Vertrauen des Bundestages genoss („getürkte Vertrauensentziehung"). Ein Selbstauflösungsrecht des Parlamentes sei besser, bevor „faule

---

283 HANS V. MANGOLDT, schriftliche Stellungnahme vom 05.12.2002; ARNOLD VAATZ, persönliches Gespräch am 09.01.2003

284 Schriftliche Stellungnahme des Beraters V. MANGOLDT vom 05.12.2002

285 Gespräch mit dem Abg. VOLKER SCHIMPFF im Sächsischen Landtag am 10.02.2003

286 In den Materialien des SächsHStA findet sich insoweit ein Vorschlag des Mitgliedes der Fachgruppe 11 *Martin Böttger* vom 27.05.1990, der für eine Selbstauflösung die Zustimmung der Mehrheit der Mitglieder des Landtages ausreichen ließ (Art. 24), vgl. SÄCHSHSTA DRESDEN, [13035/ Sächsisches Staatsministerium der Justiz, Nr. 4]. Böttger lehnte sich an die Verfassung von Nordrhein-Westfalen an, schriftliche Stellungnahme vom 12.06.2003.

287 Unter anderem in: SZ vom 24.08.1990 (Verfassung des Landes Sachsen [Gohrischer Entwurf] i.d.F. vom 05.08.1990), Beilage, S. 5 ff.

Tricks“ angewendet würden, um ein gewünschtes Ergebnis zu erreichen.[288] Darauf wird noch näher einzugehen sein.[289]

Zum Selbstauflösungsrecht gingen keine Vorschläge oder Stellungnahmen ein, so dass es nicht Gegenstand weiterer Diskussionen in der Übergangsphase im Oktober 1990 wurde.[290] Die vorgebrachten Anregungen wurden in die - von den Mitgliedern der Arbeitsgruppe im Oktober 1990 durchgeführte - Überarbeitung einbezogen. Das Ergebnis vom 11./ 12. Oktober 1990 wurde am 23. Oktober 1990 als „Zweiter Gohrischer Entwurf“ der Öffentlichkeit vorgestellt.[291]

3. Der Gohrische Entwurf (CDU/ FDP) - überarbeitete Fassung vom 23. Oktober 1990, Drucksache 1/ 25

In der überarbeiteten Fassung wurde der Gohrische Entwurf auf der konstituierenden Sitzung des Sächsischen Landtages den Abgeordneten übergeben und von der CDU- und der FDP-Fraktion am 8. November 1990 als Drucksache 1/ 25 in den Landtag eingebracht. Er bildete für den Verfassungs- und Rechtsausschuss, in den der Verfassungsentwurf nach der Ersten Lesung überwiesen wurde, die maßgebliche Arbeitsgrundlage.

Die Fraktionen der CDU und FDP legten keinen eigenen Entwurf vor[292], da es ihnen angebracht erschien, aus den bisherigen vorparlamentarischen Entwürfen denjenigen als Grundlage der Verfassungsberatungen heranzuziehen, der die größten Aussichten auf Umsetzung hatte.[293] Dies war offenbar sowohl der CDU als auch der FDP zufolge der überarbeitete Gohrische Entwurf. Wie schon der

---

288 Gespräch mit JÜRGEN RÜHMANN am 12.11.2002

289 5. Teil, 2. Kap., § 27, I.

290 Schriftliche Äußerung des Beraters V. MANGOLDT vom 05.12.2002

291 HEITMANN, in: Degenhart/ Meissner, Handbuch, § 1, RN 29, S. 46 f. Er ist abgedruckt in: STOBER, Quellen, Text III.3., S. 143 ff.

292 Nachdem der Abg. *Schimpff* (CDU) die Verfassungsentwürfe des Rates der Bezirke und der „Gruppe der 20“ samt ihren Schwachpunkten gesehen hatte, initiierte er einen eigenen *Entwurf der Leipziger CDU*. Hierzu habe er vergleichend die Verfassungen der anderen Bundesländer herangezogen, insbesondere die von Bayern, Baden-Württemberg und Rheinland-Pfalz. Zu diesem Zeitpunkt sei ihm noch nicht bekannt gewesen, dass der Verfassungsentwurf der „Gruppe der 20“ inzwischen die Basis für den Gohrischen Entwurf geworden war. Der Entwurf der Leipziger CDU sei dann nicht eingebracht worden, da der Gohrische Entwurf aus einer „revolutionären Konsensdemokratie“ entstanden sei und auf einer „breiten, nahezu paritätischen Vorberatung“ beruhe. Allerdings wurde der Entwurf der Leipziger CDU ab Juni 1990 mit in die Beratungen der in Gohrisch tagenden Arbeitsgruppe einbezogen, so der Abg. SCHIMPFF in einem persönlichen Gespräch am 10.02.2003, vgl. auch HINDS, Die neue Verfassung des Freistaates Sachsen, in: ZRP 1993, S. 149-151/ 149, FN 4. Der Entwurf findet sich in der privaten Aktensammlung des Abg. SCHIMPFF. Hinsichtlich des Selbstauflösungsrechtes war in Art. 30 Abs. 1 vorgesehen, dass sich der Landtag auf Beschluss einer Zweidrittelmehrheit der gewählten Abgeordneten selbst auflösen kann.

293 Vgl. STOBER, Quellen, Text III.3., Begründung, S. 141.

Gohrische Entwurf vom 5. August 1990 orientierte sich auch der Gohrische Entwurf in seiner überarbeiteten Fassung am Grundgesetz, wollte mit diesem im Einklang stehen, aber zugleich die Möglichkeiten für eine individuelle Entfaltung des Landes nutzen.[294]

Wie in den vorher erörterten Verfassungsentwürfen sah auch der Gohrische Entwurf in seiner überarbeiteten Fassung ein Selbstauflösungsrecht für den Sächsischen Landtag vor. Dieses ist im Vergleich zum ersten Gohrischen Entwurf unverändert. Insgesamt führt der Vergleich der beiden Gohrischen Entwürfe zur Feststellung einer „Kontinuität im Geiste, zum Teil auch in den Formulierungen".[295] Letzteres trifft auch auf das Selbstauflösungsrecht zu. Im Gegensatz zu den o.g. Verfassungsentwürfen der parlamentarischen Arbeitsgruppe des Bezirkstages Dresden und der „Gruppe der 20" sollte nach dem Vorschlag der Gemischten Kommission die Wahlperiode (erst) mit dem Zusammentritt des neuen Landtages enden (Art. 41 Abs. 1 S. 2 GE-II) und damit eine parlamentslose Zeit vermieden werden, so dass die Einrichtung ständiger Ausschüsse entbehrlich wurde.

IV. Weitere Entwürfe und ihre Relevanz für das Selbstauflösungsrecht

Neben dem Gohrischen Entwurf gab es weitere Entwürfe für die Sächsische Verfassung. Zu erörtern sind hier der Entwurf sächsischer Hochschullehrer, der der Fraktion Bündnis 90/ Grüne und der der Fraktion Linke Liste-PDS.

1. Der Entwurf sächsischer Hochschullehrer

Der Entwurf sächsischer Hochschullehrer[296] griff auf Gedanken und Vorstellungen des Entwurfes der Arbeitsgruppe „Neue Verfassung der DDR" des Runden Tisches vom 4. April 1990[297], aber auch auf die neue Verfassung des Landes

---

294 So auch v. MANGOLDT, HANS, Entstehung und Grundgedanken, S. 19.

295 BÖNNINGER, Verfassungsdiskussion im Lande Sachsen, in: LKV 1991, S. 9-12/ 9. Auffällig ist allerdings, dass der erste Gohrische Entwurf noch vom „Land" Sachsen spricht, während in der überarbeiteten Fassung bereits vom „Freistaat" die Rede ist. Mit dieser Begrifflichkeit sollte die Entwicklung vom „Stasi-Staat" zur demokratischen Grundordnung hervorgehoben werden, so v. MANGOLDT, HANS, Entstehung und Grundgedanken, S. 15 f. Offiziell wurde der Begriff „Freistaat" für Sachsen aufgrund des Antrages der CDU-Fraktion vom 27.10.1990 (Sächsischer Landtag, DS 1/ 9) in der ersten Sitzung des Sächsischen Landtages vom gleichen Tag beschlossen, vgl. Sächsischer Landtag, Plenarprotokoll 1/ 1, S. 27 f.

296 Die neue Verfassung für das Land Sachsen. Mit Vorbemerkung von Thomas Meyer und Ausschnitten aus einem Referat des Mitverfassers Ekkehard Lieberam, Oktober 1990

Schleswig-Holstein von 1990 sowie auf die Verfassungen weiterer westlicher Bundesländer zurück. Der Entwurf beruhte im Wesentlichen auf den Ideen des ehemaligen Mitgliedes der Gohrischen Gruppe *Karl Bönninger*, Hochschulprofessor in Leipzig und seines Kollegen *Ekkehard Lieberam*.[298] Er setzte sich zum Ziel, die unveräußerlichen Menschenrechte, das Prinzip der Volkssouveränität und die Gewaltenteilung so auszugestalten, dass sie zum festen Bestandteil des politisch-rechtlichen Lebens würden.[299] Besonders ist das darin vorgesehene Institut eines Landesforums hervorzuheben.[300] Dieses sollte die Interessen „sozialer, wirtschaftlicher, politischer und gemeindlicher Verbände" als eine Art „Zweite[...] Kammer" vertreten (Art. 85 Abs. 1).[301] Gem. Art. 89 Abs. 1 sollte das Landesforum das Recht haben, Vorlagen zu Gesetzen oder andere Maßnahmen der politischen Willensbildung unmittelbar oder über die Landesregierung in den Landtag einzubringen.

Der Ansicht, dass der Entwurf sächsischer Hochschullehrer in Anlehnung an die Regelung des Art. 26 SächsVerf 1947 den Landtag als *das* höchste statt als *ein* Hauptorgan der politischen Willensbildung ansah, mit der Folge, dass das Prinzip der Gewaltenteilung nicht konsequent durchgeführt sei[302], kann nicht gefolgt werden.[303] Zwar legt die Formulierung in Art. 63 Abs. 1 des Entwurfes diese Auslegung nahe, jedoch orientierte sich dieser Entwurf - nach Aussage seiner Verfasser - nicht an Art. 26 Abs. 1 SächsVerf 1947[304], sondern vielmehr an Art. 10 Abs. 1 SchlHVerf, der bestimmt, dass der Landtag das vom Volk gewählte *oberste* Organ der politischen Willensbildung ist und an den Vorgaben des Grundgesetzes[305], in denen das Verhältnis des Bundestages zu den anderen Bundesorganen durch ein System horizontaler und vertikaler Gewaltenverschränkungen gekennzeichnet ist.[306] Mit dieser Formulierung sollte lediglich insoweit die

---

297 Abgedruckt in: JöR 39 [1990], S. 350 ff. Bereits 1831 und 1947 entstand die Sächsische Verfassung vor der gesamtdeutschen. Die Entwurfsverfasser gingen davon aus, dass dies nun zum dritten Male geschehen werde, vgl. LIEBERAM, Bürgerdemokratie, in: IDEE e.V. (Hrsg.), Die neue Verfassung für das Land Sachsen, S. 28-32/ 28.

298 Weiterhin wirkten folgende Hochsschullehrer der damals so benannten Karl-Marx-Universität Leipzig am Verfassungsentwurf mit: *Lutz Boden*, *Dietrich Fuchs*, *Klaus Gläß*, *Fritz Halm*, *Rosemarie Jarosch*, *Regine Kaden*, *Wolfgang Menzel*, *Manfred Premßler*, *Karola Wille* und *Peter Zimmermann*.

299 LIEBERAM, Bürgerdemokratie, in: IDEE e.V. (Hrsg.), Die neue Verfassung für das Land Sachsen, S. 28-32/ 28

300 Hierbei haben sich die Entwurfsverfasser an der Stellung des Senats in der Verfassung des Freistaates Bayern vom 02.12.1946 orientiert, vgl. LIEBERAM, Bürgerdemokratie, in: IDEE e.V. (Hrsg.), Die neue Verfassung für das Land Sachsen, S. 28-32/ 30.

301 BÖNNINGER, Verfassungsdiskussion im Lande Sachsen, in: LKV 1991, S. 9-12/ 11

302 V. MANGOLDT, HANS, Entstehung und Grundgedanken, S. 28, FN 55

303 So auch DREHWALD/ JESTAEDT, Sachsen als Verfassungsstaat, S. 75.

304 Zur Stellung des Landtages nach der Sächsischen Verfassung vom 28.02.1947 s. bereits oben 2. Teil, 1. Kap., § 7, I.2.

305 Vgl. nur BÖNNINGER, Verfassungsdiskussion im Lande Sachsen, in: LKV 1991, S. 9-12/ 11. Bei dem auf S. 11 angegebenen Verweis auf Art. 59 (anstelle auf Art. 10) SchlHVerf dürfte es sich um ein Schreibversehen handeln.

Stellung des Landtages etwas hervorgehoben werden, als dieser das einzige direktdemokratische Organ ist. Konkrete „Kompetenzansprüche" gegenüber den anderen Verfassungsorganen sollten damit nicht begründet werden.[307] Gewaltenteilungsprobleme ergeben sich daher nicht. Im Übrigen lässt auch dieser Entwurf gem. Art. 66 Abs. 1 S. 1 das Ende der Wahlperiode mit dem Zusammentritt des neuen Landtages zusammenfallen. Nach Art. 66 Abs. 1 S. 2, 3 sollte der Landtag auf vier Jahre gewählt werden und die Neuwahl im letzten Vierteljahr der Wahlperiode stattfinden.

Auch der Entwurf sächsischer Hochschullehrer betonte das Prinzip der Volkssouveränität. Die politische Legitimation sollte „jederzeit" mittels des Selbstauflösungsrechtes gem. Art. 66 Abs. 2 an das Wahlvolk zurückgegeben werden können. Hierfür sollte ein Beschluss von zwei Dritteln der gesetzlichen Zahl der Abgeordneten erforderlich sein. Darüber hinaus musste der Beschluss zugleich den Termin für die Neuwahl enthalten. Der Entwurf sächsischer Hochsschullehrer unterscheidet sich damit inhaltlich hinsichtlich des Selbstauflösungsrechtes vom Gohrischen Entwurf (ursprüngliche und überarbeitete Fassung) nur durch das Erfordernis der mit dem Selbstauflösungsbeschluss gleichzeitigen Bestimmung eines Termins für Neuwahlen. Durch dieses Erfordernis wurde der Gedanke hervorgehoben, dass das Volk Träger der Staatsgewalt ist, weil es im parlamentarischen System keine landtagslose Zeit geben sollte.

Der Entwurf stieß jedoch zum einen wegen seiner unterstellten Nähe zur Sächsischen Verfassung von 1947 und damit zum „demokratischen Zentralismus" und zum anderen wegen der ihm eigenen Verbindung von sozialen Staatszielen und Grundrechten auf Kritik.[308] Er wurde deshalb auch nicht in den Sächsischen Landtag eingebracht.

2. Der Gesetzentwurf der Fraktion Linke Liste-PDS - Drucksache 1/ 26

Ungeachtet der kritischen Stimmen diente der Entwurf sächsischer Hochschullehrer den Fraktionen Linke Liste-PDS und Bündnis 90/ Grüne als Grundlage für

---

306 S. dazu näher ACHTERBERG/ SCHULTE, in: v. Mangoldt/ Klein, GG-II, Art. 38 Abs. 1, RN 14, S. 978.

307 In Schleswig-Holstein wurde die Formulierung gewählt, um die Zurückgewinnung von - durch Kompetenzzuwachs der Regierung verdrängten - parlamentarischen Rechten zu betonen, vgl. HAMER, Von der „Ministerpräsidenten-Verfassung" zur „Parlaments-Verfassung", S. 9-20/ 13, 15. Auch ist die Landesregierung gem. Art. 26 Abs. 1 S. 1 SchlH-Verf „im Bereich der vollziehenden Gewalt oberstes Leitungs-, Entscheidungs- und Vollzugsorgan". Vgl. zur Bedeutung des Landtages als „oberstes Organ" auch LINCK, in: Linck/ Jutzi/ Hopfe, Die Verfassung des Freistaats Thüringen, Art. 48, RN 2 f., S. 369; LEY, Staats- und Verwaltungsrecht RhPf, A., RN 66, S. 61.

308 Vgl. DREHWALD/ JESTAEDT, Sachsen als Verfassungsstaat, S. 75.

ihren Gesetzentwurf. Insbesondere die Idee des Landesforums wurde übernommen. In der Entwurfsbegründung der Fraktion Linke Liste-PDS heißt es, dass ihr Entwurf nicht als Gegenvorschlag, sondern als „Diskussionsgrundlage zur Konkretisierung und Reife, insbesondere der Bestimmungen [...] zu den plebiszitären Elementen der Verfassung im Sinne der engeren Verbindung der parlamentarischen (Vertreter-) Demokratie und der Bürgerdemokratie" anzusehen sei.[309]

Auch in diesem Verfassungsentwurf war ein Selbstauflösungsrecht des Landtages enthalten. In Wortlaut und systematischer Stellung entsprach der betreffende Artikel der Regelung des Entwurfes sächsischer Hochschullehrer. Der Entwurf wurde als Drucksache 1/ 26 am 9. November 1990 in den Sächsischen Landtag eingebracht und war Gegenstand der Verfassungsberatungen im Plenum und im Verfassungs- und Rechtsausschuss des Sächsischen Landtages (s. dazu § 11).

3. Der Gesetzentwurf der Fraktion Bündnis 90/ Grüne - Drucksache 1/ 29

Auch der Gesetzentwurf der Fraktion Bündnis 90/ Grüne basiert im Wesentlichen auf dem Entwurf sächsischer Hochschullehrer, so dass sich die Entwürfe der Fraktionen Linke Liste-PDS und Bündnis 90/ Grüne nur geringfügig unterscheiden. Der Abg. *Donner* erklärte die Heranziehung des Verfassungsentwurfes sächsischer Hochschullehrer damit, dass dieser weitgehend den Vorstellungen seiner Fraktion von einem demokratischen, sozialen, kulturellen und ökologischen Staat entsprochen habe. In ihm seien „nie verwirklichte Ideale der DDR" wie Grundrechte, Demokratie, staatsfreie Schule sowie Trennung von Kirche und Staat miteinander verbunden.[310] In der Begründung des Gesetzentwurfes der Fraktion Bündnis 90/ Grüne heißt es, dass der Mensch als „selbstbestimmt und verantwortlich handelndes Individuum" angesehen werden solle. Demzufolge werde - direktdemokratischen Tendenzen folgend - das Demokratieprinzip insbesondere dadurch umgesetzt, dass das Volk unmittelbaren Einfluss auf Gesetzgebung und Verwaltung erhalte. Damit würde nicht auf das Grundgesetz zur Zeit seiner Gründung zurückgegriffen, sondern fänden Erfahrungen aus den späten 1960er, 70er und 80er Jahren sowie eigene Vorstellungen Berücksichtigung. Der Entwurf betonte darüber hinaus umfangreiche Kontrollrechte des Landtages gegenüber der Regierung.[311]

Hinsichtlich der Ausführungen zum parlamentarischen Selbstauflösungsrecht kann auf den Verfassungsentwurf der Fraktion Linke Liste-PDS verwiesen wer-

---

309 Vgl. Sächsischer Landtag, DS 1/ 26 (09.11.1990), Begründung.

310 Schriftliche Stellungnahme vom 05.02.2003

311 Gesetzentwurf der Fraktion Bündnis 90/ Grüne, Sächsischer Landtag, DS 1/ 29 (12.11.1990), Begründung

den: So finden sich die betreffenden Artikel wortlautgetreu an der gleichen Stelle in deren Entwurf. Am 8. November 1990 wurde der Entwurf der Fraktion Bündnis 90/ Grüne als Drucksache 1/ 29 in den Sächsischen Landtag eingebracht und war somit ebenfalls Gegenstand der Verfassungsberatungen im Plenum und im Verfassungs- und Rechtsausschuss (s. dazu § 11).

4. Der Antrag der SPD-Fraktion vom 12. November 1990 - Drucksache 1/ 31

Nach dem Antrag der SPD-Fraktion vom 12. November 1990 sollte der Gohrische Entwurf in seiner überarbeiteten Fassung Diskussionsgrundlage für die weiteren Verfassungsberatungen sein, da er unter Mitwirkung der entscheidenden politischen Kräfte in Sachsen entstanden sei.[312] Das zeige, so der damalige Sächsische Staatsminister der Justiz *Heitmann*, dass der Gohrische Entwurf so qualifiziert gewesen sei, dass man an ihm nicht vorbeikommen konnte; selbst die Opposition (außer den Fraktionen Linke Liste-PDS und Bündnis 90/ Grüne) habe diesen Entwurf als Diskussionsgrundlage anerkannt.[313]

V. Vergleich der Verfassungsentwürfe hinsichtlich des Selbstauflösungsrechtes

Zunächst ist festzuhalten, dass *jeder* der in den Landtag eingebrachten Verfassungsentwürfe ein Selbstauflösungsrecht des Landtages vorsah. Darüber hinaus fällt auf, dass kein Verfassungsentwurf explizit materielle Voraussetzungen des Selbstauflösungsrechtes benennt.

1. Übereinstimmung hinsichtlich des Erfordernisses des 2/3-Beschlussquorums

Gemeinsam ist den Entwürfen - abgesehen von der Bejahung eines Selbstauflösungsrechtes und dem Fehlen materieller Anforderungen hierfür -, dass für einen Selbstauflösungsbeschluss eine Mehrheit von zwei Dritteln der Mitglieder des Landtages gefordert wurde. Ebenso ist in keinem der Entwürfe ein besonderes Antragsquorum vorgesehen.

---

312 Gesetz zur Ausarbeitung und Annahme der Sächsischen Verfassung. Antrag der SPD-Fraktion, Sächsischer Landtag, DS 1/ 31

313 Äußerung im Rahmen eines persönlichen Gespräches am 27.11.2002

Übereinstimmend sprechen des Weiteren alle Entwürfe von der „Auflösung" des Sächsischen Landtages und nicht von der „vorzeitigen Beendigung der Wahlperiode". Bemerkenswert ist allerdings, dass der Entwurf der Fraktionen Bündnis 90/ Grüne und der der Linken Liste-PDS bei einer Auflösung des Landtages nach gescheiterter Vertrauensfrage letztere Terminologie verwenden (vgl. jeweils Art. 96). Dies deutet aber nicht auf inhaltliche Unterschiede. Vielmehr werden lediglich verschiedene Formulierungen verwendet.[314]

2. Termin für Neuwahlen

Hinsichtlich des Termins für Neuwahlen nach einer Landtagsauflösung sahen bis auf den Verfassungsentwurf der parlamentarischen Arbeitsgruppe des Bezirkstages Dresden, welcher in Art. 39 Abs. 1 Var. 2 eine Frist von maximal 45 Tagen setzte, alle Entwürfe vor, dass spätestens nach 60 Tagen Neuwahlen stattfinden sollten (s. Art. 51 des Entwurfes der „Gruppe der 20" vom 26. März 1990, Art. 41 Abs. 2 Var. 2 GE-I, -II, Art. 66 Abs. 4 des Entwurfes sächsischer Hochschullehrer bzw. der Fraktionen Linke Liste-PDS und Bündnis 90/ Grüne). Zusätzlich forderten die Entwürfe der sächsischen Hochschullehrer bzw. der Fraktionen Bündnis 90/ Grüne und Linke Liste-PDS, dass gleichzeitig mit dem Auflösungsbeschluss über den Termin der Neuwahlen entschieden werden müsse.

§ 11 Die Behandlung der Verfassungsentwürfe in den Ausschüssen und im Plenum des Sächsischen Landtages

Die behandelten Verfassungsentwürfe, so qualifiziert sie waren, bedurften noch weiterer fachlicher Bearbeitung durch den Sächsischen Landtag als verfassunggebender Landesversammlung[315]. Insbesondere war ein einheitlicher Verfassungstext unter Berücksichtigung der eingebrachten Verfassungsentwürfe und der damit verbundenen politisch-rechtlichen Vorstellungen zu formulieren. Dies geschah im Plenum des Sächsischen Landtages sowie (überwiegend) im Verfassungs- und Rechtsausschuss.

---

314 Vgl. dazu bereits 1. Teil, 1. Kap., § 1, I.2.
315 Vgl. DS 1/ 1775 (30.04.1992).

I. Erste Lesung der Verfassungsentwürfe - Plenarprotokoll 1/ 3 vom 15. November 1990

In der Landtagssitzung vom 15. November 1990 fand die Erste Lesung der Gesetzentwürfe „Verfassung des Freistaates Sachsen" und „Gesetz zur Ausarbeitung und Annahme der Sächsischen Verfassung" statt.

Damit das Verfassunggebungsverfahren überhaupt in Gang kam, musste zunächst ein Verfassungsentwurf eingebracht werden. Dies konnte gem. § 1 Abs. 2 des Vorschaltgesetzes durch die Regierung oder aus der Mitte des Landtages erfolgen. Mit den (aufgrund gängiger Parlamentspraxis fortlaufend nach ihrem Eingang bei der Parlamentarischen Geschäftsstelle des Sächsischen Landtages nummerierten) Drucksachen 1/ 25 (GE-II), 1/ 26 (Entwurf der Fraktion Linke Liste-PDS) und 1/ 29 (Entwurf der Fraktion Bündnis 90/ Grüne) wurden am 8. und 9. November 1990 die Verfassungsentwürfe aus der Mitte des Landtages eingebracht.

1. Begründung der Entwürfe

Die Einbringung des Gohrischen Entwurfes in seiner überarbeiteten Fassung begründete und erläuterte der Abg. *Schimpff* (CDU) mit der Entstehung aus Beratungen von „Vertretern verschiedener politischer Parteien mit Sachverständigen aus Sachsen und Baden-Württemberg" sowie der kontinuierlichen Mitwirkung von Verfassern des Entwurfes der Dresdner „Gruppe der 20", des Entwurfes der Leipziger CDU sowie des PDS-Entwurfes. Dabei hob er die öffentliche Diskussion und die sich daran anschließende Überarbeitung hervor.[316]

Der Abg. *Wolfgang Richter* (FDP) begründete die Vorlage eines gemeinsamen Antrages mit der CDU damit, dass der Gohrische Entwurf seines Erachtens in der überarbeiteten Fassung auf breite Zustimmung im Landtag und bei der Bevölkerung stoßen werde. Die FDP werde daher ihre eigenen politischen Vorstellungen nur durch sachdienliche Anträge im Rahmen der parlamentarischen Arbeit einbringen, besonders in den Bereichen Grundrechte, Minderheitenschutz und Rechtsprechung.[317]

Hingegen legte der Abg. *Michael Friedrich* im Namen der Fraktion Linke Liste-PDS einen eigenen Entwurf vor, um einen „eigenständigen Beitrag Sachsens" zu leisten und nicht lediglich pauschal Verfassungen der westdeutschen Länder zu übernehmen. Dabei bezog er sich auf den Verfassungsentwurf des „Runden Tisches" vom 4. April 1990, der eine „tragfähige Grundlage, zumindest aber eine

---

[316] Sächsischer Landtag, Plenarprotokoll 1/ 3, S. 105 f.
[317] Sächsischer Landtag, Plenarprotokoll 1/ 3, S. 106

wichtige Inspirationsquelle für die Sächsische Landesverfassung" darstelle, weil dieser Entwurf seinerzeit durch das Zusammenarbeiten „aller politisch relevanten Kräfte" entstanden sei. Da der Verfassungsentwurf sächsischer Hochschullehrer diesen „Intentionen weitgehend gefolgt" sei und für den Freistaat Sachsen „sehr interessante Untersetzungen und Weiterentwicklungen des Verfassungsrechts" biete, habe die Fraktion Linke Liste-PDS den Verfassungsentwurf sächsischer Hochschullehrer „in leicht modifizierter Form", eingebracht. In seinen weiteren Ausführungen räumte Friedrich aber ein, dass auch die anderen Entwürfe zur Diskussion gestellt werden sollten; ein alleiniges Abstellen nur auf den Gohrischen Entwurf halte seine Fraktion jedoch für zu einseitig. In diesem Zusammenhang wies er darauf hin, den Blick nicht nur auf Baden-Württemberg, sondern auch auf andere Bundesländer, z.B. Schleswig-Holstein, zu richten.[318]

Der Abg. *Donner* (Bündnis 90/ Grüne) übte Kritik am Gohrischen Entwurf. Dieser sei ein sog. „Dunkelkammerentwurf", da er „unter Ausschluß der Bürgerinnen und Bürger erarbeitet" worden sei, was insoweit nicht recht verständlich ist, als er veröffentlicht wurde und die Bürger die Möglichkeit zur Stellungnahme hatten. Des Weiteren - so der Abg. Donner - sei die „Auswahl der bundesdeutschen Berater" zu „einseitig aus dem Bereich der Ministerialbürokratie" getroffen worden; deshalb bringe die Fraktion Bündnis 90/ Grüne einen eigenen Verfassungsentwurf ein. Mit ihm wolle sie die Möglichkeit zur landespolitischen Ausgestaltung voll ausschöpfen und die Chance zum politischen Experiment ergreifen. Seine Fraktion halte darüber hinaus auch einige Ideen des „Runden Tisches" für durchaus konsensfähig.[319]

Schließlich nahm für die SPD-Fraktion der Abg. *Michael Lersow* Stellung: Der Gohrische Entwurf (überarbeitete Fassung) erscheine als geeignete Diskussionsgrundlage, denn er orientiere sich am Grundgesetz. Er wies aber darauf hin, dass die Einbeziehung zwischenzeitlicher Entwicklungen (nach 1949) und anderer Verfassungsentwürfe notwendig sei.[320]

2. Überweisung der Entwürfe an den Verfassungs- und Rechtsausschuss

Nachdem die Fraktionen ihre Entwürfe vorgestellt bzw. dazu Stellung bezogen hatten, fasste der Vizepräsident des Sächsischen Landtages *Dieter Rudorf* zusammen, dass drei Verfassungsentwürfe, nämlich der Gohrische Entwurf, der Entwurf der Fraktion Linke Liste-PDS und der der Fraktion Bündnis 90/ Grüne eingebracht seien. Er machte daraufhin den Vorschlag - wie bereits von den Abg.

318 Sächsischer Landtag, Plenarprotokoll 1/ 3, S. 107
319 Sächsischer Landtag, Plenarprotokoll 1/ 3, S. 108 f.
320 Sächsischer Landtag, Plenarprotokoll 1/ 3, S. 110

Donner und *Lersow* empfohlen[321] - die drei Entwürfe an alle[322] Ausschüsse des Sächsischen Landtages zu überweisen, was einstimmig angenommen wurde. Weiterhin wurde gebilligt, dass durch alle Ausschüsse bis zum 31. Dezember 1990 Zuarbeiten an den Verfassungs- und Rechtsausschuss erfolgen sollten. Die Aufgabe des Ausschusses bestand neben der Beratung von Gesetzentwürfen, Anträgen und Initiativen der Fraktionen bzw. der Staatsregierung insbesondere in der Erarbeitung eines Verfassungsentwurfes.[323] Aufgrund der Zusammensetzung des Landtages und damit auch des Verfassungs- und Rechtsausschusses[324] - nach der Landtagswahl vom 14. Oktober 1990 errang die CDU mit 53,8 % die absolute Mehrheit - hatte der Gohrische Entwurf die besten Chancen, die Beratungen zu passieren.

II. Zweifel an der Notwendigkeit eines Selbstauflösungsrechtes auf der ersten Klausurtagung des Verfassungs- und Rechtsausschusses am 21./ 22. Dezember 1990

In Folge der Überweisung der Verfassungsentwürfe auch an den Verfassungs- und Rechtsausschuss fand dessen erste Klausurtagung am 21./ 22. Dezember 1990 in Gohrisch statt. Zuvor wurde die Vorgehensweise des Verfassungs- und Rechtsausschusses für die Verfassungsberatungen festgelegt.

1. Festlegungen über die Vorgehensweise bei den Verfassungsberatungen auf den ersten beiden Sitzungen des Verfassungs- und Rechtsausschusses Ende 1990

Der Verfassungs- und Rechtsausschuss beriet auf seiner ersten Sitzung am 20. November 1990 über seinen Arbeitsplan. Zu ihrem Vorsitzenden bzw. stellvertretenden Vorsitzenden wählten die Ausschussmitglieder die Abg. *Schimpff* (CDU) und *Donner* (Bündnis 90/ Grüne).

Auf seiner zweiten Sitzung am 30. November 1990 legte der Verfassungs- und Rechtsausschuss fest, dass nach einer Einarbeitung in die Verfassungsentwürfe zunächst die Arbeitsgrundlage bestimmt und anschließend ein Diskussionsent-

---

321 Sächsischer Landtag, Plenarprotokoll 1/ 3, S. 109, 110

322 Zum damaligen Zeitpunkt waren noch nicht alle Ausschüsse kreiert. Die nicht genaue Fixierung war aber insofern nicht hinderlich, da „alle" eindeutig sei, so der Vizepräsident, in: Sächsischer Landtag, Plenarprotokoll 1/ 3, S. 110.

323 OLIVIER, Verfassung in der Diskussion, in: Landtagskurier 1991, S. 4

324 Gemäß § 13 Abs. 2 S. 1 der vorläufigen GO-SLT vom 23.10.1990 richtete sich die Besetzung der Ausschüsse nach dem Verhältnis der politischen Kräfte im Parlament.

wurf mit eventuellen Minderheitsvoten erstellt werden sollte. Dieser sollte sodann veröffentlicht werden, um interessierten Kreisen der Bevölkerung Gelegenheit zur Stellungnahme zu geben. Darüber hinaus sollten öffentliche Anhörungen hinsichtlich wichtiger Fragen stattfinden. Nach Auswertung dieser Stellungnahmen und Anhörungen sollte dann ein Verfassungsentwurf erarbeitet und dem Landtag vorgelegt werden, mit dem Ziel, diesen zu verabschieden.[325]

Unter TOP 5 berieten die Mitglieder des Verfassungs- und Rechtsausschusses über die Zulassung von Fraktionsberatern für die Klausurtagungen. Im Gegensatz zur CDU wollten die Oppositionsfraktionen Berater hinzuziehen. Im Ergebnis wurde beschlossen, dass - unabhängig von dem Recht des damaligen Sächsischen Staatsministers der Justiz *Heitmann*, Berater seiner Wahl hinzuzuziehen - die CDU-Fraktion einen Berater bestellen und die anderen Fraktionen zusammen einen Berater benennen sollten. In diesem Zusammenhang bestellte der Ausschuss die Staatsrechtslehrer *Hans von Mangoldt* von der Universität Tübingen und *Hans-Peter Schneider* von der Universität Hannover zu seinen Beratern.[326] Als persönliche Berater des Justizministers nahmen Ministerialdirigent *Eckardt* aus dem Baden-Württembergischen Justizministerium und zeitweise *Jürgen Rühmann* sowie *Andrea Franke* aus dem Sächsischen Justizministerium an den Klausurtagungen teil.[327] Sodann begann die Ausschussarbeit zum Inhalt der Verfassung. Hierzu gehörte auch die Behandlung des Selbstauflösungsrechtes.

2. Behandlung der einzelnen Artikel, insbesondere des Selbstauflösungsrechtes in den Verfassungsberatungen

Nach mündlichen Äußerungen des Beraters der SPD-Fraktion *Michael Haas*[328] wurde zu jedem Artikel zumindest kurz über Sinn und Zweck diskutiert. Hinsichtlich Art. 54 Abs. 1 GE-II, der das Selbstauflösungsrecht des Landtages vorsah, erinnerte er sich an eine ca. 15-minütige Diskussion (innerhalb einer Sit-

---

[325] Bericht des Verfassungs- und Rechtsausschusses, DS 1/ 1800 (18.05.1992), auch abgedruckt in: STOBER, Quellen, Text III.10., S. 384-408/ S. 389 f.

[326] SCHIMPFF/ RÜHMANN, Protokolle, 2. Sitzung, S. 15

[327] An den Klausurtagungen nahmen weiter der Staatsminister der Justiz *Steffen Heitmann* und die Abg. *Volker Schimpff* (CDU), *Marko Schiemann* (CDU), *Wolf-Dieter Beyer* (CDU), *Dietmar Franke* (CDU), *Günter Krone* (CDU), *Klaus-Dieter Kühnrich* (CDU), *Hans Heinz Lehner* (CDU), *Bernd Kunzmann* (SPD), *Klaus Bartl* (Linke Liste-PDS) und *Ralf Donner* (Bündnis 90/ Grüne) während der gesamten Beratungszeit, die Abg. *Erich Iltgen* (CDU), *Volker Bandmann* (CDU), *Horst Gallert* (CDU), *Klaus Günther* (CDU), *Dieter Reinfried* (CDU), *Peter Schowtka* (CDU), *Benedikt Dyrlich* (SPD), *Wolfgang Marcus* (SPD), *Gisela Schwarz* (SPD), *Friedemann Tiedt* (SPD), *Günter Kröber* (FDP), *Wolfgang Richter* (FDP) und *Ute Georgi* (FDP) zeitweilig teil, vgl. Bericht des Verfassungs- und Rechtsausschusses, DS 1/ 1800 (18.05.1992), auch abgedruckt in: STOBER, Quellen, Text 10, S. 384-408/ 390 f.

[328] Persönliches Gespräch in dessen Rechtsanwaltskanzlei am 21.11.2002

zung) über die „Berechtigung einer Landtagsauflösung". In seinen Aufzeichnungen findet sich eine Notiz, dass besonders darüber diskutiert worden sei, mit welchem Quorum ein Antrag auf Selbstauflösung in den Landtag eingebracht werden können sollte.[329] Haas erklärte weiter, dass für eine Selbstauflösung einhellig das 2/3-Beschlussquorum als notwendig erachtet worden sei. Dabei habe einerseits die Erwägung eine Rolle gespielt, dass sich der Landtag nicht einfach seiner Verantwortung entziehen können solle, andererseits jedoch ein Mittel gegen seine Handlungsunfähigkeit erforderlich sei. Eine ernsthafte Diskussion über die Höhe des Beschlussquorums habe es nicht gegeben. Als Argument, warum ein Beschluss mit einfacher Mehrheit nicht angemessen sei, führte Haas die „Diskussion um die Weimarer Reichsverfassung" an sowie das Ziel des Ausschusses, „Stabilität" für den Landtag und sein Bestehen zu schaffen. Schließlich erklärte Haas, dass es keine Diskussion darüber gegeben habe, ob der Begriff „Auflösung" oder die Formulierung „vorzeitige Beendigung der Wahlperiode" verwendet werden sollte.

Diese Diskussion konnte jedoch weder durch den Abg. *Kunzmann* noch durch den Abg. *Donner* bestätigt werden. Nach Auffassung des Beraters *von Mangoldt* hat es sie „definitiv nicht gegeben"[330]. Es ist deshalb wahrscheinlich, dass die besagte Sitzung im Rahmen der SPD-Fraktion stattgefunden hat, da sie auch in den Protokollen des Verfassungs- und Rechtsausschusses nicht vermerkt ist. Hinzu kommt, dass der SPD-Berater Haas keinen Zutritt zu den Beratungen des Gohrischen Entwurfes hatte. Zu dem geäußerten Hinweis auf die Weimarer Reichsverfassung ist kritisch anzumerken, dass die WRV kein Selbstauflösungsrecht kannte.[331]

3. Diskussion der Begrifflichkeit und Erforderlichkeit des Selbstauflösungsrechtes auf der ersten Klausurtagung

Die Verfassungsdiskussion im Verfassungs- und Rechtsausschuss des Sächsischen Landtages wurde am 21. Dezember 1990 mit dem dritten Abschnitt („Der Landtag") eröffnet.[332] Einen ersten Hinweis auf die Auflösung des Landtages findet sich bei den Erörterungen zu Art. 41 des als Grundlage dienenden Gohrischen Entwurfes (überarbeitete Fassung)[333]. Der Berater *Schneider* riet von dem Be-

---

[329] Die Notiz, welche Art. 54 Abs. 1 zugeordnet war, lautete wörtlich: „Einreichung der Initiative".
[330] Schriftliche Äußerung vom 02.05.2003
[331] S. dazu näher 5. Teil, 2. Kap., § 30, I.1.
[332] SCHIMPFF/ RÜHMANN, Protokolle, 1. Klausurtagung, S. 21 (4 d. Prot.)
[333] Dieser lautete in Abs. 1: *„Der Landtag wird auf vier Jahre gewählt. Seine Wahlperiode endet mit dem Zusammentritt eines neuen Landtags. Dies gilt auch für den Fall der vorzeitigen Auflösung des Landtags."*

griff „Auflösung des Landtages“ ab, „da [der Landtag] häufig noch weiterarbeiten müsse“.[334] Dagegen wandte sich jedoch der Berater *von Mangoldt* unter Verweis auf das Grundgesetz, womit er wohl auf die Wortwahl in Artt. 39 Abs. 1 S. 4, 63 Abs. 4 S. 3 und 68 Abs. 1 („aufzulösen“ bzw. „auflösen“) Bezug nahm. Er schlug außerdem vor, das Wort „vorzeitig“ in Art. 41 Abs. 1 S. 2 zu streichen[335], wohl weil sich dies schon aus dem Charakter der Landtagsauflösung ergibt. Weil dies zutreffend ist, wurde dann auch im Protokoll zur Erörterung des Art. 54 GE-II, der die Selbstauflösung des Landtages betraf, vermerkt: „Es heißt neu 'Landtagsauflösung' und nicht 'vorzeitige Landtagsauflösung'.“.[336]

Im Anschluss daran äußerte der Abg. *Donner* Zweifel daran, dass ein Selbstauflösungsrecht erforderlich sei, zumal er gehört habe, dass der Geschäftsordnungsausschuss das Selbstauflösungsrecht streichen wolle.[337] Er begründete seine Ansicht damit, dass die einmal gewählten Volksvertreter ihre Arbeit machen, d.h. die Wahlperiode „durchhalten“ sollten.[338] Hingegen war der damalige Staatsminister der Justiz *Heitmann* der Auffassung, dass ohne ein Selbstauflösungsrecht ggf. eine Wahlperiode „ohne funktionstüchtiges Parlament verbracht werden müsse“.[339] Aufgrund der sich nun anschließenden Diskussion, v.a. im Hinblick auf die Problematik, was passiere, wenn keine regierungsfähige Mehrheit (mehr) vorhanden sei, ließ sich der Abg. Donner von diesen Argumenten überzeugen und verfolgte seine Einwände gegen ein Selbstauflösungsrecht nicht weiter.[340]

---

334 SCHIMPFF/ RÜHMANN, Protokolle, 1. Klausurtagung, S. 24 (7 d. Prot.)
335 SCHIMPFF/ RÜHMANN, Protokolle, 1. Klausurtagung, S. 24 (7 d. Prot.)
336 Vgl. SCHIMPFF/ RÜHMANN, Protokolle, 1. Klausurtagung, S. 28 (11 d. Prot.).
337 SCHIMPFF/ RÜHMANN, Protokolle, 1. Klausurtagung, S. 28 (11 d. Prot.)
338 Gespräch mit RALF DONNER am 17.12.2002. Allerdings erklärte DONNER in seiner schriftlichen Stellungnahme vom 06.01.2003, dass sich seine Äußerung bezüglich der Entbehrlichkeit des Selbstauflösungsrechtes auf die Auflösung des Landtages durch Volksbegehren und Volksentscheid („wie sie [...] von BaWü übernommen wurde“) bezogen habe, „weil Volksinitiative usw. Sachfragen, nicht Personalfragen beinhalten sollen“. Aus systematischen Gründen - vgl. die folgende Stellungnahme des Justizministers Heitmann und den Verweis auf die Stellungnahme des Geschäftsordnungsausschusses (dazu sogleich näher unter III.) - muss sich die Äußerung des Abg. Donner gleichwohl auf das Selbstauflösungsrecht bezogen haben.
339 SCHIMPFF/ RÜHMANN, Protokolle, 1. Klausurtagung, S. 28 (11 d. Prot.)
340 Gespräch mit RALF DONNER am 17.12.2002

III. Keine Streichung des Selbstauflösungsrechtes trotz dahingehender Empfehlung des Ausschusses für Wahlprüfung, Immunität und Geschäftsordnung auf der vierten Klausurtagung des Verfassungs- und Rechtsausschusses am 16./ 17. März 1991

Auf der vierten Klausurtagung[341] vom 16./ 17. März 1991 befasste sich der Verfassungs- und Rechtsausschuss überwiegend mit den inzwischen vorliegenden Stellungnahmen der anderen Ausschüsse zu den Verfassungsentwürfen. Relevant für das Selbstauflösungsrecht war v.a. die Stellungnahme des Ausschusses für Wahlprüfung, Immunität und Geschäftsordnung.

1. Zwischenbericht des Ausschusses für Wahlprüfung, Immunität und Geschäftsordnung

Hinsichtlich Art. 54 GE-II schlug der Ausschuss für Wahlprüfung, Immunität und Geschäftsordnung in seinem Zwischenbericht vor, Abs. 1, also das Recht des Landtages, sich durch Beschluss selbst aufzulösen, zu streichen. Er sei mehrheitlich der Ansicht, dass dem Landtag kein Selbstauflösungsrecht eingeräumt werden solle. Eine Begründung wurde hierfür allerdings nicht gegeben.[342]

2. Einmütige Antwort des Verfassungs- und Rechtsausschusses: Erforderlichkeit des Selbstauflösungsrechtes

Dieser Anregung folgte der Verfassungs- und Rechtsausschuss jedoch nicht, da er ein Selbstauflösungsrecht „einmütig" für erforderlich hielt, „um ohne Verfassungskonflikt einen Ausweg aus schwierigen politischen Lagen zu haben".[343] In seiner Antwort vom 19. März 1991 an den Ausschuss für Wahlprüfung, Immu-

---

341 In der zweiten Klausurtagung vom 31.01.1991 bis zum 02.02.1991 ging es vornehmlich um das Finanzwesen, das Schul- und Hochschulwesen, die Kirchen und Religionsgemeinschaften sowie um die Grundlagen des Staates. Auf der 3. Klausurtagung (23./ 24.02.1991) wurde v.a. über die Gesetzgebung (auch über die Volksgesetzgebung) und die Grundrechte diskutiert.

342 Vgl. SCHIMPFF/ RÜHMANN, Protokolle, 4. Klausurtagung, Anlagen, S. 205.

343 SCHIMPFF/ RÜHMANN, Protokolle, 4. Klausurtagung, S. 186 (39 d. Prot.)

nität und Geschäftsordnung bemerkte der Verfassungs- und Rechtsausschuss weiter, dass dem Risiko eines Missbrauches „durch die erforderliche Mehrheit von zwei Dritteln der Mitglieder vorgebeugt" werde.[344]

IV. Das Selbstauflösungsrecht in der synoptischen Darstellung des Verfassungs- und Rechtsausschusses vom 7. Juni 1991

Damit auch die Bürger des Freistaates Sachsen direkt Einfluss auf die Genese der Verfassung nehmen und sich am Entstehungsprozess beteiligen konnten, musste und sollte der bisherige Stand der Verfassunggebung transparent gemacht werden. Aus diesem Grund wurde der Verfassungsentwurf, den der Verfassungs- und Rechtsausschuss zwischenzeitlich erarbeitet hatte, am 7. Juni 1991 veröffentlicht.[345] In der fünften Klausurtagung des Verfassungs- und Rechtsausschusses am 3. Mai 1991 einigten sich seine Mitglieder auf eine synoptische Darstellung, in der auch die Minderheitsansichten unter Nennung der sie jeweils vertretenen Partei veröffentlicht werden sollten. Ein dreispaltiger Abdruck (ursprüngliche Fassung - Entwurf des Verfassungs- und Rechtsausschusses - abweichende Ansichten) verwirklichte dieses Vorhaben am übersichtlichsten.[346]

1. Art. 54 Abs. 1 GE-II: Einigkeit hinsichtlich des Selbstauflösungsrechtes

Nachdem diese Vorfrage geklärt war, wurden Abstimmungen über Änderungsanträge zu den einzelnen Artikeln des Verfassungsentwurfes des Verfassungs- und Rechtsausschusses durchgeführt. Dabei gab es zum Selbstauflösungsrecht (Art. 54 Abs. 1 GE-II) keine Anträge.[347] Der einzige Unterschied hinsichtlich des Selbstauflösungsrechtes in der Fassung des Verfassungs- und Rechtsausschusses vom Mai 1991 im Vergleich zum GE-II war die Streichung des Wortes „Vorzeitige" vor „Landtagsauflösung" in der Überschrift, wobei anzumerken ist, dass die Überschriften keine Bestandteile der künftigen Verfassung, also nicht „amtlich" sein, aber zunächst der Übersichtlichkeit dienen und hinweisenden Charakter ha-

---

344 SCHIMPFF/ RÜHMANN, Protokolle, 4. Klausurtagung, Anlagen, S. 219 f., (Pkt. 9)
345 Z.B. in: SZ vom 07.06.1991 (Artt. 1-97), S. 17-20 und vom 08./ 09.06.1991 (Artt. 98-120), S. 17 f.
346 Vgl. dazu SCHIMPFF/ RÜHMANN, Protokolle, 5. Klausurtagung, S. 225 (1 d. Prot.).
347 Vgl. SCHIMPFF/ RÜHMANN, Protokolle, 5. Klausurtagung, S. 256 (32 d. Prot.).

ben sollten.[348] Festzustellen ist danach Konsens sowohl hinsichtlich der Möglichkeit des Selbstauflösungsrechtes als auch des dazu erforderlichen Beschlussquorums von zwei Dritteln der Mitglieder des Landtages.

2. Die unstreitige Fassung des Art. 54 Abs. 1 GE-II nach der siebenten Klausurtagung am 31. Januar/ 1. Februar 1992 nach Auswertung der Bürgerzuschriften und der Anhörungen

Bis Ende August 1991 waren ca. 1300 Zuschriften beim Ausschusssekretariat eingegangen.[349] Diese wurden vom Juristischen Dienst der Landtagsverwaltung den Mitgliedern des Verfassungs- und Rechtsausschusses in synoptisch-aufbereiteter Form vorgelegt. Bezüglich des Selbstauflösungsrechtes trafen jedoch keine Stellungnahmen beim Landtag ein.[350]

In der Woche vom 15. bis 20. Juli 1991 führte der Ausschuss Anhörungen von Sachverständigen und Verbänden durch.[351] Diese wurden - nach einer mehrmonatigen Auswertungspause durch die Fraktionen - im Rahmen der *sechsten* Klausurtagung des Verfassungs- und Rechtsausschusses am 10./ 11. Januar 1992 (wieder in Gohrisch) mit in die Diskussion einbezogen, um zu ermitteln, ob über die bisherigen Streitpunkte ein Konsens erzielt werden könne.[352]

Auf dieser Tagung wurde eine „abschnittsweise" Weiterarbeit beschlossen.[353] Beginnend mit der Präambel erörterten die Ausschussmitglieder dementsprechend anschließend den Ersten Abschnitt des Verfassungsentwurfes (Die Grundlagen des Staates). Die sechste Klausurtagung schloss mit der Erörterung des zweiten Abschnittes, Art. 25 (Die Grundrechte) und der Festlegung, dass die nächste Sitzung am 31. Januar und 1. Februar 1992 stattfinden sollte. Zu einer Erörterung der Möglichkeiten der Selbstauflösung bzw. vorzeitigen Beendigung der Wahlperiode ist es dabei nicht gekommen.

---

348 Vgl. Vorbemerkung zur Synopse in STOBER, Quellen, Synopse, S. 285. Aufgrund der (beantragten) Streichung der Landtagsauflösung durch Volksentscheid (s. dazu näher 3. Teil, 2. Kap., § 16, II.1.) entfiel in der Fassung vom Mai 1991 auch die Absatznummerierung.

349 Einzusehen im Archiv des Sächsischen Landtages.

350 Vgl. die Synopse der Bürgerbeteiligung zum Verfassungsentwurf zu Art. 54 GE-II, in: Sächsischer Landtag, Verfassung des Freistaates Sachsen, 4. Band, Teil II - Gutachten und Anhörung zum Verfassungsentwurf.

351 Vgl. Bericht des Verfassungs- und Rechtsausschusses, DS 1/ 1800 (18.05.1992), auch abgedruckt in: STOBER, Quellen, Text III.10., S. 384-408/ 392.

352 Vgl. Bericht des Verfassungs- und Rechtsausschusses, DS 1/ 1800 (18.05.1992), auch abgedruckt in: STOBER, Quellen, Text III.10., S. 384-408/ 395; s. auch HEITMANN, in: Degenhart/ Meissner, Handbuch, § 1, RN 31, S. 48.

353 SCHIMPFF/ RÜHMANN, Protokolle, 6. Klausurtagung, S. 357 f. (1 d. Prot.)

In der *siebenten* Klausurtagung wurde zunächst die Diskussion zum Grundrechtskatalog fortgesetzt. Daran schloss sich die Erörterung des dritten Abschnittes (Der Landtag) an. Der bisherige Text des Art. 54 wurde („ggf. als Absatz 1“) als „unstrittig“ festgestellt.[354] Der Klammerzusatz beruhte darauf, dass die Frage der Möglichkeit der Landtagsauflösung durch Volksentscheid, die in Art. 54 Abs. 2 GE-II vorgesehen war, höchst strittig war.[355]

V. Drucksache 1/ 1800 - „Beschlußempfehlung und Bericht zu den Drucksachen 1/13, 1/25, 1/26, 1/29 des Verfassungs- und Rechtsausschusses“ vom 18. Mai 1992

Nachdem sich der Verfassungs- und Rechtsausschuss auf seiner *achten* Klausurtagung am 17. Februar 1992 schwerpunktmäßig mit Artt. 83 ff. [Die Verwaltung] und Artt. 102 ff. GE-II [Das Schul- und Hochschulwesen] beschäftigt hatte, galt es auf der *neunten* Klausurtagung am 4./ 5. April 1992 die Beschlussempfehlung fertigzustellen. Zu diesem Zweck wurden die noch streitigen Punkte zum Verfassungsentwurf wieder artikelweise abgearbeitet.[356]

1. Die Abstimmung über Art. 54 GE-II und den Gesamtentwurf auf der neunten Klausurtagung des Verfassungs- und Rechtsausschusses am 4./ 5. April 1992

Zum Selbstauflösungsrecht gab es keine Anmerkungen.[357] Art. 54 wurde mit 11:0:1 Stimmen angenommen.[358] Danach wurde dem Landtag das Recht zugestanden, sich auf Beschluss von zwei Dritteln seiner Mitglieder selbst aufzulösen. Schließlich stand der Gesamtentwurf der Verfassung zur Abstimmung. Er wurde mit 9:1:2 Stimmen angenommen.[359]

---

354 SCHIMPFF/ RÜHMANN, Protokolle, 7. Klausurtagung, S. 489 (58 d. Prot.)

355 Vgl. SCHIMPFF/ RÜHMANN, Protokolle, 3., 7. und 9. Klausurtagung; s. dazu auch 3. Teil, 2. Kap., § 16, II.1.

356 SCHIMPFF/ RÜHMANN, Protokolle, 9. Klausurtagung, S. 575 (1 d. Prot.)

357 SCHIMPFF/ RÜHMANN, Protokolle, 9. Klausurtagung, S. 621 (47 d. Prot.)

358 SCHIMPFF/ RÜHMANN, Protokolle, 9. Klausurtagung, S. 650 (76 d. Prot.), wobei die Enthaltung ihre Ursache nicht im Selbstauflösungsrecht, sondern in der Streichung des Art. 54 Abs. 2 GE-II [Landtagsauflösung durch Volksentscheid] hatte.

359 SCHIMPFF/ RÜHMANN, Protokolle, 9. Klausurtagung, S. 653 (79 d. Prot.). Die Gegenstimme stammt vom Abg. *Bartl*; die Abg. *Donner* (Bündnis 90/ Grüne) und *Schimpff* (CDU) enthielten sich der Stimme, vgl. Bericht des Verfassungs- und Rechtsausschusses, DS 1/ 1800 (18.05.1992), auch abgedruckt in: STOBER, Quellen, Text III.10., S. 384-408/ 395.

2. Einigung auf die Formulierung der Beschlussempfehlung und die Grundlagen des Verfassungsentwurfes nach dem Bericht des Verfassungs- und Rechtsausschusses vom 18. Mai 1992 unter besonderer Berücksichtigung des Selbstauflösungsrechtes

Auf der 25. Sitzung des Verfassungs- und Rechtsausschusses am 13. Mai 1992 einigten sich seine Mitglieder auf eine Formulierung der Beschlussempfehlung, wonach dem Landtag empfohlen wurde, dem Entwurf in der geänderten Fassung zuzustimmen.[360] Diese Beschlussempfehlung ging als DS 1/ 1800 am 18. Mai 1992 beim Sächsischen Landtag ein. Vom gleichen Tag stammt auch der dazugehörende „Bericht des Verfassungs- und Rechtsausschusses zum Ausschußentwurf der Verfassung des Freistaates Sachsen (DS 1/1800)“[361]. Dieser stellt zunächst kurz die bisherigen Entstehungsstufen der Sächsischen Verfassung dar. Hinsichtlich des Selbstauflösungsrechtes fasst der Bericht zusammen, dass dieses mit der Maßgabe vorgesehen sei, dass „einem entsprechenden Antrag zwei Drittel der Mitglieder des Landtages zustimmen.“[362] Diese Drucksache bildete die Basis für die Zweite Lesung des Entwurfes der Verfassung des Freistaates Sachsen im Plenum des Sächsischen Landtages.

VI. Zweite Lesung des Entwurfs Verfassung des Freistaates Sachsen - Plenarprotokoll 1/ 46 vom 25./ 26. Mai 1992

Die Zweite Lesung des Entwurfes der Verfassung des Freistaates Sachsen stand auf der Tagesordnung der 46. Sitzung des Sächsischen Landtages am 25./ 26. Mai 1992. Wie in DS 1/ 1775 beantragt, tagte der Sächsische Landtag in dieser Sitzung als verfassunggebende Versammlung.

1. Keine Erörterung des Selbstauflösungsrechtes

Nach einer einleitenden Übersicht über die bisherigen Etappen der Verfassungsentstehung durch den Berichterstatter des Ausschusses *Kunzmann* und den damaligen Staatsminister der Justiz *Heitmann* begann die Erörterung des Verfas-

---

360 Vgl. SCHIMPFF/ RÜHMANN, Protokolle, 9. Klausurtagung, Anlagen, S. 693.
361 Abgedruckt in: STOBER, Quellen, Materialien III.10., S. 384 ff.
362 STOBER, Quellen, Materialien III.10., S. 384 ff./ 399

sungsinhaltes durch die Fraktionen. Eine Erörterung über das Selbstauflösungsrecht fand dabei nicht statt.

2. Verabschiedung der Sächsischen Verfassung

Nachdem über alle Artikel - unter Einbeziehung aller gestellten Änderungsanträge[363] - einzeln abgestimmt worden war, schloss sich der „Tagesordnungspunkt 3 Schlußabstimmung“ an. Aufgrund eines gem. § 107 Abs. 1 der vorläufigen Geschäftsordnung des Sächsischen Landtages von mehr als zwanzig Abgeordneten der Fraktionen der CDU, SPD, FDP und Bündnis 90/ Grüne unterschriebenen Antrages[364] fand eine namentliche Abstimmung statt. Nach dem offiziellen Ergebnis beteiligten sich an der Abstimmung 151 Abgeordnete (von 160); davon stimmten 132 mit „Ja“, 15 mit „Nein“ und 4 Abgeordnete enthielten sich der Stimme. Landtagspräsident *Iltgen* konnte daraufhin feststellen, dass die Verfassung des Freistaates Sachsen die gem. Art. 122 Abs. 1 SächsVerf erforderliche Zustimmung von zwei Dritteln der Mitglieder des Landtages (107 Stimmen) gefunden hat, und deshalb beschlossen sei.[365]

Die Verfassung in dieser Form enthielt sachlich-inhaltlich vier Fünftel des Gohrischen Entwurfes.[366] Darin kommt die weitgehende Kompromissfähigkeit der an der Verfassungsentstehung beteiligten politischen Kräfte zum Ausdruck. Durch die Bereitschaft zu „gemeinsamen Lösungen, die schon die Arbeit am ersten Entwurf bestimmte“, entwickelte sich die Sächsische Verfassung zu einem Gesamtwerk, das für lange Zeit die rechtliche Grundordnung in Sachsen sichern wird.[367] Wenn derartige Prognosen auch stets unsicher sind, so zeigt sich inzwischen nach mehr als einem Jahrzehnt seit der Verabschiedung der Verfassung eine politisch-rechtliche Stabilität, die auch darin zum Ausdruck kommt, dass die Verfassung bis zum heutigen Tage keine Änderung erfahren hat.

---

363 Hinsichtlich des Selbstauflösungsrechtes wurde keiner gestellt. (Von den insgesamt 29 Änderungsanträgen stammten 28 von der Fraktion Linke Liste-PDS und einer von der FDP, vgl. DS 1/ 1872, 1891-1914, 1916-1918, 1921, auch abgedruckt in: STOBER, Quellen, Materialien III.9., S. 355 ff.; sie wurden alle abgelehnt.)

364 Sächsischer Landtag, DS 1/ 1775 (30.04.1992)

365 Sächsischer Landtag, Plenarprotokoll 1/ 46 (26.05.1992), S. 3108, 3110. Verkündet in: SächsGVBl. 1992, S. 243.

366 HEITMANN, Äußerung im Rahmen eines persönlichen Gespräches am 27.11.2002

367 V. MANGOLDT, HANS, Die Verfassung des Freistaates Sachsen, in: SächsVBl. 1993, S. 25-35/ 35

§ 12 Die Formulierung des Selbstauflösungsrechtes in Art. 58 SächsVerf - Vergleich mit den entsprechenden Regelungen in den Vorläuferverfassungen und Verfassungsentwürfen

Das Selbstauflösungsrecht des Landtages gem. Art. 58 SächsVerf entspricht sowohl inhaltlich als auch formal dem Art. 54 Abs. 1 (GE-I und) GE-II. Des Weiteren stellten alle Verfassungsentwürfe (zur Sächsischen Verfassung ab 1990) die gleichen Mehrheitsanforderungen auf: Der Beschluss über die Selbstauflösung des Landtages hätte danach stets der Mehrheit von zwei Dritteln der gesetzlichen Zahl der Mitglieder des Landtages bedurft. Einverständnis bestand auch darüber, dass der Sächsische Landtag ein kontinuierliches Organ ist: Die Wahlperiode des alten Landtages endet erst mit dem Zusammentritt des neuen Landtages, was in Art. 44 Abs. 1 S. 2 SächsVerf klargestellt wird. Somit bedurfte es nicht der Einrichtung eines Ständigen Ausschusses wie noch in Art. 30 Abs. 2 des Entwurfes der Parlamentarischen Arbeitsgruppe des Bezirkstages Dresden und in Art. 36 des Entwurfes des „Gruppe der 20“ vom 13. März 1990 vorgesehen.

I. Vergleich der historischen Vorläufer mit der Sächsischen Verfassung vom 27. Mai 1992

Die Parlamentsautonomie ist - wie dargelegt[368] - Voraussetzung für das Selbstauflösungsrecht. Dieses ist daher erstmalig in der Verfassung von 1920 (Art. 9 Abs. 1) zu finden und auch in der Verfassung von 1947 enthalten (Art. 44 Abs. 1 Var. 1, Abs. 2). Seine nähere Ausgestaltung ist dem jeweiligen Verfassunggeber vorbehalten. Von besonderer Wichtigkeit ist dabei das Beschlussquorum.

1. Höhe des Beschlussquorums

Im Gegensatz zu den Verfassungen von 1920 bzw. 1947 ist das Beschlussquorum in der Verfassung von 1992 deutlich erhöht: So müssen nach Art. 58 SächsVerf zwei Drittel der Mitglieder des Landtages der Selbstauflösung zustimmen, hingegen genügte für eine Selbstauflösung nach Art. 9 Abs. 1 SächsVerf 1920 die einfache Stimmenmehrheit, die in Art. 14 Abs. 1 S. 1 SächsVerf 1920 für die Beschlüsse des Landtages grundsätzlich vorgesehen war. Art. 44 Abs. 2

[368] Vgl. 1. Teil, 1. Kap., § 2, II.,1.

SächsVerf 1947 verlangte für einen Selbstauflösungsbeschluss die Zustimmung von mehr als der Hälfte der Mitglieder des Landtages. Damit ergibt sich eine kontinuierliche Steigerung der Anforderungen an die Beschlussfassung von der einfachen Mehrheit in der Sächsischen Verfassung von 1920, also der Mehrheit der anwesenden Abgeordneten, über die absolute Mehrheit in der Sächsischen Verfassung von 1947, d.h. mehr als der Hälfte der gesetzlichen Mitgliederzahl des Landtages plus eine Stimme, zu einer Mehrheit von zwei Dritteln der gesetzlichen Zahl der Mitglieder des Landtages (Art. 58 SächsVerf). Übereinstimmend werden aber keine materiellen Anforderungen aufgestellt.

2. Anwesenheitserfordernis

In Art. 9 Abs. 1 SächsVerf 1920 war vorgesehen, dass im Rahmen der Abstimmung über eine parlamentarische Selbstauflösung zwei Drittel der Abgeordneten anwesend sein sollten und nur wenn dieses Erfordernis nicht erfüllt worden war, in der nächsten Sitzung das gegenüber der sonstigen Beschlussfassung erhöhte Anwesenheitserfordernis entfiel. Im Gegensatz dazu verzichten Art. 44 SächsVerf 1947 und Art. 58 SächsVerf im Verfassungstext auf ein besonderes Anwesenheitserfordernis.

3. Antragserfordernis

Ein besonderes Antragsrecht war weder in der Sächsischen Verfassung von 1920 noch in der von 1947 vorgesehen. Es ist auch nicht in Art. 58 SächsVerf niedergelegt. Allerdings findet sich ein Antragsrecht in § 56 S. 1 GO-SLT. Danach muss der Antrag auf Selbstauflösung des Landtages von mindestens einem Drittel der Mitglieder des Landtages gestellt werden. Auf die Bedeutung des Antragserfordernisses und auf das Verhältnis des Art. 58 SächsVerf zur Geschäftsordnung des Sächsischen Landtages wird noch näher einzugehen sein.[369]

II. Rechtlicher Vergleich der Verfassungsentwürfe mit der geltenden Sächsischen Verfassung

Bemerkenswert ist, dass alle Verfassungsentwürfe in ihren Voraussetzungen hinsichtlich der nicht expliziten Erwähnung einer materiellen Auflösungslage und des Quorums für einen Beschluss über eine Selbstauflösung übereinstimmen.

---

[369] 3. Teil, 1. Kap., § 14, I.2., 3.

Keiner der hier maßgeblichen Texte sieht ein Antragsquorum vor. Das mag daran gelegen haben, dass die Vorläufige Geschäftsordnung des Sächsischen Landtages vom 23. Oktober 1990 bereits bestimmte, dass ein Antrag auf Selbstauflösung des Sächsischen Landtages von dem Vorsitzenden einer Fraktion oder mindestens einem Drittel der Abgeordneten unterschrieben sein müsse und sich die Verfassunggeber bemüht haben, die Verfassung selbst so schlank wie möglich zu gestalten.[370] Für die Regelung eines Antragsquorums kam von daher in erster Linie die Geschäftsordnung in Betracht.[371]

1. Formale Abweichungen gegenüber dem Entwurf der parlamentarischen Arbeitsgruppe des Bezirkstages Dresden

Außer der abweichenden (passiven) Formulierung des Selbstauflösungsrechtes in Art. 38 Abs. 1[372] sah auch der Entwurf der parlamentarischen Arbeitsgruppe des Bezirkstages Dresden vom 19. März 1990 die Zustimmung von zwei Dritteln der Mitglieder des Landtages für einen Selbstauflösungsbeschluss vor (vgl. Art. 38 Abs. 2). Durch Verwendung des Aktivs sowie der reflexiven Verbform („*sich selbst* auflösen") in den Formulierungen der anderen Verfassungsentwürfe kommt jedoch das Selbstbestimmungsrecht des Landtages in der Formulierung deutlicher zum Ausdruck. Mit dem Landtag geschieht nicht etwas, sondern dieser wird als eigenständig handelndes Rechtssubjekt tätig.

2. Veränderungen gegenüber den Entwürfen der „Gruppe der 20" und dem Entwurf sächsischer Hochschullehrer

Die einzige Veränderung in der aktuellen Fassung des Art. 58 SächsVerf gegenüber Art. 51 Abs. 1 des *Entwurfes der „Gruppe der 20"* vom 26. März 1990 ist die Streichung des Wortes „mindestens" vor dem Erfordernis einer Zweidrittelmehrheit für den Beschluss über die Selbstauflösung. Hinsichtlich der *Entwürfe der Fraktionen Linke Liste-PDS und Bündnis 90/ Grüne* blieb es beim Erfordernis der Zustimmung von zwei Dritteln der gesetzlichen Mitgliederzahl des Landtages. Als zusätzliche Voraussetzung verlangte Art. 66 Abs. 2 dieser Entwürfe aber die gleichzeitige Bestimmung eines Termins für die Neuwahlen. Die Aussage, dass der Landtag „jederzeit" seine Auflösung beschließen könne, unterstrich dessen Autonomie bei der Wahrnehmung dieses Rechtes. Sie ist aber nicht

---

[370] So auch VAATZ anlässlich eines persönlichen Gespräches am 09.01.2003.
[371] So KUNZMANN im Rahmen seiner schriftlichen Stellungnahme vom 05.01.2003.
[372] S. dazu 2. Teil, 1. Kap., § 10, I.2.

zwingend erforderlich, da eine Einschränkung zur Ausübung des Selbstauflösungsrechtes auch ohne sie nicht ersichtlich ist. Die Formulierung „Der Landtag kann [...] seine Auflösung beschließen“ ist der in der heutigen Fassung gewählten „Der Landtag kann sich [...] selbst auflösen“ ebenbürtig; inhaltliche Abweichungen sind damit nicht verbunden.

III. Stellungnahme

Die vorstehenden Ausführungen haben deutlich werden lassen, dass das Selbstauflösungsrecht in den Verfassungsberatungen nur kurz behandelt wurde. Es wurde von den Verfassunggebern offensichtlich als unproblematisch sowohl hinsichtlich seiner Voraussetzungen als auch seiner Folgen angesehen. Wichtig ist indessen, dass es offenbar als notwendiges Institut der Sächsischen Verfassung angesehen worden ist. In ihm kommt in besonderer Weise das Selbstbestimmungsrecht des Landtages sowie dessen Autonomie zum Ausdruck. Durch das Selbstauflösungsrecht wird aber auch dem Gedanken der Volkssouveränität Rechnung getragen, da es dem Landtag ermöglicht, die Legitimation an das Wahlvolk, als die Instanz, die ihn gewählt hat, zurückzugeben.

1. Materieller Gehalt des Selbstauflösungsrechtes?

Konkrete Fälle, in denen ein Selbstauflösungsrecht zur Anwendung kommen sollte, sind in den Beratungen nicht explizit erörtert worden. Zwar kamen das Ziel der Stabilität des Landtages und die Aufgabe des Selbstauflösungsrechtes als politisches Krisenlösungsinstrument zur Sprache, doch wurde dabei nicht an eine konkrete materielle Voraussetzung für das Selbstauflösungsrecht gedacht.

2. Beschlussquorum

Im Mittelpunkt der ohnehin kurzen Beratungen zum Selbstauflösungsrecht stand von daher das Beschlussquorum, wobei dessen Höhe nicht wirklich ernsthaft diskutiert wurde. Es war in allen Verfassungsentwürfen in gleicher Höhe (zwei Drittel der gesetzlichen Mitgliederzahl des Landtages) verankert. Allerdings wurde darauf hingewiesen, dass das (relativ hohe) Beschlussquorum notwendig sei, um einen Missbrauch des Selbstauflösungsrechtes zu verhindern. Dabei wurde jedoch nicht näher dargelegt, wann von einem derartigen Missbrauch auszugehen sei. Unter anderem darauf ist sogleich im Rahmen der Auslegung des Art. 58 SächsVerf näher einzugehen.

Dritter Teil

Das Selbstauflösungsrecht des Sächsischen Landtages in Abgrenzung zu anderen Möglichkeiten der vorzeitigen Beendigung der Wahlperiode und seine Vereinbarkeit mit dem Grundgesetz

Es ist nunmehr nach der verfassungsrechtlichen Ausgestaltung des Selbstauflösungsrechtes des Sächsischen Landtages zu fragen und es in das verfassungsrechtliche Funktionensystem der Sächsischen Verfassung einzuordnen. Ausgehend davon, dass das Grundgesetz kein parlamentarisches Selbstauflösungsrecht vorsieht, ist weiter die Frage zu erörtern, ob das Selbstauflösungsrecht der Sächsischen Verfassung mit dem Grundgesetz vereinbar ist.

Erstes Kapitel

Die verfassungsrechtliche Ausgestaltung des Selbstauflösungsrechtes des Sächsischen Landtages

Das Selbstauflösungsrecht hat in der sächsischen Verfassungsrechtspraxis bislang so gut wie keine Rolle gespielt. Art. 58 SächsVerf ist noch nicht zur Anwendung gekommen, war allerdings im Zusammenhang mit dem Rücktritt des Ministerpräsidenten Kurt Biedenkopf 2001/2002 Gegenstand weniger intrafraktioneller Überlegungen.[1] Jedoch kann beispielsweise im Falle einer anders nicht zu lösenden politischen Krise das Selbstauflösungsrecht von Bedeutung, ja von „höchster Bedeutung" sein[2], was im Folgenden dargelegt wird.

1 Vgl. 1. Teil, 2. Kap., § 4, I.1.

2 So der Sächsische Staatsminister der Justiz a.D. STEFFEN HEITMANN im Rahmen eines persönlichen Gespräches am 27.11.2002.

§ 13 Auslegung des Art. 58 SächsVerf

Das Selbstauflösungsrecht des Sächsischen Landtages ist in Art. 58 SächsVerf geregelt. Zum Verständnis dieser Norm bedarf es der Auslegung anhand der üblichen Auslegungskriterien (Wortlaut, Systematik, Telos und Historie bzw. Genese). Dabei stellt sich auch die Frage, ob und inwieweit ungeschriebene Tatbestandsmerkmale zu berücksichtigen sind.

I. Wortauslegung der einzelnen Begriffsmerkmale

Nach dem Wortlaut des Art. 58 SächsVerf kann sich der Landtag auf Beschluss von zwei Dritteln seiner Mitglieder selbst auflösen. Zu untersuchen sind daher die Tatbestandsmerkmale Landtag, seiner Mitglieder, selbst auflösen sowie das Beschlusserfordernis.

1. Landtag

Unter „Landtag" i.S.d. Art. 58 SächsVerf ist die gewählte Vertretung des Volkes zu verstehen (vgl. Art. 39 Abs. 1 SächsVerf). Der Landtag besteht aus frei gewählten Abgeordneten. Wenn der Landtag auch als Volks*vertretung* bezeichnet wird, so ist damit nicht die zivilrechtliche Stellvertretung gemeint, sondern vielmehr eine eigenständige verfassungsrechtliche Institution. Die dem Landtag verfassungsgemäß übertragenen Aufgaben werden von diesem nicht aufgrund einer vom Volk erteilten Vertretungsmacht wahrgenommen, sondern aufgrund *eigenen* Rechtes. Dies folgt aus dem in Art. 39 Abs. 3 S. 2 SächsVerf niedergelegten Grundsatz des freien Mandates, nach welchem die Abgeordneten an Aufträge und Weisungen nicht gebunden, sondern *nur* ihrem Gewissen unterworfen sind.

Durch die Wahlen wird der Landtag vom Volk unmittelbar für die Wahrnehmung seiner verfassungsmäßigen Aufgaben legitimiert. Damit ist das Prinzip der repräsentativen Demokratie in der Sächsischen Verfassung verankert.[3] Die erteilte Legitimation beschränkt sich auf den in Art. 44 Abs. 1 S. 1 SächsVerf genannten fünfjährigen Zeitraum.

Der Landtag ist - neben der Staatsregierung und dem Verfassungsgerichtshof - oberstes Staatsorgan, diesen aber nicht übergeordnet. Ihm kommt v.a. die Aufgabe der Gesetzgebung zu. Zugleich kontrolliert er die vollziehende Gewalt und ist Stätte der politischen Willensbildung (Art. 39 Abs. 2 SächsVerf). Die Kontrollbefugnis zeigt sich gegenüber dem Ministerpräsidenten insbesondere im kon-

---

3 Vgl. dazu MEISSNER, in: Degenhart/ Meissner, Handbuch, § 10, RN 1, S. 292 f.

struktiven Misstrauensvotum (Art. 69 SächsVerf), das den Landtag ermächtigt, diesem das Vertrauen zu entziehen und uno actu einen Nachfolger zu wählen. Nach Art. 58 SächsVerf ist der Landtag zugleich Subjekt als auch Objekt der Selbstauflösung.

2. Beschluss

Weiteres Tatbestandsmerkmal für eine Selbstauflösung ist nach dem Wortlaut des Art. 58 SächsVerf ein entsprechender Beschluss des Landtages. Ein *Beschluss* ist eine Willensäußerung, mit der der Landtag seine Auffassung als Kollegialorgan zum Ausdruck bringt. Die Unterteilung der Beschlüsse ist im Schrifttum streitig. So differenziert *Stern*[4] zwischen „echten" und „schlichten" Parlamentsbeschlüssen, wobei unter „echten" solche zu verstehen sein sollen, die rechtlich verpflichtend sind, wie Gesetzgebungsbeschlüsse, Wahlen und Misstrauensvoten, „schlichte" hingegen solche, die lediglich Meinungsäußerungen enthalten, mithin nicht verpflichtend sind. *Achterberg*[5] dagegen setzt den „schlichten Parlamentsbeschluss" an den Beginn seiner Definition und grenzt davon Gesetzgebungsbeschlüsse und innerparlamentarische Rechtsakte ab. Da es für die Einordnung der Rechtsnatur eines Beschlusses maßgeblich auf seine Verbindlichkeit ankommt, wird vorliegend der Unterscheidung von Stern gefolgt, die insoweit übersichtlicher erscheint.

Beim Selbstauflösungsbeschluss handelt es sich um eine verbindliche parlamentsrechtliche Entscheidung mit Außenwirkung, mithin nicht um einen schlichten, sondern um einen „echten" Parlamentsbeschluss. Der Beschluss bezieht sich nicht lediglich auf innerparlamentarische Rechtsverhältnisse. Es werden vielmehr die mit einer Selbstauflösung verfassungsmäßig verbundenen Folgen[6] ausgelöst.

Von daher wäre auch die Verabschiedung eines entsprechenden Gesetzes in Betracht gekommen.[7] Gegen die Ausgestaltung einer Selbstauflösung als Gesetz spricht aber - neben dem recht langwierigen Gesetzgebungsverfahren -, dass sich ein Selbstauflösungsbeschluss nicht an eine unbestimmte Vielzahl von Personen richtet oder verschiedene Sachverhalte regelt[8], sondern in erster Linie die Abge-

---

[4] Staatsrecht I, § 23 II 2, S. 1036; Staatsrecht II, § 26 II 2c), S. 48

[5] Parlamentsrecht, § 24, 2., S. 738. Zu dieser Abgrenzung scheint auch MÜLLER, K., Verfassung des Freistaats Sachsen, Art. 48, S. 308 zu neigen.

[6] S. dazu 3. Teil, 1. Kap., § 14, II.

[7] Zu entsprechenden Regelungen in den österreichischen Bundesländern Burgenland und Oberösterreich vgl. 4. Teil, 2. Kap., § 22, II.1.

[8] Zur entsprechenden Definition eines Gesetzes vgl. MÜLLER, K., Verfassung des Freistaats Sachsen, Art. 70, S. 349.

ordneten in einem konkreten Fall betrifft, wobei die Auswirkungen auf die Mitglieder der Regierung nicht übersehen werden.[9]

Der Landtag äußert sich rechtlich abschließend, mit der Folge, dass der Beschluss rechtlich nicht rückgängig zu machen ist.[10] In einigen Bundesländern wird daher auch ausdrücklich die Unwiderruflichkeit dieses Beschlusses festgeschrieben.[11] Aufgrund der verbindlichen Rechtsnatur des Selbstauflösungsbeschlusses kommt dieser expliziten Betonung im Verfassungstext lediglich eine klarstellende Bedeutung zu und ist von daher entbehrlich.

Der Inhalt eines Beschlusses nach Art. 58 SächsVerf zielt auf die Selbstauflösung des Landtages. Seine Reichweite wird durch das freie Mandat (Art. 39 Abs. 3 S. 2 SächsVerf) bestimmt. Hierauf wird noch im Rahmen der systematischen Auslegung (s. II.4.) näher einzugehen sein.

3. Seiner Mitglieder

Der Selbstauflösungsbeschluss muss von den Mitgliedern des Landtages gefasst werden. Mitglieder des Landtages sind die Abgeordneten. Der Sächsische Landtag besteht in der Regel aus 120 Abgeordneten (Art. 41 Abs. 1 S. 1 SächsVerf). Im Falle von Überhang- und Ausgleichsmandaten gem. § 6 Abs. 6 SächsWahlG kann sich diese Zahl erhöhen.[12]

Die Abgeordneten erwerben ihr Mandat durch eine Wahl, die die Persönlichkeitswahl mit den Grundsätzen der Verhältniswahl verbindet (vgl. Art. 41 Abs. 1 S. 2 SächsVerf) sowie durch eine entsprechende Annahmeerklärung. Die rechtliche Stellung eines Abgeordneten erwirbt der Gewählte nach Ablauf der alten Wahlperiode mit dem ersten Zusammentritt des neuen Landtages (Art. 44 Abs. 1 S. 2 SächsVerf i.V.m. § 44 Abs. 1 S. 1 SächsWahlG).[13]

---

9 S. dazu 3. Teil, 1. Kap., § 14, II.3.

10 So explizit auch HAAS, in: Kunzmann/ Haas/ Baumann-Hasske, Die Verfassung des Freistaates Sachsen, Art. 58, S. 316.

11 Vgl. Art. 10 Abs. 1 S. 2 NdsVerf, Art. 60 Abs. 1 S. 2 VerfLSA.

12 So gehörten z.B. dem Sächsischen Landtag nach den Wahlen vom 19.09.2004 124 Abgeordnete an.

13 Vgl. dazu näher HAAS, in: Kunzmann/ Haas/ Baumann-Hasske, Die Verfassung des Freistaates Sachsen, Art. 43, RN 1, S. 269; MÜLLER, K., Verfassung des Freistaats Sachsen, Art. 43, S. 297 f.

4. 2/3-Beschlussquorum

Gem. Art. 48 Abs. 3 S. 1 SächsVerf beschließt der Landtag mit der Mehrheit der abgegebenen Stimmen, sofern die Sächsische Verfassung nichts anderes bestimmt. Dies ist in Art. 58 SächsVerf der Fall, der eine Mehrheit von zwei Dritteln der gesetzlichen Mitgliederzahl des Landtages vorsieht. Auch in anderen Fällen, in denen vermieden werden soll, dass Entscheidungen durch eine Minderheit getroffen werden, sieht die Sächsische Verfassung Mehrheitserfordernisse vor, in denen auf die Mehrheit der gesetzlichen Mitgliederzahl des Landtages, die sog. absolute Mehrheit, abgestellt wird (vgl. z.B. Artt. 60 Abs. 1 [Wahl des Ministerpräsidenten], 69 Abs. 1 [Konstruktives Misstrauensvotum]). Das Selbstauflösungsrecht legt mit zwei Dritteln der gesetzlichen Mitgliederzahl des Landtages eine besonders qualifizierte Mitgliedermehrheit zugrunde. In anderen Fällen (z.B. Artt. 48 Abs. 1 S. 2 [Ausschluss der Öffentlichkeit], 46 Abs. 4 SächsVerf [Änderung der GO]) wird zwar auch an die 2/3-Mehrheit angeknüpft, aber nicht auf die Zahl der Mitglieder des Landtages, sondern auf die der anwesenden Abgeordneten abgestellt. Dies zeigt, dass es sich bei der Selbstauflösung des Sächsischen Landtages um eine besonders wichtige Angelegenheit handelt, die von möglichst vielen getragen werden soll.

5. Selbst auflösen

Der Beschluss der Mitglieder des Landtages zielt auf Selbstauflösung.[14] Gemeint ist mit der Selbstauflösung das vorzeitige Ende der Wahlperiode. Während die Wahlperiode gem. Art. 44 Abs. 1 S. 1 SächsVerf grundsätzlich fünf Jahre dauert, zielt der Selbstauflösungsbeschluss auf eine Verkürzung der Wahlperiode. Er stellt damit einen außerordentlichen Beendigungsgrund dar. Nach dem Selbstauflösungsbeschluss ist der Landtag als Organ zwar noch vorhanden (institutionelle Kontinuität), jedoch führen die sich anschließenden Neuwahlen zu einem neuen Landtag, der zu dem vorhergehenden in personeller und sachlicher Diskontinuität steht.[15]

---

[14] Obwohl im Verfassungstext das Wort „Selbstauflösung" nicht vorkommt, sondern nur die entsprechende reflexive Verbform, kann es unproblematisch verwendet werden, da damit keine inhaltlichen Änderungen verbunden sind. Hierfür spricht zunächst die - allerdings nicht-amtliche, vgl. PESTALOZZA, Verfassungen, S. XV - Bezeichnung in eckigen Klammern, die vom Herausgeber der Textausgabe zur Orientierung dem Art. 58 SächsVerf beigefügt wurde. Darüber hinaus verwendet auch Art. 44 Abs. 1 S. 3 SächsVerf das Subjektiv „Auflösung".

[15] Vgl. dazu allgemein bereits oben 1. Teil, 1. Kap., § 1, I. vor 1. und unten 3. Teil, 1. Kap., § 14, II.1.

Durch das Wort „selbst“ wird verdeutlicht, dass die Auflösung des Landtages einen eigenen Beschluss der Abgeordneten voraussetzt. Ein Mitwirken eines weiteren Organs ist nicht erforderlich und würde zudem dem Selbstauflösungsrecht seinen Charakter als parlamentsautonomes Instrument nehmen.

Nach dem Wortlaut des Art. 58 SächsVerf bedarf es mithin für eine parlamentarische Selbstauflösung lediglich eines Beschlusses von zwei Dritteln der Mitglieder des Landtages. Bestimmte materielle Anforderungen oder Begrenzungen sind nicht ersichtlich. Maßgeblich für eine Selbstauflösung ist insoweit ausschließlich das Zustandekommen des Beschlusses mit dem entsprechenden Quorum.

II. Systematische Auslegung

Im Folgenden ist prüfen, wie sich das Selbstauflösungsrecht in systematischer Auslegung darstellt. Dabei ist insbesondere danach zu fragen, ob sich aus der Sächsischen Verfassung Anwendungsverbote für eine Selbstauflösung ergeben. Diese könnten sich aus dem Ausnahmecharakter der Norm oder aus der Entscheidung für das parlamentarisch-repräsentative System in Sachsen ergeben. Einzugehen ist in diesem Zusammenhang aber auch auf das freie Mandat der Abgeordneten.

1. Beschränkung des Selbstauflösungsrechtes aufgrund des Ausnahmecharakters der Norm?

Die Sächsische Verfassung kennt neben dem Selbstauflösungsrecht nur noch einen weiteren Tatbestand, der zur vorzeitigen Beendigung der Wahlperiode führen kann und zwar den in Art. 60 Abs. 1 bis 3 geregelten: Wird der Ministerpräsident nicht binnen vier Wochen nach dem Zusammentritt eines neugewählten Landtages oder nach einer sonstigen Beendigung des Amtes neu gewählt, so *ist* der Landtag aufgelöst (Art. 60 Abs. 3 SächsVerf, Hervorhebung durch d. Verf.). Da in diesen Fällen keine Beschlussfassung der Abgeordneten über die Landtagsauflösung vorgesehen, sondern diese vielmehr automatische Folge des Scheiterns der Wahl des Ministerpräsidenten ist, handelt es sich nicht um eine Selbstauflösung. Eine Auflösung des Landtages nach abgelehnter Vertrauensfrage - wie in acht anderen Bundesländern vorgesehen[16] - kennt die Sächsische Verfassung

[16] Vgl. Art. 87 BbgVerf, Art. 36 Abs. 1 S. 1 Nr. 3 HmbVerf, Art. 114 Abs. 1 Var. 2, Abs. 2-5 HessVerf, Art. 51 M-VVerf, Art. 69 Var. 2 i.V.m. Art. 88 Abs. 2 SaarlVerf, Art. 73 VerfLSA, Art. 36 SchlHVerf, Art. 50 Abs. 2 S. 1 Nr. 2 i.V.m. Art. 74 ThürVerf; s. dazu auch Übersicht 4 im Anhang.

nicht. Ebenso sieht die Sächsische Verfassung im Vergleich zu anderen Bundesländern[17] nicht die Möglichkeit der Landtagsauflösung durch Volksentscheid bzw. -abstimmung vor. Auf das Verhältnis des Selbstauflösungsrechtes zu den vorstehend genannten Möglichkeiten der vorzeitigen Beendigung der Wahlperiode wird noch einzugehen sein.[18]

Daraus, dass in Sachsen neben dem Selbstauflösungsrecht nur eine weitere Möglichkeit der vorzeitigen Beendigung der Wahlperiode besteht, könnte folgen, dass Art. 58 SächsVerf durch ungeschriebene materielle Tatbestandsmerkmale zu ergänzen ist. Ein Beschluss von zwei Dritteln der gesetzlichen Mitgliederzahl des Landtages allein würde dann nicht ausreichend sein. Um ein solches ungeschriebenes Tatbestandsmerkmal anzunehmen, müsste es allerdings bestimmte Anhaltspunkte im Verfassungstext geben. Dies ist aber bei Art. 58 SächsVerf nicht der Fall. Auch folgt nicht zwangsläufig aus der Konzeption des Selbstauflösungsrechtes als Ausnahmetatbestand, dass eine Begrenzung durch materielle Tatbestände erfolgen muss.

2. Kollision des Selbstauflösungsrechtes mit der fünfjährigen Wahlperiode - Art. 58 SächsVerf als verfassungswidriges Verfassungsrecht?

Anhaltspunkte für eine einschränkende Auslegung des Art. 58 SächsVerf könnten sich aus Art. 44 Abs. 1 S. 1 SächsVerf ergeben. Danach wird der Landtag vom Volk auf fünf Jahre gewählt. Innerhalb dieses Zeitraumes sind die Abgeordneten berufen, Recht und Politik in Bindung an die Verfassung zu gestalten. Eine Verkürzung der Wahlperiode durch Selbstauflösung könnte die Abgeordneten in ihren Rechten verletzen, denn sie sind im Falle der Selbstauflösung gehindert, ihre Aufgaben über die volle Wahlperiode wahrzunehmen.

Es stellt sich mithin die Frage, ob das Selbstauflösungsrecht verfassungswidriges Verfassungsrecht darstellt. Unabhängig von der Frage, ob es überhaupt verfassungswidriges Verfassungsrecht gibt bzw. ob dieses nur auf verfassungsändernde Gesetze oder auch auf den originären Verfassunggeber bezogen werden kann[19], ist davon vorliegend nicht auszugehen. Art. 44 Abs. 1 S. 1 SächsVerf be-

---

17 Art. 43 Abs. 2 BaWüVerf, Art. 18 Abs. 3 BayVerf, Art. 54 Abs. 3 i.V.m. Artt. 62 Abs. 6, 63 Abs. 3 BerlVerf, Art. 76 Abs. 1 S. 2 i.V.m. Art. 77 Abs. 1 und Abs. 3 S. 2, Art. 78 Abs. 3 BbgVerf, Art. 70 Abs. 1 lit. c) i.V.m. Art. 76 Abs. 1 lit. b), Abs. 2 BremVerf, Art. 109 Abs. 1 Nr. 2, Abs. 4 RhPfVerf; s. dazu auch Übersicht 4 im Anhang.

18 S. für Sachsen 3. Teil, 2. Kap., § 15, IV.; zu den anderen Bundesländern vgl. 4. Teil, 1. Kap., § 20, V.

19 Vgl. dazu V. MÜNCH, Staatsrecht I, Erster Teil, 3. Kapitel, 3.3., RN 99 ff., S. 39 f.; DREIER, in: Dreier, GG-II, Art. 79 III, RN 14, S. 1805 f.

stimmt zwar die fünfjährige Dauer der Wahlperiode, die gem. S. 2 mit dem Zusammentritt des neuen Landtages endet, doch ist in S. 3 der Fall der Auflösung des Landtages, und damit auch die Selbstauflösung, explizit aufgeführt. Hier zeigt sich, dass sich der Verfassunggeber der Problematik bewusst war und eine Abwägung zugunsten der vorzeitigen Beendigung der Wahlperiode ausfallen muss, wenn die entsprechenden Voraussetzungen erfüllt sind.

Auch ist in die verfassungsrechtlichen Überlegungen einzubeziehen, dass das Selbstauflösungsrecht eine Entscheidung des Landtages und seiner Abgeordneten gegen sich selbst darstellt. Von verfassungsrechtlichen Fremdeinwirkungen ist nicht die Rede. Das demokratische Mehrheitsprinzip, das mit dem hohen Beschlussquorum von zwei Dritteln der Mitglieder des Landtages noch besonders hervorgehoben wird, genießt insoweit den Vorrang vor der grundsätzlich fünfjährigen Dauer der Wahlperiode, und zwar auch dann, wenn einzelne Abgeordnete damit rechnen müssen, möglicherweise nicht wiedergewählt zu werden.[20] Das hohe Beschlussquorum stellt insoweit einen gewissen Ausgleich (i.S.d. praktischen Konkordanz) dar, um beiden kollidierenden Bestimmungen (Art. 44 Abs. 1 S. 1 SächsVerf und Art. 58 SächsVerf) möglichst große Wirksamkeit zu verschaffen.

3. Beschränkung des Selbstauflösungsrechtes aufgrund des parlamentarisch-repräsentativen Systems der Sächsischen Verfassung?

Mit der Selbstauflösung ist eine vorzeitige Rückgabe der politischen Legitimation an das Wahlvolk verbunden. Dies könnte insoweit problematisch sein, als sich die Sächsische Verfassung für das parlamentarisch-repräsentative System entschieden hat (vgl. Artt. 39, 44). Das bedeutet, dass der Landtag für die Zeit der Wahlperiode vom Volk gewählt und damit unmittelbar für die Wahrnehmung der verfassungsmäßigen Aufgaben anstelle des Volkes legitimiert ist.[21] Eine Selbstauflösung des Landtages könnte demnach gegen Grundsätze des parlamentarisch-repräsentativen Systems verstoßen.

Dem ist jedoch nicht so. Zwar ist mit dem Selbstauflösungsrecht ein Appell an das Volk verbunden, doch ist es gleichwohl dem repräsentativen System zuzuordnen, da von Verfassungs wegen keine Sachentscheidung getroffen werden soll, sondern nur die (neue) Zusammensetzung des Landtages zur Debatte steht.[22] Bei

---

[20] S. dazu sogleich näher unter 4.b), aa). Zur Vereinbarkeit des Selbstauflösungsrechtes mit den demokratischen und rechtsstaatlichen Vorgaben des Grundgesetzes s. 3. Teil, 3. Kap., § 19.

[21] HAAS, in: Kunzmann/ Haas/ Baumann-Hasske, Die Verfassung des Freistaates Sachsen, Art. 39, RN 1, S. 254

der Selbstauflösung handelt es sich mithin nicht um einen plebiszitären Vorgang. Zudem lässt die Sächsische Verfassung in Art. 3 Abs. 1 S. 2 im plebiszitären Sinne auch Abstimmungen und damit neben Elementen der mittelbaren auch solche der unmittelbaren Demokratie zu. Die Rückkopplung an das *Wahl*volk im Falle einer Selbstauflösung schränkt damit den Anwendungsbereich des Art. 58 SächsVerf nicht ein.

4. Selbstauflösungsrecht und freies Mandat

Die Freiheit der Entscheidung über die Selbstauflösung des Landtages folgt nicht zuletzt aus dem freien Mandat der Abgeordneten. Insoweit bestimmt Art. 39 Abs. 3 S. 2 SächsVerf, dass die Abgeordneten an Aufträge und Weisungen nicht gebunden und nur ihrem Gewissen unterworfen sind.

a. Maßgeblichkeit des eigenen Entschlusses der Abgeordneten

Die Nichtbindung an „Aufträge und Weisungen“[23] bedeutet, dass die Abgeordneten bei ihrer Stimmabgabe weder inner- noch außerparlamentarischen Zwängen unterliegen. Bei ihren Entscheidungen unterliegen sie *nur* ihrem Gewissen.

Damit stellt sich die Frage, was mit *Gewissen* gemeint ist. Zum einen könnte damit das Gewissen als „moralische Instanz“ gemeint sein.[24] Legt man den Begriff - dieser Ansicht folgend - ähnlich wie Art. 19 Abs. 1 SächsVerf, der unter anderem die Gewissensfreiheit enthält, aus, so könnte sich ein Abgeordneter nur sehr selten, nämlich nur bei sittlich-ethischen Grundfragen auf sein Gewissen berufen und sich anders als seine Fraktion verhalten.[25] Durch Art. 39 Abs. 3 S. 2 SächsVerf soll jedoch nicht - wie bei Art. 19 Abs. 1 SächsVerf - ein bestimmter Lebensbereich bzw. die Person des Mandatsträgers gegen Akte der öffentlichen Gewalt, sondern die „Nichtinstruiertheit der Amtsführung“ geschützt werden.[26] Daraus folgt, dass das Gewissen in Art. 39 Abs. 3 S. 2 SächsVerf als politische Überzeugung der Abgeordneten zu verstehen ist.[27]

---

22 Zur Vereinbarkeit des Selbstauflösungsrechtes mit dem Grundgesetz unter dem Aspekt der plebiszitären Komponente s. 3. Teil, 3. Kap., § 19, I.1. sowie 5. Teil, 2. Kap., § 29, I.1.

23 Beide Begriffe werden gleichbedeutend verwendet, so - zur vergleichbaren Regelung des Art. 38 Abs. 1 S. 2 GG - auch MORLOK, in: Dreier, GG-II, Art. 38, RN 146, S. 1008.

24 So DICHGANS, Mehr Freiheitsraum für die Abgeordneten, in: ZParl 1976, S. 127-138/129.

25 So für den vergleichbaren Art. 38 Abs. 1 S. 2 GG DEMMLER, Der Abgeordnete im Parlament der Fraktionen, 1. Kap., § 5, 1., S. 122 f.

26 MORLOK, in: Dreier, GG-II, Art. 38, RN 146, S. 1009

Der alleinige Rekurs auf das Gewissen schließt nach allem Fremdbindungen der Abgeordneten auch bei der Abstimmung über die vorzeitige Beendigung der Wahlperiode aus. Maßgeblich für das parlamentarische Verhalten eines Abgeordneten ist daher nur sein eigener Entschluss.[28] Man kann hier auch - dem Berliner Verfassungsgerichtshof verfassungsrechtsvergleichend folgend[29] - von einer „Ermessensentscheidung" der Abgeordneten sprechen, die Wahlperiode vorzeitig zu beenden. Dieses Ermessen ist freilich nicht im verwaltungsrechtlichen, sondern im verfassungsrechtlichen Sinne zu verstehen. Es wird eine „hochpolitische" Entscheidung getroffen, bei der die Volksvertretung nicht mit der ein Verwaltungsermessen ausübenden Exekutive zu vergleichen, sondern freier gestellt ist[30], dabei aber auch die Rechtsordnung und die Missbrauchsgrenze zu achten hat (s. dazu sogleich).

b. Grenzen des freien Mandates

Das freie Mandat (und damit letztlich auch ein Selbstauflösungsbeschluss) findet seine Grenzen in der Rechtsordnung. Diese ist von den Abgeordneten bei ihrer Entscheidung zu beachten.[31] In diesem Zusammenhang sind sowohl das freie Mandat der gegen eine Selbstauflösung des Landtages abstimmenden Abgeordneten als auch strafrechtliche Verstöße sowie das verfassungsrechtlich verankerte Missbrauchsverbot zu erörtern.

aa. Gewissensentscheidung der Minderheit

Zu sehen ist zunächst, dass der Selbstauflösungsbeschluss in der Regel nicht einstimmig gefasst werden wird. Die Abgeordneten, die gegen die vorzeitige Auflösung der Wahlperiode gestimmt haben, aber in der Minderheit verbleiben, können von ihrem freiem Mandat nicht über die grundsätzlich fünfjährige Wahlperiode Gebrauch machen. Sie müssen dem Willen der Abgeordneten, die mehr-

---

27 So für den vergleichbaren Bereich des Grundgesetzes MAGIERA, in: Sachs, GG, Art. 38, RN 47, S. 1172.

28 So - zur vergleichbaren Regelung des Art. 38 Abs. 1 S. 2 GG - MORLOK, in: Dreier, GG-II, Art. 38, RN 146, S. 1008.

29 Beschluss vom 08.10.2001 - VerfGH 137 A/ 01, 137/ 01 u.a., abgedruckt in: NVwZ 2002, S. 594-597/ 596. Die Rechtsprechung des BerlVerfGH ist auf den Sächsischen Landtag übertragbar, denn Art. 54 Abs. 2 BerlVerf entspricht der Regelung des Art. 58 SächsVerf. Mit der Verwendung der Formulierung „vorzeitige Beendigung der Wahlperiode" anstelle „Auflösung des Landtages" sind keine inhaltlichen Abweichungen verbunden, vgl. dazu 1. Teil, 1. Kap., § 1, I.2.

30 So auch BerlVerfGH, Beschluss vom 08.10.2001 - VerfGH 137 A/ 01, 137/ 01 u.a., abgedruckt in: NVwZ 2002, S. 594-597/ 596.

31 So zu Art. 38 Abs. 1 S. 1 GG MORLOK, in: Dreier, GG-II, Art. 38, RN 147, S. 1009; ACHTERBERG/ SCHULTE, in: v. Mangoldt/ Klein, GG-II, Art. 38, RN 39, S. 986.

heitlich für eine Selbstauflösung gestimmt haben, weichen. Da sich aber das Gewissen der „Mehrheitsabgeordneten" und das der „Minderheitsabgeordneten" und damit zwei gleichrangige Gewissensrechtsgüter gegenüberstehen, stellt sich die Frage nach der Rechtfertigung der Bindung der Minderheit an die Entscheidung der Mehrheit.

Die Legitimation ergibt sich aus dem Demokratieprinzip. Hier ist zu sehen, dass sowohl die Minderheitsrechte als auch die Mehrheitsregel wesentliche Strukturelemente demokratischer Herrschaft darstellen. Es ist somit eine Abwägung vorzunehmen. In diesem Zusammenhang dürfte ausschlaggebend sein, dass ein demokratisches System auch sicherstellen muss, dass überhaupt Entscheidungen getroffen werden. Würde Einstimmigkeit verlangt werden, müsste sich die Mehrheit stets der Minderheit beugen, was zu einer Blockierung der Politik führen würde. Die Mehrheitsregel dient damit in erster Linie praktischen Erwägungen.[32]

Im Falle einer Mehrheitsentscheidung können mehr Abgeordnete nach ihrem Gewissen leben als bei einer Minderheitsentscheidung. Im Falle einer Selbstauflösung wäre die Minderheit im Vergleich zur sonstigen Beschlussfassung sogar insoweit klein, als für diese Entscheidung eine doppelt qualifizierte Mehrheit von zwei Dritteln der gesetzlichen Mitgliederzahl des Landtages stimmen muss.[33]

Akzeptanz findet die Mehrheitsregel auch aufgrund des Gedankens der „gleichen Freiheit" aller Entscheidungsträger[34]: Die Abgeordneten treffen ihre Entscheidung frei und ihre Stimme hat jeweils das gleiche Gewicht. Die ebenfalls im Demokratieprinzip verankerten Minderheitsrechte müssen daher der Mehrheitsansicht weichen, wenn der Selbstauflösungsbeschluss verfassungsmäßig zustandegekommen ist, zumal allen Abgeordneten und damit auch den in der Minderheit befindlichen in der Verfassung und in der Geschäftsordnung des Landtages Rechte eingeräumt sind, die ihnen eine freie Teilnahme am Willensbildungsprozess ermöglichen.

Schließlich ist im Falle einer Selbstauflösung zu berücksichtigen, dass das vorzeitige Ende der Wahlperiode bereits in der Verfassung vorgesehen ist - jeder Abgeordnete muss aufgrund Art. 44 Abs. 1 S. 3 i.V.m. Art. 58 (und Art. 60 Abs. 3) mit einer kürzeren Wahlperiode rechnen. Der Vertrauensschutz der Minderheitsabgeordneten ist insoweit herabgesetzt.[35] Auch sind es nicht zuletzt die Abgeordneten selbst, die den entsprechenden Beschluss fassen.

---

32 HEUN, Das Mehrheitsprinzip, III., S.100 ff.
33 S. dazu bereits 3. Teil, 1. Kap., § 13, I.4.
34 DREIER, in: Dreier, GG-II, Art. 20 (Demokratie), RN 75, S. 68
35 S. dazu auch 3. Teil, 3. Kap., § 19, II.2.

bb. Strafrechtliche Grenzen

Aber auch unterverfassungsrechtliche Normen können im Rahmen der Gewissensentscheidung bedeutsam sein. So ist in strafrechtlicher Hinsicht § 108e Abs. 1 StGB[36] [Abgeordnetenbestechung] zu beachten. Danach macht sich strafbar, wer es unternimmt, für eine Wahl oder Abstimmung in einer Volksvertretung des Bundes oder der Länder eine Stimme zu kaufen oder zu verkaufen. Schutzgut der Norm ist zum einen die Unabhängigkeit der Abgeordneten, zum anderen aber auch die Sachbezogenheit ihrer Entscheidungen. Die Tatbestandsmerkmale „kaufen" und „verkaufen" sind i.S.v. Leistung und Gegenleistung zu verstehen. Gegenstand des (sittenwidrigen) Geschäftes ist das Stimmverhalten des Abgeordneten.[37] Damit sind die typischen Merkmale der Tatbestände der Bestechlichkeit bzw. Bestechung (§§ 332, 334 StGB) erfasst, die aber vorliegend nicht einschlägig sind, da diese voraussetzen, dass der Täter ein Amtsträger ist. Abgeordnete sind aber nach der Legaldefinition des § 11 Abs. 1 Nr. 2 StGB keine Amtsträger.[38] Insofern ist der Stimmenverkauf gem. § 108e Abs. 1 StGB ein Sonderdelikt für Abgeordnete.[39] Ein Abgeordneter, der sich bestechen lässt, wird somit strafrechtlich sanktioniert, was allerdings voraussetzt, dass seine Immunität aufgehoben wird (vgl. Art. 55 Abs. 2 S. 1 SächsVerf). Gleichzeitig verstößt er gegen Art. 39 Abs. 3 SächsVerf: Der Abgeordnete begibt sich durch den Kaufvertrag seiner Entscheidungsfreiheit, was einer Bindung an Aufträge und Weisungen nahe kommt und repräsentiert anstelle des ganzen Volkes nur noch einzelne Personen oder Interessengruppen.[40]

Es fragt sich daher, welche Auswirkungen dieser Verstoß auf den (Selbstauflösungs-) Beschluss hat. Die Sächsische Verfassung enthält hierzu keine Aussage. Es könnte vertreten werden, dass der Beschluss unwirksam ist bzw. zumindest dann, wenn es entscheidend auf die Stimme des bestochenen Abgeordneten ankommt. Andererseits ist zu sehen, dass die Beachtung des Grundsatzes des freien Mandates keine Bedingung des einzuhaltenden Verfahrens darstellt. Ein Verstoß gegen das freie Mandat würde den Selbstauflösungsbeschluss dann nicht unwirksam machen.[41] Diese Ansicht ist v.a. unter dem Aspekt der Rechtssicherheit vor-

---

36 Bekanntmachung der Neufassung des Strafgesetzbuches vom 13.11.1998, BGBl. I 1998, S. 3322, zuletzt geändert durch Art. 1 des Gesetzes zur Umsetzung des VN-Übereinkommens vom 13. April 2005 zur Bekämpfung nuklearterroristischer Handlungen vom 26.10.2007, BGBl. I 2007, S. 2523

37 TRÖNDLE/ FISCHER, Strafgesetzbuch, § 108e, RN 4, S. 812. Sofern kein zweiseitiges Geschäft dem Stimmverhalten zugrunde liegt, bestraft § 106 Abs. 2 lit. a) StGB auch denjenigen, der ein Mitglied eines Gesetzgebungsorganes des Bundes oder eines Landes rechtswidrig mit Gewalt oder durch Drohung mit einem empfindlichen Übel nötigt, seine Befugnisse nicht oder in einem bestimmtem Sinne auszuüben.

38 TRÖNDLE/ FISCHER, Strafgesetzbuch, § 11, RN 16, S. 59

39 TRÖNDLE/ FISCHER, Strafgesetzbuch, § 108e, RN 5, S. 812

40 S. dazu ausführlich EPP, Die Abgeordnetenbestechung, IV., S. 121 ff.

zugswürdig. Es wird sich ggf. erst nach längerer Zeit der Verstoß gegen das freie Mandat herausstellen. Im Falle einer Selbstauflösung würde die angenommene Unwirksamkeit des Beschlusses dazu führen, dass die Wahlperiode doch nicht beendet sein würde. Hier käme es dann zu Kollisionen mit dem Vertrauensschutz der zwischenzeitlich im Rahmen der durchgeführten Neuwahlen gewählten Abgeordneten. Darüber hinaus ist zu sehen, dass der entsprechende Beweis nur schwer zu führen sein wird.[42]

cc. Missbrauchsgrenze

Ein Selbstauflösungsbeschluss muss sich aber auch in den verfassungsrechtlichen Grenzen des Missbrauchsverbotes halten.[43] Das auf dem Rechtsstaatsprinzip (insbesondere Art. 3 Abs. 3 SächsVerf) beruhende, teilweise aber auch als eigenständiges Institut verstandene Missbrauchsverbot[44] wäre verletzt und ein dennoch gefasster Selbstauflösungsbeschluss verfassungswidrig, wenn nicht gar nichtig, wenn eine Regelung entgegen ihrem Zweck angewendet wird, d.h. das Selbstauflösungsrecht zum Kampf gegen den Landtag, das parlamentarisch-repräsentative System bzw. allgemein gegen die freiheitlich-demokratische Grundordnung[45] eingesetzt wird. Diese äußerste Grenze folgt aus Art. 113 Abs. 1 und 2 SächsVerf, wonach bei einer Gefahr für die freiheitlich-demokratische Grundordnung und einer Verhinderung des Landtages zur Versammlung der Staatsnotstand als Ausnahmezustand gem. Art. 113 Abs. 3 SächsVerf festgestellt werden kann.

Zur Beurteilung der Verfassungsmäßigkeit einer Selbstauflösung kommt es jeweils auf den konkreten Anwendungsfall an, wobei eine derart extreme Konstellation im Rahmen eines funktionsfähigen parlamentarisch-repräsentativen Systems kaum vorstellbar erscheint. Problematisch ist in diesem Zusammenhang eine Fallgestaltung, bei der eine Selbstauflösung durch eine Partei allein aus

---

41 So für die Gesetzgebung nach dem Grundgesetz auch BADURA, in: Dolzer/ Vogel/ Graßdorf (Hrsg.), BK, Art. 38, RN 59, S. 41. In diese Richtung wohl auch BVerfGE 16, 82 (88), nach der die Auffassung, dass Täuschungen oder Irrtümer des Gesetzgebers zur Verfassungswidrigkeit eines Gesetzes führen können, nur schwer „mit der förmlichen Ausgestaltung des Gesetzgebungsverfahrens durch das Grundgesetz“ vereinbar ist. Ebenso für Art. 38 Abs. 1 S. 2 GG in Bezug auf die Wirksamkeit von Gesetzen bei unter Fraktionszwang handelnden Abgeordneten HAMANN/ LENZ, GG, Art. 38, Anm. B.8.c), S. 457.

42 Ebenso für Art. 38 Abs. 1 S. 2 GG HAMANN/ LENZ, GG, Art. 38, Anm. B.8.c), S. 457.

43 Vgl. dazu näher V. MANGOLDT, HANS, in: Degenhart/ Meissner, Handbuch, § 7, RN 73, S. 226; HILL, in: Isensee/ Kirchhof, HdStR-VI, § 156, RN 25 f., S. 1317 f.

44 Vgl. zum Diskussionsstand näher PESTALOZZA, Formenmißbrauch, 1. Teil, 2. Abschnitt, II.2., S. 29 ff.

45 Zu diesem Begriff s. KUNZMANN, in: Kunzmann/ Haas/ Baumann-Hasske, Die Verfassung des Freistaates Sachsen, Art. 113, RN 2, S. 236 f.; s. dazu auch Art. 18 S. 1 GG und die sich daran anschließende Rechtsprechung des BVerfG (E 2, S. 1-79/ 12 f. - SRP-Verbot).

machtpolitischen Erwägungen, d.h. nur aufgrund ihr günstig erscheinender demoskopischer Umfrageergebnisse, Neuwahlen anstrebt. Hier könnte argumentiert werden, dass die Auflösung des Landtages in diesem Fall nicht auf die Arbeitsfähigkeit des Landtages bzw. auf die Lösung eines Konfliktes zwischen Landtag und Regierung zielt, sondern auf dessen Behinderung. Dem im Verfassungssystem angelegten Streben nach Stabilität der Regierung und der Parlamentsarbeit wäre nicht ausreichend Rechnung getragen.[46] Hiergegen spricht aber, dass die Auflösung insoweit einen politisch-rechtlichen Bezug hat, als durch sie eine dem Willen des Volkes besser entsprechende Zusammensetzung des Landtages zur Realisierung des Wählerwillens angestrebt wird, was als typischer Anwendungsfall einer Selbstauflösung anerkannt ist.[47] Darüber hinaus erscheint das Streben nach politischer Macht durchaus als legitim. Die Abwägung zwischen der grundsätzlich fünfjährigen Dauer der Wahlperiode und dem machtpolitischen Streben einer Partei wird daher zugunsten der letzteren ausfallen. Im Übrigen ist es unwahrscheinlich, dass eine Partei allein, die Neuwahlen lediglich aus wahltaktischen Gründen anstrebt, zwei Drittel der Abgeordneten im Landtag für eine Selbstauflösung mobilisieren kann, denn der Stimmenzuwachs einer Partei ist regelmäßig mit dem Stimmenverlust einer anderen verbunden.

Der Schutz des freien Mandates vor Missbrauch im Hinblick auf das Selbstauflösungsrecht wird durch das Beschlussquorum von zwei Dritteln der gesetzlichen Mitgliederzahl des Landtages verstärkt. In den Beratungen zur Sächsischen Verfassung von 1992 ist damit gerechnet worden, dass bereits durch dieses hohe Beschlussquorum die Gefahr eines Missbrauches des Selbstauflösungsrechtes verringert wird.[48] Damit wird auch den Bedenken des ehemaligen Präsidenten des Sächsischen Oberverwaltungsgerichtes und Vizepräsidenten des Sächsischen Verfassungsgerichtshofes a.D. *Claus Meissner* Rechnung getragen, der das Selbstauflösungsrecht im Hinblick auf die „erforderliche Stabilität der politischen Voraussetzungen" für „nicht ganz unbedenklich" hält bzw. nur für „hinnehmbar, solange das Parlament sich seiner primären Verpflichtung bewußt bleibt, das vom Volk für fünf Jahre übernommene Mandat zu erfüllen", notfalls durch Kompromisse.[49]

---

[46] So - jedenfalls vom Ergebnis her - MÜLLER, K., Verfassung des Freistaats Sachsen, Art. 58, S. 329.

[47] So beispielsweise für Bremen NEUMANN, H., Die Verfassung der Freien Hansestadt Bremen, Art. 76 RN 4, S. 259; vgl. auch BerlVerf BerlVerfGH, Beschluss vom 08.10.2001 - VerfGH 137 A/ 01, 137/ 01 u.a., abgedruckt in: NVwZ 2002, S. 594-597/ 595.

[48] Vgl. die Antwort des Verfassungs- und Rechtssausschusses auf die vom Ausschuss für Wahlprüfung, Immunität und Geschäftsordnung vorgeschlagene Streichung des Selbstauflösungsrechtes, 2. Teil, 2. Kap., § 11, III.2.; so auch explizit HEITMANN in einem persönlichen Gespräch am 27.11.2002.

[49] in: Degenhart/ Meissner, Handbuch, § 10, RN 5, S. 295

Das freie Mandat ermöglicht nach allem eine parlamentarische Selbstauflösung aus verschiedensten Gründen, solange diese mit dem Gewissen der Abgeordneten übereinstimmen und nicht missbräuchlich sind. Die Abgeordneten können insoweit frei darüber befinden, ob und wann sie eine Rückgabe der politischen Legitimation an das Wahlvolk für erforderlich halten. Es wird zwar in der Regel eine politische Krisensituation gegeben sein, die mittels des Selbstauflösungsrechtes gelöst werden soll, doch ist der Landtag frei, sich auch aus anderen Gründen selbst aufzulösen. Auch nach systematischer Auslegung des Art. 58 SächsVerf ist mithin eine Beschränkung des Tatbestandes auf bestimmte materielle Auflösungsgründe nicht ersichtlich.

III. Teleologische Auslegung

Das Selbstauflösungsrecht des Art. 58 SächsVerf ist nunmehr unter teleologischem Aspekt zu prüfen. Hier stellt sich die Frage, welchen Sinn und Zweck die Norm verfolgt und ob sich daraus bestimmte inhaltliche Kriterien gewinnen lassen.

1. Lösung parlamentarischer Krisen und Rückgabe der Legitimation an das Wahlvolk

Es fällt auf, dass Parlamentsauflösungen in der Praxis wie in der theoretischen Reflexion immer wieder in einer Wechselbeziehung zu „Krisen“ stehen.[50] In der Tat kann ein Selbstauflösungsbeschluss erforderlich werden, wenn die Regierung - entweder aufgrund unzureichender Mehrheiten nach einer Wahl oder nach Fraktionswechseln von Abgeordneten - ihre Mehrheit im Parlament verliert und damit dessen Arbeitsfähigkeit in Frage gestellt ist. Auch wenn es explizit in der Verfassungsnorm nicht zum Ausdruck gebracht wird, wird es somit typischerweise bei der Anwendung des Selbstauflösungsrechtes um die Lösung bestehender Krisen und damit um die Wahrung der Stabilität des politischen Systems gehen. Es kann aber auch der Wille zur Rückgabe der politisch-rechtlichen Legitimation an das Wahlvolk im Vordergrund stehen. Völlig sinn- und zweckfreie Selbstauflösungen sind allerdings ein wohl eher theoretisches Problem, das kaum praktische Relevanz hat.

---

50 So auch UMBACH, Parlamentsauflösung, Erster Teil, A., S. 12.

2. Offene Verfassungsnorm

Nach allem könnte Art. 58 SächsVerf unter teleologischen Gesichtspunkten eine offene Verfassungsbestimmung darstellen. Offene Normen sind solche, deren rechtlicher Gehalt nicht von vornherein festgeschrieben ist.[51] Sie bedürfen mithin der Konkretisierung.[52] Dies widerspricht auch nicht dem Gebot der Bestimmtheit von Normen, das aus dem Prinzip der Rechtssicherheit des in Artt. 1 S. 2, 3; 3 Abs. 1 S. 2, Abs. 2 SächsVerf verankerten Rechtstaatsgrundsatzes folgt. Aus den Zielen einer Verfassung wie Stabilität, Freiheitssicherung und Repräsentation, insbesondere aber auch aus ihrer Zukunftsgerichtetheit folgt, dass die geregelten Gegenstände mitunter weit gefasst sein müssen.[53] Darüber hinaus kann die sinnhafte Auslegung von Verfassungsnormen auch vom mehr oder minder „'politischen' Charakter des Rechtsstoffes"[54] geprägt sein. Heranzuziehen ist damit auch das „politische Wollen" der Staatsorgane[55], freilich nur insoweit als es verfassungsgemäß ist, d.h. das Selbstauflösungsrecht nicht rechts- und verfassungsmissbräuchlich angewandt wird. Der Missbrauch kann nicht Sinn und Zweck der Parlamentsauflösung sein.[56]

Außer den bereits genannten sind weitere, nicht im Einzelnen absehbare Konstellationen denkbar, in denen es zu einer Selbstauflösung kommen kann. Hierzu zählen z. B. die Zusammenlegung oder Entzerrung von Wahlterminen oder die Erkenntnis, gegen Ende der regulären Wahlperiode weitere Gesetzvorhaben aufgrund des Diskontinuitätsgrundsatzes nicht mehr abschließen zu können und sie daher dem neuen Landtag zu überlassen.[57] Eine Selbstauflösung kann auch eine mögliche Reaktion auf die Ungültigkeit einer Wahl sein, wie im Juli 1993 in Hamburg zu beobachten war.[58] *Haas* hält das Selbstauflösungsrecht insbesondere für „hilfreich", wenn die Regierung im Laufe einer Wahlperiode ihre Mehrheit im Parlament verlieren würde. Als weiteres Anwendungsbeispiel führt er das Scheitern eines konstruktiven Misstrauensvotums aufgrund fehlender Bereitschaft zur Zusammenarbeit an. Ohne das Selbstauflösungsrecht kämen (erforder-

---

51 Der Begriff der „Offenheit" wird hier im Sinne eines „normativen Postulates" im Hinblick auf die Verfassungsauslegung verstanden, vgl. dazu und zu verschiedenen anderen Bedeutungen dieses Begriffes - allerdings auf das GG bezogen - BRYDE, Verfassungsentwicklung, B., 4., S. 80, FN 1, D., 3. a), (4), S. 263.

52 Vgl. zur Konkretisierung und insbesondere ihrem Ablauf näher MÜLLER, F., Juristische Methodik, 314.8, RN 274 ff., S. 199 ff.

53 Vgl. dazu näher STERN, Staatsrecht I, § 4 III 2, 3, S. 128.

54 STERN, Staatsrecht I, § 4 III 4, S. 129. Zum verfassungspolitischen Hintergrund einer Selbstauflösung s. bereits oben 1. Teil, 1. Kap., § 2, II.3.

55 STERN, Staatsrecht I, § 4 III 4, S. 129

56 Zur Missbrauchsgrenze s. bereits 3. Teil, 1. Kap., § 13, II.4.b), cc).

57 S. dazu insbes. die Verfassungspraxis in den österreichischen Bundesländern, 4. Teil, 2. Kap., § 22, II.1.a).

58 Vgl. 1. Teil, 2. Kap., § 4, II.3.

liche) Neuwahlen dann nur über den Rücktritt des Ministerpräsidenten (Art. 68 Abs. 1 SächsVerf) in Betracht. Dieser Weg sei aber ungleich zeitaufwendiger als eine Selbstauflösung, zumal hierfür Voraussetzung ist, dass der Ministerpräsident bereit ist zurückzutreten.[59]

Insgesamt wird somit deutlich, dass es bestimmte typische Anwendungsfälle für eine parlamentarische Selbstauflösung gibt, diese aber nicht abschließend sind. Sinn des parlamentarischen Selbstauflösungsrechtes ist es demnach, in ganz verschiedenen Konstellationen als Lösungsmittel zur Verfügung zu stehen. Insoweit muss Art. 58 SächsVerf zukunftsoffen sein. Ein konkret gefasster Tatbestand würde dem schwerlich gerecht.

Aus diesem Grund kann der Ansicht von *Klaus Müller*, das Selbstauflösungsrecht sei lediglich „als letztes Lösungsmittel *verfassungsrechtlicher Krisen* anzusehen und zu gebrauchen“[60], nicht gefolgt werden. Zwar folgt aus der Regelung des Art. 44 Abs. 1 SächsVerf, dass eine Beendigung der fünfjährigen Wahlperiode durch Auflösung des Landtages die Ausnahme bilden soll, doch lassen sich hieraus keine tatbestandlichen Beschränkungen auf bestimmte Fallkonstellationen ableiten. In diesem Zusammenhang ist auch zu sehen, dass Art. 60 SächsVerf materielle Voraussetzungen aufstellt, sodass von einem „Vergessen“ selbiger im Rahmen des Art. 58 SächsVerf nicht ausgegangen werden kann.

Art. 58 SächsVerf ist somit nach dem Ergebnis der teleologischen Auslegung als eine offene Norm anzusehen, die in verschiedenen Fallkonstellationen innerhalb der Missbrauchsgrenze zur Anwendung kommen kann. Gerade in dieser Offenheit liegt der Sinn der Norm. Maßgebliches Kriterium für eine Selbstauflösung ist das Zustandegekommen eines entsprechenden Beschlusses mit dem erforderlichen Quorum von zwei Dritteln der Mitglieder des Landtages.

IV. Genetische und historische Auslegung

Zu prüfen ist im Folgenden, wie sich der verfassungsrechtliche Tatbestand des Art. 58 SächsVerf im Lichte der genetischen und historischen Auslegung darstellt. Im Rahmen der genetischen Auslegung werden nur die unmittelbar zum Entstehen der Vorschrift führenden Vorgänge herangezogen, während die historische Auslegung die Vorschrift in einen darüber hinausreichenden rechtsgeschichtlichen Zusammenhang einordnet.[61]

---

[59] in: Kunzmann/ Haas/ Baumann-Hasske, Die Verfassung des Freistaates Sachsen, Art. 58, RN 1, S. 315. S. zum vergleichbaren Auslegungsergebnis des Art. 54 Abs. 2 BerlVerf den Beschluss des BerlVerfGH vom 08.10.2001 - VerfGH 137 A/ 01, 137/ 01 u.a., abgedruckt in: NVwZ 2002, S. 594-597/ 596; vgl. auch LEY, Die Auflösung der Parlamente, in: ZParl 1981, S. 367-377/ 369.

[60] Verfassung des Freistaats Sachsen, Art. 58, S. 329, Hervorhebung durch d. Verf.

[61] SCHMALZ, Methodenlehre, 6. Teil, 2.3, RN 247, S. 110

Aus den Motiven der Verfassunggeber können sich wichtige Anhaltspunkte für die Auslegung einer Vorschrift ergeben. Zu fragen ist daher, welche Bedeutung der Genese und der Entstehungsgeschichte einer Norm zukommt. Hier ist zum einen denkbar, dass der Wille des Verfassunggebers zunächst möglichst genau zu ergründen und anschließend umzusetzen ist. Zum anderen ist denkbar, dass neben den Willen des Verfassunggebers der mittels der anderen Auslegungsmethoden zu ermittelnde Wille der Verfassungsbestimmung und seine Umsetzung in der Verfassungspraxis tritt. Letzterer Ansatz ist vorzugswürdig, weil sich vielfach erst in der Verfassungswirklichkeit denkbare Anwendungsfälle einer Norm zeigen, so dass der Wille des Verfassunggebers allein nicht maßgeblich sein kann. Allerdings dürfen die subjektiven Vorstellungen der Verfassunggeber nicht unberücksichtigt bleiben.[62] Die genetische Auslegung tritt damit ergänzend ebenso wie die historische zu den anderen Auslegungsmethoden hinzu.

1. Motive für die offene Ausgestaltung des Selbstauflösungsrechtes im Rahmen der Verfassunggebung

In den Beratungen zur Sächsischen Verfassung ist das Selbstauflösungsrecht - wie dargestellt[63] - nur wenig erörtert worden. Alle Entwürfe, die im Verfassungs- und Rechtsausschuss eine Rolle spielten, sahen das Selbstauflösungsrecht vor und verlangten dafür übereinstimmend einen Beschluss von zwei Dritteln der Mitglieder des Landtages. Ein Hinweis auf materielle Erfordernisse lässt sich den Diskussionen kaum entnehmen. Eventuelle Motive konnten v.a. im Rahmen der Interviews nachgefragt werden. So nahm *Arnold Vaatz* nach einem Erfahrungsaustausch mit *Hans von Mangoldt* das Selbstauflösungsrecht in den Verfassungsentwurf der „Gruppe der 20" vom 26. März 1990 auf, damit der Landtag, wenn er seine Wahlperiode vorzeitig beenden wolle, nicht - was die Initiativbefugnis angeht - unmittelbar auf das Volk angewiesen sei.[64] *Steffen Heitmann* äußerte im Interview, dass das Fehlen eines Selbstauflösungsrechtes in der Verfassung (wie damals noch in Baden-Württemberg) als „Manko" angesehen worden sei. In verschiedenen politischen Konstellationen, z.B. bei unklaren Mehrheitsverhältnissen, müsse eine Lösung gefunden werden. Dafür sei das Selbstauflösungsrecht er-

62 Zur Bedeutung der genetischen und historischen Auslegung einer Norm vgl. auch SCHMALZ, Methodenlehre, 6. Teil, 2.3.1, RN 247 f., S. 111; LARENZ/ CANARIS, Methodenlehre, Kap. 4, 2. c), S. 149 ff.

63 Vgl. dazu oben 2. Teil, 2. Kap., § 10, insbes. V.1. und zusammenfassend Übersicht 2 im Anhang (B.).

64 2. Teil, 2. Kap., § 10, II.2., 3. Die Überlegungen basierten somit noch auf der Vorstellung, dass eine Landtagsauflösung durch Volksentscheid möglich sein sollte. Zur Streichung dieser Möglichkeit s. 3. Teil, 2. Kap., § 16, II.

forderlich.[65] Konkret nachgefragt, stellte sich somit heraus, dass die von den Befürwortern des Selbstauflösungsrechtes angesprochenen Konstellationen nicht i.S.e. festen Tatbestandsmerkmal gewollt worden waren, sondern mehr als Anwendungsmöglichkeiten („z.B.“) gesehen wurden. So konnte sich der Vorsitzende der Arbeitsgruppe „Landesverfassung“ der Gemischten Kommission *Heitmann* auch an eine spezifische Diskussion hinsichtlich etwaiger materiell-rechtlicher Anforderungen an das Selbstauflösungsrecht nicht erinnern: „Es gibt keine.“[66]

Dies wird auch nicht durch die Antwort des Verfassungs- und Rechtsausschusses auf den Vorschlag des Ausschusses für Wahlprüfung, Immunität und Geschäftsordnung zur Streichung des Selbstauflösungsrechtes widerlegt. Zur Begründung der Beibehaltung des Selbstauflösungsrechtes wurde zwar angeführt, dass diese Norm zur Klärung von schwierigen politischen Lagen erforderlich sei.[67] Dahinter verbirgt sich jedoch keine ausschließliche Festlegung. Vielmehr ist damit nur ein Anwendungsbeispiel gemeint, so dass darin eine Begrenzung auf bestimmte Einzelfälle bzw. ein konkretes (ungeschriebenes) Tatbestandsmerkmal nicht gesehen werden kann.

Dieser Befund wird dadurch erhärtet, dass im Prozess der Verfassunggebung betont wurde, dass mit der Aufnahme des Zweidrittelquorums Stabilitätserwägungen ausreichend Rechnung getragen werde. Einem möglichen Missbrauch[68] werde durch das hohe Beschlussquorum vorgebeugt. Eines besonderen materiellen Tatbestandes bedürfe es mithin nicht.[69]

2. Eingrenzungen des Normbereiches von Art. 58 SächsVerf im Lichte der Erfahrungen mit Art. 9 Abs. 1 SächsVerf 1920?

Ein materielles Tatbestandsmerkmal des Art. 58 SächsVerf könnte sich noch aus dem historischen Zusammenhang ergeben. Das wäre z.B. dann der Fall, wenn sich aus Art. 9 Abs. 1 SächsVerf 1920 bzw. Art. 44 Abs. 1 Var. 1, Abs. 2 SächsVerf 1947 Hinweise auf bestimmte Konstellationen ergeben, die eine Selbstauflösung hierauf beschränken sollten. Das ist jedoch nicht der Fall: Der Wortlaut beider Normen regelt nur die Anwesenheits- bzw. Beschlusserfordernisse und auch im Rahmen der Genese beider Normen kam dem Beschlussquorum ent-

65 Vgl. dazu oben 2. Teil, 2. Kap., § 11, III.2.
66 Äußerung im Rahmen eines persönlichen Gespräches am 27.11.2002
67 Vgl. dazu 2. Teil, 2. Kap., § 11, III.2.
68 Zum Missbrauch s. ausführlich oben 3. Teil, 1. Kap., § 13, II.4.b), cc).
69 So HEITMANN im Rahmen eines persönlichen Gespräches am 27.11.2002; ebenso der Abg. SCHIMPFF anlässlich eines persönlichen Gespräches im Sächsischen Landtag am 10.02.2003.

scheidende Bedeutung zu. Die Offenheit des Art. 9 Abs. 1 SächsVerf 1920 für eine Vielzahl von Anwendungsfällen kommt deutlich in der Äußerung des Abg. *Nitzsche* in der fünften Sitzung des Verfassungsausschusses der Sächsischen Volkskammer am 8. Juli 1920 zum Ausdruck. Er befürwortete die Aufnahme eines Selbstauflösungsrechtes in die Sächsische Verfassung als Lösungsmittel im Falle eines Konfliktes zwischen Landtag und Regierung und erklärte weiter, dass eine Selbstauflösung auch dann in Betracht komme, wenn in anderen Situationen eine Weiterarbeit des Landtages nicht zumutbar sei. Als mögliche Anwendungsfälle nannte er einen Wandel der politischen Auffassung im Land oder einen (von den Abgeordneten subjektiv empfundenen) Verlust des Vertrauens ihrer Wähler.[70] Nach allem lassen weder die Genese des Art. 58 SächsVerf noch die historische Entwicklung des Selbstauflösungsrechtes Rückschlüsse darauf zu, dass der Landtag sich nur unter ganz bestimmten Voraussetzungen auflösen darf.

§ 14 Voraussetzungen und Folgen einer Selbstauflösung nach Art. 58 SächsVerf

Auf der Grundlage der Auslegung des Art. 58 SächsVerf ist im Folgenden den Voraussetzungen und Folgen einer Selbstauflösung nachzugehen. Hierzu ist sowohl die Sächsische Verfassung als auch die Geschäftsordnung des Sächsischen Landtages heranzuziehen.

I. Anforderungen des Selbstauflösungsrechtes

Nach Art. 58 SächsVerf muss der Beschluss, mit dem sich der Sächsische Landtag selbst auflöst, von zwei Dritteln seiner Mitglieder gefasst werden. Bestimmte materielle Anforderungen sind in Art. 58 SächsVerf nicht enthalten. Jedoch gibt es typische Situationen (wie parlamentarische Krisen durch Koalitions- oder Parteiwechsel, Vertrauensschwund gegenüber dem Ministerpräsidenten und Rückgabe der Legitimation an das Wahlvolk in Fragen von grundsätzlicher Bedeutung), in denen eine Selbstauflösung vorgekommen ist und in Sachsen vorkommen kann.

---

[70] Vgl. Abg. NITZSCHE, Niederschrift über die 5. Sitzung des Verfassungsausschusses (08.07.1920), Anlage (Stenographischer Bericht), S. 30 f., in: SächsHStA Dresden, [10693/ Landtag 1919-1933, Nr. 283]; Bericht des Verfassungsausschusses vom 20.10.1920 (Nr. 834), S. 9 (zu Art. 9), a.a.O.

1. Verfassungsrechtliche Ausgangspunkte

Angesichts des bewusst offen gehaltenen Tatbestandes des Art. 58 SächsVerf, dem mit dem Selbstauflösungsrecht verbundenen politischen Hintergrund und der Freiheit des Abgeordnetenmandates wird sich die Verfassungsdebatte in der Verfassungspraxis schnell auf das verfassungsgemäße Zustandekommen des Beschlusses sowie auf das erforderliche Beschlussquorum zuspitzen. Auf diese Voraussetzungen ist im Folgenden näher einzugehen.

a. Beschluss

Der Beschluss zur Selbstauflösung des Landtages muss formell und materiell verfassungsgemäß zustande kommen. Da besondere formelle Hürden nicht vorgesehen sind und Art. 58 SächsVerf offen ausgestaltet ist, können die Abgeordneten in materieller Hinsicht - abgesehen von der Missbrauchsgrenze - jederzeit eine Selbstauflösung des Landtages beschließen.[71]

b. Beschlussquorum

Damit gewinnt das Beschlussquorum maßgebliche Bedeutung. Art. 58 SächsVerf verlangt insoweit, dass der Beschluss, mit dem der Landtag seine Selbstauflösung beschließt, mit einer Mehrheit von zwei Dritteln seiner gesetzlichen Mitgliederzahl gefasst wird. Im relativ hohen Beschlussquorum von zwei Dritteln der Mitglieder des Landtages kommt das Bestreben nach Kontinuität und Stabilität des einmal gewählten Parlamentes zum Ausdruck. Dieses Quorum ist gegenüber der einfachen Beschlussfassung zweifach erhöht. Zweifach, da zum einen der Landtag gem. Art. 48 Abs. 3 S. 1 SächsVerf grundsätzlich seine Beschlüsse mit einfacher Mehrheit, d.h. mit der Mehrheit der anwesenden Abgeordneten, fasst, aber im Falle einer Selbstauflösung auf die Mehrheit der gesetzlichen Mitgliederzahl abgestellt wird. Zum anderen ist auch das qualifizierte Mehrheitserfordernis, d.h. die Beschlussfassung mit der Mehrheit der Mitglieder des Landtages (50 % plus eine Stimme), für eine Selbstauflösung nicht genügend. Es bedarf vielmehr der Zustimmung von zwei Dritteln der gesetzlichen Mitgliederzahl. Das hat die Funktion, die besondere Tragweite des Selbstauflösungsbeschlusses zu verdeutlichen. Es soll verhindert werden, dass Neuwahlen lediglich aufgrund von Abhängigkeiten von momentanen Stimmungen stattfinden.[72] Zudem sichert dieses Quorum, dass die Selbstauflösung von einer breiten Mehrheit getragen wird, was

---

71 S. dazu bereits ausführlich oben 3. Teil, 1. Kap., § 13, II.

72 So die schriftliche Stellungnahme des damaligen stellvertretenden Vorsitzenden des Verfassungs- und Rechtsausschusses RALF DONNER vom 12.12.2002.

dem Demokratieprinzip entspricht.[73] Dem Demokratieprinzip entspricht es auch, dass es Abgeordnete geben kann, die gegen eine Selbstauflösung stimmen, sich aber dem Mehrheitsbeschluss fügen müssen, sofern dieser verfassungsgemäß zustande gekommen ist. Soweit auf den im Rechtsstaatsprinzip verankerten Vertrauensschutz der unterliegenden Abgeordneten hinsichtlich der fünfjährigen Dauer der Wahlperiode abgestellt wird, ist zu sagen, dass eine Verkürzung der Wahlperiode nicht von vornherein ausgeschlossen ist, wie Art. 44 Abs. 1 S. 3 SächsVerf zeigt, der nach der Festlegung der Dauer der Wahlperiode den Fall der Auflösung des Landtages regelt. Darüber hinaus ist zu sehen, dass es die Abgeordneten selbst sind, die den Selbstauflösungsbeschluss fassen, mithin keine Ein- oder Mitwirkung Dritter erfolgt.

Um die nach der Verfassung vorgesehene Mehrheit von zwei Dritteln der gesetzlichen Mitgliederzahl des Landtages zu erreichen, müssten - ausgehend von Art. 41 Abs. 1 S. 1 SächsVerf 80 der 120 Abgeordneten für einen solchen Antrag stimmen. Aufgrund der aktuellen Mehrheitsverhältnisse im Sächsischen Landtag wäre danach eine Zusammenarbeit verschiedener Fraktionen erforderlich, insbesondere der Regierungsfraktionen mit der Opposition. Selbst die derzeit bestehende Große Koalition erreicht nur 68 Sitze. Die Höhe des Beschlussquorums verhindert, dass allein die Regierungsmehrheit über die Selbstauflösung verfügen kann und so praktisch zu einem Auflösungsrecht des Ministerpräsidenten wird.[74] Allerdings kann dieses hohe Beschlussquorum auch dazu führen, dass das Selbstauflösungsrecht nicht zum Zuge kommt, obwohl eine vorzeitige Beendigung der Wahlperiode erforderlich erscheint.

2. Anforderungen an eine parlamentarische Selbstauflösung nach der Geschäftsordnung des Sächsischen Landtages

Weitere Anforderungen als die Beschlussfassung mit einer Mehrheit von zwei Dritteln der gesetzlichen Mitgliederzahl stellt Art. 58 SächsVerf nicht an das Selbstauflösungsrecht. Jedoch ist auch die Geschäftsordnung des Sächsischen Landtages, die sich dieser gemäß Art. 46 Abs. 1 SächsVerf gibt, auf ihre diesbezüglichen Voraussetzungen zu befragen.

---

73 Zu den verfassungsrechtlichen Grenzen des Beschlussquorums s. näher bei der Vereinbarkeit des Art. 58 SächsVerf mit dem Homogenitätsprinzip, 3. Teil, 3. Kap., 19, I.2.

74 So auch der Berater HANS-PETER SCHNEIDER in seiner schriftlichen Äußerung vom 15.12.2002.

Nach § 56 S. 1 der Geschäftsordnung des Sächsischen Landtages - in der aktuellen Fassung vom 19. Oktober 2004[75] - muss ein von mindestens einem Drittel der Abgeordneten unterzeichneter Antrag auf Selbstauflösung des Landtages schriftlich beim Präsidenten eingereicht werden. Der Antrag wird in nur einer Beratung erörtert; auch eine Überweisung an einen Ausschuss entfällt (S. 2, 3). Über den Antrag darf erst ab dem dritten Tag nach seiner Verteilung beraten werden. In S. 5 wird das bereits in der Verfassung vorgesehene Beschlusserfordernis von zwei Dritteln der Abgeordneten wiederholt.

Die Geschäftsordnung steht der Landesverfassung und den Landesgesetzen im Range nach. Sie ist nach h.M. als autonomes Innenrecht bzw. als autonome Satzung zu qualifizieren[76] und regelt den Ablauf der Verfahren im Landtag. Soweit die Geschäftsordnung das Beschlussquorum von zwei Dritteln der gesetzlichen Mitgliederzahl des Landtages nicht berührt, verstoßen zusätzliche formale Anforderungen nicht gegen den Grundsatz des Vorranges der Verfassung. Allerdings steht die Geschäftsordnung in ihrer Ausgestaltung zur Disposition des sie verabschiedenden Landtages (vgl. § 112 GO-SLT).[77]

a. Das Antragsquorum in § 56 S. 1 GO-SLT

Damit es überhaupt zur Beschlussfassung über die Selbstauflösung kommen kann, muss nach § 56 S. 1 GO-SLT ein Drittel der gesetzlichen Zahl der Abgeordneten einen dahingehenden Antrag stellen. Bei 120 Abgeordneten bedarf demnach ein Antrag auf Selbstauflösung der Unterstützung von mindestens 40 Landtagsmitgliedern. Das Quorum, das für die Einbringung des Antrages auf Selbstauflösung erforderlich ist, erweist sich damit bedeutend höher als das Quorum bei der Einbringung von Gesetzentwürfen, das sich nach § 40 Abs. 1 GO-SLT auf 5 % der Mitglieder des Landtages, mithin in der Regel auf sechs Abgeordnete[78], beläuft. Schon dies verdeutlicht die Tragweite des Auflösungsbeschlusses: Durch das Antragsquorum wird verhindert, dass Anträge, die von vornherein keine Aussicht auf Erfolg haben, auf die Tagesordnung einer Sitzung gesetzt werden.[79] Das

---

75 SächsABl. 2004, S. 1226

76 Vgl. zur entsprechenden Regelung des Art. 40 Abs. 1 S. 2 GG nur BVerfGE 1, 144 (148 f.); s. auch VERSTEYL, in: v. Münch/ Kunig, GG-II, Art. 40, RN 17, S. 719 f.; zum Meinungsstand s. ausführlich ACHTERBERG, Parlamentsrecht, § 3, S. 38 ff.

77 Vgl. dazu MEISSNER, in: Degenhart/ Meissner, Handbuch, § 10, RN 37, S. 310 f.

78 Die Einbringung durch eine Fraktion gem. § 40 Abs. 1 Alt. 1 GO-SLT setzt auch mindestens sechs Unterschriften voraus, da von einer Fraktion gem. § 8 Abs. 1 GO-SLT erst bei einem Zusammenschluss von 5 % der Mitglieder des Landtages, die der gleichen Partei angehören oder die aufgrund von Wahlvorschlägen der gleichen Partei in den Landtag gewählt wurden, gesprochen wird.

79 In diese Richtung wohl auch der SPD-Berater BERND KUNZMANN in seiner schriftlichen Stellungnahme vom 05.01.2003.

Erfordernis eines Antrages, der von einem Drittel der Landtagsmitglieder, mithin von mindestens der Hälfte der für die spätere Beschlussfassung erforderlichen Mehrheit, unterstützt wird, dürfte auch im Hinblick auf die Öffentlichkeitswirkung sachgerecht sein.

b. Weitere Voraussetzungen nach § 56 GO-SLT

Außer dem Antragserfordernis und dem Beschlussquorum von zwei Dritteln der Mitglieder des Landtages sieht die Geschäftsordnung noch weitere Voraussetzungen für eine parlamentarische Selbstauflösung vor. Vorgeschrieben wird - neben der schriftlichen Einreichung beim Landtagspräsidenten -, dass der Antrag auf Selbstauflösung - anders als bei Gesetzentwürfen und Staatsverträgen, die in drei Beratungen behandelt werden, vgl. § 41 Abs. 1 GO-SLT - in einer einzigen Beratung thematisiert wird und eine Überweisung an einen Ausschuss - ebenfalls anders als im Gesetzgebungsverfahren, vgl. § 42 Abs. 3 GO-SLT - nicht erfolgt (§ 56 S. 2, 3 GO-SLT). Auf diese Weise wird eine schnelle und verfahrensmäßig einfache Vorgehensweise zur Lösung einer politischen Krise oder zur Herbeiführung der aus anderen Gründen erforderlich erscheinenden Neuwahl des Landtages geschaffen. Die Arbeitsfähigkeit des Landtages soll m.a.W. durch die Konzentration auf eine einzige Beratung so rasch wie möglich wieder hergestellt werden.

Jedoch ist eine Überlegungsphase vorgesehen: Nach § 56 S. 4 GO-SLT darf frühestens am dritten Tag nach der Verteilung des Antrages über ihn entschieden werden. Diese Vorkehrung dient dem Übereilungsschutz. Es soll ernsthaft erwogen werden können, ob es nicht andere Möglichkeiten zur Überwindung der parlamentarischen Krise oder allgemein des Auflösungserfordernisses gibt, d.h. ob eine Selbstauflösung wirklich notwendig ist.

c. Folgen eines Verstoßes gegen § 56 GO-SLT

Da das Antragsquorum und die Überlegungsfrist nur in der Geschäftsordnung geregelt sind, würde ein etwaiger Verstoß aufgrund des Charakters der Geschäftsordnung als autonomes Innenrecht den mit der verfassungsrechtlich vorgesehenen Mehrheit gefassten Beschluss nicht verfassungswidrig machen.[80] Darüber hinaus ist hinsichtlich des Antragserfordernisses zu sehen, dass der Selbstauflö-

---

80 So allgemein zum Parlamentsrecht auch SCHNEIDER, H.-P./ ZEH, Parlamentsrecht, 3. Teil, § 10, RN 42, S. 355.

sungsbeschluss von der gleichen Institution mit doppelt so hohem Quorum als das Antragserfordernis gefasst wird, so dass davon ausgegangen werden kann, dass ein möglicherweise fehlender oder von einer geringeren Anzahl von Abgeordneten eingebrachter Antrag vom Willen des Landtages umfasst wäre.

3. Die Besonderheit der Sächsischen Regelung - Aufteilung der Anforderungen an eine Selbstauflösung zwischen Geschäftsordnung und Verfassung

Es stellt sich die Frage, warum Sachsen das Antragsrecht in die Geschäftsordnung und nicht in den Verfassungstext aufgenommen hat. In der GO-SLT 1921 i.d.F. 1929[81] und in der GO-SLT 1946[82] findet die heutige Regelung kein Vorbild. Auch sehen andere Bundesländer ein besonderes Antragsquorum für eine Selbstauflösung vor, jedoch ist dieses im Verfassungstext selbst niedergelegt.[83]

Der Grund für die sächsische Regelung liegt wohl darin, dass die detaillierte vorläufige Geschäftsordnung vom 23. Oktober 1990 bereits zur Zeit der ersten Klausurtagung des Verfassungs- und Rechtsausschusses am 21./ 22. Dezember 1990 vorlag. Da auch ein Interesse der Verfassunggeber darin bestand, die Verfassung so kurz wie möglich zu halten, ist davon auszugehen, dass eine Regelung des Antragsquorums im Verfassungstext selbst nicht mehr für erforderlich gehalten wurde. Nach Ansicht des Verfassers des ersten Entwurfes der „Gruppe der 20" *Arnold Vaatz* sollte alles, was in der Geschäftsordnung regelbar ist, auch dort geregelt werden.[84] Daher sah schon Art. 51 des Verfassungsentwurfes der „Gruppe der 20" vom 29. März 1990 kein Antragsquorum vor; es wurde auch nicht im Laufe der Beratungen der Gohrischen Arbeitsgruppe in den Verfassungstext aufgenommen. Auch war es - soweit ersichtlich - kein Gegenstand der Diskussion.

Vollständig lassen sich die Überlegungen der Gohrischen Gruppe aber heute nicht mehr rekonstruieren. Zu überlegen war immer, wie wichtig der zu regelnde Gegenstand war. Für das Antragsrecht hinsichtlich einer Selbstauflösung erwies sich von daher eine Regelung in der Geschäftsordnung als ausreichend. Dies wird

---

81 Abgedruckt in: LANDTAGSBÜRO [Hrsg.], Handbuch des Landtags des Freistaates Sachsen, 3., S. 93-132. S. zu dieser GO bereits 2. Teil, 1. Kap., § 6, III.4.

82 Sächsischer Landtag, Anfragen, Gesetzesvorlagen und Anträge, 1. WP, DS 145 (15.03.1947), S. 68 ff. S. zu dieser GO bereits 2. Teil, 1. Kap., § 7, II.2.

83 Vgl. Art. 43 Abs. 1 S. 1 BaWüVerf, Art. 76 Abs. 1 lit. a) BremVerf, Art. 11 Abs. 1 S. 2 HmbVerf, Art. 27 Abs. 2 S. 2 M-VVerf, Art. 10 Abs. 2 S. 1 NdsVerf, Art. 60 Abs. 2 VerfLSA und Art. 50 Abs. 2 S. 1 Nr. 1 ThürVerf. Sofern die GOen überhaupt das Selbstauflösungsrecht erwähnen, werden entweder nur die Verfassungsbestimmungen wiederholt (vgl. § 49 GO-LT Thüringen) bzw. darauf verwiesen (vgl. § 3 GO-LT Bayern) oder nur bestimmte andere verfahrensrechtliche Regelungen getroffen (vgl. § 44 GO-LT NdS, § 59 GO-LT Hessen).

84 Persönliches Gespräch mit ARNOLD VAATZ vom 09.01.2003

gestützt durch eine Aussage des Beraters der Gohrischen Gruppe *von Mangoldt*, der betonte, dass in Gohrisch und im Verfassungsausschuss darüber Einigkeit bestanden hätte, dass aus Gründen der Flexibilität nicht zwingend in der Verfassung festzulegende Detailfragen des parlamentarischen Verfahrens in der Geschäftsordnung zu regeln seien.[85] Auch der Abg. *Kunzmann* erklärte, dass ein Vorstoß zur Aufnahme des Antragsquorums in die Verfassung nicht unternommen wurde. Für die Regelung des Antragsquorums sei in erster Linie die Geschäftsordnung in Betracht gekommen.[86]

II. Verfassungsrechtliche Folgen einer Selbstauflösung

Ungeachtet des Beschlusses zur Selbstauflösung endet die Wahlperiode gem. Art. 44 Abs. 1 S. 2 und 3 SächsVerf erst mit dem Zusammentritt eines neuen Landtages (institutionelle Kontinuität).[87] Aufgrund dieser Regelung bedarf es in Sachsen keines Ständigen Ausschusses, der anstelle des Landtages tätig wird.

1. Neuwahlen binnen sechzig Tagen und Diskontinuitätsgrundsatz

Unmittelbare Folge der vorzeitigen Beendigung der Wahlperiode ist das Ausschreiben von Neuwahlen, die gem. Art. 44 Abs. 2 Alt. 2 SächsVerf binnen sechzig Tagen nach dem Auflösungsbeschluss stattzufinden haben.[88] Mit der in Art. 44 Abs. 2 SächsVerf i.V.m. § 16 Abs. 2 S. 2 SächsWahlG[89] vorgesehenen Frist von sechzig Tagen kollidiert allerdings die in § 18 Abs. 2 S. 1 SächsWahlG vorgesehene Frist, dass Parteien, die weder im Bundestag noch in einem Landtag seit der jeweils letzten Wahl aufgrund eigener Wahlvorschläge ununterbrochen vertreten waren, ihren Wahlvorschlag beim Landeswahlleiter spätestens am 90. Tag vor der Wahl einzureichen haben. Auch die in § 19 SächsWahlG vorgesehene Frist, dass spätestens 66 Tage vor der Wahl die Wahlkreisvorschläge einzureichen sind, wäre bei einer Parlamentsauflösung und Neuwahlen binnen 60 Tagen nicht einhaltbar. Aus diesen Gründen ermächtigt § 54 Abs. 2 SächsWahlG das Staatsministerium des Innern für den Fall der Landtagsauflösung die im Sächsischen Wahlgesetz vorgesehenen Fristen und Termine abzukürzen. Verfassungsrechtliche Bedenken, v.a. mit Blick auf die Chancengleichheit im Rahmen der

---

85 Schriftliche Äußerung vom 05.12.2002

86 Schriftliche Äußerung vom 05.01.2003

87 Vgl. dazu allgemein bereits 1. Teil, 1. Kap., § 1, I., vor 1.

88 Ebenso HAAS, in: Kunzmann/ Haas/ Baumann-Hasske, Die Verfassung des Freistaates Sachsen, Art. 58, RN 3, S. 316.

89 vom 05.08.1993, SächsGVBl. 1993, S. 723 i.d.F. vom 12.01.1995, SächsGVBl. S. 2

Wahlvorbereitung, bestehen nicht, da nur auf diese Weise die Ernsthaftigkeit des Wahlvorschlages geprüft werden kann[90] und die Erschwernisse für alle Parteien gleichermaßen gelten.[91] Darüber hinaus ist nur so die Einhaltung der jeweils verfassungsrechtlich vorgesehenen Fristen hinsichtlich der Neuwahlen möglich.

Gem. Art. 44 Abs. 3 S. 1 SächsVerf muss der Landtag spätestens am 30. Tag nach der Neuwahl zusammentreten. Mit dem Zusammentritt des neu gewählten Landtages enden die Mandate der bisherigen Abgeordneten und die damit verbundenen Rechte (Art. 44 Abs. 1 S. 2 SächsVerf).

Eine weitere Folge einer parlamentarischen Selbstauflösung ergibt sich aus dem *Grundsatz der Diskontinuität.* Der Grundsatz der institutionellen Diskontinuität lässt die Einrichtung des Landtages als solche unberührt; jedoch sind mit der Auflösung des Landtages alle Ausschüsse, Untersuchungsausschüsse, der Ältestenrat sowie die Fraktionen an ihr Ende gelangt (personelle Diskontinuität). Weiterhin sind als erledigt anzusehen: Gesetzentwürfe, über die keine Schlussabstimmung mehr getroffen werden konnte, Große und Kleine Anfragen der Abgeordneten, Haushaltsvorlagen, Rechtsverordnungen der Ministerien, die der Zustimmung des Landtages bedürfen, Beschlussempfehlungen und Berichte der Untersuchungsausschüsse, Ersuchen in Immunitätsangelegenheiten, Anträge auf Einsetzung eines Untersuchungsausschusses (materielle Diskontinuität), hingegen nicht Petitionen und Eingaben der Bürger an den Landtag nach Art. 35 SächsVerf. Auch die Beratung einer durch Volksantrag eingebrachten Vorlage, über die der Landtag nicht mehr entschieden hat, wird vom neu gewählten Landtag neu aufgenommen (vgl. § 39 GO-SLT). Aufgrund des mittels der Auflösung herbeigeführten Endes der Legislaturperiode müssen alle gesetzlichen Vorhaben neu eingebracht werden, sofern der neue Landtag diese aufnehmen will. Trotz der damit verbundenen Verzögerung ist dieses Prozedere berechtigt, da der Landtag andere Vorstellungen haben kann als der vorhergehende. Damit ist nicht ausgeschlossen, dass der Landtag in seinen Beratungen auf frühere Vorarbeiten zurückgreift.

2. Befugnisse des aufgelösten Landtages

Obwohl der Landtag seine Auflösung beschlossen hat, bleibt er bis zum Zusammentritt des neugewählten Landtages im Amt. Fraglich ist, ob der bisherige Landtag in dieser Zeit über die gleichen Befugnisse verfügt wie eine nicht aufgelöste Volksvertretung oder ob sich hieraus Beschränkungen ergeben.

---

90 So vergleichbar für den Deutschen Bundestag auch BVerfGE 4, 375 (381).
91 So vergleichbar für den Deutschen Bundestag auch BVerfGE 82, 353 (368).

Ausscheiden dürfte die Wahrnehmung solcher Parlamentsaufgaben, die zur Auflösung geführt haben. Sollte mittels der Landtagsauflösung z.B. eine bestimmte politische Krise gelöst werden, können Entscheidungen zur Lösung dieser Krise nach dem Auflösungsbeschluss nicht mehr getroffen werden. In dieser Hinsicht hat der Landtag durch seinen Auflösungsbeschluss zu erkennen gegeben, dass er seiner Aufgabe nicht (mehr) gerecht wird und hat die Legitimation an die Wähler zurückgegeben.[92] Sollte hingegen Grund für eine Landtagsauflösung eine neu aufgetretene politische Frage von bedeutendem Gewicht sein, für deren Lösung der Landtag glaubt, nicht ausreichend legitimiert zu sein, ist der Landtag nicht gehindert, Wege zur Lösung einer darüber hinaus bestehenden politischen Krise zu beschreiten. Entscheidend sind damit die Gründe für die Auflösung. Diese bestimmen den Umfang der Rechte des aufgelösten Landtages.

Dem aufgelösten Landtag verbleiben somit in der Regel weitreichende Befugnisse: Interappellationsrecht gegenüber der Regierung (Große und Kleine Anfragen), Zustimmung zu Staatsverträgen, Budgetrecht, Festschreibung des Haushaltsplans, Wahl der Verfassungsrichter. Darüber hinaus können Petitionen vom Landtag behandelt werden und es bleibt Raum für aktive politische und rechtliche Gestaltung durch Gesetzgebung (mit der nötigen Zurückhaltung, da die Legitimation bereits zurückgegeben wurde).[93]

3. Amtsbeendigung der Regierung

Gemäß Art. 68 Abs. 2 SächsVerf enden mit dem Zusammentritt des neuen Landtages auch das Amt des Ministerpräsidenten und die Ämter der übrigen Mitglieder der Staatsregierung.[94] Dies ist im parlamentarischen Regierungssystem der Realisierung exekutiver Parlamentsverantwortung geschuldet. Es ist der Wähler, der über die neue Zusammensetzung des Landtages und damit mittelbar über die der Regierung entscheidet.

---

92 So auch - den mit Art. 58 SächsVerf vergleichbaren Art. 11 HmbVerf betreffend - DAVID, Verfassung der Freien und Hansestadt Hmb, Art. 11, RN 14, S. 189.

93 Vgl. dazu - den mit Art. 58 SächsVerf vergleichbaren Art. 11 HmbVerf betreffend - DAVID, Verfassung der Freien und Hansestadt Hmb, Art. 11, RN 21 ff., S. 192 f.

94 Allerdings haben die Mitglieder der Staatsregierung gem. Art. 68 Abs. 3 SächsVerf bis zur Amtsübernahme der Nachfolger die Amtsgeschäfte weiterzuführen.

Neben dem Landtag sollte auch die Staatsregierung - auch wenn sie nach einem Auflösungsbeschluss bis zum Zusammentritt eines neuen Landtages nicht nur geschäftsführend, sondern weiterhin mit allen Rechten und Pflichten im Amt bleibt[95] - Zurückhaltung bei grundlegenden, nicht dringenden Angelegenheiten üben.[96] Das folgt aus dem Prinzip der parlamentarischen Demokratie.

III. Verfassungsgerichtliche Kontrolle eines Selbstauflösungsbeschlusses

Fraglich ist, welche Möglichkeiten der verfassungsgerichtlichen Kontrolle hinsichtlich einer Selbstauflösung des Landtages in Betracht kommen. Es könnten sowohl einzelne Abgeordnete als auch eine Landtagsfraktion bzw. Partei Interesse an der Überprüfung des Selbstauflösungsbeschlusses des Landtages haben. Aber auch ein Bürger könnte die Verfassungswidrigkeit einer Selbstauflösung rügen. In Betracht kommen insoweit als Verfahren vor dem Sächsischen Verfassungsgerichtshof das Organstreitverfahren und die Verfassungsbeschwerde.

1. Organstreitverfahren als Rechtsbehelf einzelner Abgeordneter, der Landtagsfraktionen und der Landtagsparteien

Gem. Art. 81 Abs. 1 Nr. 1 SächsVerf i.V.m. § 7 Nr. 1 i.V.m. §§ 17 ff. SächsVerfGHG[97] ist der Sächsische Verfassungsgerichtshof zuständig für Organstreitverfahren. Gegenstand dieses Verfahrens ist die Auslegung der Sächsischen Verfassung aus Anlass von Streitigkeiten über den Umfang der Rechte und Pflichten eines obersten Staatsorganes.

---

95 Zu einer geschäftsführenden Regierung kann es gem. Art. 68 Abs. 2 und 3 SächsVerf nur zwischen dem Zusammentritt des neuen Landtages und der Amtsübernahme durch die Nachfolger der Staatsregierung kommen, vgl. dazu auch ECKARDT, Die Regierungsgewalt, in: SächsVBl. 1996, S. 149-154/ 151.

96 So auch HAAS, in: Kunzmann/ Haas/ Baumann-Hasske, Die Verfassung des Freistaates Sachsen, Art. 58, RN 3, S. 316.

97 Gesetz über den Verfassungsgerichtshof des Freistaates Sachsen (Sächsisches Verfassungsgerichtshofgesetz - SächsVerfGHG) vom 18.02.1993, SächsGVBl. 1993, S. 177 i.d.F. des Änderungsgesetzes vom 27.11.1995, SächsGVBl. 1995, S. 321

a. Zulässigkeitsvoraussetzungen

Im Rahmen der Zulässigkeit sind vorliegend insbesondere die Beteiligtenfähigkeit und die Antragsbefugnis zu prüfen. Daneben sind die Frist- und Formerfordernisse zu beachten.

aa. Beteiligtenfähigkeit

Gem. Art. 81 Abs. 1 Nr. 1 SächsVerf i.V.m. §§ 7 Nr. 1, 17 SächsVerfGHG sind im Organstreitverfahren beteiligtenfähig der Landtag, die Staatsregierung und die in der Verfassung oder in der Geschäftsordnung des Landtages oder der Staatsregierung mit eigener Zuständigkeit ausgestatteten Teile dieser Organe. Bezogen auf einen Selbstauflösungsbeschluss ist damit der Landtag als solcher beteiligtenfähig. Er kommt, da ihm der Beschluss zugerechnet wird, nur als Antragsgegner und nicht als Antragsteller in Betracht.

Auch einzelne Abgeordnete können im Organstreitverfahren beteiligtenfähig sein. Zum einen sind sie Teile des Organes Landtag und zum anderen sind ihnen von der Verfassung und der Geschäftsordnung eigene Rechte zugewiesen, deren Verletzung sie geltend machen können.[98] Bei der Prüfung der Beteiligtenfähigkeit von Abgeordneten ist deren Doppelstellung zu beachten: Auf der einen Seite sind Abgeordnete durch Art. 39 Abs. 3 SächsVerf mit besonderen verfassungsrechtlichen Rechten und Pflichten ausgestattet, andererseits sind sie aber auch wie Bürger natürliche Personen, so dass insoweit eine Abgrenzung zur Verfassungsbeschwerde vorgenommen werden muss. Nur wenn es um Eingriffe in den verfassungsrechtlichen Status der Abgeordneten geht, vorliegend insbesondere eine Verletzung des freien Mandates gem. Art. 39 Abs. 3 S. 2 SächsVerf geltend gemacht wird, ist das Organstreitverfahren eröffnet.[99]

Daneben sind auch die Fraktionen beteiligtenfähig, sofern sie eigene Kompetenzen im verfassungsorganschaftlichen Verhältnis geltend machen. Dies folgt aus ihrer Anerkennung als Gliederungen des Sächsischen Landtages (Art. 46 Abs. 2 SächsVerf) und den ihnen in der Geschäftsordnung zugewiesenen Rechten wie beispielsweise die Einbringung von Gesetzen gem. § 40 Abs. 1 S. 1 GO-SLT.[100]

---

98 Vgl. dazu auch das Urteil des SächsVerfGH vom 16.09.1994, abgedruckt in: SächsVBl. 1995, S. 16-19/ 16.

99 So auch DEGENHART, in: Degenhart/ Meissner, Handbuch, § 18, RN 3, S. 541. Zu dem vergleichbaren Organstreitverfahren vor dem BVerfG s. UMBACH, in: Umbach/ Clemens/ Dollinger (Hrsg.), BVerfGG, §§ 63, 64, RN 25 f., S. 825.

100 Ebenso DEGENHART, in: Degenhart/ Meissner, Handbuch, § 18, RN 3, S. 541; vgl. auch SächsVerfGH, Urteil vom 17.02.1995, abgedruckt in: SächsVBl. 1995, S. 227-229/ 227.

Problematisch ist, ob Parteien im Organstreitverfahren beteiligtenfähig sind. Einerseits sind sie kein Teil des Verfassungsorganes „Landtag". Andererseits ist ihr verfassungsrechtlicher Status über Art. 21 GG - eine entsprechende landesverfassungsrechtliche Regelung fehlt - auch für die Landesebene gewährleistet. Von daher können auch Parteien Beteiligte eines Organstreitverfahrens sein, wenn sie Rechte aus ihrem verfassungsrechtlichen Status geltend machen.[101]

Hingegen dürfte die Opposition als solche als Beteiligte eines Organstreitverfahrens ausscheiden. Zwar ist ihr in Art. 40 S. 2 SächsVerf das Recht auf Chancengleichheit eingeräumt, jedoch fehlt es der Opposition an einer hinreichenden organisatorischen Verfestigung[102], da der Begriff der Opposition formal zu verstehen ist, d.h. vom jeweiligen Stimmverhalten abhängt: Bei gleicher Fraktionszugehörigkeit kann ein Abgeordneter bei der einen Entscheidung der die Regierung tragenden Mehrheit, bei einer anderen hingegen der Opposition angehören.[103]

Ebenso scheidet ein Bürger (als Wähler) als Beteiligter eines Organstreitverfahrens schon sachlogisch aus. Die Verfassungsbeschwerde ist insoweit das vorrangige Verfahren.[104]

Antragsteller können damit ein einzelner Abgeordneter, eine Landtagsfraktion und eine Landtagspartei sein. Antragsgegner wäre der Landtag.

bb. Antragsbefugnis

Weitere Zulässigkeitsvoraussetzung eines Organstreitverfahrens vor dem Sächsischen Verfassungsgerichtshof ist die Antragsbefugnis. Die Antragsteller müssten geltend machen, dass sie selbst oder das Organ, dem sie angehören, durch eine Handlung oder Unterlassung des Antragsgegners in ihren ihnen durch die Verfassung übertragenen Rechten i.S.v. Kompetenzen und Pflichten verletzt bzw. unmittelbar gefährdet sind.[105]

---

[101] So auch BAUMANN-HASSKE, in: Kunzmann/ Haas/ Baumann-Hasske, Die Verfassung des Freistaates Sachsen, Art. 81, RN 2, S. 397; vgl. auch DEGENHART, in: Degenhart/ Meissner, Handbuch, § 18, RN 4, S. 542.

[102] So auch DEGENHART, in: Degenhart/ Meissner, Handbuch, § 18, RN 3, S. 541 f.

[103] Vgl. HAAS, in: Kunzmann/ Haas/ Baumann-Hasske, Die Verfassung des Freistaates Sachsen, Art. 40, RN 3, S. 260.

[104] Vgl. insoweit zur Bundesebene UMBACH, in: Umbach/ Clemens/ Dollinger (Hrsg.), BVerfGG, §§ 63, 64, RN 129 f., S. 851.

[105] Die Möglichkeit einer Prozessstandschaft für den gesamten Landtag (zu diesem Institut auf Bundesebene vgl. UMBACH, in: Umbach/ Clemens/ Dollinger [Hrsg.], BVerfGG, §§, 63, 64, RN 80, S. 838) besteht angesichts dessen, dass der Landtag stets Antragsgegner ist, im Falle der Überprüfung des Selbstauflösungsbeschlusses nicht.

Ein einzelner Abgeordneter könnte vortragen, er sei in seinem verfassungsrechtlichen Status (Art. 39 Abs. 3 S. 2 SächsVerf) durch eine Selbstauflösung unmittelbar betroffen, da er seine Rechte und Pflichten als Abgeordneter nicht über die gesamte Wahlperiode, sondern nur bis zum Zusammentritt des neuen Landtages wahrnehmen kann. Insoweit könnte er einwenden, sein freies Mandat sei durch den Selbstauflösungsbeschluss verletzt. Er könnte sich weiter gegen den Selbstauflösungsbeschluss mit dem Argument wenden, dieser sei rechtsmissbräuchlich gefasst worden und damit verfassungswidrig. Damit würde er eine Verletzung der Rechte rügen, die mit dem Status als Abgeordneter verbunden sind. Die Antragsbefugnis kann insoweit gegeben sein.

Entsprechendes gilt für die Fraktionen, sofern sie geltend machen, dadurch in ihren Rechten verletzt zu sein, dass sie nicht über die gesamte Wahlperiode an den Beratungen und Entscheidungen des Landtages teilnehmen können. Auch die Parteien könnten rügen, durch die Selbstauflösung nicht über die fünfjährige Wahlperiode an der Willensbildung des Volkes mitwirken zu können. Dies gilt v.a. für die Parteien, die nach der Neuwahl des Landtages in diesem nicht mehr vertreten sind.

cc. Frist- und Formerfordernisse

Darüber hinaus müsste ein eventueller Antrag auf Feststellung, dass der Selbstauflösungsbeschluss des Landtages gegen Bestimmungen der Sächsischen Verfassung verstößt, gem. Art. 81 Abs. 1 Nr. 1 SächsVerf i.V.m. §§ 7 Nr. 1, 18 Abs. 3 SächsVerfGHG dem Sächsischen Verfassungsgerichtshof innerhalb von 6 Monaten, nachdem die Handlung oder Unterlassung dem Antragsteller bekannt geworden ist, zugehen. Im Falle der Selbstauflösung wäre das der Tag der Beschlussfassung. Dies dürfte auch für den Abgeordneten als Antragsteller gelten, der - gleichgültig aus welchem Grund - nicht an der Sitzung, in der der Selbstauflösungsbeschluss gefasst wurde, teilgenommen hat, da die Tagesordnung der jeweiligen Sitzung allen Abgeordneten vor der Sitzung bekanntgegeben wird (§ 81 Abs. 3 GO-SLT). Es handelt sich bei dieser Frist um eine Ausschlussfrist, so dass eine Wiedereinsetzung in den vorigen Stand ausscheidet.[106] Das Schriftformerfordernis folgt aus § 10 Abs. 1 SächsVerfGHG i.V.m. § 23 Abs. 1 BVerfGG.

---

[106] So auch DEGENHART, in: Degenhart/ Meissner, Handbuch, § 18, RN 9, S. 544.

b. Begründetheit des Antrages

Damit der Antrag begründet ist, müsste der Selbstauflösungsbeschluss des Sächsischen Landtages das Recht der Abgeordneten bzw. Fraktionen und Parteien, ihr Mandat bzw. ihre Aufgaben und Befugnisse bis zum Ablauf der Wahlperiode wahrzunehmen, verletzen. Das wäre dann der Fall, wenn die Selbstauflösung die Voraussetzungen des Art. 58 SächsVerf in formeller oder materieller Hinsicht missachten würde.

aa. Formelle Verfassungsmäßigkeit

In formeller Hinsicht verlangt Art. 58 SächsVerf einen Beschluss zur Selbstauflösung, der von einer Mehrheit von zwei Dritteln der gesetzlichen Zahl der Mitglieder des Landtages getragen ist. Hier ist mithin zu prüfen, ob das erforderliche Beschlussquorum erreicht wurde. Dabei ist festzuhalten, dass auch Stimmen von Abgeordneten, gegen die die Abgeordnetenanklage nach Art. 118 SächsVerf erhoben wurde, gültig sind, solange nicht der Sächsische Verfassungsgerichtshof im Verfahren gem. Art. 81 Abs. 1 Nr. 5 SächsVerf i.V.m. §§ 7 Nr. 9, 37 ff. SächsVerfGH die Aberkennung des Mandates durch Urteil ausgesprochen hat. Weiter ist zu beachten, dass ein Verstoß gegen das freie Mandat (z.B. im Falle der Abstimmung eines bestochenen Abgeordneten) den Selbstauflösungsbeschluss nicht unwirksam machen würde.[107]

bb. Materielle Verfassungsmäßigkeit

In materieller Hinsicht wäre zuerst zu prüfen, ob und inwieweit der Schutz des freien Mandates der Abgeordneten, die gegen die Selbstauflösung gestimmt haben, einen Selbstauflösungsbeschluss verfassungswidrig macht. Es wurde aber bereits dargelegt, dass der Schutz der Minderheit seine Grenze im freien Mandat der anderen, die Selbstauflösung bejahenden Abgeordneten findet. Dies ist eine Folge der ebenfalls im Demokratieprinzip verankerten Mehrheitsregel.[108]

Im Weiteren wäre der Selbstauflösungsbeschluss darauf zu prüfen, ob er rechtsmissbräuchlich zustande gekommen ist. Dabei ist zu berücksichtigen, dass die verfassungsgerichtlichen Kontrollmöglichkeiten angesichts der „hochpolitischen Leitentscheidung", die durch die Selbstauflösung getroffen wird, im Vergleich zu Rechtsetzung und Normvollzug eingeschränkt sind.[109] Der Sächsische Verfassungsgerichtshof kann nur dort eine Verletzung der Rechte der Antragsteller feststellen, wo verfassungsrechtliche Richtlinien für politisches Verhalten be-

---

107 S. dazu bereits oben 3. Teil, 1. Kap., § 13, II.4.b), bb).

108 S. dazu bereits oben 3. Teil, 1. Kap., § 13, II.4.b), aa).

stimmt sind.[110] Die Sächsische Verfassung enthält jedoch keine spezifischen Maßstäbe oder Richtlinien für eine Selbstauflösung. Von daher kommt eine Verletzung des freien Mandates der Abgeordneten, die gegen eine Selbstauflösung gestimmt haben, bzw. - entsprechend der Rechtsprechung des Berliner Verfassungsgerichtshofes zu dem mit Art. 58 SächsVerf vergleichbaren Art. 54 Abs. 2 BerlVerf[111] - ein Ermessensfehlgebrauch nur in Betracht, wenn sich der Selbstauflösungsbeschluss als rechtsmissbräuchlich darstellt. Ob dies der Fall ist, ist eine Frage des Einzelfalles. So ist die möglicherweise abgegebene Begründung für die Selbstauflösung, das Volk habe einen Anspruch auf eine Entscheidung über einen politischen Neuanfang, mit Sinn und Zweck des Art. 58 SächsVerf vereinbar. Auch die Absicht des Landtages, seiner von ihm als nicht mehr ausreichend empfundenen politisch-rechtlichen Legitimation durch Neuwahlen abzuhelfen, begründet keinen Rechtsmissbrauch. Ebensowenig ist die Überzeugung, die Regierung verfüge über eine stabile Mehrheit, geeignet, die Annahme eines Ermessensfehlers zu begründen, da dies keine materielle Tatbestandsvoraussetzung des Art. 58 SächsVerf ist.[112] Es ist aber zu beachten, dass allein die Einigkeit zwischen den Parteien und Abgeordneten über das vorzeitige Ende der Wahlperiode einem bestehenden Rechtsmissbrauch nicht abhelfen kann.

c. Folgen der Verfassungswidrigkeit einer Selbstauflösung

Käme der Sächsische Verfassungsgerichtshof zu dem Ergebnis, dass die Voraussetzungen einer Selbstauflösung nicht vorlagen, könnte er deren Verfassungswidrigkeit *feststellen* (§ 20 Abs. 1 SächsVerfGHG). Ein Ausspruch über die Gültigkeit oder Nichtigkeit des angegriffenen Aktes obliegt ihm jedoch nicht.[113]

---

[109] Ebenso zur mit Art. 58 SächsVerf vergleichbaren Regelung des Selbstauflösungsrechtes des Abgeordnetenhauses von Berlin (Art. 54 Abs. 2 BerlVerf) BERLVERFGH, Beschluss vom 08.10.2001 - VerfGH 137 A/ 01, 137/ 01 u.a., RN 34, abgedruckt in: NVwZ 2002, S. 594-597/ 596; s. dazu bereits 2. Teil, 1. Kap., § 13, II.4.a).

[110] Vgl. BERLVERFGH, Beschluss vom 08.10.2001 - VerfGH 137 A/ 01, 137/ 01 u.a., RN 34, abgedruckt in: NVwZ 2002, S. 594-597/ 596.

[111] Zur Vergleichbarkeit dieser Regelungen s. 4. Teil, 1. Kap., § 21, I.

[112] Vgl. hierzu auch den Beschluss des BERLVERFGH vom 08.10.2001 - VerfGH 137 A/ 01, 137/ 01 u.a., RN 35, abgedruckt in: NVwZ 2002, S. 594-597/ 597.

[113] Vgl. DEGENHART, in: Degenhart/ Meissner, Handbuch, § 18, RN 11, S. 545. So - allerdings zum Organstreit auf Bundesebene - auch UMBACH in: Umbach/ Clemens/ Dollinger (Hrsg.), BVerfGG, § 67, RN 2, S. 877 f. Üblicherweise werden die Entscheidungen des Sächsischen Verfassungsgerichtshofes von den anderen staatlichen Organen beachtet. Widrigenfalls könnten die Antragsteller eine entsprechende Verpflichtung feststellen lassen und aus einem solchen Urteil gem. § 10 Abs. 1 SächsVerfGHG i.V.m. § 35 BVerfGG vollstrecken, vgl. dazu HAAS, Der Verfassungsgerichtshof des Freistaates Sachsen, 4.2.g), S. 154 sowie - allerdings zu der insoweit vergleichbaren Problematik des Art. 68 Abs. 2 GG - SCHENKE, in: Dolzer/ Vogel/ Graßdorf (Hrsg.), BK, Art. 68, RN 269, S. 184; BVerfGE 6, 300 (303 ff.).

Fraglich ist, welche Konsequenzen aus der Feststellung eines Verfassungsverstoßes zu ziehen wären. Den obsiegenden Abgeordneten könnte bei einer verfassungswidrigen Selbstauflösung des Landtages ein Anspruch auf Beseitigung der sie in ihren Rechten verletztenden Handlung zustehen. Dies ließe sich in Anlehnung an den Rechtsgedanken des Folgenbeseitigungsanspruches herleiten[114], der seine Rechtsgrundlage im Rechtsstaatsprinzip hat.[115] Hierfür spricht, dass die bloße Feststellung der Verfassungswidrigkeit den betroffenen Abgeordneten nur wenig nützen würde. Der Schutz des freien Mandates der (einer Selbstauflösung ablehnend gegenüberstehenden und sich in der Minderheit befindenden) Abgeordneten verlangt vielmehr die Aufhebung der Auflösung des Landtages sowie der Anordnung der Neuwahlen.

Eine Grenze fände ein solcher Folgenbeseitigungsanspruch der Abgeordneten allerdings in der Zumutbarkeit der Wiederherstellung des ursprünglichen Zustandes.[116] Eine Fortsetzung der vorzeitig beendeten Wahlperiode erschiene danach unverhältnismäßig, wenn Neuwahlen bereits stattgefunden haben *und* der neugewählte Landtag zusammengetreten ist. Dies liegt im Interesse des wiederum aus dem Prinzip der Rechtssicherheit folgenden Vertrauensschutzes der neugewählten Abgeordneten, zumal den Gegnern der Landtagsauflösung als Antragsteller durchaus die Instrumente des einstweiligen Rechtsschutzes (§ 15 SächsVerfGHG)[117] zur Verfügung stehen.

2. Verfassungsbeschwerde als Rechtsbehelf der Abgeordneten und der Wahlbürger?

Zu denken ist neben dem Organstreitverfahren auch an eine Verfassungsbeschwerde gem. Art. 81 Abs. 1 Nr. 4 SächsVerf i.V.m. § 7 Nr. 4 i.V.m. §§ 27 ff. SächsVerfGHG. Damit ein solcher Antrag zulässig ist, müssten die Antragsteller beteiligtenfähig sein. Gem. § 27 Abs. 1 SächsVerfGHG ist beteiligtenfähig, wer Träger eines Grundrechtes sein kann. In Betracht kommen insoweit einzelne Abgeordnete und Wahlbürger.

---

114 Entsprechende Überlegungen stellt SCHENKE, in: Dolzer/ Vogel/ Graßdorf (Hrsg.), BK, Art. 68, RN 268, S. 183 im Rahmen der Darstellung der Folgen einer Feststellung einer verfassungswidrigen Auflösung des Bundestages nach Art. 68 GG an; s. auch BVerfGE 24, 300 (351 f.).

115 S. dazu MAURER, Allgemeines Verwaltungsrecht, 7. Teil, § 30, RN 5, S. 814.

116 S. dazu näher MAURER, Allgemeines Verwaltungsrecht, 7. Teil, § 30, RN 14, S. 817 f.

117 Zur unverzüglichen Entscheidungspflicht aufgrund der Verfassungsorgantreue - allerdings am Beispiel der Vertrauensfrage nach Art. 68 GG - vgl. SCHENKE, in: Dolzer/ Vogel/ Graßdorf (Hrsg.), BK, Art. 68, RN 270, 184.

a. Fehlende Beteiligtenfähigkeit der Abgeordneten

Hinsichtlich der Abgeordneten ist die Beteiligtenfähigkeit fraglich. Diese könnten geltend machen, die Ausübung ihres Mandates auf die fünfjährige Wahlperiode des Art. 44 Abs. 1 S. 1 SächsVerf ausgerichtet zu haben und dass eine vorzeitige Beendigung der Wahlperiode ohne explizite materielle Voraussetzungen, d.h. „einfach" nur durch Beschluss von zwei Dritteln der Mitglieder des Landtages, sie in ihren verfassungsrechtlich zugewiesenen Kompetenzen verletzen würde. Damit geht es aber um den verfassungsrechtlichen Status der Abgeordneten. Hierfür ist das Organstreitverfahren vorgesehen. Die Verfassungsbeschwerde hingegen ist gedacht als Rechtsbehelf des Bürgers gegen die öffentliche Gewalt. Sie ist „jeder Person" gegeben, wenn der Staat in die Sphäre des Bürgers eingreift.[118] Daher kommt für Abgeordnete eine Verfassungsbeschwerde nur in Betracht, wenn sie in ihrer Eigenschaft als natürliche Person wie Bürger betroffen sind. Zur Austragung von Meinungsverschiedenheiten zwischen Staatsorganen ist die Verfassungsbeschwerde prinzipiell kein Mittel. Daher wäre die Verfassungsbeschwerde eines Abgeordneten gegen einen Selbstauflösungsbeschluss des Landtages mangels Beteiligtenfähigkeit unzulässig.[119]

b. Keine Rechtsverletzung der Wahlbürger

Aber auch die Verfassungsbeschwerde eines Bürgers „als Wähler" wäre unzulässig, denn die Möglichkeit einer Verletzung seiner ihm in der Sächsischen Verfassung eingeräumten Rechte ist nicht ersichtlich. Ein Bürger könnte nur geltend machen, ein Selbstauflösungsbeschluss des Landtages sei rechtsmissbräuchlich. Jedoch ist Art. 58 SächsVerf eine Vorschrift des objektiven Rechtes und begründet kein subjektives Recht für den einzelnen Bürger.[120] Darüber hinaus ist auch keine Verletzung des Wahlrechtes aus Art. 4 Abs. 1 und 2 sowie Art. 41 Abs. 3 SächsVerf i.V.m. §§ 1, 11 SächsWahlG zu erkennen. Diese Regelungen geben jedem wahlberechtigten Bürger Sachsens das subjektive Recht auf Teilnahme an den Wahlen zum Sächsischen Landtag. Dieses Recht wird durch Art. 58 SächsVerf nicht gefährdet, da eine parlamentarische Selbstauflösung zwingend mit Neuwahlen verbunden ist, die wiederum allgemein, unmittelbar, frei, gleich und geheim sein müssen. Mithin scheidet eine Rüge der (angeblichen) Verfassungswidrigkeit eines Selbstauflösungsbeschlusses des Sächsischen Landtages im Wege einer Verfassungsbeschwerde aus.

---

[118] DEGENHART, in: Degenhart/ Meissner, Handbuch, § 18, RN 31, S. 552

[119] So zu Art. 54 Abs. 2 BerlVerf auch BERLVERFGH, Beschluss vom 08.10.2001 - VerfGH 123 A/ 01, 123/ 01, RN 16.

[120] So zu Art. 54 Abs. 2 BERLVERFGH, Beschluss vom 08.10.2001 - VerfGH 116 A/ 01, 116/ 01, RN 15.

Zweites Kapitel

Einordnung des Selbstauflösungsrechtes in die verfassungsrechtliche Systematik der anderen Möglichkeiten der Landtagsauflösung

Zu einem umfassenden Verständnis des Selbstauflösungsrechtes genügt dessen isolierte Betrachtung nicht. Es bedarf dazu vielmehr noch der weitergehenden Analyse des Zusammenspieles mit anderen Möglichkeiten der vorzeitigen Beendigung der Wahlperiode des Landtages. Art. 58 SächsVerf wird so ins Licht anderer Möglichkeiten der Landtagsauflösung gestellt.

§ 15 Das Selbstauflösungsrecht und die Auflösung des Landtages im Falle des Misslingens der Wahl des Ministerpräsidenten

Eine vorzeitige Beendigung der Wahlperiode des Sächsischen Landtages kommt - neben dem parlamentarischen Selbstauflösungsrecht - noch gem. Art. 60 Abs. 3 SächsVerf in Betracht. Dabei geht es um die Bildung der Staatsregierung. Wie dargelegt[121], zeigt die Formulierung „ist aufgelöst", dass es sich hierbei um eine Auflösung kraft Verfassung und nicht um eine Selbstauflösung handelt: Der Landtag *ist* aufgelöst, wenn die Regierungsbildung gescheitert ist, was dann der Fall ist, wenn die Voraussetzungen des Art. 60 Abs. 1-3 SächsVerf erfüllt sind.

I. Verfassungsrechtliche Voraussetzungen der Auflösung nach Art. 60 Abs. 3 SächsVerf

Die Regierungsbildung vollzieht sich gem. Art. 60 SächsVerf in zwei Schritten. Zunächst ist nach Abs. 1 der Ministerpräsident zu wählen. Dieser beruft dann gem. Abs. 4 die Staatsminister.

---

121 1. Teil, 2. Kap., § 3, III.1.

1. Nichtwahl des Ministerpräsidenten im ersten Wahlgang mit absoluter Mehrheit gem. Art. 60 Abs. 1 SächsVerf

Die Auflösung des Landtages wird an das Nichtzustandekommen der Wahl des Ministerpräsidenten (und nicht an die Bildung der Regierung insgesamt) geknüpft. Art. 60 Abs. 1 SächsVerf sieht vor, dass der Ministerpräsident mit der Mehrheit der Mitglieder des Landtages, also mit absoluter Mehrheit, zu wählen ist. Mehrheit der Mitglieder des Landtages heißt, dass mehr als die Hälfte der gesetzlichen Mitgliederzahl, also mindestens 50 % der Abgeordneten plus 1 Stimme, sich für den jeweiligen Kandidaten aussprechen müssen. Dabei wirken nicht abgegebene Stimmen wie ungültige und Stimmenthaltungen als Nein-Stimmen.[122]

2. Nichterreichen der einfachen Mehrheit in weiteren Wahlgängen gem. Art. 60 Abs. 2 SächsVerf

Erreicht in diesem ersten Wahlgang kein Kandidat die absolute Mehrheit, findet ein weiterer Wahlgang statt, in dem die Mehrheit der abgegebenen Stimmen ausreicht (Art. 60 Abs. 2 SächsVerf). Wird auch diese einfache Mehrheit nicht erreicht, können innerhalb der Viermonatsfrist des Art. 60 Abs. 3 SächsVerf weitere Wahlgänge erfolgen, in denen ebenfalls die Mehrheit der abgegebenen Stimmen genügt.[123] Auf diese Weise ist die Bildung einer Minderheitsregierung möglich. Erst wenn innerhalb von vier Monaten noch nicht einmal eine einfache Mehrheit für einen Kandidaten gefunden wurde, ordnet Abs. 3 die Auflösung des Landtages an.

Bislang ist es noch nicht zu einer Auflösung des Sächsischen Landtages im Zusammenhang mit der Wahl des Ministerpräsidenten gekommen. Alle Kandidaten waren entweder bereits im ersten Wahlgang[124] oder spätestens im zweiten Wahlgang[125] erfolgreich.

---

[122] So auch KUNZMANN, in: Kunzmann/ Haas/ Baumann-Hasske, Die Verfassung des Freistaates Sachsen, Art. 60, RN 6, S. 328.

[123] Dass nur noch ein weiterer Wahlgang zulässig sein soll, kann der Genese des Art. 60 SächsVerf nicht entnommen werden, vgl. SCHIMPFF/ RÜHMANN, Protokolle, 7. Klausurtagung, S. 507 (76 d. Prot.); KUNZMANN, in: Kunzmann/ Haas/ Baumann-Hasske, Die Verfassung des Freistaates Sachsen, Art. 60, RN 11, S. 329.

[124] So nach den Landtagswahlen 1990, 1994, 1999 jeweils Ministerpräsident *Kurt Biedenkopf* und nach der Vertrauenskrise um Ministerpräsident Biedenkopf und dessen Rücktritt im Frühjahr 2002 Ministerpräsident *Georg Milbradt.*

[125] So Ministerpräsident *Georg Milbradt* nach der Landtagswahl vom 19.09.2004 im November 2004.

II. Funktionen der Auflösung des Landtages nach gescheiterter Wahl des Ministerpräsidenten

Um die Landtagsauflösung nach gescheiterter Wahl des Ministerpräsidenten vom Selbstauflösungsrecht abzugrenzen, ist es erforderlich, nach der Funktion der Ersteren zu fragen. Aufgabe des Art. 60 Abs. 3 SächsVerf ist zunächst und v.a. die Vermeidung einer u.U. jahrelang nur geschäftsführenden Regierung. Art. 60 Abs. 3 SächsVerf ist zudem Ausdruck des parlamentarischen Regierungssystems.

1. Vermeidung einer geschäftsführenden Regierung

Nach Art. 68 Abs. 3 SächsVerf haben die Mitglieder der Staatsregierung im Falle einer Beendigung des Amtes die Amtsgeschäfte bis zur Amtsübernahme der jeweiligen Nachfolger weiter zu führen. Die geschäftsführende Regierung verfügt über die gleichen Rechte und Pflichten wie vor ihrer Amtsbeendigung durch den Zusammentritt des neuen Landtages. Allerdings gebietet es der Charakter der Geschäftsführung und die fehlende Legitimationsbeziehung zwischen Landtag und Staatsregierung, dass die Regierung bei schwerwiegenden Entscheidungen eine gewisse Zurückhaltung übt. Hieraus folgt auch, dass das in Art. 60 Abs. 4 SächsVerf verankerte Recht des Ministerpräsidenten auf Ernennung und Entlassung von Staatsministern und Staatssekretären, die nach Art. 59 Abs. 3 SächsVerf sonst mögliche Regierungsumbildung sowie das konstruktive Misstrauensvotum nach Art. 69 SächsVerf ruhen. Es handelt sich hierbei aber um wesentliche Rechte der Staatsregierung und des Landtages, so dass deren Beschränkung auf einen engen Zeitraum begrenzt bleiben soll. Daher beendet Art. 60 Abs. Abs. 3 SächsVerf nach vier Monaten den Versuch der Wahl des Ministerpräsidenten. Ist der Landtag selbst unter dem Druck der drohenden Landtagsauflösung nicht in der Lage, einen Kompromiss zu finden[126], *ist* er in der Erwartung aufgelöst, dass der neu zu wählende Landtag aufgrund einer veränderten Zusammensetzung diese Aufgabe erfüllen kann.

[126] Ebenso KUNZMANN, in: Kunzmann/ Haas/ Baumann-Hasske, Die Verfassung des Freistaates Sachsen, Art. 68, RN 7, S. 351; vgl. auch ECKARDT, Die Regierungsgewalt, in: SächsVBl. 1996, S. 149-154/ 152.

2. Rückführung der politisch-rechtlichen Legitimation der Regierung auf einen Akt des neugewählten Landtages

Die Amtszeit des Ministerpräsidenten und der Minister ist im Rahmen des parlamentarischen Regierungssystems an die Legislaturperiode des Landtages gebunden (s. Art. 68 Abs. 2 SächsVerf). Zwischen dem Beginn einer neuen Wahlperiode und der Bildung einer neuen Staatsregierung ist die aufgrund des Demokratieprinzips gebotene Legitimationskette unterbrochen. Durch die Auflösung des Landtages nach gescheiterter Wahl des Ministerpräsidenten gem. Art. 60 Abs. 3 SächsVerf innerhalb von vier Monaten nach dem Zusammentritt des neugewählten Landtages soll erreicht werden, dass der Landtag als direkt-demokratisch legitimiertes Organ, von dem die Regierung abhängig ist, nur kurz mit einer von ihm nicht bestellten Regierung arbeiten muss.[127] Ein dem entgegenstehender Zustand ist verfassungsrechtlich unerwünscht und soll mittels der Landtagsauflösung und den damit verbundenen Neuwahlen behoben werden.

III. Genese und historische Vorläufer des Art. 60 Abs. 3 SächsVerf

Obwohl das für eine Auflösung des Landtages nach misslungener Wahl des Ministerpräsidenten vorauszusetzende parlamentarische Regierungssystem bereits in der Sächsischen Verfassung von 1920 (vgl. Art. 27 Abs. 1) und in der Sächsischen Verfassung von 1947 (vgl. Artt. 26 Abs. 2 S. 2, 48 Abs. 1) normiert war, wurde erst in der Sächsischen Verfassung von 1992 an das Scheitern der Wahl des Ministerpräsidenten die Folge der Landtagsauflösung geknüpft. Allerdings sah auch der *Entwurf der parlamentarischen Arbeitsgruppe des Bezirkstages Dresden* vom 19. März 1990 noch keine Auflösung im Zusammenhang mit einer (misslungenen) Regierungsbildung vor. Insoweit bestimmte Art. 42 nur, dass die Wahl des Ministerpräsidenten die Anwesenheit von zwei Dritteln der Mitglieder des Landtages voraussetze und der jeweilige Kandidat mindestens die Hälfte der abgegebenen Stimmen auf sich vereinen müsse. Für den Fall, dass das erforderliche Anwesenheitsquorum nicht erreicht werden sollte, sollte die Wahl in der nächsten Sitzung unabhängig von der Zahl der anwesenden Abgeordneten vorgenommen werden. Im *Entwurf sächsischer Hochschullehrer* und entsprechend im Verfassungsentwurf der Fraktionen Bündnis 90/ Grüne und Linke Li-

---

[127] Ebenso KUNZMANN, in: Kunzmann/ Haas/ Baumann-Hasske, Die Verfassung des Freistaates Sachsen, Art. 60, RN 14, S. 329; vgl. zur Stellung der Staatsregierung im parlamentarischen Regierungssystem auch näher MEISSNER, in: Degenhart/ Meissner, Handbuch, § 11, RN 1 ff., S. 326 ff.

ste-PDS findet sich eine Regelung über die Wahl des Ministerpräsidenten in Art. 93, nach dem der Ministerpräsident auf Vorschlag des Landtagspräsidenten ohne Aussprache mit der Mehrheit der Mitglieder des Landtages gewählt werden sollte. Hätte in dem ersten Wahlgang kein Kandidat die absolute Mehrheit erreicht, sollte ein weiterer Wahlgang stattfinden, in dem ebenfalls die absolute Mehrheit erforderlich gewesen wäre. Erst wenn auch dieser Wahlgang erfolglos geblieben wäre, sollte der Kandidat gewählt sein, der im folgenden Wahlgang die meisten Stimmen erhalten hätte.

1. Erstmalige Aufnahme dieser Möglichkeit der vorzeitigen Beendigung der Wahlperiode im Rahmen der Entstehung der Sächsischen Verfassung von 1992

Die Möglichkeit zur Auflösung des Landtages nach missglückter Regierungsbildung ist *erstmalig* in Art. 49 des *Entwurfes der „Gruppe der 20" vom 13. März 1990* und in Art. 55 des Entwurfes der „Gruppe der 20" vom 26. März 1990 (identischer Wortlaut) enthalten: Zur automatischen Auflösung des Landtages sollte es kommen, wenn die Regierung nicht innerhalb von drei Monaten nach der Wahl des Landtages gebildet und bestätigt sein sollte. Auch in den beiden Entwürfen der Gohrischen Gruppe vom August bzw. November 1990 sind die Formulierungen (vgl. Art. 57) identisch. Im Vergleich zu den Entwürfen der „Gruppe der 20" ist hier aber von der Landesregierung (statt von der Regierung) die Rede. Des Weiteren sollte die Frist zur Regierungsbildung nicht mit der Wahl des Landtages, sondern erst mit dessen Zusammentritt beginnen. Ansonsten sind die Vorschläge inhaltlich gleich.

2. Nähere Ausgestaltung im Verfassungs- und Rechtsausschuss

Im Rahmen der Beratungen des Verfassungs- und Rechtsausschusses waren vier Probleme zu bewältigen: Zunächst war grundsätzlich zu klären, ob das Scheitern der Regierungsbildung eine Landtagsauflösung nach sich ziehen sollte. Bejahendenfalls war weiter zu klären, ob sich die Frist, nach deren Ablauf der Landtag aufgelöst ist, auf die Wahl des Ministerpräsidenten oder (auch) die Bildung der Regierung beziehen, ferner ob diese Frist von drei auf vier Monate verlängert werden und ob die Regierungsbildung durch eine Bestätigung des Landtages abgeschlossen werden sollte.

In der ersten Klausurtagung des Verfassungs- und Rechtsausschusses am 21./22. Dezember 1990 riet der Berater *Hans-Peter Schneider* von Art. 57 GE-II ab, „am besten sei der Artikel zu streichen“.[128] Dem widersprach Berater *von Mangoldt*. Nach seiner Auffassung seien längere Übergangszeiten grundsätzlich zu vermeiden. Als Grund führte er an, dass eine „geschäftsführende Regierung nicht mit den vorgesehenen Mechanismen kontrollierbar“ sei.[129] Daraufhin wurde nicht mehr über das „Ob“ dieser Möglichkeit der vorzeitigen Beendigung der Wahlperiode diskutiert, sondern nur noch über das „Wie“, d.h. über die konkrete Ausgestaltung eines solchen Artikels.

Der Sächsische Staatsminister der Justiz *Heitmann* schlug vor, die Zeit für die Regierungsbildung auf vier Monate zu erweitern.[130] Im Rahmen der 7. Klausurtagung des Verfassungs- und Rechtsausschusses am 31. Januar 1992 wies der Berater *von Mangoldt* darauf hin, dass es Art. 57 GE-II dem Ministerpräsidenten nicht ermöglichen sollte, nach seiner Wahl durch anschließende Untätigkeit automatisch eine Landtagsauflösung herbeizuführen. Seitdem wurde im Hinblick auf die Auflösung des Landtages nicht mehr auf die Regierungsbildung, sondern auf die Wahl des Ministerpräsidenten abgestellt.[131] Hinsichtlich der letzten Frage stellte die CDU in der fünften Klausurtagung den Antrag, in Art. 57 GE-II die Worte „und bestätigt“ zu streichen. Dem wurde seitens der PDS widersprochen. Die Abstimmung führte jedoch zur Streichung dieses Passus. Der hiergegen angemeldete Dissens von SPD und PDS blieb folgenlos.[132] In dieser Fassung wurde der die Regierungsbildung regelnde Art. 56 GE-II, in den Art. 57 GE-II in der siebenten Klausurtagung integriert wurde[133], mit 11:0:1 Stimmen im Verfassungs- und Rechtsausschuss angenommen.[134]

IV. Verhältnis des Selbstauflösungsrechtes zu Art. 60 Abs. 3 SächsVerf

Der Freistaat Sachsen hat sich mit Art. 60 Abs. 3 LV dafür entschieden, dass die Unfähigkeit des Landtages zur Wahl eines neuen Regierungschefs innerhalb eines bestimmten Zeitraumes automatisch zur Auflösung des Landtages führen soll. Die Landtagsauflösung soll verhindern, dass über einen längeren Zeitraum dem Landtag keine von ihm gewählte Regierung gegenübersteht.[135] Es stellt sich

[128] SCHIMPFF/ RÜHMANN, Protokolle, 1. Klausurtagung, S. 33 (16 d. Prot.)
[129] SCHIMPFF/ RÜHMANN, Protokolle, 1. Klausurtagung, S. 33 (16 d. Prot.)
[130] SCHIMPFF/ RÜHMANN, Protokolle, 1. Klausurtagung, S. 33 (16 d. Prot.)
[131] S. dazu näher SCHIMPFF/ RÜHMANN, Protokolle, 7. Klausurtagung, S. 507 f. (76 f. d. Prot.).
[132] Vgl. SCHIMPFF/ RÜHMANN, Protokolle, 5. Klausurtagung, S. 258 (34 d. Prot.).
[133] Vgl. SCHIMPFF/ RÜHMANN, Protokolle, 7. Klausurtagung, S. 506 ff.
[134] Vgl. SCHIMPFF/ RÜHMANN, Protokolle, 9. Klausurtagung, S. 650 (76 d. Prot.).

nunmehr allerdings die Frage, ob die Abgeordneten im Falle des sich abzeichnenden Scheiterns der Wahl des Ministerpräsidenten die Landtagsauflösung über den Weg des formellen Selbstauflösungsrechtes beschließen können. Es geht m.a.W. um das Verhältnis des Selbstauflösungsrechtes zu der Landtagsauflösung im Falle des Misslingens der Wahl des Ministerpräsidenten.[136]

1. Vorrang der spezielleren Vorschrift zur Regierungsbildung

Hier ist zu sehen, dass mit Art. 60 SächsVerf eine spezielle Regelung zur Regierungsbildung geschaffen wurde, die zu beachten ist. So sollen im Falle des Scheiterns der Wahl des Ministerpräsidenten im ersten Wahlgang mit der Mehrheit der Mitglieder des Landtages weitere Wahlgänge stattfinden, in denen die Mehrheit der abgegebenen Stimmen genügt. Damit gibt die Sächsische Verfassung einer Minderheitsregierung den Vorrang vor einer Auflösung des Landtages.[137] Es ist durchaus denkbar, dass erst nach weiteren Wahlgängen und unter dem Druck der Auflösung des Landtages sich ein neuer, mehrheitsfähiger Kandidat zur Wahl stellt oder ein schon benannter Kandidat die erforderliche Mehrheit erhält. Würde nun im Falle des Scheiterns der Wahl des Ministerpräsidenten im ersten Wahlgang anstelle weiterer Wahlgänge eine Selbstauflösung beschlossen werden, würde die Chance auf eine Minderheitsregierung unterlaufen. Dies widerspricht der verfassungsrechtlichen Systematik und dem Sinn und Zweck des Art. 60 SächsVerf. Es ist daher vorrangig das Verfahren nach Art. 60 SächsVerf zur Regierungsbildung einzuhalten.

Ergänzend wird dieser Vorrang des Verfahrens nach Art. 60 SächsVerf dadurch abgesichert, dass für eine Selbstauflösung nach Art. 58 SächsVerf eine wesentlich größere Mehrheit als für die Wahl des Ministerpräsidenten, nämlich von zwei Dritteln der gesetzlichen Mitgliederzahl des Landtages erforderlich ist. Von daher ist es unwahrscheinlich, dass sich ein Landtag nicht auf einen Ministerpräsidenten, aber auf die Selbstauflösung einigen kann. Das hohe Beschlussquorum für eine Selbstauflösung begrenzt mithin die Anwendung dieses Institutes im Interesse der Stabilität des politischen Systems wirkungsvoll.

---

135 So auch KUNZMANN, in: Kunzmann/ Haas/ Baumann-Hasske, Die Verfassung des Freistaates Sachsen, Art. 60, RN 14, S. 329.

136 Zu anderen Möglichkeiten der Regierungsbildung in den deutschen Bundesländern und deren Verhältnis zum formellen Selbstauflösungsrecht s. 4. Teil, 1. Kap., § 20, (V.).

137 Ebenso MEISSNER, in: Degenhart/ Meissner, Handbuch, § 11, RN 17, S. 334.

2. Entbehrlichkeit des Art. 60 Abs. 3 SächsVerf neben dem Selbstauflösungsrecht?

Art. 60 Abs. 3 SächsVerf ist neben dem Selbstauflösungsrecht auch nicht entbehrlich. Zwar könnten die Abgeordneten, wenn eine Regelung für den Fall der gescheiterten Wahl des Ministerpräsidenten nicht vorliegen würde, die Selbstauflösung nach Art. 58 SächsVerf beschließen, sie wären hierzu aber nicht verpflichtet. Dann bestünde möglicherweise über einen langen Zeitraum eine geschäftsführende Regierung, die nach dem Willen der Verfassunggeber vermieden werden sollte.

3. Umgehung der Anforderungen an das Selbstauflösungsrecht durch absichtliches Scheiternlassen der Regierungsbildung?

Das Erfordernis des hohen Beschlussquorums von zwei Dritteln der Mitglieder des Landtages kann zu der Überlegung führen, wie die Voraussetzungen einer Selbstauflösung gem. Art. 58 SächsVerf ggf. umgangen werden können. Denkbar ist folgende Konstellation: Wünschen die Abgeordneten eine Neuwahl, müsste zunächst der Ministerpräsident zurücktreten. Anschließend müssten die Abgeordneten absichtlich die Neuwahl eines Ministerpräsidenten und damit die Regierungsbildung scheitern lassen. Dies würde dann gem. Art. 60 Abs. 3 SächsVerf nach vier Monaten zur Auflösung des Landtages und damit gem. Art. 44 Abs. 2 Var. 2 SächsVerf zu Neuwahlen führen. Ein etwaiger Rücktritt des Ministerpräsidenten könnte daher eine vorzeitige Beendigung der Wahlperiode auch ohne Selbstauflösungsbeschluss nach sich ziehen.[138]

Fraglich ist, ob ein solches Vorgehen verfassungsrechtlich zulässig wäre.[139] Bedenken bestehen schon insoweit, als die Sächsische Verfassung vom Gedanken der Regierungsstabilität getragen ist. Dies zeigt sich besonders darin, dass gem. Art. 60 Abs. 2 SächsVerf die Regierungsbildung - selbst wenn es sich um eine Minderheitsregierung handelt - der Landtagsauflösung vorzuziehen ist. Die Abgeordneten sollen durch die drohende Auflösung zu einem Kompromiss gezwungen werden.[140] Ein absichtliches Scheitern der Regierungsbildung - ausge-

---

138 So auch KUNZMANN, in: Kunzmann/ Haas/ Baumann-Hasske, Die Verfassung des Freistaates Sachsen, Art. 60, RN 14, S. 330.

139 Der Berater der Gohrischen Gruppe WOLF-DIETER ECKARDT geht von der Zulässigkeit des Herbeiführens von Neuwahlen durch Rücktritt des Ministerpräsidenten aus, vgl. Regierungsgewalt, in: SächsVBl. 1996, S. 149-154/ 152. Allerdings erörtert er nicht explizit die Zulässigkeit dieses Verfahrens bei *absichtlichem* Scheiternlassen der Wahl des Ministerpräsidenten.

140 Vgl. dazu MEISSNER, in: Degenhart/ Meissner, Handbuch, § 11, RN 16 f., S. 333 f., RN 34, S. 341 f.

löst durch einen Rücktritt des Ministerpräsidenten - wäre von daher rechtsmissbräuchlich. Ein Missbrauch wird jedoch dadurch verringert, dass die mit diesem Verfahren für alle Beteiligten verbundenen politischen Risiken erheblich sind.

§ 16 Weitere Möglichkeiten der Landtagsauflösung nach der Sächsischen Verfassung?

Eine vorzeitige Beendigung der Wahlperiode des Landtages kommt weiter nach einer gescheiterter Vertrauensfrage bzw. im Zusammenhang mit einem konstruktiven Misstrauensvotum sowie durch Volksentscheid bzw. Volksabstimmung in Betracht.[141] Im Folgenden ist zu untersuchen, ob und inwieweit diese Tatbestände Aufnahme in die Sächsische Verfassung gefunden haben.

I. Landtagsauflösung im Zusammenhang mit einer Vertrauensfrage?

Zunächst ist festzuhalten, dass die Sächsische Verfassung eine ausdrückliche Vertrauensfrage nicht kennt. Sie regelt lediglich das entsprechende Pendant, nämlich das konstruktive Misstrauensvotum (Art. 69). Eine vorzeitige Beendigung der Wahlperiode ist damit aber nicht verbunden.

1. Zulässigkeit des Stellens einer Vertrauensfrage

In Anbetracht der Tatsache, dass der Landtag seinen Willen durch Gesetze, aber auch durch Beschlüsse äußern kann und es sich bei der Vertrauensfrage bzw. der Abstimmung hierüber um einen „echten" Parlamentsbeschluss handelt[142] - ein formelles Gesetzgebungsverfahren liegt offensichtlich nicht vor - ist es denkbar, dass der Ministerpräsident die Vertrauensfrage auch ohne explizite Regelung in der Verfassung stellt und der Landtag darauf eingeht. Daher ist zunächst zu prüfen, ob das Stellen der Vertrauensfrage, also der Antrag des Regierungschefs, ihm das Vertrauen auszusprechen, nach Sächsischem Verfassungsrecht zulässig ist und bejahendenfalls, welche Folgen damit verbunden wären.

---

141 S. dazu auch länderverfassungsvergleichend 4. Teil, 1. Kap., § 20.
142 Zur Einteilung der Beschlüsse s. bereits 3. Teil, 1. Kap., § 13, I.2.

a. Organkompetenz des Landtages als Rechtsgrundlage

Problematisch ist, dass für das Stellen einer Vertrauensfrage weder in der Verfassung noch in einfachen Gesetzen eine ausdrückliche Rechtsgrundlage ersichtlich ist. Allerdings folgt aus der Organkompetenz des Landtages, konkret aus seiner Kontroll- und Kreationsfunktion, das Recht, Beschlüsse zu fassen, die damit zusammenhängen.[143] Von daher ist - auch wenn die Sächsische Verfassung die Vertrauensfrage nicht explizit regelt - dem Ministerpräsidenten im Rahmen der Parlamentsautonomie zuzugestehen, sie zu stellen.[144] Dies ist zugleich selbstverständlicher Ausdruck des parlamentarischen Regierungssystems, das darauf beruht, dass die Regierung in ihrer Bildung und in ihrem Fortbestand von der Zustimmung bzw. anschließenden Billigung der Mehrheit des Landtages abhängig ist, denn mit der Vertrauensfrage wird förmlich festgestellt, ob der Regierungschef (noch) über die erforderliche Mehrheit im Landtag verfügt.

b. Keine unmittelbare Befugnis des Ministerpräsidenten zu Neuwahlen bei Ablehnung der Vertrauensfrage

Auch wenn man davon ausgeht, dass eine Vertrauensfrage trotz fehlender expliziter Regelung in der Verfassung in Sachsen zulässigerweise gestellt werden kann, hätte sie andere Konsequenzen als beispielsweise die nach Art. 68 GG. Nach dem Scheitern der Vertrauensfrage würde dem Ministerpräsidenten nämlich nicht die Befugnis zustehen, Neuwahlen herbeizuführen. Allein aus dem Landtagsbeschluss kann der Landtag auch keine Befugnis zur Neuwahl des Ministerpräsidenten herleiten.[145] Allerdings könnte der Ministerpräsident gem. Art. 68 Abs. 1 SächsVerf im Falle des Scheiterns der Vertrauensfrage zurücktreten und so die Bildung einer mehrheitsfähigen Regierung gem. Art. 60 SächsVerf ermöglichen.[146]

2. Die Vertrauensfrage und ihre Nichtaufnahme in die Sächsische Verfassung

Ungeachtet der Verankerung des parlamentarischen Regierungssystems in der Sächsischen Verfassung von 1920 (vgl. Art. 27 Abs. 1, 2) war darin eine Regelung über die Vertrauensfrage nicht vorgesehen. Gleiches gilt für die Sächsische Verfassung von 1947.

---

143 Vgl. dazu ACHTERBERG, Parlamentsrecht, § 24, S. 738, 741 f.
144 So auch MÜLLER, K., Verfassung des Freistaats Sachsen, Art. 69, S. 348.
145 MEISSNER, in: Degenhart/ Meissner, Handbuch, § 11, RN 36, S. 343
146 Ebenso MÜLLER, K., Verfassung des Freistaats Sachsen, Art. 69, S. 348.

a. Die Vertrauensfrage in den Entwürfen zur Sächsischen Verfassung von 1992

Im *Entwurf der parlamentarischen Arbeitsgruppe des Bezirkstages Dresden* vom 19. März 1990 war ebenfalls das Institut der Vertrauensfrage nicht vorgesehen.[147] Ebenso wurde die Vertrauensfrage nicht in den *Verfassungsentwürfen der „Gruppe der 20"* bzw. der *Gohrischen Gruppe* niedergelegt. Vielmehr bestimmten Art. 57 des Entwurfes der „Gruppe der 20" vom 13. März 1990 und Art. 63 des Entwurfes der „Gruppe der 20" vom 26. März 1990, dass dem Ministerpräsidenten das Vertrauen nur dadurch entzogen werden könne, dass mit einfacher Mehrheit der Mitglieder des Landtages ein Nachfolger gewählt und eine von diesem gebildete Regierung mit derselben Mehrheit bestätigt wurde (konstruktives Misstrauensvotum). Bis auf das Erfordernis der Bestätigung der neuen Regierung entspricht diese Regelung auch dem Gohrischen Entwurf (Art. 68).

Demgegenüber sah der *Entwurf sächsischer Hochschullehrer* die Vertrauensfrage vor (Art. 96). Danach sollte der Ministerpräsident den Landtag auflösen können, wenn seine Vertrauensfrage mit absoluter Mehrheit der Mitglieder des Landtages abgelehnt worden wäre. Diese Befugnis sollte dem Ministerpräsidenten - verständlicherweise - nur bis zur Wahl eines anderen Ministerpräsidenten durch den Landtag zustehen. Die Landtagsauflösung sollte hierbei nicht zwingende Folge der gescheiterten Vertrauensfrage sein. Dafür spricht die Formulierung, dass der Landtag in diesem Fall nicht aufgelöst „ist", sondern aufgelöst werden *„kann"*. Da sich die *Entwürfe der Fraktionen Bündnis 90/ Grüne* und *Linke Liste-PDS* am Entwurf sächsischer Hochschullehrer orientierten[148], sahen auch ihre Verfassungsentwürfe (jeweils in Art. 96) die Möglichkeit der Auflösung des Landtages nach (gescheiterter) Vertrauensfrage vor.[149] Ebenso ist das konstruktive Misstrauensvotum in den genannten Entwürfen (jeweils gleichlautend in Art. 95) zu finden.

Zusammenfassend ist festzustellen, dass in allen Entwürfen zur Sächsischen Verfassung das (konstruktive) Misstrauensvotum vorgesehen war, dieses aber keine Auflösung des Landtages zur Folge haben sollte. Der Entwurf sächsischer Hochschullehrer und auch der der Fraktionen Bündnis 90/ Grüne und Linke Liste-PDS sahen - im Gegensatz zu den anderen maßgeblichen Verfassungsentwür-

---

147 In Art. 46 Abs. 2 des Entwurfes war lediglich vorgesehen, dass ein Minister, dem das Vertrauen entzogen wird, zurücktreten muss. Für einen Vertrauensentzug bedurfte es gem. Art. 46 Abs. 3 des Entwurfes der Zustimmung von mindestens der Hälfte der Mitglieder des Landtages.

148 S. dazu 2. Teil, 2. Kap., § 10, IV.2., 3.

149 Lediglich in Abs. 2 wird statt des Begriffes „Wahlperiode" das Wort „Legislaturperiode" verwendet.

fen - zusätzlich die Möglichkeit der Vertrauensfrage vor, deren Scheitern die Auflösung des Landtages nach sich ziehen konnte, allerdings nicht musste. In den Beratungen des Verfassungs- und Rechtsausschusses kam deshalb als weiterer Auflösungsgrund die (gescheiterte) Vertrauensfrage zur Sprache.

b. Die Ablehnung der Vertrauensfrage im Verfassungs- und Rechtsausschuss

Auf der ersten Klausurtagung stellte der Abg. *Donner* (Bündnis 90/ Grüne) im Rahmen der Besprechung des Abschnittes über die Regierung Art. 96 der von den Fraktionen Linke Liste-PDS und Bündnis 90/ Grüne vorgelegten Verfassungsentwürfe zur Debatte. Hierzu wies Berater *von Mangoldt* auf das Risiko hin, dass der Ministerpräsident auf diese Weise „willkürlich Neuwahlen initiieren könne“[150]. Berater *Schneider* wies demgegenüber zutreffend darauf hin, dass der Ministerpräsident mit dieser Bestimmung das Parlament im Zweifel „hinter sich zwingen“ könne.[151] In den weiteren Klausurtagungen des Verfassungs- und Rechtsausschusses wurde die Vertrauensfrage aber nicht mehr erörtert. Nach den Ausführungen des Abg. *Schiemann*[152] hielten die Fraktionen Bündnis 90/ Grüne und Linke Liste-PDS diesen Punkt für so wenig wichtig, dass sie ihn nicht in die Synopse des Verfassungs- und Rechtsausschusses vom Mai 1991 (als Dissenspunkt) aufnehmen ließen. Der Abg. *Donner* erklärte rückblickend, dass das konstruktive Misstrauensvotum die bessere, nämlich konstruktivere Lösung sei[153] und deshalb ausreiche, wie hinzuzufügen ist. So wurde auf der siebenten Klausurtagung zu Art. 68 (konstruktives Mißtrauensvotum) Einvernehmen festgestellt.[154] Über die Vertrauensfrage fand keine weitere Erörterung im Plenum des Sächsischen Landtages im Rahmen der Zweiten Lesung des Entwurfes der Verfassung des Freistaates Sachsen statt, mit dem Ergebnis, dass eine explizite Regelung der Vertrauensfrage in der Sächsischen Verfassung fehlt.

3. Notwendigkeit einer Vertrauensfrage im parlamentarischen Regierungssystem?

Nach den Grundsätzen des parlamentarischen Regierungssystems muss es dem Landtag als einzigem direkt-demokratisch legitimierten Organ, von dem andere Organe ihre Legitimation ableiten, möglich sein, eine Regierung, die nicht mehr

---

[150] SCHIMPFF/ RÜHMANN, Protokolle, 1. Klausurtagung, S. 39 (22 d. Prot.)
[151] SCHIMPFF/ RÜHMANN, Protokolle, 1. Klausurtagung, S. 39 (22 d. Prot.)
[152] Gespräch im Sächsischen Landtag am 28.10.2002
[153] Schriftliche Stellungnahme vom 05.02.2003
[154] SCHIMPFF/ RÜHMANN, Protokolle, 7. Klausurtagung, S. 511 (80 d. Prot.)

seinem Willen entspricht und die nicht mehr sein Vertrauen genießt, abzuwählen und durch eine ihm vertrauensvoller erscheinende Regierung zu ersetzen. Diesem Legitimationszweck wird funktional auch das (konstruktive) Misstrauensvotum gerecht, zumal bei diesem die Initiative zur Abwahl des Ministerpräsidenten vom Landtag selbst ausgeht. Es ist entsprechend - abgesehen von Bayern[155] - in allen Länderverfassungen vorgesehen[156], die Vertrauensfrage hingegen nicht.

Im Schrifttum wird der bewusste Verzicht der Sächsischen Verfassung auf die Möglichkeit der Vertrauensfrage des Regierungschefs mit der darauf folgenden Sanktionsmöglichkeit der Landtagsauflösung als Indiz dafür gesehen, dass die Regierung ungeachtet schwieriger politischer Verhältnisse versuchen solle, weiter zu regieren, um parlamentarische Mehrheiten zunächst in Einzelfällen und später das Vertrauen ganz zurückzugewinnen.[157] Nach allem bedarf es nicht zwingend einer ausdrücklichen Regelung der Vertrauensfrage im Verfassungstext. Auf das Verhältnis zwischen Selbstauflösungsrecht und Auflösung des Landtages im Zusammenhang mit einer Vertrauensfrage ist daher in Sachsen nicht einzugehen.[158]

II. Alternativität von Selbstauflösungsrecht und Auflösung des Landtages durch Volksentscheid?

Neben dem Selbstauflösungsrecht, der Auflösung im Zusammenhang mit einer gescheiterten Regierungsbildung und/ oder einer Vertrauensfrage kommt noch eine Landtagsauflösung durch Volksentscheid in Betracht. Der Freistaat Sachsen hat sich - anders als sechs Bundesländer[159] - gegen eine solche Möglichkeit der vorzeitigen Beendigung der Wahlperiode entschieden, wie im Folgenden darzulegen ist.

---

155 Zur Wahrung des parlamentarischen Regierungssystems schreibt aber Art. 44 Abs. 3 S. 2 BayVerf vor, dass der Ministerpräsident von seinem Amt zurücktreten muss, wenn die politischen Verhältnisse ein vertrauensvolles Zusammenarbeiten zwischen ihm und dem Landtag unmöglich machen, vgl. dazu MEDER, Die Verfassung des Freistaates Bayern, Art. 44, RN 3, S. 157.

156 Vgl. Art. 54 BaWüVerf, Art. 57 Abs. 2, 3 BerlVerf, Art. 86 BbgVerf, Art. 110 BremVerf, Art. 35 Abs. 3 HmbVerf, Art. 114 HessVerf, Art. 50 Abs. 2, 3 M-VVerf, Art. 32 NdsVerf, Art. 61 NRWVerf, Art. 99 RhPfVerf, Art. 88 Abs. 2 SaarlVerf, Art. 69 SächsVerf, Art. 72 VerfLSA, Art. 35 SchlHVerf, Art. 73 ThürVerf.

157 MEISSNER, in: Degenhart/ Meissner, Handbuch, Vierter Teil, § 11, RN 34, S. 342

158 Zu entsprechenden Regelungen in anderen Bundesländern vgl. aber 4. Teil, 1. Kap., § 20, insbes. V.2.

159 Vgl. Art. 43 Abs. 2 BaWüVerf, Art. 18 Abs. 3 BayVerf, Art. 54 Abs. 3 i.V.m. Artt. 62 Abs. 6, 63 Abs. 3 BerlVerf, Artt. 76 Abs. 1 S. 2, 77 Abs. 1, 3 S. 2, 78 Abs. 3 BbgVerf, Art. 70 Abs. 1 lit. c) i.V.m. Art. 72 BremVerf, Art. 109 Abs. 1 Nr. 2 RhPfVerf; zu den Anforderungen s.o. 1. Teil, 2. Kap., § 3, II.

1. Die Diskussionen im Verfassungs- und Rechtsausschuss - Wegfall der Landtagsauflösung durch Volksentscheid

Ungeachtet der Verankerung der Landtagsauflösung durch Volksentscheid sowohl in der Sächsischen Verfassung von 1920 (Art. 36 Abs. 1) als auch in der Sächsischen Verfassung von 1947 (Art. 44 Abs. 1 Var. 2) gehörte die Frage, ob es zulässig sein soll, den Landtag durch Volksentscheid aufzulösen, zu den umstrittensten Problemen in den Verfassungsberatungen zur Sächsischen Verfassung von 1992. Dies ist insoweit erstaunlich als in allen Verfassungsentwürfen diese Möglichkeit der vorzeitigen Beendigung der Wahlperiode vorgesehen war.

a. Unterschiedliche Ausgestaltung in den Verfassungsentwürfen

Von Beginn an bestanden allerdings erhebliche Unterschiede in den Vorstellungen zur Auflösung des Landtages durch Volksentscheid. So genügte beispielsweise nach dem Entwurf sächsischer Hochschullehrer für ein darauf zielendes Volksbegehren ein Antrag von 100.000 Stimmberechtigten (Art. 77 Abs. 5), während nach dem Gohrischen Entwurf hierfür ein Antrag von mindestens 200.000, also etwa 5 % der Stimmberechtigten[160] vorgesehen war (Art. 72 Abs. 2). Nach dem Entwurf der parlamentarischen Arbeitsgruppe des Bezirkstages Dresden sollte im Rahmen des sich anschließenden Volksentscheides die Mehrheit der Abstimmenden genügen (Art. 54 Abs. 4 S. 1); nach dem Gohrischen Entwurf mussten dies zusätzlich mindestens zwei Fünftel der Stimmberechtigten sein (Art. 54 Abs. 2).

b. „Unangemessenheit" von Volksgesetzgebung und Landtagsauflösung durch Volksentscheid

Auch wenn es demnach Differenzen hinsichtlich der Mehrheitserfordernisse gab, war immerhin eine Basis für eine Einigung geschaffen. Umso erstaunlicher ist es, dass der Abg. *Schiemann* (CDU) auf der fünften Klausurtagung des Verfassungs- und Rechtsausschusses am 2./ 3. Mai 1991 die ersatzlose Streichung des Art. 54 Abs. 2 GE-II beantragte.[161] Die dazu durchgeführte Abstimmung

---

160 In Sachsen gab es 1991 nach den Angaben des Abg. *Beyer* (CDU) ca. 3,7 Millionen Wahlberechtigte, vgl. SCHIMPFF/ RÜHMANN, Protokolle, 7. Klausurtagung, S. 517 (86 d. Prot.).

161 Allerdings war bereits auf der dritten Klausurtagung über die Erforderlichkeit dieser Möglichkeit der Landtagsauflösung diskutiert und deren Notwendigkeit neben der Volksgesetzgebung bestritten worden, vgl. SCHIMPFF/ RÜHMANN, Protokolle, 3. Klausurtagung, S. 102 (12 d. Prot.).

führte dann mit dem Ergebnis 9:5:0 zur Streichung dieses Absatzes. Jedoch beantragten die Fraktionen SPD und Linke Liste-PDS, Art. 54 Abs. 2 GE-II (!) in die Dissensliste aufzunehmen, was auch geschah.[162] Indessen vertrat der Abg. *Schimpff* (CDU) auf der siebenten Klausurtagung des Verfassungs- und Rechtsausschusses am 31. Januar 1992 weiter die Auffassung, dass entweder die Auflösung des Landtages durch Volksentscheid oder das Volksgesetzgebungsverfahren in die Verfassung aufgenommen werden sollte. Beide Möglichkeiten gleichzeitig vorzusehen, sei „unangemessen".[163]

Alsdann wurden die Modalitäten der Volksgesetzgebung (Artt. 70 ff. GE-II) erörtert. Nach heftiger Diskussion[164] schlug die CDU-Fraktion im Rahmen einer „Paketlösung" eine Erhöhung des in Art. 72 Abs. 2 GE-II vorgesehenen Quorums für ein *Volksbegehren* (von 200.000 auf 500.000 Stimmen) vor. Dafür war sie bereit, das in Art. 72 Abs. 5 GE-II geregelte Zustimmungserfordernis (von mindestens einem Drittel der Stimmberechtigten) für den *Volksentscheid* fallen zu lassen.[165] Im Gegenzug sollte die SPD-Fraktion auf das Institut der Landtagsauflösung durch Volksentscheid verzichten.[166]

Die SPD konnte diesem Vorschlag zustimmen.[167] Die Fraktion Linke Liste-PDS hat demgegenüber ihren Dissens bis zum Schluss aufrecht erhalten.[168] Auf der neunten Klausurtagung am 4./ 5. April 1992 fiel dann die Entscheidung mit 1:11:0 gegen die Möglichkeit der Auflösung des Landtages durch Volksentscheid.[169] Der seitens der Fraktion Linke Liste-PDS am 12. Mai 1992 eingebrachte Änderungsantrag des Inhaltes, Art. 54 durch einen Abs. 2, die Landtagsauflösung durch Volksentscheid betreffend, zu erweitern[170], wurde im Rahmen der Zweiten Lesung des Verfassungsentwurfes am 26. Mai 1992 bei nur sechzehn Stimmen dafür und einigen Stimmenthaltungen mehrheitlich abgelehnt.[171] Einer Abgrenzung dieser Möglichkeit zur vorzeitigen Beendigung der Wahlperiode zum Selbstauflösungsrecht bedarf es daher in Sachsen nicht.[172]

---

162 SCHIMPFF/ RÜHMANN, Protokolle, 5. Klausurtagung, S. 256 (32 d. Prot.)
163 SCHIMPFF/ RÜHMANN, Protokolle, 7. Klausurtagung, S. 489 (58 d. Prot.)
164 Zum *Volksbegehren* vgl. näher SCHIMPFF/ RÜHMANN, Protokolle, 7. Klausurtagung, S. 516-523 (85-92 d. Prot.) und bereits in der dritten Klausurtagung S. 92, 95-104 (2, 5-14 d. Prot.); zum *Volksentscheid* vgl. näher SCHIMPFF/ RÜHMANN, Protokolle, 3. Klausurtagung, S. 97-100 (7-10 d. Prot.), 7. Klausurtagung, S. 519-521 (88-90 d. Prot.).
165 SCHIMPFF/ RÜHMANN, Protokolle, 7. Klausurtagung, S. 521 (90 d. Prot.)
166 So der Abg. SCHIEMANN im Rahmen des persönlichen Gespräches im Sächsischen Landtag am 28.10.2002.
167 SCHIMPFF/ RÜHMANN, Protokolle, 7. Klausurtagung, S. 521 (90 d. Prot.)
168 So der Berichterstatter des Verfassungs- und Rechtsausschusses BERND KUNZMANN in seiner schriftlichen Stellungnahme vom 05.01.2003.
169 SCHIMPFF/ RÜHMANN, Protokolle, 9. Klausurtagung, S. 650 (76 d. Prot.)
170 Sächsischer Landtag, DS 1/ 1904
171 Sächsischer Landtag, 1. WP, 46. Sitzung, S. 3101
172 S. dazu aber im Rahmen des Länderverfassungsvergleiches 4. Teil, 1. Kap., § 20, insbes. V.3.

2. Stellungnahme zu der nicht verwirklichten Möglichkeit der Landtagsauflösung durch Volksentscheid

Die Möglichkeit der vorzeitigen Beendigung der Wahlperiode durch Volksentscheid ist ein Instrument der direkten Demokratie. Das Volk bestimmt in den betreffenden Bundesländern nicht nur über die Zusammensetzung der sie repräsentierenden Körperschaft, sondern auch über deren Auflösung, wenn es diese für erforderlich hält.

Im Gegensatz zur Parlamentsauflösung im Zusammenhang mit der (misslungenen) Regierungsbildung bzw. nach (gescheiterter) Vertrauensfrage bzw. (erfolgreichem) Misstrauensvotum haben bei der vorzeitigen Beendigung der Wahlperiode durch Volksentscheid weder die Regierung noch der Landtag Einfluss auf den Zeitpunkt der Auflösung. Es wird vielmehr das Prinzip der Volkssouveränität betont. Ein Grund, das Parlament von der Abwahlmöglichkeit auszunehmen, ist nicht ersichtlich, zumal in Art. 3 Abs. 2 SächsVerf das parlamentarisch-repräsentative System ausdrücklich durch direkt-demokratische Verfahrensweisen ergänzt wird.[173] Auch hätte bei Aufnahme der Möglichkeit der Landtagsauflösung durch Volksentscheid die politische Vergangenheit des Freistaates Sachsen als ein Bundesland, das erst jüngst wieder zu seiner eigenen Identität und selbstbewusster Willensbildung gefunden hat, mehr Berücksichtigung gefunden.

III. Auflösung des Landtages durch die Regierung?

Neben den bislang erörterten Möglichkeiten der vorzeitigen Beendigung der Wahlperiode kommt noch die Möglichkeit der Auflösung durch die Regierung in Betracht. Dieser Tatbestand ist lediglich in Nordrhein-Westfalen vorgesehen. Nach Art. 68 Abs. 3 NRWVerf hat die Regierung das Recht zur Auflösung des Landtages, wenn dieser ein von ihr eingebrachtes Gesetz abgelehnt, dieses aber durch einen anschließenden Volksentscheid angenommen wird. Im Freistaat Sachsen gab es 1990 einen entsprechenden Vorstoß zur Aufnahme dieser Möglichkeit der Landtagsauflösung in die Verfassung.

1. Der Vorschlag von Martin Böttger

Eine Parlamentsauflösung durch die Regierung wurde - soweit ersichtlich - nur von dem Bürgerrechtler und ehemaligen Landtagsabgeordneten *Martin Böttger* vorgeschlagen.[174] Es handelt sich hierbei um die verfassungsrechtliche Regelung

[173] So auch DEGENHART, in: Degenhart/ Meissner, Handbuch, § 5, RN 20, S. 141.

eines speziellen Konfliktes zwischen Landtag und Regierung im Rahmen des Gesetzgebungsverfahrens.[175]

Nach Art. 24 Abs. 2 des Verfassungsentwurfes von Martin Böttger sollte die Regierung den Landtag auflösen *können*, wenn der Landtag ein von ihr eingebrachtes Gesetz ablehne, dieses aber im nachfolgenden Volksentscheid Zustimmung finde. Die Auflösung war somit als Ermessensregelung ausgestaltet. Aufgrund der Seltenheit dieses Vorschlages wurde er im Verfassungs- und Rechtsausschuss nicht erörtert und auch nicht in die geltende Sächsische Verfassung aufgenommen. Mithin bedarf es keiner Abgrenzung zu dem Selbstauflösungsrecht.[176]

2. Historische Erscheinungsformen dieser Auflösungsmöglichkeit

Historisch war eine Möglichkeit der Landtagsauflösung durch die Regierung lediglich in § 10 SächsVorlGG von 1919 vorgesehen. Allerdings ist diese Regelung mit dem Vorschlag von Martin Böttger und Art. 68 Abs. 3 NRWVerf schon deswegen nicht zu vergleichen, weil seinerzeit kein Zusammenhang mit einem von der Regierung eingebrachten Gesetz gefordert wurde. Das Gesamtministerium hatte nach § 10 SächsVorlGG 1919 die Volkskammer aufzulösen, wenn diese ihre Auflösung mehrheitlich (bei Anwesenheit von mindestens zwei Dritteln der Abgeordneten) verlangte.[177] Damit ging die Initiative letztlich vom Landtag und nicht von der Regierung aus. Zudem trug die Regelung vorläufigen Charakter und wurde mit Inkrafttreten der Verfassung von 1920 gegenstandslos.

3. Stellungnahme

Es ist schon fraglich, ob die Abweichung des Landtages hinsichtlich *eines* Gesetzes vom mutmaßlichen Volkswillen stets die Landtagsauflösung nach sich ziehen muss. Darüber hinaus erscheint auch angesichts der Möglichkeit der Volksgesetzgebung die Landtagsauflösung in diesem Fall nicht zwingend notwendig. Das Volk könnte jederzeit über den Weg der Volksgesetzgebung - mit der geforderten Stimmenanzahl - den Erlass des strittigen Gesetzes begehren. Durch die

---

174 Verfassungsentwurf vom 27.05.1990, in: SÄCHSHSTA DRESDEN, [13035/ Sächsisches Staatsministerium der Justiz, Nr. 4]

175 So für Nordrhein-Westfalen DÄSTNER, Die Verfassung des Landes NRW, Art. 68, RN 9, S. 243.

176 S. insoweit aber 4. Teil, 1. Kap., § 20, V.5.

177 S. dazu näher 2. Teil, 1. Kap., § 6, II.1.

Möglichkeit der Volksgesetzgebung wird so ein Ausgleich geschaffen und dem Gedanken der Volkssouveränität im Rahmen des demokratischen parlamentarisch-repräsentativen Systems entsprechend Rechnung getragen.

§ 17 Zusammenfassende Stellungnahme

Die Sächsische Verfassung sieht zwei Möglichkeiten zur vorzeitigen Beendigung der Wahlperiode vor, nämlich das Selbstauflösungsrecht des Landtages (Art. 58) und die Auflösung des Landtages im Falle der gescheiterten Wahl des Ministerpräsidenten (Art. 60 Abs. 3). Beide dienen der Stabilität des politischen Systems des Freistaates Sachsen.

I. Verfassungshistorische und verfassungsgenetische Aspekte

Die Untersuchung der verfassungshistorischen und genetischen Entwicklung der verschiedenen Möglichkeiten der vorzeitigen Beendigung der Wahlperiode des Sächsischen Landtages hat gezeigt, dass es ein Selbstauflösungsrecht auch in früheren Sächsischen Verfassungen (1920 und 1947) gab. Daneben war sowohl in der Verfassung von 1920 als auch in der von 1947 die Möglichkeit der Landtagsauflösung durch Volksentscheid vorgesehen. Eine Landtagsauflösung nach misslungener Wahl des Ministerpräsidenten gab es hingegen nicht.

1. Verfassungshistorische Kontinuität des Selbstauflösungsrechtes

Verfassungshistorisch ist damit eine Kontinuität nur hinsichtlich des Selbstauflösungsrechtes festzustellen, das bereits in Art. 9 Abs. 1 SächsVerf 1920 und Art. 44 Abs. 1 Var. 1, Abs. 2 SächsVerf 1947 vorgesehen war. Im Gegensatz zu den Sächsischen Verfassungen von 1920 und 1947 sieht jedoch die geltende Sächsische Verfassung keine Landtagsauflösung durch Volksentscheid vor. Die Möglichkeit der Landtagsauflösung nach gescheiterter Regierungsbildung wurde erstmals 1992 in die Verfassung aufgenommen. Die Vertrauensfrage (und eine damit verbundene Auflösung des Landtages im Falle ihrer negativen Beantwortung) fand bislang in keiner Verfassung Sachsens Berücksichtigung. Sie wurde lediglich im Vorfeld der Entstehung der geltenden Sächsischen Verfassung diskutiert.

2. Wesentliche Übereinstimmung der Auflösungsmöglichkeiten mit dem Gohrischen Entwurf

Die heutige Formulierung der Sächsischen Verfassung hat sich deutlich an den Vorstellungen des Gohrischen Entwurfes orientiert: Trotz anderer Ansicht des Verfassungsentwurfes sächsischer Hochschullehrer bzw. der Verfassungsentwürfe der Fraktionen Linke Liste-PDS und Bündnis 90/ Grüne ist die gescheiterte Wahl des Ministerpräsidenten mit einer Landtagsauflösung verbunden. Alle Verfassungsentwürfe sahen eine Landtagsauflösung durch Volksentscheid vor; trotz heftiger Debatten im Verfassungs- und Rechtsausschuss und im Plenum wurde diese Möglichkeit der vorzeitigen Beendigung der Wahlperiode jedoch gestrichen. Auch die in den Entwürfen der Fraktionen Linke Liste-PDS, Bündnis 90/ Grüne vorgesehene Verankerung der Vertrauensfrage mit der Konsequenz der Auflösung des Landtages im Falle ihrer negativen Beantwortung wurde nicht aufgenommen. Damit entspricht die heutige Formulierung der Sächsischen Verfassung weitgehend dem Gohrischen Entwurf (überarbeitete Fassung).

II. Das Selbstauflösungsrecht als notwendiges Instrument im parlamentarischen System

Die Einordnung des Selbstauflösungsrechtes in die verfassungsrechtliche Systematik der anderen Möglichkeiten der vorzeitigen Beendigung der Wahlperiode hat gezeigt, dass für bestimmte Konfliktsituationen wie die gescheiterte Wahl des Ministerpräsidenten und die beabsichtigte Abwahl des Ministerpräsidenten konkrete Bestimmungen in die Sächsische Verfassung aufgenommen wurden (vgl. Artt. 60 Abs. 3, 69). Das Selbstauflösungsrecht soll demgegenüber zur Anwendung kommen, wenn eine konkrete Regelung fehlt.

1. Regelung unterschiedlicher Konstellationen

Es handelt sich somit bei der Möglichkeit der Auflösung des Landtages im Falle einer gescheiterten Regierungsbildung und der Selbstauflösung um unterschiedliche Regelungen. Art. 60 Abs. 3 SächsVerf ist auf eine bestimmte Konstellation beschränkt. Beginnt das Verfahren zur Wahl des Ministerpräsidenten sperrt Art. 60 SächsVerf als speziellere Regelung die Anwendung des Art. 58 SächsVerf für den Fall des Scheiterns der Wahl des Ministerpräsidenten. Das Selbstauflösungsrecht steht in anderen Konstellationen wie z.B. bei Koalitionsbruch oder Fraktionswechseln von Angeordneten und einer damit verbundenen Verschiebung von Kräfteverhältnissen im Landtag zur Verfügung.

2. Wahrung der Stabilität des politischen Systems durch erhöhte Mehrheitserfordernisse

Im Sinne der Wahrung der Stabilität des politischen Systems sieht Art. 58 SächsVerf ein gegenüber Art. 60 Abs. 1 und 2 SächsVerf erhöhtes Quorum vor: Statt der absoluten bzw. einfachen Mehrheit müssen zwei Drittel der Mitglieder des Landtages den Selbstauflösungsbeschluss fassen. Die erhöhten formellen Anforderungen sollen einer leichtfertigen Selbstauflösung sowie einer unzulässigen Umgehung der materiellen Voraussetzungen des Art. 60 Abs. 3 SächsVerf vorbeugen.

Die Fälle, in denen es zu einer Auflösung des Landtages kommen kann, sind in der Verfassung nicht abschließend geregelt. Dies ergibt sich aus der offenen Gestaltung des Selbstauflösungsrechtes. Da das Selbstauflösungsrecht in verschiedenen Konstellationen als Lösungsmittel zur Verfügung steht, kann auch mit seiner Hilfe die Stabilität des politischen Systems gewahrt werden. Es kann über Neuwahlen eine veränderte Zusammensetzung des Landtages sowie daraus resultierend der Regierung und damit die Arbeitsfähigkeit beider Institutionen ermöglichen. Zu häufige Neuwahlen werden durch das hohe Beschlussquorum von zwei Dritteln der Mitglieder des Landtages verhindert.

3. Instrument zur Verwirklichung der Parlamentsautonomie und der Volkssouveränität

In Abgrenzung des Selbstauflösungsrechtes zu anderen Möglichkeiten der vorzeitigen Beendigung der Wahlperiode ist festzuhalten, dass das Selbstauflösungsrecht ein wichtiges Instrument zur Verwirklichung der Parlamentsautonomie sowie der Volkssouveränität ist. Innerhalb der fünfjährigen Wahlperiode kann sich der Landtag mit Hilfe des parlamentarischen Selbstauflösungsrechtes durchaus seiner politisch-rechtlichen Legitimation beim Wahlvolk erneut versichern. Das Selbstauflösungsrecht erweist sich nach allem als notwendiges Instrument im parlamentarisch-demokratischen System.

Drittes Kapitel

Die Vereinbarkeit des Selbstauflösungsrechtes gem. Art. 58 SächsVerf mit dem Grundgesetz

Im Folgenden ist zu untersuchen, ob das Selbstauflösungsrecht des Sächsischen Landtages mit dem Grundgesetz vereinbar ist. Die Frage nach der Vereinbarkeit von Bestimmungen der Landesverfassungen mit dem Bundesverfassungsrecht stellt sich deshalb, weil die Bundesrepublik Deutschland ein Bundesstaat und damit - die Staatsgestaltung betreffend - dem Prinzip des Föderalismus verpflichtet ist. Danach steht neben der Vielheit der Gliederungen des Bundesstaates die Einheit des Ganzen. Die Staatlichkeit der Bundesrepublik zielt neben der Entwicklung von Autonomie und Eigenständigkeit der Glieder auch auf ihre Kooperation und Integration.[178]

Zur Wahrung dieser gesamtstaatlichen Ordnung ist insbesondere das in Art. 28 Abs. 1 S. 1 GG niedergelegte Homogenitätsprinzip zu beachten, das den Ländern einerseits bestimmte Vorgaben hinsichtlich der Ausgestaltung ihrer Verfassung macht, andererseits ihnen aber wiederum gewisse Freiräume lässt. Darüber hinaus gilt der ungeschriebene Grundsatz des bundesfreundlichen Verhaltens, die Bundestreue. Mit Hilfe dieses Grundsatzes werden über die im Grundgesetz verankerten Rechte und Pflichten hinaus zusätzliche Anforderungen an das Verhalten der Länder gegenüber dem Bund, aber auch an das Verhalten des Bundes gegenüber den Ländern gestellt.[179]

Die Sächsische Verfassung muss sich mithin an den Rahmen, den das Grundgesetz gezogen hat, halten. Der Freistaat Sachsen bekennt sich zu diesen Grundsätzen, indem er in Art. 1 S. 1 LV die Adaption des Landes Sachsen an diese Prinzipien betont und somit die Einordnung in das größere Ganze des deutschen Staates als wesentliches Element seiner Existenz anerkennt.[180] Das Selbstauflösungsrecht (des Sächsischen Landtages) erscheint vor diesem Hintergrund allerdings nicht unproblematisch, da es im Grundgesetz (für den Deutschen Bundestag) nicht geregelt ist. Schon daraus können sich verfassungsrechtliche Bedenken hinsichtlich der Vereinbarkeit des Selbstauflösungsrechtes mit dem Grundgesetz, genauer mit dem Homogenitätsprinzip, ergeben.[181]

---

[178] S. dazu näher ISENSEE, in: Isensee/ Kirchhof, HdStR-IV, § 98, RN 15, S. 526.
[179] Zu Konkretisierungen der Bundestreue s. BAUER, Bundestreue, 5. Kap., § 14 II, S. 341 ff.
[180] Ebenso V. MANGOLDT, HANS Verfassung des Freistaates Sachsen, in: SächsVBl. 1993, S. 25-35/ 30.

Es ist allerdings zunächst zu fragen, ob hier überhaupt ein Konflikt vorliegt, der mittels des Homogenitätsprinzips gelöst werden müsste, m.a.W. ob das Selbstauflösungsrecht überhaupt eine vom Homogenitätsprinzip umfasste Grundentscheidung der Verfassung darstellt. Das ist nach einer Ansicht[182] nicht der Fall. Zwar hätten sich hinsichtlich des Selbstauflösungsrechtes alle Landesverfassungen dieses Instrumentes bedient, das dem Bundestag nach dem Grundgesetz nicht zugestanden wird, doch läge darin kein Widerspruch beider Verfassungsebenen. Das Grundgesetz habe nämlich insoweit keine Festlegungen für die Landtage getroffen. Wenn die staatsrechtliche Organisation des Bundestages zugleich eine verbindliche Vorgabe für die landesverfassungsrechtlichen Regelungen von Landtagen sein sollte, hätte das Grundgesetz dies ausdrücklich anordnen müssen. Für das Selbstauflösungsrecht sei dies aber nicht geschehen. Aus diesem Grund differierten zwar in diesem Punkt die Landesverfassungen einerseits und das Grundgesetz andererseits, jedoch ohne dass die Landesverfassungen dem Grundgesetz widersprächen.

Andererseits ist zu bedenken, dass das Selbstauflösungsrecht des Landtages aufgrund der Neuwahlfolge in einem Spannungsverhältnis zum parlamentarisch-repräsentativen System und seinen Stabilitätserfordernissen steht. Es bedarf deshalb sehr wohl näherer Begründung, ob und inwieweit das Selbstauflösungsrecht mit dem Grundgesetz vereinbar ist. Hinzu kommt, dass das Selbstauflösungsrecht auch Fragen des Minderheiten- und des Vertrauensschutzes, mithin wesentliche Elemente des Demokratie- und des Rechtsstaatsprinzips berührt. Insoweit erscheint eine verfassungsrechtliche Prüfung der Vereinbarkeit des Art. 58 SächsVerf mit dem Homogenitätsprinzip erforderlich.

---

[181] So der Abg. *Christian-Friedrich Eigler* (CDU) im Rahmen der Auflösung des Abgeordnetenhauses von Berlin im Jahre 2001, s. PAUL, CDU-Mitglied will Wahlen vor Gericht stoppen, Berliner Zeitung vom 05.09.2001, S. 19. Aufgrund des vergleichbaren Inhaltes von Art. 54 Abs. 2 BerlVerf und Art. 58 SächsVerf lässt sich dieser Gedanke auch auf die Vereinbarkeit des Art. 58 SächsVerf mit dem Grundgesetz übertragen.

[182] PESTALOZZA, Verfassungen, S. LVII. So für das Grundgesetz auch ACHTERBERG/ SCHULTE, in: v. Mangoldt/ Klein, GG-II, Art. 39 Abs. 1, RN 10, S. 1042. Die Einräumung eines Selbstauflösungsrechtes des Landtages in der Vorläufigen Niedersächsischen Verfassung gehört auch nach Ansicht des BVerfG (E 1, 14-66/ 34, E 36, 342-372/ 361) zu den Bestimmungen, bei denen das Land in der Ausgestaltung seiner Verfassung frei ist; vgl. auch TETTINGER, in: v. Mangoldt/ Klein, GG-II, Art. 28 Abs. 1, RN 23, S. 557.

§ 18 Das Homogenitätsprinzip als Ausprägung des Bundesstaatsprinzips

Das Homogenitätsgebot ist in Art. 28 Abs. 1 S. 1 GG verankert. Art. 28 Abs. 1 S. 1 GG kommt eine Doppelfunktion zu: Im Interesse der politisch-rechtlichen Einheit der Bundesrepublik Deutschland stellt das Grundgesetz zum einen bestimmte Rechtsgrundsätze auf, die die Gliedstaaten bei der Ausgestaltung ihrer Rechtsordnung einhalten müssen. So verpflichtet Art. 28 Abs. 1 S. 1 GG die Länder bei der Ausgestaltung ihrer verfassungsmäßigen Ordnung auf die *Grundsätze* des republikanischen, demokratischen und sozialen Rechtsstaates. Zum anderen kommt dem Landesverfassunggeber innerhalb dieses verfassungsrechtlichen Rahmens ein breiter politischer Gestaltungsspielraum zu. Solange dieser Rahmen beachtet wird, können sich die Landesverfassungen frei entfalten und ein eigenes Profil entwickeln.[183]

Hierbei ist zu beachten, dass die Homogenitätsanforderungen je nach dem betroffenen Bereich unterschiedlich ausgeprägt sein können: Sie sind umso höher, je bedeutender eine gliedstaatliche Regelung für die gesamte Ordnung des Bundesstaates ist und umso geringer, je weniger bedeutsam sich eine Landesregelung für die bundesstaatliche Ordnung darstellt. Das Selbstorganisationsrecht der Länder fordert eine enge Auslegung der unabdingbaren Grundsätze. Die Länder können demnach verfassungsrechtliche Freiräume grundsätzlich eigenverantwortlich auszufüllen, mit der Folge, dass jede Landesverfassung ein ihr eigentümliches Gepräge aufweist.[184] Der Freistaat Sachsen betont seine Eigenstaatlichkeit durch die Wahl des Freistaatsbegriffes[185], auf den sonst nur noch Bayern und Thüringen zurückgreifen.

Aus dem Vorstehenden folgt das grundsätzliche Recht der Gliedstaaten zur Aufnahme auch solcher Staatsfundamentalnormen in ihre Verfassung, die die Bundesverfassung (so) nicht kennt.[186] Der Bund kann den Ländern nur solche Vorgaben machen, die „unabdingbare Grundlage" des staatlichen Gesamtaufbaus sind. Die konkreten Ausgestaltungen, die die für den Bund geltenden Prinzipien im Grundgesetz erfahren haben, sind daher für die Länder nicht schlechthin verbindlich. Die Homogenität ist so lange gewahrt, als der „identitätsverbürgende Kern der Verfassung"[187] nicht berührt wird.

---

[183] Vgl. dazu ISENSEE, Chancen und Grenzen, in: SächsVBl. 1994, S. 28-35/ 28.
[184] So auch GRAWERT, Bedeutung gliedstaatlichen Verfassungsrechts, in: NJW 1987, S. 2329-2338/ 2330.
[185] Vgl. hierzu näher ISENSEE, Chancen und Grenzen, SächsVBl. 1994, S. 28-35/ 34.
[186] ROZEK, Das Grundgesetz als Prüfungs- und Entscheidungsmaßstab, 1. Teil, B., III., S. 36 ff./ 38
[187] TETTINGER, in: v. Mangoldt/ Klein, GG-II, Art. 28 Abs. 1, RN 37, S. 560

I. Inhalt des Homogenitätsprinzips

Da Art. 28 Abs. 1 S. 1 GG die in ihm enthaltenen vier Grundsätze des republikanischen, demokratischen und sozialen Rechtsstaates für die Verfassungsinterpretation nicht selbst definiert, bedarf es der Auslegung, was hierzu (i.S.d. Grundgesetzes, nicht des „Begriffshimmels“[188]) gehört.

Aufgrund der Doppelfunktion des Art. 28 Abs. 1 S. 1 GG muss sich die Auslegung der vier Grundsätze daran orientieren, dass zum einen die Einheit der Verfassung zu wahren und zum anderen das Eigenleben und die Vielfalt der Ausgestaltungsmöglichkeiten der Länderverfassungen weitestgehend zu berücksichtigen sind. Durch die Verweisung des Grundgesetzes in Art. 28 Abs. 1 S. 1 auf sich selbst wird deutlich, dass die Homogenitätsvorgaben Republik, Demokratie, Sozial- und Rechtsstaat in Art. 28 Abs. 1 S. 1 und 2 GG i.S.d. in Art. 20 Abs. 1, 2 und 3 GG niedergelegten staatsorganisationsrechtlichen Prinzipien zu interpretieren sind. Das Fehlen des Wortes „Rechtsstaat“ in Art. 20 Abs. 1 GG fällt nicht ins Gewicht, da es nur aus redaktionellen Gründen aus einem entsprechenden Vorschlag des Abg. Hermann v. Mangoldt gestrichen wurde[189] und in Art. 20 Abs. 2 und 3 GG mit dem Gewaltenteilungsprinzip, der Bindung des Gesetzgebers an die verfassungsmäßige Ordnung sowie der Bindung der vollziehenden Gewalt und der Rechtsprechung an Gesetz und Recht die Elemente genannt sind, die nach gängiger Staatstheorie einen Rechtsstaat charakterisieren.[190]

Da im Rahmen des Homogenitätsprinzips keine Uniformität gefordert ist, wird gleichzeitig deutlich, dass die Grundsätze in Art. 20 Abs. 1, 2 und 3 GG nicht ohne weiteres mit denen des Art. 28 Abs. 1 S. 1 und 2 GG identisch sein können.[191] Daraus folgt, dass jedenfalls die freiheitliche demokratische Grundordnung des Grundgesetzes ebenso verbindlich ist wie die durch Art. 79 Abs. 3 GG besonders abgeschirmten „Grundsätze“, wie sie in Art. 1 und 20 GG niedergelegt sind.[192] Allerdings „kann und muß“ der Bund nur die Vorgaben, die für den Bund „unabdingbare Grundlage der Art und der Form seiner politischen Existenz“ sind,

---

188 LÖWER, in: v. Münch/ Kunig, GG-II, Art. 28, RN 15, S. 325

189 Vgl. dazu m.w.N. SCHULZE-FIELITZ, in: Dreier, GG-II, Art. 20 (Rechtsstaat), RN 19, S. 184.

190 So auch SOMMERMANN, in: v. Mangoldt/ Klein, GG-II, Art. 20 Abs. 3, RN 227, S. 92.

191 KERSTEN, Homogenitätsgebot, in: DÖV 1993, S. 896-902/ 899

192 Ebenso TETTINGER, in: v. Mangoldt/ Klein, GG-II, Art. 28 Abs. 1, RN 37, S. 560; DREIER, in: Dreier, GG-II, Art. 28, RN 62, S. 629; HOFMANN, Bundesstaatliche Spaltung des Demokratiebegriffs?, in: Hofmann, Verfassungsrechtliche Perspektiven, S. 146-160/ 157.

„auch seinen Gliedern vorschreiben“.[193] Da eine Verletzung des republikanischen[194] und des Sozialstaatsprinzips nicht ersichtlich ist, sind im Folgenden nur die Kernelemente des demokratischen und des Rechtsstaatsprinzips zu erörtern.

1. Wahrung der Grundstrukturen des demokratischen Prinzips

Zu den unabdingbaren Grundlagen des Demokratieprinzips (Art. 28 Abs. 1 S. 1 i.V.m. Art. 20 Abs. 1, 2 GG) gehören die Volkssouveränität (Art. 20 Abs. 2 S. 1 GG) und die damit verbundenen Prinzipien der Organisation und Legitimation der Staatsgewalt (Art. 20 Abs. 2 S. 2 GG). Umfasst sind davon nur gewisse „Mindestanforderungen“. Hierzu zählen die Garantie einer aus regelmäßigen Wahlen hervorgegangenen Volksvertretung, der Kernbestand der Wahlrechtsgrundsätze (Art. 38 Abs. 1 S. 1 GG), das Mehrparteiensystem, das Mehrheitsprinzip (Art. 42 Abs. 2 S. 1 GG), der Minderheitenschutz, das freie Mandat (Art. 38 Abs. 1 S. 2 GG) und die Möglichkeit offener politischer Willensbildung.[195]

Hinsichtlich des Selbstauflösungsrechtes ist eine Verletzung der Garantie regelmäßiger Wahlen und der Einhaltung der Wahlrechtsgrundsätze nicht ersichtlich; im Gegenteil: Die Legitimation wird vorzeitig an die Wähler zurückgegeben. Damit wird auch das Prinzip der Volkssouveränität eher gestärkt. Zudem gelten auch für Neuwahlen die Grundsätze der allgemeinen, unmittelbaren, gleichen, freien und geheimen Wahl gem. Art. 4 Abs. 1 SächsVerf.

Näher einzugehen ist hinsichtlich des Selbstauflösungsrechtes allerdings auf die Frage, ob die mit dem Selbstauflösungsrecht verbundene Rückgabe der politisch-rechtlichen Legitimation an das Wahlvolk mit dem parlamentarisch-repräsentativen Charakter des Grundgesetzes vereinbar ist (s. dazu § 19, I.1.). Darüber hinaus ist der Frage nachzugehen, ob das vorgesehene Beschlussquorum von zwei Dritteln der Mitglieder des Landtages mit dem Mehrheitsprinzip vereinbar ist und ob bei diesem Quorum der parlamentarische Minderheitenschutz und das freie Mandat gewährleistet bleiben (s. dazu § 19, I.2.-4.).

---

193 TETTINGER, in: v. Mangoldt/ Klein, GG-II, Art. 28 Abs. 1, RN 37, S. 560; HOFMANN, Bundesstaatliche Spaltung des Demokratiebegriffs?, in: Hofmann, Verfassungsrechtliche Perspektiven, S. 146-160/ 157

194 Eine monarchische Staatsordnung ohne Volkssouveränität und entscheidende Befugnisse des Parlamentes ist mit dem Selbstauflösungsrecht nicht vereinbar, s. dazu oben 2. Teil, 1. Kap., § 5 (insbes. II.2.).

195 Vgl. nur DREIER, in: Dreier, GG-II, Art. 28, RN 64, S. 629 f.; RÜHMANN, in: Umbach/ Clemens, GG-I, Art. 28, RN 20-23/ S. 1606 f. S. aufgrund der Entsprechung der zu schützenden Grundsätze auch BRYDE, in: v. Münch/ Kunig, GG-III, Art. 79, RN 41, S. 223.

2. Bindung an das Rechtsstaatsprinzip

Aus der Verpflichtung auf den demokratischen Rechtsstaat folgt eine enge Verbindung von demokratischen und rechtsstaatlichen Komponenten.[196] Unabdingbare rechtsstaatliche Elemente i.S.d. Art. 28 Abs. 1 S. 1 sind die Bindung des Gesetzgebers an die verfassungsmäßige Ordnung (Art. 20 Abs. 3 GG), die Grundrechte, eine effektive Rechtsschutzgarantie (Art. 19 Abs. 4 GG), die Wahrung der Gesetzmäßigkeit der Verwaltung, die Gewaltenteilung (Art. 20 Abs. 2 S. 2 GG) und das Gebot der Rechtssicherheit.[197]

Vorliegend ist - aufgrund dessen, dass andere Konkretisierungen des Rechtsstaatsprinzips nicht berührt sind - nur auf den Grundsatz der Rechtssicherheit näher einzugehen. Hinzu kommt das allgemeine Willkürverbot[198], das unmittelbar aus Artt. 20 Abs. 3 und 28 GG folgt.[199] Das Willkürverbot verhindert, dass aus zweckwidrigen oder sachfremden Erwägungen heraus staatliche Entscheidungen getroffen oder Handlungen vorgenommen werden. Der Absicherung dient eine Begründungspflicht, die im parlamentarischen Raum durch entsprechende Aussprachen im Plenum und der Veröffentlichung in allgemein zugänglichen Drucksachen gewährleistet wird.[200] Hinsichtlich des Selbstauflösungsrechtes stellt sich insoweit die Frage, ob das Fehlen expliziter materieller Voraussetzungen im Tatbestand des Art. 58 SächsVerf gemessen am Grundgesetz verfassungswidrig ist (s. dazu § 19, II.1) und inwieweit aufgrund der vorzeitigen Beendigung der Wahlperiode der Vertrauensschutz der Abgeordneten und der Wähler berührt ist (s. dazu § 19, II.2.).

II. Rechtsfolgen eines Verstoßes gegen das Homogenitätsprinzip

Bevor Art. 58 SächsVerf auf seine Vereinbarkeit mit den soeben herausgearbeiteten Maßstäben geprüft wird, ist noch zu klären, welche Folgen ein möglicher Verstoß von Landesrecht gegen Vorgaben des Homogenitätsprinzips hätte. In Betracht kommt die Nichtigkeitsfolge.

---

196 Vgl. dazu näher TETTINGER, in: v. Mangoldt/ Klein, GG-II, Art. 28 Abs. 1, RN 39, S. 561.
197 DREIER, in: Dreier, GG-II, Art. 28, RN 65, S. 630
198 Zur Herleitung aus dem Rechtsstaatsprinzip vgl. näher KUNIG, Rechtsstaatsprinzip, Fünfter Teil, 2. Kap., I., S. 312 f.
199 OSTERLOH, in: Sachs, GG, Art. 3, RN 74, S. 182
200 Vgl. SOMMERMANN, in: v. Mangoldt/ Klein, GG-II, Art. 20 Abs. 3, RN 306, S. 129.

1. Nichtigkeitsfolge bei Verstoß gegen Art. 28 Abs. 1 S. 1 GG

Die Nichtigkeitsfolge ergibt sich direkt aus Art. 28 Abs. 1 S. 1 GG.[201] Hierfür spricht schon der zwingende Gehalt des Homogenitätsprinzips („muss entsprechen").[202]

2. Gewährleistungsmittel

Art. 28 Abs. 3 GG legt nur die Gewährleistungspflicht des Bundes fest, bestimmt aber nicht die Gewährleistungsmittel. Jedoch kann die Nichtigkeitsfolge im Verfahren der abstrakten Normenkontrolle (Art. 93 Abs. 1 Nr. 2 GG, Art. 81 Abs. 1 Nr. 2 SächsVerf) geltend gemacht bzw. der Verfassungsverstoß im Rahmen des Bund-Länder-Streites (Art. 93 Abs. 1 Nr. 3 GG) sowie - subsidiär - als andere öffentlich-rechtliche Streitigkeit zwischen Bund und Ländern (Art. 93 Abs. 1 Nr. 4 GG) festgestellt werden.

§ 19 Art. 58 SächsVerf und die Vorgaben des Homogenitätsprinzips

Im Folgenden ist zu untersuchen, ob das Selbstauflösungsrecht in Art. 58 SächsVerf mit dem Homogenitätsprinzip vereinbar ist. Dabei sind vorliegend das Demokratie- und das Rechtsstaatsprinzip als Prüfungsmaßstab heranzuziehen.

I. Demokratische Vorgaben

Hinsichtlich des Demokratieprinzips ist insbesondere zu fragen, ob und inwieweit Art. 58 SächsVerf mit dem parlamentarisch-repräsentativen Charakter des Grundgesetzes vereinbar ist. Darüber hinaus bedürfen die Vereinbarkeit des Beschlussquorums von zwei Dritteln der Mitglieder des Landtages mit dem Mehrheitsprinzip, der Minderheitenschutz und der Schutz des freien Mandates näherer Erörterung.

---

201 So auch STERN, Staatsrecht I, § 19 III 5 c, S. 706; LÖWER, in: v. Münch/ Kunig, GG-II, Art. 28, RN 13, S. 324; BVerfGE 36, 342 (362).

202 Vgl. STERN, in: Dolzer/ Vogel/ Graßdorf (Hrsg.), BK, Art. 28, RN 13, S. 14.

1. Vereinbarkeit des Selbstauflösungsrechtes mit dem parlamentarisch-repräsentativen System des Grundgesetzes

Das Grundgesetz hat sich mit Art. 20 Abs. 2 für eine repräsentativ ausgestaltete Ordnung entschieden, d.h. dass direkt-demokratische Elemente weitgehend ausgeschlossen sind.[203] Das Selbstauflösungsrecht könnte aber insoweit eine plebiszitäre Komponente enthalten als es mit dem Appell an das Volk verbunden ist. Die politisch-rechtliche Legitimation wird aber nicht schlechthin an das Volk, sondern an das *Wahl*volk zurückgegeben.[204] Fraglich ist, ob sich diese Regelung im Rahmen des Homogenitätsprinzips hält.

Da dem Volk keine Sachfragen zur Entscheidung vorgelegt, sondern lediglich Neuwahlen initiiert werden, bestehen an der Vereinbarkeit des Selbstauflösungsrechtes mit dem repräsentativen System keine Zweifel. Darüber hinaus ist zu sehen, dass sich aus Art. 28 Abs. 1 S. 1 GG zwar ergibt, dass die Länder eine demokratisch gewählte Volksvertretung haben müssen, jedoch daraus nicht folgt, dass mit den repräsentativen Verfahren nicht auch Formen unmittelbarer Demokratie konkurrieren dürfen. Es ist grundsätzlich Sache des jeweiligen Landesverfassunggebers, wie strikt repräsentativ er seine Verfassung ausgestaltet und welche direkt-demokratischen Elemente er aufnimmt, da das Gebot der repräsentativen Demokratie - auch im Hinblick auf das Homogenitätsprinzip - allein nicht verpflichtend ist, wie nicht zuletzt das in Artt. 70 ff. SächsVerf, aber auch in anderen Bundesländern und ihren Verfassungen geregelte Volksgesetzgebungsverfahren zeigt. Die Grenze des Homogenitätsprinzips würde dort liegen, wo plebiszitären Entscheidungen der Vorrang gegenüber repräsentativ-parlamentarischen Verfahren zukommt[205], was vorliegend nicht ersichtlich ist. Art. 58 SächsVerf widerspricht mithin nicht den demokratischen Vorgaben des Art. 28 Abs. 1 S. 1 GG im Hinblick auf die parlamentarisch-repräsentative Ausgestaltung des Grundgesetzes.

2. Wahrung des Mehrheitsprinzips

Zur Wahrung der demokratischen Grundsätze auch in den Bundesländern verlangt Art. 28 Abs. 1 S. 1 GG grundsätzlich, dass Entscheidungen von der Mehrheit getroffen werden.[206] Das Mehrheitsprinzip ist eine Form der Willensbildung

---

[203] So auch DREIER, in: Dreier, GG-II, Art. 20 (Demokratie), RN 98, S. 80, RN 21, S. 42.
[204] S. dazu bereits 1. Teil, 1. Kap., § 2, I.2.; 3. Teil, 1. Kap., § 13, II.3.
[205] SCHOLZ, RUPERT, MdB, Die Pflicht der Länder zur Bundestreue - Konsequenzen für die Verfassungsgeber in den Neuen Ländern, Fachkongreß. Freiheitliche Demokratie in Deutschland, Bonn, 11./ 12.05.1992, Vorsitzender der Gemeinsamen Verfassungskommission von Bundestag und Bundesrat, in: SÄCHSHSTA DRESDEN, [13035/ Sächsisches Staatsministerium der Justiz, Nr. 6], S. 6

von Kollegialorganen, bei der die Mehrheit der Stimmen maßgeblich ist und diese als Entscheidung des jeweiligen Organs angesehen wird. Der Wille der jeweils erforderlichen Mehrheit wird nach diesem numerischen Verfahren mit dem der Gesamtheit gleichgestellt und somit für diese verbindlich. Begründet wird das Mehrheitsprinzip mit dem Surrogatcharakter der - nach demokratischen Grundsätzen eigentlich notwendigen, aber praktisch kaum erzielbaren - Einstimmigkeit.[207]

Ein bestimmtes Quorum wird mit dem Mehrheitsprinzip nicht vorgegeben.[208] Art. 48 Abs. 3 S. 1 SächsVerf bestimmt - wie Art. 42 Abs. 2 S. 1 GG - insoweit nur, dass - sofern die Verfassung keine andere Regelung trifft - zu einem Beschluss die Mehrheit der abgegebenen Stimmen erforderlich ist.

Art. 58 SächsVerf verlangt für eine Selbstauflösung eine Mehrheit von mindestens zwei Dritteln der Mitglieder des Landtages. Insoweit liegt eine *andere* Bestimmung i.S.d. Art. 48 Abs. 3 S. 1 SächsVerf vor. Dies ist angesichts der Bedeutung des Selbstauflösungsbeschlusses und zur Vermeidung der Manipulation von Wahlterminen sowie im Interesse der Stabilität des politischen Systems gerechtfertigt.

In diesem Zusammenhang ist zu beachten, dass eine parlamentarische Selbstauflösung das vorzeitige Ende der Amtszeit der Abgeordneten bedeutet. Der Beschluss ist unwiderruflich. Um die damit verbundenen einschneidenden Wirkungen eintreten zu lassen, bedarf es nachvollziehbar eines gegenüber der sonstigen Beschlussfassung (mit der Mehrheit der abgegebenen Stimmen) qualifizierten Quorums. Die Tragweite der Selbstauflösungsentscheidung verlangt insoweit ein Abstellen auf mindestens die gesetzliche Mitgliederzahl. Das Erfordernis der Zustimmung von mindestens der Mehrheit der gesetzlichen Mitgliederzahl des Landtages (50 % + 1 Stimme) dürfte die verfassungsrechtlich gebotene Untergrenze im Hinblick auf das Mehrheitsprinzip darstellen.

Es kann aber auch ein höheres Beschlussquorum in Betracht kommen. Die Obergrenze dürfte ein Beschlussquorum sein, das die Zustimmung von zwei Dritteln der Mitglieder des Landtages vorsieht, wie sie in Sachsen vorgegeben ist. Ein noch höheres Beschlussquorum wäre zwar möglich, doch würde dann eine immer kleinere Zahl von Abgeordneten, die anderer Auffassung ist, eine Selbstauflösung verhindern können, so dass das Selbstauflösungsrecht seine Bedeutung verlöre. Zudem könnte mit verfassungsändernder Mehrheit das Beschlussquorum herabgesetzt werden und insoweit leerlaufen.

---

206 Vgl. HAIN, in: v. Mangoldt/ Klein, GG-II, Art. 28 Abs. 1, RN 42, S. 561.

207 Vgl. dazu näher DREIER, in: Dreier, GG-II, Art. 20 GG (Demokratie), RN 73 ff., S. 68 f. Zu den Rechtfertigungen des Mehrheitsprinzips vgl. auch SCHNEIDER, H.-P./ ZEH, Parlamentsrecht, 2. Teil, § 5, RN 49 ff., S. 188 ff. S. dazu auch bereits 3. Teil, 1. Kap., § 13, II.4.b), aa).

208 NIERHAUS, in: Sachs, GG, Art. 28, RN 9, S. 988 i.V.m. SACHS, a.a.O., Art. 20, RN 24, S. 773

Insgesamt ist festzuhalten, dass für eine Selbstauflösung des Landtages ein Beschlussquorum, das zwischen der absoluten und der Mehrheit von zwei Dritteln der gesetzlichen Mitgliederzahl der Volksvertretung läge, mit den Vorgaben des Art. 28 Abs. 1 S. 1 GG bezüglich des Demokratieprinzips vereinbar wäre. Die Sächsische Verfassung verlangt in Art. 58 SächsVerf ein Beschlussquorum von zwei Dritteln der gesetzlichen Mitgliederzahl. Von daher bestehen keine verfassungsrechtlichen Bedenken gegen die Vereinbarkeit dieses Erfordernisses mit dem demokratischen Mehrheitsprinzip des Grundgesetzes.

3. Wahrung der parlamentarischen Minderheitenrechte

Der Minderheitenschutz ist das notwendige Gegenstück zum Mehrheitsprinzip, denn erst über den Minderheitenschutz wird die Akzeptanz von Mehrheitsentscheidungen hergestellt.[209] Aus diesem Grund soll und muss die Minderheit imstande sein, ihren politischen Standpunkt frei und offen in den Willensbildungsprozess des Parlamentes einzubringen.[210]

Die in der Sächsischen Verfassung und der Geschäftsordnung des Sächsischen Landtages niedergelegten Minderheitenrechte werden durch das parlamentarische Selbstauflösungsrecht nicht berührt. Die einer vorzeitigen Wahlperiode ablehnend gegenüberstehenden Abgeordneten haben die Möglichkeit, im Plenum - im Rahmen der ihrer Fraktion zustehenden Redezeit, vgl. §§ 85, 88 Abs. 1 GO-SLT - ihre Ansicht darzulegen und andere Lösungswege aufzeigen.

Darüber hinaus ist in § 56 S. 1 GO-SLT ein Antragsrecht vorgesehen, das von mindestens einem Drittel der Abgeordneten geltend gemacht werden muss. Auf diese Weise wird einer bestimmten - aufgrund des berechtigten Interesses an der Kontinuität der Landtagsarbeit und an der Stabilität des politischen Systems nicht zu geringen - Minderheit ein Mittel an die Hand gegeben, die Mehrheit zur Begründung ihres politischen Vorhabens zu zwingen. Im Übrigen können Neuwahlen durchaus auch im Interesse der Opposition liegen.

Berechtigten Interessen der Minderheit wird so angemessen Rechnung getragen. Auch insoweit bestehen also gegen das Selbstauflösungsrecht des Sächsischen Landtages keine Bedenken hinsichtlich der demokratischen Vorgaben des Grundgesetzes gem. Art. 28 Abs. 1 S. 1.

---

209 Vgl. SCHNEIDER, H.-P./ ZEH, Parlamentsrecht, 2. Teil, § 5, RN 68, S. 196 f.; s. auch MAURER, Staatsrecht I, § 7, RN 62, S. 198.

210 DREIER, in: Dreier, GG-II, Art. 28, RN 64, S. 629 i.V.m. Art. 20 (Demokratie), RN 80, S. 71.

4. Schutz des freien Mandates

Die parlamentarische Minderheit findet besonderen Schutz durch Art. 39 Abs. 3 S. 2 SächsVerf. Die Abgeordneten, die gegen eine Selbstauflösung sind, können sich auf ihr freies Mandat berufen. Das freie Mandat der Abgeordneten ist ein Eckpfeiler der in Artt. 3 Abs. 1 S. 2, Abs. 2; 39; 44 Abs. 1 S. 1 SächsVerf gewährleisteten repräsentativen Demokratie. Es ist grundsätzlich unentziehbar.[211]

Im Falle einer Selbstauflösung wäre es den Abgeordneten der Minderheit aber nicht mehr möglich, ihre Rechte in der Zeit zwischen dem Zusammentritt des neuen Landtages und dem regulären Ende der vorzeitig beendeten Wahlperiode wahrzunehmen. Es geht damit nicht nur um die Wahrnehmung einzelner Rechte der Abgeordneten, sondern auch und v.a. um ihr Mandat als solches. Dieser einschneidende Eingriff in die Rechte der unterlegenen, insbesondere der nicht wiedergewählten Abgeordneten bedarf der verfassungsrechtlichen Rechtfertigung.[212]

Eine Rechtfertigung ergibt sich aus den verfassungsrechtlichen Verlustgründen eines Mandates. Einer davon ist der Zusammentritt eines neuen Landtages nach Auflösung des vorherigen (vgl. Art. 44 Abs. 1 S. 2 SächsVerf).[213] Zwar fehlt in der Sächsischen Verfassung eine Regelung wie Art. 39 Abs. 1 S. 1 GG, in der es heißt, dass der Bundestag „vorbehaltlich der nachfolgenden Bestimmungen“ gewählt wird und damit Möglichkeiten der vorzeitigen Beendigung der Wahlperiode aus ganz verschiedenen Gründen durchaus anerkannt werden. Gleichwohl verstößt eine Auflösung des Landtages vor dem (regulären) Ende der Wahlperiode nicht schon per se gegen das Prinzip des freien Mandates. Der Vorbehalt ergibt sich nämlich implizit aus Art. 44 Abs. 1 SächsVerf. In dessen S. 1 wird zwar die Dauer der Wahlperiode festgelegt, doch trifft S. 3 eine Regelung für den Fall der Landtagsauflösung.

Seinen verfassungsrechtlich legitimen Grund hat die Möglichkeit der vorzeitigen Beendigung der Wahlperiode des Landtages im Schutz anderer Verfassungsgüter. Namentlich kommen hier die gleichen Rechte der Abgeordneten, die für eine Selbstauflösung gestimmt haben und die Funktionsfähigkeit des Landtages in Betracht.[214] Dabei ist zu sehen, dass die Abgeordneten, die für die Selbstauf-

---

[211] Vgl. MEISSNER, in: Degenhart/ Meissner, Handbuch, § 10, RN 11, S. 298; s. zu der vergleichbaren Regelung des Art. 38 Abs. 1 S. 2 GG auch MORLOK, in: Dreier, GG-II, Art. 38, RN 147, S. 1009.

[212] S. dazu bereits ausführlich oben 3. Teil, 1. Kap., § 13, II.4.b), aa).

[213] So auch MEISSNER, in Degenhart/ Meissner, Handbuch, §10, RN 11, S. 298; HAAS, in Kunzmann/ Haas/ Baumann-Hasske, Die Verfassung des Freistaates Sachsen, Art. 43, RN 6, S. 271; s. zu der vergleichbaren Regelung des Art. 38 Abs. 1 S. 2 GG auch MORLOK, in: Dreier, GG-II, Art. 38, RN 147, S. 1009 i.V.m. RN 138, S. 1005.

[214] So - für die vergleichbare Regelung im Grundgesetz - MORLOK, in: Dreier, GG-II, Art. 38, RN 147, S. 1009.

lösung gestimmt haben, eine Mehrheit von zwei Dritteln der gesetzlichen Mitgliederzahl des Landtages gefunden haben müssen. Von daher rechtfertigt auch die im Demokratieprinzip verankerte Mehrheitsregel den Verlust des (freien) Mandates durch vorzeitigen Ablauf der Wahlperiode.

Nicht zuletzt ist auch hier darauf zu verweisen, dass das Beschlussquorum ein doppelt qualifiziertes ist und es *allein* die Abgeordneten sind, die den Selbstauflösungsbeschluss fassen, also im gegebenen Fall keine Fremdbestimmung vorläge. Von daher bestehen auch unter dem Aspekt des freien Mandates keine Bedenken hinsichtlich der Vereinbarkeit des Art. 58 SächsVerf mit den demokratischen Vorgaben des Art. 28 Abs. 1 S. 1 GG.

II. Rechtsstaatliche Vorgaben

Hinsichtlich der rechtsstaatlichen Vorgaben des Art. 28 Abs. 1 S. 1 GG für die Länder ist die Vereinbarkeit des Art. 58 SächsVerf mit dem Gebot der Rechtssicherheit zu prüfen. Die Rechtssicherheit ist durch zwei Funktionen gekennzeichnet, zum einen durch das Erfordernis der Bestimmtheit des Rechtes und zum anderen durch das Bestreben nach dem Bestand des Rechtes (Aspekt des Vertrauensschutzes).[215] Mit ersterem ist im Falle der Selbstauflösung eng das Willkürverbot verbunden. Hierauf ist im Folgenden näher einzugehen.

1. Bestimmtheitsgebot und Missbrauchsverbot

Das Selbstauflösungsrecht stellt eine offene Verfassungsnorm dar, die keine Präzisierung oder Begrenzung durch ein spezifisches materielles Tatbestandsmerkmal erfährt. Im Folgenden ist zu erörtern, ob das Fehlen eines materiellen Tatbestandes in Art. 58 SächsVerf mit den rechtsstaatlichen Anforderungen des Grundgesetzes vereinbar ist.

Das Bestimmtheitsgebot verlangt, dass der Inhalt einer Norm hinreichend präzise ist. Dabei hängen die genauen Anforderungen von dem jeweils zu regelnden Sachverhalt ab.[216] Das Selbstauflösungsrecht ist für eine Vielzahl von Konstellationen geschaffen worden, in denen es als (politisch-rechtliches) Lösungsmittel zur Verfügung stehen soll. Daher liegt die offene Ausgestaltung in der Natur des Selbstauflösungsrechtes, zumal es durchaus Anhaltspunkte für Konstellationen gibt, in denen eine Selbstauflösung zum Zuge kommen kann, ohne dass diese ver-

---

215 Vgl. hierzu MAURER, Staatsrecht I, § 8, RN 46, S. 220.

216 S. dazu näher DREIER, in: Dreier, GG-II, Art. 28, RN 64, S. 629 i.V.m. SCHULZE- FIELITZ, a.a.O., Art. 20 (Rechtsstaat), RN 129 f., S. 237 f.

fassungsrechtlich bindend wären.[217] Eine Verletzung des Bestimmtheitsgebotes ist durch die in Art. 58 SächsVerf niedergelegte Ausgestaltung des Selbstauflösungsrechtes mithin nicht ersichtlich.

Das Fehlen spezieller materieller Tatbestandsmerkmale heißt jedoch nicht, dass dem Missbrauch Tür und Tor geöffnet wäre. Ein solcher läge vor, wenn das Selbstauflösungsrecht gegen den Landtag als solchen bzw. gegen das demokratisch-repräsentative System eingesetzt würde. Durch das doppelt qualifizierte Beschlussquorum wird zusätzlich ein Missbrauch des Selbstauflösungsrechtes verhindert.[218] Ein Verstoß gegen die rechtsstaatlichen Vorgaben des Art. 28 Abs. 1 S. 1 GG ist daher auch unter dem Aspekt einer (angeblichen) Missbrauchsgefahr aufgrund fehlender materieller Tatbestandsmerkmale einer parlamentarischen Selbstauflösung nicht erkennbar.

2. Vertrauensschutz der Abgeordneten und der Wähler

Auch der Aspekt des Vertrauensschutzes ist eine Ausprägung des rechtsstaatlichen Gebotes der Rechtssicherheit. Er besagt, dass berechtigtes Vertrauen verfassungsrechtlich geschützt ist. Dies umfasst auch das Vertrauen darauf, dass die rechtlichen Rahmenbedingungen, hier des parlamentarisch-repräsentativen Systems, fortbestehen.[219] Auf die zu prüfende Frage der Vereinbarkeit des Art. 58 SächsVerf mit dem Grundgesetz bezogen, heißt das, dass die Abgeordneten sowie die Wähler darauf vertrauen können, dass die Wahlperiode fünf Jahre dauert.

Hinsichtlich der Abgeordneten gilt aber, dass eine Verkürzung der Wahlperiode keineswegs von vornherein ausgeschlossen ist. So regelt Art. 44 Abs. 1 S. 3 SächsVerf im Zusammenhang mit der Dauer der Wahlperiode zugleich den Fall ihrer vorzeitigen Beendigung. Neben der Selbstauflösung nach Art. 58 SächsVerf sieht Art. 60 Abs. 3 SächsVerf eine weitere Möglichkeit der vorzeitigen Beendigung der Wahlperiode vor, nämlich den der gescheiterten Wahl des Ministerpräsidenten. Der Schutz des Vertrauens auf die reguläre Dauer der Wahlperiode ist damit verfassungsrechtlich begrenzt. Das Risiko der vorzeitigen Beendigung der Wahlperiode ist bereits in der Sächsischen Verfassung angelegt. Damit muss jeder Abgeordnete schon ab dem ersten Zusammentritt des Landtages rechnen.

Auch der Vertrauensschutz der Wähler ist gewahrt. Ihre Interessen werden aufgrund der mit einer Selbstauflösung zwingend verbundenen Neuwahl hinreichend gewahrt. Zudem verhindert die in Art. 44 Abs. 2 Var. 2 SächsVerf getroffene Regelung, nach der die Neuwahl im Falle einer Landtagsauflösung binnen

---

[217] Vgl. dazu oben 3. Teil, 1. Kap., § 13, III.2.

[218] S. dazu näher oben 3. Teil, 1. Kap., § 13, II.4.b), cc).

[219] TETTINGER, in: v. Mangoldt/ Klein, GG-II, Art. 28, RN 54, S. 565 i.V.m. SOMMERMANN, a.a.O., Art. 20, RN 293, S. 123

sechzig Tagen stattzufinden hat, dass es zu unverhältnismäßig langen Abständen zwischen den Sitzungen kommt. Auch unter dem Aspekt des Vertrauensschutzes ist daher ein Verstoß gegen die rechtsstaatlichen Vorgaben des Art. 28 Abs. 1 S. 1 GG nicht erkennbar.

Im Ergebnis ist festzuhalten, dass das Selbstauflösungsrecht in Art. 58 SächsVerf mit dem Grundgesetz vereinbar ist.[220] Das gilt sowohl hinsichtlich der Möglichkeit einer solchen vorzeitigen Beendigung der Wahlperiode als auch hinsichtlich der konkreten Ausgestaltung dieses Rechtes.

---

220 So ebenfalls STEFFEN HEITMANN im Rahmen eines persönlichen Gespräches am 27.11.2002; vgl. auch NIERHAUS, in: Sachs, GG, Art. 28, RN 15, S. 990; HÖMIG, in: Seifert/ Hömig, GG, Art. 28, RN 4, S. 290; DREIER, in: Dreier, GG-II, Art. 28, RN 67, S. 631.

Vierter Teil

Das Selbstauflösungsrecht des Sächsischen Landtages im innerdeutschen und europäischen parlamentarischen Vergleich

Das Selbstauflösungsrecht des Sächsischen Landtages in seinen verfassungsrechtlichen Dimensionen erschließt sich umfassend erst dann, wenn man entsprechende Regelungen in den anderen Bundesländern vergleichend heranzieht. Es ist demnach ein innerdeutscher Landesverfassungsvergleich anzustellen. Dabei ist auch zu untersuchen, wie die heutige Ausgestaltung des Selbstauflösungsrechtes in den anderen Bundesländern entstanden ist, welche anderen Möglichkeiten der vorzeitigen Beendigung der Wahlperiode in den anderen Bundesländern vorgesehen sind und wie sich das Selbstauflösungsrecht von diesen unterscheidet. Eine tabellarische Zusammenstellung über die Auflösungsmöglichkeiten der Parlamente in den deutschen Bundesländern findet sich im Anhang (B., Übersicht 4). Im Zuge der zunehmenden Europäisierung ist es zudem angezeigt, auch einen Blick auf die Auflösungsmöglichkeiten in ausgewählten Mitgliedstaaten der Europäischen Union zu werfen.

Erstes Kapitel

Innerdeutscher Verfassungsvergleich

Im Folgenden sind die unterschiedlichen Ausgestaltungen des Selbstauflösungsrechtes in den einzelnen Bundesländern zu untersuchen.[1] Dabei sollen Gemeinsamkeiten und Unterschiede herausgearbeitet werden. Schließlich sind die verschiedenen Ausgestaltungsmöglichkeiten verfassungssystematisch und verfassungsrechtlich einzuordnen.

Dabei erweist es sich - um Kontinuitäten und Brüche in der Entwicklung und die Ausgestaltung des Selbstauflösungsrechtes zu verdeutlichen - als erforderlich, auch verfassungsgenetische Aspekte mit in die Betrachtung einzubeziehen. Es geht nach allem darum zu klären, ob und inwieweit die Ausgestaltung des Selbst-

---

[1] Eine tabellarische Zusammenstellung hierzu findet sich im Anhang (B., Übersicht 3).

auflösungsrechtes in Sachsen einen Sonderfall darstellt oder ob sich Art. 58 SächsVerf in einen landesverfassungsrechtlichen Vergleichsrahmen einfügen lässt.

§ 20 Das Selbstauflösungsrecht und seine verfassungsrechtliche Bedeutung in den einzelnen Bundesländern

Im Folgenden ist nach der Ausgestaltung des parlamentarischen Selbstauflösungsrechtes in den einzelnen Bundesländern zu fragen. Dabei ist zunächst den infolge der Wiedervereinigung ergangenen Verfassungen Rechnung zu tragen. Hinsichtlich der alten Bundesländer ist das Augenmerk insbesondere darauf zu richten, welche Bedeutung dem Umstand zukommt, dass die entsprechenden Landesverfassungen zu ganz unterschiedlichen Zeitpunkten, z.T. sogar vor dem Grundgesetz ergangen sind. Die folgende Untersuchung orientiert sich von daher am Zeitpunkt des Inkrafttretens der einzelnen Verfassungen. Hierbei wird aufgrund verschiedener landesverfassungsrechtlicher Besonderheiten den Bundesländern Baden-Württemberg, Bremen und Niedersachsen besonderes Interesse zuteil.

I. Das Selbstauflösungsrecht in den neuen Bundesländern

Aufgrund der Gemeinsamkeit ihrer jungen Verfassungsgeschichte - verbunden durch die friedliche Revolution 1989 - sind die Verfassungen der neuen Bundesländer im Hinblick auf das Selbstauflösungsrecht zusammen zu betrachten. Als sich die Wiederherstellung der deutschen Einheit abzeichnete, richteten sich ab Frühsommer 1990 die Kräfte auf die Verabschiedung von Landesverfassungen im Rahmen des Grundgesetzes. § 23 Abs. 2 LEG bestimmte, dass die ersten - am 14. Oktober 1990 gewählten - Landtage zugleich die verfassungsgebenden Landesversammlungen sein sollten. Wie auch in Sachsen erließen die Landtage von Brandenburg, Mecklenburg-Vorpommern, Sachsen-Anhalt und Thüringen zunächst vorläufige Gesetze, in denen die Arbeitsweise des Landtages und die Bildung einer funktionsfähigen Regierung geregelt wurden.[2] Den wesentlichen gemeinsamen Ausgangspunkt für die Verfassungsentstehung in den neuen Bundesländern stellte die Aufforderung der DDR-Regierung *de Maizière* vom 2. Mai

1990 an die Räte der Bezirke dar, Arbeitsausschüsse zu bilden, die unter Heranziehung der Landesverfassungen von 1946/ 47 (und nicht der DDR-Verfassung) Entwürfe erarbeiten sollten.[3]

1. Sachsen-Anhalt

a) Die Verfassung von Sachsen-Anhalt ist am 16. Juli 1992 in Kraft getreten.[4] Ebenso wie in Sachsen sind materielle Gründe in Art. 60 VerfLSA[5] für eine Selbstauflösung des Landtages von Sachsen-Anhalt nicht explizit erwähnt. Allerdings folgt aus dem mit Art. 58 SächsVerf vergleichbaren Aufbau des Art. 60 VerfLSA und daher auch aus den Ausführungen zu Sachsen[6], dass auch in Sachsen-Anhalt Konstellationen angenommen werden, in denen das Selbstauflösungsrecht typischerweise zur Anwendung kommen kann (Arbeitsunfähigkeit des Landtages bzw. der Regierung durch Koalitionszerfall oder Fraktionswechsel von Abgeordneten, Eintreten nicht voraussehbarer politischer Ereignisse von besonderer Tragweite, die eine Rückgabe der Legitimation an das Wahlvolk als erforderlich erscheinen lassen). Dies ändert aber nichts daran, dass das Selbstauflösungsrecht auch bei neuen, noch nicht absehbaren Konstellationen als Lösungsmittel zur Verfügung steht. Die Abgeordneten können hierauf im Rahmen ihres freien Mandates (Art. 41 Abs. 2 S. 2 VerfLSA) zurückgreifen. Daher ist auch Art. 60 Abs. 1 S. 1 VerfLSA als offener Tatbestand anzusehen, der es ermöglicht, angesichts sonst nicht oder nur schwer lösbarer Probleme flexibel zu reagieren.

Es kommt danach für eine Selbstauflösung des Landtages wesentlich darauf an, dass der Landtag diesen Beschluss mit einer Mehrheit von zwei Dritteln seiner Mitglieder fasst und dass zugleich der Termin zur Neuwahl bestimmt wird. Das im Verhältnis zur grundsätzlichen Beschlussfassung mit der Mehrheit der abgegebenen Stimmen (vgl. Art. 51 Abs. 1 S. 1 VerfLSA) doppelt qualifizierte Zwei-

---

2 Vgl. Gesetz über die vorläufige Sicherung der Arbeitsfähigkeit des Landtages und der Regierung des Landes Brandenburg vom 01.11.1990 (GVBl. für das Land Brandenburg 1990, S. 2); Vorläufiges Statut für das Land Mecklenburg-Vorpommern vom 26.10.1990 (GVBl. für Mecklenburg-Vorpommern 1990, S. 2); Gesetz über die vorläufige Ordnung der Regierungsgewalt in Sachsen-Anhalt vom 28.10.1990 (GVBl. für das Land Sachsen-Anhalt 1990, S. 1); Vorläufige Landessatzung für das Land Thüringen vom 07.11.1990 (GBl. für Thüringen 1990, S. 1).

3 V. MANGOLDT, HANS, Die Verfassungen der neuen Bundesländer, II., S. 26, m.w.N.; V. MUTIUS/ FRIEDRICH, Verfassungsentwicklung, in: Staatswissenschaften und Staatspraxis 1991, S. 243-281/ 245. Zur Sächsischen Verfassung vom 28.02.1947 und ihrer Entstehung s. bereits 2. Teil, 1. Kap., § 7, I.

4 GVBl. für das Land Sachsen-Anhalt 1992, S. 600

5 i.d.F. des Gesetzes zur Änderung der Verfassung vom 27.01.2005, GVBl. für das Land Sachsen-Anhalt 2005, S. 44 f.

6 3. Teil, 1. Kap., § 13, § 14.,I., vor 1.

drittelquorum dient auch in Sachsen-Anhalt dazu, der Gefahr vorzubeugen, dass sich die Parlamentarier zu schnell ihrer Verantwortung entziehen.[7]

Dass der Beschluss zur Selbstauflösung zugleich den Termin für die Neuwahl festlegen muss, ist in dieser Form nur noch in Art. 27 Abs. 2 S. 1 M-VVerf und in Art. 13 Abs. 2 SchlHVerf zu finden. In den anderen Bundesländern wird lediglich festgeschrieben, dass die Neuwahlen innerhalb eines bestimmten Zeitraumes erfolgen müssen. Eine Verbindung mit dem Auflösungsbeschluss wird dort nicht als zwingend erforderlich angesehen. Für die konkrete Benennung des Termins der Neuwahl enthält Art. 43 Satz 3 Var. 2 VerfLSA die Bedingung, dass der Termin der Neuwahl innerhalb von 60 Tagen nach dem Auflösungsbeschluss liegen muss. Ohne die genaue Festlegung des Termins zur Neuwahl wäre ein Selbstauflösungsbeschluss verfassungswidrig.

Die explizite Festlegung der Unwiderruflichkeit des Beschlusses (Art. 60 Abs. 1 S. 2 VerfLSA) soll ein „endlose[s] Hin und Her“ vermeiden und das Gewicht dieses Beschlusses verdeutlichen.[8] Die Unwiderruflichkeit bezieht sich auch auf den im Auflösungsbeschluss festgelegten Wahltermin.[9] In diesem Sinn bestimmt auch Art. 60 Abs. 3 VerfLSA, dass über den Auflösungsantrag spätestens am dreißigsten Tage nach der Beratung abgestimmt werden muss.

Hinsichtlich des in Art. 60 Abs. 2 VerfLSA vorgesehenen Zeitrahmens für eine Selbstauflösung nimmt die Verfassung von Sachsen-Anhalt im Vergleich zu den anderen Bundesländern eine Sonderstellung ein. Hier ist eine Selbstauflösung frühestens sechs Monate nach Beginn der Wahlperiode statthaft, wobei mit „Beginn der Wahlperiode“ der Termin der konstituierenden Sitzung gemeint ist (vgl. Art. 43 S. 2 VerfLSA). Sinn und Zweck dieser „Sperrfrist“ ist die Gewährleistung einer Einarbeitungsphase in die Parlamentsgeschäfte und die Ermöglichung der Regierungsbildung samt Koalitionsverhandlungen.[10] Innerhalb dieses engen Zeitrahmens ist es auch nicht sehr wahrscheinlich, dass derart gravierende, vor der Wahl nicht absehbare Entscheidungen getroffen werden müssen, dass eine Neuwahl erforderlich wird.

Art. 60 Abs. 3 VerfLSA sieht darüber hinaus mit Grund einen weiteren Schutz des Landtages vor übereilten Entschlüssen vor. Über den diesbezüglichen Antrag, der gem. Art. 60 Abs. 2 VerfLSA von einem Viertel der Mitglieder des Landtages gestellt worden sein muss, kann frühestens am elften Tag nach Schluss der Beratung abgestimmt werden. Dies setzt eine vorherige Beratung in einer Plenarsitzung voraus. Ohne diese Beratung beginnt die Frist für die Beschlussfassung nicht zu laufen; ohne ihre Einhaltung wäre eine Abstimmung verfassungswidrig. Da Abs. 3 keinen konkreten Zeitpunkt für die Beratung vorschreibt, ist davon aus-

---

7 MAHNKE, Die Verfassung des Landes Sachsen-Anhalt, Art. 60, RN 2, S. 164
8 MAHNKE, Die Verfassung des Landes Sachsen-Anhalt, Art. 60, RN 2, S. 164
9 So auch REICH, Verfassung des Landes Sachsen-Anhalt, Art. 60, RN 2, S. 228.
10 MAHNKE, Die Verfassung des Landes Sachsen-Anhalt, Art. 60, RN 3, S. 164

zugehen, dass der Antrag auf der nächsten turnusmäßigen Sitzung behandelt wird.[11] In Sachsen ist Entsprechendes durch eine ähnliche Regelung in der Geschäftsordnung vorgesehen.[12] Da in Sachsen-Anhalt der Übereilungsschutz bereits im Verfassungstext selbst verankert ist, bedurfte es keiner gesonderten Bestimmung über die Selbstauflösung in der Geschäftsordnung des Landtages[13] mehr.

b) Die den Beratungen des Verfassungsausschusses zugrundeliegenden Verfassungsentwürfe sahen hinsichtlich des Selbstauflösungsrechtes entweder das Erfordernis der Beschlussfassung mit einer Mehrheit von zwei Dritteln der anwesenden Abgeordneten, die jedoch mindestens die Hälfte aller Abgeordneten darstellen musste[14] oder die Beschlussfassung mit einer Mehrheit von zwei Dritteln der gesetzlichen Abgeordnetenzahl[15] vor. Ausschlaggebend für die Aufnahme des doppelt qualifizierten Beschlusserfordernisses dürfte das Bestreben gewesen sein, einen breiten Konsens hinsichtlich der Selbstauflösung im Landtag herbeizuführen.[16]

c) Wie in Sachsen besteht auch in Sachsen-Anhalt die Möglichkeit zur vorzeitigen Beendigung der Wahlperiode nach gescheiterter Wahl des Ministerpräsidenten (Art. 65 Abs. 2 VerfLSA). Allerdings ist in Sachsen-Anhalt - anders als in Sachsen - die Auflösung nicht zwingende Folge der gescheiterten Wahl des Ministerpräsidenten mit absoluter Mehrheit, sondern wird als Möglichkeit in das Ermessen des Landtages gestellt. Dieser kann somit entweder seine Selbstauflösung mit der Mehrheit der gesetzlichen Mitgliederzahl der Abgeordneten beschließen oder aber eine Minderheitsregierung bilden (Art. 65 Abs. 2 S. 3-5 VerfLSA). In ersterem Fall läge ein materieller Selbstauflösungstatbestand vor, im zweiten wäre - nach Ernennung der Minister gem. Art. 65 Abs. 3 VerfLSA - die Regierungsbildung abgeschlossen. Das gegenüber einer formellen Selbstauflösung nach Art. 60 VerfLSA geringere Quorum für eine Landtagsauflösung im Rahmen

---

11 Vgl. REICH, Verfassung des Landes Sachsen-Anhalt, Art. 60, RN 4, S. 228.

12 § 56 S. 4 GO-SLT bestimmt insoweit, dass die Beratung und die Beschlussfassung über den Antrag auf Selbstauflösung frühestens am dritten Tag nach der Verteilung des Antrages stattfinden können.

13 Landtag von Sachsen-Anhalt, DS 5/ 1/ 1 B (24.04.2006) i.d.F. der DS 5/ 1/ 11 B (24.04.2006)

14 Vgl. Art. 63 Abs. 2 bzw. Art. 60 Abs. 2 der Entwürfe der Arbeitsgruppe Landtag, Unterarbeitsgruppe Verfassung vom 29.06.1990 bzw. vom Oktober 1990, abgedruckt in: JöR 39 [1990], S. 455 ff.; Art. 60 Abs. 2 S. 2 des Verfassungsentwurfes der Fraktion Bündnis 90/ Grüne (LT-DS 1/ 78 [09.01.1991]), auch abgedruckt in: JöR 41 [1993], S. 205 ff.; Art. 18 Abs. 2 des CDU-Entwurfes vom 27.02.1991 (LT-DS 1/ 253 [27.02.1991]), auch abgedruckt in: JöR 41 [1993], S. 219 ff.

15 Vgl. Art. 28 Abs. 1 des Entwurfes der SPD vom 26.02.1991 (LT-DS 1/ 260 [12.03.1991]), auch abgedruckt in: JöR 41 [1993], S. 228 ff.

16 Zu diesem Zweck s. MAHNKE, Die Verfassung des Landes Sachsen-Anhalt, Art. 60, RN 2, S. 164.

des Art. 65 Abs. 2 VerfLSA verstärkt den Zwang zur Einigung der Abgeordneten auf einen Kandidaten.[17]

Des Weiteren sieht die Verfassung des Landes Sachsen-Anhalt noch die Auflösung für den Fall der gescheiterten Vertrauensfrage nach Art. 73 Abs. 1 S. 1 vor. Die Auflösung steht hier im Ermessen des Ministerpräsidenten, der sie frühestens eine Woche und spätestens zwei Wochen nach der Abstimmung beim Landtagspräsidenten beantragen kann (Art. 73 Abs. 1 S. 1, 2 VerfLSA). Die Auflösung darf nicht mehr erfolgen, wenn der Landtag mit absoluter Mehrheit einen neuen Minsterpräsidenten wählt (Art. 73 Abs. 2 Verf-LSA).

2. Brandenburg

a) Die am 20. August 1992 in Kraft getretene Verfassung des Landes Brandenburg[18] enthält in Art. 62 Abs. 2 das Selbstauflösungsrecht des Landtages. Auch aus dieser Bestimmung ergeben sich keine expliziten materiellen Voraussetzungen für eine Selbstauflösung.[19] Jedoch lassen sich wie in Sachsen in Brandenburg Konstellationen aufzeigen, in denen typischerweise eine Selbstauflösung in Betracht kommt. So folgt insbesondere aus den bisherigen Versuchen der vorzeitigen Beendigung von Wahlperioden[20], dass die Rückgabe der politisch-rechtlichen Legitimation an das Wahlvolk einen typischen Auflösungsgrund darstellt. Es ist aber nicht ausgeschlossen, dass das Selbstauflösungsrecht auch zur Lösung verfassungsrechtlich schwieriger politischer Konstellationen und damit zur Wiederherstellung der Arbeitsfähigkeit des Landtages eingesetzt wird. Insoweit stellt sich auch Art. 62 Abs. 2 BbgVerf als offene Verfassungsnorm dar.

Nach Art. 62 Abs. 2 BbgVerf bedarf eine Selbstauflösung der Zustimmung von zwei Dritteln der Mitglieder des Landtages. Ein Antragsquorum ist nicht vorgesehen. Auch die Geschäftsordnung[21] erwähnt die Selbstauflösung nicht explizit. Daher gelten für ein solches Vorhaben die allgemeinen Vorschriften über die Behandlung von Anträgen (§§ 40 ff. GO-LT Bbg). Die Frist bis zur Neuwahl beträgt maximal siebzig Tage (Art. 62 Abs. 3 BbgVerf).

---

17 So auch MAHNKE, Die Verfassung des Landes Sachsen-Anhalt, Art. 65, RN 7, S. 174.

18 vom 20.08.1992, GVBl. für das Land Brandenburg 1992, S. 298 i.d.F. des Gesetzes zur Änderung der Verfassung des Landes Brandenburg vom 16.06.2004, GVBl. für das Land Brandenburg 2004, S. 254

19 So auch SIMON/ FRANKE/ SACHS, Hdb-Bbg, § 11, RN 19, S. 186; SACHS, Zur Verfassung des Landes Brandenburg, in: LKV 1993, S. 241-248/ 247.

20 S.o. 1. Teil, 2. Kap., § 4, II.5.

21 vom 31.01.2005, GVBl. für das Land Brandenburg 2005, S. 6, zuletzt geändert durch Artikel 3 des Siebenten Gesetzes zur Änderung des Abgeordnetengesetzes und anderer Rechtsvorschriften, GVBl. für das Land Brandenburg 2006, S. 66, 70

b) Beratungsgrundlage für die Verfassung des Landes Brandenburg, insbesondere für die aus 30 (parlamentarischen und nichtparlamentarischen) Mitgliedern bestehende Verfassungskommission, bildete zunächst der Verfassungsentwurf der Arbeitsgruppe Landesverfassung vom April 1990.[22] Darin war vorgesehen, dass für einen Selbstauflösungsbeschluss die Zustimmung von mindestens der Hälfte aller Abgeordneten erforderlich sein sollte, vgl. Art. 65 Abs. 1 des Entwurfes. Das ist erstaunlich, da sowohl Art. 55 Abs. 3 des Verfassungsentwurfes des Runden Tisches[23] als auch Art. 26 Abs. 1 lit. a), Abs. 2 BbgVerf 1947[24] eine Mehrheit von zwei Dritteln der gesetzlichen Zahl der Abgeordneten verlangten. Im September 1990 wurde dann von den Regierungsbevollmächtigten der Bezirke Cottbus, Frankfurt (Oder) und Potsdam ein zweiter (überarbeiteter) Entwurf einer Verfassung für das Land Brandenburg[25] vorgelegt. In diesem findet sich bereits das erhöhte Quorum von zwei Dritteln der Mitglieder des Landtages für eine Selbstauflösung (Art. 66 Abs. 1). Als Begründung wurde eine bedeutende Verbesserung der Stellung des Landtages gegenüber der Regierung im Vergleich zur Weimarer Republik angeführt, da nun nicht mehr die Regierung berechtigt sei, den Landtag aufzulösen, sondern nur der Landtag selbst oder das Volk. Bei diesem Quorum blieb es auch im Entwurf des Verfassungsausschusses vom 7. Juni 1991 (Art. 64 Abs. 2).[26] Die Brandenburger Bevölkerung hat den vom Landtag am 14. April 1992 verabschiedeten Verfassungsentwurf am 14. Juni 1992 und damit auch das Selbstauflösungsrecht mit dem Erfordernis der Beschlussfassung von zwei Dritteln der gesetzlichen Mitgliederzahl des Landtages durch Volksentscheid angenommen.

c) Wie in Sachsen ist eine vorzeitige Beendigung der Wahlperiode in Brandenburg auch im Falle der missglückten Wahl des Ministerpräsidenten vorgesehen (Art. 83 Abs. 3 BbgVerf). Im Gegensatz zu Sachsen stehen dem Landtag von Brandenburg für die Wahl des Ministerpräsidenten allerdings nur drei Monate zur Verfügung. Ansonsten ist - wiederum wie in Sachsen - die Auflösung des Landtages zwingende Folge einer misslungenen Regierungsbildung.

Anders als Sachsen normiert Art. 87 BbgVerf aber die Vertrauensfrage und knüpft an ihr Scheitern die Möglichkeit der Selbstauflösung des Landtages durch eigenen Beschluss der Abgeordneten, womit ein materieller Selbstauflösungstatbestand gegeben ist. Im Vergleich zum formellen Selbstauflösungsrecht nach Art.

---

22 Der Entwurf ist abgedruckt in: JöR 39 [1990], S. 387 ff.

23 Dieser Entwurf ist abgedruckt in: JöR 39 [1990], S. 350 ff.

24 Verfassung der Provinz Mark Brandenburg vom 06.02.1947, GVBl. der Provinzialregierung Mark Brandenburg 1947, S. 45-49, abgedruckt in: BRAAS, Die Entstehung der Länderverfassungen in der SBZ, Dokument 14, S. 516 ff.

25 Abgedruckt in: JöR 40 [1991/ 92], S. 366 ff.

26 GVBl. für das Land Brandenburg 1991, S. 96; vgl. auch Art. 63 Abs. 2 des Gesetzentwurfes der Fraktionen der SPD, CDU, PDS/ LL, FDP und des B'90 vom 13.12.1991 (DS 1/ 265), abgedruckt in: JöR 41 [1993], S. 111 ff.

62 Abs. 2 BbgVerf ist für den Vertrauensentzug die absolute Stimmenmehrheit erforderlich. Beschließt der Landtag seine Auflösung nicht, so geht dieses Recht für zwanzig Tage auf den Ministerpräsidenten über (Art. 87 S. 2 BbgVerf).

Neben diesen Möglichkeiten zur vorzeitigen Beendigung der Wahlperiode ist in der Verfassung von Brandenburg noch die Möglichkeit der Landtagsauflösung durch Volksentscheid vorgesehen (Artt. 76 Abs. 1 S. 2, 77 Abs. 1, 3 S. 2, 78 Abs. 3 LV), womit dem Prinzip der Volkssouveränität verstärkt Rechnung getragen wird. Allerdings ist das Quorum mit 200.000 Unterschriften der Stimmberechtigten (Art. 77 Abs. 3 S. 2 LV) deutlich höher als bei sonstigen Volksinitiativen in Brandenburg (80.000 Unterschriften, Art. 77 Abs. 3 S. 1 LV). Ebenso sind die Anforderungen an den Volksentscheid auf Landtagsauflösung aufgrund des Erfordernisses der Zustimmung von zwei Dritteln der abgegebenen Stimmen, die aber mindestens die Hälfte der Stimmberechtigten darstellen müssen (Art. 78 Abs. 3 S. 1 LV) gegenüber Gesetzentwürfen des Volkes oder anderen Gegenständen der politischen Willensbildung qualifiziert.[27] Damit wird der besonderen Tragweite dieser Entscheidung Rechnung getragen.

Insgesamt hat Brandenburg - im Vergleich zu Sachsen - die Möglichkeiten zur vorzeitigen Beendigung der Wahlperiode recht großzügig ausgestaltet. Während in Sachsen nur zwei Möglichkeiten der Auflösung vorgesehen sind, weist die Brandenburgische Verfassung vier auf. Von diesen vier Möglichkeiten sind drei tatbestandlich umschrieben; das formelle Selbstauflösungsrecht hingegen ist offen formuliert.

3. Mecklenburg-Vorpommern

Am 23. Mai 1993 nahm der Landtag von Mecklenburg-Vorpommern mit einer Mehrheit von zwei Dritteln seiner Mitglieder die Landesverfassung an.[28] Sie wurde am 12. Juni 1994 in einer Volksabstimmung gebilligt. Das Selbstauflösungsrecht des Landtages ist in Art. 27 Abs. 2 LV[29] niedergelegt.

a) Wie in Brandenburg, Sachsen und Sachsen-Anhalt sind materielle Tatbestandsmerkmale dem Art. 27 Abs. 2 M-VVerf nicht explizit zu entnehmen. Es kann deshalb auch in Mecklenburg-Vorpommern mittels des Selbstauflösungsrechtes typischerweise auf schwierige parlamentarische Konstellationen wie Pattsituationen bzw. Verlust der Regierungsmehrheit oder Koalitionsunfähigkeit des

---

27 Nach Art. 78 Abs. 2 LV genügt dafür die einfache Stimmenmehrheit, die aber mindestens ein Viertel der Stimmberechtigten darstellen muss.

28 Gesetz über die Verabschiedung und das Inkrafttreten der Verfassung von Mecklenburg-Vorpommern vom 23.05.1993, GVBl. für Mecklenburg-Vorpommern 1993, S. 371

29 GVBl. für Mecklenburg-Vorpommern 1993, S. 372 ff. i.d.F. des Zweiten Gesetzes zur Änderung der Verfassung vom 14.07.2006, GVBl. für Mecklenburg-Vorpommern 2006, S. 572 f.

Landtages flexibel reagiert werden. Weitere Gründe für eine Selbstauflösung sind - im Rahmen des freien Mandates, Art. 22 Abs. 1 M-VVerf - denkbar. Wie in den anderen Bundesländern steht die Selbstauflösung damit im Ermessen des Landtages, sofern die formellen Voraussetzungen eingehalten werden[30] und kein Missbrauch vorliegt.

Ein Beschluss über die Selbstauflösung des Landtages in Mecklenburg-Vorpommern bedarf der Zustimmung von zwei Dritteln der gesetzlichen Mitgliederzahl. Darüber hinaus verlangt Art. 27 Abs. 2 S. 1 M-VVerf einen Antrag, der von mindestens einem Drittel der Abgeordneten unterzeichnet sein muss. Durch das Antragsquorum soll verhindert werden, dass kleinere politische Gruppen durch Anträge, die keine Aussicht auf Zustimmung von zwei Dritteln der Abgeordneten haben, die parlamentarische Arbeit verzögern.[31]

Zwischen Antragstellung und Abstimmung ist in der Verfassung noch eine Mindestfrist von einer Woche vorgesehen (Art. 27 Abs. 2 S. 2 LV). Die Abstimmung hat spätestens einen Monat nach der Aussprache zu erfolgen (Art. 27 Abs. 2 S. 2 LV). Weiter schreibt Art. 27 Abs. 2 S. 1 M-VVerf die gleichzeitige Bestimmung eines Termins für die Neuwahlen vor. Diese tatbestandliche Voraussetzung als Wirksamkeitserfordernis ist hier deutlicher als in anderen Bundesländern zum Ausdruck gekommen.

Eine explizite Regelung der Modalitäten der Selbstauflösung ist in der Geschäftsordnung des Landtages von Mecklenburg-Vorpommern[32] nicht enthalten. Sie ist aufgrund der klaren Regelung des Art. 27 Abs. 2 M-VVerf auch nicht erforderlich.

b) Das Beschlussquorum von zwei Dritteln der gesetzlichen Mitgliederzahl ist übereinstimmend in allen Entwürfen zur Landesverfassung vorgesehen.[33] Das Antragsquorum wurde auf Vorschlag der CDU-Fraktion im Rahmen der 22. Sitzung der Verfassungskommission angenommen.[34]

c) Wie in Sachsen sieht die Verfassung neben dem formellen Selbstauflösungsrecht noch die Auflösung des Landtages im Falle der gescheiterten Wahl des Ministerpräsidenten vor (Art. 42 Abs. 2 M-VVerf). Allerdings ist wie in Branden-

---

30 So auch WEDEMEYER, in: Thiele/ Pirsch/ Wedemeyer, Die Verfassung des Landes M-V, Art. 27, RN 6, S. 158 f.

31 Vgl. WEDEMEYER, in: Thiele/ Pirsch/ Wedemeyer, Die Verfassung des Landes M-V, Art. 27, RN 6, S. 159.

32 Vgl. für die 5. WP vom 16.10.2006 GVBl. für Mecklenburg-Vorpommern 2006, S. 783.

33 Vgl. nur Art. 52 Abs. 3 des Entwurfes vom Juli 1990, erarbeitet im Auftrag der Bezirksverwaltungsbehörden Schwerin, Rostock, Neubrandenburg (abgedruckt in: JöR 39 [1990], S. 399 ff.), Art. 47 Abs. 3 des Entwurfes vom Oktober 1990, erarbeitet im Auftrag der Bezirksverwaltungsbehörden Schwerin, Rostock, Neubrandenburg (abgedruckt in: JöR 40 [1991/ 92], S. 399 ff.), Art. 25 des Entwurfes der Sachverständigen *v. Mutius* und *Starck* (LT-DS 1/ 2000 [30.04.1992]), Art. 8 Abs. 2 des Entwurfes des Justizministers (abgedruckt in: JöR 41 [1993], S. 130 ff.).

34 Vgl. Landtag Mecklenburg-Vorpommern, 1. WP, DS 1/ 3100 [07.05.1993], S. 119.

burg die Auflösung nicht zwingend, sondern obliegt der Abstimmung des Landtages mit absoluter Mehrheit. Damit liegt - anders als in Sachsen - in Mecklenburg-Vorpommern im Falle der gescheiterten Wahl des Ministerpräsidenten ein materieller Selbstauflösungstatbestand vor. Wird die Auflösung nicht beschlossen, genügt in der anschließend durchzuführenden Wahl des Ministerpräsidenten die einfache Stimmenmehrheit (Art. 42 Abs. 3 M-VVerf).

In Mecklenburg-Vorpommern ist auch die Vertrauensfrage ausdrücklich geregelt (Art. 51 LV). Scheitert die Vertrauensfrage des Ministerpräsidenten, so *kann* dieser dem Landtagspräsidenten die Auflösung des Landtages vorschlagen, der sie dann zu erklären hat (Art. 51 Abs. 1 S. 1 LV), es sei denn der Landtag wählt zuvor mit absoluter Mehrheit einen neuen Ministerpräsidenten (Art. 51 Abs. 2 LV).

4. Thüringen

a) Ebenso wie in den anderen neuen Bundesländern werden nach der Verfassung des Freistaates Thüringen vom 25. Oktober 1993[35] an das in Art. 50 Abs. 2 S. 1 Nr. 1 niedergelegte Selbstauflösungsrecht des Landtages keine expliziten materiellen Anforderungen gestellt. Im Schrifttum wird allerdings das Selbstauflösungsrecht als Ausweg für ein handlungsunfähiges Parlament gesehen.[36] Dies ist gewiss eine der in Betracht kommenden Möglichkeiten, aber aufgrund des freien Mandates auch der Thüringer Abgeordneten (Art. 53 Abs. 1 S. 2 LV) nicht abschließend. Sie können daher die Selbstauflösung des Landtages beschließen, wann immer sie dies mit ihrem Gewissen für vereinbar halten, sofern dies nicht rechtsmissbräuchlich ist.

Die Selbstauflösung des Landtages bedarf wie in Sachsen der Mehrheit von zwei Dritteln der gesetzlichen Mitgliederzahl des Landtages. Ebenso ist ein Antrag erforderlich, der von mindestens einem Drittel der Abgeordneten unterzeichnet sein muss. Im Unterschied zu Sachsen ist diese Voraussetzung unmittelbar in den Verfassungstext aufgenommen (vgl. Art. 50 Abs. 2 S. 1 Nr. 1 ThürVerf), so dass sich eine gesonderte Regelung in der Geschäftsordnung des Landtages[37] eigentlich erübrigt. Gleichwohl wiederholt § 49 GO des Landtages von Thüringen Art. 50 Abs. 2 ThürVerf wortlautgetreu. Darüber hinaus sieht Art. 50 Abs. 2 S. 2 ThürVerf - ebenso wie Art. 60 Abs. 3 VerfLSA und Art. 10 Abs. 3 NdsVerf - vor, dass über den Antrag, die Selbstauflösung zu beschließen, zwischen dem elften

---

[35] GVBl. für das Land Thüringen 1993, S. 625 i.d.F. des Gesetzes zur Änderung der Verfassung vom 11.10.2004, GVBl. für das Land Thüringen 2004, S. 745. Die Verfassung wurde am 16.10.1994 durch Volksentscheid angenommen.

[36] Vgl. hierzu LINCK, in: Linck/ Jutzi/ Hopfe, Die Verfassung des Freistaats Thüringen, Art. 50, RN 14, S. 395.

[37] Thüringer Landtag, DS 4/ 2 (08.07.2004) i.d.F. der DS 4/ 3004 (03.05.2007)

und dem dreißigsten Tag nach der Antragstellung abgestimmt werden muss. § 56 S. 4 GO-SLT bestimmt insoweit nur, dass frühestens am dritten Tag nach der Verteilung des Antrages über die Selbstauflösung abgestimmt werden darf.

b) Zur Genese ist Folgendes zu sagen: Den Verfassungsberatungen des im September 1991 eingesetzten zehnköpfigen Verfassungs- und Geschäftsordnungsausschusses lagen die Entwürfe der fünf im Landtag vertretenen Fraktionen vor.[38] Darüber hinaus legte der Jenaer Staatsrechtsprofessor und spätere Abg. *Gerhard Riege* (PDS) im Mai 1990 einen Privatentwurf[39] vor. Hinzu kam noch der Verfassungsentwurf des Unterausschusses Verfassung des politisch beratenden Ausschusses zur Bildung des Landes Thüringen vom August 1990[40].

Hinsichtlich des Selbstauflösungsrechtes lassen sich verschiedene Ausgestaltungsmöglichkeiten erkennen. Während der CDU die Mehrheit der gesetzlichen Zahl der Mitglieder des Landtages genügte (Art. 52 Abs. 2 Nr. 1), verlangten alle anderen Entwürfe die Zustimmung von mindestens zwei Dritteln der gesetzlichen Zahl der Abgeordneten.[41] Ein Antragserfordernis sahen die Entwürfe der FDP, der PDS, Gerhard Rieges sowie des Unterausschusses nicht vor, wohl aber der Entwurf der CDU (1/4) und der SPD sowie der von NF/ Grüne (jeweils 1/3). Der Verfassungsausschuss bemühte sich dann um einen gemeinsamen Vorschlag, der durch zahlreiche Kompromisse auch zustande kam.[42] Für das Selbstauflösungsrecht wurde schließlich ein Beschlussquorum von zwei Dritteln und ein Antragsquorum von einem Drittel der gesetzlichen Mitgliederzahl des Landtages aufgenommen (Art. 50 Abs. 2 S. 1 Nr. 1).

c) Abgesehen vom Selbstauflösungsrecht kennt die Verfassung des Freistaates Thüringen noch eine weitere Möglichkeit der vorzeitigen Beendigung der Wahlperiode. Anders als in Sachsen ist eine Vertrauensfrage in Art. 74 vorgesehen und führt qua Gesetz bei negativem Ausgang für den Ministerpräsidenten (Ablehnung mit absoluter Mehrheit der Mitglieder des Landtages, Art. 74 S. 2 ThürVerf) zu Neuwahlen, wenn der Landtag nicht innerhalb von drei Wochen nach der Abstimmung einen neuen Ministerpräsidenten wählt (vgl. Art. 50 Abs. 2 S. 1 Nr. 2 ThürVerf).

---

38 Nämlich der der CDU vom 10.04.1991 (DS 1/ 285), auch abgedruckt in: JöR 40 [1991/ 92], S. 481 ff., der FDP vom 25.04.1991 (DS 1/ 301), auch abgedruckt in: JöR 40 [1991/ 92], S. 470 ff., der SPD vom 09.07.1991 (DS 1/ 590), auch abgedruckt in: JöR 41 [1993], S. 260 ff., der Fraktion Neues Forum/ Grüne / DJ vom 23.08.1991 (DS 1/ 659), auch abgedruckt in: JöR 41 [1993], S. 272 ff. und der Fraktion Linke Liste/ PDS vom 09.09.1991 (DS 1/ 678), auch abgedruckt in: JöR 41 [1993], S. 287 ff.

39 Abgedruckt in: JöR 39 [1990], S. 468 ff.

40 Abgedruckt in: JöR 39 [1990], S. 480 ff.

41 Vgl. Art. 50 des Entwurfes der FDP, Art. 41 Abs. 4 des Entwurfes der SPD, Art. 33 des Entwurfes des Neuen Forums/ Grüne, Art. 51 Abs. 4 des PDS-Entwurfes, Art. 53 Abs. 2, 3 des „Riege-Entwurfes", Art. 66 Abs. 2, 3 des Entwurfes des Unterausschusses.

42 LT-DS 1/ 2106 (01.04.1993)

5. Zwischenfazit

Die Regelungen zum formellen Selbstauflösungsrecht in den neuen Bundesländern stimmen in den maßgeblichen Voraussetzungen überein. So werden in keiner der Verfassungen explizite materielle Voraussetzungen an eine Selbstauflösung geknüpft. Die Instabilität der Regierung bzw. der politischen Lage, unklare oder knappe Mehrheitsverhältnisse, Ereignisse von besonderer politischer Tragweite bzw. grundlegende Veränderungen der allgemeinen politischen Situation oder allgemein eine politische Krise sind als Anwendungsbeispiele des Selbstauflösungsrechtes zu verstehen, nicht aber als dessen notwendige Voraussetzung.[43] Eine solche müsste sich eindeutig aus Wortlaut, Systematik, Telos oder Genese bzw. Geschichte der Norm ergeben. Dafür gibt es aber in keiner Landesverfassung Anhaltspunkte. Die Tatbestände sind offen formuliert. Die typischen Anwendungsfälle verdeutlichen jedoch den politischen Kontext des Selbstauflösungsrechtes. Denkbar ist somit beispielsweise - wie bereits zu Sachsen dargelegt[44] - eine Selbstauflösung, wenn aufgrund des Diskontinuitätsgrundsatzes gegen Ende der Wahlperiode ersichtlich ist, dass Gesetzvorhaben nicht mehr umgesetzt werden können. Daneben könnte Zweck einer Selbstauflösung auch das Zusammenlegen oder Entzerren von Wahlterminen sein. Einem eventuellem Missbrauch wird durch das - übereinstimmend vorgesehene - Erfordernis der Beschlussfassung mit einer Mehrheit von zwei Dritteln der gesetzlichen Zahl der Abgeordneten vorgebeugt.

Neben dem Selbstauflösungsrecht sind weitere Möglichkeiten der vorzeitigen Beendigung der Wahlperiode in den einzelnen Bundesländern vorgesehen. Ihre Anzahl und ihre Ausgestaltung sind sehr unterschiedlich. Auf das Verhältnis des formellen Selbstauflösungsrechtes zu diesen Auflösungstatbeständen wird noch näher einzugehen sein.[45]

---

43 So auch der Berliner Verfassungsgerichtshof in seinem Beschluss vom 08.10.2001 (VerfGH 137 A/ 01, 137/ 01), abgedruckt in: NVwZ 2002, S. 594-597/ 595 f.

44 3. Teil, 1. Kap., § 13, III.2.

45 4. Teil, 1. Kap., § 20, V.

II. Die Ausgestaltung des Selbstauflösungsrechtes in den Verfassungen der alten Bundesländer, die vor dem Grundgesetz in Kraft getreten sind

Das Grundgesetz wurde am 23. Mai 1949 verkündet und ist gem. Art. 145 Abs. 2 GG mit dem Ablauf dieses Tages in Kraft getreten. Zu diesem Zeitpunkt bestanden Landesverfassungen bereits in fünf Bundesländern, nämlich in Bayern, Bremen, Hessen, Rheinland-Pfalz und im Saarland, die im Folgenden im Hinblick auf das Selbstauflösungsrecht ihrer Volksvertretung verfassungsvergleichend näher in den Blick zu nehmen sind.

1. Das Selbstauflösungsrecht des Bayerischen Landtages

a) Nach Art. 18 Abs. 1 BayVerf, die in der Nachkriegszeit am 8. Februar 1946 ergangen ist und am 15. Dezember 1998 neu gefasst wurde[46], kann sich der Bayerische Landtag vor Ablauf der regulären fünfjährigen Wahlperiode (Art. 16 Abs. 1 S. 1 BayVerf) selbst auflösen. Mit dem Selbstauflösungsrecht sind keine spezifischen materiellen Voraussetzungen verbunden.[47] Die Abgeordneten können aufgrund ihres freien Mandates (Art. 13 Abs. 2 S. 2 BayVerf) eine Selbstauflösung aus ganz unterschiedlichen Gründen beschließen, solange diese nicht rechtsmissbräuchlich sind. Doch dürfte eine Selbstauflösung in der Regel im Falle einer gravierenden politischen Krise in Betracht kommen[48], ohne indessen darauf beschränkt zu sein.

Anders als in Sachsen genügt für eine Selbstauflösung die Zustimmung der Mehrheit der Mitglieder des Landtages, d.h. die absolute Mehrheit. Weitere Anforderungen wie etwa ein Antragsquorum oder eine Mindestfrist zwischen der Einbringung des Antrages und der Abstimmung sind im Verfassungstext nicht enthalten. Auch die Geschäftsordnung des Bayerischen Landtages[49] sieht keine explizite Regelung für das Selbstauflösungsrecht vor; insoweit verweist § 3 lediglich auf Art. 18 BayVerf.

Art. 18 Abs. 1 BayVerf ist noch nicht zur Anwendung gekommen. *Nawiasky* hat seinerzeit wohl nicht zu Unrecht vermutet, dass der Landtag zu diesem „Harakiri“ nur bereit sein werde, „um einer Auflösung durch den [...] Landtagspräsi-

---

46 Verfassung des Freistaates Bayern, BayGVBl. 1946, S. 333 i.d.F. der Bekanntmachung der Neufassung, BayGVBl. 1998, S. 991, zuletzt geändert durch die Gesetze zur Änderung der Verfassung des Freistaates Bayern vom 10.11.2003, BayGVBl. 2003, S. 817

47 So zu Art. 18 Abs. 1 BayVerf auch BerlVerfGH, Beschluss vom 08.10.2001 - VerfGH 137 A/ 01, 137/ 01 u.a., abgedruckt in: NVwZ 2002, S. 594-597/ 596.

48 MEDER, Die Verfassung des Freistaates Bayern, Art. 18, RN 1, S. 127

49 vom 09.07.2003, BayGVBl. 2003, S. 676 i.d.F. vom 17.03.2004, BayGVBl. 2004, S. 168

denten [im Falle einer gescheiterten Wahl des Ministerpräsidenten, vgl. Art. 18 Abs. 2 i.V.m. Art. 44 Abs. 5 BayVerf] oder der Abberufung durch das Volk [vgl. Art. 18 Abs. 3 BayVerf] zuvorzukommen“[50].

b) Im Rahmen der Verfassungsberatungen spielte das Selbstauflösungsrecht nur eine untergeordnete Rolle. Lediglich auf der fünften Sitzung des Verfassungsausschusses (am 25. Juli 1946) äußerte der Berichterstatter *Roßhaupter* (SPD) im Rahmen der Ersten Lesung des ersten Hauptteiles der Verfassung (Zweiter Abschnitt „Der Landtag“), dass er gegen das Selbstauflösungsrecht in Art. 14 des Verfassungsentwurfes[51], das bereits die Beschlussfassung mit der Mehrheit der Abgeordneten vorsah, „keine Erinnerung“ [einzulegen] habe. Anschließend wurde nur eine kurze Debatte über Einzelheiten der Formulierung geführt; am aufgestellten Mehrheitserfordernis wurde nicht gerüttelt. Der Mitberichterstatter *Ehard* (CSU) stellte lediglich die Frage, ob überhaupt eine Qualifikation vorgenommen werden sollte. Der Abg. *Hoegner* schlug anstelle der Formulierung „seiner Mitglieder“ die Präzisierung „seiner gesetzlichen Mitgliederzahl“ vor, was in der Abstimmung einstimmig angenommen wurde.[52]

c) Neben dem formellen Selbstauflösungsrecht sieht die Bayerische Verfassung - wie die Sächsische - noch eine vorzeitige Beendigung der Wahlperiode für den Fall der gescheiterten Wahl des Ministerpräsidenten (Art. 18 Abs. 2 i.V.m. Art. 44 Abs. 5 BayVerf) vor. Allerdings ist der Landtag nach vier Monaten nicht automatisch aufgelöst, sondern er muss[53] vom Landtagspräsidenten aufgelöst werden, wenn die Wahl des Ministerpräsidenten nicht innerhalb von vier Wochen zustande kommt. Da aber dem Landtagspräsidenten hinsichtlich der Auflösung des Landtages kein Ermessen zukommt, ist auch in Bayern diese zwingende Folge des Scheiterns der Wahl des Ministerpräsidenten.

Anders als in Sachsen kommt daneben in Bayern nach Art. 18 Abs. 3 BayVerf noch die Landtagsauflösung auf Antrag von einer Million wahlberechtigter Bürger durch Volksentscheid in Betracht.[54] Die Bayerische Verfassung verwirklicht

---

50 NAWIASKY/ LEUSSER, Die Verfassung des Freistaates Bayern, Art. 18, S. 95

51 Dieser Entwurf ist als Ergebnis der Beratungen des vorbereitenden Verfassungsausschusses, der vom 08.03. bis 03.05.1946 auf der Grundlage eines von Ministerpräsident Hoegner im Schweizer Exil ausgearbeiteten Entwurfes über die künftige Verfassung beriet, in den „Stenographische[n] Berichte[n] über die Verhandlungen des Verfassungs-Ausschusses der Bayerischen Verfassunggebenden Landesversammlung“, Bd. 1, S. 1-11 enthalten, vgl. auch HOEGNER, Lehrbuch des Bayerischen Verfassungsrechts, § 8, S. 20 f.

52 Stenographische Berichte über die Verhandlungen des Verfassungsausschusses der Bayerischen Verfassunggebenden Landesverfassung, Bd. 1, 5. Sitzung, S. 95-131/ 106

53 Zum Charakter der Regelung als Muss-Vorschrift s. MEDER, Die Verfassung des Freistaates Bayern, Art. 18, RN 2, S. 127, Art. 44, RN 6, S. 158.

54 Gem. Art. 86 BayLWG (BayGVBl. 2002, S. 278 i.d.F. des Gesetzes zur Änderung des Landeswahlgesetzes und des Bezirkswahlgesetzes vom 26.07.2006, BayGVBl. 2006, S. 367) genügt bei dem Volksentscheid über die Abberufung des Landtages die Mehrheit der abgegebenen Stimmen.

insoweit stärker als die Sächsische das Prinzip der Volkssouveränität, allerdings nur in Ergänzung, nicht in Ersetzung des parlamentarisch-repräsentativen Systems.

2. Das Selbstauflösungsrecht des Hessischen Landtages

a) Das Selbstauflösungsrecht des Hessischen Landtages ist in der am 1. Dezember 1946 in Kraft getretenen Landesverfassung[55] in Art. 80 niedergelegt. Wie das Beispiel der 1983 erfolgten Selbstauflösung des Landtages zeigt[56], ist auch in Hessen das Selbstauflösungsrecht ein Mittel zur Lösung besonderes schwerwiegender Konflikte (Arbeitsunfähigkeit des Landtages und/ oder der Regierung aufgrund unzureichender Mehrheitsverhältnisse im Landtag oder Koalitionswechsel), ohne darauf beschränkt zu sein. Letzteres zeigt sich in der im Jahr 2000 versuchten Selbstauflösung des Hessischen Landtages, mit der die Rückgabe der politisch-rechtlichen Legitimation an das Wahlvolk erstrebt wurde.[57] Die Rückkopplung an das Wahlvolk bei Fragen von grundsätzlicher Bedeutung kommt somit als Auflösungsgrund sehr wohl in Betracht.[58] Hierfür genügt nach Art. 80 HessVerf ebenso wie in Bayern ein Beschluss der Mehrheit der gesetzlichen Zahl seiner Mitglieder, was das Erreichen des Beschlussquorums erleichtert.

Neben dem qualifizierten Beschlusserfordernis sieht § 59 Nr. 5 der GO des Hessischen Landtages[59] vor, dass ein Selbstauflösungsantrag als dringlich behandelt und damit noch auf eine bereits festgesetzte und genehmigte Tagesordnung gesetzt werden kann. Weitere Anforderungen werden an eine Selbstauflösung nicht gestellt. Dass dennoch trotz des relativ geringen Zustimmungsquorums in Hessen der Landtag bislang nur einmal aufgelöst worden ist, zeugt von einem (verantwortungs-) bewussten Umgang mit dem Selbstauflösungsrecht (oder auch der Besorgnis, im neuen Landtag nicht mehr vertreten zu sein).

b) Das - gegenüber der sonstigen Beschlussfassung mit der Mehrheit der abgegebenen Stimmen, Art. 88 S. 1 HessVerf - lediglich einfach qualifizierte Beschlussquorum sahen bereits sowohl der Vorentwurf nach den Beschlüssen des Vorbereitenden Verfassungsausschusses für Großhessen[60] (Art. 63) als auch der Beschluss des Verfassungsausschusses der Verfassungberatenden Landesversammlung Groß-Hessen (Art. 63) vor. Hieran änderte sich auch nach der Zweiten

---

55 GVBl. für das Land Hessen 1946, S. 229 i.d.F. des Gesetzes zur Ergänzung der Verfassung des Landes Hessen vom 18.10.2002, GVBl. für das Land Hessen 2002, S. 628

56 Zu den Hintergründen s. 1. Teil, 2. Kap., § 4, II.4.

57 Vgl. dazu näher 1. Teil, 2. Kap., § 4, II.4.

58 So auch HINKEL, Verfassung des Landes Hessen, Art. 80, S. 177.

59 GO vom 16.12.1993, GVBl. für das Land Hessen 1993, S. 628 i.d.F. vom 16.06.2004, GVBl. für das Land Hessen 2004, S. 223

60 In Erster Lesung von der Verfassungberatenden Landesversammlung beraten am 05./ 06.08. 1946.

und Dritten Lesung (vom 29. September bis 2. Oktober 1946 bzw. am 29. Oktober 1946) nichts.[61]

c) Die Hessische Verfassung kennt neben dem Selbstauflösungsrecht noch die Möglichkeit der vorzeitigen Beendigung der Wahlperiode im Zusammenhang mit einem Misstrauensvotum sowie nach gescheiterter Vertrauensfrage. Wird dem Ministerpräsidenten durch ausdrücklichen Beschluss, der der Zustimmung der Mehrheit der Abgeordneten bedarf, das Vertrauen entzogen oder wird ihm nicht das Vertrauen ausgesprochen, muss dieser zurücktreten. Anschließend hat der Landtag Gelegenheit, einer neuen Regierung das Vertrauen auszusprechen. Gelingt dies dem Landtag nicht innerhalb von zwölf Tagen, *ist* er aufgelöst (Art. 114 HessVerf).

3. Rheinland-Pfalz - Selbstauflösung durch absoluten Mehrheitsbeschluss

a) Auch die Verfassung von Rheinland-Pfalz vom 18. Mai 1947[62] sieht ein Selbstauflösungsrecht vor (Art. 84). Aufgrund des freien Mandates der Abgeordneten (Art. 79 Abs. 2 S. 2 RhPfVerf) steht der Gebrauch dieses Institutes im politischen Ermessen des Landtages. Art. 84 Abs. 1 LV verlangt für einen Selbstauflösungsbeschluss die Billigung der Mehrheit der Mitglieder des Landtages. Nach der Geschäftsordnung vom 4. Dezember 2001[63] muss ein Antrag auf Selbstauflösung - wie alle Anträge - von einer Fraktion oder von acht Abgeordneten eingebracht werden (§ 60 Abs. 1 S. 1). Eine besondere Regelung für die Selbstauflösung ist in der Geschäftsordnung nicht enthalten.

b) Entstehungsgeschichtlich ist zu sagen, dass die Beratende Landesversammlung über das Ergebnis der Ersten und Zweiten Lesung im Verfassungsausschuss[64] in ihrer achten Sitzung vom 23. bis 25. April 1947 diskutiert hat. Dem Verfassungsausschuss seinerseits lag der amtliche Vorentwurf für eine Landesverfassung vom 25. Oktober 1946 zugrunde, der in Art. 103 Abs. 2 die Selbstauflösung (durch Beschluss der Mehrheit der Mitglieder des Landtages) vorsah.[65] In

61 Hier wurden nur geringfügige Abänderungen im Wortlaut vorgenommen, vgl. Stenographische Protokolle über die Verhandlungen des Verfassungsausschusses der Verfassungberatenden Landesversammlung Groß-Hessen, Vergleichende Gegenüberstellung, S. 32 f.

62 VOBl. der Landesregierung Rheinland-Pfalz 1947, S. 209 i.d.F. des 35. Landesgesetzes zur Änderung der Verfassung vom 16.12.2005, GVBl. für das Land Rheinland-Pfalz 2005, S. 495

63 GVBl. für das Land Rheinland-Pfalz 2006, S. 368 ff.

64 Beratende Landesversammlung Rheinland-Pfalz, DS Nr. 11 (09.04.1947), S. 42 bzw. DS Nr. 12 (22.04.1947), S. 18

65 Abgedruckt in: KLAAS, Die Entstehung der Verfassung für RhPf, S. 356 ff. Vgl. zur Genese näher SÜSTERHENN/ SCHÄFER, Kommentar der Verfassung für RhPf, Einleitung, C., S. 24 f.

der Debatte wurde die „Unabhängigkeit des Landtages" hervorgehoben, die sich insbesondere darin zeige, dass dieser nicht durch den Ministerpräsidenten, sondern nur durch eigenen Beschluss aufgelöst werden könne.[66] Darin manifestiert sich die Ausgestaltung des Landtages als bedeutsames Organ. Er wird vom Volk auf fünf Jahre gewählt, kann sich aber jederzeit auflösen und damit die Legitimation an das Wahlvolk als Souverän wieder zurückgeben.

c) Eine Auflösung des Landtages kommt darüber hinaus im Zusammenhang mit dem konstruktiven Misstrauensvotum nach Art. 99 RhPfVerf in Betracht. Sollte eine Neuwahl nach einem Vertrauensentzug innerhalb von vier Wochen nicht mit der Mehrheit der gesetzlichen Zahl der Abgeordneten erfolgt sein, *ist* der Landtag nach Art. 99 Abs. 5 LV aufgelöst.

Im Übrigen kennt die Verfassung von Rheinland-Pfalz noch die Möglichkeit der Landtagsauflösung durch Volksentscheid (Art. 109 Abs. 1 Nr. 2). Hier wurde - im Gegensatz zu Sachsen - dem Volk die Möglichkeit eingeräumt, dem Landtag seine Legitimation zu entziehen und einem - seinem Willen besser entsprechenden - Landtag zu übertragen.

4. Bremen - Einführung des Selbstauflösungsrechtes 1994

Der Stadtstaat Bremen war - vor Baden-Württemberg - das vorletzte Bundesland, das das Selbstauflösungsrecht in seine Verfassung aufgenommen hat. Erst durch das siebente Gesetz zur Änderung der Landesverfassung vom 1. November 1994[67] wurde die Landesverfassung der Freien Hansestadt Bremen vom 21. Oktober 1947[68] um dieses Institut erweitert.[69]

a) Nach Art. 76 Abs. 1 lit. a) BremVerf[70] sind an eine Selbstauflösung keine besonderen materiellen Anforderungen zu stellen; diese kann aufgrund des freien Mandates (Art. 83 Abs. 1 S. 3 BremVerf) nach pflichtgemäßem Ermessen der Abgeordneten beschlossen werden. Dies lässt sich auch aus der Genese des Art. 76 BremVerf ableiten (wird sogleich ausgeführt). Die Selbstauflösung muss - wie in Sachsen - von mindestens einem Drittel der Abgeordneten beantragt werden. Der Antrag muss mindestens zwei Wochen vor der Sitzung, auf deren Tagesordnung er gebracht wird, allen Abgeordneten und dem Senat mitgeteilt werden. Anders als in Sachsen sind diese Voraussetzungen im Verfassungstext enthalten. Da

---

66 Abg. WUERMELING (CDU), in: Beratende Landesversammlung Rheinland-Pfalz, 8. Sitzung, DS Nr. 16, S. 5, 7

67 GBl. der Freien Hansestadt Bremen 1994, S. 289

68 GBl. der Freien Hansestadt Bremen 1947, S. 251

69 Es wurde an die Stelle der durch das dritte Gesetz zur Änderung der Landesverfassung vom 08.09.1970 (GBl. der Freien Hansestadt Bremen 1970, S. 93) aufgehobenen Artt. 76 bis 78, die Regelungen zur Wahlberechtigung enthielten, eingefügt.

70 i.d.F. des Gesetzes zur Änderung der Landesverfassung der Freien Hansestadt Bremen vom 16.05.2006, GBl. der Freien Hansestadt Bremen 2006, S. 271

auch die weiteren Voraussetzungen, wie das Beschlussquorum von zwei Dritteln der Mitglieder der Bürgerschaft und die Bestimmung des Termins für die Neuwahl, im Verfassungstext enthalten sind, bedurfte es keiner besonderen Regelung in der Geschäftsordnung der Bremischen Bürgerschaft[71].

b) In der Verfassung Bremens von 1947 war das Selbstauflösungsrecht trotz eines entsprechenden Vorschlages der KPD[72] (Art. 28 des Entwurfes sah das Zweidrittelquorum der Mitglieder der Bürgerschaft vor) und der SPD[73] (Art. 82 dieses Entwurfes verlangte neben einem Antrag eines Fünftels der Mitglieder der Bürgerschaft die Zustimmung der absoluten Mehrheit) und trotz absoluter Mehrheit der Sozialdemokraten in der die Verfassung ausarbeitenden Bürgerschaft nicht vorgesehen, da die KPD eine hervorgehobenere Rolle des Parlamentes wünschte und eine Gewaltenteilung ablehnte, die CDU[74] hingegen - zumindest was den Staatsaufbau betraf - ähnliche Akzente wie die SPD setzte, nämlich eine repräsentative Demokratie mit plebiszitären Elementen anstrebte. Es wurde daher ein Konsens zwischen der SPD und den anderen bürgerlichen Parteien hinsichtlich des organisationsrechtlichen Teiles gefunden als dessen Teilergebnis das Selbstauflösungsrecht nicht mehr im Verfassungstext enthalten war.[75]

Anlass für die Aufnahme des Selbstauflösungsrechtes in die Verfassung 1994 war ein Bericht des nichtständigen Ausschusses „Reform der Landesverfassung", der auf Antrag der Fraktionen der CDU, SPD, Die Grünen und der FDP vom 6. Dezember 1991 eingesetzt wurde.[76] Dabei sollte der Ausschuss die Erfahrungen der Verfassungsreformen anderer Länder berücksichtigen. In seinem Bericht kam der Ausschuss zu dem Ergebnis, dass sich die Verfassung Bremens von 1947 bewährt habe und eine Totalrevision nicht notwendig sei; die Änderungen beschränkten sich daher auf das notwendige Maß. Hinsichtlich des Selbstauflösungsrechtes hielt der Ausschuss fest, dass Bremen im Gegensatz zu anderen Landesverfassungen eine solche Befugnis nicht vorsehe, dies aber „bei Verlust der Regierungsmehrheit und mißglückter Regierungsbildung" zur Handlungsunfähigkeit der Regierung führen könne, „insbesondere wenn das Parlament die Zustimmung zum Haushalt versagt". Im Hinblick auf solche Fälle empfahl der Ausschuss eine verfassungsrechtliche Regelung, mit der über Neuwahlen parlamentarische Mehrheiten zustande kommen sollten. Dabei hielt der Ausschuss ein An-

---

71 i.d.F. des Übernahmebeschlusses vom 07.07.1999 und den Änderungen vom 07.07.1999, abgedruckt in: Bremische Bürgerschaft. 15. WP, Volkshandbuch, S. 118 ff.; in der 16. WP übernommen, vgl. Bremische Bürgerschaft, 1. Sitzung (03.07.2003), S. 9.

72 abgedruckt bei KRINGE, Verfassungsgenese, Anhang, S. 287-298/ 291

73 abgedruckt bei KRINGE, Verfassungsgenese, Anhang, S. 215-235/ 226

74 Ihr Verfassungsentwurf ist abgedruckt bei KRINGE, a.a.O., S. 263-280. Er enthielt kein parlamentarisches Selbstauflösungsrecht.

75 Vgl. den Referentenentwurf des Senators für Justiz und Verfassung *Theodor Spitta*, der zwischen den Entwürfen einen Mittelweg einschlug. Er ist abgedruckt in: KRINGE, Verfassungsgenese, Anhang, S. 239-260/ 2. Abschnitt.

76 Bremische Bürgerschaft, DS 13/ 23

tragsquorum von einem Drittel für sachgerecht, um etwaigem populistischen Missbrauch durch kleine Gruppen vorzubeugen.[77] Darüber hinaus schlug der Ausschuss für das Selbstauflösungsrecht ein Zustimmungserfordernis von zwei Dritteln der Abgeordneten vor, um zu verhindern, dass die Parlamentsparteien durch Rückgriff auf dieses Institut Einfluss auf den Wahltermin nehmen. Ferner verlangte der Ausschuss zur Vermeidung übereilter Beschlüsse und in Anlehnung an die Regelungen zum Misstrauensantrag[78] eine Mindestfrist von zwei Wochen zwischen Antrag und Abstimmung.[79] Nach allem regte der Ausschuss im Rahmen des Gesetzes zur Änderung der Landesverfassung der Freien Hansestadt Bremen an, einen Art. 76 einzuführen, der in Abs. 1 lit. a) das Selbstauflösungsrecht vorsah. In seiner Formulierung entspricht diesem Vorschlag der geltenden Fassung.[80]

Im Rahmen der Ersten Lesung dieses Änderungsgesetzes (Artt. 1, 2.)[81] am 19. August 1993 (36. Sitzung) wurde es auch im Hinblick auf die sog. Barschel-Affäre in Schleswig-Holstein[82] für erforderlich gehalten, „schneller auf Veränderungen zu reagieren oder krisenhafte Situationen bewältigen zu können".[83] Das Selbstauflösungsrecht sei in solchen Konstellationen ein demokratischer Weg zum Neuanfang. Die Bürgerschaft solle vorzeitig Neuwahlen beschließen können, wenn sich die Mehrheitsverhältnisse bis hin zur Instabilität änderten[84], ohne dass sofort neue handlungsfähige Konstellationen gefunden werden.[85] Allerdings wies der Berichterstatter darauf hin, dass die vorzeitige Beendigung der Wahlperiode die Ausnahme bilden müsse; daher auch das Erfordernis der Beschlussfassung mit „Zweidrittelmehrheit".[86]

---

77 Bremische Bürgerschaft, DS 13/ 592 (21.06.1993), S. 2, 4

78 Vgl. Art. 110 Abs. 2 BremVerf: *„Ein Antrag, dem Senat oder einem Mitgliede des Senats das Vertrauen zu entziehen, muß mindestens eine Woche vor der Sitzung, auf deren Tagesordnung er gebracht wird, allen Bürgerschaftsmitgliedern und dem Senat mitgeteilt werden."*

79 Bremische Bürgerschaft, DS 13/ 592 (21.06.1993), S. 4

80 Einzig Abs. 3, der den spätesten Termin für Neuwahlen festlegt, war in diesem Änderungsgesetz noch nicht enthalten. Insoweit wurde es durch den nichtständigen Ausschuss, in den der Entwurf nach der Ersten Lesung im Plenum gem. Art. 125 Abs. 2 S. 2 BremVerf verwiesen wurde, als ausreichend und angemessen für die Wahlvorbereitungen angesehen, wenn die Neuwahlen spätestens an dem Sonntag oder allgemeinen öffentlichen Ruhetag stattfinden, der auf den siebzigsten Tag nach der Entscheidung über die vorzeitige Beendigung der Wahlperiode folgt, vgl. Bremische Bürgerschaft, DS 13/ 897 (03.05.1994), S. 4.

81 In die Bremische Bürgerschaft - neben dem entsprechenden Antrag des nichtständigen Ausschusses - eingebracht von der CDU-Fraktion durch DS 13/ 608 (02.08.1993).

82 Zur Barschel-Affäre s. auch die Ausführungen zu Schleswig-Holstein, 4. Teil, 1. Kap., § 20, III.1.

83 Berichterstatter FLUß, in: Bremische Bürgerschaft, Plenarprotokoll 13/ 36, S. 2501.

84 Hier wurde auf den Verlust der absoluten Mehrheit der SPD bei den Bürgerschaftswahlen 1991 angespielt.

85 Abg. KUHN (Bündnis 90/ Die Grünen), in: Bremische Bürgerschaft, Plenarprotokoll 13/ 36, S. 2513 f.

86 Berichterstatter FLUß, in: Bremische Bürgerschaft, Plenarprotokoll 13/ 36, S. 2501

In der Zweiten Lesung des Änderungsgesetzes am 19. Mai 1994 (56. Sitzung) wurde erneut als ein Zweck des Selbstauflösungsrechtes genannt, in schwierigen Konfliktlagen zu helfen.[87] Auch stelle das Selbstauflösungsrecht eine demokratische Art der politischen Krisenbewältigung dar.[88]

In der Dritten Lesung am 30. Juni 1994 (58. Sitzung) wurde darauf hingewiesen, dass es in kritischen Zeiten, in denen die Ansicht vorherrsche, eine regierungsfähige Mehrheit nicht (mehr) verwirklichen zu können, des Selbstauflösungsrechtes bedürfe, um die Handlungsfähigkeit wieder herzustellen.[89] Insbesondere komme eine Selbstauflösung in Betracht, wenn ein Senat zwei Jahre nach seiner Wahl aufgrund modifizierter politischer Konstellationen, die auf Änderungen der politischen Lage zurückzuführen sein könnten, keine Mehrheit mehr habe. Es sei unverständlich, warum es demokratischer sein solle, dass dieser Senat dennoch weiter regiere bzw. verwalte oder gezwungenermaßen eine Koalition eingehe, anstatt die Bürgerschaft neu wählen zu lassen.[90]

Gegen die Aufnahme des Selbstauflösungsrechtes wurde angeführt, dass das Volk einer vorzeitigen Beendigung der Wahlperiode keine Legitimation erteilt habe. Vielmehr sei die Bürgerschaft auf vier Jahre gewählt und müsse notfalls durch Kompromisse für die Regierungsfähigkeit des Landes sorgen. Durch das Selbstauflösungsrecht bestehe die Gefahr parteipolitischen Missbrauches; insbesondere könne die Regierungsmehrheit ihre Herrschaft zulasten der Opposition verfestigen; Neuwahlen allein aus wahltaktischen Gründen dürften daher nicht inszeniert werden.[91] Auch wurde zu bedenken gegeben, dass eine Neuwahl keine Garantie für eindeutigere Mehrheitsverhältnisse sei. Ebenso wurde vor dem Phänomen der sich selbst erfüllenden Prophezeiung gewarnt: Die Parteien könnten voreilig bei einer schwierigen politischen Lage die Selbstauflösung wählen.[92]

Diese Bedenken griffen allerdings nicht durch: Nach der Ansicht der Mehrheit der Mitglieder der Bremischen Bürgerschaft ergänzt das Selbstauflösungsrecht als ein notwendiges Korrektiv und Ultimo Ratio die demokratisch-parlamentarische Verfassung. Die Gefahr, dass Regierung oder Opposition dieses Institut manipulativ zur Bestimmung eines ihnen günstig erscheinenden Wahltermines missbrauchen, sei durch das Zweidrittelquorum gebannt.[93]

---

87 Berichterstatter KUDELLA, in: Bremische Bürgerschaft, Plenarprotokoll 13/ 56, S. 3855 f.
88 Abg. KUHN (Bündnis 90/ Die Grünen), in: Bremische Bürgerschaft, Plenarprotokoll 13/ 56, S. 3860
89 Abg. KUDELLA (CDU), in: Bremische Bürgerschaft, Plenarprotokoll 13/ 58, S. 4002
90 Abg. KUHN (Bündnis 90/ Die Grünen), in: Bremische Bürgerschaft, Plenarprotokoll 13/ 58, S. 4005 f.
91 Abg. WEIDENBACH (DVU), in: Bremische Bürgerschaft, Plenarprotokoll 13/ 58, S. 4012
92 Abg. RUFFLER (Bündnis 90/ Die Grünen), in: Bremische Bürgerschaft, Plenarprotokoll 13/ 58, S. 4014 f.
93 Abg. KUHN (Bündnis 90/ Die Grünen), in: Bremische Bürgerschaft, Plenarprotokoll 13/ 58, S. 4005 f.

In der Schlussdebatte stimmte die Bürgerschaft zunächst dem Art. 76 Abs. 1 lit. a) zu und nahm anschließend das Gesetz zur Änderung der Landesverfassung in Dritter Lesung an. Da jedoch keine Einstimmigkeit erreicht wurde, musste nach dem damals geltenden Art. 125 Abs. 3, 4 BremVerf[94] über die Verfassungsänderung ein Volksentscheid stattfinden. Dabei stimmten (bei einer Wahlbeteiligung von knapp 80 %) über 75 % für die Verfassungsänderung[95], so dass das Änderungsgesetz am 7. November 1994 verkündet werden konnte.

Die Genese des Art. 76 Abs. 1 lit.a) BremVerf zeigt, dass die politische Handlungsunfähigkeit der Bürgerschaft typischer Anwendungsfall einer Selbstauflösung sein kann, ohne dass dies abschließend wäre. Das Erfordernis der Beschlussfassung mit einer Mehrheit von zwei Dritteln der gesetzlichen Mitgliederzahl der Bürgerschaft soll einem eventuellen Missbrauch vorbeugen.[96] Was das Argument einer Anwendung des Selbstauflösungsrechtes aus wahltaktischen Gründen betrifft, so ist auf das freie Mandat der Abgeordneten zu verweisen. Wenn die Abgeordneten es als eine ihrem Gewissen entsprechende Entscheidung ansehen, können sie die Legitimation an das Wahlvolk zurückgeben.[97] Auch das Streben nach politischer Macht erscheint dabei durchaus als legitim.[98] Eine vorzeitige Beendigung der Wahlperiode kann daher auch aus diesem Grund zulässig sein.[99]

c) Neben dem Selbstauflösungsrecht enthält die Verfassung der Freien Hansestadt Bremen wie auch die Verfassung Bayerns - anders als die des Freistaates Sachsen - noch die Möglichkeit der Landtagsauflösung durch Volksentscheid, vgl. Art. 70 Abs. 1 lit. c) i.V.m. Art. 76 Abs. 1 lit. b), Abs. 2. Die Bürgerschaft kann darüber hinaus dem Wahlvolk gem. Art. 70 Abs. 1 lit b) LV die Frage der Auflösung vorlegen. Damit existieren insgesamt drei Möglichkeiten zur vorzeitigen Beendigung der Wahlperiode, die gleichrangig nebeneinander stehen: die rein parlamentarische (Art. 76 Abs. 1 lit. a) BremVerf), die parlamentarisch-plebiszitäre (Art. 70 Abs. 1 lit b) BremVerf) und die rein plebiszitäre (Art. 70 Abs. 1 lit. c) i.V.m. Art. 76 Abs. 1 lit. b), Abs. 2 BremVerf).[100] Auf diese Weise wird dem Prinzip der Volkssouveränität (vgl. Art. 66 BremVerf) im Rahmen des par-

---

94 Neugefasst durch das Gesetz zur Änderung der Landesverfassung der Freien Hansestadt Bremen, GBl. der Freien Hansestadt Bremen 1994, S. 289. Danach kommt eine Verfassungsänderung außer durch Volksentscheid nur zustande, wenn die Bürgerschaft mit einer Mehrheit von zwei Dritteln ihrer Mitglieder zustimmt.

95 Bekanntmachung des endgültigen Abstimmungsergebnisses des Volksentscheides über die Änderung der Landesverfassung der Freien Hansestadt Bremen am 16.10.1994, ABl. der Freien Hansestadt Bremen vom 02.11.1994, S. 501

96 Vgl. nur Abg. KUDELLA (CDU), in: Bremische Bürgerschaft, Plenarprotokoll 13/ 36 (19.08.1993), S. 2510.

97 Vgl. dazu bereits die Ausführungen zu Sachsen, 3. Teil, 1. Kap., § 13, II, 4.a).

98 S. dazu bereits zu Sachsen 3. Teil, 1. Kap., § 13, II, 4.b), cc).

99 So auch NEUMANN, H., Die Verfassung der Freien Hansestadt Bremen, Art. 76 RN 4, S. 259; vgl. auch BerlVerfGH, Beschluss vom 08.10.2001 - VerfGH 137 A/01, 137/01 u.a., abgedruckt in: NVwZ 2002, S. 594-597/ 595.

lamentarisch-repräsentativen Systems verstärkte Bedeutung beigemessen. Zwar wählt das Volk seine Vertretung grundsätzlich für vier Jahre (Art. 75 Abs. 1 S. 1 BremVerf), doch hat es jederzeit die Möglichkeit, der Bürgerschaft die politisch-rechtliche Legitimation wieder zu entziehen. Darüber hinaus gibt die dritte Möglichkeit - Vorlage der Frage der Selbstauflösung an das Volk - der Bürgerschaft die Gelegenheit, sich des Rückhaltes im Volk zu versichern.

5. Saarland - Zweidrittelquorum seit 1947

a) Die Saarländische Verfassung[101] gibt dem Landtag in Art. 69 Var. 1 das Selbstauflösungsrecht. Explizite materielle tatbestandliche Einschränkungen auf eine Krise o.Ä. sind nicht ersichtlich. Die Abgeordneten sind hinsichtlich dieser Entscheidung - wie auch bei anderen Beschlussfassungen - nur ihrem Gewissen unterworfen (Art. 66 Abs. 2 S. 1 SaarlVerf). Den Verfassungsvätern dürfte eine offene Verfassungsnorm vor Augen gestanden haben, da das Beschlussquorum erhöht wurde, um die Tragweite einer Selbstauflösung zu verdeutlichen (wird sogleich ausgeführt). Für einen Beschluss über die Selbstauflösung des Landtages bedarf es der Zustimmung von zwei Dritteln seiner Mitglieder. Dieses Beschlussquorum besteht bereits seit Inkrafttreten der Verfassung (vgl. Art. 71 SaarlVerf i.d.F. vom 15. Dezember 1947) und damit schon vor der Wiedereingliederung des Saarlandes in die Bundesrepublik Deutschland (1957). Die Geschäftsordnung des Landtages des Saarlandes[102] erwähnt das Selbstauflösungsrecht hingegen nicht.

Die 1979 erfolgte Verfassungsänderung[103] blieb inhaltlich für das Selbstauflösungsrecht ohne Bedeutung. Wichtig war allerdings der Wegfall einer bis dahin möglichen parlamentslosen Zeit (vgl. Art. 69 a.F., nach dem die Wahlperiode mit der Auflösung des Landtages endete, im Gegensatz zu Art. 67 Abs. 1 S. 2 n.F., der die Wahlperiode erst mit dem Zusammentritt des neuen Landtages enden lässt, weshalb auf ständige Ausschüsse zur Überbrückung verzichtet werden konnte).

b) Ausgangspunkt für die Genese der Verfassung und damit für das Selbstauflösungsrecht war ein von Seiten der Verwaltungskommission des Saarlandes ausgearbeiteter Entwurf, der jedoch keine amtliche Grundlage darstellte, sondern die Arbeit der Verfassungskommission erleichtern sollte.[104] Darüber hinaus dienten

---

100 Ebenso NEUMANN, H., Die Verfassung der Freien Hansestadt Bremen, Art. 70, RN 9, S. 242.

101 vom 15.12.1947, ABl. des Saarlandes 1947, S. 1077 i.d.F. des Gesetzes Nr. 1622 zur Änderung der Verfassung des Saarlandes vom 13.09.2007, ABl. des Saarlandes 2007, S. 1798

102 vom 20.06.1973, ABl. des Saarlandes 1973, S. 529 i.d.F. vom 06.10.2004, ABl. des Saarlandes 2004, S. 2188

103 Gesetz Nr. 1102 vom 04.07.1979, ABl. des Saarlandes 1979, S. 650

die bisher erlassenen deutschen Landesverfassungen als Vorlage für die zu entwerfende Saarländische Verfassung. Nicht wenige der Bestimmungen entsprechen sogar wörtlich genau denen in Verfassungstexten anderer Bundesländer.[105]

Eine inhaltliche Übereinstimmung war zunächst auch hinsichtlich des Selbstauflösungsrechtes gegeben, denn Art. 16 des Verfassungsentwurfes der Verwaltungskommission sah vor, dass sich der Landtag durch Beschluss der Mehrheit seiner Mitglieder, also der gesetzlichen Mitgliederzahl, selbst auflösen konnte[106], was den Regelungen in den bisher erlassenen Verfassungen von Bayern (Dezember 1946), Hessen (Dezember 1946) und Rheinland-Pfalz (Mai 1947) entsprach, die ebenfalls das absolute Mehrheitserfordernis aufstellen.

Auf der vierten Sitzung der Verfassungskommission wurde die Streichung des Selbstauflösungsrechtes erwogen. Dabei wurde angeführt, dass das erforderliche Ventil in der Landtagsauflösung durch den Staatspräsidenten, einer zu diesem Zeitpunkt noch diskutierten Einrichtung, die - nicht zuletzt aufgrund des besonderen Verhältnisses des Saarlandes zu Frankreich - Stabilität garantieren und in schwierigen Konstellationen „über den Parteien" stehen und „als Schiedsrichter" fungieren sollte, die aber schließlich auch aus Gründen der Sparsamkeit wieder verworfen wurde[107], enthalten und die Selbstauflösung als „Selbstmord" des Landtages anzusehen sei.[108] Doch blieb es bei dem Selbstauflösungsrecht und dem Quorum der absoluten Mehrheit auch noch im daraufhin gefertigten sog. Roten Entwurf[109] zur Zweiten Lesung (achtzehnte und neunzehnte Sitzung) der Verfassungskommission (Art. 91). Auch der Entwurf zur Dritten Lesung am 16. September 1947, sog. Grüner Entwurf[110], sah noch das Erfordernis der Beschlussfassung mit der Mehrheit der gesetzlichen Mitgliederzahl des Landtages vor (Art. 76). Erst auf der XXI. Sitzung der Verfassungskommission am 16. September 1947 (Dritte Lesung) schlug ihr Mitglied und damalige Senatspräsident am Oberlandesgericht Saarbrücken *Alfred Levy* - von der Verfassungskommissi-

---

104 Präsident HOFFMANN (CVP) und Mitglied der Verfassungskommission MÜLLER (CVP), IV. Sitzung der Verfassungskommission am 12.06.1947, abgedruckt in: STÖBER, SaarlVerf, S. 106-116/ 107.

105 So z.B. Art. 74 SaarlVerf und Art. 88 RhPfVerf [Beschlussfassung, Beschlussfähigkeit], Art. 83 SaarlVerf und Art. 95 Abs. 1 RhPfVerf [Zeugnisverweigerungsrecht], vgl. auch STÖBER, SaarlVerf, S. 9.

106 Abgedruckt in: STÖBER, SaarlVerf, S. 115.

107 Vgl. V. Sitzung der Verfassungskommission (19.06.1947), abgedruckt in: STÖBER, SaarlVerf, S. 117-130/ 118 ff.

108 LEVY, IV. Sitzung der Verfassungskommission (12.06.1947), abgedruckt in: STÖBER, SaarlVerf, S. 106-116/ 115. Auch für das Mitglied der Verfassungskommission *Heinz Braun* (SPS) war das Selbstauflösungsrecht - im Gegensatz zur Abberufung durch das Volk - nicht selbstverständlich, vgl. BRAUN, IV. Sitzung der Verfassungskommission (12.06.1947), abgedruckt in: STÖBER, Die saarländische Verfassung, S. 106-116/ 115.

109 So genannt, da auf rotem Papier gedruckt, vgl. STÖBER, Die saarländische Verfassung, S. 9.

110 So genannt, da auf grünem Papier gedruckt, vgl. STÖBER, Die saarländische Verfassung, S. 9.

on als Fachmann hinzugezogen - ein erhöhtes Quorum, nämlich zwei Drittel der gesetzlichen Mitgliederzahl des Landtages, vor, da es „allgemein für die Verfassung" bestimmt sei. Diesem Vorschlag schloss sich die SPS an, da sonst „eine Partei, die 52 % hat, die anderen 48 % nach Hause schicken" könne.[111]

Der amtliche Entwurf vom 25. September 1947 in Art. 70[112] sah daher vor, dass ein Selbstauflösungsbeschluss des Landtages der Zustimmung von zwei Dritteln seiner Mitglieder bedürfe. In den anschließenden Debatten der Gesetzgebenden Versammlung und des Verfassungsausschusses war das Selbstauflösungsrecht kaum Gegenstand der Beratung[113], so dass es am 7. November 1947 auf der fünften Sitzung der Gesetzgebenden Versammlung angenommen und - nach Schlussabstimmung über den Verfassungsentwurf auf der sechsten Sitzung der Verfassunggebenden Versammlung - Bestandteil der am 15. Dezember 1947 in Kraft getretenen Saarländischen Verfassung wurde.

c) Wie in Sachsen ist neben dem Selbstauflösungsrecht noch die vorzeitige Beendigung der Wahlperiode im Fall einer gescheiterten Wahl des Ministerpräsidenten vorgesehen. Nach Art. 87 Abs. 4 SaarlVerf *ist* der Landtag aufgelöst, wenn die Wahl des Ministerpräsidenten nicht innerhalb von drei Monaten seit dem Zusammentritt des Landtages oder einer anderen Erledigung des Amtes des Ministerpräsidenten erfolgt. Anders als in Sachsen ist darüber hinaus noch eine weitere Auflösungsmöglichkeit für den Fall einer gescheiterten Vertrauensfrage und des Vertrauensentzuges in Art. 69 Var. 2 i.V.m. Art. 88 Abs. 2 SaarlVerf vorgesehen. Nach Art. 88 Abs. 2 S. 3 SaarlVerf erfolgt der Vertrauensentzug mit absoluter Mehrheit. Sofern es im Anschluss daran dem Landtag nicht binnen vier Wochen gelingt, eine neue Regierung mit absoluter Mehrheit (Art. 87 Abs. 1 S. 1 SaarlVerf) zu bilden, *ist* der Landtag automatisch aufgelöst (Art. 69 Var. 2 SaarlVerf).

6. Zwischenfazit

Im Verfassungsvergleich stellen die Bremische und die Saarländische Verfassung mit dem Erfordernis der Beschlussfassung von zwei Dritteln der gesetzlichen Mitgliederzahl des Landtages die strengsten Anforderungen an eine Selbstauflösung, wobei zu berücksichtigen ist, dass Bremen dieses Institut erst 1994 in seine Verfassung aufgenommen hat, das Saarland es hingegen bereits 1947 vor-

---

111 LEVY, BRAUN, XXI. Sitzung der Verfassungskommission (16.09.1947), abgedruckt in: STÖBER, Die saarländische Verfassung, S. 306-320/ 315.

112 Vgl. STÖBER, Die saarländische Verfassung, S. 50 f.

113 Lediglich auf der fünften Sitzung der Gesetzgebenden Versammlung (07.11.1947), erwähnte der Abg. KUNKEL (SPS) das Selbstauflösungsrecht (als ein Mittel zur Überbrückung von Klassengegensätzen), nahm aber zu dessen Ausgestaltung nicht weiter Stellung, vgl. STÖBER, Die saarländische Verfassung, S. 447-517/ 489 f.

sah. Nach den anderen Landesverfassungen, die vor dem Grundgesetz in Kraft getreten sind, genügt die absolute Mehrheit. Zur Verhinderung von etwaigen Missbräuchen wurde das Quorum gegenüber der sonstigen Beschlussfassung (mit einfacher Mehrheit, d.h. der Mehrheit der anwesenden Abgeordneten) qualifiziert. Wie im Rahmen der Prüfung der Vereinbarkeit des Selbstauflösungsrechtes des Sächsischen Landtages mit den Vorgaben des Grundgesetzes dargelegt[114], genügt das Erfordernis der absoluten Mehrheit den verfassungsrechtlichen Anforderungen an das Demokratieprinzip. Auf das Erreichen des jeweils erforderlichen Beschlussquorums als Tatbestandsvoraussetzung kommt es daher maßgeblich an. Ansonsten sind die Selbstauflösungstatbestände offen formuliert, dürfen allerdings nicht rechtsmissbräuchlich angewendet werden.

Wie auch bei den neuen Bundesländern sehen die Verfassungen, der in diesem Abschnitt behandelten Verfassungen weitere Möglichkeiten der vorzeitigen Wahlperiode vor, die in ihrer Ausgestaltung variieren. Ihr Verhältnis zum formellen Selbstauflösungsrecht wird noch näher darzulegen sein.[115]

III. Die Ausgestaltung des Selbstauflösungsrechtes in den Verfassungen der alten Bundesländer, die nach dem Grundgesetz in Kraft getreten sind

Nach Inkrafttreten des Grundgesetzes sind - abgesehen von den geltenden Verfassungen der neuen Bundesländer - die Verfassungen von Schleswig-Holstein (13. Dezember 1949), Nordrhein-Westfalen (28. Juni 1950), Berlin (1. September 1950), Niedersachsen (1. Mai 1951), Hamburg (6. Juni 1952) und Baden-Württemberg (11. November 1953) in Kraft getreten. Im vorstehenden Zusammenhang ist die Verfassung von Baden-Württemberg besonders bedeutsam, da Baden-Württemberg bei der Erarbeitung der Sächsischen Verfassung 1992 Partnerland von Sachsen und seine Verfassung in manchem Vorbild für Sachsen gewesen ist, aber auch umgekehrt die Sächsische Verfassung für die Aufnahme des Selbstauflösungsrechtes in die Verfassung von Baden-Württemberg 1995 eine Rolle gespielt haben dürfte.

---

114 S. 3. Teil, 3. Kap., § 19, I.2.
115 4. Teil, 1. Kap., § 20, V.

1. Die Einführung des Selbstauflösungsrechtes in Schleswig-Holstein 1990 als Konsequenz der sog. „Barschel-Affäre“

a) Nach ihrer vollständigen Neufassung vom 13. Juni 1990 ist das Selbstauflösungsrecht des Landtages von Schleswig-Holstein in Art. 13 Abs. 2 LV[116] niedergelegt. Besondere materielle Anforderungen sind für einen Beschluss über die Selbstauflösung des Landtages in Art. 13 Abs. 2 LV nicht vorgesehen. Die Abgeordneten sind bei der Anwendung dieses Institutes nur ihrem Gewissen unterworfen (Art. 11 Abs. 1 S. 2 SchlHVerf). Allerdings zeigt der im Herbst 2007 gescheiterte Selbstauflösungsversuch[117], dass auch in Schleswig-Holstein die Möglichkeit der Beendigung der Wahlperiode durch eigenen Beschluss der Lösung krisenhafter Konstellationen, insbesondere der Wiederherstellung der Arbeitsfähigkeit von Landtag und Regierung, dienen soll, ohne hierauf tatbestandlich beschränkt zu sein.

Für einen Beschluss, der die vorzeitige Beendigung der Wahlperiode zur Folge hat, ist die Zustimmung von zwei Dritteln der Landtagsmitglieder erforderlich. Gleichzeitig muss ein Termin zur Neuwahl bestimmt werden (Art. 13 Abs. 2 SchlHVerf). Die Geschäftsordnung des Landtages von Schleswig-Holstein[118] regelt nur allgemein das Verfahren bei Anträgen (§ 31).

b) Zur Genese ist Folgendes zu sagen: Bis zur Neufassung der Verfassung von Schleswig-Holstein 1990 war in der Landessatzung[119] vom 13. Dezember 1949[120] ein (Mehrheits-) Beschluss über die Auflösung des Landtages nur auf Antrag des Ministerpräsidenten vorgesehen, vgl. Art. 31 Abs. 2 a.F. Dies stellte eine ebenso einmalige wie merkwürdige Regelung dar, denn sie bedeutete de facto zugleich eine Überantwortung des Auflösungsrechtes an die Regierung, solange und soweit diese über die Landtagsmehrheit verfügte.[121] Im Verfassungsausschuss 1949 wurde diese Art der vorzeitigen Beendigung der Wahlperiode insbesondere deswegen gewählt, um dem Ministerpräsidenten und den regierenden Parteien die Möglichkeit der Bestimmung des „für das Wohl des Landes günstig-

---

[116] Gesetz zur Änderung der Landessatzung für Schleswig-Holstein vom 13.06.1990, GVBl. des Landes Schleswig-Holstein 1990, S. 391 i.d.F. des Gesetzes zur Änderung der Verfassung vom 20.07.2007, GVBl. des Landes Schleswig-Holstein 2007, S. 338

[117] S. dazu 1. Teil, 2. Kap., § 4, II.6.

[118] vom 08.02.1991, GVBl. für Schleswig-Holstein 1991, S. 85 i.d.F. vom 27.04.2005, GVBl. für Schleswig-Holstein 2005, S. 257

[119] Mit diesem Begriff sollte der vorläufige Charakter der getroffenen rechtlichen Ordnung zum Ausdruck kommen. Eine „echte“ Verfassung sollte erst dann geschaffen werden, wenn das deutsche Volk wieder vollständig seine verfassunggebende Gewalt besitzt, vgl. Landesregierung Schleswig-Holstein, Landtagsvorlage Nr. 263/ 3 (11.10.1949) - Begründung, Pkt. VI, S. 187 f.

[120] GVBl. 1950, S. 2; in Kraft getreten am 12.01.1950

[121] BARSCHEL/ GEBEL, Landessatzung für SchlH, Art. 31, A., S. 197

sten Zeitpunktes“ für Neuwahlen zu geben.[122] Die Abhängigkeit der Landtagsauflösung vom Antrag des Ministerpräsidenten ist allerdings schwerlich mit der Stellung der Volksvertretung im parlamentarischen Regierungssystem vereinbar.[123] Denn in diesem Fall ist die Regierung nicht vom Vertrauen des Landtages abhängig, sondern umgekehrt letzterer vom Ministerpräsidenten, dem Haupt der Regierung.

Im Rahmen der sog. „Barschel-Affäre“ - illegale Machenschaften im Wahlkampf 1987[124] - wurde am 2. Oktober 1987 ein Parlamentarischer Untersuchungsausschuß zur „Aufklärung von eventuell rechtswidrigen Handlungen und Unterlassungen des Ministerpräsidenten Dr. Barschel, der Mitglieder, Mitarbeiter und Helfer der Landesregierung gegen zum 11. Landtag kandidierende Parteien und ihre Repräsentanten“[125] eingerichtet. Neben der Aufklärung des Sachverhaltes empfahl dieser dem Landtag „institutionelle Reformen zur Begrenzung und Kontrolle politischer Macht“.[126] Die daraufhin am 29. Juni 1988 eingesetzte Enquête-Kommission[127] schlug in ihrem Schlussbericht zur Stärkung des Landtages und zur wirksameren Kontrolle der Regierung vor, die bestehende Abhängigkeit der Landtagsauflösung von einem vorherigen Antrag des Ministerpräsidenten aufzuheben, da eine derart herausgehobene politische Machtposition des Ministerpräsidenten nicht gerechtfertigt sei. Allerdings solle der autonome Auflösungsbeschluss von mindestens zwei Dritteln seiner Mitglieder gefasst werden. Durch dieses erhöhte Quorum solle verhindert werden, dass die Regierungsmehrheit den Zeitpunkt der Neuwahlen selbst bestimme und somit eine Prämie auf ihren Machtbesitz erhalte.[128] Verändert wurde auch die Terminologie: Anstelle des Begriffes „Auflösung“ ist, um den Eindruck zu vermeiden, dass das Parlament nach dem Auflösungsbeschluss nicht mehr existent oder handlungsunfähig sei, nun von „vorzeitiger Beendigung der Wahlperiode“ die Rede.[129] In den daraufhin eingebrachten Gesetzentwürfen vom 21. und 22. Dezember 1989[130] ist das

---

[122] So der Abg. LÜDEMANN (SPD), Landtag von Schleswig-Holstein, 1. WP, Wortprotokoll der 28. Tagung (12./ 13.12.1949), S. 107.

[123] So auch V. MUTIUS/ WUTTKE/ HÜBNER, Kommentar zur LV SchlH, Art. 13, RN 3, S. 99.

[124] Zu den Hintergründen vgl. näher BAENTSCH, Der Doppelmord an Uwe Barschel, insbes. 2. und 3. Kap., S. 59 ff.

[125] Vgl. Schleswig-Holsteinischer Landtag, Antrag der SPD-Fraktion vom 29.09.1987 (DS 11/ 8), Antrag der Fraktionen der SPD, der CDU, der FDP und des Abg. Karl Otto Meyer (SSW) vom 30.09.1987 (DS 11/ 9), Antrag der CDU-Fraktion vom 02.10.1987 (DS 11/ 13).

[126] Vgl. Schleswig-Holsteinischer Landtag, Bericht des parlamentarischen Untersuchungsausschusses, DS 11/ 66 (05.02.1988), S. 283 f.

[127] Vgl. zu ihrem Auftrag näher Schleswig-Holsteinischer Landtag, DS 12/ 14 (23.06.1988).

[128] WUTTKE, Enquête-Kommission, S. 21-41/ 25; vgl. auch Schleswig-Holsteinischer Landtag, DS 12/ 180 (07.02.1989), S. 25.

[129] Schleswig-Holsteinischer Landtag, DS 12/ 180 (07.02.1989), S. 25; zur Bedeutung dieser Terminologien s. auch oben, 1. Teil, 1. Kap., § 1, I.2.

[130] S. Schleswig-Holsteinischer Landtag, DS 12/ 637, Schleswig-Holsteinischer Landtag, DS 12/ 638.

Selbstauflösungsrecht bereits in seiner heutigen Formulierung enthalten. Am 30. Mai 1990 verabschiedete der Landtag, nachdem der Sonderausschuss „Verfassungs- und Parlamentsreform" ausführlich die Änderungen zur Landessatzung beraten hatte[131], einstimmig[132] das „Gesetz zur Änderung der Landessatzung" mit den o.g. Veränderungen hinsichtlich des Selbstauflösungsrechtes.

c) Abgesehen vom Selbstauflösungsrecht sieht die Verfassung von Schleswig-Holstein nur noch eine weitere Möglichkeit der vorzeitigen Beendigung der Wahlperiode vor, und zwar im Falle einer gescheiterten Vertrauensfrage (vgl. Art. 36 Abs. 1 S. 1). Allerdings ist die Landtagsauflösung nicht zwingende Folge eines solchen Beschlusses, vielmehr steht diese (innerhalb von zehn Tagen) im Ermessen der Ministerpräsidentin bzw. des Ministerpräsidenten. Wählt der Landtag aber eine andere Ministerpräsidentin oder einen anderen Ministerpräsidenten, so erlischt deren Recht zur Landtagsauflösung (Art. 36 Abs. 2 SchlHVerf).

2. Das Selbstauflösungsrecht in Nordrhein-Westfalen

a) Die Formulierung des Selbstauflösungsrechtes des Landtages in Art. 35 NRWVerf hat sich seit dem Inkrafttreten der Verfassung für Nordrhein-Westfalen vom 28. Juni 1950 am 10. Juli 1950 nicht verändert.[133] Sie sieht keine expliziten materiellen Voraussetzungen vor. Einer Selbstauflösung können also ganz unterschiedliche Konstellationen zugrunde liegen. Die diesbezügliche politische Ermessensentscheidung des Landtages ist der verfassungsgerichtlichen Überprüfung entzogen.[134] Aus der Genese lassen sich jedoch Anhaltspunkte dafür ableiten, dass das Selbstauflösungsrecht insbesondere der Verwirklichung des Wählerwillens dienen soll (wird sogleich ausgeführt). Ebenso wie die Verfassungen von Bayern, Hessen und Rheinland-Pfalz ist auch das Selbstauflösungsrecht in Nordrhein-Westfalen nur an das Erfordernis der Zustimmung der Mehrheit der gesetzlichen Mitgliederzahl des Landtages gebunden. Weitere verfahrensrechtliche Anforderungen wie ein Antragsquorum oder eine bestimmte Mindestfrist zwischen Antragstellung und Beschlussfassung stellt die Verfassung von Nordrhein-Westfalen nicht auf. Auch in der Geschäftsordnung des Landtages von

---

[131] Dieser empfahl die Annahme der Gesetzentwürfe wie in DS 12/ 637 und 12/ 638 (neu) vorgesehen, vgl. Schleswig-Holsteinischer Landtag, DS 12/ 826 (22.05.1990).

[132] LT-Protokoll, 12. WP, 55. Sitzung, S. 3303

[133] Vgl. GVBl. für das Land NRW 1950, S. 127 i.d.F. des Gesetzes zur Änderung der Verfassung vom 22.06.2004, GVBl. für das Land NRW 2004, S. 360.

[134] So ausdrücklich MÜLLER-TERPITZ, in: Löwer/ Tettinger, NRWVerf-Komm., Art. 35, RN 8, S. 613 f.

Nordrhein-Westfalen[135] sind keine besondere Bestimmungen zur parlamentarischen Selbstauflösung enthalten.

b) Nachdem im *Vorläufigen Landesgrundgesetz* für das Land Nordrhein-Westfalen 1946[136] das Selbstauflösungsrecht noch nicht verankert war[137], sah der Entwurf einer Verfassung für das Land Nordrhein-Westfalen vom 15. November 1947[138] in Art. 41 ein solches Recht für die Mehrheit der gesetzlichen Mitgliederzahl vor. Als im Spätsommer 1948 in Bonn der Parlamentarische Rat mit der Ausarbeitung eines Grundgesetzes für die Bundesrepublik Deutschland begann, wurde die Arbeit an einer Verfassung für Nordrhein-Westfalen unterbrochen, um erst auf dieser Grundlage die Verfassung weiter zu beraten. Nach Inkrafttreten des Grundgesetzes im Mai 1949 wurde die Verfassungsarbeit in Nordrhein-Westfalen wieder aufgenommen.[139] Als deren Ergebnis wurden sowohl ein Entwurf des Innenministers *Menzel* (SPD)[140] als auch des Ministerpräsidenten *Arnold* (CDU) - zur Betonung der Vorläufigkeit als „Grundgesetz für das Land Nordrhein-Westfalen" bezeichnet[141] - am 29. November 1949 in synoptischer Form in den Landtag eingebracht (Regierungsvorlage, DS Nr. II-1359).[142] Übereinstimmend sahen diese (in Art. 28) ein Selbstauflösungsrecht, das die absolute Mehrheit der Abgeordneten voraussetzte, vor.

Die Beratung über diesen Entwurf fand in Erster Lesung am 14. Dezember 1949 statt. Auf das Selbstauflösungsrecht wurde hier jedoch kein besonderes Gewicht gelegt. Im Rahmen der 31. Sitzung des Verfassungsausschusses am 3. Januar 1950, in den der Entwurf am Ende der Ersten Lesung verwiesen wurde, wurde hingegen ausführlich über die Notwendigkeit des Selbstauflösungsrechtes diskutiert. Hierbei trat die FDP für dessen Streichung ein, da das vom Volk gegebene Mandat nur vom Volk selbst wieder aufgehoben werden könne.[143] Trotz gewisser

---

135 GO des Landtags Nordrhein-Westfalen für die 14. WP gem. Beschluss des Landtags vom 08.06.2005 (Stand: 15.03.2006), zu finden im Internet unter www.landtag.nrw.de → Dokumente → Parlamentarische Rechtsgrundlagen → Geschäftsordnung des Landtags

136 Dieser Entwurf wurde am 23.01.1947 in Erster Lesung im (noch von der britischen Militärregierung ernannten) Landtag beraten und in den Verfassungsausschuss überwiesen. Jedoch fanden aufgrund der bevorstehenden ersten Landtagswahlen (20.04.1947) darüber keine weiteren Beratungen statt. Er ist nie in Kraft getreten, so dass es in NRW bis 1950 keine (vorläufige) Verfassungsurkunde gab.

137 Anders jedoch der Entwurf der KPD-Landtagsfraktion vom 14.10.1947 (LT-DS Nr. II-144, Art. 102). Er stellte ebenfalls das Mehrheitserfordernis auf.

138 Entwurf der CDU-geführten Regierung *Arnold* unter Federführung des Innenministers *Menzel* vom 15.11.1947 (LT-DS Nr. II-166). Er ist im Gegensatz zum Vorläufigen Landesgrundgesetz als Vollverfassung konzipiert.

139 Vgl. MENZEL, in: Löwer/ Tettinger, NRWVerf-Komm., Einführung, RN 18, S. 37.

140 Er stimmt weitgehend mit dem Entwurf von 1947 überein.

141 MENZEL, *in:* Landtag von Nordrhein-Westfalen, Erste Lesung der Regierungsvorlage, Plenarprotokoll 1/ 117 (14.12.1949), S. 3629

142 In ihm wurde der Entwurf des Ministerpräsidenten *Arnold* als sog. „Mehrheitsentwurf" und der Entwurf des Innenministers *Menzel* als „Minderheitsentwurf" bezeichnet.

143 Abg. KREKELER (FDP), Landtag Nordrhein-Westfalen, Verfassungsausschuss (1. WP), 31. Sitzung, S. 15

Bedenken, dass sich der Landtag seiner Aufgabe, auch in schwierigen politischen Situationen eine Entscheidung zu treffen, entziehen könne, bekannte sich hingegen die CDU zu einem Selbstauflösungsrecht. Insbesondere Konstellationen, in denen die Zusammensetzung des Parlamentes nicht mehr dem Wählerwillen entspreche, könnten eine Selbstauflösung erforderlich machen. Des Weiteren wurde in der Selbstauflösung die einzige Möglichkeit gesehen, eine Regierung zu stürzen.[144] Schließlich wurde die Beschlussfassung bis zur Beratung über die Befugnisse der Landesregierung und deren Verhältnis zum Landtag zurückgestellt.[145] Nachdem der Berichterstatter des Verfassungsausschusses im Rahmen der Zweiten Lesung des Grundgesetzes vom 24. April bis 5. Mai 1950 (im Plenum), genauer am 3. Mai 1950, die im Ausschuss diskutierten Bedenken hinsichtlich des Selbstauflösungsrechtes wiederholt hatte[146] und das Selbstauflösungsrecht in der Dritten Lesung vom 31. Mai bis 6. Juni 1950 nicht weiter erörtert wurde[147], wurde schließlich am 6. Juni 1950 die Verfassung durch den Landtag[148] und am 18. Juni 1950 durch Volksentscheid, der mit der Wahl zum zweiten Landtag in Nordrhein-Westfalen verbunden war, angenommen. Es stimmten mehr als 60 % der Wahlberechtigten (bei über 70% Wahlbeteiligung) für die Verfassung, die damit am 10. Juli 1950 in Kraft treten konnte.

c) Das Selbstauflösungsrecht dient in Nordrhein-Westfalen nach allem als Gegengewicht zu der nicht in die Verfassung aufgenommenen Landtagsauflösung durch Volksentscheid. Ohne das Selbstauflösungsrecht hätte nur die Regierung nach Ablehnung eines von ihr eingebrachten Gesetzes durch den Landtag und anschließender Annahme dieses Gesetzes in einem Volksentscheid (vgl. Art. 68 Abs. 3 LV) die Möglichkeit zur Auflösung des Landtages in Nordrhein-Westfalen besessen.[149] Der Landtag erhält durch das Selbstauflösungsrecht die Möglichkeit, die Regierung zu stürzen, auch wenn die im Rahmen eines konstruktiven Misstrauensvotums erforderliche politische Einigkeit in Bezug auf einen Nachfolger fehlt.[150] Dies ist allerdings angesichts der strengeren Mehrheitsanforde-

---

144 Abg. SCHOLTISSEK (CDU), Landtag Nordrhein-Westfalen, Verfassungsausschuss (1. WP), 31. Sitzung, S. 10

145 Vorsitzender JACOBI (SPD), Landtag Nordrhein-Westfalen, Verfassungsausschuss (1. WP), 31. Sitzung, S. 16

146 Abg. SCHOLTISSEK (CDU), Landtag von Nordrhein-Westfalen, Zweite Lesung der Regierungsvorlage, Plenarprotokoll 1/ 129, S. 4416 f.

147 Die FDP brachte lediglich einen Antrag auf Herabsetzung der Anforderungen hinsichtlich einer Auflösung durch Volksentscheid ein, da sie das Selbstauflösungsrecht für die Verwirklichung der Volkssouveränität als unzureichend erachtete, vgl. Landtag von Nordrhein-Westfalen, Dritte Lesung der Regierungsvorlage, Plenarprotokoll 1/ 137 (03.06.1950), S. 4921 f.

148 Landtag von Nordrhein-Westfalen, Dritte Lesung der Regierungsvorlage, Plenarprotokoll 1/ 139, S. 5087

149 Vgl. dazu GRIMM/ PAPIER, StVwR NRW, 1. Abschnitt, V.2., S. 27.

150 So auch MÜLLER-TERPITZ, in: Löwer/ Tettinger, NRWVerf-Komm., Art. 35, RN 3 f., S. 611.

rungen des Selbstauflösungsrechtes (Mehrheit der gesetzlichen Mitgliederzahl des Landtages) im Vergleich zum konstruktiven Misstrauensvotum (Mehrheit der abgegebenen Stimmen, Art. 61 Abs. 1 LV) unwahrscheinlich.[151]

3. Die vorzeitige Beendigung der Wahlperiode durch Beschluss des Abgeordnetenhauses von Berlin

Berlin hatte vor der Wiedervereinigung einen besonderen Status („Mikrokosmos der deutschen Nachkriegsprobleme“[152]) inne.[153] Das Bundesverfassungsgericht sah Berlin als ein Land der Bundesrepublik Deutschland an.[154] Dies war allerdings streitig, ist aber nach der Wiedervereinigung Deutschlands obsolet geworden.

a. Anforderungen nach Art. 54 Abs. 2 BerlVerf

Die Verfassung von Berlin vom 23. November 1995[155] sieht in Art. 54 Abs. 2 die Möglichkeit der vorzeitigen Beendigung der Wahlperiode des Abgeordnetenhauses durch eigenen Beschluss der Abgeordneten vor. Wie in den bisher untersuchten Verfassungen sind auch für eine Selbstauflösung des Berliner Abgeordnetenhauses explizite materielle Voraussetzungen nicht vorgesehen. Eine vorzeitige Beendigung der Wahlperiode kann danach und auch aufgrund des freien Mandates gem. Art. 38 Abs. 4 S. 2 BerlVerf in ganz verschiedenen Konstellationen in Betracht kommen. Im März 1981 erfolgte eine Selbstauflösung des Abgeordnetenhauses, nachdem eine Einigung über die Neubesetzung von Senatorenstellen trotz einer Mehrheit des SPD/ FDP-Senates nicht zustande kam. Wie die Selbstauflösung des Berliner Abgeordnetenhauses im September 2001[156] gezeigt hat, sind aber auch weitere Gründe hierfür denkbar wie die Rückgabe der Legitimation an die Wähler in Fragen von grundsätzlicher Bedeutung oder nach Koalitionsbruch bzw. -zerfall.

---

[151] S. dazu auch GELLER/ KLEINRAHM/ FLECK, Die Verfassung des Landes NRW, Anm. 1 zu Art. 35, S. 240.
[152] BLUMENWITZ, in: Isensee/ Kirchhof, HdStR-IX, § 211, RN 55, S. 493
[153] Zum Berlin-Status vgl. ausführlich SCHOLZ, in: Isensee/ Kirchhof, HdStR-I, § 9, S. 351 ff.
[154] BVerfGE 7, 1 (LS 1, S. 7 ff.)
[155] GVBl. für Berlin 1995, S. 779 i.d.F. vom 06.07.2006, GVBl. für Berlin 2006, S. 710
[156] Zu diesen beiden Anwendungsfällen vgl. näher 1. Teil, 2. Kap., § 4, II.2.

aa. 2/3-Beschlussquorum

Wie in Sachsen bedarf der Beschluss zur vorzeitigen Beendigung der Wahlperiode der Volksvertretung einer Mehrheit von zwei Dritteln der gesetzlichen Mitgliederzahl. Weitere Voraussetzungen werden an diese Möglichkeit der vorzeitigen Beendigung der Wahlperiode nicht gestellt. So sehen weder der Verfassungstext noch die Geschäftsordnung des Berliner Abgeordnetenhauses[157] ein Antragsquorum oder eine Mindestfrist zwischen der Einbringung des Antrages und der Abstimmung vor.

bb. Verfassungswidrigkeit des Selbstauflösungsrechtes mangels materieller Voraussetzungen?

Das Fehlen expliziter materieller Voraussetzungen war Gegenstand einer aufgrund der 2001 erfolgten Selbstauflösung des Berliner Abgeordnetenhauses erhobenen Organklage mehrerer Berliner Abgeordneter. Diese vertraten die Auffassung, dass die Selbstauflösung des Berliner Abgeordnetenhauses zwar mit dem Wortlaut, aber nicht mit dem Willen der Landesverfassung übereinstimme. Neben den formellen müssten auch materielle Voraussetzungen wie z.B. die Handlungsunfähigkeit der Regierung vorliegen.

Der Berliner Verfassungsgerichtshof hat die Organklage mit dem Argument abgewiesen, dass sich materielle Anforderungen weder aus dem Verfassungstext noch nach systematischer, teleologischer und historischer Auslegung der Norm ergäben - ein ungeschriebenes Tatbestandsmerkmal sei nicht ersichtlich. Vielmehr stehe dem Abgeordnetenhaus ein freies politisches Ermessen hinsichtlich der Entscheidung über die vorzeitige Beendigung der Wahlperiode zu. Die vorzeitige Beendigung der Wahlperiode verletze die Abgeordneten nur in ihren Rechten im Falle eines Missbrauches, für den in diesem Fall keine Anhaltspunkte ersichtlich wären.[158]

Eine Verfassungswidrigkeit des Art. 54 Abs. 2 BerlVerf wegen fehlender expliziter materieller Voraussetzungen ist daher - auch unter Verweis auf die entsprechenden Ausführungen zu Art. 58 SächsVerf[159] - zu verneinen. Damit hängt die Dauer der (grundsätzlich fünfjährigen, Art. 54 Abs. 1 S. 1 BerlVerf[160]) Wahlperiode entscheidend vom Zustandekommen einer Mehrheit von zwei Dritteln

---

[157] Bekanntmachung der GO des Abgeordnetenhauses von Berlin vom 03.11.2006, GVBl. für Berlin 2006, S. 1053 ff. Diese enthält mit § 39 lediglich eine allgemeine Regelung zur Behandlung von Anträgen.

[158] Vgl. BerlVerfGH, Beschluss vom 08.10.2001 - VerfGH 137 A/ 01, 137/ 01 u.a., abgedruckt in: NVwZ 2002, S. 594-598/ 595 f.; so auch DRIEHAUS, Verfassung von Berlin, Art. 54, RN 5, S. 243.

[159] 3. Teil, 3. Kap., § 19, II.1.

[160] Eingeführt durch Verfassungsänderung vom 03.04.1998, GVBl. für Berlin 1998, S. 82.

der gesetzlichen Mitgliederzahl des Abgeordnetenhauses ab. Dabei sorgt dieses Quorum dafür, dass das Selbstauflösungsrecht nicht missbraucht und so die Stabilität des parlamentarischen Regierungssystems nicht gefährdet wird.

b. Einigkeit unter den Verfassungsentwürfen hinsichtlich des Zweidrittelquorums

Die geltende Verfassung Berlins entstand, weil der 1990 eingeführte[161] Art. 88 Abs. 2 BerlVerf 1950[162] eine Überarbeitung in der ersten Wahlperiode des Gesamtberliner Abgeordnetenhauses vorschrieb. Dabei sollte auch die Verfassung vom 1. September 1950 herangezogen werden.

Unter den Parteien, die Entwürfe zur Verfassung von 1950 vorlegten, herrschte im Hinblick auf das Quorum von zwei Dritteln der gesetzlichen Mitgliederzahl des Abgeordnetenhauses für die Beschlussfassung über die vorzeitige Beendigung der Wahlperiode Einigkeit.[163] Entsprechend sah Art. 39 BerlVerf 1950 vor, dass eine Selbstauflösung des Abgeordnetenhauses der Zustimmung von mindestens zwei Dritteln der gewählten Mitglieder bedurfte (Abs. 1) und die Neuwahl spätestens acht Wochen nach der vorzeitigen Auflösung zu erfolgen hatte (vgl. Art. 39 Abs. 2 BerlVerf 1950, Art. 39 Abs. 4 Var. 1 i.d.F. vom 26. Februar 1981). Inhaltlich änderte sich an den Anforderungen für eine Selbstauflösung durch die Verfassungsänderung 1981[164] nichts. Anstelle von „Auflösung“ wurde allerdings die Formulierung „vorzeitige Beendigung der Wahlperiode“ gewählt (vgl. Art. 39 Abs. 5 S. 1 BerlVerf 1950 i.d.F. vom 26. Februar 1981, Art. 54 Abs. 5 S. 1 BerlVerf 1995), um zu verdeutlichen, dass die Wahlperiode erst mit dem Zusammentritt des neugewählten Abgeordnetenhauses endet.[165]

Hierbei blieb es auch 1995. Die auf gemeinsamen Antrag der Fraktionen von CDU und SPD eingesetzte Enquête-Kommission Verfassungs- und Parlamentsreform[166] enthält in ihrem Schlussbericht keine Anmerkungen zur vorzeitigen Beendigung der Wahlperiode.[167] Offenbar wurde kein Änderungsbedarf gesehen. Die Formulierung in Art. 54 BerlVerf 1995 stimmt mit der des Art. 39 Abs. 2 BerlVerf 1950 überein.[168]

---

161 Zweiundzwanzigstes Gesetz zur Änderung der Verfassung von Berlin, GVBl. für Berlin 1990, S. 1877

162 VOBl. für Groß-Berlin 1950, S. 433. Diese Verfassung wurde durch die Verfassung vom 23.11.1995 mit Wirkung zum 30.11.1995 ersetzt.

163 Vgl. dazu REICHHARDT, Die Entstehung der Verfassung von Berlin, Dokument 98 (vom 18.09.1947 - Entwürfe der Parteien), S. 717, Dokument 102 (20. Sitzung des Verfassungsausschusses am 29.09.1947), S. 847.

164 GVBl. für Berlin 1981, S. 346

165 Zur begrifflichen Einordnung, s. bereits oben 1. Teil, 1. Kap., § 1, I.2.

166 Vgl. Abgeordnetenhaus von Berlin, DS 12/ 331 (23.05.1991), 12/ 654 (19.09.1991), Plenarprotokoll 12/ 14 (26.09.1991), S. 1115 ff.

167 Abgeordnetenhaus von Berlin, DS 12/ 4376 (18.05.1994)

Es sei hinzugefügt, dass auch die nach der Wahl der Stadtverordnetenversammlung am 6. Mai 1990[169] ausgearbeitete Verfassung für Berlin vom 23. Juli 1990[170] in Art. 39 Abs. 2 ein Selbstauflösungsrecht enthielt, das ebenfalls neben dem Erfordernis der Beschlussfassung mit zwei Dritteln der gesetzlichen Zahl der Abgeordneten keine weiteren expliziten Anforderungen aufstellte. Zu dieser Verfassung war es - trotz der schon sichtbaren Anzeichen für die deutsche Wiedervereinigung - gekommen, um eine hinreichende rechtliche Basis für die Arbeit der neugewählten Stadtverordnetenversammlung und den Magistrat zu schaffen.[171]

c. Weitere Möglichkeiten zur vorzeitigen Beendigung der Wahlperiode

Neben dem Selbstauflösungsrecht sieht die Verfassung von Berlin noch eine weitere Möglichkeit der vorzeitigen Beendigung der Wahlperiode vor und zwar durch Volksentscheid (Art. 54 Abs. 3 i.V.m. Artt. 62 Abs. 6, 63 Abs. 3).[172] Die Möglichkeit der Auflösung des Abgeordnetenhauses durch Volksentscheid verdeutlicht den hohen Stellenwert, der der Souveränität des Volkes in der Berliner Verfassung zukommt.[173]

4. Das Selbstauflösungsrecht in Niedersachsen: Einmaliges Beschlussquorum

a) Wie in den anderen Bundesländern ist das Selbstauflösungsrecht in Niedersachsen (Art. 10 LV[174]) an keine expliziten materiellen Gründe gebunden.[175] Die Abgeordneten können aufgrund ihres freien Mandates (Art. 12 S. 2 NdsVerf) die

---

168 Zu den vorgenommenen Änderungen vgl. PESTALOZZA, Die überarbeitete Verfassung von Berlin, in: LKV 1995, S. 344-353/ 345 f.

169 Hierbei errangen die SPD 34,04 %, die PDS 30,04 %, die CDU 17,68 % und Bündnis 90/ Die Grünen 9,87 % der Stimmen (Sitzverteilung: SPD: 47, PDS: 42, CDU, DA: 25, Bündnis 90/ Die Grünen, GL, ALL: 19, BFD, FDP, DSU: 5), vgl. FINKELNBURG, Ostberliner Verfassung, Zweites Kapitel, S. 45.

170 Abgedruckt in: FINKELNBURG, Ostberliner Verfassung, Anhang, S. 193.

171 Zu den Motiven der verschiedenen Parteien im Einzelnen vgl. FINKELNBURG, Ostberliner Verfassung, Zweites Kapitel, S. 45-58.

172 Die Möglichkeit der vorzeitigen Beendigung der Wahlperiode im Falle einer gescheiterten Senatsbildung (Art. 56 Abs. 3 a.F. BerlVerf) wurde durch das Achte Gesetz zur Änderung der Verfassung von Berlin vom 25.05.2006 (GVBl. für Berlin 2006, S. 446) aufgehoben.

173 So auch DRIEHAUS, Verfassung von Berlin, Art. 62, RN 1, S. 275, Art. 2, RN 1, 3, S. 30 f.

174 Verfassung vom 19.05.1993, NdsGVBl. 1993, S. 107 i.d.F. des Gesetzes zur Änderung der Niedersächsischen Verfassung vom 27.01.2006, NdsGVBl. 2006, S. 58

175 So auch KORTE/ REBE, Verfassung und Verwaltung des Landes Nds, 3. Kap., S. 212; NEUMANN, H., Die Niedersächsische Verfassung, Art. 10, RN 3, S. 105.

Selbstauflösung des Landtages beschließen, solange dies nicht rechtsmissbräuchlich ist. Die Beseitigung von Störungen des parlamentarischen Systems stellt allerdings einen typischen Anwendungsfall dar. Dies lassen die 1970 zur Beseitigung der - durch Partei- und Fraktionswechsel einiger Abgeordneter - eingetretenen politischen Handlungsunfähigkeit der Großen Koalition erfolgte ebenso wie die im Oktober/ November 1988 beabsichtigte, aber nicht erfolgreiche Selbstauflösung[176] erkennen.

Im Gegensatz zu den anderen Bundesländern, die das Beschlussquorum auf die Zahl der gesetzlichen Mitglieder beziehen, genügt in Niedersachsen die Zustimmung von zwei Dritteln der *anwesenden* Mitglieder. Allerdings muss die Zahl der zustimmenden Abgeordneten mehr als die Hälfte der gesetzlichen Mitgliederzahl betragen. Damit stellt diese Regelung einen Mittelweg zwischen dem z.B. in Bayern vorgesehenen absoluten Mehrheitserfordernis und dem beispielsweise in Sachsen verankerten Beschlussquorum von zwei Dritteln der gesetzlichen Mitgliederzahl des Landtages dar. Der Anwesenheit der Abgeordneten kommt so eine größere Bedeutung als z.B. in Sachsen zu. In Sachsen und Bayern bedeutet die Abwesenheit ein klares Nein, während in Niedersachsen ein Anwesenheitsinteresse auch bei Gegnern einer Selbstauflösung besteht, weil so das Beschlussquorum entsprechend angehoben wird.

Neben den Anforderungen an die Beschlussfassung verlangt Art. 10 Abs. 2 S. 1 NdsVerf für eine Selbstauflösung des Landtages noch einen Antrag von mindestens einem Drittel der Abgeordneten. Die Abstimmung über den Antrag muss zwischen dem elften und dem dreißigsten Tag nach Schluss der Besprechung erfolgen (vgl. Art. 10 Abs. 3 NdsVerf). Ohne vorherige Beratung ist die Abstimmung unzulässig.[177] Der Beschluss über die Selbstauflösung ist unwiderruflich (Art. 10 Abs. 1 S. 2 NdsVerf), d.h. er kann vom Plenum nicht mehr aufgehoben werden.[178]

Nach der Geschäftsordnung[179] ist vorgesehen, dass der Antrag, den Landtag aufzulösen, bei der Präsidentin oder dem Präsidenten des Landtages schriftlich einzureichen ist und die Beratung frühestens am dritten Tag nach der Verteilung des Antrages stattfinden darf (§ 44 Abs. 1). Konkretisierend bestimmt § 44 Abs. 2 GO, dass die Abstimmung über den Antrag auf die Tagesordnung der ersten Sitzung nach dem zehnten Tag nach der Besprechung gesetzt wird und bis zu deren Durchführung verbleibt. § 44 GO wiederholt damit im Wesentlichen die Anforderungen des Art. 10 Abs. 3 NdSVerf hinsichtlich der Frist zwischen Antrag und Schluss der Beratung.

---

176 Vgl. dazu bereits oben, 1. Teil, 2. Kap., § 4, II.1.
177 Vgl. auch NEUMANN, H., Die Niedersächsische Verfassung, Art. 10, RN 7, S. 106.
178 NEUMANN, H., Die Niedersächsische Verfassung, Art. 10, RN 5, S. 106
179 Bekanntmachung der GO des Niedersächsischen Landtages vom 04.03.2003, NdsGVBl. 2003, S. 135 i.d.F. der Änderung vom 21.09.2006, NdsGVBl. 2006, S. 442

b) Das Selbstauflösungsrecht war bereits in der Vorläufigen[180] Niedersächsischen Verfassung vom 13. April 1951[181] in Art. 7 enthalten.[182] Einziger Unterschied zur geltenden Regelung ist die Ersetzung des Wortes „Abgeordneten" durch „Mitglieder des Landtages".[183]

Grundlagen der Vorläufigen Verfassung bildeten ein Entwurf der DP vom 9. Dezember 1947[184], der jedoch kein Selbstauflösungsrecht, sondern vielmehr das Recht des - als Staatsoberhaupt des Landes Niedersachsen gedachten - Staatspräsidenten[185] zur Auflösung des Landtages enthielt (Art. 98) sowie die Regierungsvorlage vom 26. Mai 1950[186]. In Letzterer ist das Selbstauflösungsrecht enthalten. Nach Art. 8 des Entwurfes sollte zu einem Selbstauflösungsbeschluss die Mehrheit aller Abgeordneten erforderlich sein. Durch Art. 8 werde - so die Referenten-Begründung zur Regierungsvorlage - gewährleistet, dass der Landtag - als Konsequenz des parlamentarischen Regierungssystems - in der Lage ist, die Amtszeit der Landesregierung vorzeitig zu beenden, sofern er der Ansicht ist, nicht mehr vertrauensvoll mit der Regierung zusammenarbeiten zu können, die Regierung aber nicht zurücktritt.[187] Diese Funktion wird aber v.a. durch das (vom Verfassungsausschuss eingeführte) konstruktive Misstrauensvotum ausgeübt, so dass das Selbstauflösungsrecht einen Teil seiner Funktion verloren hat. Allerdings kann durch das Selbstauflösungsrecht mittels der bloßen „Drohung" eines

---

180 Art. 61 Abs. 2 VorlNdsVerf bestimmte, dass die Vorläufige Verfassung ein Jahr nach Ablauf des Tages außer Kraft trete, an dem das deutsche Volk in freier Entscheidung eine Verfassung beschließt. Auch wenn zwischen den Parteien Einigkeit bestand, dass die vorausgesetzte Entscheidung des gesamtes deutschen Volkes durch die Erweiterung des Geltungsbereiches des Grundgesetzes auf das Gebiet der ehemaligen DDR nicht vorlag, wurde dennoch an der Verfassungsreform gearbeitet, wenn auch ohne Zeitdruck, vgl. BERLIT, Die neue Niedersächsische Verfassung, in: NVwZ 1994, S. 11-17/ 11 f.

181 NdsGVBl. 1951, S. 103

182 Hingegen enthielt die „Notverfassung" (vgl. Gesetz zur vorläufigen Ordnung der Niedersächsischen Landesgewalt vom 11.02.1947, NdsGVBl. 1947, S. 1) kein Selbstauflösungsrecht. Ursprünglich nur als Provisorium bis zum Beginn des ersten Landtages konzipiert, wurde sie durch sechs Änderungsgesetze im Hinblick auf den jeweiligen Stand der Verfassungsberatungen bis zum 13.04.1951 verlängert, vgl. dazu näher KORTE, Verfassung und Verwaltung des Landes Nds, Erster Teil, Zweiter Abschnitt, 2., S. 29.

183 Darüber hinaus wurde statt der in der Vorläufigen Verfassung vorgesehenen Regelung, dass die Wahlperiode des neuen Landtages bereits mit dessen Neuwahl beginnt (Art. 6 Abs. 1 S. 2), wobei die Neuwahl im Falle einer Auflösung binnen sechzig Tagen zu erfolgen hatte (Art. 6 Abs. 2), festgeschrieben, dass die Wahlperiode des alten Landtages erst mit dem Zusammentritt des neuen Landtages endet (Art. 9 Abs. 1 S. 2 NdSVerf 1993). Ein parlamentsloser Zustand ist damit ausgeschlossen.

184 Niedersächsischer Landtag, 1. WP, DS Nr. 476; zu dem (zurückgezogenen) Entwurf der FDP vgl. KORTE, Verfassung und Verwaltung des Landes Nds, Zweiter Teil, Erstes Kapitel, Erster Abschnitt, 2., S. 43 f., 48.

185 Zu seiner Stellung und seinen Aufgaben s. näher Artt. 118 ff. des Entwurfes.

186 Vgl. Niedersächsischer Landtag, 1. WP, LT-DS Nr. 2073; vgl. zu diesem Entwurf näher KORTE/ REBE, Verfassung und Verwaltung des Landes Nds, Zweites Kap., Erster Abschnitt, 4., S. 101-108.

187 Niedersächsischer Landtag, 1. WP, Verfassungsausschuß, Vorlage Nr. 13 (07.02.1950), S. 2

„Appells an das Volk“ erheblicher Druck auf die Regierung ausgeübt werden.[188] Das Selbstauflösungsrecht erscheint danach überwiegend als ein Instrument zur Verwirklichung der Volkssouveränität.[189] Dabei wird durch das - gegenüber der sonstigen Beschlussfassung, die gem. Art. 21 Abs. 4 S. 1 NdsVerf mit der Mehrheit der abgegebenen Stimmen erfolgt, - erhöhte Quorum sichergestellt, dass eine vorzeitige Beendigung der Wahlperiode die Ausnahme bleibt.[190]

Der Regierungsentwurf wurde am 6. September 1950 in den Landtag eingebracht und am gleichen Tag in Erster Lesung beraten. Darin wurde das Selbstauflösungsrecht als ein Mittel angesehen, um in „lebenswichtigen Konflikten mit der Regierung an das Volk [gemeint ist das Wahlvolk] zu appellieren“.[191] Anschließend wurde die Regierungsvorlage - ebenso wie der Entwurf der DP - an den Verfassungsausschuss überwiesen.

Zunächst wurde aufgrund der Beratungen in der vierten Sitzung des Verfassungsausschusses ein Antragsquorum von einem Drittel der Abgeordneten in den Entwurfstext eingefügt.[192] Dies geschah v.a., damit Anträge, die keine Aussicht auf Beschlussfassung hätten und nur aus agitatorischen Gründen gestellt würden, die Parlamentsarbeit nicht behindern.[193] Im Rahmen der Zweiten Lesung des Verfassungsentwurfes[194], insbesondere in der 17. und 18. Sitzung des Verfassungsausschusses am 12. bzw. 18. Januar 1951, wurde angesichts der Bedeutung der Landtagsauflösung und der Erhaltung des stabilisierenden Effektes des konstruktiven Misstrauensvotums angeregt, dass der Landtag seine Auflösung nur mit Zustimmung von zwei Dritteln aller Abgeordneten beschließen können solle.[195] Es wurde jedoch befürchtet, dass bei einer Heraufsetzung des Beschlussquorums die Auflösungsmöglichkeit für den Landtag derart erschwert werde, dass diese am Ende kaum möglich sei.[196]

Seine konkrete Ausgestaltung erhielt Art. 8 in der 21. Sitzung des Verfassungsausschusses am 1. Februar 1951. Nachdem - um eine Selbstauflösung „nicht völlig illusorisch erscheinen“ zu lassen - einerseits vorgeschlagen worden war, die

---

188 Vgl. FABER/ SCHNEIDER, H.-P., NdsStVwR, 2. Abschnitt, III.1., S. 75.

189 So deutlich auch Niedersächsischer Landtag, 1. WP, Verfassungsausschuß, Vorlage Nr. 13 (07.02.1950), S. 1.

190 KORTE/ REBE, Verfassung und Verwaltung des Landes Nds, 3. Kap., S. 212.

191 Niedersächsischer Landtag, 1. WP, 103. Sitzung, S. 5760

192 Vgl. dazu die Vorlage der SPD, Niedersächsischer Landtag, 1. WP, Verfassungsausschuß, Nr. 15 (09.01.1951).

193 Vgl. Abg. DIEDRICHS (SPD), in: Verfassungsausschuß des Niedersächsischen Landtages, 1. WP, 4. Sitzung (22.09.1950), S. 45, vgl. Art. 8 Abs. 2.

194 Diese umfasste allgemein die 16. bis 22. Sitzung des Verfassungsausschusses (vom 11.01. bis 09.02.1951).

195 So der Abg. BÖHM (FDP), in: Verfassungsausschuß des Niedersächsischen Landtages, 1. WP, 17. Sitzung, S. 425; vgl. dazu auch BUSSE, CH., Regierungsbildung und Regierungswechsel, 3. Teil, C., I., S. 177 ff.

196 Abg. HOFMEISTER (CDU), in: Verfassungsausschuß des Niedersächsischen Landtages, 1. WP, 18. Sitzung, S. 455

Zweidrittelmehrheit auf die abgegebenen Stimmen zu beziehen[197], andererseits argumentiert wurde, dass Zufallsmehrheiten nur durch einen Bezug des Beschlussquorums auf die gesetzliche Zahl der Abgeordneten zu vermeiden seien[198], wurde mit der Formulierung „zwei Drittel, mindestens aber die absolute Mehrheit"[199] ein Kompromiss gefunden. Anschließend wurde Art. 8 an den Redaktionsausschuss des Verfassungsausschusses überwiesen, damit dieser eine endgültige Fassung vorlege.[200] Die Formulierung des Art. 8 Abs. 2 durch den Redaktionsausschuss entspricht im Wesentlichen der Endfassung.[201] In dieser Fassung wurde Art. 8 in der 22. Sitzung des Verfassungsausschusses am 9. Februar 1951 (gegen eine Stimme) beschlossen.[202] Nach der Zweiten Lesung im Plenum am 7. März 1951 wurden im Verfassungsausschuss nur noch geringfügige Änderungen vorgenommen und schließlich der Verfassungsentwurf in Dritter Lesung am 3. April 1951 mit „weit über Zweidrittel-Mehrheit" angenommen.[203] Nachdem kein Widerspruch der Britischen Kontrollkommission erfolgte, konnte die Vorläufige Niedersächsische Verfassung am 13. April 1951 im Niedersächsischen Gesetz- und Verordnungsblatt verkündet werden.

c) Hinsichtlich der Art und Anzahl der weiteren Möglichkeiten zur vorzeitigen Beendigung der Wahlperiode stimmt die Niedersächsische Regelung mit der Sächsischen überein: Es ist nur noch die Auflösung nach gescheiterter Regierungsbildung vorgesehen. Allerdings stellt Art. 30 Abs. 1 NdsVerf auf die Regierungsbildung und nicht auf die Wahl des Ministerpräsidenten ab. Auch ist die Landtagsauflösung nur eine mögliche Folge nach gescheiterter Regierungsbildung. Beschließt der Landtag nicht innerhalb von 21 Tagen seine Auflösung, reicht in dem anschließend durchzuführenden Wahlgang die einfache Mehrheit für die Wahl der Ministerpräsidentin bzw. des Ministerpräsidenten (Art. 30 Abs. 2 S. 1, 2 NdsVerf) aus. Der Landtag entscheidet sich dann bewusst für eine Minderheits- und gegen eine geschäftsführende Regierung.[204]

---

197 Vgl. Abg. DIEDRICHS (SPD), in: Verfassungsausschuß des Niedersächsischen Landtages, 1. WP, 21. Sitzung, S. 580; so auch bereits der Abg. BÖHM (FDP) in der 20. Sitzung des Verfassungsausschusses (31.01.1951), S. 549.

198 Abg. BÖHME (SPD), in: Verfassungsausschuß des Niedersächsischen Landtages, 1. WP, 21. Sitzung, S. 580 f.

199 Verfassungsausschuß des Niedersächsischen Landtages, 1. WP, 21. Sitzung, S. 580 f.

200 Verfassungsausschuß des Niedersächsischen Landtages, 1. WP, 21. Sitzung, S. 583

201 Lediglich der Begriff „Abgeordnete" wurde statt „Mitglieder des Landtages" verwendet, vgl. Niedersächsischer Landtag, 1. WP, Vorlage Nr. 24 (08.02.1951), S. 7.

202 Verfassungsausschuß des Niedersächsischen Landtages, 1. WP, 22. Sitzung, S. 621 f., 650

203 Vgl. Niedersächsischer Landtag, 1. WP, 125. Sitzung, Sp. 6864.

204 Vgl. dazu näher BUSSE, CH., Regierungsbildung und Regierungswechsel, 1. Teil, D., II., S. 72 ff.

5. Freie und Hansestadt Hamburg - Vorzeitige Beendigung der Wahlperiode mit absoluter Mehrheit

a) Für die Hamburger Bürgerschaft ist das Recht zur vorzeitigen Beendigung der Wahlperiode in Art. 11 HmbVerf[205] vorgesehen. Auch in Hamburg wird dieses Institut in den Fällen als erforderlich angesehen, in denen die Bürgerschaft keine arbeitsfähige Mehrheit bzw. keinen arbeitsfähigen Senat (mehr) bilden kann. Typische Situationen, die dazu führen können, sind u.U. bestimmte Ergebnisse der Bürgerschaftswahl, die die Bildung eines mehrheitsfähigen Senates nicht zulassen (wie die Wahlen vom 6. Juni 1982 und vom 9. November 1986 gezeigt haben) oder auch ein Koalitionsbruch (wie im Dezember 2003 geschehen), ohne dass die Bildung eines neuen stabilen Senats möglich wäre. Im Juli 1993 löste sich die Bürgerschaft vor dem Hintergrund der für verfassungswidrig erklärten Wahl selbst auf.[206] Der Hamburger Verfassungsgericht sah - anstelle einer Wiederholungswahl - die Selbstauflösung als Möglichkeit an, den Zustand „mangelhafter demokratischer Legitimation" zu beseitigen.[207] Als typische Konstellation für eine Selbstauflösung kommt - ohne dass eine Krise vorliegen muss - auch eine grundlegende Änderung der allgemeinen politischen Lage in Betracht, in der eine Rückkopplung an den Wählerwillen geboten erscheint. Dies folgt nicht zuletzt aus dem freien Mandat der Abgeordneten (Art. 7 Abs. 1 S. 2 HmbVerf). Die Möglichkeit der Selbstauflösung kann dann zu einer sachgerechten Lösung führen und bedeutet - anders als eine negativ beantwortete Vertrauensfrage - nicht notwendig eine Missbilligung der Politik des Senats.[208]

Nach Art. 11 Abs. 1 S. 3 HmbVerf muss der Beschluss über die vorzeitige Beendigung der Wahlperiode mit absoluter Mehrheit gefasst werden. Damit ist das Beschlussquorum im Vergleich zur sonstigen Beschlussfassung mit einfacher Stimmenmehrheit (Art. 19 HmbVerf) qualifiziert. Vor der Beschlussfassung ist ein Antrag von einem Viertel der Abgeordneten erforderlich. Zudem sind - wie in Bremen - sowohl die Abgeordneten als auch der Senat zwei Wochen vor der Sitzung, auf dessen Tagesordnung der Antrag auf vorzeitige Beendigung der Wahlperiode gebracht werden soll, entsprechend zu informieren (Art. 11 Abs. 1 S. 2 HmbVerf). Zweck des Antragsquorums ist auch hier die Verhinderung vorschneller Entscheidungen. Aufgrund der detaillierten Regelung des Selbstauflösungs-

---

205 Verfassung der Freien und Hansestadt Hamburg vom 06.06.1952, GVBl. der Freien und Hansestadt Hamburg 1952, S. 117 i.d.F. des Zehnten Gesetzes zur Änderung der Verfassung der Freien und Hansestadt Hamburg vom 16.10.2006, HmbGVBl. 2006, S. 517

206 Zu den bisher in Hamburg erfolgten Selbstauflösungen vgl. näher 1. Teil, 2. Kap., § 4, II.3.

207 HVerfG 3/ 92, in: DVBl. 1993, S. 1070, 1074; ebenso DAVID, Verfassung der Freien und Hansestadt Hmb, Art. 11, RN 3, S. 242 f.

208 So explizit auch DAVID, Verfassung der Freien und Hansestadt Hmb, Art. 11, RN 3, S. 243.

rechtes in der Verfassung sieht die Geschäftsordnung der Hamburgischen Bürgerschaft[209] keine weiteren Vorschriften hierfür vor.

b) Die Anforderungen an das Selbstauflösungsrecht lassen sich in Hamburg bis zur Verfassung vom 7. Januar 1921[210] zurückverfolgen. Der damals verabschiedete Art. 14 sah ein Antragsquorum von einem Viertel der Mitglieder der Bürgerschaft, das absolute Beschlussquorum sowie die Mitteilungspflicht an alle Abgeordneten und den Senat vor. Allerdings betrug diese 1921 nur eine Woche. In Art. 15 Abs. 2 HmbVerf 1921 wurde noch ergänzt, dass im Falle der Auflösung der Bürgerschaft binnen sechzig Tagen Neuwahlen stattzufinden haben. In der Begründung heißt es, dass so der Bürgerschaft die Möglichkeit eröffnet werde, sich selbst aufzulösen, weil dem Senat nicht das Recht zur Auflösung der Bürgerschaft zustände. Bereits zu diesem Zeitpunkt wurde also ein Anwendungsfall des Selbstauflösungsrechtes darin gesehen, dass eine arbeitsfähige Mehrheit in der Bürgerschaft fehlt und ein arbeitsfähiger Senat nicht gebildet werden kann.[211]

Art. 14 HmbVerf 1921 wurde - bis auf die Verlängerung der Mitteilungsfrist - wörtlich als Art. 11 in die Verfassung der Freien und Hansestadt Hamburg vom 6. Juni 1952 übernommen; Art. 15 (Abs. 2) HmbVerf wurde als Abs. 2[212] angefügt. Eine Änderung wurde durch das Sechste Gesetz zur Änderung der Freien und Hansestadt Hamburg vom 20. Juni 1996[213] vorgenommen. Sie beschränkt sich im Wesentlichen auf die Formulierung: Statt „Auflösung" heißt es nun „vorzeitige Beendigung der Wahlperiode" sowohl in Abs. 1 als auch in Abs. 2, um zu verdeutlichen, dass die Wahlperiode bis zum Zusammentritt der neugewählten Bürgerschaft andauert.[214] Inhaltlich zog die Verfassungsänderung nur eine Verlängerung der Frist für die Neuwahlen nach sich: Statt innerhalb von sechzig Tagen haben diese nun binnen zehn Wochen stattzufinden.

c) Neben dem formellen Selbstauflösungsrecht nach Art. 11 HmbVerf besteht noch die Möglichkeit der vorzeitigen Beendigung der Wahlperiode durch Beschluss der Bürgerschaft nach gescheiterter Vertrauensfrage (Art. 36 Abs. 1 S. 1 Nr. 3 HmbVerf). Auch für einen solchen Beschluss bedarf es der Zustimmung der Mehrheit der gesetzlichen Zahl der Mitglieder des Landtages. Der Ansicht von Rechtsprofessor *Hans Peter Ipsen*[215], nach dem für eine Selbstauflösung im Zusammenhang mit der Vertrauensfrage die einfache Mehrheit ausreicht, kann auf-

---

209 vom 17.03.2004, zuletzt geändert am 06.06.2007, zu finden im Internet unter www.hamburgische-buergerschaft.de → Aufgaben und Stellung → Geschäftsordnung

210 Abgedruckt in: WITTRECK, Weimarer Landesverfassungen, S. 225 ff.

211 Vgl. MITTELSTEIN, HmbVerf, Art. 14, S. 51.

212 Allerdings ohne die Regelung des Art. 15 Abs. 2 S. 2 HmbVerf 1921, wonach die alte Bürgerschaft die Geschäfte bis zur ersten Sitzung der neuen Bürgerschaft fortführt. Dies ergibt sich aktuell aus Art. 10 Abs. 1 S. 2 HmbVerf.

213 HmbGVBl. 1996, S. 129

214 Vgl. hierzu bereits oben 1. Teil, 1. Kap., § 1, I.2.

215 Hamburgs Verfassung, S. 310

grund eines fehlenden Hinweises im Verfassungstext nicht gefolgt werden. Vielmehr ist von einem Verweis auf Art. 11 Abs. 1 S. 3 HmbVerf auszugehen.[216] Weitere Auflösungstatbestände sind in Hamburg nicht vorgesehen.

6. Aufnahme des Selbstauflösungsrechtes in die Verfassung von Baden-Württemberg durch Verfassungsänderung vom 15. Februar 1995

Das Bundesland Baden-Württemberg entschied sich für die Aufnahme des Selbstauflösungsrechtes in seine Landesverfassung mit Verfassungsänderung vom 15. Februar 1995, in Kraft getreten am 11. März 1995[217]. Die bis dahin geltende Auflösungsregelung durch Volksentscheid (Art. 43 BaWüVerf[218]) wurde dadurch abgeändert und um einen Absatz 1 erweitert. Dem Landtag war damit das Recht zur Selbstauflösung gegeben.

a. Anforderungen an eine Selbstauflösung nach Art. 43 Abs. 1 BaWüVerf

In materieller Hinsicht sind keine expliziten materiellen Voraussetzungen für eine Selbstauflösung des Landtages erkennbar. Aufgrund des freien Mandates der Abgeordneten auch des Landtages von Baden-Württemberg (Art. 27 Abs. 3 S. 2 LV) kommt das Selbstauflösungsrecht ebenfalls in diesem Bundesland aus unterschiedlichsten Gründen in Betracht. Aus der Entstehungsgeschichte der Norm lassen sich jedoch Konstellationen ableiten, in denen das Selbstauflösungsrecht typischerweise in Betracht kommt (wird sogleich ausgeführt).

Es bedarf für eine Selbstauflösung des Landtages - neben einem entsprechenden Antrag von einem Viertel der Abgeordneten - der Zustimmung von zwei Dritteln der gesetzlichen Zahl der Mitglieder des Landtages (Art. 43 Abs. 1 S. 1 BaWüVerf). Darüber ist gem. Art. 43 Abs. 1 S. 2 BaWüVerf eine Frist von drei Tagen zwischen Antrag und Abstimmung vorgesehen.

b. Genese des Selbstauflösungsrechtes

Das Selbstauflösungsrecht gelangte nicht ohne Probleme in die Verfassung. Bereits im Rahmen der Verfassungsentstehung 1952/ 53 war der Versuch unternommen worden, das Selbstauflösungsrecht in die Verfassung aufzunehmen.

---

216 So auch DAVID, HmbVerf-Komm., Art. 36, RN 27, S. 624.

217 GBl. für Baden-Württemberg 1995, S. 269

218 Verfassung des Landes Baden-Württemberg vom 11.11.1953, GBl. für Baden-Württemberg 1953, S. 173 i.d.F. vom 12.02.1991, GBl. für Baden-Württemberg 1991, S. 81

aa. Ablehnung des Selbstauflösungsrechtes durch den Verfassungsausschuss der Verfassunggebenden Landesversammlung 1952

Die Verfassunggebende Landesversammlung konstituierte sich am 25. März 1952. Der Verfassungsausschuss begann am 4. April 1952 seine Beratungen. Er beriet in 46 Sitzungen den Entwurf der Landesverfassung.[219] Der Entwurf enthielt Gedankengut aller drei Länder, aus denen Baden-Württemberg am 17. Mai 1952 entstanden ist[220], nämlich Baden, Württemberg-Hohenzollern und Württemberg-Baden. Ein Selbstauflösungsrecht war in keiner der Verfassungen[221] vorgesehen.[222] Jedoch enthielt Art. 40 des Entwurfes eine Regelung, derzufolge eine Auflösung des Landtages durch die Regierung möglich war, wenn dies von 100.000 Stimmberechtigten verlangt wurde.

Am 30. Juli 1952 wurde ein weiterer Verfassungsentwurf vorgelegt, der auf die Initiative der CDU zurückging.[223] Danach sollte sich der Landtag durch Beschluss von zwei Dritteln seiner Mitglieder selbst auflösen können (Art. 43 Abs. 2 des Entwurfes).

In der Debatte wurde von den Befürwortern des Selbstauflösungsrechtes darauf hingewiesen, dass es Konstellationen geben könne, in denen der Landtag die politisch-rechtliche Verantwortung nicht mehr übernehmen wolle. In diesem Fall sei eine Anrufung des Wahlvolkes und eine damit verbundene Landtagswahl richtig. Es könne durchaus sein, dass zwei Drittel der Abgeordneten der Meinung seien, dass eine Auflösung für das Fortkommen des Staates notwendig sei. Das Zweidrittelerfordernis sichere, dass die vorzeitige Beendigung der Wahlperiode durch Selbstauflösung ein Ausnahmefall bleibe. Das Zustandekommen einer Zweidrittelmehrheit würde zeigen, dass gewichtige Gründe für die Selbstauflösung wie z.B. die Wiedervereinigung und damit zu bewältigende Rechtsprobleme

---

219 Dieser wurde durch den früheren Finanzminister *Edmund Kaufmann* ausgearbeitet und am 16.06.1952 von den Regierungsparteien in modifizierter Form eingebracht, vgl. FEUCHTE, Verfassungsgeschichte, Dritter Teil, S. 169 f. Er ist abgedruckt bei FEUCHTE, Quellen, Bd. 2, Beilage 40, S. 5 ff.

220 Gesetz über die vorläufige Ausübung der Staatsgewalt im südwestdeutschen Bundesland - Überleitungsgesetz vom 15.05.1952, GBl. für Baden-Württemberg 1952, S. 3; s. auch Art. 118 S. 1 GG.

221 Zu finden im Internet unter www.verfassungen.de → Verfassungen Deutschlands → Verfassungen in Baden-Württemberg → Württemberg-Baden → Verfassung vom 30. November 1946 bzw. → Baden → Verfassung vom 28. Mai 1947 bzw. → Württemberg-Hohenzollern → Verfassung vom 31. Mai 1947.

222 So war beispielsweise der Verfassungsausschuss von Württemberg-Baden der Ansicht, dass das Selbstauflösungsrecht der „demokratischen Logik" widerspräche, da der vom Volk eingesetzte Landtag nur von diesem abberufen werden könne. Es werde auch für den Landtag „erzieherisch wirken, wenn er die Verantwortung für seine Entscheidungen bis zu seinem natürlichen Ende zu tragen habe", zit. nach NEBINGER, Verf. Württemberg-Baden, Anm. 3 zu Art. 58, S. 195.

223 Abgedruckt in: FEUCHTE, Quellen, Bd. 2, Beilage 118, S. 52 ff.

oder mit der Europäisierung einhergehende Fragen, vorliegen.[224] Dem wurde entgegengehalten, dass die Mitglieder des Landtages „keinerlei Vollmacht" hätten, den Landtag aufzulösen. Ein Abgeordneter, der auf vier Jahre gewählt sei, müsse den Mut besitzen, diesen Auftrag auch zu erfüllen.[225] Es wurde auch vorgetragen, dass die Selbstauflösung eine „Flucht aus der Verantwortung" darstelle, die mit der „demokratischen Selbstverantwortung" des Landtages nicht vereinbar sei.[226]

Schließlich wurde nach ausführlicher Diskussion der Antrag, ein Selbstauflösungsrecht in die Verfassung aufzunehmen, mit 13:12 Stimmen knapp abgelehnt; bei diesem Ergebnis blieb es auch in den weiteren Beratungen.[227] Als Ergebnis der Beratungen der Verfassunggebenden Landesversammlung bleibt festzuhalten, dass dem Landtag kein Selbstauflösungsrecht zugestanden wurde. Lediglich im Fall einer misslungenen Regierungsbildung (Art. 47 BaWüVerf) und einer auf Verlangen von einem Sechstel der Wahlberechtigten durchzuführenden Volksabstimmung, die der Mehrheit der Stimmberechtigten bedurfte (Art. 43 a.F. BaWüVerf), kam eine (automatische) vorzeitige Beendigung der Wahlperiode in Betracht.

bb. Gesetzentwurf zur Aufnahme des Selbstauflösungsrechtes in die Landesverfassung 1994

Ein erneuter Vorstoß zur Aufnahme des Selbstauflösungsrechtes in die Verfassung des Landes Baden-Württemberg wurde im Frühjahr des Jahres 1994 unternommen. Die Fraktion der Grünen brachte mit DS 11/ 3968 vom 5. Mai 1994 ein Gesetz zur Änderung der Verfassung des Landes Baden-Württemberg in den Landtag mit dem Inhalt ein, in Art. 30a LV ein Selbstauflösungsrecht zu verankern. Der Vorschlag sah ein Beschlussquorum von zwei Dritteln der Mitglieder des Landtages (Abs. 1) sowie das Erfordernis von Neuwahlen binnen sechzig Tagen nach der Auflösung (Abs. 2) vor.[228]

Zur Begründung wurde eine Stärkung der parlamentarischen Rechte angeführt; auch sei das Selbstauflösungsrecht unter Stabilitätsgesichtspunkten sinnvoll. Ins-

---

[224] So der Abg. MÜLLER (CDU) auf der 12. Sitzung des Verfassungsausschusses (17.09.1952), in: FEUCHTE, Quellen, Bd. 2, S. 478-553/ 508 ff.

[225] So das Ausschussmitglied LAUSEN (SPD) auf der 12. Sitzung des Verfassungsausschusses (17.09.1952), in: FEUCHTE, Quellen, Bd. 2, S. 478-553/ 508.

[226] So das Ausschussmitglied GÖNNENWEIN (FDP/ DVP) auf der 12. Sitzung des Verfassungsausschusses (17.09.1952), in: FEUCHTE, Quellen, Bd. 2, S. 478-553/ 509.

[227] Vgl. FEUCHTE, Quellen, Bd. 2, 12. Sitzung des Verfassungsausschusses (17.09.1952), S. 478-553/ 515.

[228] Zu Abs. 2 des Vorschlages ist zu sagen, dass bereits in Art. 30 Abs. 2 BaWüVerf eine solche Regelung vorgesehen und daher Abs. 2 des vorgeschlagenen Art. 30a überflüssig war.

besondere im Fall eines Koalitionsbruches und der damit ggf. verbundenen Minderheitsregierung seien Neuwahlen angezeigt, um der Wählerschaft die Möglichkeit zu einer richtungsweisenden Entscheidung zu geben. Die nach der damaligen Verfassungslage zulässigen Möglichkeiten zur vorzeitigen Neuwahl seien rechtlich problematisch. Daneben wurde auch auf die Auflösungsregelungen in anderen Bundesländern verwiesen und dabei - neben dem Saarland - auch Sachsen genannt.[229]

In der sich anschließenden Ersten Beratung des Gesetzentwurfes am 16. Juni 1994[230] wurde betont, dass Baden-Württemberg außer Bremen das einzige Bundesland sei, dass noch kein Selbstauflösungsrecht kenne und zudem in Bremen zur Zeit eine Verfassungskommission tage, die auch über die Aufnahme eines parlamentarischen Selbstauflösungsrechtes berate. Nach allem wurde der Schluss gezogen, dass eine Selbstauflösung des Landtages in staatsrechtlicher und staatspolitischer Hinsicht sinnvoll sei. Was einen etwaigen Missbrauch dieses Rechtes angehe, wurde darauf hingewiesen, dass das vorgeschlagene Beschlussquorum von zwei Dritteln der Mitglieder des Landtages gerade deshalb bewusst hoch angesetzt sei. Zudem sei ein Fall von Missbrauch bisher nicht bekannt. Eine Selbstauflösung sei auch keine Flucht aus der Verantwortung, vielmehr könnten in „schwierigen politischen Konstellationen“ Neuwahlen „am vernünftigsten“ sein, zumal sie am demokratischsten wären.[231]

Dem wurde z.T. entschieden widersprochen. So wurde argumentiert, dass die vorhandenen Möglichkeiten zur vorzeitigen Beendigung der Wahlperiode (Artt. 43 und 47 BaWüVerf a.F.) ausreichten. Insbesondere entfalle bei Aufnahme eines Selbstauflösungsrechtes der politische Zwang, auch in schwierigen Situationen mittels Konsensfindung zu einer Lösung zu kommen; das würden die Bürger (zu Recht) erwarten, die die Abgeordneten auf vier Jahre gewählt hätten. Auch die - ebenfalls in dieser Plenumssitzung diskutierte - Verlängerung der Wahlperiode von vier auf fünf Jahre würde daran nichts ändern. Die Stabilität des politischen Systems würde mithin durch die Aufnahme eines Selbstauflösungsrechtes gefährdet werden.[232]

Die Landesregierung vertrat ebenfalls die Auffassung, dass sich der Landtag seiner durch Wahl übertragenen Aufgabe nicht durch vorzeitige Beendigung entziehen dürfe. Der Weg zu Neuwahlen über Art. 55 i.V.m. Art. 47 BaWüVerf

---

229 Landtag von Baden-Württemberg, DS 11/ 3968 - Gesetzentwurf der Fraktion Grüne. Gesetz zur Änderung der Verfassung des Landes Baden-Württemberg

230 Landtag von Baden-Württemberg, Plenarprotokoll 11/ 48, S. 3841-3847 (zu DS 11/ 3968)

231 So der Abg. JACOBI (Grüne) im Rahmen der Ersten Beratung des Gesetzentwurfs der Fraktion Grüne, Landtag von Baden-Württemberg (DS 11/ 3968), Plenarprotokoll 11/ 48, S. 3842 f.

232 Vgl. Abg. RECH (CDU) auf der Ersten Beratung des Gesetzentwurfs der Fraktion Grüne, Landtag von Baden-Württemberg (DS 11/ 3968), Plenarprotokoll 11/ 48, S. 3843 f.; vgl. auch Abg. KIESSWETTER (FDP/ DVP), a.a.O., S. 3846.

[Auflösung nach Rücktritt des Ministerpräsidenten und anschließend scheiternder Regierungsbildung] reiche aus. Sofern aber das Selbstauflösungsrecht in die Verfassung aufgenommen werde, bedürfe es eines Antragsrechtes. Da Anträge auf Selbstauflösung aufgrund des Wählerauftrages die Ausnahme bleiben müssten, seien darüber hinaus hohe Hürden zu errichten, insbesondere auch eine Mindestfrist zwischen Antrag und Abstimmung vorzusehen.[233] Der Gesetzentwurf wurde sodann an den Ständigen Ausschuss überwiesen, aber im Rahmen der sich 1995 abzeichnenden Paketlösung zur Verfassungsreform (dazu sogleich) wieder zurückgezogen.

cc. Einführung des Selbstauflösungsrechtes als Teil der umfassenden Verfassungsreform 1995

Parallel zu diesen Bemühungen liefen seit März 1994 Vorschläge für eine umfangreiche „Reform" der Landesverfassung, verbunden mit der Anregung zur Einsetzung einer Landtagskommission für eine „verfassungsrechtliche Gesamtdiskussion", die auch die Aufnahme des Selbstauflösungsrechtes in die Baden-Württembergische Verfassung einschloss.[234] Zunächst wurde allerdings dem Antrag[235] zugestimmt, die Wahlperiode von vier auf fünf Jahre zu verlängern. Damit war der wichtigste Schritt in Richtung Verfassungsänderung getan; die weiteren Änderungen legten sich „wie Mäntel" um diesen „Nukleus".[236]

Am 12. Januar 1995 standen die wesentlichen Eckpunkte der neuen Verfassungsregelungen fest, so dass am 27. Januar 1995[237] ein Verfassungsänderungsentwurf in den Landtag eingebracht werden konnte. In der angefügten Begründung hierzu heißt es erläuternd hinsichtlich des Selbstauflösungsrechtes, dass nun auch der Landtag von Baden-Württemberg entsprechend „der Regelung in fast[238] allen anderen Landesverfassungen" ein solches Recht erhalten solle. Gleichzeitig wurde darauf hingewiesen, dass die geforderte Mehrheit von zwei Dritteln der gesetzlichen Zahl und das Antragsquorum von einem Viertel der Abgeordneten so-

---

233 Innenminister BIRZELE, anlässlich der Ersten Beratung des Gesetzentwurfs der Fraktion Grüne, Landtag von Baden-Württemberg (DS 11/ 3968), Plenarprotokoll 11/ 48, S. 3847

234 S. dazu GEISEL, Überlegungen zur Änderung der BaWüVerf, in: BWVP 1995, S. 73-76/ 74 f.

235 Landtag von Baden-Württemberg, DS 11/ 3839 (19.04.1994) - Gesetzentwurf der Fraktion der FDP/ DVP

236 ENGELKEN, Änderung der Landesverfassung, in: VBlBW 1995, S. 217-222/ 218 f.

237 Landtag von Baden-Württemberg, Drucksache 11/ 5326 - Gesetzentwurf der Fraktion der CDU und der Fraktion der SPD: Gesetz zur Änderung der Verfassung des Landes Baden-Württemberg, S. 3 (Art. 43 Abs. 1)

238 Da Bremen zwischenzeitlich das parlamentarische Selbstauflösungsrecht in seine Verfassung verankert hatte (Verfassungsänderung vom 07.11.1994, s.o. 4. Teil, 1. Kap., § 20, II.4.), war Baden-Württemberg das letzte Bundesland, das ein Selbstauflösungsrecht in seinen Verfassungstext aufgenommen hat, so dass das „fast" in der Begründung zu streichen wäre.

wie die vorgesehene Mindestfrist zwischen Antrag und Abstimmung von 3 Tagen verdeutlichen sollten, dass eine vorzeitige Beendigung der Wahlperiode aufgrund eigenen Beschlusses der Mitglieder des Landtages nur zur Anwendung kommen solle, wenn zuvor alle anderen Möglichkeiten einer Regierungsbildung fehlgeschlagen seien und nur auf diese Weise eine politisch schwierige Konstellation gelöst werden könne. Als weiteres Argument wurde angeführt, dass das Selbstauflösungsrecht einen Weg zu raschen Neuwahlen eröffne, ohne erst den Rücktritt des Ministerpräsidenten (Art. 55 BaWüVerf) bzw. die Dreimonatsfrist des Art. 47 BaWüVerf abwarten zu müssen.

Am 1. Februar 1995 erfolgte die Beratung in Erster Lesung.[239] Hier wurde das Selbstauflösungsrecht eng mit der Frage der Dauer der Wahlperiode verbunden, die von vier auf fünf Jahre verlängert werden sollte. Die Aufnahme des Selbstauflösungsrechtes sei das „logische Gegenstück" der Verlängerung der Wahlperiode.[240] Anschließend wurde der Gesetzentwurf (DS 11/ 5326) an den Ständigen Ausschuss überwiesen[241], der daran nur geringfügige Änderungen vornahm[242] und daraufhin beschloss, dem Plenum die Annahme der Ergänzung des bisherigen Art. 43 BaWüVerf um einen Abs. 1 zu empfehlen, in dem das Selbstauflösungsrecht nach Antrag eines Viertels und Beschluss von zwei Dritteln der gesetzlichen Zahl der Mitglieder des Landtages sowie einer Mindestfrist zwischen Antrag und Abstimmung von drei Tagen vorgesehen war.[243]

Am 15. Februar 1995 fanden die Zweite und Dritte Lesung statt. Der Entwurf erfuhr dabei keine weiteren Änderungen und wurde entsprechend der Empfehlung des Ständigen Ausschusses beschlossen.[244] Damit war das parlamentarische Selbstauflösungsrecht auch in Baden-Württemberg eingefügt.

c. Vergleich zwischen Baden-Württemberg und Sachsen hinsichtlich anderer Möglichkeiten der vorzeitigen Beendigung der Wahlperiode

Übereinstimmungen zwischen Baden-Württemberg und Sachsen bestehen - neben dem Vorhandensein eines formellen Selbstauflösungsrechtes - auch in dem Fehlen der Vertrauensfrage und der Möglichkeit der Landtagsauflösung nach ge-

---

239 Landtag von Baden-Württemberg, Plenarprotokoll 11/ 56

240 So der Abg. OETTINGER (CDU) anlässlich der Ersten Beratung des Gesetzentwurfes der Fraktion der CDU und der Fraktion der SPD, DS 11/ 5623, Landtag von Baden-Württemberg, Plenarprotokoll 11/ 56, S. 4555; ebenso der Abg. GEISEL (SPD), a.a.O., S. 4557.

241 Landtag von Baden-Württemberg, Plenarprotokoll 11/ 56, S. 4569

242 Diese betrafen die Abstimmungen beim Kommunalwahlrecht.

243 Landtag von Baden-Württemberg, DS 11/ 5402 [07.02.1995], Beschlußempfehlung und Bericht des Ständigen Ausschusses, S. 17

244 „bei einigen Gegenstimmen", vgl. Landtag von Baden-Württemberg, Plenarprotokoll 11/ 61, S. 4993. Die gesamte Verfassungsänderung wurde mit 99 zu 26 Stimmen angenommen, a.a.O., S. 4996.

scheiterter Wahl des Ministerpräsidenten. Im Gegensatz zu Sachsen stellt aber Art. 47 BaWüVerf auf die Bildung der Regierung und nicht allein auf die Wahl des Ministerpräsidenten ab; darüber hinaus beträgt die Frist zur Regierungsbildung nur drei (statt vier) Monate.

Anders als die Sächsische Verfassung sieht die Verfassung von Baden-Württemberg noch die Landtagsauflösung durch Volksentscheid (Art. 43 Abs. 2 LV) vor. Zwar stellt die Verfassung hierfür hohe Anforderungen auf[245] - dem von einem Sechstel der Wahlberechtigten verlangten Auflösungsbegehren muss in einer Volksabstimmung die Mehrheit der Stimmberechtigten beitreten -, doch wird damit zugleich das Prinzip der Volkssouveränität stärker als in Sachsen betont. Das plebiszitäre Element ist in der Verfassung von Baden-Württemberg insoweit stärker als in der Sächsischen Verfassung ausgeprägt.

d. Die Anforderungen an das Selbstauflösungsrecht in Baden-Württemberg im Vergleich zu Sachsen

Der Beschluss zur Selbstauflösung des Landtages bedarf - wie auch in Sachsen - einer Mehrheit von zwei Dritteln der gesetzlichen Mitgliederzahl. Anders als in Sachsen, wo eine Verfassungsänderung gem. Art. 74 Abs. 2 LV der gleichen Mehrheit bedarf, sind die Mehrheitsanforderungen in Baden-Württemberg an eine Selbstauflösung höher als die an eine Verfassungsänderung. Die Verfassung kann nach Art. 64 Abs. 2 BaWüVerf geändert werden, wenn dies bei Anwesenheit von mindestens zwei Dritteln der Mitglieder des Landtages eine Zweidrittelmehrheit, die jedoch mehr als die Hälfte seiner Mitglieder betragen muss, beschließt.

Beiden Ausgestaltungen des Selbstauflösungsrechtes ist ein Antragsquorum gemeinsam. Allerdings ist dieses in Baden-Württemberg mit einem Viertel der gesetzlichen Mitgliederzahl geringer als in Sachsen, wo ein Drittel gefordert wird. Das Antragsquorum in Baden-Württemberg ist zudem anders als in Sachsen unmittelbar in den Verfassungstext aufgenommen worden. Aufgrund des niedrigeren Quorums ist mit einem dahingehenden Antrag in Baden-Württemberg demnach eher zu rechnen als in Sachsen.

Gem. Art. 43 Abs. 1 S. 2 LV müssen in Baden-Württemberg zwischen Antrag und Abstimmung mindestens drei Tage liegen. Diese Frist sieht zwar Art. 58 SächsVerf nicht vor. Sie ist aber in § 56 S. 4 GO-SLT festgelegt. Danach finden Beratung und Beschlussfassung frühestens am dritten Tag nach der Verteilung des Antrages statt. Aufgrund der detaillierten Regelung im Verfassungstext erübrigt sich eine Regelung der Selbstauflösung in der Geschäftsordnung des Landtages von Baden-Württemberg[246].

---

[245] Vgl. BRAUN, Kommentar zur Verfassung des Landes BaWü, Art. 43, RN 2, 5, S. 382 f.

Wie in Sachsen stellt das Selbstauflösungsrecht in Baden-Württemberg maßgeblich auf das Zustandekommen des Beschlusses mit einer Mehrheit zwei Dritteln der gesetzlichen Zahl der Mitglieder des Landtages ab. Materielle Tatbestände werden nicht explizit aufgeführt. Jedoch ergaben sich aus der Genese beider Normen typische politische Konstellationen, in denen eine Selbstauflösung in Betracht kommen kann (wie die Arbeitsunfähigkeit des Landtages und/ oder der Regierung wegen Koalitionsbruches/ -wechsels und die Rückkopplung an die Volksmeinung in Fragen von grundsätzlicher Bedeutung). Eine abschließende Aufzählung von Auflösungsgründen ist damit nicht verbunden, so dass sich sowohl Art. 43 Abs. 1 BaWüVerf als auch Art. 58 SächsVerf - im Rahmen der Missbrauchsgrenze - als offen darstellen. Die Unterschiede zwischen den Regelungen Sachsens und Baden-Württembergs sind nach allem eher technischer Art.

Die baden-württembergische und die sächsische Regelung des Selbstauflösungsrechtes sind mithin durchaus vergleichbar, auch wenn sich die Antragsquoren unterscheiden. Neben dem Gedanken, als einziges Bundesland noch über kein parlamentarisches Selbstauflösungsrecht zu verfügen, dürften auch Erkenntnisse der sächsischen Verfassungsberatungen für die Aufnahme dieses Institutes in die Baden-Württembergische Verfassung und dessen Ausgestaltung von Bedeutung gewesen sein.[247]

7. Zwischenfazit

Die vergleichende Betrachtung der Ausgestaltung des Selbstauflösungsrechtes in den Bundesländern, deren Verfassungen nach dem Grundgesetz in Kraft getreten sind, zeigt, dass keine dieser Landesverfassungen explizit materielle Voraussetzungen für eine Selbstauflösung vorsieht. Aus der Genese der betreffenden Normen und auch anhand der bisher erfolgten und versuchten Selbstauflösungen ergibt sich, dass die Inanspruchnahme des Selbstauflösungsrechtes faktisch häufig mit dem Vorliegen einer politischen Krise verbunden ist. Eine genaue Definition, insbesondere eine Begrenzung auf bestimmte Krisenlagen wie Koalitionsbruch bzw. -wechsel, Instabilität der Regierung oder unklare bzw. knappe Mehrheitsverhältnisse, wird dabei nicht vorgenommen. Die formellen Selbstauflö-

---

246 i.d.F. vom 01.06.1989 (GBl. für Baden-Württemberg 1989, S. 250), zuletzt geändert durch Beschluss vom 19.06.2002 (GBl. für Baden-Württemberg 2002, S. 269). Auf der konstituierenden Sitzung des 14. Landtages am 13.06.2006 wurde beschlossen, bis zur endgültigen Feststellung einer GO des 14. Landtages die GO des 13. Landtages vorläufig anzuwenden (vgl. Plenarprotokoll 14/ 1 [13.06.2006], S. 6). In dieser findet sich nur eine allgemeine Regelung zu selbständigen Anträgen, die keinen Gesetzentwurf enthalten (§ 54 GO).

247 Vgl. nur die Äußerung der Grünen in: Landtag von Baden-Württemberg, DS 11/ 3968 (05.05.1994) - Gesetzentwurf der Fraktion Grüne. Gesetz zur Änderung der Verfassung des Landes Baden-Württemberg.

sungstatbestände sind insoweit normativ offen. So kommt eine Selbstauflösung auch dann in Betracht, wenn sich das Parlament in Fragen von grundsätzlicher Bedeutung seiner Legitimation beim Wahlvolk versichern will. Das Selbstauflösungsrecht soll mithin einer entsprechend qualifizierten Landtagsmehrheit zur Verfügung stehen, wenn sie - unter Berücksichtigung der Missbrauchsgrenze - Neuwahlen für erforderlich hält. In Betracht kommt dabei auch die Entzerrung oder Zusammenlegung von Wahlterminen oder eine Selbstauflösung gegen Ende der regulären Wahlperiode, wenn wegen des Diskontinuitätsgrundsatzes Gesetzvorhaben nicht mehr verwirklicht werden können.

Hinsichtlich des maßgeblichen Beschlussquorums ist festzuhalten, dass entweder die Mehrheit der gesetzlichen Mitgliederzahl der Volksvertretung für hinreichend erachtet wird (Hamburg und Nordrhein-Westfalen) oder ein Selbstauflösungsbeschluss der Zustimmung von zwei Dritteln der gesetzlichen Zahl der Mitglieder des Landtages bedarf, mithin gegenüber der sonstigen Beschlussfassung doppelt qualifiziert ist (Baden-Württemberg, Berlin und Schleswig-Holstein). In Niedersachsen kann das Zustimmungserfordernis aufgrund der verfassungsrechtlichen Regelung zwischen beiden Beschlusshöhen schwanken.

IV. Folgen einer Selbstauflösung

Gemeinsam ist allen Bundesländern, dass eine Selbstauflösung Neuwahlen nach sich zieht. Das ist gerade der Sinn des Rechtsinstitutes der Selbstauflösung. Typischerweise soll damit eine etwa bestehende Arbeitsunfähigkeit beseitigt oder dem Wahlvolk bei Vorliegen einer Frage von grundsätzlicher Bedeutung die Möglichkeit gegeben werden zu entscheiden, wer eine Lösung dieser Frage herbeiführen soll. Unterschiedlich sind in den Bundesländern nur die Fristen, innerhalb derer die Neuwahlen durchgeführt werden müssen. Dies wird im Folgenden näher dargelegt.

1. Unterschiedliche Fristen bis zur Neuwahl

Die Fristen, innerhalb derer Neuwahlen durchgeführt werden müssen, reichen von 36 Tagen - Art. 18 Abs. 4 BayVerf und Art. 84 Abs. 2 RhPfVerf bestimmen, dass spätestens am sechsten Sonntag nach der Auflösung neu gewählt wird[248] - bis zu 90 Tagen in Mecklenburg-Vorpommern (Art. 27 Abs. 2 S. 3 LV). Die überwiegende Zahl der Bundesländer, nämlich Baden-Württemberg, Hessen, Nordrhein-Westfalen, Saarland, *Sachsen* und Sachsen-Anhalt sieht Neuwahlen binnen

[248] 36 Tage bei Beschluss der Auflösung an einem Samstag, sonst entsprechend länger bis zu 41 Tagen

60 Tagen vor.[249] Eine Frist von 70 Tagen ist in Brandenburg, Hamburg, Schleswig-Holstein und Thüringen verfassungsrechtlich vorgegeben.[250] Bremen muss spätestens am Sonntag nach dem 70. Tag nach der Auflösung neu wählen lassen (Art. 76 Abs. 3 LV). In Berlin sind Neuwahlen binnen 8 Wochen nach dem Beschluss des Abgeordnetenhauses anzusetzen (Art. 54 Abs. 4 LV); in Niedersachsen beträgt die Frist zwei Monate (Art. 9 Abs. 2 HS 2 LV).

2. Befugnisse aufgelöster parlamentarischer Vertretungen

Eine ausdrückliche Regelung, welche Befugnisse einer Volksvertretung nach dem Beschluss über die vorzeitige Beendigung der Wahlperiode zukommen, ist aus den einzelnen Landesverfassungen nicht ersichtlich.[251] Aus dem Umstand, dass in den meisten Bundesländern die Wahlperiode erst mit dem Zusammentritt des neuen Parlamentes endet[252] und die Abgeordneten bis dahin im Amt bleiben, ergibt sich, dass ihnen die vollen Befugnisse einer nicht aufgelösten Volksvertretung zukommen. Bestimmte Grenzen dürften sich - wie zu Sachsen ausgeführt[253] - aus der Funktion des Selbstauflösungsrechtes ergeben: So können Gründe, die zur Auflösung geführt haben, nicht Gegenstand einer Entscheidung des aufgelösten Parlamentes sein. Zielt die Selbstauflösung beispielsweise - wie im Regierungsentwurf der Vorläufigen Niedersächsischen Verfassung angedacht[254] - auf die Abwahl des Ministerpräsidenten, würde ein konstruktives Misstrauensvotum nach dem Selbstauflösungsbeschluss dem Sinn der Selbstauflösung widersprechen. Auch eine Vertrauensfrage kann dem aufgelösten Parlament sinnvollerweise nicht mehr gestellt werden.[255] Innerhalb dieser funktionalen Grenzen dürfte allerdings das Gesetzgebungsrecht der Volksvertretung fortbestehen.[256]

Anderes ergibt sich für die Bundesländer, in denen die Wahlperiode bereits mit dem Auflösungsbeschluss endet und für die Zeit vom Auflösungsbeschluss bis

---

[249] Art. 30 Abs. 2 HS 2 BaWüVerf, Art. 81 HessVerf, Art. 35 Abs. 3 NRWVerf, Art. 67 Abs. 1 S. 4 SaarlVerf, Art. 44 Abs. 2 HS 2 SächsVerf, Art. 43 S. 3 HS 2 Verf LSA

[250] Art. 62 Abs. 3 BbgVerf, Art. 11 Abs. 2 S. 1 HmbVerf (zehn Wochen), Art. 13 Abs. 3 SchlHVerf, Art. 50 Abs. 2 S. 3 ThürVerf

[251] So auch DAVID, Verfassung der Freien und Hansestadt Hmb, Art. 11, RN 11, S. 187.

[252] Art. 16 Abs. 1 S. 2 BayVerf, Art. 54 Abs. 5 S. 1 BerlVerf, Art. 62 Abs. 4 BbgVerf, Art. 10 Abs. 1 S. 2 HmbVerf, Art. 27 Abs. 1 S. 2 M-VVerf, Art. 9 Abs. 1 S. 2 NdsVerf, Art. 83 Abs. 1 S. 2 RhPfVerf, Art. 67 Abs. 1 S. 2 SaarlVerf, Art. 44 Abs. 1 S. 2 SächsVerf, Art. 43 Abs. 1 S. 2 VerfLSA, Art. 13 Abs. 1 S. 2 SchlHVerf, Art. 50 Abs. 3 S. 1 ThürVerf; für Bremen s. NEUMANN, H., Die Verfassung der Freien Hansestadt Bremen, Art. 75, RN 6, S. 253 f.

[253] Vgl. 3. Teil, 1. Kap., § 14, II.2.

[254] S. 4. Teil, 1. Kap., § 20, III.4.b).

[255] So ausdrücklich für Hamburg DAVID, Verfassung der Freien und Hansestadt Hmb, Art. 11, RN 13 ff., S. 189.

[256] So ausdrücklich für Hamburg DAVID, Verfassung der Freien und Hansestadt Hmb, Art. 11, RN 25 ff., S. 192 ff.

zum Zusammentritt des neugewählten Landtages (parlamentslose Zeit) ein Ständiger bzw. Hauptausschuss bestellt wird (Baden-Württemberg, Hessen, Nordrhein-Westfalen). Hier folgt aus Art. 36 Abs. 1 S. 1 BaWüVerf, Art. 93 S. 1, 2 HessVerf und Art. 40 S. 1-3 NRWVerf, nach denen dieser Ausschuss nur die Rechte des Landtages gegenüber der Regierung wahrnimmt, eine eingeschränkte Funktion des jeweiligen Landtages.[257] In Baden-Württemberg ist darüber hinaus ausdrücklich geregelt, dass dem Ausschuss weder das Recht zur Gesetzgebung noch zur Wahl des Ministerpräsidenten noch zur Anklage von Abgeordneten oder Regierungsmitgliedern zukommt (Art. 36 Abs. 2 LV).

3. Grundsatz der Diskontinuität und Ende der Amtszeit der Regierung

Auch im Falle des vorzeitigen Endes der Wahlperiode gilt durchgängig[258] der Grundsatz der Diskontinuität mit den entsprechenden Folgen.[259] Darüber hinaus enden - wie in Sachsen - auch in den anderen Bundesländern mit dem Ende der Wahlperiode die Ämter der Regierungschefs und der übrigen Mitglieder der Regierung.[260] Der jeweils neue Landtag wählt entweder den Regierungschef, der

---

257 So ausdrücklich für Baden-Württemberg, FEUCHTE, Verfassung des Landes BaWü, Art. 36, RN 3, S. 383.

258 Vgl. § 51 GO BaWüLT, § 92 GO BerlAbg.-Haus, § 104 GO BbgLT, § 74 GO BremBürgerschaft, § 73 GO HmbBürgerschaft, § 116 GO HessLT, § 113 GO LT M-V, § 21 GO NdsLT, § 109 GO LT NRW, § 130 GO RhPf LT, § 61 GO SaarlLT, § 39 GO-SLT, § 21 GO LT LSA, § 77 GO LT SchlH, § 119 GO ThürLT. In Bayern gibt es keine explizite Regelung hierzu, jedoch wird dieser Grundsatz hier allgemein der Verfassung entnommen, vgl. dazu MEDER, Die Verfassung des Freistaates Bayern, Art. 16, RN 3, S. 125.

259 S. insoweit die Ausführungen zu Sachsen, 3. Teil, 1. Kap., § 14, II.1.

260 Vgl. Art. 55 Abs. 2 BaWüVerf, Art. 44 Abs. 1 BayVerf, Art. 85 Abs. 1 S. 1 BbgVerf, Art. 107 Abs. 2 S. 1 BremVerf, Art. 35 Abs. 1 HmbVerf, Art. 113 Abs. 2 HessVerf, Art. 50 Abs. 1 S. 1, 3 M-VVerf, Art. 33 Abs. 2 NdsVerf, Art. 62 Abs. 2 NRWVerf, Art. 87 Abs. 3 SaarlVerf, Art. 71 Abs. 1 VerfLSA, Art. 27 Abs. 1 SchlHVerf, Art. 75 Abs. 2 ThürVerf. In Berlin und Rheinland-Pfalz fehlt eine solche explizite Verknüpfung der Wahlperiode des Parlamentes mit der Amtszeit der Regierung. Jedoch ergibt sich aus Art. 56 Abs. 1, 2 BerlVerf die Berechtigung (und die Obliegenheit) eines neugewählten Abgeordnetenhauses zur Wahl eines Regierenden Bürgermeisters und der Senatoren, so auch DRIEHAUS, Verfassung von Berlin, Art. 56, RN 5 f., S. 251 f. Zur entsprechenden Verfassungspraxis s. nur Abgeordnetenhaus von Berlin, Plenarprotokoll 15/ 3 (17.01.2002), TOP 1, S. 85 ff. und Plenarprotokoll 16/ 3 (23.11.2006), TOP 1, S. 113 ff. In Rheinland-Pfalz lässt die Entstehungsgeschichte des Art. 98 Abs. 2 LV (s. die Äußerung des Abg. WUERMELING [CDU], in: Beratende Landesversammlung Rheinland-Pfalz, 8. Sitzung, DS Nr. 16, S. 5) ebenfalls darauf Rückschlüsse zu, dass die Amtszeit der Regierung an die Wahlperiode des Landtages gebunden sein soll, so dass üblicherweise in der ersten Sitzung des neuen Landtages die bisherige Landesregierung zurücktritt, vgl. zur entsprechenden Praxis Landtag von Rheinland-Pfalz, Plenarprotokoll 14/ 1 (18.05.2001), TOP 9, S. 15 und Plenarprotokoll 15/ 1 (18.05.06), TOP 12, S. 15. Vgl. zur Rechtslage in Berlin und Rheinland-Pfalz auch WEIS, Regierungswechsel, VI.3., S. 69 ff.

wiederum die Minister ernennt[261], oder die Regierung[262]. Bis zum Amtsantritt der Nachfolger führt in den meisten Bundesländern die bisherige Regierung die Geschäfte fort.[263]

V. Verhältnis des formellen Selbstauflösungsrechtes zu anderen Möglichkeiten der vorzeitigen Beendigung der Wahlperiode

Die Analyse der Möglichkeiten der vorzeitigen Beendigung der Wahlperiode in den Bundesländern zeigt, dass das formelle Selbstauflösungsrecht in allen Bundesländern vorgesehen ist. Art. 58 SächsVerf ist somit keine singuläre Norm, sondern eine typische Erscheinung im parlamentarisch-repräsentativen System der Bundesländer.

Die Analyse zeigt auch, dass neben dem Selbstauflösungsrecht weitere Möglichkeiten zur vorzeitigen Beendigung der Wahlperiode bestehen. Konkret ist in einigen Landesverfassungen im Falle einer gescheiterten Wahl des Ministerpräsidenten, einer misslungenen Vertrauensfrage oder im Zusammenhang mit einem (konstruktiven) Misstrauensvotum eine Auflösung des Landtages vorgesehen. Darüber hinaus kommt noch eine Auflösung des Landtages durch Volksentscheid und durch die Regierung in Betracht. Das Verhältnis dieser Möglichkeiten der vorzeitigen Beendigung der Wahlperiode zum formellen Selbstauflösungsrecht ist im Folgenden zu klären.

---

261 Vgl. Art. 83 Abs. 1 S. 1, 84 BbgVerf, Art. 42 Abs. 1, 43 S. 1 M-VVerf, Art. 52 Abs. 1, 3 S. 1 NRWVerf, Art. 65 Abs. 1, 3 VerfLSA, Art. 26 Abs. 2 SchlHVerf, Art. 70 Abs. 3 S. 1, Abs. 4 ThürVerf. In Baden-Württemberg, Hamburg, Niedersachsen und Rheinland-Pfalz bedarf die auf diese Weise gebildete Regierung zur Amtsübernahme der Bestätigung durch den Landtag (vgl. Art. 46 Abs. 3 S. 1 BaWüVerf, Art. 34 Abs. 2 S. 2 HmbVerf, Art. 29 Abs. 3 NdsVerf, Art. 98 Abs. 2 S. 3 RhPfVerf), in Hessen gem. Art. 101 Abs. 1 S. 1, Abs. 2 S. 2, Abs. 4 LV einer besonderen Vertrauensaussprache durch Beschluss. In Bayern und im Saarland ernennt der vom Landtag gewählte Ministerpräsident nur mit Zustimmung des Landtages die Minister und weiteren Mitglieder der Landesregierung (vgl. Art. 44 Abs. 1, Art. 45 BayVerf, Art. 87 Abs. 1 S. 1, 2 SaarlVerf).

262 Art. 56 Abs. 1, 2 BerlVerf, Art. 107 Abs. 1 S. 1, Abs. 2 BremVerf

263 Vgl. Art. 55 Abs. 3 BaWüVerf, Art. 85 Abs. 2 BbgVerf, Art. 107 Abs. 3 BremVerf, Art. 37 HmbVerf, Art. 113 Abs. 3 HessVerf, Art. 50 Abs. 4 M-VVerf, Art. 33 Abs. 4 NdsVerf, Art. 62 Abs. 3 NRWVerf, Art. 87 Abs. 5 SaarlVerf, Art. 71 Abs. 2 VerfLSA, Art. 27 Abs. 2 SchlHVerf, Art. 75 Abs. 3 ThürVerf. In Bayern geht bis zur Neuwahl des Ministerpräsidenten die Vertretung des Landes nach außen auf den Landtagspräsidenten über, vgl. Art. 44 Abs. 3 S. 4 BayVerf. Auch in Rheinland-Pfalz dürfte diese Rechtsfolge aus Art. 99 Abs. 4 LV analog und in Berlin aus Art. 56 Abs. 3 S. 3 LV herzuleiten sein.

1. Selbstauflösung und vorzeitige Beendigung der Wahlperiode nach gescheiterter Regierungsbildung

Die gescheiterte Wahl des Ministerpräsidenten bzw. die misslungene Bildung der Regierung ist in acht Bundesländern mit einer Regelung zur vorzeitigen Beendigung der Wahlperiode verbunden. Die Ausgestaltung der Auflösungsrechte ist jedoch ganz unterschiedlich.

In vier Bundesländern (Bayern, Brandenburg, Saarland und Sachsen) führt die Unfähigkeit des Landtages zur Wahl des Ministerpräsidenten *automatisch* zur Auflösung des Landtages. Die automatische Beendigung der Wahlperiode des Landtages ist auch Folge der Unfähigkeit des Baden-Württembergischen Landtages zur Wahl der Regierung.

Hingegen steht in Mecklenburg-Vorpommern, Niedersachsen und Sachsen-Anhalt das vorzeitige Ende der Wahlperiode im *Ermessen* des jeweiligen Landtages. Der Landtag hat nämlich darüber zu beschließen, ob er sich in diesem Fall auflösen will. Es ist insoweit von einem materiellen Selbstauflösungstatbestand auszugehen.

Fraglich ist, ob ein Landtag im Falle des sich abzeichnenden Scheiterns der Wahl des Ministerpräsidenten bzw. der Regierung das Ende der Wahlperiode über den Weg des formellen Selbstauflösungsrechtes beschließen kann. Es geht mithin um das Verhältnis des formellen Selbstauflösungsrechtes zu Regelungen, die im Falle des Scheiterns der Regierungsbildung die Auflösung der Volksvertretung vorsehen oder zumindest ermöglichen.

a. Vorrang der Vorschriften zur Regierungsbildung

Hier ist zu sehen, dass mit den Regelungen über die Regierungsbildung spezielle Bestimmungen geschaffen wurden, die zu beachten sind. Das gilt insbesondere für die Bundesländer, die der Bildung einer Minderheitsregierung den Vorrang vor einer Selbstauflösung einräumen, nämlich Brandenburg (Art. 83 Abs. 1 S. 1, Abs. 2 LV) und Sachsen (Art. 60 Abs. 1, 2 LV).[264] In diesen Bundesländern ist nämlich nur im ersten - in Brandenburg auch noch im zweiten - Wahlgang die absolute Mehrheit erforderlich, hingegen genügt in den weiteren Wahlgängen die einfache Mehrheit. Eine Selbstauflösung nach dem Scheitern des ersten Wahlganges würde die Chance auf eine Minderheitsregierung unterlaufen.

In anderen Bundesländern (Baden-Württemberg [Artt. 46 Abs. 1 S. 1, 47 LV], Mecklenburg-Vorpommern [Art. 42 Abs. 1, Abs. 2 S. 1 LV], Niedersachsen [Artt. 29 Abs. 1, 30 Abs. 1 LV], Saarland [Art. 87 Abs. 1 S. 1, Abs. 4 LV], Sach-

[264] Vgl. KUNZMANN, in: Kunzmann/ Haas/ Baumann-Hasske, Die Verfassung des Freistaates Sachsen, Art. 60, RN 12, S. 329.

sen-Anhalt [Art. 65 Abs. 2 S. 1, 2 LV]) bedarf es auch in den weiteren Wahlgängen der absoluten Mehrheit. Dennoch ist das jeweilige Verfahren zur Regierungsbildung einzuhalten. Das Abhalten mehrerer Wahlgänge bis zur automatischen Auflösung bzw. zum Beschluss über die Selbstauflösung dient der Stabilität des politischen Systems und zwar dadurch, dass durch die Auflösungsdrohung Druck auf die Abgeordneten dahingehend ausgeübt wird, sich doch auf einen Ministerpräsidenten zu einigen.[265]

Der Vorrang der Vorschriften zur Regierungsbildung gilt unabhängig davon, ob im Falle des Scheiterns eine automatische Auflösung oder ein materieller Selbstauflösungstatbestand vorgesehen ist, da auch im Falle der Möglichkeit einer materiellen Selbstauflösung vorrangig über eine bestimmte Zeit versucht werden soll, nach den jeweiligen Verfassungsbestimmungen eine Regierung zu bilden. Eine frühere formelle Selbstauflösung würde diesem Ziel zuwiderlaufen.

Letzteres gilt im Übrigen auch für die Länder, in denen das Scheitern der Regierungsbildung nicht mit einer Auflösung der Volksvertretung verbunden ist, sondern anstelle der Auflösung die Bildung einer Minderheitsregierung vorgesehen ist (Art. 52 Abs. 2 NRWVerf, Art. 26 Abs. 4 SchlHVerf und Art. 70 Abs. 3 ThürVerf). Hier haben sich die Verfassunggeber bewusst für den Vorrang der Minderheitsregierung vor einer Landtagsauflösung entschieden. Dieser Vorrang darf nicht im Wege des formellen Selbstauflösungsrechtes umgangen werden.

Der Vorrang des jeweils in der Verfassung vorgesehenen Verfahrens zur Regierungsbildung wird ergänzend dadurch gesichert, dass es für eine formelle Selbstauflösung einer wesentlich größeren Mehrheit als für die Wahl des Ministerpräsidenten oder der Regierung bzw. - sofern vorgesehen - für den materiellen Selbstauflösungsrechtsbeschluss bedarf. Während nämlich in Sachsen im ersten Wahlgang und in Brandenburg im ersten und zweiten Wahlgang die absolute, in den folgenden Wahlgängen aber nur die einfache Mehrheit verlangt wird, bedarf es für eine formelle Selbstauflösung einer Mehrheit von zwei Dritteln der gesetzlichen Zahl der Mitglieder des Landtages. In den anderen Bundesländern (bis auf Bayern, dazu sogleich) setzt die Wahl des Ministerpräsidenten bzw. der Regierung die Mehrheit der Mitglieder des Landtages voraus. Eine formelle Selbstauflösung bedarf aber der Mehrheit von zwei Dritteln der Mitglieder des Landtages.[266] In Bayern wird der Ministerpräsident mit einfacher Mehrheit gewählt[267], eine formelle Selbstauflösung bedarf hingegen der absoluten Mehrheit. Von daher ist es unwahrscheinlich, dass sich ein Landtag nicht auf einen Ministerpräsidenten, aber auf die Selbstauflösung einigen kann. Das hohe Beschlussquorum

---

265 Vgl. THIELE, in: Thiele/ Pirsch/ Wedemeyer, Die Verfassung des Landes M-V, Art. 42, RN 4, S. 219; MAHNKE, Die Verfassung des Landes Sachsen-Anhalt, Art. 65, RN 7, S. 174.

266 Zur Mittelstellung Niedersachsens vgl. 4. Teil, 1. Kap., § 20, III.4.

267 MEDER, Die Verfassung des Freistaates Bayern, Art. 44, RN 1, S. 157

für eine Selbstauflösung begrenzt die Anwendung dieses Institutes im Interesse der Stabilität des politischen Systems mithin wirkungsvoll.

Sofern die Landesverfassungen hingegen gar keine Regelung für den Fall des Scheiterns der Regierungsbildung enthalten (Berlin, Bremen, Hamburg, Hessen, Rheinland-Pfalz), kommt eine Kollision mit dem formellen Selbstauflösungsrecht nicht in Betracht. Es kann mithin zur Anwendung kommen.[268] In Bremen bleibt der bisherige Senat solange im Amt, bis die Bürgerschaft in der Lage ist, einen neuen zu wählen. Allerdings verbleibt der Bürgerschaft aufgrund des nur geschäftsführenden Senates die Möglichkeit zur Selbstauflösung.[269]

b. Keine Umgehung der Voraussetzungen des formellen Selbstauflösungsrechtes durch absichtlich scheiternde Regierungsbildung

Wie schon zu Sachsen dargelegt[270], dürfen aber andererseits auch nicht die Voraussetzungen des formellen Selbstauflösungsrechtes durch absichtliches Scheiternlassen der Regierungsbildung umgangen werden. Es wäre verfassungswidrig, wenn die Regierungsbildung (nach Rücktritt eines Ministerpräsidenten) absichtlich verhindert wird, um eine gewollte Auflösung des Landtages herbeizuführen, sofern die für eine Selbstauflösung erforderliche Mehrheit nicht zustande kommt. Allerdings wird sich ein entsprechender Nachweis aufgrund des freien Mandates der Abgeordneten nur schwer führen lassen.

2. Selbstauflösungsrecht und vorzeitige Beendigung der Wahlperiode nach gescheiterter Vertrauensfrage

Im Folgenden ist auf das Verhältnis des formellen Selbstauflösungsrechtes zur Vertrauensfrage und der damit verbundenen Auflösung(smöglichkeit) der Volksvertretung(en) einzugehen. Dabei ist verfassungsvergleichend insoweit zunächst festzustellen, dass die Vertrauensfrage nur in Brandenburg (Art. 87 LV), Hamburg (Art. 36 LV), Hessen (Art. 114 LV), Mecklenburg-Vorpommern (Art. 51 LV), Sachsen-Anhalt (Art. 73 LV), Schleswig-Holstein (Art. 36), Thüringen (Art. 74 LV i.V.m. Art. 50 Abs. 2 S. 1 Nr. 2 LV) und im Saarland (Art. 88 Abs. 2 S. 1 Var. 1 LV i.V.m. Art. 69 Var. 2 LV), mithin in der Hälfte der deutschen Bundesländer gegeben ist.

---

268 So ausdrücklich für Hessen GROß, in: Zinn/ Stein, HessVerfKomm. II, Art. 101, RN 8, S. 3.

269 NEUMANN, H., Die Verfassung der Freien Hansestadt Bremen, Art. 107, RN 23, S. 376

270 3. Teil, 2. Kap., § 15, IV.3.

Das Scheitern der Vertrauensfrage ist stets mit Regelungen zur vorzeitigen Beendigung der Wahlperiode verbunden. Diese sind aber sehr unterschiedlich ausgestaltet. So *kann sich* in Brandenburg und Hamburg der Landtag bzw. die Bürgerschaft nach einer gescheiterten Vertrauensfrage selbst auflösen.[271] Hingegen *ist* in Hessen, Thüringen und im Saarland der Landtag aufgelöst, wenn er nicht im Falle des Entzuges des Vertrauens binnen zwölf Tagen bzw. drei/ vier Wochen eine neue Regierung bildet. In Mecklenburg-Vorpommern und in Sachsen-Anhalt *erklärt* der Landtagspräsident *auf Antrag des Ministerpräsidenten* die Wahlperiode im Falle der gescheiterten Vertrauensfrage für vorzeitig beendet. Die entsprechende Antragstellung steht im politischen Ermessen des Ministerpräsidenten.[272] Ähnlich ist die Regelung in Schleswig-Holstein. Danach kann die Ministerpräsidentin oder der Ministerpräsident binnen zehn Tagen die Wahlperiode vorzeitig für beendet erklären.

a. Vorrang der Vertrauensfrage ab Antragstellung

In diesen acht Bundesländern stehen damit das formelle Selbstauflösungsrecht und mit der Vertrauensfrage verbundene Auflösungstatbestände nebeneinander. Hier stellt sich zunächst die Frage, ob der Landtag nach den jeweiligen Regelungen zum formellen Selbstauflösungsrecht auch dann noch die Wahlperiode vorzeitig durch eigenen Beschluss beenden kann, wenn der Regierungschef die Vertrauensfrage gestellt hat. Die Abgeordneten könnten eine Selbstauflösung als geeigneteres Mittel ansehen, um das bestehende Spannungsverhältnis zwischen dem Landtag und der Regierung zu lösen. Dies scheint aber schon kaum vorstellbar. Kündigt nämlich der Ministerpräsident das Stellen einer Vertrauensfrage und damit der Anwendung eines politischen Kriseninstrumentes an, ist es unwahrscheinlich, dass der Landtag sich dennoch selbst auflösen will. Sollte dennoch *vor* dem Stellen der Vertrauensfrage ein Antrag auf Selbstauflösung gestellt werden, dürfte dieser zulässig sein.

Ab dem Zeitpunkt, in dem der Regierungschef aber die Vertrauensfrage gestellt hat, dürfte hingegen eine formelle Selbstauflösung ausgeschlossen sein, da die jeweilige Landesverfassung die Vertrauensfrage speziell geregelt, an unter-

---

271 Macht der Landtag bzw. die Bürgerschaft von dieser Befugnis nicht binnen zwanzig Tagen bzw. zwei Wochen Gebrauch, hat in Brandenburg der Ministerpräsident binnen weiterer zwanzig Tage und in Hamburg der Senat binnen zwei Wochen das Recht, die Wahlperiode vorzeitig für beendet zu erklären. In Hamburg ist die Möglichkeit zur Selbstauflösung der Bürgerschaft aber nicht die einzige Reaktionsmöglichkeit des Senates. Dieser kann auch eine neue Erste Bürgermeisterin oder einen neuen Ersten Bürgermeister wählen oder der bzw. dem bisherigen nachträglich das Vertrauen aussprechen (Art. 36 Abs. 1 S. 1 Nr. 1, 2 HmbVerf).

272 Vgl. THIELE, in: Thiele/ Pirsch/ Wedemeyer, Die Verfassung des Landes M-V, Art. 51, RN 4, S. 241; REICH, Verfassung des Landes Sachsen-Anhalt, Art. 73, RN 1, S. 255.

schiedliche Voraussetzungen gebunden und mit bestimmten Folgen verknüpft hat. Es soll dann erst förmlich festgestellt werden, ob der Regierungschef noch das Vertrauen des Landtages besitzt. Nur wenn dies nicht der Fall ist, soll entweder eine materielle Auflösung beschlossen werden können, ist der Landtag zwingend aufgelöst oder steht dem Ministerpräsidenten ein Ermessen hinsichtlich des Antrages auf Landtagsauflösung zu. Nach der gegenteiligen Ansicht, nach der der Landtag auch noch nach Antrag des Regierungschefs hinsichtlich der Vertrauensfrage die Selbstauflösung beschließen könnte[273], würde insbesondere das Ermessen des Regierungschefs in letzterer Fallkonstellation umgangen werden. Der Vorrang der Vertrauensfrage ab Antragstellung dient insoweit auch der Stabilität des jeweiligen politischen Systems.

b. Keine Umgehung der jeweiligen Voraussetzungen

Aus dem Vorstehenden ist auch ersichtlich, dass Selbstauflösungsrecht und Vertrauensfrage einander nicht ausschließen, insbesondere also das Vorhandensein eines formellen Selbstauflösungsrechtes auch eine explizit geregelte Vertrauensfrage nicht entbehrlich macht. Dies folgt schon aus der unterschiedlichen Initiativbefugnis. Zwar könnte der Landtag die Regierung im Falle einer schwierigen politischen Lage auch mittels Selbstauflösung „abwählen“, jedoch muss er dies nicht. Es kann auch sein, dass ein solcher Antrag nicht die notwendige Mehrheit findet. Mit der Vertrauensfrage steht auch dem Regierungschef ein Lösungsmittel zur Verfügung.

Es ist aber aus Gründen der „Verfassungshygiene“ darauf zu achten, dass ein Ministerpräsident die Vertrauensfrage nicht mit dem Ziel der Auflösung des Landtages stellt, obwohl er die Mehrheit des Landtages hinter sich weiß. In diesem Fall steht das Selbstauflösungsrecht zur Verfügung. Die Vertrauensfrage hingegen ist ein Instrument, wenn der Ministerpräsident es politisch für nicht mehr gewährleistet hält, mit den im Landtag bestehenden Kräfteverhältnissen zu regieren.[274] Sonst könnten die Voraussetzungen, die die jeweilige Landesverfassung an eine formelle Selbstauflösung stellt, unzulässigerweise „umgangen werden“.[275]

---

273 RUPP-V. BRÜNNECK/ KONOW, in: Zinn/ Stein, HessVerfKomm. I, Art. 80, Erl. 1, S. 1

274 So unter Anlehnung an BVerfGE 62, 1 für M-V THIELE, in: Thiele/ Pirsch/ Wedemeyer, Die Verfassung des Landes M-V, Art. 51, RN 4, S. 241; vgl. auch DAVID, Verfassung der Freien und Hansestadt Hmb, Art. 36, RN 6, S. 526. Zu den Problemen im Zusammenhang mit der Auslegung und Handhabung des vergleichbaren Art. 68 GG s. ausführlich 5. Teil, 2. Kap., § 27, I.

275 Ebenso THIELE, in: Thiele/ Pirsch/ Wedemeyer, Die Verfassung des Landes M-V, Art. 51, RN 4, S. 241.

In den meisten Bundesländern wird ergänzend durch erhöhte Anforderungen an einen formellen Selbstauflösungsbeschluss die Anwendung der jeweils einschlägigen Regelung gesichert. So bedarf es in Brandenburg, Mecklenburg-Vorpommern, Sachsen-Anhalt, Schleswig-Holstein, Thüringen und im Saarland für den Ausspruch des Vertrauens der Mehrheit der gesetzlichen Zahl der Mitglieder des Landtages, eine formelle Selbstauflösung hingegen der Zustimmung von mindestens zwei Dritteln der Mitglieder des Landtages. Lediglich in Hamburg und Hessen sind die Anforderungen gleich.[276]

3. Selbstauflösungsrecht und vorzeitige Beendigung der Wahlperiode nach erfolgreichem Misstrauensvotum

Beim Misstrauensvotum geht die Initiative zur Auswechselung der Regierung von der Volksvertretung aus. Zu einer Neuwahl kann es dabei nur in Hessen und Rheinland-Pfalz sowie im Saarland kommen, wenn der Landtag nicht binnen zwölf Tagen bzw. vier Wochen nach dem Beschluss einer neuen Regierung das Vertrauen ausspricht (Art. 114 Abs. 5 HessVerf bzw. Art. 99 Abs. 5 RhPfVerf, Art. 69 Var. 2 SaarlVerf i.V.m. Art. 88 Abs. 2 S. 1 Var. 2 SaarlVerf). Im Gegensatz zu Sachsen und anderen Bundesländern ist in Hessen und Rheinland-Pfalz sowie im Saarland das Misstrauensvotum somit nicht konstruktiv ausgestaltet, also der Vertrauensentzug gegenüber dem Ministerpräsidenten nicht zwingend mit der Neuwahl eines anderen Ministerpräsidenten verbunden.

Eine Neubildung der Regierung kann auch mit Hilfe des Selbstauflösungsrechtes erreicht werden, denn die nach einem solchen Beschluss stattfindenden Neuwahlen führen mit dem Zusammentritt des neuen Landtages zur Beendigung der Amtszeit der Regierung.[277] Allerdings ist primäres Ziel des konstruktiven Misstrauensvotums nicht die Neuwahl des Landtages, sondern die Stabilisierung der politischen Lage durch Neubildung der Regierung unter Wahrung der gegebenen parlamentarischen Mehrheitsverhältnisse. Sofern die Abberufung der Regierung bezweckt ist, ist demnach das Selbstauflösungsrecht gegenüber dem konstruktiven Misstrauensvotum nachrangig. Bevor es zu einer Auflösung des Landtages kommt, soll nämlich in Hessen binnen zwölf Tagen bzw. in Rheinland-Pfalz sowie im Saarland binnen vier Wochen versucht werden, eine neue Regierung zu bilden. Diese Gesetzessystematik darf nicht durch einen Selbstauflösungsbeschluss umgangen werden.

---

[276] Zum Streit hinsichtlich des erforderlichen Quorums für eine Selbstauflösung nach gescheiterter Vertrauensfrage in Hamburg s.o. 4. Teil. 1. Kap., § 20, III.5.c).

[277] S. dazu bereits § 20, IV.3.

4. Selbstauflösungsrecht und vorzeitige Beendigung der Wahlperiode durch Volksentscheid

In sechs Bundesländern, nämlich in Baden-Württemberg, Bayern, Berlin, Brandenburg, Bremen und Rheinland-Pfalz, stehen das formelle Selbstauflösungsrecht und die Auflösung des Landtages durch Volksentscheid nebeneinander.[278] Fraglich ist in diesem Zusammenhang, ob der Landtag einem entsprechenden Volksentscheid zuvorkommen darf. Hier ist zu berücksichtigen, dass selbst bei Zustandekommen der jeweils erforderlichen Mehrheit für das vorausgehende Volksbegehren noch nicht absehbar ist, ob die Landtagsauflösung auch die notwendige Mehrheit im sich anschließenden Volksentscheid bzw. in Baden-Württemberg in der sich anschließenden Volksabstimmung findet. Andererseits können die Abgeordneten der Ansicht sein, dass es in der politischen Konstellation, die zu dem Volksbegehren geführt hat, besser sei, die politisch-rechtliche Legitimation wieder an das Wahlvolk zurückzugeben. Dies erscheint zulässig, da sie mit dieser Entscheidung im Zweifel der Meinung des Wahlvolkes eher Rechnung tragen.[279]

Die Bürgerschaft von Bremen kann darüber hinaus dem Wahlvolk gem. Art. 70 Abs. 1 lit b) LV die Frage ihrer Auflösung vorlegen. Damit überlässt die Bürgerschaft dem Wahlvolk die Entscheidung über die Fortführung der laufenden Wahlperiode. Eine Selbstauflösung wird die Bürgerschaft in diesem Fall nicht mehr beschließen. Ein Abbruch des Volksentscheides durch formelle Selbstauflösung erscheint dann nicht mehr möglich, da für diese Frage die Abgeordneten die Entscheidung in die Hände des Wahlvolkes gelegt haben. Insoweit wäre der speziellere Auflösungstatbestand vorrangig.

5. Selbstauflösungsrecht und vorzeitige Beendigung der Wahlperiode durch die Regierung

Die Auflösung des Landtages durch die Regierung, die zum Zuge kommen *kann*, wenn die Landesregierung ein vom Landtag abgelehntes Gesetz zum Volksentscheid stellt und dieses Gesetz durch den Volksentscheid angenommen wird, findet sich nur in Art. 68 Abs. 3 S. 2 HS 1 NRWVerf. Sie steht dort allein neben dem formellen Selbstauflösungsrecht. Auch hier stellt sich die Frage des Verhältnisses zwischen beiden Möglichkeiten der Landtagsauflösung.

---

278 Zu den Anforderungen an Volksbegehren und Volksentscheid/ Volksabstimmung s. 1. Teil, 2. Kap., § 3, II.

279 So ausdrücklich für Rheinland-Pfalz SÜSTERHENN/ SCHÄFER, Kommentar der Verfassung für RhPf, Art. 109, S. 397.

Es steht im Ermessen der Regierung, ob sie ein von ihr eingebrachtes, vom Landtag aber abgelehntes Gesetz zum Volksentscheid stellt und damit die Möglichkeit zur Landtagsauflösung eröffnet. Mit einer Selbstauflösung würde der Landtag dem zuvorkommen. Das Ermessen der Regierung würde verkürzt. Gleichwohl erscheint es nicht ausgeschlossen, dass der Landtag aufgrund des von der Regierung eingebrachten, aber von ihm abgelehnten Gesetzes einen unüberbrückbaren Widerspruch zwischen sich und der Regierung sieht und dies zum Anlass nehmen und sich selbst auflösen kann.

Die Konstellation, dass der Landtag absichtlich ein von der Regierung eingebrachtes Gesetz scheitern lässt, damit diese einen Volksentscheid initiiert und damit möglicherweise den Weg zu einer Auflösung des Landtages eröffnet, erscheint wesentlich komplizierter und unwägsamer als eine formelle Selbstauflösung, für die in Nordrhein-Westfalen die absolute Mehrheit erforderlich ist. Von daher ist insoweit nicht mit einer (unzulässigen) Umgehung der Voraussetzungen des Art. 35 NRWVerf zu rechnen.

6. Zwischenfazit

Zusammenfassend ist festzuhalten, dass grundsätzlich die materiellen Auflösungstatbestände vorrangig vor dem formellen Selbstauflösungsrecht sind. So ist eine formelle Selbstauflösung ausgeschlossen, wenn in der Verfassung eine spezielle Regelung für den Fall des Scheiterns der Regierungsbildung vorgesehen ist und nachdem der Regierungschef die Vertrauensfrage gestellt hat. Hier liegt es im Interesse der Stabilität des politischen Systems, vorrangig eine Minderheitsregierung zu bilden oder lediglich den Regierungschef bzw. die Regierung auszutauschen, anstatt den Landtag aufzulösen. Eine Ausnahme stellt insoweit die Landtagsauflösung durch Volksentscheid dar. Hier kann der Landtag diesem Verlangen durch Selbstauflösung entsprechen - eine Durchführung des gesamten plebiszitären Verfahrens erscheint als Förmelei. Damit der Vorrang der jeweiligen Spezialregelung gewahrt wird, werden an die formelle Selbstauflösung in der Regel erhöhte Anforderungen an das Beschlussquorum gestellt.

Im Vergleich zwischen formellen und materiellen Selbstauflösungstatbeständen ist nach allem festzustellen, dass die materiellen Selbstauflösungstatbestände ebenso wie die formellen als Ausnahmeregelung konzipiert sind. Beide Institute sind mit Neuwahlen verbunden - mit dem Appell an das Wahlvolk und der veränderten Zusammensetzung der Volksvertretung nach den Neuwahlen soll eine Lösung der politisch schwierigen Lage erreicht werden. Anders als beim formellen Selbstauflösungsrecht geht die Initiative zur vorzeitigen Beendigung der Wahlperiode aber nicht vom Landtag aus, sondern gründet sich in einer bestimmten materiellen Konstellation. Der eigentliche Auflösungsbeschluss wird dann wieder vom Landtag selbst - ohne Beteiligung anderer Verfassungsorgane - gefasst, auch wenn aufgrund der überwiegend qualifizierten Beschlussvoraussetzungen in der Regel das Zusammenwirken zumindest zweier Fraktionen erforderlich sein wird. Von daher ist der verfassungspolitische Hintergrund beider Institute ähnlich. Da beim formellen Selbstauflösungsrecht keine bestimmte materielle Auflösungslage gefordert ist, sind die Anforderungen an den Beschluss in der Regel höher als bei den materiellen Selbstauflösungstatbeständen. Es dürfte insoweit von einer Art Kompensation im Interesse der Stabilität des politischen Systems auszugehen sein. Je höher die Mehrheitserfordernisse sind, desto schwieriger wird die Einigkeit der Abgeordneten zu erreichen sein.

§ 21 Versuch einer Gruppenbildung und Zwischenresümee

Im Folgenden sind landesverfassungsrechtliche Gemeinsamkeiten und Unterschiede in der Ausgestaltung des Selbstauflösungsrechtes herauszuarbeiten. Dabei kommt es einmal auf die formellen und materiellen Anforderungen an einen Selbstauflösungsbeschluss sowie weiter auf die Gründe für die unterschiedliche Ausgestaltung an.

I. Anforderungen an den Selbstauflösungsbeschluss

Da sich materiell zwischen den Selbstauflösungsrechten der einzelnen Länderverfassungen keine Unterschiede ergeben - im Rahmen des freien Mandates können die Abgeordneten eine vorzeitige Beendigung der Wahlperiode aus jedem Grund beschließen, sofern dieser nicht rechtsmissbräuchlich ist -, ist im Rahmen der nachfolgenden Gruppenbildung zunächst eine Unterscheidung nach der Höhe des Beschlussquorums vorzunehmen. Innerhalb dieser Gruppen ist zwischen solchen Landesverfassungen zu unterscheiden, die ein gegenüber der sonstigen Beschlussfassung erhöhtes Antragsrecht festgeschrieben haben und solchen, die dies nicht vorsehen.

1. Unterschiede bei den Antrags- und Beschlussquoren

Zunächst ist festzuhalten, dass alle Bundesländer an einen Selbstauflösungsbeschluss erhöhte Mehrheitsanforderungen im Vergleich zu den Quoren stellen, die die Landesverfassungen ansonsten grundsätzlich zur Beschlussfassung vorsehen. Während nämlich im Rahmen der Beschlussfassung üblicherweise die Mehrheit der *abgegebenen* Stimmen genügt[280] und nach den Bestimmungen der jeweiligen Landesverfassung bzw. parlamentarischen Geschäftsordnung die Beschlussfähigkeit, zu der grundsätzlich die Anwesenheit der Mehrheit der Abgeordneten erforderlich ist, fingiert wird, solange nicht explizit das Gegenteil festgestellt wird[281], ist für eine Selbstauflösung zumindest die Mehrheit der gesetzlichen Mitgliederzahl der jeweiligen Volksvertretung erforderlich. Zehn Bundesländer (Baden-Württemberg, Berlin, Brandenburg, Bremen, Mecklenburg-Vorpommern, Saarland, Sachsen, Sachsen-Anhalt, Schleswig-Holstein, Thüringen) verlangen sogar eine Zustimmung von zwei Dritteln der Abgeordneten.

a. Einteilung nach den erforderlichen Beschlussquoren

Die Regelungen der einzelnen Bundesländer lassen sich hinsichtlich des Beschlussquorums im Wesentlichen in zwei Gruppen einteilen, nämlich in Länder, in denen für eine Selbstauflösung die Zustimmung der Mehrheit der gesetzlichen Zahl der Abgeordneten genügt (Bayern, Hamburg, Hessen, Nordrhein-Westfalen und Rheinland-Pfalz) und in Länder, die das Erfordernis der Beschlussfassung mit einer Mehrheit von zwei Dritteln der gesetzlichen Mitgliederzahl der Volksvertretung aufstellen (Baden-Württemberg, Berlin, Brandenburg, Bremen, Mecklenburg-Vorpommern, Saarland, Sachsen, Sachsen-Anhalt, Schleswig-Holstein und Thüringen). Das Land Niedersachsen nimmt aufgrund der möglichen Spannbreite der Beschlussfassung zwischen absoluter Mehrheit und Zustimmung von zwei Dritteln der gesetzlichen Mitgliederzahl eine (einmalige) Mittelstellung ein.[282]

Kommt die jeweils erforderliche Mehrheit nicht zustande, muss die Landtagsarbeit fortgesetzt werden. Würden gleichwohl Neuwahlen ausgeschrieben werden, wäre der entsprechende Beschluss verfassungswidrig.

---

280 Art. 33 Abs. 2 S. 1 BaWüVerf, Art. 23 Abs. 1 BayVerf, Art. 43 Abs. 2 S. 1 BerlVerf, Art. 65 S. 1 BbgVerf, Art. 90 S. 1 BremVerf, Art. 19 HmbVerf, Art. 88 S. 1 HessVerf, Art. 32 Abs. 1 S. 1 M-VVerf, Art. 21 Abs. 4 S. 1 NdsVerf, Art. 44 Abs. 2 NRWVerf, Art. 88 Abs. 2 S. 1 RhPfVerf, Art. 74 Abs. 2 S. 1 SaarlVerf, Art. 48 Abs. 3 S. 1 SächsVerf, Art. 51 Abs. 1 S. 1 Verf-LSA, Art. 16 Abs. 1 S. 1 SchlHVerf, Art. 61 Abs. 2 S. 1 ThürVerf

281 Art. 33 Abs. 2 S. 3 BaWüVerf; §§ 122 Abs. 1, 123 Abs. 1 GO BayLT; Art. 43 Abs. 1 BerlVerf i.V.m. § 73 Abs. 1 S. 2 GO BerlAbg.-Haus; §§ 62, 63 Abs. 1 S. 1 GO BbgLT; Art. 89 Abs. 1 BremVerf i.V.m. § 55 Abs. 1 GO BremBürgerschaft; Art. 20 Abs. 1 HmbVerf i.V.m. § 32 Abs. 1 GO HmbBürgerschaft; Art. 87 Abs. 1 HessVerf i.V.m. § 61 Abs. 1 S. 1 GO HessLT; Art. 32 Abs. 3 M-VVerf i.V.m. § 77 Abs. 1, 2 GO LT M-V; § 79 Abs. 1, 2 GO NdsLT; Art. 44 Abs. 1 NRWVerf i.V.m. § 39 Abs. 1, 2 GO LT NRW; Art. 88 Abs. 1 RhPfVerf i.V.m. § 42 Abs. 1, 2 GO RhPfLT; Art. 74 Abs. 1 SaarlVerf i.V.m. § 47 GO S. 1 SaarlLT; Art. 48 Abs. 2 SächsVerf i.V.m. § 83 Abs. 1 GO-SLT; Art. 51 Abs. 2 VerfLSA i.V.m. § 70 Abs. 1, 2 GO LT S-A; Art. 16 Abs. 3 SchlHVerf i.V.m. § 59 Abs. 1 GO LT SchlH; Art. 61 Abs. 1 ThürVerf i.V.m. § 40 Abs. 1 GO ThürLT

282 Vgl. dazu näher oben 4. Teil, 1. Kap., § 20, III.4.

b. Unterscheidung nach den erforderlichen Antragsquoren

Zum Antragserfordernis für einen Selbstauflösungsbeschluss ist festzuhalten, dass außer Sachsen sieben weitere Bundesländer, nämlich Baden-Württemberg, Bremen, Hamburg, Mecklenburg-Vorpommern, Niedersachsen, Sachsen-Anhalt und Thüringen, hierfür ein erhöhtes Quorum vorsehen. Bis auf Sachsen ist dieses Quorum jeweils in der Verfassung enthalten. Nach den Regelungen der deutschen Landesverfassungen kommen zwei Quoren in Betracht, das von einem Viertel und das von einem Drittel der Mitglieder des Parlamentes. Das Antragsquorum von einem Drittel ist häufiger anzutreffen, nämlich in Bremen, Mecklenburg-Vorpommern, Niedersachsen, Sachsen und Thüringen[283], das von einem Viertel nur in Hamburg, Baden-Württemberg und Sachsen-Anhalt.[284]

Würde eine Selbstauflösung von weniger als der verfassungsrechtlich vorgesehenen Anzahl von Stimmen beantragt werden, aber das erforderliche Beschlussquorum erreicht werden, würde dies nicht die Verfassungswidrigkeit des Selbstauflösungsbeschlusses nach sich ziehen. Zwar kommt auch dem Antragsquorum in den einzelnen Landesverfassungen eine spezielle Bedeutung zu, und zwar im Hinblick auf die Sicherung der Arbeitsfähigkeit des Parlamentes dadurch, dass von vornherein aussichtslose Anträge die Parlamentsarbeit nicht behindern sollen. Doch wäre aufgrund dessen, dass die Beschlussfassung mit einer wesentlich höheren, häufig doppelt so hohen Mehrheit erfolgen muss, davon auszugehen, dass der Landtag durch sein Votum diesen Antrag in seinen Willen aufnimmt, sich diesen zu Eigen macht und bei entsprechender Beschlussfassung das fehlende oder unzureichende Antragsquorum „heilt“.[285]

In acht Bundesländern ist hingegen kein besonderes Antragsquorum vorgesehen. Hier kann - entsprechend der parlamentarischen Geschäftsordnung des jeweiligen Bundeslandes - auch der einzelne Abgeordnete[286] oder eine bestimmte Anzahl von Abgeordneten[287] einen Antrag auf Selbstauflösung der Volksvertretung stellen.

---

283 Vgl. Art. 76 Abs. 1 lit. a) BremVerf, Art. 27 Abs. 2 S. 1 M-VVerf, Art. 10 Abs. 2 S. 1 NdsVerf, § 56 S. 1 GO-SLT, Art. 50 Abs. 2 S. 1 Nr. 1 ThürVerf.

284 Vgl. Art. 43 Abs. 1 S. 1 BaWüVerf, Art. 11 Abs. 1 S. 2 HmbVerf, Art. 60 Abs. 2 VerfLSA.

285 So - allerdings für die vergleichbare Problematik der Gesetzesinitiative gem. Art. 76 Abs. 1 GG i.V.m. § 76 GO-BT mit weniger als fünf Prozent der gesetzlichen Mitgliederzahl oder einer Fraktion und anschließender Beschlussfassung über diese Gesetzesvorlage - DEGENHART, Staatsrecht I, § 3, RN 195, S. 73 f.

286 Vgl. § 59 Abs. 1 GO BayLT, § 40 Abs. 1 GO BbgLT, § 65 Abs. 1 GO LT NRW, § 31 Abs. 1, 2 GO LT SchlH, vgl. auch § 64 Abs. 1 des Gesetzes Nr. 970 über den Landtag des Saarlandes, ABL. 1973, S. 529 i.d.F. des Gesetzes Nr. 1559, ABl. 2004, S. 2310 sowie § 27 Abs. 1 S. 1 GO LT Hessen (arg. e contrario).

287 Vgl. § 39 Abs. 1 S. 3 GO des Abg.-Hauses von Berlin (10 Mitglieder), § 60 Abs. 1 GO LT RhPf (8 Mitglieder).

c. Übereinstimmungen bei der Kombination von Beschluss- und Antragserfordernissen

Die selbstauflösungsrechtlichen Regelungen lassen sich sowohl hinsichtlich des Antrags- als auch des Beschlussquorums - in folgende tabellarische Übersicht bringen[288]:

Antrags-erfordernis / Beschluss-quorum	---	1/3	1/4
1/2	Bayern Hessen Nordrhein-Westfalen Rheinland-Pfalz		Hamburg
		Niedersachsen	
2/3	Berlin Brandenburg Saarland Schleswig-Holstein	Bremen Mecklenburg-Vorpommern *Sachsen* Thüringen	Baden-Württemberg Sachsen-Anhalt

Hieraus wird ersichtlich, dass hinsichtlich des Selbstauflösungsrechtes bis auf die Kopplung von 1/3-Antragsquorum und absolutem Mehrheitsentscheid alle Kombinationen zwischen Antragsrecht und Beschlussquoren ausgeschöpft werden. Am häufigsten sind die Kombinationen von fehlendem Antragsquorum und sowohl Mehrheits- als auch 2/3-Beschlussquorum sowie von 1/3-Antragsquorum und 2/3-Beschlussquorum (je vier mal) vertreten, hingegen ist die Verknüpfung von 1/4-Antragsquorum und 2/3-Beschlussquorum nur zweimal, die Verbindung von 1/4-Antragsquorum und Mehrheitsentscheid nur einmal im Länderverfassungsvergleich zu finden. Es lässt sich somit keine Regelmäßigkeit dahingehend feststellen, dass stets die Hälfte des geforderten Beschlussquorums als Antragsquorum vorausgesetzt wird.

---

288 In der Tabelle angegebene Quoren beziehen sich auf die gesetzliche Zahl der Mitglieder der jeweiligen Volksvertretung.

Wird von der Besonderheit abgesehen, dass bezüglich des Selbstauflösungsrechtes des Sächsischen Landtages das Antragserfordernis in der parlamentarischen Geschäftsordnung und nicht im Verfassungstext geregelt ist, so stimmt Art. 58 SächsVerf - was die Quoren betrifft - mit den entsprechenden Bestimmungen in Bremen, Mecklenburg-Vorpommern und Thüringen überein. Es fällt auf, dass es sich hierbei um drei Verfassungen der neuen Bundesländer handelt bzw. dass das Selbstauflösungsrecht in Bremen erst 1994, d.h. nach der Wiedervereinigung Deutschlands, in die Bremische Landesverfassung aufgenommen wurde. Auf mögliche Gründe hierfür wird noch näher einzugehen sein (s. II.).

2. Weitere Anforderungen an eine Selbstauflösung in einigen Bundesländern

Neben den Antrags- und Beschlussquoren stellen einige Bundesländer noch weitere Anforderungen an eine Selbstauflösung. Auffällig ist, dass es sich dabei um die Bundesländer handelt, die ein Antragsquorum für eine Selbstauflösung vorsehen. So sieht Art. 43 Abs. 1 S. 2 BaWüVerf vor, dass zwischen dem Antrag und der Abstimmung mindestens drei Tage liegen müssen. Auch nach § 56 S. 4 GO-SLT finden Beratung und Beschlussfassung frühestens am dritten Tag nach der Verteilung des Antrages statt. In Bremen (Art. 76 Abs. 1 lit. a) S. 2 LV) und Hamburg (Art. 11 Abs. 1 S. 2 LV) ist der Antrag auf Selbstauflösung zwei Wochen vor der Sitzung, auf deren Tagesordnung er gebracht werden soll, allen Abgeordneten und dem Senat mitzuteilen. In Sachsen-Anhalt ist die offene Abstimmung frühestens am elften Tag nach der Beratung durchzuführen; sie muss jedoch am dreißigsten Tag abgeschlossen sein (Art. 60 Abs. 3 LV). Auch in Niedersachsen (Art. 10 Abs. 3 LV) kann über den Antrag auf Selbstauflösung frühestens am elften und muss spätestens am dreißigsten Tag nach Schluss der Besprechung abgestimmt werden. Letzteres bestimmt auch die Verfassung des Landes Thüringen (Art. 50 Abs. 2 S. 2). Ist also ein besonderes Antragsquorum vorgesehen, ist damit eine bestimmte Frist bis zur Abstimmung abzuwarten.

Durch diese Regelungen wird den Abgeordneten eine Überlegungsfrist eingeräumt, um übereilte Beschlüsse zu vermeiden. Die Überlegungsfrist wurzelt im Rechtsstaatsprinzip und dient zugleich dem Vertrauensschutz der Abgeordneten im Hinblick auf die Einhaltung der verfassungsrechtlich vorgesehenen Dauer der Wahlperiode. Aufgrund dieser Funktion sind die verfassungsrechtlich festgelegten Fristen zwischen Antrag und Abstimmung zwingende Voraussetzungen einer Selbstauflösung und können nicht durch die Beschlussfassung mit dem verfassungsrechtlich vorgesehenen Quorum „geheilt“ werden. Ein Selbstauflösungsbeschluss, der unter Verletzung der Überlegungsfrist gefasst werden würde, wäre verfassungswidrig.

3. Regionale Aspekte

Unter regionalem Aspekt kann gesagt werden, dass das Selbstauflösungsrecht in den 1946 bis 1953 in Kraft getretenen Verfassungen im nord- und nordostdeutschen Raum (Niedersachsen[289], Mecklenburg-Vorpommern, Brandenburg[290] und Berlin) das Zweidrittelquorum verlangte[291], hingegen in West- und Süddeutschland (Nordrhein-Westfalen, Rheinland-Pfalz, Hessen und Bayern) eine qualifizierte Mehrheit genügte. Das verdeutlicht die nachstehende Karte (1).

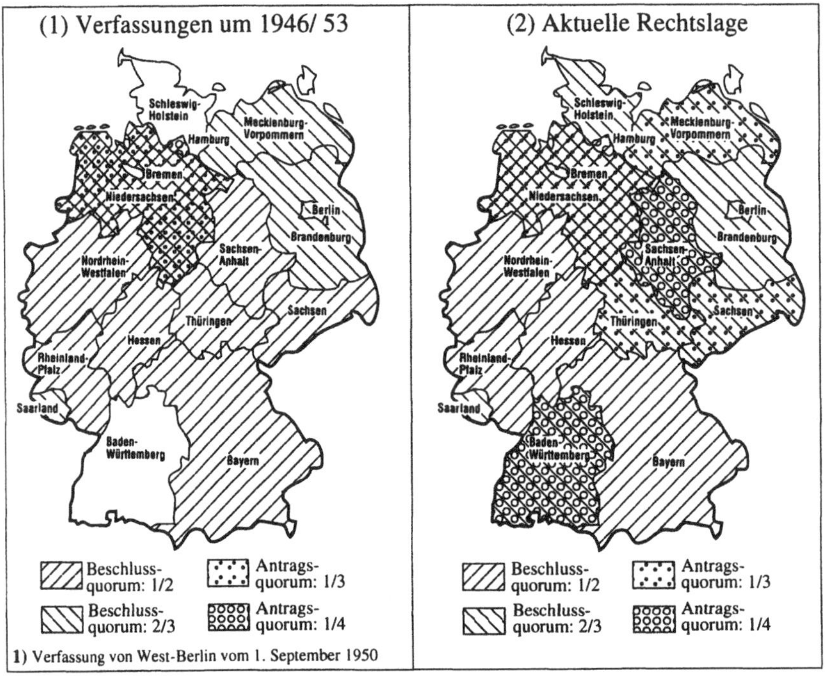

Heute gilt das Zweidrittelquorum auch in Sachsen, Sachsen-Anhalt und Thüringen. Bremen schloss sich dem bewusst an, so dass nur Hamburg im Norden mit absoluter Mehrheit seine Bürgerschaft auflösen kann. Ebenso ist das Saarland mit seinem Zweidrittelerfordernis nicht mehr isoliert. Mit der Aufnahme des Selbst-

---

289 Hier allerdings Mittelweg hinsichtlich des Beschlussquorums.

290 Die Verfassungen von Brandenburg und Mecklenburg-Vorpommern sind allerdings aufgrund ihrer gänzlich unterschiedlichen Genese im Vergleich zu den westlichen Verfassungen nicht direkt in die Betrachtung einbeziehbar.

291 Das Saarland im Westen bildet daher - ähnlich wie Bremen und Schleswig-Holstein im Norden, die gar kein Selbstauflösungsrecht vorsahen - eine Art Enklave, was das Selbstauflösungsrecht betrifft.

auflösungsrechtes in Baden-Württemberg ist das Zweidrittelquorum auch nach Süddeutschland vorgedrungen. Hinsichtlich des Antragsrechtes ist festzustellen, dass die süddeutschen Länder (bis auf Baden-Württemberg) ein solches nicht vorsehen, hingegen in Ost- und Norddeutschland das Selbstauflösungsrecht mit und ohne Antragsrecht etwa gleich stark vertreten ist, wie obenstehende Karte (2) zeigt.

II. Gründe für die unterschiedlichen Ausgestaltungen der Selbstauflösungsbefugnis

Nunmehr wird danach gefragt, welche Gründe für die unterschiedliche Ausgestaltung der Selbstauflösungsrechte in den einzelnen Bundesländern bestehen können. In verfassungshistorischer Sicht ist der Blick zunächst auf den Entstehungszeitpunkt der einzelnen Verfassungen zu richten, insbesondere darauf, ob die Ausgestaltung des Selbstauflösungsrechtes davon abhängt, ob die betreffende Verfassung vor bzw. nach dem Inkrafttreten des Grundgesetzes entstanden ist und welchen Einfluss die Zusammensetzung der verfassunggebenden Versammlung jeweils auf die Ausgestaltung dieses Rechtes hatte. Schließlich ist ein möglicher Zusammenhang zwischen der Dauer der Wahlperiode und der Höhe des Beschlussquorums zu untersuchen.

1. Zusammenhang zwischen dem Zeitpunkt der Aufnahme des Selbstauflösungsrechtes in die Verfassungen und dem Beschlussquorum

Die Analyse der Anforderungen an die Selbstauflösungsrechte in den einzelnen Bundesländern zeigt, dass die meisten Verfassungen, die im Zuge der Verfassunggebung nach dem Zweiten Weltkrieg (1946 bis 1953) entstanden sind, für ein Selbstauflösungsrecht - falls ein solches vorgesehen war - die Mehrheit der gesetzlichen Mitgliederzahl genügen ließen (Bayern, Hamburg, Hessen, Nordrhein-Westfalen, Rheinland-Pfalz, Sachsen, Sachsen-Anhalt und Thüringen), wobei allerdings die letzten drei Länder aufgrund der Entstehung ihrer Verfassungen nicht unbedingt mit den anderen vergleichbar sind. Verfassungen hingegen, die im Zeichen der Wiedervereinigung Deutschlands in den 1990-er Jahren entstanden (neue Bundesländer) bzw. erst zu dieser Zeit das Selbstauflösungsrecht in ihren Text aufnahmen, verlangen durchweg eine Mehrheit von zwei Dritteln der gesetzlichen Zahl der Mitglieder des Landtages.

Nicht ohne weiteres in diesen allgemeinen Trend scheinen die Verfassungen von Berlin, Niedersachsen, dem Saarland, Brandenburg und Mecklenburg-Vorpommern zu passen. Hinsichtlich der letzten beiden Länder, die bereits das Zweidrittelquorum vorsahen, lässt sich eine Beziehung zu den alten Bundesländern nicht herstellen, da sie auf den einheitlichen SED-Entwurf zurückgehen.[292] Die für Niedersachsen festzustellende Abweichung ist nicht gravierend, denn hier war und ist bis heute ein Mittelweg in den Quoren vorgesehen, bei dem das Erfordernis der absoluten Mehrheit die Unter- und die Mehrheit von zwei Dritteln der Mitglieder des Landtages die Obergrenze darstellt.[293] Hinsichtlich des Saarlandes ist zu sagen, dass das Beschlussquorum erst in der Dritten Lesung der Verfassungskommission von der absoluten Mehrheit auf zwei Drittel der gesetzlichen Zahl der Mitglieder des Landtages erhöht wurde, nachdem im Rahmen der Ersten Lesung über eine Streichung des betreffenden Artikels debattiert worden war. In Berlin hingegen herrschte Einigkeit über das Selbstauflösungsrecht und das Beschlussquorum von zwei Dritteln der gesetzlichen Mitgliederzahl des Abgeordnetenhauses. Gründe hierfür wurden nicht angeführt. Es könnte aufgrund des speziellen Berlin-Status' als besondere Stabilitätssicherung gedacht gewesen sein.

Im Gegensatz zum Beschlussquorum ist hinsichtlich des Antragsquorums kein Trend dahingehend feststellbar, dass alle Verfassungsänderungen neueren Datums ein Antragsquorum für das Selbstauflösungsrecht vorsehen, ältere hingegen nicht: So führten zwar Bremen 1994 und Baden-Württemberg 1995 das Selbstauflösungsrecht mit einem Antragsquorum ein. Jedoch verzichteten Bayern, Berlin, Hessen, Niedersachsen, Nordrhein-Westfalen, Rheinland-Pfalz und das Saarland von Anfang an auf ein Antragsquorum und haben es bis heute auch nicht eingeführt. Eine Selbstauflösung bedarf damit lediglich der Zustimmung des in der Verfassung vorgesehenen Beschlussquorums. Hingegen ist in Hamburg das Antragsquorum seit 1952 verankert. Schleswig-Holstein reformierte 1990 seine Verfassung grundlegend, auch hinsichtlich des Selbstauflösungsrechtes, ohne jedoch ein Antragsquorum aufzunehmen. Die Verfassungen der Länder der DDR sahen 1946/ 47 kein Antragserfordernis vor. Nach der Wiedervereinigung Deutschlands fordern dieses jedoch die Verfassungen von Mecklenburg-Vorpommern, Sachsen und Thüringen. Hingegen bedarf es für eine parlamentarische Selbstauflösung in Berlin (1995), Brandenburg (1992) und Sachsen-Anhalt (1992) keines besonderen Antragsquorums. Aus dieser Analyse ist auch ersichtlich, dass Verfassungsänderungen im Hinblick auf das Selbstauflösungsrecht nur vorgenommen wur-

---

292 Vgl. dazu genauer oben, 2. Teil, 1. Kap., § 7, I.2.a). Die Nichtvergleichbarkeit trifft auch auf Sachsen (1947), Sachsen-Anhalt (1947) und Thüringen (1946) zu, jedoch folgten diese dem ersten SED-Entwurf, der lediglich das Mehrheitserfordernis aufstellte und daher der oben aufgestellte These nicht entgegenstand.

293 4. Teil, 1. Kap., § 20, III.4.

den, um dieses aufzunehmen, nicht aber um das Beschlussquorum zu modifizieren oder ein Antragsquorum aufzunehmen.

Für die Höhe des Beschlussquorums war es ohne Einfluss, ob die entsprechende Landesverfassung vor oder nach der Verabschiedung des Grundgesetzes (23. Mai 1949) verkündet wurde. So sieht beispielsweise die Verfassung des Freistaates Bayern (1946) das Mehrheitserfordernis ebenso vor wie die Verfassung von Hamburg (1952). Das Zweidrittelquorum ist in der Verfassung des Saarlandes (1947), aber auch in der von Baden-Württemberg (seit 1995) verankert. Die Verabschiedung des Grundgesetzes blieb auch ohne Auswirkungen auf das Antragsquorum: So verlangte zwar nur eine von neun Verfassungen, die vor dem Grundgesetz verabschiedet wurden, ein Antragsquorum (und zwar Sachsen von einem Drittel[294]), hingegen sahen die nach Inkrafttreten des Grundgesetzes ergangenen Verfassungen in zwei von vier Fällen ein Antragsrecht vor und zwar in Höhe von einem Viertel in Hamburg und von einem Drittel der Abgeordneten in Niedersachsen. Dies könnte für eine Tendenz in Richtung auf die Aufnahme des Antragsquorums sprechen. Jedoch setzt sich dieser Trend bei den neueren Verfassungen nicht fort: Von den zehn neueren Verfassungen (bzw. Verfassungsänderungen) in den neunziger Jahren sehen nur sechs ein solches vor. Das spricht dafür, dass es entscheidend auf das Beschlussquorum ankommt.

2. Zusammenhang zwischen der Zusammensetzung der verfassunggebenden Landesversammlungen und der Ausgestaltung des Selbstauflösungsrechtes?

Im Folgenden ist zu fragen, welchen Einfluss die Zusammensetzung der die Verfassung beschließenden Versammlungen hatte. Mit in die Betrachtung einbezogen wird hierbei die Zusammensetzung der Landtage in den Ländern, in denen hinsichtlich des Selbstauflösungsrechtes eine Verfassungsänderung vorgenommen wurde.

Bezüglich der 1946 bis 1953 entstandenen Verfassungen, d.h. derjenigen die überwiegend lediglich das Mehrheitserfordernis vorsehen, ist festzustellen, dass dieses sowohl in Bundesländern festgelegt wurde, in denen eine Partei allein über 50 % der Sitze verfügte[295], als auch dort, wo zur Erfüllung des Mehrheitserfordernisses mindestens die Zustimmung einer weiteren Partei erforderlich war. Hierbei ist beachtenswert, dass selbst in Ländern, in denen die Regierungskoali-

[294] Sachsen war aber damals Teil der DDR und daher mit den westdeutschen Verfassungstexten nicht vergleichbar.

[295] So in Bayern die CDU mit 58,3% aufgrund der Wahlen zur Verfassungsgebenden Landesversammlung vom 30.06.1946 und in Rheinland-Pfalz die CDU mit 55,1% (am 17.11.1946 von den Kreis- und Gemeindeversammlungen bestellt).

tion über zwei Drittel der Stimmen verfügte[296], ein Zweidrittelquorum nicht eingeführt wurde. Allerdings ist auch zu vermerken, dass die Regierungen häufig von der jeweiligen Militärregierung eingesetzte Allparteienregierungen waren, so dass es keine echte Opposition gab.

In den neueren Verfassungen, die das Erfordernis der Beschlussfassung mit einer Mehrheit von zwei Dritteln der gesetzlichen Mitgliederzahl des Landtages vorsehen, fällt ins Auge, dass keine der beteiligten Parteien im Rahmen der verfassunggebenden Versammlungen das 2/3-Quorum allein hätte erreichen können. In Baden-Württemberg wäre es allerdings aufgrund der Bildung einer Großen Koalition (1992-1996) möglich gewesen, einen solchen Beschluss herbeizuführen. In allen anderen Ländern verfügte selbst die jeweilige Regierungskoalition nicht über das Zweidrittelquorum.[297] Selbst Länder, in denen eine Minderheitsregierung gebildet wurde[298], legten als Beschlussquorum eine Mehrheit von zwei Dritteln der gesetzlichen Mitgliederzahl des Landtages fest.

Es besteht mithin keine Abhängigkeit des Beschlussquorums von der Zusammensetzung der jeweiligen verfassunggebenden Versammlung. Dies lässt den Schluss zu, dass offenbar keine der Parteien die aktuellen Mehrheitsverhältnisse zur Grundlage des Beschlussquorums gemacht hat. Als Beispiele können auch Sachsen (1992) und Schleswig-Holstein (1990) herangezogen werden, in denen die CDU bzw. SPD mit über 50% allein regierte und dennoch ein Zweidrittelquorum für den Selbstauflösungsbeschluss vorgesehen wurde. Dieses Quorum wurde sichtlich - unter Verzicht auf eigene Machtansprüche - aus Gründen der Regierungsstabilität gewählt.

3. Zusammenhang zwischen der Dauer der Wahlperiode und dem Beschlussquorum?

Ein Zusammenhang zwischen der Dauer der Wahlperiode und den Anforderungen an das Selbstauflösungsrecht - wie aufgrund der Verfassungsberatungen 1995 in Baden-Württemberg annehmbar[299] - ist nicht erkennbar: Während Ba-

---

296 Hamburg (Wahlen vom 13.10.1946, 84,7%), Hessen (Wahlen vom 30.06.1946, 91,2%), Rheinland-Pfalz (Wahlen vom 02.10.1946, 94,5%), Sachsen (Wahlen vom 20.10.1946, 97,1%), Sachsen-Anhalt (Wahlen vom 20.10.1946, 97,5%), Thüringen (Wahlen vom 20.10.1946, 96,7%)

297 Berlin (Wahlen vom 22.10.1990, 61%), Brandenburg (Wahlen von 14.10.1990, 51,2%), Bremen (Wahlen vom 29.09.1991, 59,7%), Mecklenburg-Vorpommern (Wahlen vom 14.10.1990, 43,8%), Sachsen-Anhalt (Wahlen vom 14.10.1990, 52,5%), Thüringen (Wahlen vom 14.10.1990, 54,7 %)

298 Mecklenburg-Vorpommern (Wahlen vom 14.10.1990, 43,8%), Niedersachsen (Wahlen vom 13.05.1990, 49,7%), wobei das Quorum in Niedersachsen zwischen 1/2 und 2/3 der Mitglieder des Landtages schwanken kann.

299 Vgl. 4. Teil, 1. Kap., § 20, III.6.b), cc).

den-Württemberg, Brandenburg, das Saarland, Sachsen, Schleswig-Holstein und Thüringen die fünfjährige Wahlperiode und das Selbstauflösungsrecht mit der Erfordernis der Zustimmung von zwei Dritteln der gesetzlichen Zahl der Mitglieder des Landtages vorsehen, ist in Berlin, Bremen, Mecklenburg-Vorpommern, Sachsen-Anhalt die gleiche Mehrheit für eine Selbstauflösung erforderlich, obwohl die Dauer der Wahlperiode dort lediglich vier Jahre beträgt. In Bayern, Nordrhein-Westfalen und Rheinland-Pfalz dauert die Wahlperiode fünf Jahre, eine Selbstauflösung ist aber mit der Mehrheit der Mitglieder des Landtages möglich, während die Wahlperiode in Hamburg sowie Hessen lediglich vier Jahre dauert und dennoch lediglich diese Mehrheit für eine Selbstauflösung gefordert wird.

III. Zusammenfassende Stellungnahme

Die Einordnung des Selbstauflösungsrechtes in den verfassungsrechtlich-systematischen Zusammenhang ergibt, dass das formelle Selbstauflösungsrecht offenbar ein notwendiges verfassungsrechtliches Institut im demokratisch-parlamentarischen System darstellt. Des Weiteren zeigt die Analyse der in den einzelnen Bundesländern vorhandenen Bestimmungen zum Selbstauflösungsrecht, dass die Voraussetzungen für einen dahingehenden Beschluss in vielem übereinstimmen, aber auch Unterschiede vorhanden sind.

1. Notwendigkeit des Selbstauflösungsrechtes neben anderen Möglichkeiten der vorzeitigen Beendigung der Wahlperiode

Aus der Erkenntnis, dass das Selbstauflösungsrecht trotz Vorhandenseins weiterer Regelungen zur vorzeitigen Beendigung der Wahlperiode ausnahmslos in allen Bundesländern verankert ist, lässt sich folgern, dass es ein notwendiges Instrument im demokratisch parlamentarischen System ist. Dies hat seine Ursache darin, dass die anderen verfassungsrechtlichen Institute wie z.B. Regelungen im Falle des Scheiterns der Regierungsbildung, Misstrauensvotum und Vertrauensfrage nur den jeweils bestimmten Sachverhalt normieren. Das Selbstauflösungsrecht tritt aufgrund seines offenen Charakters neben diese Möglichkeiten als eigenes Institut, das freilich nicht in die anderen Möglichkeiten der Parlamentsauflösung eingreifen darf.

2. Wesentliche Übereinstimmung hinsichtlich der Anforderungen an einen Selbstauflösungsbeschluss

Hinsichtlich der Ausgestaltung der formellen Selbstauflösungsrechte ist festzuhalten, dass explizite materielle Voraussetzungen in keinem Bundesland gestellt werden. Allerdings konnten aus der Genese der diesbezüglichen Bestimmungen und aus den bisher erfolgten und versuchten Selbstauflösungen Konstellationen herausgearbeitet werden, in denen das Selbstauflösungsrecht typischerweise in Betracht kommt, z.B. im Fall der Handlungsunfähigkeit des Parlamentes und/ oder der Regierung, im Fall von Koalitionswechsel oder -bruch oder bei Arbeitsunfähigkeit wegen knapper oder unklarer Mehrheitsverhältnisse. Neben dem Vorliegen einer schwierigen politischen Konstellation kann aber das Selbstauflösungsrecht auch im Falle der Notwendigkeit einer Klärung von Fragen von grundsätzlicher Bedeutung in Betracht kommen. Durch die Rückgabe der politisch-rechtlichen Legitimation an das Wahlvolk soll herausgefunden werden, wer zur Lösung dieser Frage berufen ist. Das freie Mandat eröffnet hier beträchtliche Spielräume, die allerdings nur im Rahmen der Missbrauchsgrenze in Anspruch genommen werden können.

Eine weitere Übereinstimmung besteht darin, dass alle Landesverfassungen im Vergleich zur sonstigen Beschlussfassung mit einfacher Mehrheit an einen Selbstauflösungsbeschluss qualifizierte Anforderungen stellen, nämlich zumindest die absolute Mehrheit, also die Mehrheit der gesetzlichen Zahl der Mitglieder verlangen. In einigen Bundesländern, insbesondere den neuen, bedarf es hierfür sogar einer Mehrheit von mindestens zwei Dritteln der gesetzlichen Mitgliederzahl. Damit wird der besonderen Bedeutung des Selbstauflösungsrechtes Rechnung getragen. Zugleich soll diese Qualifikation dazu beitragen, eine missbräuchliche Anwendung dieses Institutes zu verhindern. Andererseits fällt auf, dass in den Bundesländern, die das Erfordernis der Zustimmung von mindestens zwei Dritteln der gesetzlichen Mitgliederzahl vorsehen, durch eine Verfassungsänderung mit gleicher Mehrheit das Beschlussquorum für eine Selbstauflösung herabgesetzt werden könnte.[300] Ob und inwieweit dieses hohe Beschlussquorum den effizienten Einsatz des Selbstauflösungsrechtes einschränkt, wird noch zu erörtern sein.[301]

---

[300] Vgl. Art. 100 S. 1 BerlVerf, Art. 79 S. 2 BbgVerf, Art. 125 Abs. 3 S. 1 BremVerf, Art. 56 Abs. 2 M-VVerf, Art. 101 Abs. 1 S. 2 SaarlVerf, Art. 74 Abs. 2 SächsVerf, Art. 78 Abs. 2 Verf LSA, Art. 40 Abs. 2 SchlHVerf, Art. 83 Abs. 2 S. 1 ThürVerf. In Baden-Württemberg werden an eine Verfassungsänderung sogar geringere Anforderungen als an eine parlamentarische Selbstauflösung gestellt, vgl. 4. Teil, 1. Kap., § 20, III.6.d).

[301] S. dazu 5. Teil, 1. Kap., § 24, II.1.

Zweites Kapitel

Europäischer Verfassungsvergleich in Auswahl

Nunmehr ist der Blick über Deutschland hinaus auf Europa zu richten. Es sind beispielhaft europäische Verfassungen vergleichend mit in die Betrachtung einzubeziehen.[302] Der nachfolgende Abriss soll dazu beitragen zu klären, ob das Selbstauflösungsrecht ein typisch deutsches Verfassungsinstrument ist oder ob es sich auch in anderen Verfassungsordnungen findet und wie es dort ausgestaltet ist. Dabei wird zunächst das (Selbst-) Auflösungsrecht in dem deutschen Nachbarstaat Österreich und danach kursorisch-vergleichend in anderen ausgewählten europäischen Ländern, nämlich in Litauen, Polen, Ungarn, Zypern und Großbritannien erörtert.

§ 22 Das Selbstauflösungsrecht in Österreich

Aufgrund der geografischen Nähe und der teilweise miteinander verbundenen historischen Entwicklung bietet sich ein verfassungsrechtlicher Vergleich mit Österreich an. Auch die föderale Struktur beider Staaten lässt, auch wenn den Bundesländern in Österreich nicht dieselben Kompetenzen wie den deutschen zustehen, einen Vergleich sinnvoll erscheinen. Im Folgenden sind daher die Möglichkeiten der vorzeitigen Beendigung der Gesetzgebungsperiode in Österreich sowohl auf Bundes- als auch auf Landesebene zu untersuchen.

I. Vergleich der Auflösungsmöglichkeiten auf Bundesebene

Gem. Art. 27 Abs. 1 B-VG Ö dauert die Legislaturperiode des Nationalrates - das ist in Österreich die Bezeichnung der Vertretungskörperschaft auf Bundesebene, die durch Wahlen durch das Bundesvolk bestellt wird, vgl. Art. 26 Abs. 1 S. 1 B-VG Ö - grundsätzlich vier Jahre. Dieser Zeitraum kann unter bestimmten Voraussetzungen verkürzt werden.

---

[302] Die Verfassungen der Mitgliedstaaten der EU (Stand: 01.01.2005) sind abgedruckt bei KIMMEL/ KIMMEL, EU-Verfassungen, 6. Aufl., München 2005.

1. Das Selbstauflösungsrecht nach Art. 29 Abs. 2 B-VG Ö

Im Gegensatz zum Deutschen Bundestag kann in Österreich der Nationalrat nach Art. 29 Abs. 2 B-VG Ö seine Auflösung beschließen. Explizite inhaltliche Voraussetzungen sind dieser Vorschrift nicht zu entnehmen. Eine Auflösung ist möglich, sobald der Nationalrat dies politisch wünscht bzw. für erforderlich hält[303], was dem in Art. 56 Abs. 1 B-VG Ö niedergelegten freien Mandat entspricht.[304] Typische Ursache einer parlamentarischen Selbstauflösung ist die Lösung von Konflikten innerhalb einer Koalitionsregierung[305], wie z.B. nach dem Koalitionsbruch zwischen der ÖVP und der FPÖ im September 2002 zu beobachten war. Anders als in den Ländern der Bundesrepublik Deutschland ist für einen solchen Beschluss kein erhöhtes Quorum erforderlich: Da weder die Verfassung noch die Geschäftsordnung des Nationalrates[306] Abweichendes bestimmen, kann der Nationalrat die Selbstauflösung mit der Mehrheit der abgegebenen Stimmen beschließen, wobei allerdings mindestens ein Drittel aller Mitglieder des Nationalrates anwesend sein muss (vgl. Art. 31 B-VG Ö). Schutz vor Übereilung oder vor Überrumpelung soll durch die Verfahrensbindung erreicht werden: Erforderlich ist - anders als im Verfassungsrecht der Bundesrepublik Deutschland - ein Gesetz im formellen Sinn.[307] Dem Bundesrat steht hierbei kein Mitwirkungsrecht in Form eines Einspruches zu, Art. 42 Abs. 5 B-VG Ö, was auch nicht sinnvoll wäre, da es sich um ein autonomes Recht des Nationalrates handelt. Die Gesetzgebungsperiode dauert bis zum Zusammentritt des neu gewählten Nationalrates fort, Art. 29 Abs. 3 B-VG Ö. Jedoch ist die Bundesregierung unmittelbar verpflichtet, Neuwahlen anzuordnen.

Der freie Gebrauch des Selbstauflösungsrechtes kam bereits im Rahmen der Verfassungsberatungen zum Ausdruck. Allerdings hat das Selbstauflösungsrecht entstehungsgeschichtlich erst recht spät Eingang in die Verfassungsberatungen gefunden. In den Vorentwürfen des großen Juristen, Staatsrechtslehrers und Rechtstheoretikers *Hans Kelsen* zur österreichischen Bundesverfassung, die dieser nach der Wahl der Konstituierenden Nationalversammlung im Februar 1919 im Auftrag des Staatskanzlers *Karl Renner* im Sommer 1919 erarbeitete, findet sich nämlich nur die Regelung, dass der Bundespräsident auf Antrag der Bundes-

---

303 So ausdrücklich MAYER, Das österreichische Bundes-Verfassungsrecht, Art. 29, II., S. 142.

304 Auch wenn im Vergleich zu den Regelungen in Deutschland die bloße Gewissensunterworfenheit nicht explizit erwähnt wird, so ergibt sich doch aus dem Verfassungstext, dass auch in Österreich die Abgeordneten ihr Amt ohne Aufträge und damit ungebunden ausüben können, ebenso ÖHLINGER, Verfassungsrecht, VIII., 4.4.3., S. 151; MAYER, Das österreichische Bundes-Verfassungsrecht, Art. 56, I.1., S. 182.

305 PELINKA, Das politische System Österreichs, in: Ismayr, Die politischen Systeme Westeuropas, S. 521-607/ 526 f.

306 BGBl. (Österreich) I Nr. 410/ 1975 i.d.F. BGBl. (Österreich) I Nr. 29/ 2005

307 So auch MAYER, Das österreichische Bundes-Verfassungsrecht, Art. 29, II., S. 142.

regierung die Bundesversammlung bzw. den - ab K-E II so bezeichneten - Bundestag auflösen kann, was Neuwahlen (innerhalb von sechs Wochen) und die Einberufung des neugewählten Parlamentes (spätestens binnen vier Wochen nach der Wahl) nach sich ziehen sollte.[308] Auch die Christlich-Soziale Partei Österreichs hatte am 14. Mai 1919 einen Verfassungsentwurf vorgelegt. Darin war für eine Auflösung der Volksvertretung nur der Fall einer Totalrevision der Verfassung vorgesehen.[309] Nach Abschluss des Friedens- und Staatsvertrages von St. Germain[310] stellte der Staatssekretär für Verfassungs- und Verwaltungsreform *Michael Mayr* seinen Verfassungsentwurf vor. Was die Möglichkeiten zur vorzeitigen Beendigung der Wahlperiode betrifft, sah Art. 21 PE-M - ebenso wie K-E II, III, V, VI - vor, dass der Bundespräsident auf Antrag der Bundesregierung den Bundestag auflösen können sollte, jedoch nur einmal aus demselben Anlass.[311] Das Selbstauflösungsrecht war nicht vorgesehen. Der Entwurf der Sozialdemokratischen Partei[312] sah keine Möglichkeit der Verkürzung der Wahlperiode vor.

Nach Überwindung einer Koalitionskrise, die im Zusammenhang mit den Fragen der Kompetenzverteilung, der Ländergrenzen, der Stellung des Bundesrates, der Grundrechte und der Gemeindeverfassung entstand und die am 10. Juni 1920 zum Zerbrechen der Koalition führte und die Bildung einer Proporzregierung nach sich zog, kamen die Parteien der neuen Regierung am 8. Juli 1920 überein, noch im Sommer 1920 eine Verfassung auszuarbeiten und setzten hierzu einen Unterausschuss des Verfassungsausschusses aus sieben Mitgliedern ein.[313] Die Arbeit des Unterausschusses lässt sich in zwei Phasen gliedern. Im Rahmen der ersten Phase (bis zum 31. August) kam es in der 9. Sitzung am 23. August 1920 zur Aufnahme des *Selbstauflösungsrechtes* und zum Wegfall der Möglichkeit des Bundespräsidenten, den Bundestag bzw. den Nationalrat[314] aufzulösen. Ausschlaggebend hierfür war die Bemerkung des Sozialdemokraten *Danneberg*, der sich durch das Auflösungsrecht des Bundespräsidenten an „monarchische Gepflogenheiten" erinnert fühlte. Der Abg. *Clessin* (GdP) ergänzte, dass auch der Bundesregierung nicht das Recht zugestanden werden könne, den Nationalrat aufzulösen. Der Vorsitzende des Unterausschusses *Bauer* vertrat daraufhin die

---

308 Vgl. Art. XV K-E I und IV, Art. 19 K-E II, III und VI, Art.18 K-E V, abgedruckt in: SCHMITZ, Vorentwürfe, S. 113-307/ 146 f.

309 Vgl. Art. 30 Abs. 3 dieses Entwurfes, abgedruckt in: ERMACORA, Quellen, S. 29-42/ 37.

310 Nach der Genehmigung des Staatsvertrages durch die Konstituierende Nationalversammlung trat die Regierung zurück und es fanden am 17.10.1919 Koalitionsabsprachen zwischen der christdemokratischen und der sozialdemokratischen Partei statt.

311 Vgl. ERMACORA, Quellen, S. 11 f., S. 43-66/ 50.

312 Abgedruckt in: ERMACORA, Quellen, S. 152-188.

313 Vgl. dazu ausführlicher ERMACORA, Quellen, S. 16-21.

314 Zum Wechsel der Bezeichnung vgl. 5. Sitzung des Unterausschusses des Verfassungsausschusses (17.08.1920), abgedruckt in: ERMACORA, Quellen, S. 301-305/ 305 und 6. Sitzung (18.08.1920), a.a.O., S. 305-315/ 306.

Auffassung, dass eine Auflösung immer dann zu erfolgen habe, wenn sich zeige, dass eine Wahl zu einer anderen Zusammensetzung des Nationalrates führen würde. Schließlich wurde das Selbstauflösungsrecht in der heute in Art. 29 Abs. 2 B-VG Ö zu findenden Fassung formuliert.[315] Dem Bundespräsidenten wurde dabei kein Auflösungsrecht mehr zugestanden.[316]

Als Abschluss der zweiten Phase der Beratungen des Unterausschusses legte dieser am 24. September 1920 dem Verfassungsausschuss einen Verfassungsentwurf vor, den dieser der Konstituierenden Nationalversammlung zur Beschlussfassung unterbreitete.[317] In den Stenographischen Protokollen der Konstituierenden Nationalversammlung zur Beratung der Bundesverfassung (vgl. insbes. die 100., 101. und 102. Sitzung am 29., 30. September und 1. Oktober 1920) finden sich kaum Bemerkungen zum Selbstauflösungsrecht. Lediglich der sozialdemokratische Abg. *Danneberg* wiederholte in der Generaldebatte im Rahmen seiner Ausführungen zu Besetzung und Aufgaben des Bundesrates, dass eine Auflösung des Nationalrates nur durch eigenes Gesetz, nicht aber durch andere Organe möglich sein sollte.[318]

2. Weitere Möglichkeiten der vorzeitigen Beendigung der Wahlperiode des Nationalrates

Unterschiede zwischen der Bundesrepublik Deutschland und der Republik Österreich hinsichtlich der Auflösungsmöglichkeiten auf Bundesebene ergeben sich auch bei der *Regierungsbildung*: Während diese in Deutschland im Fall des Misslingens die Auflösung des Bundestages nach sich ziehen kann (Art. 63 Abs. 4 GG), ist Entsprechendes in Österreich nicht vorgesehen (Art. 70 B-VG Ö). Des Weiteren kann in Deutschland eine gescheiterte *Vertrauensfrage* eine Parlamentsauflösung nach sich ziehen (Art. 68 GG); in Österreich hingegen wird die Bundesregierung oder auch ein einzelner Minister mit einfacher Mehrheit seines

---

315 Vgl. 9. Sitzung des Unterausschusses des Verfassungsausschusses (23.08.1920), insbes. Art. 22, abgedruckt bei ERMACORA, Quellen, S. 336-345/ 342 f.

316 Erst durch das Bundesverfassungsgesetz von 1929 erhielt der Bundespräsident - nunmehr unmittelbar durch das Volk statt von der Bundesversammlung zu wählen (vgl. Art. 60 Abs. 1-4 B-VG Ö) - die Befugnis, den Nationalrat aufzulösen. Dazu bedarf es eines Vorschlages der Bundesregierung (vgl. Art. 29 Abs. 1 i.V.m. Art. 67 Abs. 1 B-VG Ö 1929), vgl. BGBl. (Österreich) 1929, S. 1323, Art. 1 § 14. Mit der Novelle 1929 wandte sich Österreich vom streng parlamentarischen System ab und einem gewaltentrennenden System zu, das starke Ähnlichkeiten mit der WRV aufwies, so auch SPANNER, Die Entwicklung, in: Schambeck, Das Österreichische B-VG, S. 33-55/ 39.

317 Vgl. Bericht des Verfassungsausschusses, abgedruckt in: SCHAMBECK, Das Österreichische B-VG, S. XIX-XXX/ XXIII, XXX.

318 DANNEBERG, in: Stenographische Protokolle über die Sitzungen der Konstituierenden Nationalversammlung der Republik Österreich, III. Bd., 100. Sitzung (29.09.1920), S. 3365-3405/ 3389

Amtes enthoben, sofern mindestens die Hälfte der Mitglieder des Nationalrates bei der Beschlussfassung anwesend ist (Art. 74 B-VG Ö). Eine Parlamentsauflösung durch *Volksentscheid* ist hingegen in beiden Staaten nicht vorgesehen.

Die in Art. 60 Abs. 6 B-VG Ö geregelte Möglichkeit der Auflösung des Nationalrates, falls die von ihm erstrebte Absetzung des Bundespräsidenten durch Volksentscheid abgelehnt wird, ist im GG nicht vorgesehen. In diesem - bislang noch nicht eingetretenen - Fall würde der Wille des Nationalrates, der mehrheitlich die Absetzung initiiert hat, nicht mit dem Volkswillen übereinstimmen.

Im Gegensatz zu Deutschland kommt darüber hinaus in Österreich seit der Verfassungsnovelle 1929, durch die die Stellung des Bundespräsidenten aufgrund der für notwendig erachteten Stärkung desselben aufgewertet wurde[319], dem *Bundespräsidenten* gem. Art. 29 Abs. 1 S. 1 B-VG Ö das Recht zur Parlamentsauflösung zu, ohne dass bestimmte materielle Kriterien erfüllt sein müssten. Die Regelung bezweckt die Lösung politischer Spannungen zwischen Exekutive und Legislative auf demokratischen Weg.[320] Sie wäre angesichts der damit verbundenen starken Stellung des Bundespräsidenten nicht mit der Konzeption des Grundgesetzes vereinbar, nicht zuletzt aufgrund der Belastung durch die exzessive Handhabung dieser Befugnis des Reichspräsidenten in der Weimarer Zeit[321]. Allerdings bedarf es in Österreich für eine derartige Parlamentsauflösung eines diesbezüglichen Vorschlages der Bundesregierung (Art. 67 Abs. 1 S. 1 B-VG Ö) und gem. Art. 67 Abs. 2 B-VG Ö der Gegenzeichnung des Bundeskanzlers. Des Weiteren bestimmt Art. 29 Abs. 1 B-VG Ö, dass eine Auflösung des Nationalrates nur einmal aus dem gleichen Anlass verfügt werden darf und dass der Termin für Neuwahlen in der Weise von der Bundesregierung angeordnet werden muss, dass der neugewählte Nationalrat spätestens am hundertsten Tag nach seiner Auflösung zusammentreten kann.

Wichtig ist die unterschiedliche Wirkung der Auflösungstatbestände: Während bei einer Beendigung der Wahlperiode durch Zeitablauf bzw. aufgrund Beschlusses des Nationalrates alle Organe des Nationalrates bis zum Zusammentreten des neugewählten Nationalrates ihre Funktionen weiter ausüben, bleiben im Falle der Auflösung des Nationalrates durch den Bundespräsidenten nur der Ständige Unterausschuss des Hauptausschusses (Art. 55 Abs. 2-3 B-VG Ö[322]), ein gem. Art. 51c Abs. 1 S. 2 B-VG Ö bestellter Ständiger Unterausschuss des mit der Vorberatung von Finanzgesetzen betrauten Ausschusses des Nationalrates sowie die Präsidenten (§ 6 Abs. 1 GeoG) in Funktion. Im Falle einer Selbstauflösung wird

---

319 SCHAMBECK, Die Demokratie, in: ders., Das Österreichische B-VG, S. 149-252/ 189 f.
320 So auch MAYER, Das österreichische Bundes-Verfassungsrecht, Art. 29, I., S. 142.
321 S. dazu näher 5. Teil, 2. Kap., § 30, I.2.
322 In KIMMEL/ KIMMEL, EU-Verfassungen ist insoweit bei dem Verweis auf Art. 28 Abs. 1 B-VG Ö (anstelle auf Art. 29 Abs. 1 B-VG Ö) von einem Schreibfehler auszugehen.

also - anders als im Falle des Art. 29 Abs. 1 B-VG Ö - die Gesetzgebungsperiode nicht mit sofortiger Wirkung beendet.[323] Sie dauert vielmehr bis zum Zusammentritt des neu gewählten Nationalrates fort (Art. 29 Abs. 3 B-VG Ö).

3. Die österreichische Auflösungspraxis

Aufgrund der - im Vergleich zu den deutschen Bundesländern - geringen Anforderungen an eine Selbstauflösung liegt ein häufigerer Gebrauch dieses Institutes nahe. So zeigt ein Blick auf das jeweilige Ende der Gesetzgebungsperioden in Österreich, dass dieses weniger durch Ablauf der in Art. 27 Abs. 1 B-VG Ö vorgesehenen Vierjahresfrist, als vielmehr des Öfteren durch Selbstauflösung herbeigeführt wurde. So endeten von den von 1920 bis 1979 insgesamt fünfzehn Gesetzgebungsperioden neun durch Selbstauflösung: Nachdem die erste Gesetzgebungsperiode aufgrund von § 20 Verfassungsübergangsgesetz[324] am 23. November 1923 geendet hatte, wurde die zweite Gesetzgebungsperiode, die vom 21. November 1923 bis zum 18. Mai 1927 dauerte, durch Beschluss der Abgeordneten auf Initiative der Bundesregierung beendet. Die dritte Wahlperiode (vom 18. Mai 1927 bis 1. Oktober 1930) endete aufgrund einer Auflösung durch den Bundespräsidenten. Aufgrund der Ausschaltung des Nationalrates durch die Nationalsozialisten endete die vierte Gesetzgebungsperiode am 4. März 1933. Durch Selbstauflösung wurden dann aber die fünfte bis zehnte Gesetzgebungsperiode[325] beendet, ebenso wie die zwölfte (31. März 1970 bis 4. November 1971) und die vierzehnte (4. November 1971 bis 5. Juni 1979). Somit fanden nur die elfte (30. März 1966 bis 31. März 1970) sowie die dreizehnte Gesetzgebungsperiode (4. November 1971 bis 4. November 1975) ihr Ende durch regulären Ablauf.[326] Typischerweise verschlechterten sich die Beziehungen innerhalb der Koalition und der Bundesregierung in der zweiten Hälfte der Legislaturperiode, da nun die Aufgaben, für die bislang keine Einigung erzielt werden konnte, zur Lösung anstanden. Statt zu Sacharbeit ist es dann zu Wahlkämpfen gekommen.[327]

Von den folgenden acht Wahlperioden fanden - soweit ersichtlich - drei ein vorzeitiges Ende. So beschloss der Nationalrat mit Bundesgesetz vom 23. September 1986[328] und vom 13. Oktober 1995[329] die vorzeitige Beendigung der Ge-

---

323 Vgl. WALTER/ MAYER, Grundriß des österreichischen Bundesverfassungsrechts, III. Teil, 1. Kap., IV., S. 153 f.

324 BGBl. Nr. 2, zit. nach WIDDER, Parlamentsauflösung und Regierungsbildung in Österreich, in: ZParl 1972, S. 86-102/ 86.

325 19.12.1945 bis 8.11.1949, 08.11.1949 bis 18.03.1953, 18.03.1953 bis 08.06.1956, 08.06.1956 bis 09.06.1959, 09.06.1959 bis 14.12.1962, 14.12.1962 bis 30.03.1966

326 Vgl. hierzu m.w.N. die Übersicht bei SCHAMBECK, Das Österreichische B-VG, S. 392.

327 Zu diesem „Schema" s. näher WIDDER, Parlamentsauflösung und Regierungsbildung in Österreich, in: ZParl 1972, S. 86-102/ 89 f.

328 BGBl. (Österreich) Nr. 516/ 1986, S. 3387

setzgebungsperiode. Aus der jüngeren Vergangenheit ist die Selbstauflösung vom 19. September 2002[330] zu nennen. Hintergrund war hier der Bruch der Koalition zwischen der konservativen Volkspartei (ÖVP) und der rechtspopulistischen FPÖ.

Die Selbstauflösung des österreichischen Nationalrates stellt somit in der Verfassungspraxis die übliche Form der Beendigung der Legislaturperiode dar.[331] Sie wird offenbar als notwendiges Instrument zum einen zur Lösung schwieriger parlamentarischer Situationen und zum anderen zur Vermeidung der Anwendung des „anrüchig“ wirkenden Mittels der Parlamentsauflösung durch die Exekutive angesehen.[332] Ungeachtet dieser Verfassungspraxis ist die Stabilität des österreichischen Regierungssystems nicht in Zweifel zu ziehen.

II. Das Selbstauflösungsrecht auf Landesebene

Der österreichische Bundesstaat besteht aus den Ländern Burgenland, Kärnten, Niederösterreich, Oberösterreich, Salzburg, Steiermark, Tirol, Vorarlberg und Wien, Art. 2 Abs. 2 B-VG Ö. Im Folgenden wird kursorisch untersucht, wie das Selbstauflösungsrecht in den österreichischen Bundesländern ausgestaltet ist, insbesondere welchen Anforderungen es unterliegt.[333]

1. Anforderungen an eine Selbstauflösung nach den österreichischen Landesverfassungsgesetzen

Wie in der Bundesrepublik Deutschland sehen auch in Österreich alle Bundesländer ein parlamentarisches Selbstauflösungsrecht vor. Die Selbstauflösung kann durch Gesetz (Burgenland) bzw. Landesverfassungsgesetz (Oberösterreich) oder durch Beschluss des jeweiligen Landtages (Kärnten, Niederösterreich, Steiermark, Salzburg, Vorarlberg, Wien, Tirol) erfolgen.

a. Keine expliziten materiellen Voraussetzungen

Wie zu den deutschen Bundesländern ist auch für die österreichischen Bundesländer festzustellen, dass explizite materielle Begrenzungen des Selbstauflösungsrechtes nicht ersichtlich sind. Eine Selbstauflösung kann aufgrund des frei-

---

329 BGBl. (Österreich) Nr. 686a/ 1995, S. 8356a

330 BGBl. (Österreich) Nr. 154/ 2002, S. 1619

331 So auch BULL, Parlamentsauflösung, in: ZRP 1972, S. 201-204/ 203.

332 WIDDER, Parlamentsauflösung und Regierungsbildung in Österreich, in: ZParl 1972, S. 86-102/ 90

333 Eine tabellarische Zusammenstellung hierzu findet sich im Anhang (B., Übersicht 5).

en Mandates der Abgeordneten[334] - sofern die entsprechenden Anwesenheits- und Beschlussquoren vorliegen und kein Missbrauch gegeben ist - aus ganz unterschiedlichen Gründen beschlossen werden. So löste sich beispielsweise der Landtag des Burgenlandes am 21. Mai 2005 selbst auf, um dem neu zu wählenden Landtag ausreichend Zeit zu geben, das Landesbudget für das Jahr 2006 zu beraten und um die Wahlkampfphase abzukürzen.[335] In Tirol wurde am 3. Juli 2003 die Auflösung des Landtages beschlossen, um eine Entkopplung von den im Jahre 2004 anstehenden Wahlen (Gemeinderat, Bundespräsident und Europäisches Parlament) zu erreichen.[336] Die Auflösung des Landtages des Bundeslandes Burgenland am 28. Juni 1972 wurde unter anderem damit begründet, dass das Arbeitsprogramm der Regierung erfüllt sei.[337] Hingegen wurde mit der Auflösung des Landtages im April 1991 die Entlassung des Landeshauptmannes, das ist die Bezeichnung des Vorsitzenden der Landesregierung, vgl. Art. 51 Abs. 1 LV-BL, der nicht freiwillig zurücktreten wollte, erstrebt.[338] Eine Selbstauflösung des Landtages zog auch der burgenländische Bankenskandal im Jahre 2000 nach sich.[339] Nachdem der Österreichische Arbeiterkammertag vorgezogene Wahlen genau für den vorgesehenen Wahltag bei regulärem Ablauf der Wahlperiode des Landtages bestimmt hatte, legte der Landtag von Niederösterreich am 12. Juli 1983 einen vorzeitigen Wahltermin fest.[340] Der 13. Landtag von Niederösterreich wurde im März 1993 mit der Begründung aufgelöst, dass die „notwendigen Maßnahmen für die Entwicklung der Wirtschaft" einen möglichst langen Zeitraum ohne politische Auseinandersetzungen erfordern würden und dass teilweise die Berechtigung laufender Gesetzvorhaben wegen der anstehenden Neuwahlen im Frühherbst bezweifelt werde.[341] Diese Anwendungsfälle sind offensichtlich nicht abschließend.

---

[334] Art. 56 Abs. 1 B-VG Ö wird entsprechend auf die Landtage angewendet, vgl. CECH/ MORITZ/ PONZER, Die Verfassung der Bundeshauptstadt Wien, § 117, S. 267. Bis auf Wien enthalten die Länderverfassungen aber auch explizite Regelungen des freien Mandates, vgl. Art. 22 Abs. 1 LV-BL, Art. 22 Abs. 1 LV-K, Art. 19 LV-NÖ, Art. 36 LV-OÖ, Art. 30 LV-SB, Art. 23 Abs. 1 LV-StM, Art. 31 Abs. 1 LO-T, Art. 28 LV-VAB. Zwar führen diese Regelungen nicht wie in den meisten deutschen Bundesländern aus, dass die Abgeordneten bei ihrer Amtsausführung nur ihrem Gewissen unterworfen sind, jedoch bestimmen sie, dass die Abgeordneten an keine Aufträge gebunden sind und enthalten damit das Verfassungsprinzip des freien Mandates, ebenso BROSIG u.a., LV NÖ, Art. 19, S. 55 f.; vgl. auch die Überschrift zu Art. 22 Abs. 1 LV-BL [Freies Mandat].

[335] Vgl. Stenographisches Protokoll, XVIII/ 59, S. 8236 ff.

[336] Auskunft des Landtagdirektors THOMAS HOFBAUER vom 17.10.2006

[337] Daneben sollte die Wahlkampfphase abgekürzt und dem neuen Landtag ausreichend Zeit zur Verabschiedung des Landesbudgets für das Jahr 1973 gegeben werden, vgl. Stenographisches Protokoll, XI/ 55, S. 863 ff.

[338] Stenographisches Protokoll, XV/ 48 (22.04.1991), S. 2531 ff.

[339] Vgl. dazu näher Stenographisches Protokoll, XVII/ 55 (15.09.2000), S. 3315 ff.

[340] Stenographisches Protokoll, XI/ 14, S. 795 ff.

[341] Stenographisches Protokoll, XIII/ 62 (04.03.1993), S. 651 ff. Darüber hinaus sollte schon vor den Sommerferien mit der Erstellung des Voranschlages für das Jahr 1994 begonnen werden.

b. Anwesenheits- und Beschlussquoren

In formeller Hinsicht ist in allen österreichischen Bundesländern für die Selbstauflösung ein bestimmtes Anwesenheits- und Beschlussquorum der Abgeordneten erforderlich. So muss im *Burgenland* zur Verabschiedung eines Gesetzes, das die Selbstauflösung nach sich zieht, mindestens die Hälfte aller Landtagsabgeordneten anwesend sein (Art. 13 Abs. 1 S. 3 LV-BL[342]). Im Vergleich mit den Anwesenheitserfordernissen bei der sonstigen Beschlussfassung des Landtages des Burgenlandes liegt hier eine Anhebung vor: Zu einem Beschluss des Landtages bedarf es nach Art. 31 Abs. 1 LV-BL nämlich grundsätzlich nur der Anwesenheit von einem Drittel der Mitglieder des Landtages. Das Beschlussquorum selbst unterliegt hingegen keinen erhöhten Anforderungen. Hier genügt die Mehrheit der abgegebenen Stimmen (Art. 31 Abs. 1 LV-BL). Daher kann im Burgenland bereits ein Viertel aller Abgeordneten eine Selbstauflösung herbeiführen.

Hinsichtlich des Anwesenheitserfordernisses und des Beschlussquorums verhält es sich in *Kärnten* ähnlich. Auch hier ist für die Beschlussfassung über die Selbstauflösung ein erhöhtes Anwesenheitsquorum im Vergleich zur sonstigen Beschlussfassung vorgesehen. Anders als im Burgenland ist in Kärnten das Anwesenheitserfordernis aber generell höher: Für die allgemeine Beschlussfassung muss gem. Art. 27 Abs. 1 LV-K[343] mindestens die Hälfte der Mitglieder des Landtages anwesend sein; für eine Selbstauflösung bedarf es nach Art. 14 Abs. 2 S. 1 LV-K mindestens der Anwesenheit von zwei Dritteln der Mitglieder des Landtages. Gleich ist in beiden Bundesländern jedoch das Beschlussquorum: Da die Verfassung nichts anderes bestimmt, kann auch die Selbstauflösung mit der Mehrheit der anwesenden Abgeordneten beschlossen werden (Art. 27 Abs. 1 LV-K). Eine Selbstauflösung ist daher durch ein Drittel aller Abgeordneten herbeiführbar.

Mit einfacher Mehrheit kann die Selbstauflösung auch in *Niederösterreich* beschlossen werden, Art. 10 Abs. 1 S. 1 i.V.m. Art. 18 Abs. 1 S. 1 LV-NÖ[344]. In Abweichung von den Bestimmungen der Bundesländer Burgenland und Kärnten ist hier auch das Anwesenheitserfordernis gegenüber sonstigen Beschlüssen nicht heraufgesetzt. Es liegt bei einem Drittel der gesetzlichen Mitgliederzahl der Abgeordneten (Art. 18 Abs. 1 S. 1 LV-NÖ), so dass bereits ein Sechstel aller Abgeordneten die Wahlperiode vorzeitig beenden kann.[345]

---

342 LGBl. Nr. 42/ 1981 i.d.F. LGBl. Nr. 44/ 2006. Die GO (LGBl. Nr. 47/ 1981 i.d.F. Nr. 74/ 2005) wiederholt in § 71 Abs. 11 lediglich das gegenüber der sonstigen Beschlussfassung erhöhte Anwesenheitsquorum.

343 LGBl. Nr. 85/ 1996 i.d.F. LGBl. Nr. 33/ 2007. § 1 Abs. 2 S. 1 der GO des Kärntener Landtages (LGBl. Nr. 87/ 1996 i.d.F. LGBl. Nr. 100/ 2005) wiederholt lediglich Art. 14 Abs. 2 LV-K und stellt daher keine weiteren Voraussetzungen auf.

344 LGBl. 205/ 1978 i.d.F. LGBl. Nr. 79/ 2007

Keine Besonderheiten gegenüber der sonstigen Beschlussfassung sind auch im Bundesland *Steiermark* festzustellen. Allgemein und auch im konkreten Fall der Selbstauflösung bedarf ein Beschluss des Landtages einer Anwesenheit von drei Siebenteln der gesetzlichen Zahl der Mitglieder des Landtages (vgl. Art. 10 Abs. 2 S. 1 i.V.m. Art. 20 Abs. 1 LV-StM[346]); für die Beschlussfassung ist wie in den vorstehend behandelten Bundesländern die einfache Mehrheit ausreichend (Art. 20 Abs. 1 LV-StM).

Auch in *Salzburg* und *Vorarlberg* genügt die Mehrheit der abgegebenen Stimmen für eine Selbstauflösung (Art. 16 Abs. 1 S. 1 i.V.m. Art. 19 Abs. 1 S. 2 LV-SB[347], Art. 27 Abs. 1 S. 1 i.V.m. Art. 23 Abs. 1 S. 2 LV-VAB[348]). Beide Bundesländer sehen übereinstimmend ein Anwesenheitserfordernis von mindestens der Hälfte der gesetzlichen Abgeordnetenzahl vor (Art. 19 Abs. 1 S. 1 LV-SB, Art. 23 Abs. 1 S. 1 LV-VAB) - es wurde insoweit keine abweichende Regelung für parlamentarische Selbstauflösungen getroffen.

Die Verfassung der Bundeshauptstadt *Wien* - Wien ist sowohl Gemeinde und Stadt als auch Land, §§ 1, 113 Verf W[349] - verlangt desgleichen für eine Selbstauflösung nur die Zustimmung der Mehrheit der abgegebenen Stimmen, vgl. § 124a S. 1.[350] Wie in Niederösterreich muss für alle Beschlüsse - für eine die Selbstauflösung gelten keine besonderen Regelungen - mindestens ein Drittel aller Abgeordneten anwesend sein, § 124 Abs. 1 Verf W.

Etwas höher im Vergleich zu den bislang erörterten Bundesländern Österreichs ist das Beschlussquorum in *Oberösterreich.* Für die Verabschiedung von Landesverfassungsgesetzen - die Selbstauflösung erfolgt durch ein solches - bedarf es der Zustimmung von mindestens zwei Dritteln der abgegebenen Stimmen, Art. 20 i.V.m. Art. 31 Abs. 2 LV-OÖ[351]. Beschlüsse bedürfen hingegen nur der einfachen Mehrheit (Art. 31 Abs. 1 LV-OÖ). Wie in den meisten Bundesländern muss mindestens die Hälfte der Abgeordneten bei der Beschlussfassung über die Selbstauflösung (und auch die sonstigen Landesverfassungsgesetze) anwesend sein, Art. 31 Abs. 2 LV-OÖ. Somit werden - wie im Burgenland - an die Selbst-

---

345 In § 64 Abs. 1, 5 GO (StG: LGBL. Nr. 96/ 2001) wird lediglich wiederholend das Recht des Landtages auf Selbstauflösung festgeschrieben.

346 LGBl. Nr. 1/ 1960 i.d.F. LGBl. Nr. 94/ 2005. Die GO (LGBl. Nr. 71/ 1997 i.d.F. LGBl. Nr. 110/ 2006) enthält keine Auflösungsbestimmung.

347 LGBl. Nr. 25/ 1999 i.d.F. LGBl. Nr. 85/ 2006. § 65 der GO (LGBl. Nr. 26/ 1999 i.d.F. LGBl. Nr. 56/ 2004) legt nur ein besonderes Verfahren, nicht aber besondere Quoren fest.

348 LGBl. Nr. 9/ 1999 i.d.F. LGBl. Nr. 52/ 2007. Die GO (LGBl. Nr. 11/ 1973 i.d.F. LGBl. Nr. 55/ 2007) erwähnt das Selbstauflösungsrecht nicht.

349 LGBl. Nr. 28/ 1968 i.d.F. LGBl. Nr. 33/ 2007.

350 Die GO (LGBl. Nr. 2001/ 58), enthält keine Angaben zur Auflösung.

351 LGBl. Nr. 38/ 1930 (WV: LGBl. Nr. 122/ 1991) i.d.F. LGBl. Nr. 79/ 2004. § 6 Abs. 1 der GO (StF: LGBl. Nr. 125/ 1991 i.d.F. LGBl. Nr. 25/ 2002) verweist nur auf Art. 20 LV-OÖ.

auflösung infolge des Gesetzerfordernisses erhöhte Anforderungen gegenüber einem Beschluss gestellt.

Die Zustimmung von zwei Dritteln der abgegebenen Stimmen für eine parlamentarische Selbstauflösung ist auch in *Tirol* erforderlich, Art. 28 Abs. 1 S. 1, 2 LO-T[352]. Dieses Quorum ist insoweit qualifiziert, als zur sonstigen Beschlussfassung die Mehrheit der abgegebenen Stimmen genügt (Art. 27 LO-T). Hinsichtlich des Anwesenheitserfordernisses verlangt § 61 GO LT-T[353] im Gegensatz zur sonstigen Beschlussfassung (Anwesenheit der Hälfte der Abgeordneten) die Anwesenheit von mindestens zwei Dritteln der Abgeordneten.

c. Sonstige Anforderungen hinsichtlich der Selbstauflösung

Verschiedentlich stellen die Verfassungen weitere formelle Anforderungen an eine Selbstauflösung auf. So bestimmt Art. 13 Abs. 1 S. 2 LV-BL, dass über ein Gesetz, mit dem die Selbstauflösung beschlossen werden soll, erst am zweiten Werktag nach der Einbringung des Antrages abgestimmt werden kann. Ebenso darf in Niederösterreich gem. Art. 10 Abs. 1 S. 2 LV[354] und in der Steiermark gem. Art. 10 Abs. 2 S. 2 LV erst zwei Tage nach der Einbringung des Antrages über die Selbstauflösung beschlossen werden. Etwas länger ist dieser Zeitraum in Vorarlberg: Hier darf über den Selbstauflösungsbeschluss frühestens am dritten Tag nach der Einbringung abgestimmt werden (Art. 27 Abs. 1 S. 2 LV), nach der Tiroler Landesordnung frühestens am siebenten Tag nach diesem Zeitpunkt (Art. 28 Abs. 1 S. 3). Diesen Bestimmungen liegt der Zweck zugrunde, übereiltes Vorgehen zu vermeiden und den im Landtag vertretenen Parteien Gelegenheit für Verhandlungen zu geben.[355]

Bestimmte Antragsquoren sind hingegen nicht vorgesehen: Selbständige Anträge können von jedem Abgeordneten (vgl. § 22 Abs. 1 GO LT-BL[356], § 16 Abs. 1 GO LT-K[357], § 32 Abs. 1 GO LT-NÖ[358], § 60 Abs. 1 S. 1 GO LT-SB[359], § 21 GO LT-StM[360], § 24 Abs. 1 S. 1 GO LT-T[361], § 10 Abs. 1 lit. b GO LT-VAB[362],

[352] LGBl. Nr. 61/ 1988 i.d.F. LGBl. Nr. 125/ 2003.

[353] LGBl. Nr. 110/ 1998 i.d.F. LGBl. Nr. 19/ 2003. In § 80 sind keine über die Verfassung hinausgehenden Regelungen enthalten. Die Verschärfung des Anwesenheitserfordernisses in § 61 Abs. 2 GO LT-T ist in Art. 27 LO-T vorbehalten.

[354] So auch § 64 Abs. 5 S. 2 GO.

[355] So für Niederösterreich, BROSIG u.a., LV NÖ, Art. 10, S. 42.

[356] § 22 Abs. 2 S. 1 GO fordert den Anschluss von mindestens drei weiteren Abgeordneten.

[357] Nach § 16 Abs. 2 S. 3 GO ist neben der Unterschrift des Antragstellers noch die Unterschrift mindestens eines weiteren Abgeordneten erforderlich.

[358] Selbständige Anträge bedürfen aber der Unterstützung durch Unterfertigung von mindestens sechs Abgeordneten, § 32 Abs. 5 S. 1 GO.

[359] Der Antrag muss von mindestens einem weiteren Abgeordneten unterzeichnet sein, § 60 Abs. 5 S. 1 GO.

Art. 35 Abs. 1 GO LT-W[363]) bzw. von drei Abgeordneten in Oberösterreich (§ 23 Abs. 2 Nr. 2 GO) eingebracht werden. Auch die in der Bundesverfassung für das Auflösungsrecht des Bundespräsidenten vorgesehene Einschränkung, dass eine Auflösung nur einmal aus demselben Grund erfolgen kann, kennen die Landesverfassungen nicht.

d. Folgen einer Selbstauflösung

In allen Bundesländern zieht eine Selbstauflösung Neuwahlen nach sich. Die Neuwahlen müssen in den Bundesländern Burgenland, Niederösterreich, Steiermark, Salzburg, Vorarlberg, Oberösterreich und Tirol binnen drei Wochen ausgeschrieben werden[364], in Kärnten[365] binnen drei Monaten stattfinden. In Wien besteht keine gesetzlich vorgeschriebene Frist zur Ausschreibung von Neuwahlen nach einer Selbstauflösung. Ebenso dauert in allen Bundesländern die Wahlperiode bis zum Zusammentritt des neuen Landtages fort.[366] Damit bleibt der Landtag stets handlungsfähig. Ebenso gilt in Österreich der Diskontinuitätsgrundsatz[367] und endet die Amtszeit der Landesregierung mit dem Ablauf der Gesetzgebungsperiode des Landtages, wobei ebenfalls die Regierungsmitglieder ihr Amt bis zur Neuwahl ihrer Nachfolger fortzuführen haben[368].

---

360 Gem. § 21 Abs. 3 S. 1 GO muss jeder Antrag von mindestens zwei Abgeordneten unterschrieben sein.

361 Der Antrag muss von mindestens drei weiteren Abgeordneten unterstützt werden, § 24 Abs. 1 S. 2 GO.

362 Unter Einrechnung des Antragstellers muss der Antrag von mindestens drei Mitgliedern des Landtages unterzeichnet sein, vgl. § 12 Abs. 1 S. 2 GO.

363 Der Antrag muss von mindestens fünf LT-Abgeordneten unterstützt sein, § 35 Abs. 3 S. 1 GO.

364 Art. 13 Abs. 2 S. 1 LV-BL, Art. 10 Abs. 2 S. 1 LV-NÖ, Art. 21 Abs. 1 LV-OÖ, Art. 16 Abs. 2 LV-SB, Art. 10 Abs. 4 HS 1 LV-StM, Art. 28 Abs. 3 LO-T, Art. 27 Abs. 2 LV-VAB

365 Art. 14 Abs. 4 LV-K

366 Art. 13 Abs. 1 S. 4 LV-BL, Art. 14 Abs. 2 S. 3 LV-K, Art. 10 Abs. 1 S. 3 i.V.m. Art. 9 Abs. 2 LV-NÖ, Art. 18 Abs. 1 LV-OÖ, Art. 16 Abs. 1 S. 2 LV-SB, Art. 10 Abs. 5 LV-StM, Art. 28 Abs. 2 LO-T, Art. 27 Abs. 1 S. 3 i.V.m. Art. 16 Abs. 2 LV-VAB, § 113 Abs. 1 S. 1, Abs. 2 i.V.m. § 13 Abs. 2 Verf W

367 Vgl. nur § 20 Abs. 2 GO LT-BL, § 14 Abs. 2 GO LT-K, § 31 Abs. 2 GO LT-NÖ, § 6 Abs. 2 GO LT-OÖ, § 26 Abs. 2 GO LT-SB, § 16 Abs. 4 GO LT-StM, § 23 Abs. 3 GO LT-T, § 10 Abs. 3 GO LT-VAB. Für Wien wird hinsichtlich des Diskontinuitätsgrundsatzes auf den Umkehrschluss aus Art. 28 Abs. 4 B-VG Ö verwiesen, vgl. CECH/ MORITZ/ PONZER, Verfassung der Bundeshauptstadt Wien, § 15, S. 24.

368 Vgl. Art. 53 Abs. 2 LV-BL, Art. 52 Abs. 2 LV-K, Artt. 35 Abs. 1, 37 LV-NÖ, Art. 43 Abs. 4, 5 LV OÖ, Art. 34 Abs. 2 LV-SB, Art. 27 Abs. 1 i.V.m. Art. 28 Abs. 5 LV-StM, Art. 48 Abs. 1 LO-T, Art. 45 LV-VAB, § 132 Abs. 1 S. 1 i.V.m. §§ 34 Abs. 2 HS 2, 35 Abs. 2 i.V.m. § 113 Abs. 1 S. 1 Verf W.

2. Vergleich der Ausgestaltung der Selbstauflösungsrechte in den österreichischen und deutschen Landesverfassungen

In den Bundesländern Österreichs sind - soweit ersichtlich - weitere Möglichkeiten zur Landtagsauflösung nicht vorgesehen. Das liegt wohl daran, dass für die Wahl des Regierungschefs die einfache Mehrheit ausreicht[369], was ein Scheitern schwerlich in Betracht kommen lässt und dass eine Vertrauensfrage (samt damit verbundener Auflösungsmöglichkeit) ebensowenig vorgesehen ist wie eine Landtagsauflösung durch Volksentscheid. Aufgrund seines offenen Charakters wird das Selbstauflösungsrecht offensichtlich als ausreichend zur Lösung schwieriger politischer Konstellationen sowie als Instrument zur Rückgabe der Legitimation an das Wahlvolk angesehen. Dies erscheint insoweit bedenklich als stets für eine vorzeitige Beendigung der Legislaturperiode ein Beschluss des Landtages erforderlich ist. Ist dieser nicht willens, den entsprechenden Beschluss zu fassen, könnte beispielsweise nach Koalitionsbruch jahrelang ein arbeitsunfähiger Landtag (fort-) bestehen und so dem Land möglicherweise schaden. Diese Gefahr wird jedoch durch die relativ geringen Beschlussquoren relativiert.

Wie in den deutschen Bundesländern werden an eine Selbstauflösung keine expliziten materiellen Voraussetzungen geknüpft. Ebenso sind in den österreichischen Bundesländern bestimmte, wenn auch z.T. andere, Konstellationen typisch für eine Selbstauflösung wie die Verkürzung der Wahlkampfphase, die Entkopplung von Wahlterminen, um dem neuen Landtag ausreichend Zeit zur Beratung des Landesbudgets zu gewähren und die Wiederherstellung der Arbeitsfähigkeit des Landtages im Falles eines Koalitionsbruches. Jedoch ist - wie die Beispiele zeigen - in den österreichischen Bundesländern eine Selbstauflösung des Landtages - anders als in den deutschen Bundesländern - nicht typischerweise mit einer politischen Krise und dem Willen nach Rückkopplung an das Wahlvolk verbunden. Insofern ist nachvollziehbar, dass das Selbstauflösungsrecht in den österreichischen Bundesländern freier gehandhabt wird als in den deutschen.

Hierfür spricht auch die unterschiedliche Ausgestaltung der formellen Voraussetzungen: Die österreichischen Bundesländer kennen kein besonderes Antragsquorum und auch das Beschlussquorum ist nur in Tirol und - aufgrund des Erfordernisses eines Landesverfassungsgesetzes - Oberösterreich erhöht. Die Quoren liegen darüber hinaus weit niedriger als in Deutschland. Ausgangspunkt ist hierbei stets die Zahl der *abgegebenen* Stimmen. Dies führt dazu, dass in Niederöster-

---

369 Vgl. Art. 53 Abs. 2 LV-BL, Art. 49 Abs. 1 LV-K (im Unterschied zu sonstigen Wahlen bei Anwesenheit von mindestens zwei Dritteln der Mitglieder des Landtages), Art. 35 Abs. 4 S. 1 LV-NÖ, Art. 43 Abs. 1 S. 1 LV-OÖ, Art. 35 Abs. 2 S. 1 LV-SB, Art. 28 Abs. 2 S. 2 LV-StM i.V.m. § 62 Abs. 1 S. 2 GO LT-StM, Art. 45 Abs. 1 i.V.m. Art. 27 LO-T, Art. 41 Abs. 3 S. 1 i.V.m. Art. 23 Abs. 1 S. 1, 2 LV-VAB, § 114 i.V.m. §§ 31 Abs. 1, 27 Abs. 1 Verf W.

reich beispielsweise eine Auflösung bereits mit Zustimmung von einem Sechstel aller Abgeordneten (einfache Mehrheit der mindestens zu einem Drittel anwesenden Abgeordneten, Art. 18 Abs. 1 LV) möglich ist. Grund hierfür könnte die Überlegung sein, dass eine qualifizierte Mehrheit nur schwer zu erringen und damit der erstrebte Zweck nicht zu erreichen ist.

Ähnlich wie in den deutschen Bundesländern wird weitestgehend eine Überlegungsfrist zwischen Antrag und Abstimmung für erforderlich gehalten. Der Zweck ist derselbe: Es soll eine übereilte Beschlussfassung vermieden werden. Im Gegensatz zu Sachsen scheidet allerdings die Überweisung eines entsprechenden Antrages an einen Ausschuss nicht aus, vgl. z.B. Art. 14 Abs. 2 S. 2 LV-K. Dies kann jedoch zu einer Verzögerung der Behandlung des Antrages führen und - sofern die Auflösung aus diesem Grund erfolgte - die Arbeitsunfähigkeit des Landtages verlängern.

Gleich sind auch die Folgen der Selbstauflösung. Es schließen sich stets - dem Zweck dieses Institutes entsprechend - Neuwahlen an. Terminologisch ist anzumerken, dass in allen österreichischen Bundesländern von der „Auflösung", nicht aber von einer „vorzeitigen Beendigung der Wahlperiode" gesprochen wird. Doch endet die Wahlperiode auch nach den österreichischen Landesverfassungen erst mit dem Zusammentritt des neuen Landtages.

3. Landtagsauflösung durch Bundesorgane

Es ist wichtig, noch darauf hinzuweisen, dass in Österreich ein Landtag auch durch Bundesorgane aufgelöst werden kann. Die Auflösung geschieht durch den Bundespräsidenten auf Antrag der Bundesregierung mit Zustimmung des Bundesrates (Art. 100 Abs. 1 B-VG Ö). Darin werden zentralistische Ansätze sichtbar, die in dieser Form der deutschen Vorstellung des Föderalismus fremd sind. Die österreichischen Bundesländer sind insgesamt weniger stark ausgestaltet als die deutschen. Eine Konfliktsituation, in der die Auflösung eines Landesparlamentes als ein geeignetes und notwendiges Mittel des Bundeszwanges erscheint, ist schwerlich vorstellbar. Bedenken gegen eine Auflösung von Landtagen durch Bundesorgane auf der Grundlage von Art. 37 GG bestehen v.a. im Hinblick auf die damit verbundene Dauerwirkung. Da mit der Erfüllung der Bundespflicht auch die getroffene Maßnahme aufgehoben werden muss, kann es sich nach Sinn und Zweck des Bundeszwanges nur um einen vorübergehenden Eingriff handeln.[370] Die Auflösung eines Landesparlamentes wäre demgegenüber irreversibel, da es nach dem Zusammentritt des neuen Landtages aufgrund der Neuwahlen den bisherigen nicht mehr gibt.

---

[370] So auch HÖFLING, Parlamentsauflösung, in: DÖV 1982, S. 889-894/ 893 f.; STERN, Staatsrecht I, § 19 III 6 c), S. 717.

§ 23 Auflösungsmöglichkeiten in anderen ausgewählten Mitgliedstaaten der Europäischen Union

Das Selbstauflösungsrecht ist von den „alten" Mitgliedstaaten der EU[371] nur in Österreich (Art. 29 Abs. 2 B-VG Ö) vorgesehen.[372] Zum 1. Mai 2004 sind Estland, Lettland, Litauen, Polen, die Slowakische Republik, Slowenien, die Tschechische Republik, Ungarn, Malta und Zypern und zum 1. Januar 2007 Bulgarien und Rumänien der EU beigetreten. Von diesen zwölf Staaten sehen vier, nämlich Litauen, Polen, Ungarn und Zypern ein Selbstauflösungsrecht vor. Über die Voraussetzungen und Folgen eines Selbstauflösungsbeschlusses und dessen funktionale Einordnung in diesen Ländern soll im Folgenden ein kurzer Überblick gegeben werden. Im Anschluss daran wird untersucht, welche Möglichkeiten der vorzeitigen Beendigung der Wahlperiode es im Mutterland des Parlamentarismus, Großbritannien, gibt. Letzteres schon deswegen, weil im Rahmen der Genese des Art. 58 SächsVerf die Höhe des Beschlussquorums auch unter Verweis auf das englische Verfassungsrecht diskutiert wurde.[373]

In Ermangelung einer durchgehend föderalen Gliederung kann es im Folgenden nur um eine Auflösung der Parlamente auf gesamtstaatlicher Ebene gehen. Eine tabellarische Zusammenstellung zu den Auflösungsmöglichkeiten in den untersuchten Mitgliedstaaten der EU findet sich im Anhang (B., Übersicht 6).

I. Überblick über das Selbstauflösungsrecht in Litauen, Polen, Ungarn und Zypern

Auszugehen ist davon, dass die hier untersuchten vier Staaten einen vergleichbaren Aufbau der Selbstauflösungstatbestände aufweisen. Auch die mit einer Selbstauflösung verbundenen Folgen sind ähnlich. Dies wird im Folgenden näher erläutert.

---

371 EG der Fünfzehn bis zum 30.04.2004

372 Der von *Morlok* (in: Dreier, GG-II, Art. 39, RN 7, FN 15, S. 1029*)* als Beispiel für ein Selbstauflösungsrecht angeführte Art. 56 der Verfassung des Großherzogtums Luxemburg bestimmt nur die Dauer der Wahlperiode. Ein Selbstauflösungsrecht ist daraus nicht ersichtlich.

373 Vgl. oben die Überlegungen von *Vaatz*, 2. Teil, 2. Kap., § 10, II.3. S. auch die Anmerkung von *Schimpff* a.a.O., III.2.

1. Voraussetzungen des Selbstauflösungsrechtes

Wie in den deutschen Bundesländern werden materielle Anforderungen an eine Selbstauflösung nicht explizit geknüpft.[374] Die Tatbestände sind offen formuliert. Das freie Mandat der Abgeordneten ist zwar deutlich nur in Art. 59 Abs. 4 Verf Lit formuliert. Darüber hinaus findet sich die Weisungsfreiheit explizit noch in Art. 104 Abs. 1 Verf PL. In Ungarn hingegen ist nur festgelegt, dass die Abgeordneten ihre Tätigkeit im Interesse der Allgemeinheit versehen (Art. 20 Abs. 2 Verf U).[375] Anhand der bisher erfolgten Selbstauflösungen[376] lassen sich jedoch unabhängig davon Konstellationen feststellen, in denen dieses Institut typischerweise in Betracht kommt. So zeigen die beiden Auflösungsversuche des polnischen Parlamentes (Sejm) im März/ April[377] bzw. September/ Oktober 2006[378] und auch die im September 2007 erfolgte Selbstauflösung[379], dass die Selbstauflösung des Parlamentes vorrangig der Klärung einer politischen Pattsituation dienen soll bzw. eine Reaktion auf einen erfolgten Koalitionsbruch sein kann. Allgemeiner gesagt liegt typischerweise eine schwierige politische Konstellation innerhalb des Sejm oder zwischen ihm und der Regierung bzw. dem Staatspräsidenten vor.[380] Damit bezweckt dieses Institut die Schaffung und Er-

---

374 So für Litauen ausdrücklich HOLLSTEIN, Das staatsorganisatorische Modell der neuen litauischen Verfassung, D.1.d.dd., S. 97.

375 KIPKE, Das politische System Ungarns, 4.2.1., S. 48 leitet hieraus die Weisungsfreiheit der ungarischen Abgeordneten ab. In Zypern fehlt eine vergleichbare Regelung, so auch ZERVAKIS, Die politischen Systeme Zyperns, in: Ismayr, Die politischen Systeme Osteuropas, S. 887-942/ 904.

376 In Litauen und Ungarn ist es unter den geltenden Verfassungen - soweit ersichtlich - noch nicht zu einer parlamentarischen Selbstauflösung gekommen. Lediglich in Polen sind in jüngerer Vergangenheit zwei dahingehende Versuche unternommen worden und im September 2007 hat der Sejm seine Selbstauflösung beschlossen.

377 Nach den Wahlen im September 2005 bedurfte die polnische Regierungspartei Recht und Gerechtigkeit (PiS) der „tolerierten Unterstützung" durch die Liga Polnischer Familien (LPR) und die populistische Bauernpartei Samoobrona (Selbstverteidigung). Um ihre Position zu verbessern, strebte die PiS ab März 2006 eine Selbstauflösung des Sejm an, die aber von der Opposition, der Bürgerplattform (PO), aufgrund vermuteter weiterhin unklarer Wahlergebnisse am 06.04.2006 abgelehnt wurde, vgl. SCHULLER, Parlament lehnt Selbstauflösung ab, in: FAZ vom 07.04.2006, S. 5. Die sich anschließenden Koalitionsgespräche führten zur Bildung einer Regierung aus PiS, LPR und Samoobrona.

378 Nach der Drohung des Vizepremiers *Lepper* (Samoobrona), den Haushalt 2007 nicht mitzutragen und nach dessen heftiger Kritik an der Zusicherung der PiS, weitere polnische Soldaten nach Afghanistan zu entsenden, wurde er von Ministerpräsident *Jaroslaw Kaczynski* kurzerhand im September 2006 entlassen. Dies zog den Zerfall der Koalition und damit auch den Verlust der Parlamentsmehrheit nach sich. Aufgrund des z.T. als Bestechungsversuch ausgelegten Ansinnens der PiS, Abgeordnete aus anderen Fraktionen für sich zu gewinnen, scheiterten die daraufhin aufgenommenen Koalitionsgespräche mit der Bauernpartei (PSL). Die von der Oppositionspartei PO beantragte Selbstauflösung des Sejms fand jedoch nicht die erforderliche Mehrheit, da die PiS insbesondere wohl aus Furcht vor einer hohen Wahlniederlage dagegen stimmte, nachdem Lepper wieder ins Amt zurückgerufen und damit die bisherige Regierungskoalition fortgesetzt wurde, vgl. VESER, In Polen weiter mit Kaczynski und Lepper, in: FAZ vom 18.10.2006, S. 1 f.

haltung von Stabilität im politischen System. Dieses Ziel liegt häufig auch dem Selbstauflösungsverständnis in den deutschen Bundesländern zugrunde. Dass durchaus noch weitere Fälle zu einer Selbstauflösung führen können, zeigt die nur beispielhafte Nennung einer politischen Krise in der verfassungsrechtlichen Literatur.[381]

In formeller Hinsicht ist festzuhalten, dass ein besonderes Antragsquorum in keiner der hier untersuchten Verfassungen vorgesehen ist. Allerdings verlangen die Verfassungen für eine Selbstauflösung ein bestimmtes Beschlussquorum. Dieses reicht von der einfachen Mehrheit (bei Anwesenheit mindestens der Hälfte aller Abgeordneten) in Ungarn[382] (Art. 28 Abs. 2 i.V.m. Art. 24 Abs. 1, 2 Verf U[383]) über eine qualifizierte Mehrheit in Zypern[384] (Art. 67 Nr. 1 Verf Z[385]) und ein Beschlussquorum von drei Fünfteln aller Mitglieder des Seimas[386] in Litauen (Art. 58 Abs. 1 Verf Lit[387]) bis hin zu einer Mehrheit von zwei Dritteln aller Abgeordneten in Polen (Art. 98 Abs. 3 S. 1 Verf PL[388]).

---

379 Die Koalitionsregierung aus PiS, Samoobrona und LPR zerbrach an einer Schmiergeldaffäre, in die der Vizepremier *Lepper* (Samoobrona) verwickelt sein sollte. Lepper bestritt die Vorwürfe und beschuldigte seinerseits Regierungsmitglieder, dass sie ihn in eine Falle locken wollten. Hieraus entwickelte sich eine Abhöraffäre, die Ministerpräsidenten *Jaroslaw Kaczynski* schwer belastete. Um die Krise zu beenden, beschloss der Sejm am 07.09.2007 seine Selbstauflösung, vgl. URBAN, Polnisches Parlament berät über Auflösung, in: Süddeutsche Zeitung vom 08./09.09.2007, S. 8. Die am 21.10.2007 durchgeführten Neuwahlen führten zu einem Sieg der bisherigen Oppositionspartei PO und damit zu einem Regierungswechsel (Bildung einer Regierung unter *Donald Tusk* [PO]), zumal die Samoobrona und die LPR an der Fünf-Prozent-Hürde scheiterten, vgl. SCHULLER, Opposition aus dem Präsidentenpalast, in: FAZ vom 23.10.2007, S. 2.

380 SKRZYDLO, Konstytucja Rzeczypospolitej Polskiej, Art. 98, S. 121 f.

381 Vgl. SKRZYDLO, Konstytucja Rzeczypospolitej Polskiej, Art. 98, S. 122.

382 Das Quorum ist nach Ansicht von KIPKE, Das politische System Ungarns, 4.2.1., S. 48 nicht eindeutig in der Verfassung niedergelegt. Jedoch besagt Art. 24 Abs. 3 Verf U, dass es für Verfassungsänderungen und einzelne, in der Verfassung festgelegte Fälle - im Gegensatz zu der grundsätzlich nach Art. 24 Abs. 2 Verf U ausreichenden Beschlussfassung mit der Mehrheit der anwesenden Abgeordneten - einer Mehrheit von zwei Dritteln der Mitglieder des Parlamentes bedarf. Da in Art. 28 Abs. 2 Verf U keine besondere Mehrheit vorgesehen ist, dürfte also die einfache Mehrheit für eine Selbstauflösung des Parlamentes ausreichend sein.

383 Vom 20.08.1949 i.d.F. vom 08.12.2003, abgedruckt in: KIMMEL/ KIMMEL, EU-Verfassungen, S. 861-890.

384 Wobei mindestens ein Drittel dieser Abgeordneten von der Türkischen Gemeinschaft gewählt sein muss, so auch EVANGELIDES, The Republic of Cyprus and its Constitution, A.2.1.1.4.2, S. 49 (FN 242).

385 Vom 16.08.1960, abgedruckt in englischer Sprache in: KIMMEL/ KIMMEL, EU-Verfassungen, S. 913-976.

386 Bezeichnung des Parlamentes in Litauen

387 Vom 25.10.1992 i.d.F. vom 20.03.2003, abgedruckt in englischer Sprache in: KIMMEL/ KIMMEL, EU-Verfassungen, S. 329-359. Der Beschluss des Seimas soll zugleich den Neuwahltermin enthalten, Art. 58 Abs. 4 Verf Lit. Darüber hinaus ist eine Selbstauflösung in Litauen unzulässig, wenn die Wahlperiode des Präsidenten innerhalb der nächsten sechs Monate endet und innerhalb von sechs Monaten nach einer Neuwahl, Art. 58 Abs. 3 Verf Lit.

388 Vom 02.04.1997, abgedruckt in: KIMMEL/ KIMMEL, EU-Verfassungen, S. 545-591.

Es werden damit in den genannten Beitrittsländern - bis auf Ungarn, vgl. Art. 24 Abs. 1, 2 Verf U - an eine Selbstauflösung des Parlamentes erhöhte Anforderungen hinsichtlich des Beschlussquorums im Vergleich zu den sonstigen Entscheidungen der betreffenden Parlamente aufgestellt (vgl. Art. 120 S. 1 Verf PL, der für sonstige Beschlüsse die einfache Stimmenmehrheit bei Anwesenheit mindestens der Hälfte aller Abgeordneten verlangt, Art. 69 Abs. 2 Verf Lit, der für Gesetze die Mehrheit der abstimmenden Abgeordneten vorschreibt und Artt. 77 Abs. 1, 78 Verf Z, die für sonstige Beschlüsse die einfache Mehrheit bei Anwesenheit mindestens eines Drittels aller Abgeordneten ausreichen lassen). Anders als in den deutschen Bundesländern, in denen häufig vergleichbare Anforderungen an eine Selbstauflösung wie an eine Verfassungsänderung gestellt werden[389], sind in Ungarn, Litauen und Zypern die Anforderungen an eine Selbstauflösung jedoch geringer als an eine Verfassungsänderung: So bedarf es für eine Verfassungsänderung in Ungarn einer Zustimmung von zwei Dritteln der Abgeordneten (Art. 24 Abs. 3 Verf U), in Litauen derselben Mehrheit in den beiden nach Art. 148 Abs. 3 Verf Lit erforderlichen Abstimmungen[390] und in Zypern einer Mehrheit, die sich mindestens aus zwei Dritteln der griechischen und zwei Dritteln der türkischen Abgeordneten zusammensetzen muss (Art. 182 Nr. 3 Verf Z). Darin kommt der Stellenwert der Selbstauflösung zum Ausdruck: Es soll kein Beschluss aller Tage sein, aber auch nicht so gravierend wie eine Verfassungsänderung eingestuft werden. In Polen hingegen sind die Anforderungen an eine Selbstauflösung - wie in Baden-Württemberg - höher als an eine Verfassungsänderung. Eine Verfassungsänderung wird nämlich vom Sejm mit einer Mehrheit von mindestens zwei Dritteln der Stimmen in Anwesenheit von mindestens der Hälfte der gesetzlichen Abgeordnetenzahl beschlossen (Art. 235 Abs. 4 S. 1 Verf PL). Damit bestünde die Möglichkeit, mittels Verfassungsänderung das Beschlussquorum für eine parlamentarische Selbstauflösung herabzusetzen, wodurch dieses leerlaufen könnte. Allerdings muss in Polen einer Verfassungsänderung noch der Senat zustimmen (Art. 235 Abs. 4 S. 2 Verf PL).

2. Folgen einer Selbstauflösung

Parlamentarische Selbstauflösungen ziehen in Litauen, Polen, Ungarn und Zypern wie in den deutschen Bundesländern Neuwahlen nach sich. So müssen innerhalb von drei Monaten nach der Auflösungsentscheidung in Litauen und Ungarn Neuwahlen stattfinden (Art. 58 Abs. 4 S. 2 Verf Lit, Art. 28 Abs. 6 Verf U).

---

389 S. 4. Teil, 1. Kap., § 21, III.2.

390 Durch die zweimalige Abstimmung soll verhindert werden, dass die Verfassung nur wegen kurzzeitiger Stimmungen geändert wird, HOLLSTEIN, Das staatsorganisatorische Modell der neuen litauischen Verfassung, D., l.d.cc., S. 95.

Nach Art. 98 Abs. 3 S. 3 i.V.m. Art. 98 Abs. 5 S. 1 Verf PL dürfen die Neuwahlen in Polen nicht später als 45 Tage nach dem Selbstauflösungsbeschluss stattfinden. In Zypern muss im Auflösungsbeschluss die nächste Wahl zwischen dreißig und vierzig Tagen nach der Entscheidung angeordnet werden; der erste Zusammentritt hat spätestens fünfzehn Tage nach der Wahl zu erfolgen (Art. 67 Abs. 2 Verf Z). Bis zum Zusammentritt des neugewählten Parlamentes setzt die bisherige Volksvertretung in allen Ländern ihre Arbeit fort, vgl. Art. 59 Abs. 1 S. 2 Verf Lit, Art. 98 Abs. 1 S. 2 i.V.m. Abs. 6 Verf PL, Art. 28 Abs. 7 Verf U, Art. 67 Abs. 2 Verf Z. Die Verfassung des Staates Zypern bestimmt aber, dass das Repräsentantenhaus Gesetze für die Zeit bis zum Zusammentritt des neuen Parlamentes nur in dringenden Fällen erlassen darf (Art. 68 Verf Z).

Mit dem Ende der Wahlperiode des Parlamentes enden - wie auch in den deutschen Bundesländern - die Ämter der Regierung in Litauen, Polen und Ungarn: In Litauen, wo der Präsident der Republik den Regierungschef mit Billigung des Seimas ernennt und entlässt, bestimmt Art. 92 Abs. 4 Verf Lit, dass im Falle einer Neuwahl die Regierung ihre Befugnisse an den Präsidenten zurückgibt. Die neue Regierung soll erst Handlungsmacht erhalten, wenn der Seimas ihr Programm mit absoluter Mehrheit gebilligt hat (Art. 92 Abs. 5 Verf Lit). Auch in Polen zieht das vorzeitige Ende der Wahlperiode die vorzeitige Beendigung der Regierungsämter nach sich (Art. 98 Abs. 3 S. 2 Verf PL), ebenso wie in Ungarn (Art. 33a lit. a) Verf U). In Zypern ernennt und entlässt der Präsident die griechischen und der Vizepräsident die türkischen Minister (Art. 48 lit. a), 49 lit. a) Verf Z). Eine Verknüpfung der Amtszeit der Minister mit der Wahlperiode des Repräsentantenhauses ist verfassungsrechtlich nicht vorgesehen. Allerdings übt das neugewählte Parlament seine Aufgaben nur bis zum regulären Ablauf der Wahlperiode aus (Art. 67 Abs. 3 Verf Z), so dass spätestens nach fünf Jahren - dann enden sowohl die reguläre Wahlperiode (Art. 65 Abs. 1 Verf Z) als auch die Amtszeit des Präsidenten der Republik (Art. 43 Punkt 1 Verf Z) - die Minister ausgetauscht werden können.

3. Sozialistische Vergangenheit als Ursache der Häufung des Selbstauflösungsrechtes in den Beitrittsländern?

Es fällt auf, dass die untersuchten Länder (bis auf Zypern) eine sozialistische Vergangenheit haben. In sozialistischen Staaten, die es in Europa nicht mehr gibt, kann - politisch gesehen - als Möglichkeit der vorzeitigen Beendigung der Wahlperiode nur ein Selbstauflösungsrecht in Betracht kommen, da dem Parlament verfassungsrechtlich formal die höchste Staatsgewalt zukommt. Es gibt keine Gewaltentrennung, so dass eine Parlamentsauflösung durch die Regierung nicht in Betracht kommt.

Damit liegt die Vermutung nahe, dass die reformierten Verfassungen die Bestimmungen der alten Verfassungen soweit übernommen haben, als sie mit dem neuen System vereinbar sind.[391] Die sozialistischen Verfassungen kannten aber überwiegend kein Selbstauflösungsrecht. Weder die Verfassung der Union der Sozialistischen Sowjetrepubliken vom 7. Oktober 1977[392], deren Bestandteil gem. Art. 70 unter anderem die Litauische Sowjetische Sozialistische Republik war, noch die Verfassung der Volksrepublik Polen vom 22. Juli 1952[393] noch das Verfassungsgesetz der tschechoslowakischen Föderation vom 27. Oktober 1968[394] sahen ein Selbstauflösungsrecht vor. Nur der ursprüngliche Verfassungstext der Ungarischen Volksrepublik vom 18. August 1949[395] enthielt ein solches.

Daher ist festzustellen, dass sich diese Länder im Rahmen der Verfassungsreform in den neunziger Jahren eigenständig für die Aufnahme des Selbstauflösungsrechtes entschieden haben. Ursache hierfür könnte sein, dass sie mit dem Institut der parlamentarischen Selbstauflösung ihr neu gewonnenes Verständnis zur Bedeutung und den Machtzuwachs der Volksvertretung - das politische System untersteht nicht mehr dem Führungsanspruch der Kommunistischen Partei, sondern ist durch die Unabhängigkeit der Legislative geprägt[396] - zum Ausdruck bringen wollten.

4. Das Selbstauflösungsrecht im funktionalen Zusammenhang

Mit Ausnahme Zyperns, nach dessen Verfassung (Art. 67 Abs. 1 Verf Z) die Auflösung des Parlamentes - wie in den Bundesländern Österreichs - *nur* durch dessen autonome Entscheidung möglich ist[397], regeln die Verfassungen von Litauen, Polen und Ungarn - wie die deutschen Bundesländer - neben dem Selbstauflösungsrecht weitere Möglichkeiten der vorzeitigen Beendigung der Wahlperiode. So sehen die Verfassungen von Litauen, Polen und Ungarn übereinstimmend die Möglichkeit der vorzeitigen Beendigung der Wahlperiode im Falle einer misslungenen Regierungsbildung vor (Art. 58 Abs. 2 Nr. 1 Verf Lit[398], Artt. 154, 155 Verf PL[399], Art. 28 Abs. 3 lit. b) Verf U). Daneben kommt beispielswei-

[391] Zum Selbstauflösungsrecht in postsozialistischen Staaten s. auch PATZELT, Vertrauensfrage und Parlamentsauflösung, in: ZSE 2006, S. 120-141/ 126, 132.

[392] Abgedruckt in: ROGGEMANN, Die Verfassungen der sozialistischen Staaten, S. 400-453.

[393] I.d.F. vom 16.02.1976, abgedruckt in: ROGGEMANN, Die Verfassungen der sozialistischen Staaten, S. 333-358.

[394] Abgedruckt in: ROGGEMANN, Die Verfassungen der sozialistischen Staaten, S. 485-538.

[395] I.d.F. vom 28.04.1972, abgedruckt in: ROGGEMANN, Die Verfassungen der sozialistischen Staaten, S. 545-565.

[396] ZIEMER, Struktur- und Funktionsprobleme der Parlamente, in: Luchterhandt, Neue Regierungssysteme, S. 175-203/ 175

[397] So ausdrücklich auch EVANGELIDES, The Republic of Cyprus and its Constitution, A.2.1.1.4.2, S. 49; KOURTELLOS, Constitutional Law, in: Neocleous, Introduction to Cyprus Law, S. 15-43/ 25.

se die Auflösung des Parlamentes in Betracht, wenn der Regierung durch das Parlament das Misstrauen ausgesprochen (Art. 58 Abs. 2 Nr. 2 i.V.m. Art. 101 Abs. 3 Nr. 2 Verf Lit[400]) oder das Vertrauen entzogen wird (Art. 28 Abs. 3 lit. a) Verf U[401]). Lediglich die in einigen deutschen Bundesländern geregelte Auflösung des Parlamentes durch Volksentscheid ist - soweit ersichtlich - in keiner dieser Verfassungen vorgesehen.

Damit ist der funktionale Zusammenhang, in denen in diesen Ländern Parlamentsauflösungen möglich sind, dem der deutschen Bundesländer durchaus vergleichbar. Allerdings liegt dieses Recht überwiegend im Ermessen des jeweiligen Staatspräsidenten, der in Polen, Ungarn und Litauen mit stärkeren Befugnissen als der deutsche Bundespräsident ausgestattet ist.[402] Die Aufnahme des Selbstauflösungsrechtes in diesen Ländern scheint daher als ein Gegengewicht geschaffen worden sein.

5. Zwischenfazit

Der Überblick zeigt, dass die Ausgestaltung der Selbstauflösungsrechte der Parlamente in Polen, Ungarn, Litauen und Zypern im Wesentlichen dem der deutschen Bundesländer entspricht. So sehen die Verfassungsbestimmungen keine expliziten materiellen Voraussetzungen für eine Selbstauflösung vor. Aufgrund der zwei kürzlich in Polen versuchten und der im September 2007 erfolgten Selbstauflösungen ist zu vermuten, dass die in den deutschen Bundesländern für eine Selbstauflösung typischerweise in Betracht kommende Konstellation der Regierungsunfähigkeit aufgrund Koalitionsbruches oder knapper Mehrheiten auch ein charakteristisches Anwendungsbeispiel für parlamentarische Selbstauflösungen zumindest in Polen ist. In formeller Hinsicht sehen die untersuchten vier

---

398 S. dazu näher HOLLSTEIN, Das staatsorganisatorische Modell der neuen litauischen Verfassung, D., 1.d.ee., S. 97.

399 Vgl. dazu näher RYDLEWSKI, Regierung und Regierungsverwaltung, in: Sulowski/ Wojtaszczyk, Das politische System Polens, S. 63-85/ 67; SCHNAPP, Rechtsstaatsprinzip, in: Osteuroparecht 2001, S. 171-183/ 174.

400 S. dazu HOLLSTEIN, Das staatsorganisatorische Modell der neuen litauischen Verfassung, D., 1.d.ee., S. 97, ff., S. 98.

401 Vgl. dazu näher KIPKE, Das politische System Ungarns, 4.3.1., S. 63; HALMAI, Einleitung zur ungarischen Verfassungsrevision, in: JöR 39, S. 253-283

402 So auch STEINBERG, Die neuen Verfassungen der baltischen Staaten, in: JöR 43 [1995], S. 55-67/ 65. Vgl. zu den Befugnissen des Präsidenten der Republik Polen näher BANASZAK/ RYNKOWSKI, Die neue polnische Verfassung, in: MfOR 1997, S. 407-423/ 415 f.; BANASZAK, Verfassungsänderungen in Polen, in: MfOR 1993, S. 109-118/ 113, 116. Zu dem bisherigen Verhältnis zwischen Parlament und Präsident in Polen s. näher RACIBORSKI/ WIATR, Demokratie in Polen, Kap. 4, S. 144. Zu Ungarn s. näher KÖRÖSÉNYI, Government and Politics in Hungary, Chapter fourteen, 2., S. 276 ff. Zu den Befugnissen des Präsidenten in Litauen s. näher HOLLSTEIN, Das staatsorganisatorische Modell der neuen litauischen Verfassung, D.2.c., S. 109 ff.

Staaten - im Gegensatz zu einigen deutschen Bundesländern - übereinstimmend kein besonderes Antragsquorum vor. Die maßgeblichen Beschlussquoren liegen - bis auf Ungarn, nach dessen Verfassung die einfache Mehrheit (bei Anwesenheit mindestens der Hälfte aller Abgeordneten) genügt - in der Bandbreite der deutschen Bundesländer, die allerdings nur die absolute Mehrheit und die Mehrheit von zwei Dritteln der gesetzlichen Mitgliederzahl des Parlamentes, aber nicht das Dreifünftelquorum vorsehen. Die Selbstauflösung der Parlamente zieht in allen vier Staaten wie in den deutschen Bundesländern Neuwahlen nach sich. Bis auf Zypern ist damit das Ende der Amtszeit der Regierung verbunden. Auch der funktionale Zusammenhang der parlamentarischen Selbstauflösungsrechte in den untersuchten Staaten ist mit dem der deutschen Bundesländer vergleichbar.

II. Sonderfall Großbritannien - Auflösung des Unterhauses aufgrund von Verfassungskonventionalregeln

Bekanntlich verfügt Großbritannien, das als Prototyp des parlamentarischen Systems gilt, nicht über eine Verfassung im formellen Sinn. Doch regeln verschiedene Gesetze seit der Magna Charta (1215) zusammen mit den zahlreichen Verfassungskonventionalregeln (constitution conventions) und dem Gewohnheitsrecht das politisch-rechtliche Leben. Auch wenn einiges, was im Grunde zum formellen Verfassungsrecht gehören würde, zwischenzeitlich schriftlich normiert ist, wie beispielsweise die Organisation des Unterhauses im *Parliament Act von 1911* oder hinsichtlich des Wahlrechtes verschiedene *Representation of the People Acts seit 1832*, so regelt dennoch bislang kein Gesetz die Vorrechte der Krone, die Rechte und Pflichten des Parlamentes als solches bzw. der einzelnen Mitglieder, definiert keine formelle Norm die Zusammensetzung und Aufgaben der Regierung, insbesondere die Stellung und Befugnisse des Premierministers, und bestimmt keine geschriebene Regelung das Verhältnis von Parlament und Regierung.[403]

Verfassungskonventionalregeln sind ungeschriebene Regeln für die politischen Verhaltensweisen der Staatsorgane, insbesondere der Krone, des Premierministers und des Parlamentes.[404] Sie sind zwar gerichtlich nicht durchsetzbar, binden aber die Organe ebenso, als wenn sie statutarisch niedergelegt wären.[405]

---

403 LOEWENSTEIN, Staatsrecht von Großbritannien, Erster Teil, Drittes Kapitel, I.1., S. 44 f.
404 Vgl. zur Definition näher LOEWENSTEIN, Staatsrecht von Großbritannien, Erster Teil, Drittes Kapitel, III.1., S. 52 ff.
405 LOEWENSTEIN, Staatsrecht von Großbritannien, Erster Teil, Drittes Kapitel, I.1., S. 44

Im Folgenden ist daher zu untersuchen, ob Konventionalregeln Möglichkeiten der Parlamentsauflösung, insbesondere kraft eigener Entscheidung des Unterhauses[406], vorsehen.

1. Selbstauflösungsrecht des britischen Unterhauses?

Eine Konventionalregel, die dem britischen Unterhaus das Selbstauflösungsrecht gibt, ist nicht ersichtlich. In den Darstellungen zum constitutional law finden sich im Rahmen der Erläuterungen der Befugnisse der Krone, des Premierministers und des Parlamentes - soweit ersichtlich - stets nur Ausführungen zu Art und Umfang des Rechtes der Krone, auf Vorschlag des Premierministers das Unterhaus aufzulösen.[407] An ein Selbstauflösungsrecht scheint nicht gedacht worden zu sein. Allerdings findet sich bei *Blackstone*, dem berühmten englischen Juristen des 18. Jh., ein Hinweis auf das Institut der parlamentarischen Selbstauflösung. Nach Blackstone kann eine Auflösung des Parlamentes auf drei Wegen geschehen: (1) Aufgrund des Willens des Königs, (2) durch den Tod des Regenten und (3) durch Zeitablauf der Legislaturperiode des Parlamentes. Im Rahmen der Ausführungen zur Möglichkeit der Parlamentsauflösung durch den König erwähnte Blackstone das Selbstauflösungsrecht (dissolution by itself). Er war der Ansicht, dass wenn niemand, *außer dem Parlament selbst*, das Recht hätte, das Parlament aufzulösen, dieses ewig bestehen wolle, was sehr gefährlich sei.[408] Diese Befürchtung Blackstones ist aber insoweit nicht ganz verständlich als er selbst den Zeitablauf als dritte Möglichkeit der Parlamentsauflösung benennt. Durch den Septennial Act von 1715 wurde statutarisch normiert, dass spätestens nach sieben Jahren Neuwahlen stattfinden müssen. Insofern betrüge die von Blackstone vermutete „Ewigkeit" des Parlamentes maximal sieben Jahre. Allerdings vertrat Blackstone die Auffassung, dass das Parlament aufgrund seiner Souveränität (parliamentary sovereignty) jedes Gesetz erlassen und damit auch seine eigene Wahlperiode verlängern dürfe. Dazu verweist er auf die Ereignisse des Jahres 1716. Aufgrund des Parlamentsgesetzes von 1694 war die Amtszeit des Parlamentes auf drei Jahre begrenzt. Auf Veranlassung des Königs und der Regierung erließ das Parlament den o.g. Septennial Act und verlängerte damit seine Wahlperiode um vier Jahre.[409]

---

406 Das britische Parlament besteht aus zwei Häusern, dem *House of Lords* (Oberhaus) und dem *House of Commens* (Unterhaus). Das Oberhaus ist - im Gegensatz zum Unterhaus - ein nicht aus allgemeinen Wahlen hervorgegangenes Organ. Aus diesem Grund können Verfassungskonventionalregeln, die der Umsetzung der Demokratie dienen (vgl. dazu näher LOEWENSTEIN, Staatsrecht von Großbritannien, Erster Teil, III.2., S. 54 f.), nicht die Auflösung des Oberhauses zum Gegenstand haben.

407 Vgl. nur ALDER, Constitutional and Administrative Law, Part. III, 6.1, S. 103; 10.4, S. 178, 12.1, S. 194; MEYN, Verfassungskonventionalregeln, II.2., S. 54 ff. (57 f.), 65.

408 BLACKSTONE, Commentaries I, Ch. 2, S. 188

Blackstones Anmerkung ist allerdings kein Hinweis auf das tatsächliche Vorhandensein des Selbstauflösungsrechtes im verfassungsrechtlichen Sinne. Er spricht auch nur im Konjunktiv vom Selbstauflösungsrecht des Parlamentes. Zur Zeit Blackstones konnte es dem Parlament auch noch gar nicht um seine Auflösung gehen. Es kämpfte vielmehr noch um eine Stärkung seiner Position.

Das Selbstauflösungsrecht folgt auch nicht aus der von Blackstone geprägten Parlamentssouveränität und seiner These, dass das Parlament alles tun kann, was nicht tatsächlich unmöglich ist[410], denn die Parlamentssouveränität bezieht sich zum einen nur auf die Gesetzgebungsbefugnis des Parlamentes[411] und ist zum anderen angesichts der Befugnisse der Regierung (dazu sogleich) in der verfassungspolitischen Wirklichkeit eher zweifelhaft[412]. Es ist demnach festzuhalten, dass dem britischen Unterhaus kein Selbstauflösungsrecht zusteht.[413]

2. Das Auflösungsrecht des Premierministers

Das Unterhaus kann aber jederzeit durch die Königin bzw. den König aufgrund der königlichen Prärogative durch königliche Proklamation aufgelöst werden. Allerdings ist die Krone bei der Ausübung dieser Befugnis an den Ratschlag (dissolution-advice) des Premierministers gebunden. Einen Ermessensspielraum hat die Krone insoweit nicht.[414]

Somit steht dem Premierminister das Recht zu, innerhalb der fünfjährigen[415] Wahlperiode das Unterhaus jederzeit aufzulösen. Er ist in der Wahl des Zeitpunktes frei. Selbst einer Abstimmung mit dem Kabinett bedarf es nicht. Allerdings wird sich in der Praxis der Premierminister mit dem Kabinett formlos beraten, zumal die Kabinettsregierung eine echte Parteiregierung ist und daher die Gewinnchancen der Regierungspartei im Zeitpunkt der Neuwahl zu berücksichtigen sein

409 BLACKSTONE, Commentaries I, Ch. 2, S. 189. Ein weiteres Beispiel um 1910 findet sich bei DICEY, Introduction to the study of the law, Introduction, p. cxxxii.

410 BLACKSTONE, Commentaries I, Ch. 2, S. 161

411 So DICEY, Introduction to the study of the law, part I, ch. I, p. 39 f.

412 Ebenso LOEWENSTEIN, Staatsrecht von Großbritannien, Erster Teil, Drittes Kapitel, I.1., S. 46.

413 So auch BEYME, Die parlamentarische Demokratie, VI.5., S. 389.

414 LOEWENSTEIN, Staatsrecht von Großbritannien, Erster Teil, Drittes Kapitel, III.5.a, cc, S. 58; Vierter Teil, Fünfzehntes Kapitel, II.3.b, S. 391 ff. So auch HARTMANN, Westliche Regierungssysteme, 2.3.5, S. 77. Da somit ein Beschluss des Unterhauses allein nicht ausreicht, um die Wahlperiode vorzeitig zu beenden, kann der Ansicht, dass das heutige englische Auflösungsrecht - abgesehen von einer „Prämie zugunsten der Wahl des Zeitpunktes der Neuwahl"- als eine Art Selbstauflösung anzusehen sei (vgl. BERICHT DES VOM BMI EINGESETZTEN BEIRATES, Zur Neugestaltung des Bundestagswahlrechts, S. 51 f.) nicht gefolgt werden.

415 Die in der Septennial-Akte von 1715 festgelegte siebenjährige Legislaturperiode wurde durch das Parlamentsgesetz von 1911 (Veto-Bill, abgedruckt in: KIMMEL/ KIMMEL, EU-Verfassungen, S. 905 ff.) auf fünf Jahre herabgesetzt (Punkt 7).

werden.[416] Somit kann sich der Premierminister - lediglich begrenzt durch die fünfjährige Obergrenze[417] - den für ihn und seine Partei günstigsten Zeitpunkt für Neuwahlen aussuchen. Die fünfjährige Wahlperiode stellt damit die einzige Beschränkung des Premierministers hinsichtlich der Bestimmung von Neuwahlen dar.[418]

Damit ist - insbesondere wenn die Regierung in einen schwerwiegenden Konflikt mit der Parlamentsmehrheit gerät oder die Regierung bei einem Misstrauensvotum unterliegt - die Parlamentsauflösung ein Mittel der Regierung zu versuchen, um - trotz des Fehlens einer Parlamentsmehrheit - im Amt zu bleiben.[419] Das Volk wird - im Rahmen der (aufgrund Verfassungskonvention) binnen drei Wochen stattzufindenden Neuwahlen - aufgerufen, zwischen dem Ministerium und der Parlamentsmehrheit zu entscheiden.[420] Daneben findet sich die Konventionalregel, dass sich ein Parteiwechsel in der Regierung nicht ohne dazwischenliegende Neuwahlen vollziehen kann.[421] Weiter bedürfen nach der sog. Mandatstheorie[422] auch politische Grundentscheidungen, die noch nicht bei den vorausgegangenen Wahlen ersichtlich waren, der Rückkopplung an die Wählerschaft. Aufgrund des größeren Spielraumes des Premierministers hinsichtlich der Bestimmung der Wahlperiode erreicht in Großbritannien ein Parlament seltener als auf dem europäischen Kontinent das „natürliche" Ende der Legislaturperiode, wird also eher vorzeitig aufgelöst.[423]

---

416 LOEWENSTEIN, Staatsrecht von Großbritannien, Vierter Teil, Fünfzehntes Kapitel, II.3.b, S. 391 f., 395; MEYN, Verfassungskonventionalregeln, II.2., S. 57 f.; BEYME, Die parlamentarische Demokratie, VI.5., S. 387

417 Die Wahlperiode endet regulär genau fünf Jahre nach dem ersten Zusammentritt des Unterhauses, BECKER, Politik in Großbritannien, 4.2., S. 218; KINGDOM, Government and Politics in Britain, Chapter Nine, S. 230.

418 BECKER, Politik in Großbritannien, 4.2., S. 218

419 Die Konventionalregel, dass die Regierung bei Verweigerung des Vertrauens durch das Unterhaus zurücktreten muss, wurde seit 1895 nicht mehr praktiziert. Sie wird zwischenzeitlich dahingehend ausgelegt, dass ein Rücktritt nur bei existenzvernichtender Niederlage erforderlich ist, vgl. LOEWENSTEIN, Staatsrecht von Großbritannien, Erster Teil, Drittes Kapitel, III.5.b, S. 59.

420 STURM, Das politische System Großbritanniens, in: Ismayr, Die politischen Systeme Westeuropas, S. 225-262/ 235

421 LOEWENSTEIN, Staatsrecht von Großbritannien, Erster Teil, Drittes Kapitel, III.5.b, S. 59

422 Vgl. dazu BEYME, Die parlamentarische Demokratie, VI.5., S. 391; LOEWENSTEIN, Staatsrecht von Großbritannien, Erster Teil, Drittes Kapitel, I.3., S. 47.

423 Vgl. hierzu die Übersicht bei STURM, Das politische System Großbritanniens, in: Ismayr, Die politischen Systeme Westeuropas, S. 225-262/ 234. Zu Beispielen vorzeitiger Beendigungen von Wahlperioden s. KINGDOM, Government and Politics in Britain, Chapter Nine, S. 230.

3. Stellungnahme

Das Ergebnis der Untersuchung zum britischen Auflösungsrecht ist auf den ersten Blick schwer nachvollziehbar. Gerade im Mutterland des Parlamentarismus gibt es kein Selbstauflösungsrecht des Parlamentes. Eine nähere Beschäftigung mit dem englischen Verfassungsrecht macht aber schnell deutlich, dass es in Großbritannien kein Selbstauflösungsrecht des Unterhauses geben kann.

So entwickelten sich zwar historisch gesehen die parlamentarischen Systeme aus Auseinandersetzungen zwischen dem Königtum und der Ständeversammlung bzw. dem Parlament - das Parlament drang nach und nach in die Rechte der Regierung ein -, doch haben sich zwei Systemgruppen herausgebildet: Das sog. „Westminster Modell" Großbritanniens auf der einen Seite ist gekennzeichnet durch eine relativ starke Unterordnung des Parlamentes unter die Regierung, also einer Überlegenheit der aus Abgeordneten der Mehrheitsfraktion bestehenden Regierung gegenüber dem Unterhaus.[424] Auf der anderen Seite haben sich auf dem europäischen Kontinent parlamentarische Systeme herausgebildet, die eine stärkere Verschmelzung von Parlament und Regierung vorsehen.

Die Dominanz der Regierung gegenüber dem Parlament in Großbritannien zeigt sich z.B. in dem Recht der Regierung, weitgehend die Tagesordnung der Parlamentssitzungen zu kontrollieren.[425] Der Begriff Parlamentssouveränität ist daher heute eher irreführend.[426] Auch ist zu sehen, dass unter dem Parlament im juristischen Sinne zu Zeiten Blackstones und Diceys die Königin, das Oberhaus und das Unterhaus verstanden wurde (sog. „Queen-" oder „King-in-parliament")[427] und auch heute noch der Monarch neben dem Ober- und dem Unterhaus als dritter Bestandteil des Parlamentes genannt wird[428]. Vor diesem Hintergrund wird es verständlich, dass es zur königlichen Prärogative gehörte und noch gehört, das Parlament einzuberufen und aufzulösen. Blackstone schrieb, dass *nur* dem König diese Befugnis zustehe.[429] Daran wird bis heute festgehalten, auch wenn zwischenzeitlich die eigentliche Entscheidungsgewalt beim Premierminister liegt.[430] Ein Selbstauflösungsrecht des Unterhauses ist damit in der Tat nicht vereinbar.

---

424 Vgl. dazu näher DÖRING, Parlament und Regierung, in: Gabriel/ Brettschneider, Die EG-Staaten im Vergleich, Parlament und Regierung, S. 336-358/ 337 f.; LOEWENSTEIN, Staatsrecht von Großbritannien, Erster Teil, 3. Kap., III.2., S. 55.

425 BECKER, Politik in Großbritannien, 1.2., S. 120

426 So auch BARENDT, An Introduction to Constitutional Law, 5.I.ii., S. 88.

427 BLACKSTONE, Commentaries I, Ch. 2, S. 153; DICEY, Introduction, Part I, ch. I, p. 39

428 Vgl. nur YARDLEY, Introduction to Constitutional and Administrative Law, ch. 3, p. 27.; HARTMANN, Westliche Regierungssysteme, 2.3.2, S. 67.

429 BLACKSTONE, Commentaries I, Ch. 2, S. 153

430 So auch LOEWENSTEIN, Staatsrecht von Großbritannien, Dritter Teil, Neuntes Kapitel, I.1., S. 194.

Fünfter Teil

Verfassungsrechtspolitische Folgerungen und Perspektiven für das Selbstauflösungsrecht des Sächsischen Landtages und für den Deutschen Bundestag

Die ersten vier Teile der Arbeit haben das Selbstauflösungsrecht des Sächsischen Landtages verfassungsrechtlich analysiert, dabei dessen historische Wurzeln offengelegt und verfassungsvergleichende Aspekte erörtert. Der fünfte Teil befasst sich nunmehr mit dem Selbstauflösungsrecht unter rechtspolitischem Blickwinkel. Grund hierfür ist die Feststellung, dass die herkömmlich isolierte Betrachtung von Recht und Politik der Einsicht gewichen ist, dass zwischen Recht und Politik wechselseitige Abhängigkeiten bestehen - auch das Recht ist Folge politischen Handelns und nicht lediglich die Summe von Rechtslehre und Rechtsprechung.[1] Aufgabe der im Wesentlichen anwendungsorientierten Rechtswissenschaft ist es zudem, beratend auch für die auf Rechtsetzung bedachte Politik tätig zu werden.[2]

Im Folgenden geht es mithin nicht wie im Vorstehenden um die Erörterung der geltenden Rechtslage, sondern darum, ob und inwieweit das parlamentarische Selbstauflösungsrecht auch rechtspolitisch gerechtfertigt werden kann. Die diesbezüglichen Überlegungen sind einmal und zunächst auf den Freistaat Sachsen und das Selbstauflösungsrecht gem. Art. 58 SächsVerf gerichtet. Zum anderen geht es angesichts der föderalen Ordnung der Bundesrepublik Deutschland darum zu untersuchen, ob und in welcher Weise sich die Einführung eines parlamentarischen Selbstauflösungsrechtes auch auf der Ebene des Grundgesetzes empfiehlt. Dies dient - entsprechend der Aufgabe der Rechtspolitik, für ein juristisches Problem die optimale Lösung zu finden[3] - der Überprüfung der Funktionalität und Effektivität des parlamentarischen Selbstauflösungsrechtes.

---

1 DE WITH, Deutsche Rechtspolitik, Einleitung, S. 9; VOIGT, Recht - Spielball der Politik?, Einleitung, S. 13 f.; V. HIPPEL, Rechtspolitik, Einleitung, S. 1

2 HOLOUBEK, Rechtswissenschaftliche Rechtspolitik? in: Holoubek/ Lienbacher, Rechtspolitik der Zukunft, S. 9-20/ 18

3 V. HIPPEL, Rechtspolitik, A., § 1, II.4., S. 28. Zur Charakteristik der Wissenschaft von der Rechtspolitik vgl. näher WEINBERGER, Recht, Institution und Rechtspolitik, C. VIII.3., S. 209.

Erstes Kapitel

Verfassungsrechtspolitische Folgerungen für Art. 58 SächsVerf

Im Rahmen der Untersuchung der Ausgestaltung des Selbstauflösungsrechtes des Sächsischen Landtages wurde herausgearbeitet, dass das Selbstauflösungsrecht ein notwendiges Instrument im parlamentarisch-repräsentativen System ist. Hierbei wurde dargelegt, dass zur Wahrung der Stabilität des parlamentarischen Systems verfassungsrechtlich die Beschlussfassung zur Selbstauflösung de lege lata mit einer Mehrheit von zwei Dritteln der Mitglieder des Landtages erfolgt.[4]

Im Folgenden sind die verfassungsrechtlichen Voraussetzungen eines Selbstauflösungsbeschlusses auf ihre Berechtigung zu prüfen. Es sind vorhandene Defizite aufzuspüren und ggf. Optimierungsvorschläge zu unterbreiten. Dabei ist zunächst der Frage nachzugehen, ob sich die Aufnahme materieller Tatbestandsmerkmale in Art. 58 SächsVerf empfiehlt. In einem zweiten Schritt wird v.a. nach der verfassungsrechtspolitischen Rechtfertigung des geltenden Beschlussquorums gefragt, um darauf einen eigenen Vorschlag zu unterbreiten.

§ 24 Anforderungen an Art. 58 SächsVerf

Es ist zunächst nach der möglichen Aufnahme materieller Tatbestandsmerkmale in Art. 58 SächsVerf zu fragen sowie danach, ob eine darauf zielende Änderung dem Rechtsgedanken der Zweckmäßigkeit und Erforderlichkeit Rechnung trägt. Hierbei ist auch der Hintergrund einer ggf. erforderlich werdenden verfassungsgerichtlichen Kontrolle im Auge zu behalten.

I. Aufnahme materieller Tatbestandsmerkmale?

Im Rahmen der Auslegung des Art. 58 SächsVerf[5] und des Verfassungsvergleiches mit dem Selbstauflösungsrecht und dessen Praxis in den anderen Bundesländern[6] wurde herausgearbeitet, dass das Selbstauflösungsrecht in der Regel in gewissen typischen Situationen (Koalitionsbruch bzw. -zerfall, Pattsituation

4 3. Teil, 1. Kap., § 14, I.1.b)
5 3. Teil, 1. Kap., § 13
6 1. Teil, 2. Kap., § 4, II.; 4. Teil, 1. Kap.

im Landtag und dadurch bedingte Arbeitsunfähigkeit von Landtag und/ oder Regierung, Wille zur Rückkopplung an den Volkssouverän) relevant werden kann und bislang in verschiedenen Bundesländern auch zur Anwendung gekommen ist. Vor diesem Hintergrund stellt sich die Frage, ob eine entsprechende tatbestandliche Eingrenzung und Präzisierung im Verfassungstext vorgenommen werden sollte.

1. Bestimmtheit des Selbstauflösungsrechtes - Zweckmäßigkeit einer tatbestandlichen Beschränkung?

Für die Aufnahme bestimmter Auflösungskonstellationen in Art. 58 SächsVerf könnte das sich aus dem Rechtsstaatsprinzip ergebende normative Klarheits- und Bestimmtheitsgebot in Anwendung auf den Prozess der Verfassunggebung sprechen. Dieses sich aus Artt. 1 S. 2; 3 Abs. 1 S. 2, Abs. 2 und SächsVerf ergebende Gebot besagt, dass sich aus einer Norm ihr genauer Regelungsgehalt ergeben muss. Keine Norm darf unklar oder unbestimmt sein. Die Rechtslage muss mithin für den Rechtsanwender erkennbar und für die Gerichte justiziabel sein.[7] Damit ist nicht ausgeschlossen, dass sich der Gesetzgeber einer offenen, d.h. konkretisierungsbedürftigen Ausgestaltung der Norm[8], bedient.[9] Dies könnte auch beim parlamentarischen Selbstauflösungsrecht der Fall sein, da sich die Konstellationen, in denen ein Selbstauflösungsrecht zum Zuge kommen kann, wohl nur sehr allgemein und kaum abschließend beschreiben lassen. Es sind nämlich, abgesehen von den schon aufgeführten Fällen, durchaus weitere Auflösungskonstellationen vorstellbar. Die alleinige Kennzeichnung des Selbstauflösungsrechtes als Krisenbewältigungsnorm wird seiner Funktion danach nicht gerecht. So kann eine Selbstauflösung wie z.B. in Österreich[10] in Betracht kommen, um - etwa aus finanziellen Gründen - eine Landtagswahl gemeinsam mit einer Bundestagswahl durchzuführen, aber auch im Gegensatz dazu, um - bei zufällig gleichem Wahltermin und befürchteter Vermischung von Bundes- mit Landespolitik durch die Wahlbürger - Landtagswahlen von einer Bundestagswahl abzukoppeln. Weiter kann auch die Erkenntnis, Gesetze in der laufenden Wahlperiode aufgrund des Diskontinuitätsgrundsatzes oder wegen fehlender Kompromissbereitschaft der Fraktionen bzw. Parteien nicht mehr verabschieden zu können, eine vorzeitige Beendigung der Wahlperiode sinnvoll erscheinen lassen.[11] Dass auch eine rechtliche oder politische Krise zu einem Selbstauflösungsbeschluss führen kann, ist

---

7 SCHNEIDER, H., Gesetzgebung, § 4, RN 66, S. 44

8 BRYDE, Verfassungsentwicklung, B., 4., S. 80; STERN, Staatsrecht I, § 20 IV 4, S. 829 f.

9 S. zum Bestimmtheitsgebot auch näher GASSNER, Gesetzgebung, in: ZG 1996, S. 37-56/ 38 f.; zur Vereinbarkeit des Art. 58 SächsVerf mit dem Grundgesetz unter dem Aspekt der Bestimmtheit vgl. auch bereits 3. Teil, 3. Kap., § 19, II.1.

10 S. dazu 4. Teil, 2. Kap., § 22, I.3., II.1.a).

dabei vorausgesetzt, ohne dass sich das Selbstauflösungsrecht darin erschöpft. Die Offenheit, ja Weite des Tatbestandes kann so dazu dienen, verschiedene Konstellationen gleichsam „aufzufangen".

Eine Aufzählung von Fallgruppen, in denen eine Selbstauflösung des Sächsischen Landtages in Betracht kommt, könnte dieser „Auffangfunktion" und damit der beabsichtigten raschen Wiederherstellung der Arbeitsfähigkeit der Volksvertretung entgegenstehen. Fallgruppen, die als Beispiele formuliert wären, könnten Ausschlusscharakter haben und so die Bedeutung des Selbstauflösungsrechtes und seine Praxis unverhältnismäßig einschränken. Für Auflösungslagen, an die bislang noch nicht gedacht worden ist, bliebe dann im Zweifel kein Raum. Eine Beschränkung des Selbstauflösungsrechtes durch Aufnahme expliziter materieller Tatbestandsmerkmale in Art. 58 SächsVerf sollte daher unterbleiben, zumal dies auch in keinem weiteren Bundesland der Fall ist. Durch den Verzicht auf explizite Nennung materieller Tatbestandsmerkmale wird schließlich gesichert, dass eine parlamentarische Vertretung ihre Arbeitsfähigkeit im Falle einer Krise schnell wieder herstellen kann, aber auch in anderen Konstellationen, in denen Neuwahlen für erforderlich gehalten werden, ein geeignetes Lösungsmittel zur Verfügung steht. Eine tatbestandliche Begrenzung erscheint mithin nicht zweckdienlich.

Der Gefahr einer „uferlosen" Anwendung des Selbstauflösungsrechtes wird hinreichend zum einen durch das Missbrauchsverbot und zum anderen v.a. durch das doppelt qualifizierte Beschlussquorum entgegengetreten.[12] Die bislang in anderen Bundesländern mit dem parlamentarischen Selbstauflösungsrecht gemachten Erfahrungen[13], aber auch der Umgang der Abgeordneten des Sächsischen Landtages mit diesem Institut nach dem Rücktritt von Ministerpräsident Biedenkopf im April 2002[14] zeugen von einem verantwortungsbewussten und von der Bereitschaft zur parlamentarischen Arbeit geprägten Einsatz des Selbstauflösungsrechtes. Eine materielle Einschränkung des Tatbestandes von Art. 58 SächsVerf erscheint mithin auch nicht erforderlich.

---

11 S. dazu bereits 3. Teil, 1. Kap., § 13, III.2. Zu Beispielen in Österreich s. 4. Teil, 2. Kap., § 22, I.3., II.1.a).

12 S. dazu 3. Teil, 1. Kap., § 13, II.4.

13 Vgl. 1. Teil, 2. Kap., § 4, II.

14 Vgl. 1. Teil, 2. Kap., § 4, I.

2. Unvollständigkeit und Ungenauigkeit materieller Tatbestandsmerkmale im Rahmen des Selbstauflösungsrechtes

Auch wäre es nicht ganz einfach, ein geeignetes materielles Tatbestandsmerkmal in Art. 58 SächsVerf aufzunehmen. Formulierungen wie letztes Lösungsmittel „verfassungsrechtlicher Krisensituationen“[15] bzw. einer „parlamentarischen Krise“[16] oder zur „Bewältigung außergewöhnlicher politischer Krisensituationen“ bzw. Auflösung aufgrund von „Arbeitsunfähigkeit wegen knapper Mehrheiten oder Fraktionswechsel von Abgeordneten“ erfassen nur bestimmte Fallkonstellationen, wären also zu eng. Auch wurde ein verwendbarer „überzeugender politologisch-sozialwissenschaftlicher“ oder juristischer Krisenbegriff bislang nicht entwickelt.[17] Das Merkmal der „Krise“ ist offenbar nicht so eindeutig definierbar, als dass eine ausreichend bestimmbare Entscheidungsgrundlage bestünde. Insbesondere muss nicht jede politische bzw. Regierungskrise eine „echte“ Krise sein[18], weil dies auch von der Perzeption der Adressaten abhängen kann. Zudem bliebe die Abgrenzung zwischen „politischen Konflikten“, die zum täglichen parlamentarischen Geschehen gehören und 'echten', die politische Stabilität bedrohenden Verfassungskrisen zu unbestimmt. Eine Verankerung materieller Anforderungen könnte sich danach möglicherweise als „wirkungslose Leerformel“ erweisen, da sich die entsprechenden politischen Konstellationen zum einen nicht vollständig vorhersehen und zum anderen wohl auch nicht so knapp und präzise wie erforderlich formulieren lassen.[19] Auch unter diesem Aspekt empfiehlt sich daher eine materiell-tatbestandliche Eingrenzung des Selbstauflösungsrechtes nicht. Hinsichtlich der Offenheit des Tatbestandes besteht daher kein Änderungsbedarf.

---

15 MÜLLER, K., Verfassung des Freistaats Sachsen, Art. 58, S. 329

16 Vgl. (allerdings zum konstruktiven Misstrauensvotum) HOFMANN, Verfassungsrechtliche Sicherungen der parlamentarischen Demokratie, in: Hofmann, Verfassungsrechtliche Perspektiven, S. 129-145/ 142 f.

17 So auch UMBACH, Parlamentsauflösung, Erster Teil, C., S. 12.

18 Vgl. UMBACH, Parlamentsauflösung, Erster Teil, A., S. 12.

19 Landtagspräsident von Schleswig-Holstein LEMKE, in: Enquête-Kommission Verfassungsreform, zu Kommissionsdrucksache Nr. 052 [03.12.1973], (1), S. 8 f.

II. Kritische Auseinandersetzung mit den formellen Tatbestandsmerkmalen

Hinsichtlich der formellen Voraussetzungen des Art. 58 SächsVerf fragt sich, ob das Beschlussquorum von zwei Dritteln der Mitglieder des Sächsischen Landtages für eine Selbstauflösung den mit dieser Regelung erstrebten Zwecken gerecht wird oder ob nicht ein anderes Quorum die zu berücksichtigenden Interessen zu einem effizienteren Ausgleich bringt. Darüber hinaus ist kritisch der Frage nach der Erforderlichkeit des in der Geschäftsordnung des Sächsischen Landtages niedergelegten Antragsquorums und der darin vorgesehenen Frist von drei Tagen zwischen der Verteilung des Antrages und der Beratung bzw. Beschlussfassung nachzugehen. Weiter ist zu erörtern, ob eine Frist in die Verfassung oder die Geschäftsordnung aufgenommen werden sollte, innerhalb derer endgültig über den Antrag auf Selbstauflösung des Landtages zu entscheiden ist.

1. Drei-Fünftel-Mehrheit als praktikableres Beschlussquorum

Das bestehende Zustimmungserfordernis bezüglich der Landtagsauflösung ist - wie oben dargelegt[20] - gegenüber sonstigen Beschlussfassungen doppelt qualifiziert: Während üblicherweise für Beschlussfassungen des Sächsischen Landtages die einfache Mehrheit der anwesenden Abgeordneten genügt (Art. 48 Abs. 3 S. 1 SächsVerf), stellt Art. 58 SächsVerf zum einen auf die gesetzliche Zahl der Mitglieder des Landtages ab und verlangt zum anderen die Zustimmung von zwei Dritteln dieser Zahl der Abgeordneten.

Für das Erfordernis der Beschlussfassung über eine Selbstauflösung des Landtages mit einer Mehrheit von zwei Dritteln der gesetzlichen Mitgliederzahl sprechen v.a. politisch-rechtliche Stabilitätsinteressen. Die geforderte Mehrheit wird regelmäßig nur bei Zusammenwirken mehrerer Parteien[21] zustande kommen.

Es erscheint gleichwohl fraglich, ob eine Mehrheit von zwei Dritteln der Mitglieder des Landtages für einen Selbstauflösungsbeschluss wirklich erforderlich ist, m.a.W. ob nicht der Stabilitätszweck auch mit einem etwas niedrigerem Quorum erreicht werden kann. Zwar sollte eine derart wichtige Entscheidung wie die Landtagsauflösung von einem im Vergleich zur sonstigen Beschlussfassung erhöhten Quorum getragen sein, doch müsste dieses auch praktisch erreichbar sein, da die Selbstauflösung sonst ihren Wert verlieren würde und so nicht mehr als Lö-

---

20 Vgl. 3. Teil, 1. Kap., § 14, I.1.b)

21 In keiner der Zusammensetzungen der Sächsischen Landtages ab 1990 wäre es einer Partei, der Regierungskoalition oder den Oppositionsfraktionen zusammen möglich gewesen, eine Selbstauflösung herbeizuführen. Stets hätte es der Mitwirkung mindestens einer weiteren Fraktion oder des Zusammenspieles von Mehrheit und Opposition bedurft.

sungsmittel in verschiedenen politischen Konstellationen zur Verfügung stünde. Das bestehende Zweidrittelerfordernis könnte nämlich dazu führen, dass die notwendige Wiederherstellung der Arbeitsfähigkeit des Landtages scheitert[22], weil das dazu notwendige Auflösungsquorum nicht zustande kommt. So verfügt in Sachsen noch nicht einmal die seit dem Jahre 2004 regierende Große Koalition über diese Mehrheit. Das bisher aufgestellte Beschlussquorum wird daher nicht ohne weiteres zu erreichen sein und lässt Art. 58 SächsVerf im Zweifel leerlaufen.

Es ist demnach eine Absenkung des Beschlussquorums zu erwägen. Das Beschlussquorum von zwei Dritteln der gesetzlichen Zahl der Mitglieder des Landtages erscheint auch deswegen zu hoch, da derzeit eine Selbstauflösung des gleichen Quorums wie eine Verfassungsänderung bedarf. Im Unterschied zu einer Verfassungsänderung, die grundsätzlich auf Dauer angelegt ist, stellt die Selbstauflösung in der Regel eine eher punktuelle Entscheidung dar. Dieser Aspekt sollte ebenfalls bei der Höhe des jeweils erforderlichen Beschlussquorums berücksichtigt und eine Überschneidung beider Quoren vermieden werden. Eine Selbstauflösung ist zwar gravierend. Doch wird sich in der Regel die Arbeit des Parlamentes in der kommenden Legislaturperiode fortsetzen. Verfassungsvergleichend kann insoweit auf die Regelungen des parlamentarischen Selbstauflösungsrechtes in Ungarn, Litauen und Zypern verwiesen werden. In diesen Ländern werden an eine parlamentarische Selbstauflösung geringere Anforderungen als an eine Verfassungsänderung gestellt.[23]

Es empfiehlt sich daher eine Absenkung des derzeit in Art. 58 SächsVerf vorgesehenen Beschlussquorums. Dabei würde die Mehrheit der gesetzlichen Zahl der Abgeordneten aus Gründen der Vereinbarkeit mit dem Prinzip der repräsentativen Demokratie die Untergrenze darstellen.[24] Auch wenn in den Bundesländern, die dieses Mehrheitserfordernis für einen Selbstauflösungsbeschluss vorsehen, keine Bedenken hinsichtlich der Stabilität des politischen Systems bestehen, würde jedoch bei diesem Quorum im Zweifel eine Stimme darüber entscheiden, ob die Wahlperiode vorzeitig beendet wird. Dies ist zwar nicht verfassungswidrig, erscheint aber gleichwohl im Hinblick auf das demokratische Mehrheitsprinzip und das freie Mandat verfassungsrechtspolitisch fragwürdig.

Angesichts dieser Erwägungen kommt eine Absenkung des Beschlussquorums auf drei Fünftel der gesetzlichen Mitgliederzahl des Sächsischen Landtages in Betracht. Dieses Quorum ist deutlich höher als die absolute Mehrheit und trägt damit weiterhin den berechtigten Stabilitätsinteressen sowie dem Schutz des freien Mandates, v.a. der eine Selbstauflösung ablehnenden Abgeordneten, Rech-

---

22 So ausdrücklich - für NRW - auch MÜLLER-TERPITZ, in: Löwer/ Tettinger, NRWVerf-Komm., Art. 35, RN 9, S. 614.

23 Vgl. insoweit 4. Teil, 2. Kap., § 23, I.1.

24 S. dazu 3. Teil, 3. Kap., § 19, I.2.

nung. Es ist andererseits zahlenmäßig geringer als das für eine Verfassungsänderung erforderliche Quorum und insoweit praktikabler, als es im denkbaren Anwendungsfall erreichbar schiene. Das Quorum von drei Fünfteln der gesetzlichen Zahl der Abgeordneten vereint damit die Vorteile der beiden anderen Quoren (absolute Mehrheit, Mehrheit von zwei Dritteln der gesetzlichen Mitgliederzahl des Landtages) und gleicht deren Nachteile aus.

Das Quorum von drei Fünfteln der gesetzlichen Zahl der Abgeordneten wäre auch mit der Sächsischen Verfassung, insbesondere was die Mehrheitserfordernisse des repräsentativen Demokratieprinzips angeht, vereinbar, da es zwischen den als verfassungsrechtlich zulässig zu erachtenden Beschlussquoren der absoluten und der Mehrheit von zwei Dritteln der gesetzlichen Mitgliederzahl des Landtages läge.[25] Zwar könnte gegen ein herabgesetztes Beschlussquorum der Aspekt des Minderheitenschutzes als Ausfluss des Demokratiegrundsatzes in Art. 1 S. 2 i.V.m. Art. 3 Abs. 1 SächsVerf und hier im speziellen der Schutz des freien Mandates gem. Art. 39 Abs. 3 S. 2 SächsVerf sprechen. Denn während nach derzeitiger Rechtslage der Wille eines Drittels der Abgeordneten gegen den Willen von zwei Dritteln stünde, wären bei einer Absenkung des Beschlussquorums auf drei Fünftel bereits 60 % der Mitglieder des Landtages, also weniger als zwei Drittel, in der Lage, die Wahlperiode vorzeitig beenden. Bedenkt man aber, dass es darauf ankommt, einen effektiven Ausgleich zwischen den berechtigten Interessen der Mehrheit und denjenigen der Minderheit zu finden, um eine „Tyrannei" der Mehrheit ebenso wie eine solche der Minderheit zu verhindern, dann erscheint eine Absenkung des Beschlussquorums auf drei Fünftel der Abgeordneten sowohl sachlich vertretbar als auch verfassungsrechtlich gerechtfertigt. Dieses Quorum nähert sich dem Erfordernis der Zustimmung der Mehrheit der gesetzlichen Mitgliederzahl an, ohne dieses freilich zu erreichen. So würde den Interessen der Mehrheit und denen der Minderheit ein jeweils angemessenes Gewicht beigelegt und - durch das Erfordernis eines deutlich über der absoluten Mehrheit liegenden Beschlussquorums - dem Stabilitätsinteresse nach wie vor in angemessener Weise Rechnung getragen werden. Insoweit ist auch zu berücksichtigen, dass das Mehrheitserfordernis von drei Fünfteln der gesetzlichen Mitgliederzahl gegenüber der sonstigen Beschlussfassung immer noch doppelt qualifiziert wäre. Der Aspekt des Minderheitenschutzes und das freie Mandat der unterliegenden Abgeordneten stehen also einer Absenkung des Beschlussquorums auf drei Fünftel der gesetzlichen Mitgliederzahl nicht entgegen. Entsprechendes dürfte auch für das rechtsstaatliche Vertrauensschutzprinzip im Hinblick auf die Abgeordneten gelten. Hier ist zu sehen, dass es auch nach geltendem sächsischen Verfassungsrecht kein geschütztes Vertrauen auf die in der jeweiligen Verfassung bestimmte Dauer der jeweiligen Wahlperiode gibt.[26]

---

[25] S. dazu näher 3. Teil, 3. Kap., § 19 (insbes. I.2.).

Nach alledem erscheint das Beschlussquorum von drei Fünfteln der gesetzlichen Zahl der Mitglieder des Landtages als geeigneter und verfassungsrechtlich bedenkenfreier Maßstab. Es wird der besonderen Bedeutung dieses Institutes, insbesondere seiner Konzeption als Ausnahme zur grundsätzlich fünfjährigen Wahlperiode, gerecht, ohne die praktische Anwendung aufgrund zu hoher Anforderungen von vornherein illusorisch zu machen. Zugleich verdeutlicht es aufgrund der doppelten formalen Qualifizierung die Wichtigkeit und Tragweite der Auflösungsentscheidung und steht zudem in angemessener Abstufung zum Verfassungsänderungsquorum. Dass ein Quorum von drei Fünfteln der gesetzlichen Zahl der Abgeordneten durchaus ein geeigneter Entscheidungsmaßstab sein kann, zeigt im Übrigen verfassungsvergleichend Art. 58 Abs. 1 der Verfassung von Litauen, der für eine Selbstauflösung eben diese Mehrheit fordert.[27]

2. Verankerung des Antragsquorums in der Verfassung

Neben dem Beschlussquorum setzt der Selbstauflösungsbeschluss des Sächsischen Landtages gem. § 56 S. 1 GO-SLT einen diesbezüglichen Antrag voraus, der von einem Drittel der gesetzlichen Zahl der Abgeordneten zu stellen ist. Dieses Antragsquorum ist für sich genommen sinnvoll. Dies gilt auch für dessen Höhe. Die Arbeit des Landtages würde behindert, wenn jede Minderheit den Antrag stellen und so mit der Auflösung drohen könnte, auch wenn sie ihn aufgrund des doppelt qualifizierten Beschlussquorums kaum würde durchsetzen können. Von einem Antrag, der von einem Drittel der gesetzlichen Zahl der Abgeordneten gestellt wird, geht aber immerhin eine gewisse Signalwirkung aus, sich politisch zu einigen und eine vertretbare Lösung zu suchen, da ansonsten eine vorzeitige Beendigung der Wahlperiode drohen kann.

Dieses Quorum erscheint auch unter dem Aspekt des Minderheitenschutzes geeignet, da es - gemessen an den Mehrheitsverhältnissen des Sächsischen Landtages seit 1990 - stets der Regierungspartei bzw. -koalition allein, aber auch den Oppositionsparteien zusammen, möglich gewesen wäre, die Selbstauflösung zu beantragen. Eine Anpassung des Antragsquorums an das vorgeschlagene 3/5-Quorum für eine Selbstauflösung - das jetzige Ein-Drittel-Quorum stellt genau die Hälfte der für den Beschluss erforderlichen Zwei-Drittel-Mehrheit dar - erscheint insoweit nicht erforderlich.

26 S. dazu auch oben 3. Teil, 3. Kap., § 19, II.2.
27 S. dazu 4. Teil, 2. Kap., § 23, I.1.

Zu denken wäre aber an eine Aufnahme des Antragsquorums in den Verfassungstext. Ein Antrag, der von einer geringeren Anzahl von Abgeordneten als im Verfassungstext vorgesehen, gestellt werden würde, würde zwar - ebenso wie bei einer Regelung in der Geschäftsordnung des Sächsischen Landtages - einen anschließenden Selbstauflösungsbeschluss, der mit der erforderlichen Mehrheit gefasst werden würde, nicht nichtig machen, da er von derselben Institution gestellt wäre und dieser das alleinige Entscheidungsrecht über die Selbstauflösung zukommt. Die Aufnahme des Antragsquorums in den Verfassungstext würde jedoch der Bedeutung des Antragserfordernisses besser Rechnung tragen. Für eine Aufnahme des Antragsrechtes in den Verfassungstext spricht auch, dass der Sächsischen Verfassung qualifizierte Antragsquoren im Verfassungstext nicht unbekannt sind (vgl. nur Artt. 48 Abs. 1 S. 2 [Ausschluss der Öffentlichkeit, 12 Abg.], 54 Abs. 1 S. 1 [Einsetzung von Untersuchungsausschüssen, 1/5 der Mitglieder des Landtages], 80 Abs. 2 S. 1 [Richteranklage, 1/3 der Mitglieder des Landtages]) und dass in den anderen Bundesländern, die für eine parlamentarische Selbstauflösung ein besonderes Antragsquorum vorsehen, dieses in den Verfassungstext aufgenommen ist, vgl. z.B. Art. 43 Abs. 1 S. 1 BaWüVerf, Art. 60 Abs. 2 VerfLSA.[28] Die insoweit einmalige sächsische Regelung könnte damit den Regelungen anderer Bundesländer angepasst werden. Darüber hinaus würde durch die Aufnahme des Antragsquorums in den Verfassungstext vermieden, dass diese formelle Anforderung eventuell übersehen wird.[29] Es empfiehlt sich daher, v.a. aus Gründen der Rechtsklarheit und -vereinheitlichung das Antragsrecht mit in den Verfassungstext aufzunehmen.

3. Aufnahme einer Überlegungsfrist in den Verfassungstext

Die weiteren in der Geschäftsordnung des Sächsischen Landtages geregelten formellen Erfordernisse des Selbstauflösungsrechtes sind sachgerecht und sinnvoll. So bedarf es in der Tat einer Überlegungsphase für die Abgeordneten dahingehend, ob es nicht andere Mittel zur Lösung des parlamentarischen Problems gibt, d.h. eine vorzeitige Beendigung der Wahlperiode wirklich erforderlich ist. § 56 S. 4 GO-SLT sieht diesbezüglich vor, dass über den Antrag auf Selbstauflösung des Landtages frühestens am dritten Tag nach seiner Einbringung abgestimmt werden darf. Diese Bestimmung sollte aber aufgrund ihrer Bedeutung in den Verfassungstext aufgenommen werden. Sie würde im Interesse der Stabilität des politischen Systems über die mit der Regelung in der Geschäftsordnung des Sächsischen Landtages verbundene Innenwirkung hinausgehen, mit der Folge,

28 S. dazu näher 4. Teil, 1. Kap., § 20, I.-III. sowie insbes. § 21, I.1.b).
29 Dass diese Gefahr besteht, zeigt sich z.B. darin, dass sich im Verfassungskommentar von *Klaus Müller* zu Art. 58 SächsVerf kein diesbezüglicher Hinweis findet.

dass ein etwaiger Verstoß - im Gegensatz zur Regelung in der Geschäftsordnung[30] - den Selbstauflösungsbeschluss *verfassungswidrig* machen würde. Hierfür spricht, dass die Überlegungsfrist keine Verschärfung einer anderen Regelung (wie z.B. das Antragsquorum im Verhältnis zum Beschlussquorum) darstellt und darin voll aufgeht, sondern dieser eine zusätzliche Bedeutung, nämlich die des Schutzes des Landtages vor Übereilung und damit letztlich der Wahrung der Stabilität des politischen Systems, zukommt. Die Überlegungsfrist soll mithin zur Prüfung der Erforderlichkeit des Selbstauflösungsbeschlusses zwingen. Diese Funktion sollte im Interesse der Stabilität der Verfassung und des politischen Systems nicht mittels der Beschlussfassung mit dem entsprechenden Beschlussquorum übergangen werden können. Verfassungsvergleichend spricht für eine Aufnahme der Überlegungsfrist in den Verfassungstext, dass in den anderen deutschen Bundesländern - sofern eine Überlegungsfrist vorgesehen ist - der entsprechende Regelungsort die Verfassung (und nicht die Geschäftsordnung) ist.[31]

Im Gegensatz zu einer Verletzung des Antragsquorums käme bei einer Regelung der Überlegungsfrist in der Verfassung die „Heilung" eines Verstoßes nicht in Betracht. Die Verfassungswidrigkeit einer Selbstauflösung bei Beschlussfassung unter Missachtung der Überlegungsfrist könnte der Sächsische Verfassungsgerichtshof im Falle seiner Anrufung im Wege des Organstreitverfahrens[32] *feststellen* (§ 20 Abs. 1 SächsVerfGHG). In den Grenzen der Zumutbarkeit hätten die Abgeordneten dann Anspruch auf Fortsetzung der bisherigen Wahlperiode.[33]

4. Beschlussfassung spätestens am dreißigsten Tag nach Einbringung des Antrages

Wenn der Sächsische Landtag sich selbst auflösen will, sollte dieser Beratungsgegenstand zügig behandelt werden. Um die Arbeitsfähigkeit des Landtages alsbald wieder herzustellen, ist der Antrag demnach in einer einzigen Beratung zu behandeln (§ 56 S. 2 GO-SLT) und nicht an einen Ausschuss zu überweisen (§ 56 S. 3 GO-SLT). Diese Bestimmungen sind angebracht und zweckmäßig. Da es sich bei diesen Erfordernissen um rein verfahrenstechnische Vorgaben handelt, sollte insoweit - auch zur Beschränkung der Verfassung auf das Wesentliche - weiterhin ihre Regelung der Geschäftsordnung vorbehalten bleiben.

---

30 Vgl. dazu MÜLLER, K., Verfassung des Freistaats Sachsen, Art. 46, S. 303.

31 S. insoweit bereits zu den Regelungen verschiedener Landesverfassungen 4. Teil, 1. Kap., § 20, I.-III. sowie § 21, I.2.

32 Zur Zulässigkeit und Begründetheit eines Organstreitverfahrens s. auch oben 3. Teil, 1. Kap., § 14, III.1.

33 S. dazu bereits ausführlich 3. Teil, 1. Kap., § 14, III.1.c).

Empfehlenswert erscheint aber die Aufnahme einer Regelung - aufgrund des ebenfalls verfahrenstechnischen Charakters - in die Geschäftsordnung, dass die Beratung spätestens am 30. Tag nach der Einbringung des Antrages abgeschlossen sein muss.[34] Dies dient der Beschleunigung des Verfahrens und stellt sicher, dass die eingeschränkte Handlungsfähigkeit des Landtages[35] auf einen kurzen Zeitraum begrenzt bleibt.

5. Verbindung der Landtagsauflösung mit einem Neuwahltermin?

Eine Anordnung der gleichzeitigen Bestimmung eines neuen Wahltermins zusammen mit dem Auflösungsbeschluss - wie in einigen Landesverfassungen vorgesehen[36] - erscheint hingegen nicht erforderlich. Der verfassungsrechtliche Rahmen für Neuwahlen ist bereits durch Art. 44 Abs. 2 SächsVerf hinreichend bestimmt.

§ 25 Vorschlag zur Änderung des Art. 58 SächsVerf

Es wird nach alledem vorgeschlagen, Art. 58 SächsVerf neu zu fassen. Im Rahmen der begrifflichen Vorabklärungen[37] wurde dargelegt, dass der Begriff „Auflösung" verfassungshistorisch übernommen ist, ihm aber heute aufgrund der institutionellen Kontinuität des Sächsischen Landtages die gleiche Bedeutung wie dem Terminus „vorzeitige Beendigung der Wahlperiode" zukommt. Letztere Formulierung bringt jedoch besser zum Ausdruck, dass die mit diesem Institut verfolgte Rechtswirkung, die Existenz und Arbeit eines je bestimmten Landtages vor Ablauf seiner regulären Wahlperiode zu beenden, nicht unmittelbar mit dem entsprechenden Beschluss, sondern erst mit dem Zusammentritt des neuen Landtages nach erfolgter Neuwahl eintritt. Deshalb sollte der Terminus „Auflösung" durch den Begriff „vorzeitige Beendigung der Wahlperiode" ersetzt werden. Es geht dabei also nur um eine Wortlautänderung, die präzisierenden Charakter hat und die Rechte und Pflichten des Landtages nicht berührt.

---

34 So bereits § 57 Abs. 2 S. 1 a.E. der vorläufigen GO-SLT vom 23.10.1990.

35 Zu dieser Folge einer Selbstauflösung s. näher 3. Teil, 1. Kap., § 14, II.2.

36 Vgl. Art. 27 Abs. 2 S. 1 Verf M-VVerf, Art. 60 Abs. 1 S. 1 VerfLSA, Art. 13 Abs. 2 SchlHVerf.

37 1. Teil, 1. Kap., § 1, I.2.

Daher und in Ansehung der vorstehenden verfassungsrechtspolitischen Vorschläge sollte Art. 58 SächsVerf künftig wie folgt lauten[38]:

Art. 58 SächsVerf

Der Landtag kann ***mit einer Mehrheit von drei Fünfteln*** *seiner Mitglieder* ***die vorzeitige Beendigung der Wahlperiode beschließen. Der Antrag auf vorzeitige Beendigung der Wahlperiode ist von mindestens einem Drittel der Mitglieder des Landtages zu unterzeichnen. Die Beratung und die Beschlussfassung finden frühestens am dritten Tag nach der Verteilung des Antrages statt.***

In diesem Formulierungsvorschlag spiegeln sich die Überlegungen zur Eignung des Selbstauflösungsrechtes des Sächsischen Landtages als eines notwendigen rechtlichen und politischen Instrumentes wider. Die Senkung des Beschlussquorums auf drei Fünftel der Mitglieder des Landtages macht die Auflösung zu einem praktikableren politisch-rechtlichen Institut und trägt zugleich legitimen Stabilitätsinteressen Rechnung. Letzteres kommt auch in der vorgeschlagenen Aufnahme der Überlegungsfrist in den Verfassungstext zum Ausdruck, die die Abgeordneten zwingt, sich mit hinreichendem Problembewusstsein Rechenschaft darüber abzulegen, wie in einer bestimmten Problemkonstellation verfahren werden soll. Das in den Verfassungstext aufgenommene Antragsquorum verstärkt ebenfalls diesen Gedanken mit dem Ziel, die Beschäftigung der Abgeordneten mit von vornherein aussichtslosen Anträgen zu vermeiden.

I. Voraussetzungen einer Verfassungsänderung

Für die vorgeschlagene Verfassungsänderung müssten die entsprechenden Voraussetzungen des Art. 74 SächsVerf vorliegen. Diese sind im Folgenden zu erörtern.

Die Sächsische Verfassung sieht drei Wege für eine Verfassungsänderung vor. So kann der Landtag ein entsprechendes Gesetz einbringen (Art. 74 Abs. 1 und 2). Die Verfassung kann aber auch durch Volksentscheid auf Antrag der Abgeordneten (Art. 74 Abs. 3 S. 1, 3) sowie durch Volksentscheid gem. Art. 74 Abs. 3 S. 2, 3 i.V.m. Art. 72 geändert werden.

---

38 Änderungen gegenüber der geltenden Fassung sind ***fett kursiv*** gesetzt.

1. Verfassungsänderung durch Landtagsgesetz

Für eine Verfassungsänderung durch ein Landtagsgesetz müssen formelle und materielle Vorgaben beachtet werden. Diese sind in Art. 74 Abs. 1 und 2 SächsVerf geregelt.

In formeller Hinsicht bedarf es zunächst eines Gesetzes, das den Wortlaut der Verfassung ausdrücklich ändert oder ergänzt (Art. 74 Abs. 1 S. 1 SächsVerf). Das bedeutet, dass das verfassungsändernde Gesetz eine ausdrückliche Wortlautänderung der Verfassung vorsehen muss (Stichwort: keine Textänderung ohne Wortlautänderung). Damit soll die Identität von formeller und materieller Verfassungsänderung gewährleistet werden.[39] Darüber hinaus bedarf ein verfassungsänderndes Gesetz in formeller Hinsicht gem. Art. 74 Abs. 2 SächsVerf der Zustimmung von zwei Dritteln der gesetzlichen Zahl der Mitglieder des Landtages.

In materieller Hinsicht ist Art. 74 Abs. 1 S. 2 SächsVerf zu beachten. Danach sind Änderungen der Grundsätze der Grundlagen des Staates (Artt. 1 und 3 SächsVerf), der Menschenwürde (Art. 14 SächsVerf) und der Grundrechtsbindung der staatlichen Gewalt (Art. 36 SächsVerf) verfassungsrechtlich unzulässig. Unter die hier relevanten Grundlagen des Staates fallen die Grundsätze des republikanischen, demokratischen und sozialen Rechtsstaates[40], von denen vorliegend nur die des demokratischen Rechtsstaates berührt sein können. Doch bestehen an der Vereinbarkeit der vorgeschlagenen Änderung des Selbstauflösungsrechtes mit der Sächsischen Verfassung insoweit keine Zweifel. V.a. ist dem im Demokratieprinzip wurzelnden Mehrheitserfordernis und dem im Rechtsstaatsprinzip enthaltenen Vertrauensschutzgedanken der Abgeordneten hinsichtlich der Dauer der Wahlperiode hinreichend Rechnung getragen.[41]

2. Verfassungsänderung durch Volksentscheid

Neben der Verfassungsänderung durch ein Landtagsgesetz kommt auch eine Verfassungsänderung durch Volksentscheid in Betracht. Hierzu müsste entweder der Landtag gem. Art. 74 Abs. 3 S. 1 SächsVerf einen dahingehenden Volksentscheid beantragen oder entsprechend dem Verfahren der Volksgesetzgebung (Art. 72 SächsVerf) ein Volksentscheid herbeigeführt werden (Art. 74 Abs. 3 S. 2 SächsVerf). Gem. Art. 74 Abs. 3 S. 3 SächsVerf bedarf das verfassungsändernde Gesetz der Zustimmung der Mehrheit der Stimmberechtigten (50 % plus eine Stimme).[42] Diese Vorgaben müssten eingehalten werden.

---

39 MÜLLER, K., Verfassung des Freistaats Sachsen, Art. 74, S. 356

40 BAUMANN-HASSKE, in: Kunzmann/ Haas/ Baumann-Hasske, Die Verfassung des Freistaates Sachsen, Art. 74, RN 3, S. 371 f.

41 S. dazu näher 3. Teil, 3. Kap., insbes. § 19.

Die materiellen Grenzen des Art. 74 Abs. 1 S. 2 SächsVerf gelten für alle in Betracht kommenden Wege der Verfassungsänderung, mithin auch für die durch Volksentscheid. Dafür spricht der Aufbau des Art. 74 SächsVerf: Abs. 1 normiert die allgemeinen Zulässigkeitsvoraussetzungen und Abs. 2 bzw. 3 regeln das jeweilige Verfahren der Verfassungsänderung.[43] Bedenken im Hinblick auf die materiellen Erfordernisse bestehen aber aufgrund des unter 1. Dargelegten auch im Rahmen einer Verfassungsänderung durch Volksentscheid nicht.

II. Folgen der vorgeschlagenen Verfassungsänderung

Im Folgenden ist noch zu fragen, ob und welche weiteren Änderungen eine Neufassung des Art. 58 SächsVerf nach sich ziehen würde. Zu unterscheiden ist insoweit zwischen der Verfassung und der Geschäftsordnung.

1. Begleitende Verfassungsänderungen

Eine Neufassung des Art. 58 SächsVerf hätte Auswirkungen auf Vorschriften, die die Wahlperiode und den Landtag bzw. seine Auflösung betreffen. Dies gilt v.a. für die Ersetzung des Begriffes „Auflösung" durch die Formulierung „vorzeitige Beendigung der Wahlperiode", die einheitlich erfolgen sollte.[44] Daher wären Artt. 44 Abs. 2 und 60 Abs. 3 SächsVerf unter Berücksichtigung der formellen Vorgaben des Art. 74 Abs. 1 S. 1, Abs. 2 bzw. Abs. 3 SächsVerf entsprechend zu ändern.

Darüber hinaus wäre Art. 44 Abs. 1 S. 3 SächsVerf aufzuheben. Bei Verwendung der Formulierung „vorzeitige Beendigung der Wahlperiode" bedarf es der Klarstellung, dass die Wahlperiode auch in diesem Fall erst mit dem Zusammentritt des neuen Landtages endet, nicht mehr. Dies ergibt sich bereits aus dem Wortlaut.[45] Ein Verstoß gegen die materiellen Voraussetzungen des Art. 74 Abs. 1 S. 2 SächsVerf ist aufgrund dieser lediglich sprachlichen Anpassungen nicht ersichtlich.

---

42 Zu den Voraussetzungen einer Verfassungsänderung durch Volksentscheid vgl. näher BAUMANN-HASSKE, in: Kunzmann/ Haas/ Baumann-Hasske, Die Verfassung des Freistaates Sachsen, Art. 74, RN 6 f., S. 373.

43 Daher kann der Ansicht von MÜLLER, K., Verfassung des Freistaats Sachsen, Art. 74, S. 357, dass die materiellen Grenzen für eine Verfassungsänderung durch Volksentscheid nicht gelten, nicht gefolgt werden.

44 Zwingend ist dies aber nicht, wie z.B. Artt. 27 Abs. 2, 42 Abs. 2 und 3 M-VVerf zeigen. Jedoch schaffen einheitliche Formulierungen mehr Rechtssicherheit und Rechtsklarheit.

45 S. dazu 1. Teil, 1. Kap., § 1, I.2.

2. Änderung von § 56 GO-SLT

Im Hinblick auf den Vorschlag, das Antragsquorum und die Überlegungsfrist zwischen Antrag und Abstimmung in den Verfassungstext aufzunehmen, wären der bisherige § 56 S. 1, HS 2 und S. 4 GO-SLT zu streichen. Aufgrund der Normierung des erforderlichen Beschlussquorums in Art. 58 (S. 1 n.F.) SächsVerf wäre auch § 56 S. 5 GO-SLT entbehrlich. Dafür wird die vorgeschlagene Regelung einer zeitlichen Begrenzung der Abstimmung über den Antrag (30 Tage) angefügt. Zur Klarstellung und Abgrenzung von anderen Möglichkeiten der vorzeitigen Beendigung der Wahlperiode sollte darüber hinaus eine Verweisung auf Art. 58 SächsVerf aufgenommen werden. Nach allem ergibt sich folgender Änderungsvorschlag[46]:

§ 56 GO-SLT

Der Antrag ***auf vorzeitige Beendigung der Wahlperiode gem. Art. 58 SächsVerf*** *ist beim Präsidenten schriftlich einzureichen. Der Antrag wird in einer einzigen Beratung behandelt. Eine Überweisung in einen Ausschuss erfolgt nicht.* ***Die Abstimmung über den Antrag muss spätestens am 30. Tag nach dessen Einbringung abgeschlossen sein.***

Diese Änderung der Geschäftsordnung müsste gem. Art. 46 Abs. 4 SächsVerf mit einer Mehrheit von zwei Dritteln der anwesenden Abgeordneten beschlossen werden. Voraussetzung wäre weiter eine von zwanzig Abgeordneten eingebrachte und vom für die Geschäftsordnung zuständigen Ausschuss geprüfte Vorlage (§ 112 GO-SLT).[47]

---

46 Änderungen gegenüber der geltenden Fassung sind ***fett kursiv*** gedruckt.

47 Zur Änderung der GO-SLT s. näher HAAS, in: Kunzmann/ Haas/ Baumann-Hasske, Die Verfassung des Freistaates Sachsen, Art. 46, RN 5, S. 278 f.

Zweites Kapitel

Verfassungsrechtspolitische Überlegungen zur Aufnahme eines Selbstauflösungsrechtes des Bundestages in das Grundgesetz

Angesichts des Selbstauflösungsrechtes des Sächsischen Landtages und der entsprechenden Regelungen in den anderen Bundesländern liegt die Frage nahe, ob und inwieweit ein Recht zur Selbstauflösung auch für den Deutschen Bundestag eingeführt werden sollte. Zwar ist der Bund nicht gehalten, ein Selbstauflösungsrecht für den Bundestag in das Grundgesetz aufzunehmen, (nur) weil sämtliche Bundesländer dies für ihre Landesparlamente normieren. Doch können von der Erkenntnis, dass alle Bundesländer dieses Recht in ihren Verfassungen verankert haben, durchaus Impulse für das Grundgesetz ausgehen.

Erwägt man, dies vorausgeschickt, ein Selbstauflösungsrecht des Bundestages, so ist zunächst zu fragen, ob damit ein gänzlich neuer Weg beschritten würde oder ob es Anknüpfungspunkte gibt, auf denen sich aufbauen ließe. Hierbei ist der Blick zunächst auf die verschiedenen - bislang allerdings vergeblichen - Anläufe, ein Selbstauflösungsrecht in das Grundgesetz aufzunehmen, zu lenken. Daran anknüpfend stellt sich die Frage nach dem möglichen systematischen Standort eines parlamentarischen Selbstauflösungsrechtes im Grundgesetz im Hinblick auf die bereits vorgesehenen Möglichkeiten einer Bundestagsauflösung. Dabei ist auch auf die diesbezügliche Verfassungspraxis einzugehen. Weiter ist zu untersuchen, ob ein Selbstauflösungsrecht des Bundestages mit dem Grundgesetz überhaupt vereinbar wäre. Schließlich ist auf die Weimarer verfassungshistorischen Erfahrungen und ihre Bedeutung bzw. Folgewirkungen für das Grundgesetz einzugehen. Sollte sich die Aufnahme eines Selbstauflösungsrechtes in das Grundgesetz empfehlen, ist ein entsprechender verfassungsrechtspolitischer Vorschlag zu unterbreiten.

§ 26 Vorschläge und Empfehlungen zur Aufnahme eines Selbstauflösungsrechtes auf Bundesebene - Bestandsaufnahme

Bekanntlich ist ein Selbstauflösungsrecht für den Deutschen Bundestag im Grundgesetz der Bundesrepublik Deutschland[48] nicht verankert. Jedoch war die Einführung eines parlamentarischen Selbstauflösungsrechtes auf Bundesebene wiederholt Gegenstand rechtspolitischer Erörterungen. Insbesondere die 1973 ins Leben gerufene Enquête-, die 1991/ 92 gebildete Gemeinsame Verfassungskommission und die Bundestagsauflösung 2005 führten zu konkreten Ausgestaltungsvorschlägen, denen nunmehr nachzugehen ist.

I. Die Empfehlung der Enquête-Kommission Verfassungsreform 1976

Die Reformvorschläge der Enquête-Kommission im Jahre 1976 zur Aufnahme des Selbstauflösungsrechtes des Deutschen Bundestages hängen eng mit Veränderungen im parlamentarischen Regierungssystem des Grundgesetzes zusammen. Im Folgenden sind die Ursachen und Begründungen dieser Reformvorschläge näher zu untersuchen.

1. Ursachen der Reformvorschläge

Nach der Verfassungsrechtslage zur Zeit der Einsetzung der Enquête-Kommission im Jahre 1973[49] kam (und kommt weiter) eine Auflösung des Bundestages nur für den Fall der misslungenen Wahl des Bundeskanzlers (Art. 63 Abs. 4 GG) und der gescheiterten Vertrauensfrage des Bundeskanzlers (Art. 68 GG) in Betracht. Die Kommission befasste sich von daher mit der Frage, ob diese beiden Bestimmungen im Verfassungsgefüge hinreichend sind. Dabei erkannte die

---

48 vom 23.05.1949 (BGBl. I 1949, S. 1 ff.) i.d.F. des Gesetzes zur Änderung des Grundgesetzes vom 28.08.2006, BGBl. I 2006, S. 2034 ff.

49 Die 1971 gegründete Enquête-Kommission konnte aufgrund der Auflösung des sechsten Deutschen Bundestages am 22.09.1972 ihre Tätigkeit nicht beenden (Grundsatz der formellen Diskontinuität). Ihre Ergebnisse sind in einem Zwischenbericht vom 21.09.1972 (DS VI/ 3829) zusammengefasst. Da aber der konkret unterbreitete Vorschlag des Abg. *Friedrich Schäfer* zur Ergänzung des Art. 39 GG (vgl. a.a.O., S. 89, Kommissionsdrucksache Nr. 052) stets eine Mitwirkung des Bundespräsidenten voraussetzte, mithin kein originäres Selbstauflösungsrecht beinhaltete, wird hierauf im Folgenden nicht näher eingegangen.

Kommission das Ziel an, eine einmal begonnene Wahlperiode nach Möglichkeit zu ihrem regulären Ende zu führen. Allerdings war sie der Ansicht, dass es Konstellationen geben könne, in denen eine vorzeitige Beendigung der Wahlperiode außerhalb der Artt. 63 Abs. 4 und 68 GG notwendig werden könne, um die Funktionsfähigkeit des Parlamentes wiederherzustellen. In diesem Zusammenhang bezog sich die Kommission ausdrücklich auf den im Herbst 1966 eingetretenen Verlust der Regierungsmehrheit, formelle und materielle Patt-Situationen wie z.B. die vom Jahre 1972 sowie die Koalitionsunfähigkeit des Parlamentes als denkbare Anwendungsfälle für ein Selbstauflösungsrecht des Bundestages.[50] Dies ist im Folgenden näher darzulegen.

a. Die Konstellation von 1966

Grund der politischen Krise 1966 war die Uneinigkeit zwischen den Koalitionspartnern CDU/ CSU und FDP über die Art und Weise der Beseitigung des Haushaltsdefizites. Selbst nach dem Rücktritt der der FDP angehörenden Minister am 27. Oktober 1966 und der damit einhergehenden Schwächung der Regierungskoalition war der damalige Bundeskanzler *Ludwig Erhard* (CDU) nicht bereit, die Vertrauensfrage zu stellen. Die amtierende Bundesregierung konnte sich schließlich nur noch auf 245 gegen 251 (voll stimmberechtigte[51]) Abgeordnete stützen. Die SPD brachte deshalb am 31. Oktober 1966 einen (mit 255 gegen 246 Stimmen angenommenen) Antrag ein, in dem der Bundeskanzler ersucht wurde, den Antrag nach Art. 68 GG zu stellen, worauf dieser - ohne sich zuvor des Vertrauens des Bundestages versichert zu haben - am 30. November 1966 zurücktrat. Am 1. Dezember 1966 wurde darauf *Kurt Georg Kiesinger* (CDU) zum neuen Bundeskanzler gewählt.[52]

In dieser politischen Konstellation stellte sich heraus, dass nach dem geltenden Verfassungsrecht ein Kanzlerwechsel auf der Grundlage des konstruktiven Misstrauensvotums nur schwer zu erreichen und eine Parlamentsauflösung nur bei entsprechender Bereitschaft des Bundeskanzlers zum Rücktritt oder zur Vertrauensfrage möglich war. Das Fehlen eines Selbstauflösungsrechtes wurde daher als Mangel empfunden. So sah beispielsweise der Staatsrechtslehrer und Bundesver-

---

50 BT-DS 7/ 5924 (09.12.1976), Kapitel 3, 3.2, S. 40

51 Aufgrund eines Vorbehaltes der Militärgouverneure zum Grundgesetz vom 12.05.1949 durfte Berlin „keine abstimmungsberechtigte Mitgliedschaft" in Bundestag und Bundesrat erhalten. Insoweit wurde lediglich die Teilnahme an den Sitzungen dieser Körperschaften gestattet. Allerdings wurde dieser Vorbehalt dahingehend ausgelegt, dass er nur für „rechtlich relevante Abstimmungen" (z.B. Kanzlerwahlen), nicht aber für interne Angelegenheiten des Bundestages gelte. Der Vorbehalt wurde am 08.06.1990 aufgehoben, vgl. zum Ganzen näher RITZEL/ BÜCKER/ SCHREINER, Handbuch für die Parlamentarische Praxis, Komm. zu § 48, S. 10-16.

52 Vgl. dazu detaillierter SCHINDLER, Datenhandbuch-I, 6.12, S. 398-400.

fassungsrichter *Gerhard Leibholz* in dem Fehlen eines parlamentarischen Selbstauflösungsrechtes eine „strukturelle[...] Unebenmäßigkeit[...], um nicht zu sagen, [einen] korrekturbedürftigen Defekt" des Grundgesetzes.[53] Daraufhin regte auch der damalige SPD-Vorsitzende *Willy Brandt* im September 1966 die Einführung eines Selbstauflösungsrechtes an[54], ohne damit allerdings durchzudringen. Seitdem ist die Forderung nach einem Selbstauflösungsrecht des Bundestages nicht mehr verstummt.

b. Die Auflösung des 6. Deutschen Bundestages im September 1972

Die Frage nach vorzeitigen Wahlen und dem Erfordernis eines Selbstauflösungsrechtes des Bundestages stellte sich erneut 1972. Schon beim ersten Zusammentritt des Bundestages am 20. Oktober 1969 bestand nur eine knappe Mehrheit der neu gebildeten SPD/ FDP-Regierungskoalition (254 [und 14 Berliner] Abgeordnete) gegenüber der Opposition (242 [und 8 Berliner] Abgeordnete). *Brandt* wurde mit 251 Stimmen (der Koalition) zum Bundeskanzler gewählt, also mit nur zwei Stimmen mehr als hierfür nach Art. 63 Abs. 2 S. 1 GG erforderlich waren.

Aufgrund der Tatsache, dass mehrere Abgeordnete unter Beibehaltung ihres Mandantes die Partei wechselten oder ihre Fraktion verließen, standen im April 1972 den 249 (und 12 Berliner) Abgeordneten der Regierungsfraktionen 246 (und 10 Berliner) Abgeordnete sowie ein fraktionsloser Abgeordneter gegenüber.[55] Der seitens der CDU/ CSU am 24. April 1972 eingebrachte Misstrauensantrag[56] fand aber im Rahmen der Abstimmung am 27. April 1972 keine Mehrheit.[57] Dennoch waren sich spätestens im Juni 1972 alle Parteien über die Notwendigkeit von Neuwahlen einig, denen eine Auflösung des bestehenden Bundestages vorausgehen musste.

So setzte sich angesichts des Fehlens eines Selbstauflösungsrechtes 1972 die Auffassung durch, erstmalig den Weg zur Auflösung des Bundestages über Art. 68 GG mittels eines konzertierten Vorgehens von Parteien, Fraktionen, Bundeskanzler und Bundespräsident zu beschreiten.[58] Die daraufhin von Bundeskanzler Brandt gestellte Vertrauensfrage wurde mit 233 : 248 Stimmen abgelehnt[59], was

---

[53] Strukturprobleme, S. 105
[54] Vgl. DIEPHOLZ, Die SPD möchte über Bundestags-Neuwahlen zum Ziel kommen, in: FAZ vom 14.09.1966, S. 1.
[55] Vgl. dazu genauer SCHINDLER, Datenhandbuch-I, 6.12, S. 403-405.
[56] BT-DS VI/ 3380
[57] Deutscher Bundestag, Plenarprotokoll, 6/ 183, S. 10714
[58] Vgl. den Antrag des Bundeskanzlers, Deutscher Bundestag, Plenarprotokoll, 6/ 197 (20.09.1972), S. 11574 ff. und die Anordnung des Bundespräsidenten hierzu, Deutscher Bundestag, BGBl. I, 1972, S. 1833.
[59] Deutscher Bundestag, Plenarprotokoll, 6/ 199 (22.09.1972), S. 11814 ff.

dann die erwünschten Neuwahlen zur Folge hatte. Dieses Ergebnis kam v.a. deshalb zustande, weil sich von den vierzehn Bundesministern dreizehn nicht an der Abstimmung beteiligten.[60] Begründet worden war die Vertrauensfrage vor allem mit dem „Fehlen einer sicheren Mehrheit" und dem Wunsch nach stabilen Verhältnissen im Bundestag[61], was angesichts der politischen Konstellation nachvollziehbar schien, zumal das Bundesverfassungsgericht nicht angerufen wurde, um festzustellen, ob die Bundestagsauflösung und die damit verbundene Anordnung von Neuwahlen gegen Art. 68 Abs. 1 S. 1 GG verstießen.

2. Die Begründung der Kommission für die Aufnahme eines Selbstauflösungsrechtes in das Grundgesetz und Stellungnahmen zum Kommissionsvorschlag

Die 1973 ins Leben gerufene Enquête-Kommission Verfassungsreform, die die Arbeiten der Enquête-Kommission Verfassungsreform aus der sechsten Wahlperiode fortsetzte[62], nahm nicht zuletzt angesichts dieser Vorgänge an, dass es durchaus parlamentarische Konstellationen geben könne, in denen eine sinnvolle Lösung nur durch Neuwahlen zu finden sei. Von besonderer Bedeutung war die Frage, wer als *Träger* der Befugnis zur vorzeitigen Beendigung der Wahlperiode des Bundestages in Betracht kommen könne. Dabei schied für die Kommission der *Bundespräsident* aus, weil nach ihrer Einschätzung eine solche Machtzuweisung der vom Grundgesetz vorgesehenen Gewichtsverteilung zwischen den obersten Staatsorganen widersprochen hätte. Der Bundespräsident hätte sich nämlich in diesem Fall für die Regierungsmehrheit oder die „zur Regierungsmacht strebende" Minderheit entscheiden und sich insoweit seiner überparteilichen Rolle begeben müssen. Eine solche Aufgabe kam und kommt dem Bundespräsidenten nach seiner (neutralen) Stellung und Funktion im Grundgesetz aber in der Tat nicht zu.[63] Aber auch dem *Bundeskanzler* konnte die Befugnis, über die Auflösung des Parlamentes zu entscheiden, nicht zugesprochen werden, da sonst seine nach dem Grundgesetz ohnehin schon starke Stellung weiter ausgebaut werden würde. Die Kommission lehnte aber auch eine vorzeitige Beendigung der Wahlperiode aufgrund eines *Volksbegehrens* oder *Volksentscheides*, wie sie in einigen Bundesländern schon damals vorgesehen war[64], ab. Die Bedenken gegen die Aufnahme derartiger plebiszitärer Elemente auf Bundesebene hielt die Kommis-

---

60 Vgl. dazu Deutscher Bundestag, Plenarprotokoll, 6/ 197 (20.09.1972), S. 11575.
61 PÜTTNER, Vorzeitige Neuwahlen, in: NJW 1983, S. 15 f./ 15
62 Der Abschlussbericht der Enquête-Kommission Verfassungsreform der 7. WP sollte als „Gesamtbericht" aufgefasst werden, vgl. BT-DS 7/ 5924 (09.12.1976), S. 6.
63 Vgl. dazu STERN, Staatsrecht II, § 30 III 3 a), S. 219; SCHLAICH, in: Isensee/ Kirchhof, HdStR-II, § 49, II., RN 82 ff., S. 576 f.; BT-DS 7/ 5924 (09.12.1976), Kapitel 3, 3.3, S. 40.

sion aufgrund ihrer Überzeugung, dass diese für das Scheitern der Weimarer Republik mitursächlich gewesen seien, für durchschlagend.[65] Unter Berücksichtigung dieser Argumente sowie der weitreichenden Folgen sah sich die Enquête-Kommission Verfassungsreform veranlasst, die Befugnis zur vorzeitigen Beendigung der Wahlperiode dem Bundestag *selbst* zuzusprechen.[66] Insbesondere um eine etwa vorhandene Pattsituation besser zu überwinden, sollte deshalb dem Deutschen Bundestag eine derartige Entscheidungskompetenz einräumt werden. Hierin liegt der Kern der Kommissionsempfehlung.

Für die Aufnahme eines Selbstauflösungsrechtes in das Grundgesetz sprach nach Ansicht der Kommission nicht zuletzt auch der Schutz des freien Mandates (Art. 38 Abs. 1 S. 2 GG): Im Zusammenhang mit der Frage, welche Folgen ein etwaiger Fraktions- oder Parteiwechsel eines Abgeordneten haben solle[67], lehnte die Kommission aufgrund der zentralen Bedeutung des freien Mandates einen Mandatsverlust des betreffenden Abgeordneten ab.[68] Sie empfahl aber, zur Vermeidung eines denkbaren Missbrauches der freien Ausübung des Mandates (z.B. durch manipulierten Mandatswechsel), dem Bundestag ein Selbstauflösungsrecht einzuräumen, insbesondere wenn die Regierungsmehrheit stark abgeschmolzen oder gar abhanden gekommen ist.[69] Dabei standen die jeweils unterlegenen Abgeordneten nicht im Blickfeld der Überlegungen.

Zur weiteren Ausgestaltung dieser Möglichkeit der nun sog. „vorzeitigen Beendigung der Wahlperiode“[70] legte die Kommission dar, dass sich die hieraus ergebenden Gefahren und Missbrauchsmöglichkeiten durch eine präzise Regelung vermeiden ließen. So wurde die Mehrheit der gesetzlichen Mitgliederzahl für die Entscheidung über die Auflösung des Bundestages als nicht hinreichend angesehen, da ansonsten die Regierungsmehrheit nahezu eigenständig Termine für Neuwahlen festlegen könne. Um den Verdacht der Manipulation zu vermeiden, sei vielmehr eine breitere parlamentarische Basis in Form einer Mehrheit von *zwei Dritteln* der Mitglieder des Bundestages erforderlich, die in der Regel eine Einigung zwischen Regierungs- und Oppositionsfraktionen voraussetze.[71] Das

---

64 Vgl. Art. 43 BaWüVerf i.d.F. bis zum Gesetz zur Änderung der Verfassung des Landes Baden-Württemberg vom 15.02.1995 (GBl. für Baden-Württemberg 1995, S. 269), danach Art. 43 Abs. 2 BaWüVerf; Art. 18 Abs. 3 BayVerf; Art. 54 Abs. 3 i.V.m. Artt. 62 Abs. 3, 63 Abs. 3 BerlVerf; Artt. 76 Abs. 1 S. 2, 77 Abs. 1, 3 S. 2, 78 Abs. 3 BbgVerf; Art. 70 Abs. 1 lit. c) i.V.m. 76 Abs. 1 lit. b), Abs. 2 BremVerf; Art. 109 Abs. 1 Nr. 2 RhPfVerf.

65 BT-DS 7/ 5924 (09.12.1976), Kapitel 3, 3.3, S. 41. Dies aber zu Unrecht, da die nationalsozialistischen Plebiszite nicht mit den demokratischen gleichzusetzen sind, so auch GUSY, WRV, 2. Teil, I.2.b, c), S. 93 ff.; WIRSCHING, Konstruktion und Erosion, in: Gusy, Weimars lange Schatten, S. 335-353/ 348 ff.; vgl. auch näher BUGIEL, Volkswille, 3. Kap., § 9, B.III., 4., S. 252 ff.

66 BT-DS 7/ 5924 (09.12.1976), Kapitel 3, 3.4, S. 40 f.

67 Vgl. BT-DS 7/ 5924 (09.12.1976), Kapitel 3, 3.2., S. 40.

68 BT-DS 7/ 5924 (09.12.1976), Kapitel 2, 4., S. 25 f.

69 Vgl. dazu näher BT-DS 7/ 5924 (09.12.1976), Kapitel 2, 4.,4. S. 27.

70 S. dazu bereits 1. Teil, 1. Kap., § 1, I.2.

Selbstauflösungsrecht sollte in Art. 39 Abs. 2 GG geregelt werden. Die von der Enquête-Kommission empfohlene Neufassung des Art. 39 Abs. 2 GG sah neben dem doppelt qualifizierten Beschlussquorum - die sonstige Beschlussfassung erfolgt gem. Art. 42 Abs. 2 S. 1 GG mit der Mehrheit der anwesenden Abgeordneten - ein Antragsrecht für ein Viertel der Mitglieder des Bundestages vor. Damit könne die Minderheit die parlamentarische Mehrheit zu einer klaren Aussage über eine bestimmte Frage samt Begründung zwingen und auf diese Weise eine Art „Waffengleichheit" herstellen.[72]

Im Gegensatz zur Enquête-Kommission hielt der frühere Bundestagsvizepräsident *Carlo Schmid* (SPD) ein Selbstauflösungsrecht des Bundestages für nicht erforderlich. Die Gewichte der einzelnen Verfassungsorgane würden verschoben, wenn der Bundestag eine solche Befugnis erhielte.[73] Auch der Politikwissenschaftler und FAZ-Journalist *Friedrich Karl Fromme* äußerte sich skeptisch gegenüber einem Selbstauflösungsrecht des Bundestages, da es keine Gewähr dafür biete, dass eine Auflösung wirklich zustande komme; praktisch laufe ein parlamentarisches Selbstauflösungsrecht auf ein Auflösungsrecht der Regierung hinaus.[74]

Für ein Selbstauflösungsrecht sprach sich jedoch der vom 1. Juli 1969 bis zum 30. Juni 1974 amtierende Bundespräsident *Gustav Heinemann* aus. Ihm erschien das Vorgehen im Jahre 1972 nach Art. 68 GG als ein „merkwürdiger Umweg", den der Bundestag gegangen sei, um trotz Einigkeit aller Parteien über Neuwahlen zur Auflösung mittels der Vertrauensfrage zu kommen. Daher sollte nach seiner Ansicht ein geeigneter Weg für eine in breiter Übereinstimmung erkannte Notwendigkeit der 'vorzeitigen Auflösung' des Bundestages gefunden werden.[75] Auch der Rechtsanwalt und wissenschaftliche Referent der SPD-Bundestagsfraktion *Uwe Kessler* erachtete das Selbstauflösungsrecht des Bundestages für den Fall als sinnvoll, in dem der Bundeskanzler zwar die Mehrheit im Parlament verliere, jedoch nicht die Vertrauensfrage nach Art. 68 GG stellen wolle, also einerseits eine Minderheitsregierung bestehe, andererseits der Bundestag aber nicht die erforderliche Mehrheit für eine Kanzlerneuwahl zu erreichen vermöge.[76] Unter der Voraussetzung der Bindung des Selbstauflösungsrechtes an eine qualifizierte Mehrheit befürwortete auch der damalige Bundesminister (für besondere Aufgaben) und Staatsrechtslehrer *Horst Ehmke* den Kommissionsvorschlag.[77]

---

71 BT-DS 7/ 5924 (09.12.1976), Kapitel 3, 3.4, S. 41

72 BT-DS 7/ 5924 (09.12.1976), Kapitel 3, 3.4, S. 41 f.

73 S. KLATT, Selbstauflösungsrecht ist nicht notwendig, in: Stuttgarter Zeitung vom 23.09.1972, S. 2.

74 Schwierigkeiten mit der Parlamentsauflösung, in: FAZ vom 07.08.1972, S. 2

75 S. BUSCH, Die Parlamentsauflösung 1972, in: ZParl 1973, S. 213-246/ 241.

76 in: RÖHRING/ SONTHEIMER, Handbuch, Stichwort „Auflösung des Bundestages", S. 34 f.

77 S. v. GROPPER, Mandatswechsel und Parlamentsauflösung, in: Mannheimer Morgen vom 26.09.1972, S. 2.

Der Staatsrechtslehrer und Bundesdatenschutzbeauftragte *Hans Peter Bull* trat mit dem Argument für ein Selbstauflösungsrecht ein, dass es Ausfluss der Unabhängigkeit des Parlamentes sei.[78] Desgleichen unterstützte der Staatsrechtslehrer *Hans Peter Ipsen* unter Verweis auf zahlreiche Landesverfassungen den Kommissionsvorschlag.[79]

3. Die Ablehnung des Kommissionsvorschlages in der 8. Wahlperiode (1976-1980)

Mit dem Ablauf der siebenten Legislaturperiode endete zugleich die Tätigkeit der Enquête-Kommission. In ihrem Abschlussbericht vom 2. Dezember 1976 gab die Kommission der Hoffnung Ausdruck, dass von ihr unterbreitete Vorschläge in der achten Legislaturperiode des Deutschen Bundestages umgesetzt würden.[80]

Dies schien sich hinsichtlich des Selbstauflösungsrechtes zunächst zu verwirklichen. Am 16. Februar 1978 erging ein Entschließungsantrag der CDU/ CSU-Fraktion, nach dem der Bundestag der Kommissionsempfehlung (auch) hinsichtlich des Selbstauflösungsrechtes zustimmen solle.[81] Auch der Abg. *Wendig* (FDP) äußerte sich in der 73. Sitzung der achten Wahlperiode vom 17. Februar 1978 dahingehend, dass der Bundestag selbst die verfassungsrechtliche Möglichkeit haben solle, mit einer qualifizierten Mehrheit die vorzeitige Beendigung der Wahlperiode zu beschließen.[82]

Demgegenüber stand die Abg. und Vizepräsidentin des Bundestages *Renger* (SPD) dem Vorschlag der Enquête-Kommission Verfassungsreform, dem Bundestag ein Selbstauflösungsrecht zu verschaffen, sehr skeptisch gegenüber. Sie vertrat die Auffassung, dass es mit einem solchen Recht dem Parlament zu leicht ermöglicht werde, sich in schwierigen Situationen der Verantwortung zu entledigen und Neuwahlen anzustreben, die dann den Charakter eines „reinen Plebiszits“ hätten, was den Prinzipien des Grundgesetzes zuwiderlaufe.[83]

Im Ergebnis ist festzuhalten, dass in der achten Wahlperiode keine Einigkeit hinsichtlich der Einführung des Selbstauflösungsrechtes unter den Abgeordneten bestand, obwohl beachtliche Argumente dafür vorgetragen wurden. Ein Selbstauflösungsrecht des Bundestages wurde mithin nicht beschlossen: Nach Überweisung des Schlussberichtes zur Beratung an verschiedene Ausschüsse[84] fanden - soweit ersichtlich - keine weiteren Beratungen über die Vorschläge der Enquête-

78 Parlamentsauflösung, in: ZRP 1972, S. 201-204/ 203
79 Zum Schlußbericht, in: DÖV 1977, S. 537-544/ 539
80 BT-DS 7/ 5924 (09.12.1976), Vorwort, S. 3
81 Vgl. BT-DS 8/ 1517, Pkt. II.5.
82 Vgl. Deutscher Bundestag, Plenarprotokoll 8/ 73, S. 5776.
83 Deutscher Bundestag, Plenarprotokoll 8/ 73, S. 5764
84 Vgl. dazu Deutscher Bundestag, Plenarprotokoll 8/ 97 (14.06.1978).

Kommission mehr statt. Im Tätigkeitsbericht des Rechtsausschusses für die achte Wahlperiode findet sich nur der Hinweis, dass dieser seine Beratungen zu den Empfehlungen der Enquete-Kommission Verfassungsreform (noch) nicht aufgenommen habe.[85]

4. Stellungnahme

Vergleicht man das Für und Wider, so können die ein Selbstauflösungsrecht des Bundestages befürwortenden Ansichten überzeugen. Insbesondere die Geschehnisse des Jahres 1972 verdeutlichen, dass es Konstellationen geben kann, in denen die bislang im Grundgesetz vorgesehenen Möglichkeiten der vorzeitigen Beendigung der Wahlperiode unzureichend sind.

Auf den Schluss *Frommes*, dass ein Selbstauflösungsrecht des Bundestages auf eine Auflösungsbefugnis der Regierung hinauslaufe, deutet zwar in der Tat die Verknüpfung von Parlamentsmehrheit und Regierung durch die Regierungsparteien hin. Doch führen die nach einer Selbstauflösung durchzuführenden Neuwahlen in der Regel auch zu einer Neukonstituierung der Bundesregierung, so dass ein Auseinanderfallen der Ansichten der Mehrheit des Bundestages und der Bundesregierung möglich erscheint, zumal letztere vom Vertrauen des Bundestages abhängig ist. Weiter ist darauf hinzuweisen, dass der Bundesregierung im Rahmen des Selbstauflösungsrechtes kein Initiativrecht zusteht. Dieses kann daher kaum gegen den Willen der Abgeordneten eingesetzt werden. Darüber hinaus stellt eine Selbstauflösung im Falle schwieriger parlamentarischer Konstellationen die wohl demokratischste Lösung dar. Auch wenn Neuwahlen keine Garantie für klarere Verhältnisse sind, so bieten sie doch eine Chance der Richtungsweisung durch den Wähler.[86] Etwa eingetretene Pattsituationen könnten so gelöst, anstelle „ausgesessen“ werden. Auch könnte so die Arbeitsfähigkeit des Bundestages alsbald wieder hergestellt werden. Schließlich ist ein Selbstauflösungsrecht des Bundestages Ausdruck seiner demokratischen Legitimation und mittelbar auch des Wählerwillens. Zudem ist darauf hinzuweisen, dass - anders als von der Abg. *Renger* vertreten - das Selbstauflösungsrecht nicht mit den Instituten der unmittelbaren Demokratie vergleichbar ist. Es wird nämlich keine unmittelbare Sachentscheidung, sondern eine Entscheidung über die Zusammensetzung einer neuen Volksvertretung getroffen, die sich im Rahmen des repräsentativen Systems hält. Wie bei regulären Wahlen werden durch die vorgezogene Neuwahl für die kommende Wahlperiode nur das allgemeine politische Programm sowie damit verbundene Personalfragen festgelegt.[87]

---

85 Vgl. Deutscher Bundestag, P-A 3109 Rechtswesen, 8. WP, Rechtsausschuss, Tätigkeitsbericht, 1.1.

86 So auch BULL, Parlamentsauflösung, in: ZRP 1972, S. 201-204/ 203.

Zu Recht geht die Kommission auch auf den im Prinzip der repräsentativen Demokratie (Art. 20 Abs. 1, 2 GG) wurzelnden Gedanken des Minderheitenschutzes ein. Diesem trägt die Kommission durch die Einräumung eines Antragsquorums Rechnung, auf dessen Höhe noch näher einzugehen sein wird.[88] Auch das freie Mandat der Abgeordneten (Art. 38 Abs. 1 S. 2 GG) wurde durch den Kommissionsvorschlag zutreffend gewürdigt. Den Abgeordneten wäre es mit Hilfe des Selbstauflösungsrechtes möglich, nach den Neuwahlen ihr Amt wieder „ohne die besonderen Pressionen schwindender Parlamentsmehrheiten" wahrzunehmen (, sofern sie wiedergewählt werden).[89] Nach alledem würde sich ein Selbstauflösungsrecht des Bundestages als sachgerecht und sinnvoll erweisen. Den Vorschlägen der Enquête-Kommission ist demnach grundsätzlich zu folgen.

II. Die Beratungen der Gemeinsamen Verfassungskommission in der 12. Legislaturperiode des Deutschen Bundestages (1990-1994)

Im Zuge der Wiedervereinigung ergaben sich auch für das Selbstauflösungsrecht neune Perspektiven. In Art. 5 des Einigungsvertrages vom 31. August 1990 wurde die Empfehlung an die gesetzgebenden Körperschaften des wiedervereinten Deutschlands ausgesprochen, sich innerhalb von zwei Jahren mit der Frage zu beschäftigen, welche Änderungen oder Ergänzungen des Grundgesetzes aufgrund der deutschen Wiedervereinigung erforderlich erschienen. Aus diesem Grund beriet die sog. Gemeinsame Verfassungskommission des Bundestages und des Bundesrates[90] auf Antrag der Fraktionen der SPD[91], der CDU/ CSU und der FDP[92] sowie der Gruppe Bündnis 90/ Die Grünen[93] vom 16. Januar 1992 bis zum

---

87 So auch STEIGER, Selbstauflösungsrecht für den Bundestag?, in: Avenarius u.a. (Hrsg.), FS für Erwin Stein, S. 349-367/ 361. Zu der Frage der Vereinbarkeit eines Selbstauflösungsrechtes des Bundestages mit dem parlamentarisch-repräsentativen System des Grundgesetzes s. auch näher 5. Teil, 2. Kap., § 29, I.1.

88 5. Teil, 2. Kap., § 31, I.3.

89 Ebenso BT-DS 7/ 5924 (09.12.1976), Kapitel 2, 3.3., S. 24. Auf die Bedeutung des freien Mandates unter dem Aspekt des Schutzes der parlamentarischen Minderheit wird allerdings noch näher unter § 29, I.4. einzugehen sein.

90 Die Einsetzung der Gemeinsamen Verfassungskommission stellte einen Kompromiss zwischen der Forderung nach Einberufung einer verfassunggebenden Versammlung bzw. einer Volksabstimmung als Weg zur deutschen Einheit und dem schließlich eingeschlagenen Weg über Art. 23 GG a.F. dar, vgl. HENSE, „Wir müssen die Wunde namens Deutschland offen halten!", in: Hense u.a., 40 Jahre DDR, S. 121-133/ 129.

91 Vgl. BT-DS 12/ 415 (24.04.1991); allerdings noch mit dem Vorschlag der Bildung eines Verfassungsrates.

92 Vgl. BT-DS 12/ 567 (13.05.1991), allerdings noch mit dem Vorschlag der Bildung eines Gemeinsamen Verfassungsausschusses.

93 Vgl. BT-DS 12/ 563 (13.05.1991); allerdings noch mit dem Vorschlag der Bildung eines Verfassungsrates; vgl. auch BT-DS 12/ 1590 (14.11.1991) und 12/ 1670 (28.11.1991).

28. Oktober 1993 über die Eignung des Grundgesetzes im Hinblick auf die neuen gesamtdeutschen politisch-rechtlichen Verhältnisse.[94] Darüber hinaus untersuchte die Kommission auch aktuell-politische Fragen daraufhin, ob diesbezüglich eine Änderung des Grundgesetzes empfehlenswert sei.[95] Dabei wurde auch die Einführung eines Selbstauflösungsrechtes des Bundestages erörtert.

1. Der Ausgangspunkt für die Überlegungen der Gemeinsamen Verfassungskommission hinsichtlich der Einführung eines Selbstauflösungsrechtes in das Grundgesetz

Ihren Ausgangspunkt nahmen die Überlegungen zur Einführung eines Selbstauflösungsrechtes des Deutschen Bundestages in den Geschehnissen des Jahres 1982.[96] An überwiegend wirtschaftspolitischen Differenzen zerbrach die sozialliberale Regierungskoalition und führte zum Sturz des damaligen Bundeskanzlers *Helmut Schmidt* (SPD) im Wege eines konstruktiven Misstrauensvotums. Der daraufhin neu gewählte Bundeskanzler *Helmut Kohl* (CDU) stellte anschließend trotz stabiler Regierungsverhältnisse und damit zumindest verfassungsrechtlich umstritten die Vertrauensfrage nach Art. 68 GG, um seine Mehrheit im Bundestag über Neuwahlen 1983 zu verbreitern.[97]

2. Die Empfehlung der Gemeinsamen Verfassungskommission im Jahre 1993

Das Selbstauflösungsrecht war - neben weiteren parlamentarischen Fragen wie beispielsweise der Stärkung der Opposition, der Verlängerung der Wahlperiode und der Finanzierung der Parteien und Fraktionen - Gegenstand der Beratungen der 9. Sitzung der Gemeinsamen Verfassungskommission am 9. Juli 1992 und der 13. Kommissionssitzung am 26. November 1992. Am 10. September 1992 fand darüber hinaus - neben weiteren Berichterstattergesprächen - eine öffentliche Anhörung von Sachverständigen statt.

---

94 Die seitens des Bundesrates durch Beschluss vom 01.03.1991 (vgl. BR-DS 103/ 91, [Beschluß]) eingesetzte eigene Kommission Verfassungsreform beschäftigte sich schwerpunktmäßig mit der föderalen Ordnung der Bundesrepublik Deutschland und den Möglichkeiten zu ihrer Stärkung. In ihrem Abschlussbericht vom 14.05.1991 (vgl. BR-DS 360/ 92) finden sich keine Bezugnahmen auf das parlamentarische Selbstauflösungsrecht.

95 BT-DS 12/ 6000 (05.11.1993), S. 10

96 BT-DS 12/ 6000 (05.11.1993), S. 87

97 S. hierzu unter dem Aspekt der Umgehung des Art. 68 GG auch näher 5. Teil, 2. Kap., § 27, I.

a. Anfänglicher Konsens über die Einführung eines Selbstauflösungsrechtes in das Grundgesetz

Auf der 9. Sitzung der Gemeinsamen Verfassungskommission vertrat der Berichterstatter *Norbert Geis* (CDU/ CSU) in seinem einführenden Statement die Ansicht, dass der Bundestag seine Legislaturperiode auszufüllen habe und daher Neuwahlen zu einem früheren Zeitpunkt in der Regel nicht in Betracht kommen könnten. Andererseits erkannte er an, dass eine Vorgehensweise wie 1982/ 83 nicht „zufriedenstellen" könne. Aus diesem Grund sei die CDU/ CSU der Ansicht, dass ein Selbstauflösungsrecht in das Grundgesetz aufgenommen werden sollte, allerdings nur mit entsprechend „großen Hürden", um zu verhindern, dass die Regierungsparteien im Falle einer Welle von Zustimmung seitens der Bevölkerung - wie beispielsweise in Großbritannien möglich[98] - im Parlament auf Antrag des Bundeskanzlers mit Mehrheit entscheiden: „Jetzt wählen wir neu." Dabei stand der CDU/ CSU der Vorschlag der Enquête-Kommission 1976 (Beschlussquorum von 2/3 und Antragsquorum von 1/4 der gesetzlichen Zahl der Mitglieder des Bundestages) vor Augen. Bei einer Mehrheit von zwei Dritteln der Mitglieder des Bundestages werde die Opposition nicht ausgeschaltet, da ein derartiges Quorum ohne diese kaum erreicht werden könne. Darüber hinaus solle der Antrag auf Auflösung des Bundestages nicht in irgend jemandes Belieben, auch nicht des Bundeskanzlers, gestellt, sondern von einem Viertel der Abgeordneten selbst veranlasst werden.[99] Dem schloss sich der Abg. *Uwe-Jens Heuer* (PDS/ Linke Liste) an.[100] Lediglich der Abg. *Ulrich Irmer* (FDP) äußerte, dass seine Fraktion einem Selbstauflösungsrecht sehr skeptisch gegenüber stehe; die im Grundgesetz vorgesehenen Möglichkeiten zur Auflösung des Bundestages bzw. der Auswechslung der Regierung seien hinreichend. Demgegenüber betonte der Abg. *Friedrich-Adolf Jahn* (CDU/ CSU), dass der Vorschlag der Enquête-Kommission 1976 konsensfähig sei.[101]

Zu der 4. Öffentlichen Anhörung am 10. September 1992, die dem Parlamentsrecht gewidmet war, benannten die CDU/ CSU und die SPD je zwei, die anderen Parteien je einen Sachverständigen.[102] Der Sachverständige *Christoph Degenhart*, Leipziger Staatsrechtslehrer, sprach sich für eine Ergänzung des Grundgesetzes hinsichtlich des Selbstauflösungsrechtes aus. Dies begründete er mit den „unerwünschten [...] Verfassungsumgehungen" (insbesondere wohl im Fall des Bundeskanzlers Kohl 1982): Der Weg über die Vertrauensfrage habe nicht zu vorausschauenden Lösungen politischer Konflikte geführt. Im Rahmen der Aus-

---

98 S. dazu 4. Teil, 2. Kap., § 23, II. 2.
99 Vgl. GVK, Stenographischer Bericht, 9. Sitzung, S. 7.
100 Vgl. GVK, Stenographischer Bericht, 9. Sitzung, S. 14.
101 Vgl. GVK, Stenographischer Bericht, 9. Sitzung, S. 21.
102 Vgl. SCHOLZ, in: GVK, Stenographischer Bericht, 9. Sitzung, S. 2.

einandersetzung mit der Ausgestaltung des Selbstauflösungsrechtes kam er zu dem Schluss, dass die „einfache Mitgliedermehrheit“ - gemeint ist damit in Abgrenzung zur qualifizierten Mitgliedermehrheit die Mehrheit der gesetzlichen Mitgliederzahl i.S.v. Art. 121 GG[103] - für den Auflösungsbeschluss ausreiche. Zwar erkannte Degenhart an, dass eine Mehrheit von zwei Dritteln der gesetzlichen Mitgliederzahl der Abgeordneten gewisse Manipulationen ausschließe, andererseits sei dieses Quorum so hoch, dass die Gefahr bestehe, dass wiederum Wege zu seiner Umgehung beschritten werden könnten. Er relativierte dabei die Bedenken eines „leichtfertigen Umgangs“ mit dem Selbstauflösungsrecht: Da Neuwahlen stets auch ein Risiko für die Mehrheit bedeuteten, sei die Gefahr eines Missbrauches zwar nicht auszuschließen, jedoch als gering anzusehen.[104] Vom Berichterstatter der CDU/ CSU *Hartmut Soell* mit dem Argument kritisiert, das Ausreichen dieses Beschlussquorums sei für die Selbstauflösung nicht plausibel, da damit das Risiko einer Manipulation des Wahltermins gegeben sei[105], ergänzte *Degenhart* seine Stellungnahme, dass ein Quorum von zwei Dritteln (der gesetzlichen Zahl der Abgeordneten) das Selbstauflösungsrecht „faktisch entwerte[...]“. Darüber hinaus würden die Wähler ein „Manöver“, den Bundestag allein aus demoskopischen, d.h. auf Meinungsumfragen beruhenden und damit aus machtpolitischen Erwägungen aufzulösen, durchschauen.[106]

Auch der Sachverständige und Staatsrechtslehrer *Josef Isensee* sprach sich - allerdings zurückhaltender - für ein Selbstauflösungsrecht des Bundestages aus. Nur wenn die Vertrauensbasis irreversibel zerbrochen sei, wenn die überragende Mehrheit die Rückgabe der Legitimation an das Volk wolle, wäre es unglücklich - wie zweimal geschehen[107] -, über den Umweg eines „bestellten“ Misstrauensvotums eine vorzeitige Wahl zu erreichen. Aus diesem Grund forderte er für eine Selbstauflösung die Zustimmung von mindestens zwei Dritteln der Mitglieder des Bundestages.[108]

Desgleichen sah der Sachverständige und Staatsrechtslehrer *Wolfgang Loschelder* im Selbstauflösungsrecht des Bundestages eine „politische Notwendigkeit“. Auch er wies auf die Gefahren eines Selbstauflösungsrechtes hin, vertrat aber die Ansicht, dass eine missbräuchliche Anwendung dieses Rechtes, d.h. eine Selbstauflösung aus Gründen, „die nicht im Sachzwang selber liegen“, durch eine entsprechende Ausgestaltung (Antragserfordernis von einem Viertel der Abgeordneten, Beschlussfassung mit zwei Dritteln der gesetzlichen Mitgliederzahl des Bundestages) vermieden werden könne. Allerdings schlug er vor, dem Bundes-

---

103 DEGENHART, Staatsrecht I, § 7, RN 603, S. 222
104 Vgl. GVK, 4. Öffentliche Anhörung, S. 4 f.
105 Vgl. GVK, 4. Öffentliche Anhörung, S. 23 f.
106 Vgl. GVK, 4. Öffentliche Anhörung, S. 36.
107 Hier dürfte *Isensee* die Bundestagsauflösungen 1972 und 1982 in Bezug genommen haben.
108 GVK, 4. Öffentliche Anhörung, S. 10, 32, 34

kanzler ein Antragsrecht einzuräumen, da „auch die Regierung [...] in der Lage sein [müsse], klare Verhältnisse herzustellen".[109] Insoweit läge dann aber kein originäres Selbstauflösungsrecht vor. Zu Recht erklärte daher auch der Sachverständige und Staatsrechtslehrer *Hans-Peter Schneider* in der sich anschließenden Diskussion eine Beteiligung anderer Bundesorgane an diesem Beschluss für „systemwidrig", da der Bundestag insoweit „Herr seiner Entscheidungen" sei. Im Übrigen hielt auch er das Fehlen eines Selbstauflösungsrechtes für ein Defizit des Grundgesetzes, schlug aber - um Missbräuche zu vermeiden - vor, das Antragsquorum auf ein Drittel zu erhöhen.[110] Mit einem „Antragsrecht gemäß Vorschlag der Enquêtekommission Verfassungsreform von 1976" begrüßte auch der Politikwissenschaftler *Uwe Thaysen* als Sachverständiger die Aufnahme eines Selbstauflösungsrechtes in das Grundgesetz.[111]

Auf der 13. Sitzung der Gemeinsamen Verfassungskommission am 26. November 1992, in der die Parteien Zwischenberichte zu dem Thema „Parlamentsrecht" abgaben, erklärte der Berichterstatter *Norbert Geis* (CDU/ CSU), dass hinsichtlich des Selbstauflösungsrechtes Einigkeit erzielt worden sei. Nach Ansicht der CDU genüge die Zustimmung von zwei Dritteln der Mitglieder des Bundestages.[112] Daraufhin formulierte die CDU/ CSU als Zwischenergebnis der bisherigen Beratungen einen Vorschlag, der als Art. 39 Abs. 1a Eingang in das Grundgesetz finden sollte. Danach hätte es zu einer Selbstauflösung eines Antrages von einem Viertel und der Zustimmung von zwei Dritteln der gesetzlichen Zahl der Mitglieder des Bundestages bedurft. Darüber hinaus war vorgesehen, dass zwischen Antrag und Abstimmung zweiundsiebzig Stunden liegen sollten. Diese Frist sollte der Diskussion in der Öffentlichkeit dienen.[113]

Auch die Berichterstatter *Hartmut Soell*, Professor für Neuere Geschichte an der Universität Heidelberg, und *Uwe-Jens Heuer*, 1982 bis 1990 Bereichsleiter am Institut für Rechtswissenschaft der Akademie der Wissenschaften der DDR, danach MdB (PDS), betonten den Konsens hinsichtlich des Selbstauflösungsrechtes.[114] Ebenso befürwortete nun auch die FDP ein Selbstauflösungsrecht. Der Abg. *Hans-Joachim Otto* führte insoweit aus, dass die FDP-Fraktion Überlegungen zur Erhöhung des Beschlussquorums auf eine Mehrheit von drei Vierteln der gesetzlichen Mitgliederzahl des Bundestages angestellt, aber aufgrund der Tatsache, dass eine Verfassungsänderung seitens des Bundestages bereits mit einer Mehrheit von zwei Dritteln der gesetzlichen Zahl der Abgeordneten erfolgen könne, diesen Gedanken als nicht sinnvoll wieder verworfen habe.[115] Vor diesem

---

[109] GVK, 4. Öffentliche Anhörung, S. 13 f.
[110] GVK, 4. Öffentliche Anhörung, S. 15, 29
[111] GVK, 4. Öffentliche Anhörung, S. 20
[112] Stenographischer Bericht, 13. Sitzung, S. 2
[113] BT-DS 12/ 6000 (05.11.1993), Kapitel 6, S. 87
[114] SOELL, in: GVK, Stenographischer Bericht, 13. Sitzung, S. 4; HEUER, a.a.O., S. 7
[115] Vgl. GVK, Stenographischer Bericht, 13. Sitzung, S. 8.

Hintergrund stellten die SPD-Mitglieder der Kommission in Anlehnung an die Empfehlungen der Enquête-Kommission von 1976 im Februar 1993 den Antrag zur Ergänzung des Art. 39 GG, der ein Selbstauflösungsrecht des Bundestages auf Antrag eines Drittels seiner Mitglieder und nach Beschlussfassung mit einer Mehrheit von zwei Dritteln der gesetzlichen Zahl der Mitglieder des Bundestages vorsah.[116]

b. Der Meinungswandel der CDU/ CSU-Fraktion

Der zunächst bestehende Konsens hinsichtlich der Einführung eines Selbstauflösungsrechtes (vgl. 9. und 13. Sitzung) konnte bis zum 17. Juni 1993, dem Tag, an dem abschließend über diesen Beratungsgegenstand diskutiert wurde, jedoch nicht aufrechterhalten werden. In der Abstimmungssitzung erklärte der Abg. *Geis* (CDU/ CSU) kurz, dass seine Fraktion gegen ein Selbstauflösungsrecht stimmen werde. Ausschlaggebend sei nicht die - durch ein hohes Quorum gemilderte - Gefahr eines Missbrauches, sondern die Überlegung, dass die Wahlperiode vier Jahre betrage und daher die Abgeordneten innerhalb dieses Zeitraumes gehalten seien, sich auch in schwierigen politischen Konstellationen zu einigen. Der Einigungszwang verpflichte die Abgeordneten, notfalls neue Koalitionen einzugehen oder gescheiterte Gespräche wieder aufzunehmen.[117] Dieser Meinungsumschwung wurde allerdings nicht weiter diskutiert. Er muss außerhalb der Verfassungskommission zustande gekommen sein.[118] Aufgrund dieses Meinungsumschwunges der CDU/ CSU-Fraktion verfehlte der SPD-Antrag bei 21 Ja- und 15 Nein-Stimmen die nach Nr. 10 S. 2 der Einsetzungsbeschlüsse[119] erforderliche Zweidrittelmehrheit.

---

116 Kommissionsdrucksache Nr. 059 (11.02.1993)

117 GEIS, in: GVK, Stenographischer Bericht, 24. Sitzung (17.06.1993), S. 76 f.

118 So auch KLOEPFER, Verfassungsänderung, E.V.1., S. 90.

119 Abgedruckt in BT-DS 12/ 6000 (05.11.1993), S. 119. Diese Mehrheit wurde gewählt, um abzusichern, dass nur aussichtsreiche Empfehlungen zur Beratung in das weitere Verfassungsänderungsverfahren gelangten, vgl. BT-DS 12/ 6000, S. 9. Auf diese Weise wurde zwar verhindert, dass illusorische Anträge zeitaufwendig behandelt wurden. Das Zweidrittelerfordernis führte aber auch dazu, dass „wichtige Vorschläge hängenblieben", für die bei weiterer Diskussion im Plenum noch eine Kompromisslösung hätte gefunden werden können, ebenso KLOEPFER, Verfassungsänderung, C.II., S. 28. Zu sehen ist auch, dass sich an den Abstimmungen zum Parlamentsrecht stets weniger als zwei Drittel der Kommissionsmitglieder beteiligten, vgl. dazu KIPKE, Parlamentsrecht, in: Konegen/ Nitschke, Revision des GG?, S. 107-119/ 109.

3. Stellungnahme

Ungeachtet des Meinungswandels der CDU/ CSU-Fraktion dürfte angesichts der in den Kommissionsberatungen vorgetragenen Argumente deutlich geworden sein, dass für das Selbstauflösungsrecht des Bundestages eine Reihe von Gründen sprechen. Insbesondere kann ein Selbstauflösungsrecht dazu beitragen, eine Umgehung des Verfahrens nach Art. 68 GG zu vermeiden. Eine im Laufe der Wahlperiode z.B. durch Mandats- oder Fraktionswechsel entstehende Patt-Situation des Bundestages könnte so ohne verfassungsrechtlich bedenkliche Umwege[120] gelöst werden. Darüber hinaus könnte durch das Selbstauflösungsrecht auch ein Ungleichgewicht zwischen den Organen Parlament, Regierung und Staatsoberhaupt verhindert werden. Zu Recht wurden daher Überlegungen, den Bundespräsidenten an der Selbstauflösung zu beteiligen (sowohl mit gewissem Beurteilungsspielraum als auch mit bloßer „Notarfunktion"), abgelehnt. Der Bundestag als einziges direkt-demokratisch legitimiertes Organ sollte deshalb in den Stand gesetzt werden, autonom über seine Selbstauflösung entscheiden zu können. Auch liegt es durchaus im Interesse der Stabilität des politischen Systems, im Falle einer parlamentarischen Konstellation, die die Arbeitsfähigkeit von Bundestag und Bundesregierung einschränkt, Neuwahlen und damit möglicherweise eine Lösung herbeizuführen, als monatelang im Zustand des Nichtstuns bzw. des Wahlkampfes zu verharren. Schließlich würde durch ein Selbstauflösungsrecht des Bundestages auch das Demokratieprinzip gestärkt werden, weil im Falle einer Divergenz zum Willen des ganzen Volkes die Möglichkeit bestünde, sich im Rahmen des parlamentarisch-repräsentativen Systems der politisch-rechtlichen Legitimation des Wahlvolkes neu zu versichern.[121]

Zu den Anforderungen an einen Selbstauflösungsbeschluss ist festzuhalten, dass die Frage einer materiellen Begrenzung des Tatbestandes - soweit ersichtlich - nicht Gegenstand der Auseinandersetzung unter den Sachverständigen war.[122] Hinsichtlich der formellen Anforderungen an ein parlamentarisches Selbstauflösungsrecht ist dem Sachverständigen *Degenhart* darin zuzustimmen, dass das beabsichtigte Beschlussquorum von zwei Dritteln der gesetzlichen Zahl der Mitglieder des Bundestages wohl zu hoch ist. Abgesehen vom Fall einer Großen Koalition lässt sich diese Mehrheit schwerlich erreichen mit der Folge, dass das Selbstauflösungsrecht möglicherweise leerliefe, wodurch sein Zweck vereitelt würde. Umgekehrt dürfte der Vorschlag Degenharts, die Mehrheit der Mitglieder des Bundestages für einen Selbstauflösungsbeschluss ausreichen zu lassen, mit dem im Demokratieprinzip wurzelnden Mehrheitsprinzip zwar grundsätzlich ver-

---

120 S. dazu 5. Teil, 2. Kap., § 27, I.

121 Zu der Vereinbarkeit dieses Aspektes mit dem repräsentativen Charakter des Grundgesetzes s. näher 5. Teil, 2. Kap., § 29, I.1.

122 S. dazu aber ausführlich 5. Teil, 2. Kap., § 31, I.1.

einbar sein, aber den Rechten der einer Selbstauflösung ablehnend gegenüberstehenden Abgeordneten sowie der großen Bedeutung einer vorzeitigen Wahl nicht hinreichend Rechnung tragen.[123] Für eine Selbstauflösung sollte danach, insbesondere zur Vermeidung der häufig befürchteten Gefahr des Missbrauches und zum Schutz der unterliegenden Minderheit, ein über der Zustimmung der gesetzlichen Zahl der Mitglieder des Bundestages (50 % plus eine Stimme) liegendes Beschlussquorum vorgesehen werden. Sind entsprechende formelle Vorkehrungen getroffen, könnte ein Selbstauflösungsrecht durchaus sinnvoll zum Einsatz kommen.

III. Überlegungen zur Aufnahme eines Selbstauflösungsrechtes in das Grundgesetz anlässlich der Auflösung des 15. Deutschen Bundestages im Jahr 2005

Anlässlich der Auflösung des Bundestages am 21. Juli 2005 wurde das Selbstauflösungsrecht des Bundestages erneut Gegenstand der rechtspolitischen Diskussion. Seit dem Beschluss des Reformprogrammes „Agenda 2010“ auf dem SPD-Bundesparteitag am 1. Juni 2003 musste die SPD erhebliche Stimmenverluste bei allen Landtagswahlen und der Europawahl hinnehmen. Nachdem auch die Landtagswahlen in Nordrhein-Westfalen einen Regierungswechsel von der rotgrünen Koalition zur CDU/ FDP-Koalition herbeiführten, stellte Bundeskanzler *Gerhard Schröder* (SPD) am 27. Juni 2005 die Vertrauensfrage, die er am 1. Juli 2005 bewusst scheitern ließ, um zu Neuwahlen zu gelangen.

1. Einigkeit über das Erfordernis eines hohen Beschlussquorums

Angesichts dieser Vorgehensweise sprachen sich neben dem damaligen Bundestagspräsidenten *Wolfgang Thierse*[124] zahlreiche Juristen und Politiker verschiedener Parteien, wie der SPD-Innenrechtsexperte *Dieter Wiefelspütz*[125], der Parlamentarische Geschäftsführer der Grünen *Volker Beck*[126], der stellvertretende Vorsitzende der Unionsfraktion *Wolfgang Bosbach*, der Innenexperte der FDP *Max Stadler* und die PDS-Bundestagsabgeordnete *Petra Pau*[127] für die Einführung eines Selbstauflösungsrechtes in das Grundgesetz aus. Sie hielten dieses

---

[123] S. dazu bereits - für Sachsen - 3. Teil, 3. Kap., § 19, I.2.
[124] S. SCHARLACK, Alte Idee nun neu belebt, in: SZ vom 27./ 28.08.2005, S. 2.
[125] Vgl. WIEFELSPÜTZ/ OLDIGES, Pro & Contra, in: ZRP 2005, S. 207.
[126] S. SCHARLACK, Alte Idee nun neu belebt, in: SZ vom 27./ 28.08.2005, S. 2.
[127] S. HEIMANN, Aufatmen, Abhaken, Wahlkampf, in: SZ vom 26.08.2005, S. 2.

Recht des Bundestages für erforderlich, um eine mögliche Umgehung des Art. 68 GG zu vermeiden.[128] Die Genannten sahen offenbar in dem Selbstauflösungsrecht einen demokratischen Lösungsweg, um in Konstellationen wie denen von 1982 und von 2005 leichter zu den für erforderlich erachteten Neuwahlen zu gelangen.

Wiederum wurden in diesem Kontext - soweit ersichtlich - materielle Kriterien einer Selbstauflösung nicht diskutiert. Die konkreten Vorschläge zur Aufnahme des Selbstauflösungsrechtes in das Grundgesetz stellten vielmehr die Höhe des aufzustellenden Beschlussquorums in den Mittelpunkt der Überlegungen. So bestand unter den Befürwortern dahingehend Einigkeit, dass ein hohes Beschlussquorum geboten sei. Z.B. sollte nach dem Vorschlag von *Thierse* die Zustimmung von mindestens zwei Dritteln der Abgeordneten erforderlich sein, um einen etwaigen Missbrauch dieses Institutes zu vermeiden.[129] Diese Mehrheit erschien sowohl dem ehemaligen Verfassungsrichter *Ernst Gottfried Mahrenholz* als auch dem Bonner Staatsrechtler *Josef Isensee* als noch zu gering: Sie verlangten die Zustimmung von drei Vierteln bzw. gar vier Fünfteln der gesetzlichen Zahl der Abgeordneten.[130] Hierauf ist später noch kritisch zurückzukommen.[131]

2. Die aktuelle Rechtslage nach dem Grundgesetz: Kein Selbstauflösungsrecht

Gleichwohl ist es zu einer Aufnahme des Selbstauflösungsrechtes des Bundestages in das Grundgesetz bislang nicht gekommen. Die Stellungnahmen zum Selbstauflösungsrecht anlässlich der Bundestagsauflösung im Jahr 2005 sind zum einen überwiegend nur Einzelmeinungen und geben nicht den Meinungsstand der jeweiligen Parteien bzw. Fraktionen wieder. Zum anderen wollte man wohl eine derartige Verfassungsänderung nicht von aktuell-politischen Geschehnissen abhängig machen. Intensivere parlamentarische Beratungen über das Selbstauflösungsrecht wurden von daher auf ruhigere Zeiten in der sechzehnten Wahlperiode des Deutschen Bundestages verschoben.[132] In der ersten Hälfte dieser Wahlperiode ist ein entsprechender Antrag jedoch im Plenum nicht gestellt worden. Lediglich auf dem SPD-Parteitag in Hamburg vom 26. bis 28. Oktober 2007 beschloss

---

[128] S. dazu sogleich 5. Teil, 2. Kap., § 27, I.
[129] S. SCHÜTZ, „Das ist eine unerträgliche Anmaßung", in: SZ vom 12.08.2005, S. 2.
[130] So MAHRENHOLZ im Rahmen des „Interviews der Woche" am 24.07.2005 im Deutschlandfunk, zu finden im Internet unter http://www.dradio.de/dlf → Interview → Interview der Woche → Suche: Mahrenholz, S. 7; vgl. auch MEHLITZ, „Medienwirksamer Regierungsselbstmord", in: Rheinischer Merkur vom 26.05.2005, S. 3; VERSTEYL, in: v. Münch/ Kunig, GG-II, Art. 39, RN 41, S. 708.
[131] S. 5. Teil, 2. Kap., § 31, I.2.
[132] Vgl. SCHARLACK, Alte Idee nun neu belebt, in: SZ vom 27./ 28.08.2005, S. 2.

die SPD, sich für eine Aufnahme des Selbstauflösungsrechtes in das Grundgesetz einzusetzen.[133] Auf Bundesebene gibt es daher derzeit weiter kein parlamentarisches Selbstauflösungsrecht.

§ 27 Selbstauflösungsbefugnis des Bundestages durch manipulierte Vertrauensversagung bzw. absichtlich scheiternde Wahl des Bundeskanzlers? - Das Umgehungsargument

Das Grundgesetz kennt zwei Wege, vorzeitig die Wahlperiode des Bundestages zu beenden, und zwar im Falle der gescheiterten Vertrauensfrage (Art. 68) und der misslungenen Wahl des Bundeskanzlers (Art. 63 Abs. 4 S. 3 Var. 2). Aufgrund des Umstandes, dass sich in der Verfassungspraxis diese beiden Wege von ihren Voraussetzungen her nicht ohne weiteres als gangbar bzw. als zu eng erwiesen haben, ist im Folgenden die Reichweite diese Tatbestände zu prüfen. Es geht m.a.W. darum zu fragen, ob und inwieweit unter beide Vorschriften *verfassungskonform* auch Konstellationen gefasst werden können, in denen typischerweise eine Selbstauflösung des Bundestages in Betracht käme. Dies hätte zur Folge, dass die Aufnahme eines parlamentarischen Selbstauflösungsrechtes in das Grundgesetz entbehrlich wäre. Anderenfalls wäre ein im Grundgesetz verankertes Selbstauflösungsrecht ernsthaft in Betracht zu ziehen. Hierbei ist kritisch insbesondere auf die 1972, 1982 und 2005 erfolgten Bundestagsauflösungen und ihre Bewertung in Literatur und - sofern das Bundesverfassungsgericht angerufen wurde - auch in der Verfassungsrechtsprechung einzugehen.

I. Der manipulative Weg über Art. 68 GG

Voraussetzung für die Auflösung des Bundestages nach Art. 68 GG ist zunächst ein Antrag des Bundeskanzlers, ihm das Vertrauen auszusprechen. Wie in den meisten Bundesländern bezieht sich die Vertrauensfrage allein auf den Regierungschef, nicht hingegen auf einzelne Minister oder etwa die gesamte Regierung.[134] Erforderlich für eine Auflösung des Bundestages nach Art. 68 GG ist

---

[133] Vgl. Beschlussübersicht Nr. 23, zu finden im Internet unter http://www.parteitag.spd.de → Anträge und Beschlüsse → Beschlüsse → Beschlussübersicht 23 I17.

[134] Zum Auflösungsrecht im Zusammenhang mit der Vertrauensfrage vgl. bereits 1. Teil, 2. Kap., § 3, I.2. und die Analyse der Möglichkeiten der vorzeitigen Beendigung der Wahlperiode in den deutschen Bundesländern (4. Teil, 1. Kap., § 20).

weiter, dass die Vertrauensfrage negativ beantwortet wird, also der Antrag des Bundeskanzlers *nicht* die Zustimmung der Mehrheit der Mitglieder des Bundestages[135] findet. Dabei müssen zwischen dem Antrag und der Abstimmung 48 Stunden liegen (Art. 68 Abs. 2 GG). Im Falle einer Ablehnung der Vertrauensfrage kann der Bundeskanzler dann binnen einundzwanzig Tagen entscheiden, ob er dem Bundespräsidenten die Auflösung des Bundestages vorschlägt, ohne dazu verpflichtet zu sein. Dabei muss dem Bundespräsidenten angemessene Zeit zur Vornahme der Auflösungsanordnung verbleiben.[136] Die nach pflichtmäßigem Ermessen vom Bundespräsidenten getroffene Entscheidung über die Auflösung des Bundestages bedarf gem. Art. 58 S. 1 GG zu ihrer Gültigkeit noch der Gegenzeichnung des Bundeskanzlers.

Im Folgenden sollen entsprechend die 1972, 1982/ 83 und 2005 erfolgten Bundestagsauflösungen auf ihre Verfassungsgemäßheit geprüft werden, um daran ggf. bestimmte verfassungsrechtspolitische Folgerungen zu knüpfen. Hierzu bedarf es zunächst einer Sachdarstellung der diesbezüglichen Konstellationen.

1. Die Vertrauensfragen 1972, 1982/ 83 und 2005

Gemeinsam ist den 1972, 1983 und 2005 erfolgten Bundestagsauflösungen, dass sie auf eine Ablehnung des Vertrauens und damit auf Neuwahlen zielten. Ein Unterschied besteht aber darin, dass nur 1972 eine Pattsituation im Bundestag gegeben war, hingegen 1982 und 2005 die Auflösungsanträge jeweils von einem Mehrheitskanzler gestellt wurden. Dies ist nachstehend näher darzulegen.

a. Die Bundestagsauflösung 1972

1972 wurde bewusst der Weg über eine absichtlich scheiternde Vertrauensfrage gewählt, um die Wahlperiode vorzeitig zu beenden, da andere Lösungsmöglichkeiten nicht ersichtlich waren. Aufgrund von Parteiaustritten bzw. Fraktionswechseln von Abgeordneten war die anfänglich bestehende Mehrheit der SPD/

---

[135] Unter der Mehrheit der Mitglieder des Bundestages ist gem. Art. 121 GG die Mehrheit der gesetzlichen Mitgliederzahl zu verstehen. Gesetzliches Mitglied des Bundestages ist, wer nach den Vorgaben des BWahlG (i.d.F. der Bekanntmachung vom 23.07.1993, BGBl. I 1993, S. 1288, zuletzt geändert durch die Bekanntmachung zur Wahlkreiseinteilung für die Wahl zum Deutschen Bundestag 21.07.2005, BGBl. I 2005, S. 2180) stimm- und sitzberechtigt ist. Im Falle von Überhangmandanten erhöht sich daher die in § 1 Abs. 1 S. 1 BWahlG grundsätzlich festgelegte Zahl. Eine Verringerung kann sich beispielsweise durch Mandatsverlust oder Parteiverbot bis zur Wiederbesetzung des Sitzes ergeben, vgl. auch JARASS/ PIEROTH, GG, Art. 121, RN 1 f., S. 1094 f.

[136] Vgl. dazu EPPING, in: v. Mangoldt/ Klein, GG-II, Art. 68, RN 33, S. 1699. Der Bundeskanzler muss auf die Ablehnung des Vertrauens nicht zwingend reagieren. In Betracht kommen auch ein Rücktritt oder die Erklärung des Gesetzgebungsnotstandes nach Art. 81 GG, vgl. EPPING, a.a.O., RN 30, S. 1697.

FDP-Koalition im Bundestag zerfallen.[137] Daran ändert auch nichts, dass im Mai 1972 die für die Politik der SPD/ FDP-Regierung grundlegenden Gesetze zu den Ostverträgen mit der damaligen UdSSR und Polen[138] verabschiedet werden konnten[139], weil sich die aufgrund der Fraktionsstärken von Koalition und Opposition bestehende Pattsituation[140] bereits im April 1972 deutlich in der Ablehnung des Haushaltes des Bundeskanzlers für 1972[141], also eines zentralen Punktes des parlamentarisch-repräsentativen Systems, gezeigt hatte. Bundeskanzler *Brandt* konnte sich daher nicht sicher sein, ob er über eine tragfähige Mehrheit im Bundestag verfügte.

b. Die Bundestagsauflösung 1983

1982 konnte hingegen von unsicheren Mehrheitsverhältnissen keine Rede sein. Vielmehr wurde der Weg über Art. 68 GG v.a. deshalb beschritten, um eine bereits vorhandene Mehrheit im Bundestag zu verbreitern. Die Lage stellte sich wie folgt dar: Bundeskanzler *Helmut Schmidt* (SPD) hatte am 17. September 1982 nach längeren Auseinandersetzungen zwischen den Koalitionspartnern über die Höhe der notwendigen Neuverschuldung erklärt, die Regierungskoalition mit der FDP nicht fortsetzen zu wollen, da er - wohl aufgrund erheblicher Spannungen innerhalb der FDP - das politische Vertrauen in einige von deren Führungspersönlichkeiten verloren habe. Er plädierte deshalb - über den Weg des Art. 68 GG - für Neuwahlen im November 1982.[142] Dieser Vorschlag wurde jedoch seitens der CDU/ CSU abgelehnt, die der Auffassung war, Schmidt solle zurücktreten.[143] Als hierfür keine Bereitschaft des Bundeskanzlers zu erkennen war, nahmen die Partei- und Fraktionsvorsitzenden der CDU/ CSU und der FDP am 20. September 1982 Koalitionsgespräche auf und einigten sich darauf, Bundeskanzler Schmidt am 1. Oktober 1982 durch ein konstruktives Misstrauensvotum nach Art. 67 GG zu stürzen und *Helmut Kohl* zum neuen Bundeskanzler zu wählen. Das daraufhin am 28. September 1982 seitens der CDU/ CSU und der FDP eingebrachte konstruktive Misstrauensvotum[144] führte am 1. Oktober 1982 zur Wahl von Helmut Kohl als Bundeskanzler.[145]

---

[137] S. dazu bereits oben 5. Teil, 2. Kap., § 26, I.1.b); vgl. auch HERBST, Die auflösungsgerichtete Vertrauensfrage, in: Der Staat 2006, S. 45-82/ 47.
[138] BGBl. II 1972, S. 353, 361
[139] Zur insoweit a.A. s. FROMME, Die vier Stationen vor einer Neuwahl des Bundestages, in: FAZ vom 30.11.1982, S. 10 f./ 10.
[140] So auch SCHNEIDER, H.-P., Die vereinbarte Parlamentsauflösung, in: JZ 1973, S. 652-656/ 652; TIEMANN, Neuwahlen als Parteivereinbarung, in: JZ 1972, S. 510-512/ 510.
[141] Deutscher Bundestag, Plenarprotokoll, 6/ 184 (28.04.1972), S. 10781 ff.
[142] S. Deutscher Bundestag, Plenarprotokoll 9/ 115, S. 7072 ff.
[143] Vgl. Deutscher Bundestag, Plenarprotokoll 9/ 115, S. 7077.
[144] Bundestag-DS 9/ 2004
[145] Vgl. Deutscher Bundestag, Plenarprotokoll 9/ 118, S. 7201.

Trotz des klaren Abstimmungsergebnisses (von den 495 stimmberechtigten Abgeordneten hatten 256 für Helmut Kohl gestimmt) sagte der neue Bundeskanzler in seiner Regierungserklärung vom 13. Oktober 1982[146], zwischen CDU/CSU und FDP seien Neuwahlen zum Bundestag für den 6. März 1983 vereinbart (!) worden. Zu diesem Zweck beschritt Kohl anschließend den Weg über Art. 68 GG.[147] Die beabsichtigten Neuwahlen begründete er vor dem Bundestag mit dem zeitlich und sachlich nur begrenzten Auftrag der neuen Regierungskoalition - das im September zwischen der CDU und der FDP vereinbarte Dringlichkeitsprogramm sei erfüllt worden. Für die folgenden Aufgaben gebe es aber keine parlamentarische Grundlage. Die Wähler sollten nunmehr in die Lage versetzt werden, ihre Stimme für eine langfristige Politik abgeben zu können.[148] Die nachfolgende Abstimmung über den Antrag des Bundeskanzlers, ihm das Vertrauen auszusprechen, führte - bei 248 Enthaltungen, 218 Nein- und 8 Ja-Stimmen - dazu, dass Bundeskanzler Kohl das Vertrauen entzogen wurde.[149]

Dieses Ergebnis erscheint insoweit manipuliert, als nur einen Tag vor dem Auflösungsbeschluss das Kernstück eines jeden Regierungsprogramms, der Haushaltsentwurf, die Zustimmung des Bundestages erhalten hatte.[150] Hieraus lässt sich schlussfolgern, dass Bundeskanzler Kohl das Vertrauen des Bundestages tatsächlich besaß. Dennoch schlug er dem damaligen Bundespräsidenten *Karl Carstens* vor, den Bundestag aufzulösen, was dieser am 6. Januar 1983 auch anordnete.[151] Die Neuwahlen fanden - wie geplant - am 6. März 1983 statt.

c. Die Bundestagsauflösung 2005

Erneut wurde Art. 68 GG im Sommer 2005 bemüht. Der damalige Bundeskanzler *Gerhard Schröder* begründete die Vertrauensfrage am 1. Juli 2005 damit, aufgrund erheblicher Niederlagen seiner Partei, der SPD, bei Landtagswahlen, einer neuen Legitimation durch das Wahlvolk für seine Politik zu bedürfen. Das Reformprogramm „Agenda 2010“ habe zu Streit zwischen den und innerhalb der Parteien geführt. Darüber hinaus seien die die Regierung tragenden Fraktionen aufgrund der Unionsdominanz im Bundesrat zu Kompromissen gezwungen, ohne dass der Bundesrat seine „destruktive Blockadehaltung“ aufgeben werde, was sich „exemplarisch“ an der Anzahl der Einsprüche nach abgeschlossenem Vermittlungsverfahren zeige.[152]

---

146 Vgl. Deutscher Bundestag, Plenarprotokoll 9/ 121, S. 7215.
147 Bundestag-DS 9/ 2304 (13.12.1982)
148 Vgl. Deutscher Bundestag, Plenarprotokoll 9/ 141 (17.12.1982), S. 8938 f.
149 Vgl. Deutscher Bundestag, Plenarprotokoll 9/ 141 (17.12.1982), S. 8971 ff.
150 Vgl. Deutscher Bundestag, Plenarprotokoll 9/ 140 (16.12.1982), S. 8909.
151 Die Anordnung ist am 07.01.1983 in Kraft getreten, vgl. Bundestag-DS 9/ 2379.
152 Deutscher Bundestag, Plenarprotokoll 15/ 185, S. 17465, 17467

Demgegenüber ist festzustellen, dass keine der Regierungsvorlagen in der laufenden Wahlperiode gescheitert war und sich selbst Kritiker innerhalb der SPD zu Kanzler Schröder und seinem Regierungsprogramm bekannten.[153] Dennoch löste der Bundespräsident am 21. Juli 2005 den 15. Deutschen Bundestag auf[154], „spielte" also mit. Er sehe nicht, dass eine andere Beurteilung der politischen Lage der Einschätzung des Bundeskanzler eindeutig vorzuziehen sei; dem Volk sei mit Neuwahlen am besten gedient.[155]

2. Die Rechtsprechung des Bundesverfassungsgerichtes 1983 und 2005

Die Bundestagsauflösungen 1983 und 2005 waren nach Ansicht des angerufenen Bundesverfassungsgerichtes verfassungsgemäß.[156] Die Argumentation des Bundesverfassungsgerichtes ist jedoch nicht unproblematisch und im Folgenden kurz nachzuzeichnen.

a. Das Mehrheitsvotum 1983

Das Bundesverfassungsgericht ging in seiner Entscheidung vom 16. Februar 1983[157] davon aus, dass neben den formellen Voraussetzungen des Art. 68 GG noch eine *materielle* Auflösungslage vorliegen müsse. Aus der Stellung des Art. 68 GG im Verfassungsgefüge ergebe sich, dass diese Norm hauptsächlich darauf ziele, dem amtierenden Bundeskanzler wieder ausreichende parlamentarische Unterstützung zu verschaffen bzw. diese zu sichern. Zweck der Norm sei die Gewinnung bzw. Festigung politischer Stabilität im Verhältnis von Bundeskanzler und Bundestag.[158] Hieraus sowie aus der Entstehungsgeschichte der Norm[159] hat das Bundesverfassungsgericht den Schluss gezogen, dass für eine Auflösung des Bundestages nach Art. 68 GG eine instabile Lage zwischen Bundeskanzler und Bundestag erforderlich sei. Dass der Bundeskanzler sich nicht mehr der „stetigen parlamentarischen Unterstützung durch die Mehrheit des Bundestages sicher sein [könne]", sei ungeschriebenes Tatbestandsmerkmal des Art. 68 GG. Der Bundeskanzler dürfe den Weg über Art. 68 GG daher nur beschreiten, wenn es „politisch für ihn nicht mehr gewährleistet [sei], mit den im Bundestag bestehenden Kräfte-

153 So auch SCHENKE, in: Dolzer/ Vogel/ Graßdorf (Hrsg.), BK, Art. 68, RN 163, S. 122 f.; JENTSCH, Sondervotum, in: BVerfGE 114, 170 (172, 177).
154 Anordnung über die Auflösung des Deutschen Bundestages, BGBl. I 2005, S. 2169
155 Vgl. KÖHLER, Fernsehansprache, in: ders., Reden und Interviews, S. 15-17/ 17.
156 1972 wurde das Bundesverfassungsgericht nicht angerufen.
157 BVerfGE 62, 1
158 BVerfGE 62, 1 (39)
159 Zur historischen Auslegung des Art. 68 GG durch das BVerfG vgl. E 62, 1 (44 ff.).

verhältnissen weiter zu regieren" bzw. wenn seine Handlungsfähigkeit so beeinträchtigt sei, „daß er eine vom stetigen Vertrauen getragene Politik nicht sinnvoll zu verfolgen vermag".[160]

Ob eine derartige Auflösungslage vorliegt, ist nach Auffassung des Bundesverfassungsgerichtes bereits vom Bundeskanzler bei der Antragstellung zu prüfen. Eine solche Pflicht komme auch dem Bundestag im Rahmen der Abstimmung zu. Anschließend habe der Bundespräsident eine „politische Leitentscheidung" zu treffen. Dabei habe er den Einschätzungs- und Beurteilungsspielraum des Bundeskanzlers zu beachten, was bedeute, dass der Bundespräsident die Beurteilung der politischen Lage durch den Bundeskanzler nur revidieren könne, wenn eine andere Lageeinschätzung der des Bundeskanzlers offensichtlich vorzuziehen sei. Sei dies nicht der Fall, mithin von einer Bejahung der Verfassungsmäßigkeit der vorangehenden Schritte auszugehen, habe der Bundespräsident eine eigene Ermessensentscheidung dahingehend zu treffen, ob die Bundestagsauflösung sinnvoll und politisch vertretbar ist.[161]

Im Ergebnis ist das Bundesverfassungsgericht in seiner Entscheidung vom 16. Februar 1983 zu der Auffassung gelangt, dass angesichts der erheblichen Spannungen innerhalb der FDP wegen des Koalitionswechsels und der „inhaltlich nur begrenzte[n] Übereinkunft" zwischen CDU/ CSU und FDP Bundeskanzler, Bundestag und Bundespräsident nachvollziehbar zu der Annahme kommen konnten, dass der Bundeskanzler künftig keine vom Vertrauen der Parlamentsmehrheit getragene Politik hätte verfolgen können. Insbesondere sei aus den Koalitionsverhandlungen zwischen CDU/ CSU und FDP deutlich hervorgegangen, dass ein weiteres Zusammengehen bis zum Ende der Wahlperiode nicht angestrebt gewesen sei; ein baldiger Termin für Neuwahlen sei Basis der Entscheidungen der FDP hinsichtlich der Koalition gewesen.[162]

b. Das Mehrheitsvotum 2005

In Fortsetzung der Rechtsprechung von 1983 führte das Bundesverfassungsgericht in seinem Votum vom 25. August 2005[163] aus, dass eine auf Auflösung des Bundestages gerichtete Vertrauensfrage nur dann verfassungsgemäß sei, wenn sie ihrem Zweck entspreche. Dies sei dann der Fall, wenn sie der „Wiederherstellung einer ausreichend parlamentarisch verankerten Bundesregierung" diene. So sei Art. 68 GG *kein* Mittel eines Bundeskanzlers, der über eine verlässliche Mehrheit im Bundestag verfüge, zu einem ihm günstig erscheinenden Zeitpunkt Neuwahlen anzuberaumen.[164]

---

[160] BVerfGE 62, 1 (42 ff.)
[161] BVerfGE 62, S. 1 (50 f.)
[162] BVerfGE 62, S. 1 (52 ff.)
[163] BVerfGE 114, 121

Hinsichtlich der Feststellung der Auflösungslage ließ das Bundesverfassungsgericht allerdings die (subjektive) Einschätzung des Bundeskanzlers ausreichen. Insoweit begnügte es sich mit dem Hinweis, dass die Entwicklung des Verhältnisses zwischen Bundeskanzler und den die Regierung tragenden Fraktionen „von außen nur teilweise" beurteilt werden und daher der Öffentlichkeit verborgen bleiben könne. Auch sei es für die Annahme einer Auflösungslage ausreichend, wenn der Bundeskanzler erst bei künftigen Abstimmungen Niederlagen befürchte.[165]

Im Weiteren nahm das Bundesverfassungsgericht seinen Kontrollmaßstab zurück: Zum einen könne aufgrund des Prognose- bzw. Abwägungscharakters und der Höchstpersönlichkeit der Einschätzungen des Bundeskanzlers die Feststellung der zweckmäßigen Anwendung des Art. 68 GG in einem Gerichtsverfahren auf „praktische Schwierigkeiten" stoßen und zum anderen habe das Grundgesetz die Entscheidung über die Bundestagsauflösung auf drei Verfassungsorgane, nämlich Bundeskanzler, Bundestag und Bundespräsident, verteilt, die darüber eigenständig zu befinden hätten. Das Bundesverfassungsgericht habe daher (nur) zu prüfen, ob sich der Bundeskanzler in den Grenzen seines Einschätzungsspielraumes gehalten habe, wobei die vom Bundeskanzler für die Einschätzung der politischen Lage vorgetragenen Tatsachen nicht zwingend, sondern lediglich plausibel sein müssten. Solange nicht eine andere Einschätzung der politischen Lage der des Bundeskanzlers eindeutig vorzuziehen sei, habe das Bundesverfassungsgericht diese zu achten.[166]

Das Bundesverfassungsgericht hielt nach allem die Auflösung des 15. Deutschen Bundestages am Ende für verfassungsmäßig. Entscheidend hierfür war, dass der Bundeskanzler Tatsachen dafür vorgetragen habe, dass er sich künftig bei der Umsetzung seines Reformprogrammes nicht mehr auf die Mehrheit im Bundestag stützen könne, ohne von wesentlichen Eckpfeilern seiner Politik abzuweichen. Auch sei es ausweislich des SPD-Fraktionsvorsitzenden *Franz Müntefering* zu heftigen Kämpfen selbst innerhalb der eigenen Partei gekommen. Die Einschätzung des Bundeskanzlers füge sich plausibel in die politische Gesamtlage ein.[167]

---

164 BVerfGE 114, 121 (149, 151)
165 BVerfGE 114, 121 (150, 154)
166 BVerfGE 114, 121 (156 ff.)
167 BVerfGE 114, 121 (162 ff.)

3. Kritische Auseinandersetzung

Es ist im Folgenden zu fragen, inwieweit diese Ausführungen des Bundesverfassungsgerichtes überzeugen können. Im Schrifttum reicht die Spannbreite der Auffassungen hinsichtlich der Auflösungsentscheidung vom 16. Februar 1983 von „Fehlurteil“[168] bis zu „sachgerecht“, „salomonisch“ und „weise“[169]. Auch das Urteil vom 25. August 2005 fand sowohl Zustimmung[170] als auch Kritik[171]. Beide Urteile sind auch nicht einstimmig ergangen. So legten 1983 die Richter *Zeidler*, *Rinck* und *Rottmann* und 2005 der Richter *Jentsch* und die Richterin *Lübbe-Wolff* ihre abweichenden Ansichten in Sondervoten nieder, wobei allerdings nur die Richter Rinck, Rottmann und Jentsch der jeweiligen Mehrheitsentscheidung des Senates auch im Ergebnis widersprachen.

Die Kritik bezog sich zum einen auf die Auslegung des Art. 68 GG und zum anderen auf den dem Bundeskanzler und dem Bundespräsidenten vom Bundesverfassungsgericht eingeräumten Einschätzungsspielraum sowie schließlich auf den Prüfungsmaßstab des Bundesverfassungsgerichtes und die vorgenommene Subsumtion. Dies ist nachstehend insbesondere mit Blick auf eine möglicherweise verfassungswidrige Umgehung oder 'Verbiegung' des Art. 68 Abs. 1 S. 1 GG näher zu untersuchen.

a. Auslegung des Art. 68 GG

Nach Auffassung des Bundesverfassungsgerichtes soll auch einem Mehrheitskanzler unter bestimmten Voraussetzungen das Recht zustehen, eine Vertrauensfrage zu stellen und sich diese vom Bundestag absichtlich negativ beantworten zu lassen, um so eine Auflösung des Bundestages und - damit verbunden - Neuwahlen zu erreichen. Diesen Ausführungen ist zunächst darin zuzustimmen, dass auch eine sog. 'unechte'[172] Vertrauensfrage, d.h. eine Vertrauensfrage, die mit dem Ziel ihrer Ablehnung gestellt wird, verfassungsrechtlich zulässig sein kann, denn in bestimmten politischen Konstellationen besteht tatsächlich das Bedürfnis nach Wiederherstellung stabiler politischer Mehrheitsverhältnisse. Dann ist es dem

---

168 MEYER, Anmerkung zum Urteil des BVerfG 1983, in: DÖV 1983, S. 243-246/ 243

169 SCHNEIDER, H.-P., Sibyllinisch oder salomonisch?, in: NJW 1983, S. 1529 f./ 1530

170 Vgl. nur SCHOCH, Vertrauensfrage und Parlamentsauflösung, in: ZSE 2006, S. 88-102/ 101.

171 Z.B. durch SCHENKE, Das „gefühlte“ Misstrauen, in: ZfP 2006, S. 26-49. Schenke vertrat trat den Abg. *Schulz* (Grüne) bei dessen Klage vor dem BVerfG gegen die Auflösungsentscheidung des Bundespräsidenten vom 21.07.2005.

172 Im Mehrheitsvotum von BVerfGE 114, 121 wird anstelle von 'unechter' von 'auflösungsgerichteter' Vertrauensfrage gesprochen. Inhaltliche Abweichungen sind damit nicht verbunden, so dass beide Begriffe synonym verwendet werden können, ebenso SCHENKE, in: Dolzer/ Vogel/ Graßdorf (Hrsg.), BK, Art. 68, RN 70, S. 49 f., FN 152.

Bundeskanzler nicht zumutbar, den Eindruck zu erwecken, als suche er gleichwohl das politische Vertrauen.[173]

Sachgerechter als das Mehrheitsvotum dürfte dann allerdings eine Auslegung des Art. 68 GG sein, wie sie von Richter *Rinck* in seinem Sondervotum[174] herausgearbeitet wurde. Diese zielt darauf, die Zulässigkeit einer auflösungsgerichteten Vertrauensfrage auf die Fälle des Vorliegens eines Minderheitskanzlers zu beschränken. In der Tat spricht bereits der Wortlaut des Art. 68 Abs. 1 GG gegen die Zulässigkeit einer fingierten Vertrauensfrage bei Vorliegen einer zweifelsfrei bestehenden Bundestagsmehrheit.[175] Der Wortlaut der Norm verlangt nämlich, dass ein Antrag des Bundeskanzlers, ihm das *Vertrauen* auszusprechen, keine Mehrheit findet. Soweit von der Mehrheit des erkennenden Senates vertreten wird, dass aus dem Wortlaut nicht ersichtlich sei, dass es bei der Abstimmung auf die Motive der Abgeordneten ankomme und daher die Vertrauensfrage auch von einem Bundeskanzler, der eine verlässliche Parlamentsmehrheit hinter sich weiß, zulässigerweise gestellt werden könne[176], ist auf die finale Struktur des Art. 68 Abs. 1 S. 1 GG[177] zu verweisen: „Finden" des Vertrauens setzt ein „Suchen" desselben voraus.[178] Der Wortlaut zielt damit gerade auf den Erhalt des Vertrauens. Ansonsten hätte Art. 68 GG lediglich auf einen Antrag des Bundeskanzlers, den Bundestag aufzulösen, abstellen können. Schon aus diesem Grund kann auch der Auffassung der Richterin *Lübbe-Wolff* in ihrem Sondervotum, das im Ergebnis auf einen Wegfall der vom Bundesverfassungsgericht 1983 aufgestellten materiellen Tatbestandsvoraussetzung der instabilen Lage zielt[179], nicht gefolgt werden.

Auch der systematische Zusammenhang des Art. 68 GG mit Artt. 63 und 67 GG rechtfertigt die Beschränkung der Vertrauensfrage auf einen Minderheitskanzler[180]: Gelingt wegen des Fehlens einer ausreichenden Mehrheit nicht der Weg über ein konstruktives Misstrauensvotum gem. Art. 67 GG, soll es über Art. 68 GG dem Bundeskanzler möglich sein, über eine Vertrauensfrage den beste-

---

173 Vgl. dazu näher SCHENKE, in: Dolzer/ Vogel/ Graßdorf (Hrsg.), BK, Art. 68, RN 72, S. 51; ähnlich auch SCHOCH, Vertrauensfrage und Parlamentsauflösung, in: ZSE 2006, S. 88-102/ 97.

174 Abgedruckt in: BVerfGE 62, 70.

175 So auch PFEIFER, Bundestagsauflösung trotz Kanzlermehrheit?, in: VR 2005, S. 253-256/ 254. Zur Kritik an der Wortlautauslegung des BVerfG s. insbesondere DELBRÜCK/ WOLFRUM, Die Auflösung des 9. Deutschen Bundestages, in: JuS 1983, S. 758-764/ 761.

176 BVerfGE 62, 1 (36 f.); so auch LIESEGANG, Zur verfassungsrechtlichen Problematik der Bundestagsauflösung, in: NJW 1983, S. 147-150/ 147 f.

177 Antragschrift des Abg. Karl-Hans Lagershausen - Bevollmächtigter Prof. Dr. Rainer WAHL, in: Heyde/ Wöhrmann (Hrsg.), Auflösung und Neuwahl des Bundestages vor dem BVerfG 1983, S. 3-50/ 8

178 RINCK, Sondervotum, in: BVerfGE 62, 70 (72); so auch DICKMANN, Das Kappen der historisch-systematischen Taue, in: BayVBl. 2006, S. 72-75/ 74.

179 BVerfGE 114, 182 (195)

180 So auch RINCK, in: Sondervotum, in: BVerfGE 62, 70 (75).

henden Konflikt zwischen Bundestag und Bundesregierung zu lösen. Hiervon ist aber nicht der Fall einer 'unechten' Vertrauensfrage eines Mehrheitskanzlers erfasst.[181] Auch Art. 63 Abs. 4 GG kann nur im Falle eines Minderheitskanzlers zur Anwendung kommen, denn er setzt einen „atypischen Defekt im Verhältnis Parlament-Bundesregierung" voraus. Daran fehlt es aber, wenn der Bundeskanzler über die Mehrheit im Bundestag verfügt.[182]

Ebenso sprechen Sinn und Zweck des Art. 68 GG für eine Begrenzung der 'unechten' Vertrauensfrage auf einen Minderheitskanzler. Der Sinn der Vertrauensfrage liegt darin, eine neue stabile und handlungsfähige Regierung hervorzubringen und so lange wie möglich die Funktionsfähigkeit von Bundestag und Bundesregierung auch im Falle einer politischen Krise zu erhalten. Nur wenn dies misslingt, soll Art. 68 GG die Möglichkeit eröffnen, mittels Neuwahlen wieder zu einer handlungsfähigen Regierung zu gelangen. Dieser Zweck, insbesondere die mit Art. 68 Abs. 1 GG verbundene Appellfunktion[183], kann aber bei einer manipulativen Vertrauensfrage nicht erreicht werden; dieser würde vielmehr konterkariert[184]: Strebt nämlich ein Mehrheitskanzler die Versagung des Vertrauens an, will er gerade keine regierungsfähige Mehrheit erhalten bzw. schaffen, sondern beabsichtigt Neuwahlen, ohne dass absehbar wäre, dass als deren Ergebnis klare Mehrheitsverhältnisse zustande kommen.[185] Es könnte vielmehr sein, dass bestehende Mehrheiten durch möglicherweise nicht mehr mehrheitsfähige Verhältnisse ersetzt werden und damit eine nicht beabsichtigte Wirkung eintritt[186], wie die Bundestagswahl 2005 gezeigt hat.[187]

Dass einem Mehrheitskanzler nicht die Vertrauensfrage zur Verfügung stehen soll, lässt sich auch durch die Genese des Art. 68 GG belegen. So äußerte der Abg. *v. Brentano* in der vierten Sitzung des Hauptausschusses des Parlamentarischen Rates zu Art. 90a des Grundgesetzentwurfes, der Norm, aus der Art. 68 GG hervorgegangen ist, dass diese Regelung erforderlich sei, „weil die Existenz eines *Minderheits*kabinetts einmal einen Abschluß finden kann und muß"[188]. Die insbesondere zur Begründung der Gegenansicht[189] herangezogene Äußerung von

---

181 Vgl. SCHENKE, in: Dolzer/ Vogel/ Graßdorf (Hrsg.), BK, Art. 68, RN 87, S. 63.
182 SCHENKE, in: Dolzer/ Vogel/ Graßdorf (Hrsg.), BK, Art. 68, RN 79, S. 55 f.
183 Vgl. RINCK, in: Sondervotum, in BVerfGE 62, 70 (76).
184 Ebenso SCHENKE, Zur verfassungsrechtlichen Problematik der Bundestagsauflösung, in: NJW 1983, S. 150-153/ 152; DERS., Die verfassungswidrige Bundestagsauflösung, in: NJW 1982, S. 2521-2528/ 2522 f.; vgl. auch MAURER, Vorzeitige Auflösung des Bundestages, in: DÖV 1982, S. 1001-1007/ 1004.
185 So auch SCHENKE, Die verfassungswidrige Bundestagsauflösung, in: NJW 1982, S. 2521-2528/ 2522 f.
186 So auch SCHENKE, in: Dolzer/ Vogel/ Graßdorf (Hrsg.), BK, Art. 68, RN 79, S. 56; vgl. auch RINCK, Sondervotum, in: BVerfGE 62, 70 (76 ff.); JENTSCH, Sondervotum, in: BVerfGE 114, 170 (180).
187 Ebenso EPPING, „Gefühltes Misstrauen", in: RuP 2005, S.197-203/ 198.
188 Parlamentarischer Rat, Verhandlungen des Hauptausschusses, 4. Sitzung (17.11.1948), S. 41-56/ 44, Hervorhebung durch d. Verf.

Katz (SPD), dass Art. 90a der Bundesregierung die Möglichkeit gebe, „eine wichtige Frage durch das Volk entscheiden zu lassen“, darf nicht isoliert, sondern muss in dem Kontext, in dem sie gefallen ist, betrachtet werden. Sie wurde im unmittelbaren Anschluss an die Äußerung *von Brentanos* getätigt und Katz hat ihr nicht widersprochen.[190]

Allerdings könnte aus den Bundestagsauflösungen 1972, 1983 und 2005 eine „kreativere“, d.h. großzügigere Auslegung des Art. 68 GG dahingehend zu folgern sein, dass auch ein Mehrheitskanzler die Vertrauensfrage für sich nutzen kann. Darin läge aber eine implizite Verfassungsänderung. Gegen diese spricht aber zum einen das in Art. 79 Abs. 1 S. 1 GG niedergelegte Gebot der Verfassungsänderung nur durch formelles Gesetz.[191] Eine bestimmte Verfassungspraxis im Umgang mit einer Norm kann keine verfassungsrechtliche Bindung erzeugen.[192] Zum anderen sind die Auflösungslagen 1972, 1982 und 2005 nicht ohne weiteres miteinander vergleichbar.[193] Während sich 1982 die Frage „bedingten“ Vertrauens stellte, war im Jahr 2005 die Frage der Anwendbarkeit des Art. 68 GG auf den Fall „schwindenden Vertrauens“ zu prüfen[194] und die Bundestagsauflösung von 1972 stellt schon deswegen keinen geeigneten Vergleichsmaßstab dar, da tatsächlich eine Pattsituation vorlag. Daher kann auch nicht von einem entsprechenden Bedeutungswandel des Art. 68 GG ausgegangen werden.[195]

Als Ergebnis der Auslegung des Art. 68 GG ist festzuhalten, dass eine Vertrauensfrage zwar auch mit dem Ziel der Auflösung des Bundestages zum Zuge kommen kann, es aber - im Gegensatz zur Auffassung des Bundesverfassungsgerichtes - in dieser Konstellation eines *Minderheitskanzlers* bedarf. Die durch einen Mehrheitskanzler erstrebte Auflösung des Bundestages ist mithin verfassungsrechtlich nicht unbedenklich[196] und stellt eine verfassungsrechtlich problematische Umgehung des Art. 68 GG dar.[197]

---

189 Vgl. nur KLEIN, H.-H., Die Auflösung des Deutschen Bundestages nach Art. 68 GG, in: ZParl 1983, S. 402-421/ 406 ff.; LÜBBE-WOLFF, Sondervotum, in: BVerfGE 114, 182 (193 f.).

190 Zur Genese s. näher SCHENKE, in: Dolzer/ Vogel/ Graßdorf (Hrsg.), BK, Art. 68, RN 90 ff., S. 66 ff.; RINCK, Sondervotum, in: BVerfGE 62, 70 (76 ff.); HOPFAUF, Zur Entstehung des Artikels 68 GG, in: AöR 108, S. 391-403.

191 Ebenfalls so SCHENKE, Zur verfassungsrechtlichen Problematik der Bundestagsauflösung, in: NJW 1983, S. 150-153/ 153.

192 S. dazu näher SCHENKE, Die verfassungswidrige Bundestagsauflösung, NJW 1982, S. 2521-2528/ 2525.

193 Ebenso SCHENKE, Die verfassungswidrige Bundestagsauflösung, in: NJW 1982, S. 2521-2528/ 2525.

194 MAGER, Die Vertrauensfrage, in: Jura 2006, S. 290-296/ 293

195 So aber LIESEGANG, Zur verfassungsrechtlichen Problematik der Bundestagsauflösung, in: NJW 1983, S. 147-150/ 148, 150.

b. Einschätzungsspielraum des Bundeskanzlers

Kritisch zu würdigen ist auch der dem Bundeskanzler vom Bundesverfassungsgericht eingeräumte Ermessensspielraum. Nach Ansicht des Bundesverfassungsgerichtes soll v.a. die subjektive Lagebeurteilung des Bundeskanzlers maßgeblich sein. Aufgrund „partei- und fraktionspolitischer Rücksichtnahme“ sowie „persönliche[r] Vertrauenswürdigkeit“ des Kanzlers müsse die Handlungsunfähigkeit der Bundesregierung nicht offen zu Tage treten.[198] Dem ist zwar darin zuzustimmen, dass sich die genannten Anhaltspunkte für das Vorliegen eines Minderheitskanzlers aufgrund ihrer Komplexheit nur schwer nachvollziehen lassen und dass auch dem Bundeskanzler eine Überprüfung der tatsächlichen Vertrauenslage nur eingeschränkt möglich ist. Tatsächlich können einzelne Indizien in unterschiedlichen Richtungen deuten, so dass dem Bundeskanzler bei der Feststellung der materiellen Auflösungslage durchaus ein Beurteilungsspielraum zuzugestehen ist[199], zumal er gem. Art. 65 S. 1 GG die Verantwortung für die Regierungspolitik trägt. Jedoch bedeutet die Einräumung eines Beurteilungsspielraumes keinen Verzicht auf die Überprüfung der der Entscheidung zugrunde liegenden Tatsachen.[200] Hierfür spricht schon, dass nur bei Abstellen auf objektive Umstände das Erfordernis einer materiellen Auflösungslage sinnvoll erscheint. Ohne Bezug auf objektive Umstände oder Tatsachen könnte das Institut der Vertrauensfrage nämlich leicht dem Missbrauch ausgesetzt sein.

Insofern erscheint diese Rechtsprechung des Bundesverfassungsgerichtes aus dem Jahre 2005, die verschleiernd nicht mehr von „unechter“, sondern von „auflösungsgerichteter“ Vertrauensfrage spricht, als bedenklich. Der danach ausreichenden „verdeckte[n] Minderheitssituation“[201], die es - unter Zugrundelegung der Ansicht des Bundesverfassungsgerichtes eigentlich gar nicht geben dürfte, da das Vertrauen des Bundestages zum Bundeskanzler allein im Abstimmungsergebnis artikuliert werde[202] - lassen sich nahezu alle politischen Auseinanderset-

---

196 So bereits HAUCK, Auflösung des Bundestages zur Verbreiterung der Regierungsmehrheit?, in: DVBl. 1971, S. 135-137/ 136. Vgl. auch MAURER, Vorzeitige Auflösung des Bundestages, in: DÖV 1982, S. 1001-1007/ 1004; MEYER, Anmerkung zu BVerfGE 62, 1, in: DÖV 1983, S. 243-246/ 244 f.; SCHENKE, Die verfassungswidrige Bundestagsauflösung, in: NJW 1982, S. 2521-2528/ 2522 f.; GAS, Die Auflösung des Bundestages nach Art. 68 GG mittels unechter (auflösungsgerichteter) Vertrauensfrage, in: BayVBl. 2006, S. 65-72/ 68 f.; SCHENKE, in: Dolzer/ Vogel/ Graßdorf (Hrsg.), BK, Art. 68, RN 75, S. 53; PFEIFER, Bundestagsauflösung trotz Kanzlermehrheit?, in: VR 2005, S. 253-256/ 254.

197 WASSERMANN, R., Die manipulierte Verfassung, in: RuP 2005, S. 131-136/ 132 spricht sogar von einem Missbrauch des Art. 68 GG.

198 Vgl. BVerfGE 114, 121 (150, 156, 163); so auch SCHOCH, Vertrauensfrage und Parlamentsauflösung, in: ZSE 2006, S. 88-102/ 99 f.

199 So auch SCHENKE, in: Dolzer/ Vogel/ Graßdorf (Hrsg.), BK, Art. 68, RN 144, S. 107 f.

200 Vgl. nur MAURER, Vorzeitige Auflösung des Bundestages, in: DÖV 1982, S. 1001-1007/ 1004; BUETTNER/ JÄGER, Bundestagsauflösung und Vertrauensfrage, in: DÖV 2006, S. 408-417/ 412 f.

201 BVerfGE 114, 121 (157)

zungen zuordnen.[203] Damit führt das vom Bundesverfassungsgericht aufgestellte materielle Tatbestandsmerkmal der instabilen Lage zwischen Bundeskanzler und Bundestag - wie auch von Richterin *Lübbe-Wolff* in ihrem Sondervotum dargelegt - nur noch eine „juristische Scheinexistenz".[204]

c. Rolle des Bundespräsidenten

Aber auch die Rolle des Bundespräsidenten gerät in ein schiefes Licht. Nach h.M.[205] soll dem Bundespräsidenten ein echtes Ermessen hinsichtlich der Bundestagsauflösung nach Art. 68 GG zustehen.[206] Hierbei handelt es sich um einen selbständigen Beurteilungs- und Handlungsbereich. Das Bundesverfassungsgericht hat - wie auch von Richter *Rottmann* in seinem Sondervotum seinerzeit kritisiert[207] - demgegenüber den Entscheidungsspielraum des Bundespräsidenten stark eingeschränkt: In seiner Entscheidung vom 16. Februar 1983 - und noch weiter ausgebaut in der vom 25. August 2005 - hat es nämlich eine so weitreichende Einschätzungsprärogative des Bundeskanzlers angenommen, dass dem Bundespräsidenten lediglich eine Evidenzprüfung verbleibt. Er soll mithin lediglich prüfen dürfen, ob - entgegen der Einschätzung des Bundeskanzlers - eine politische Lage gegeben ist, die einer Bundestagsauflösung eindeutig entgegensteht.[208]

Dies dürfte mit der Stellung des Bundespräsidenten nach dem Grundgesetz nur schwerlich vereinbar sein. Anders als bei der Ausfertigung der Gesetze, bei der es nach überwiegender Ansicht um die Ausübung einer mehr staatsnotariellen Aufgabe des Bundespräsidenten geht, sieht Art. 68 GG eine echte politische Entscheidungsbefugnis vor, die durch eine zu weitgehende Einschätzungsprärogative des Bundeskanzlers unterlaufen werden würde.[209] Danach kann von einer gleichberechtigten Entscheidung dreier oberster Verfassungsorgane (Bundestag,

---

202 Ebenso SCHENKE, Das „gefühlte" Misstrauen, in: ZfP 2006, S. 26-49/ 36.

203 So auch WINKLER, Vertrauensfrage und Parlamentsauflösung, in: ZSE 2006, S. 103-119/ 116.

204 BVerfGE 114, 182 (187). Vgl. auch WINKLER, Vertrauensfrage und Parlamentsauflösung, in: ZSE 2006, S. 103-119/ 116. Ähnlich auch MAGER, Die Vertrauensfrage, in: Jura 2006, S. 290-296/ 294; REIMER; Vertrauensfrage und Bundestagsauflösung bei parlamentarischer Anscheinsgefahr, in: JuS 2005, S. 680-683/ 681.

205 Vgl. nur HERMES, in: Dreier, GG-II, Art. 68, RN 24, S. 1530.

206 Nach a.A. (HOCHRATHNER, Anwendungsbereich und Grenzen des Parlamentsauflösungsrechts, C., V.2., S. 147 ff.; LIPPERT, Bestellung und Abberufung des Regierungschefs, Zweiter Hauptteil, Zweites Kap., C., Dritter Abschnitt, III., S. 464 ff./ 487.) handelt es sich bei Art. 68 Abs. 1 S. 1 GG um eine „Soll-Vorschrift". Danach soll der Bundespräsident die Auflösung des Bundestages nur im Falle des Missbrauches verweigern dürfen. Nach FRIESENHAHN, Parlament und Regierung, in: VVdStRL 16 (1958), S. 9-73/ 62 f. ist der Bundespräsident sogar zur Bundestagsauflösung verpflichtet. Gegen diese Auffassungen spricht aber bereits der Wortlaut des Art. 68 Abs. 1 S. 1 GG („kann").

207 Vgl. BVerfGE 62, 108 (111).

208 BVerfGE 62, 1 (50 f.); E 114, 121 (159)

Bundeskanzler und Bundespräsident) kaum mehr die Rede sein.[210] Vielmehr wäre durch das Zusammenwirken von Bundeskanzler und Bundestagsmehrheit die Entscheidungsfreiheit des Bundespräsidenten bereits weitgehend präjudiziert. Der Ermessenspielraum des Bundespräsidenten erscheint damit praktisch auf Null reduziert, was mit Sinn und Zweck der Vorschrift kaum in Einklang zu bringen ist. Die Sicherung der materiellen Auflösungsvoraussetzung ist damit in Frage gestellt.

d. Prüfungsumfang des Bundesverfassungsgerichtes

Das Bundesverfassungsgericht führt in seiner Entscheidung von 1983 aus, dass das Grundgesetz durch die Gewährung von Beurteilungsspielräumen den Umfang der verfassungsgerichtlichen Prüfungskompetenz hinsichtlich Art. 68 GG weiter zurückgenommen habe „als in den Bereichen von Rechtsetzung und Normvollzug".[211] Ergänzend heißt es in seiner Entscheidung aus dem Jahr 2005, dass die nach Art. 68 GG gewollte Aufteilung der Verantwortung auf drei Verfassungsorgane nur gewährleistet sei, wenn das Bundesverfassungsgericht deren politische Lageeinschätzung respektiere.[212] Im Schrifttum wird teilweise noch darauf hingewiesen, dass die eingeschränkte verfassungsgerichtliche Kontrolldichte der politischen Komponente der Auflösungsentscheidung sowie den begrenzten Möglichkeiten des Erkenntnisverfahrens des Gerichtes Rechnung trage.[213]

Damit scheint das Gericht auf eine Überprüfung des der Auflösungsentscheidung zugrundeliegenden Sachverhaltes zu verzichten oder diese doch erheblich einzuschränken. Dies entspricht aber nicht den weithin anerkannten Maßstäben hinsichtlich der Kontrolle von Handlungen staatlicher Organe mit Beurteilungsspielraum, die zumindest die vollständige Ermittlung der relevanten Tatsachen umfasst.[214] Insoweit ist auch auf § 26 Abs. 1 S. 1 BVerfGG[215] zu verweisen. Nach dem dort niedergelegten Untersuchungsgrundsatz hat das Bundesverfassungsgericht eine umfassende Erforschung der dem Rechtsstreit zugrunde liegenden Tatsachen vorzunehmen, ist also insbesondere nicht an die von den Parteien

---

209 Ebenfalls so PFEIFER, Bundestagsauflösung trotz Kanzlermehrheit?, in: VR 2005, S. 253-256/ 255 f.

210 So unter anderem auch DELBRÜCK/ WOLFRUM, Die Auflösung des 9. Deutschen Bundestages vor dem BVerfG, in: JuS 1983, S. 758-764/ 760, 762.

211 BVerfGE 62, 1 (51)

212 BVerfGE 114, 121 (159). So auch SCHNEIDER, H.-P., Sibyllinisch oder salomonisch?, in: NJW 1983, S. 1529 f./ 1529.

213 SCHOCH, Vertrauensfrage und Parlamentsauflösung, in: ZSE 2006, S. 88-102/ 100 f.

214 Vgl. insoweit nur MAURER, Allgemeines Verwaltungsrecht, § 7, RN 58, S. 158.

215 Bekanntmachung der Neufassung vom 11.08.1993, BGBl. I 1993, S. 1473, zuletzt geändert durch Art. 7 Abs. 12 des Gesetzes zur Stärkung der Selbstverwaltung der Rechtsanwaltschaft vom 26.03.2007, BGBl. I 2007, S. 358, 366

dargelegten Tatsachen gebunden.[216] Auch greift der gerichtliche Hinweis auf die Mitwirkung dreier oberster Verfassungsorgane am Auflösungsverfahren zu kurz, denn (1.) ist der Bundeskanzler als Antragsteller hinsichtlich der Vertrauensfrage unmittelbar betroffen und damit offensichtlich befangen, (2.) wird der Bundestag aufgrund der „Verwobenheit von Regierung und Regierungsparteien" in der Regel mit der Auflösung des Bundestages auf dem vom Bundeskanzler vorgeschlagenen Weg einverstanden sein und sich die Opposition schon aus politisch-taktischen Erwägungen nicht dem Auflösungsantrag entgegenstellen und (3.) wurde die Kontrollbefugnis des Bundespräsidenten auf eine Evidenzkontrolle beschränkt.[217] Der Kontrollmaßstab des Bundesverfassungsgerichtes wird damit so weit herabgesetzt, dass es - so Richterin *Lübbe-Wolff* - „praktisch nicht mehr in die Lage kommen kann, die Einschätzung des Bundeskanzlers [...] für falsch erklären zu müssen."[218] All dies lässt sich schwerlich mit der dem Bundesverfassungsgericht zukommenden Kontrollfunktion vereinbaren, insbesondere wenn man die „besondere politische Natur des Art. 68 GG" berücksichtigt. Dieser darf sich das Bundesverfassungsgericht nicht unter Verweis auf die „selbstregulierenden Kräfte des politischen Systems" entziehen.[219] Sonst könnte zum „inszenierten Misstrauen" im Bundestag noch die „nur vorgespielte verfassungsgerichtliche Kontrolle" hinzukommen.[220]

e. Subsumtionsprobleme

Die hier erörterten Entscheidungen des Bundesverfassungsgerichtes sind aber auch und v.a. unter dem Aspekt der Subsumtion problematisch. Wenn auch die Kritik, die Subsumtion des Bundesverfassungsgerichtes sei verfehlt[221], zu weit geht, so begegnet doch die Art der Subsumtion nicht unerheblichen Einwänden. Es entsteht nämlich der Eindruck, dass das Bundesverfassungsgericht die von ihm selbst aufgestellten Kriterien nicht mit der notwendigen Konsequenz verfolgt hat. Dies wird insbesondere und nicht von ungefähr von den Richtern *Rottmann* (hinsichtlich der Entscheidung des Bundesverfassungsgerichtes zur Bundestags-

---

216 WINKLER, Vertrauensfrage und Parlamentsauflösung, in: ZSE 2006, S. 103-119/ 114 f.

217 BUETTNER/ JÄGER, Bundestagsauflösung und Vertrauensfrage, in: DÖV 2006, S. 408-417/ 411; vgl. auch PESTALOZZA, Art. 68 light, in: NJW 2005, S. 2817-2820/ 2819; EPPING, „Gefühltes Misstrauen", in: RuP 2005, S. 197-203/ 201.

218 BVerfGE 114, 182 (186). Ähnlich bereits ROTTMANN in seinem Sondervotum, BVerfGE 62, 108 (111).

219 BUETTNER/ JÄGER, Bundestagsauflösung und Vertrauensfrage, in: DÖV 2006, S. 408-417/ 413; ähnlich auch MAHRENHOLZ, Die Vertrauensfrage des Kanzlers nach Art. 68 GG kann entfallen, in: ZRP 2005, S. 245 f./ 246

220 EDINGER, Wer misstraut wem? in: ZParl 2006, S. 28-39/ 37

221 So auch MEYER, Anmerkung zu BVerfGE 62, 1, in: DÖV 1983, S. 243-246/ 245 f.; EDINGER, Wer misstraut wem? in: ZParl 2006, S. 28-39/ 36.

auflösung 1983) und *Jentsch* (hinsichtlich der Entscheidung des Bundesverfassungsgerichtes zur Bundestagsauflösung 2005) in ihren Sondervoten betont.[222]

So spricht, was die Entscheidung von 1983 angeht, bereits gegen die Annahme einer materiellen Auflösungssituation 1982/ 83, dass der damalige Bundeskanzler *Kohl* nur knapp zweieinhalb Monate vor dem Antrag nach Art. 68 GG mit überzeugender Mehrheit durch das konstruktive Misstrauensvotum zum Bundeskanzler gewählt worden war.[223] Das Bundesverfassungsgericht hatte insoweit selbst ausgeführt, dass das Argument, ein durch konstruktives Misstrauensvotum an die Macht gelangter Kanzler bedürfe nachträglich einer Bestätigung durch Neuwahlen, nicht durchschlagend sei: Auch ein auf diese Weise ins Amt gekommener Kanzler besitze neben seiner „verfassungsmäßigen Legalität" die erforderliche volle „demokratische Legitimität".[224] Gegen die Annahme der vom Bundesverfassungsgericht angenommenen instabilen Verhältnisse spricht zudem, dass bereits während der Diskussion um die Bundestagsauflösung Gespräche zwischen der CDU/ CSU und der FDP über die weitere Zusammenarbeit nach der vorgezogenen Bundestagswahl stattgefunden hatten. Insofern kann die bundesverfassungsgerichtliche Argumentation, der FDP sei aufgrund politischer Divergenzen nicht zu trauen gewesen[225], nicht überzeugen. Hinzu kommt, dass dem Grundgesetz das „Institut eines begrenzten Vertrauens"[226] fremd ist.

Insgesamt lässt sich demnach eine recht einseitige Wertung der Fakten durch das Bundesverfassungsgericht feststellen.[227] Staatsrechtslehrer *Hans Meyer* spricht in seiner Urteilskritik insoweit nicht von ungefähr von einem „angestrengte[n] Wegsehen der Senatsmehrheit".[228] Das Gericht hat nämlich nicht oder nicht hinreichend gewürdigt, dass der damalige Bundeskanzler die Vertrauensfrage nicht im Hinblick auf eine schwindende parlamentarische Mehrheit gestellt hatte, sondern vielmehr um das voreilig gegebene politische Versprechen, Neuwahlen durchzuführen, einzulösen. Es hat mithin nicht gesehen oder nicht sehen wollen, dass sich die parlamentarische Mehrheit nach der Wahl Kohls zum Bundeskanzler am 1. Oktober 1982 (mit 256 Stimmen) sogar gefestigt hatte, denn der Haushalt für das Jahr 1983 war am 16. Dezember 1982 mit 266 Stimmen verabschiedet worden. Schließlich wurde auch darüber hinweggesehen, dass die damals bestehende Bundesregierung durchaus wieder eine neue Bundesregierung unter Bun-

---

222 Vgl. BVerfGE 62, 108 (112 ff.) bzw. BVerfGE 114, 170 (170 ff.).
223 Ebenfalls so MAURER, Vorzeitige Auflösung des Bundestages, in: DÖV 1982, S. 1001-1007/ 1004 f.
224 BVerfGE 62, 1 (43)
225 BVerfGE 62, 1 (52 ff.)
226 SCHENKE, Zur verfassungsrechtlichen Problematik der Bundestagsauflösung, in: NJW 1983, S. 150-153/ 152; vgl. auch ZEIDLER in seinem Sondervotum, in: BVerfGE 62, 64 (66).
227 Ebenso DELBRÜCK/ WOLFRUM, Die Auflösung des 9. Deutschen Bundestages vor dem BVerfG, in: JuS 1983, S. 758-764/ 762.
228 Vgl. seine Anmerkung zu BVerfGE 62, 1, in: DÖV 1983, S. 243-246/ 246.

deskanzler Kohl bilden wollte und dieser insoweit im Wahlkampf als Spitzenkandidat aufgestellt war.[229]

Dem Bundesverfassungsgericht ist insoweit „Blauäugigkeit“[230] bescheinigt worden, von der auch hinsichtlich der Subsumtion des Bundesverfassungsgerichtes in seiner Auflösungsentscheidung vom 25. August 2005 auszugehen ist. Unter Berücksichtigung seiner eigenen Maßstäbe hätte das Bundesverfassungsgericht zu dem Ergebnis kommen können, ja müssen, dass die Voraussetzungen des Art. 68 GG nicht vorlagen[231], denn objektive Anhaltspunkte für eine künftige Handlungsunfähigkeit der Bundesregierung waren nicht ersichtlich.[232] Zum 2005 von Bundeskanzler Schröder in seiner Begründung zur Vertrauensfrage angeführten Argument, die Fortsetzung der umstrittenen Agenda 2010 sei gefährdet gewesen[233], ist zu sagen, dass diese bereits weitgehend abgeschlossen und noch ausstehende Maßnahmen von der SPD-Fraktion einhellig gebilligt worden waren.[234] Die Annahme einer Handlungsunfähigkeit der Regierung erscheint aber auch insoweit zweifelhaft, als am Tag vor der Vertrauensfrage zahlreiche Gesetze mit Mehrheit verabschiedet worden waren.[235] Auch der Verweis des Bundeskanzlers Schröder auf die parteipolitische Zusammensetzung des Bundesrates als eines politischen Blockadeinstrumentes erscheint nicht geeignet, das Fehlen einer Mehrheit im Bundestag zur Umsetzung der politischen Ziele zu begründen.[236] Entscheidend sind nämlich - entsprechend des Wortlautes des Art. 68 Abs. 1 S. 1 GG - nur die Mehrheitsverhältnisse im Bundestag.

Nach a.A. müssten aus den Mehrheitsverhältnissen im Bundesrat - auch wenn ihnen für sich keine Bedeutung zukomme -, Rückschlüsse auf die Situation im Bundestag gezogen werden. Wenn wegen der Mehrheit der Opposition im Bundesrat und im Vermittlungsausschuss im Regierungslager eine Haltung der Frustration oder Hoffnungslosigkeit einträte, könnte dies die Fraktionsdisziplin auf-

---

229 So auch MEYER, Anmerkung zu BVerfGE 62, 1, in: DÖV 1983, S. 243-246/ 246; ROTTMANN, Sondervotum, in: BVerfGE 62, 108 (112).

230 So zur Subsumtion des BVerfG 1983 MEYER, Anmerkung zu BVerfGE 62, 1, in: DÖV 1983, S. 243-246/ 243.

231 IPSEN, J., Zur Regierung verurteilt?, in: NJW 2005, S. 2201-2204/ 2203

232 So insbesondere auch JENTSCH, Sondervotum, in: BVerfGE 114, 170 (170 ff.).

233 Deutscher Bundestag, Plenarprotokoll 15/ 185 (01.07.2005), S. 17465

234 So unter anderem auch STARCK, Urteilsanmerkung, in: JZ 2005, S. 1053-1056/ 1055; PFEIFER, Bundestagsauflösung trotz Kanzlermehrheit?, in: VR 2005, S. 253-256/ 256.

235 So auch ROZEK, Schwierige Situation ist keine Begründung, in: SZ vom 22.07.2005, S. 2. Zu dem Fehlen der tatbestandlichen Voraussetzungen s. auch WINKLER, Vertrauensfrage und Parlamentsauflösung, in: ZSE 2006, S. 103-119/ 107 f.; LÖWER, Inszeniertes Misstrauen, in: DVBl. 2005, S. 1102-1111/ 1107 f. Vgl. auch Richter JENTSCH (Sondervotum, in: BVerfGE 114, 170 [172 ff.]), der zwar dasselbe Prüfprogramm wie die Senatsmehrheit verwendet, aber strengere Maßstäbe an die objektiven Tatsachen anlegt, mit denen der Kanzler seine politische Handlungsunfähigkeit begründet und damit zu einem divergierenden Ergebnis kommt.

236 So unter anderem auch JENTSCH, Sondervotum, BVerfGE 114, 170 (171); WINKLER, Vertrauensfrage und Parlamentsauflösung, in: ZSE 2006, S. 103-119/ 107.

weichen, das Abstimmungsverhalten im Bundestag unberechenbar machen und so über die verbleibenden Monate der regulären Legislaturperiode die Regierungsfähigkeit gefährden. Die Loyalitätsversicherungen gegenüber dem Bundeskanzler von Mitgliedern des linken Fraktionsflügels seien angesichts der knappen Bundestagsmehrheit (304 von 601 Sitzen) für die Regierungsfraktionen, der fraktionsinternen Umstrittenheit der Agenda 2010 und der sich abzeichnenden Entstehung der Liste „Die Linkspartei" brüchig und als „Krisenzeichen" zu deuten.[237]

Dagegen spricht aber das tatsächliche Vorhandensein einer handlungsfähigen Mehrheit im Bundestag. Keines der Gesetzvorhaben der Bundesregierung war nämlich bislang gescheitert.[238] Schließlich ist auch noch auf die Stellungnahme des Partei- und Fraktionsvorsitzenden *Franz Müntefering* im Rahmen der Aussprache zur Vertrauensfrage am 1. Juli 2005 hinzuweisen, der erklärte, dass Bundeskanzler Schröder die volle Unterstützung für eine erneute Kandidatur besitze[239] und damit dessen Vertrauensfrage konterkarierte.[240] Eine Auflösungslage war nach alledem nicht gegeben.

4. Zwischenfazit

Hinsichtlich der drei bislang erfolgten Bundestagsauflösungen ist zusammenfassend festzuhalten: Die Inanspruchnahme des Art. 68 GG im Jahr 1972 hat sich im Ganzen im verfassungsrechtlich vorgesehenen Rahmen gehalten.[241] Gleichwohl bleibt zumindest insoweit ein negativer Eindruck des Verfahrens, als die Vertrauensfrage erst gestellt wurde, nachdem sich die Parteien über dieses Verfahren und insbesondere den Neuwahltermin geeinigt hatten[242] und zudem die Mitglieder der Bundesregierung verpflichtet wurden, sich nicht an der Abstimmung zu beteiligen. Darin kann ein manipulatives Element gesehen werden[243], so dass das Verfahren nicht ganz rechtsbedenkenfrei bleibt.

---

237 REIMER, Vertrauensfrage und Bundestagsauflösung bei parlamentarischer Anscheinsgefahr, in: JuS 2005, S. 680-683/ 681

238 S. dazu GRÖSCHNER/ LEMBCKE, Zwei Hüter einer Verfassung, in: FAZ vom 24.08.2005, S. 8.

239 Deutscher Bundestag, Plenarprotokoll 15/ 185, S. 17474.

240 Ebenso STARCK, Urteilsanmerkung, in: JZ 2005, S. 1053-1056/ 1055.

241 So auch MAURER, Vorzeitige Auflösung des Bundestages, in: DÖV 1982, S. 1001-1007/ 1005.

242 Vgl. dazu näher LANGE/ RICHTER, G., Erste vorzeitige Auflösung des Bundestages, in: ZParl 1973, S. 38-75/ 47 ff.; vgl. auch BUSCH, Die Parlamentsauflösung 1972, in: ZParl 1973, S. 213-246/ 214.

243 So FROMME, Die vier Stationen vor einer Neuwahl des Bundestage, in: FAZ vom 30.11.1982, S. 10 f./ 10.

Offensichtlicher zeigt sich die manipulative Tendenz im Jahr 1982. Für die Regierung *Kohl/ Genscher* bestand nämlich durchaus eine ausreichende Mehrheit. Dies brachte unter anderem auch der Abg. *Waigel* (CDU/ CSU) zum Ausdruck, als er davon sprach, dass mit der Ablehnung der Vertrauensfrage keine „Kritik an der Person von Bundeskanzler Kohl oder an seiner Politik" verbunden sei.[244] Die Vertrauensfrage wurde danach nur in der Absicht gestellt, Neuwahlen zu erreichen, obwohl die verfassungsrechtlichen Vorgaben der Vertrauensfrage nicht vorlagen.[245]

Auch das konzertierte Verfahren hinsichtlich der Bundestagsauflösung von 2005 stellt sich als unzulässige Umgehung des Art. 68 Abs. 1 GG dar, was schon daraus ersichtlich wird, dass die Ablehnung der Vertrauensfrage bewusst inszeniert wurde.[246] Dies zeigt deutlich der „Hinweis" des Fraktionsvorsitzenden an die Abgeordneten der SPD-Fraktion, sich im Rahmen der Abstimmung der Stimme zu enthalten[247] und so den Weg zu einer Ablehnung der Vertrauensfrage frei zu machen.[248]

Nicht zuletzt ist darauf hinzuweisen, dass sowohl Bundeskanzler *Kohl* als auch Bundeskanzler *Schröder* sehr wohl ohne eine Bundestagsauflösung von ihrem Amt hätten zurücktreten können. Dies wäre ein verfassungsrechtlich „sauberer" Weg gewesen.[249] Diesen lehnten beide jedoch aus politischen, genauer machtpolitischen, Gründen ab und wählten stattdessen den „manipulativen" Weg über die Bundestagsauflösung nach Art. 68 GG.[250] Art. 68 GG wurde bewusst umgebogen, um ein beabsichtigtes politisches Ergebnis - die Bundestagsauflösung - zu erreichen.[251] Im Hinblick auf die Entscheidungen vom 16. Februar 1983 und vom 25. August 2005 verbleibt zudem der prekäre Eindruck eines Zurückweichens des

244 Vgl. Deutscher Bundestag, Plenarprotokoll 9/ 141 (17.12.1982), S. 8956.

245 So auch RINCK, Sondervotum, in: BVerfGE 62, 70 (108); GEIS, in: GVK, Stenographischer Bericht, 9. Sitzung (09.07.1992), S. 7; ACHTERBERG, Vertrauensfrage und Auflösungsanordnung, in: DVBl. 1983, S. 477-486/ 477, 484 f.; SCHENKE, Zur verfassungsrechtlichen Problematik der Bundestagsauflösung, in: NJW 1983, S. 150-153/ 150.

246 So ebenfalls STARCK, Urteilsanmerkung, in: JZ 2005, S. 1053-1056/ 1054 f.; EDINGER, Wer misstraut wem? in: ZParl 2006, S. 28-39/ 36. Zur Verfassungswidrigkeit der Bundestagsauflösung vgl. auch GAS, Die Auflösung des Bundestages nach Art. 68 GG mittels unechter (auflösungsgerichteter) Vertrauensfrage, in: BayVBl. 2006, S. 65-72/ 68 f.; SCHENKE, in: Dolzer/ Vogel/ Graßdorf (Hrsg.), BK, Art. 68, RN 75, S. 53; PFEIFER, Bundestagsauflösung trotz Kanzlermehrheit?, in: VR 2005, S. 253-256/ 254. In diesem Sinne auch HILLGRUBER, Das Verfassungsrecht zwischen normativem Anspruch und politischer Wirklichkeit, demnächst in VVdStRL 67 (2008).

247 Vgl. Deutscher Bundestag, Plenarprotokoll 15/ 185 (01.07.2005), S. 17474.

248 Ebenso FRAS/ MICHEL/ SCHELLENBERGER, SPD misstraut Müntefering, in: Berliner Zeitung vom 29.06.2005, S. 1.

249 So auch *Ernst Benda*, *Rupert Scholz*, *Paul Kirchhof* und *Philip Kunig*, in: V. WRANGEL/ EISENHAUER, „Sauber wäre der Rücktritt", in: FAS vom 05.06.2005, S. 4.

250 So deutlich insbesondere für das Prozedere im Jahre 2005 auch WASSERMANN, R., Die manipulierte Verfassung, in: RuP 2005, S. 131-136/ 132.

251 So auch EDINGER, Wer misstraut wem? in: ZParl 2006, S. 28-39/ 32, 36.

Bundesverfassungsgerichtes vor der „Macht des Faktischen".[252] Damit ist - wie nicht zu Unrecht gesagt wurde - die „Normativität der Verfassung" in Frage gestellt.[253]

II. Selbstauflösung durch Umgehung der Voraussetzungen des Art. 63 Abs. 4 GG?

Auch über die in Art. 63 Abs. 4 GG vorgesehene Möglichkeit zur Auflösung des Bundestages lässt sich nur auf verfassungsrechtlich problematischem Weg eine vorzeitige Beendigung der Wahlperiode im Falle von innerparlamentarischen Schwierigkeiten und anderen - für eine Selbstauflösung typischen - Konstellationen im Laufe der Wahlperiode erreichen. Eine Auflösung nach Art. 63 Abs. 4 GG kommt de lege lata in Betracht, wenn ein Kandidat für das Amt des Bundeskanzlers im dritten Wahlgang nur eine einfache Mehrheit erlangt. Der Bundespräsident *kann* in diesem Fall den Gewählten ernennen oder den Bundestag auflösen. Allerdings erlischt das Auflösungsrecht binnen sieben Tagen.[254] Im Folgenden ist möglichen Manipulationen des Art. 63 GG näher nachzugehen.

1. Mögliche Manipulation des Art. 63 Abs. 4 GG

Manipulierbar ist die Bundestagsauflösung nach Art. 63 Abs. 4 GG insoweit, als ein Bundeskanzler, der eine parlamentarische Mehrheit hinter sich weiß, zurücktritt, der Bundestag in den sich anschließenden Wahlgängen dem Bundeskanzler absprachegemäß nicht die erforderliche Zustimmung erteilt und weiter der Bundespräsident nach dem dritten Wahlgang keinen Minderheitskanzler ernennt, sondern die Auflösung anordnet. Im Gegensatz zu einer Auflösung nach Art. 68 GG bedarf der Bundespräsident hierfür weder eines Vorschlages des Bundeskanzlers noch einer Gegenzeichnung (vgl. Art. 58 S. 2 GG).

---

252 TERHECHTE, Die vorzeitige Bundestagsauflösung als verfassungsrechtliches Problem, in: Jura 2005, S. 512-519/ 517; so auch WINKLER, Vertrauensfrage und Parlamentsauflösung, in: ZSE 2006, S. 103-119/ 105, 117.

253 Vgl. SCHENKE, Das „gefühlte" Misstrauen, in: ZfP 2006, S. 26-49/ 38.

254 Vgl. zum Verfahren der Bundeskanzlerwahl ausführlich HERMES, in: Dreier, GG-II, Art. 63, RN 11 ff. S. 1424 ff.

2. Verfassungswidrigkeit der Umgehung des Art. 63 Abs. 4 GG

Wie Art. 68 GG geht nach der hier vertretenen Auffassung auch Art. 63 Abs. 4 GG von einem Minderheitskanzler aus. Die Regelung des Art. 63 GG zielt im Interesse der Stabilität des politisch-rechtlichen Systems darauf, die Wahl eines *Mehrheits*kanzlers zu erreichen. Eine Auflösung des Bundestages setzt deshalb voraus, dass der Bundestag nicht in der Lage ist, einen solchen zu wählen. Von daher erscheint bereits die Ablehnung der Wahl eines seitens des Bundespräsidenten im Rahmen des Art. 63 Abs. 1 GG vorgeschlagenen Kandidaten allein wegen des Wunsches nach Neuwahlen als verfassungswidrig.[255] Auch hier würde das grundgesetzlich vorgeschriebene Verfahren zu ganz anderen als den verfassungsrechtlich vorausgesetzten und gebotenen Zwecken eingesetzt werden. Während Art. 63 GG auf die schnelle Bildung einer stabilen Regierung ausgerichtet ist, würde bei einem manipulierten Verfahren die Kanzlerwahl bewusst hinausgezögert werden. Darüber hinaus ist zudem nicht sicher absehbar, ob die bestehende Mehrheit im neugewählten Bundestag wieder zustande kommt. Ein vereinbarter Rücktritt des Bundeskanzlers verbunden mit dem sich anschließenden absichtlichen Scheitern der Neuwahl des Bundeskanzlers stellt daher keinen verfassungsrechtlich legitimen Weg zu einer mit Neuwahlen verbundenen Bundestagsauflösung dar.[256]

Es bleibt somit festzuhalten, dass Konstellationen, in denen typischerweise eine Selbstauflösung des Parlamentes in Betracht kommen kann, nicht verfassungsgemäß über die im Grundgesetz vorgesehenen Regelungen gelöst werden können. Da aber in der Verfassungspraxis durchaus ein Bedürfnis nach einer Auflösung des Bundestages auch in Konstellationen außerhalb der Artt. 68 und 63 Abs. 4 GG vorhanden sein kann oder gar zu sein scheint, besteht im Hinblick auf Art. 63 Abs. 4 GG die Gefahr eines Verfassungsbruches und hinsichtlich Art. 68 GG eine Wiederholungsgefahr, d.h. die Befürchtung, dass sich ein verfassungsrechtlich hoch problematisches Verfahren verfestigt.

---

255 So auch SCHENKE, Die verfassungswidrige Bundestagsauflösung, in: NJW 1982, S. 2521-2528/ 2526 f.

256 Ebenso BROCKMEYER, in: Schmidt-Bleibtreu/ Klein, GG, Art. 63, RN 8, S. 1230; ACHTERBERG, Parlamentsrecht, § 10, S. 204 f.; s. hierzu auch MAURER, Vorzeitige Auflösung des Bundestages, in: DÖV 1982, S. 1001-1007/ 1005.

§ 28 Erforderlichkeit eines Selbstauflösungsrechtes des Bundestages im Grundgesetz

Die vorstehenden Ausführungen dürften gezeigt haben, dass eine Auflösung des Bundestages außer im Falle des Minderheitskanzlers nur über eine Verfassungsmanipulation zu erreichen ist. Es sollte deshalb v.a. im Interesse der rechtsstaatlich gebotenen Normenklarheit sowie um Verfassungsmanipulationen vorzubeugen ein Selbstauflösungsrecht des Bundestages in das Grundgesetz aufgenommen werden. Aber auch aus weiteren Gründen wie der Möglichkeit der Rückgabe der Legitimation an das Wahlvolk und dem Ausgleich der mit der Rechtsprechung des Bundesverfassungsgerichtes zu den Bundestagsauflösungen 1983 und 2005 verbundenen Schwächung des Bundestages erscheint die Aufnahme eines parlamentarischen Selbstauflösungsrechtes in das Grundgesetz erforderlich. Hierauf ist im Folgenden näher einzugehen.

I. Vermeidung von Verfassungsmanipulationen

Für die Aufnahme eines Selbstauflösungsrechtes des Bundestages in das Grundgesetz spricht zunächst, dass damit die Vertrauensfrage wieder ihrem Zweck entsprechend, d.h. dann, wenn sich der Bundeskanzler in politisch schwierigen Fragen seiner Mehrheit im Bundestag nicht mehr sicher sein kann, angewendet werden könnte. Der Gefahr einer Manipulation der Vertrauensfrage zur Erreichung angestrebter Neuwahlen wäre damit künftig vorgebeugt. Sollte dennoch ein Mehrheitskanzler die Auflösung des Bundestages in manipulativer Weise über Art. 68 GG anstreben, hätte das Bundesverfassungsgericht keinen Grund mehr, vor der „Macht des Faktischen"[257] zurückzuweichen, sondern könnte, ja müsste ihn auf die dann hierfür vorgesehene Regelung verweisen. Sofern sich dann der Bundestag trotz Vorliegens einer schwierigen politischen Konstellation nicht selbst auflöst, wäre es sachgerecht, mit den gegebenen Mehrheitsverhältnissen weiter zu regieren.

---

257 TERHECHTE, Die vorzeitige Bundestagsauflösung als Problem, in: Jura 2005, S. 512-519/517

1. Keine „Verbiegung" des Art. 68 GG

Mit der Aufnahme eines Selbstauflösungsrechtes in das Grundgesetz würde eine klare rechtliche Regelung für eine weitere Möglichkeit der vorzeitigen Beendigung der Wahlperiode des Bundestages geschaffen[258] und damit - wie im Schrifttum vermutet - „künftige[r] Schaden von der politischen Kultur in der Bundesrepublik"[259] abgewendet. Eine Selbstauflösung des Bundestages wäre den Bürgerinnen und Bürgern auch leichter verständlich zu machen als das „Sommertheater um Art. 68 GG"[260]: Es ist in der Tat nur schwer vermittelbar, dass ein Bundeskanzler erst das Misstrauen der Abgeordneten erbittet und anschließend sich erneut als Kanzlerkandidat von seiner Partei aufstellen lässt.[261] Schließlich könnte in diesem Falle durch eine Selbstauflösung, sofern sie erfolgt, die „negative Optik eines abgelehnten Vertrauensantrags" für den Bundeskanzler vermieden werden.[262]

2. Keine „Verbiegung" des Art. 63 Abs. 4 GG

Entsprechendes gilt für das Verfahren nach Art. 63 Abs. 4 GG. Die Vorschrift könnte, falls ein Selbstauflösungsrecht des Bundestages eingeführt würde, verfassungsgemäß auf ihren (engen) Anwendungsbereich der (gescheiterten) Wahl des Bundeskanzlers beschränkt bleiben.

II. Weitere Gründe für ein Selbstauflösungsrecht im Grundgesetz

Neben dem Umgehungsargument sprechen aber auch noch weitere Gründe für eine Ergänzung des Grundgesetzes. So stünde das parlamentarische Selbstauflösungsrecht aufgrund seiner Offenheit nicht nur im Falle einer schwierigen parlamentarischen Lage als Lösungsmittel zur Verfügung, sondern könnte auch in anderen Konstellationen, beispielsweise zur Zusammenlegung oder Entzerrung von Wahlterminen der Bundes- und Länderebene, zum Tragen kommen. Schließlich

---

258 So auch TERHECHTE, Die vorzeitige Bundestagsauflösung als Problem, in: Jura 2005, S. 512-519/ 518.

259 WASSERMANN, H., Selbstauflösungsrecht des Bundestags?, in: RuP 2005, S. 186. Nach WASSERMANN, R., Die manipulierte Verfassung, RuP 2005, S. 131-136/ 136, wurde durch das manipulierte Misstrauensvotum im Jahre 2005 ein Teil der Verfassung zugunsten des Parteienstaates aufgegeben.

260 WASSERMANN, R., Die manipulierte Verfassung, in: RuP 2005, S. 131-136/ 136

261 So auch NICLAUß, Auflösung oder Selbstauflösung?, in: ZParl 2006, S. 40-46/ 45.

262 TOEWS, Verfassungsreform und Parlamentsauflösung, in: Schneider, H./ Götz, Im Dienst an Recht und Staat, S. 269-298/ 294

könnte eine durch die Judikatur des Bundesverfassungsgerichtes entstandene Schwächung des Bundestages ausgeglichen werden. Im Übrigen gehört es zu den originären Rechten des Parlamentes, selbst über seine Existenz entscheiden zu können.[263]

1. Bundestagsauflösung auch ohne Krise

Aufgrund seines offen angelegten Tatbestandes könnte das Selbstauflösungsrecht als Mittel zur Lösung innerparlamentarischer Schwierigkeiten (z.B. Koalitionsbruch, Fraktionswechsel von Abgeordneten) zum Einsatz kommen. Es stünde aber auch zur Verfügung, wenn eine entsprechend qualifizierte Mehrheit für Neuwahlen als Lösungsmittel einträte, ohne dass eine politische Krise vorläge. Die politisch-rechtliche Legitimation würde damit an das Wahlvolk zurückgegeben. Dies ist ein „unveräußerliche[s] Recht[]" des Bundestages[264], v.a. wenn es um Grundsatzfragen[265] bzw. um schwere Differenzen zwischen Parlaments- und Wählerwillen geht.[266] Auf diese Weise würde auch das Prinzip der repräsentativen Demokratie gem. Art. 20 Abs. 2 S. 1, 2 GG stärker verwirklicht werden können.[267]

2. Ausgleich der Schwächung des Bundestages als Institution

Betrachtet man die Entscheidung des Bundesverfassungsgerichtes vom 25. August 2005 aus der Sicht des Bundeskanzlers, so ist seine Stellung gegenüber dem Bundestag erheblich gestärkt worden. Die Dauer der Wahlperiode des Bundestages scheint im Wesentlichen nur noch von der subjektiven Einschätzung des Kanzlers hinsichtlich der Mehrheitsverhältnisse im Bundestag abzuhängen. Dies führt - ungeachtet der Richtlinienkompetenz des Bundeskanzlers - zu einer weiteren Verschiebung des Kräfteverhältnisses von Regierung und Parlament auf den Kanzler bis hin zu einer „Kanzlerdemokratie"[268], die dem Bundeskanzler ein

---

263 Ebenso MAHRENHOLZ, Die Vertrauensfrage des Kanzlers nach Art. 68 GG kann entfallen, in: ZRP 2005, S. 245 f./ 246.

264 So auch LINDEMANN, Das antiquierte Grundgesetz, 18. Kap., S. 223.

265 Solche wären z.B. der EU-Beitritt, die Währungsunion und einschneidende Veränderungen im Steuer- und Sozialversicherungsrecht.

266 TOEWS, Verfassungsreform und Parlamentsauflösung, in: Schneider, H./ Götz, Im Dienst an Recht und Staat, S. 269-298/ 276

267 Zur Vereinbarkeit des Selbstauflösungsrechtes mit dem parlamentarisch-repräsentativen System des Grundgesetzes s. 5. Teil, 2. Kap., § 29, I.1.

268 So auch DICKMANN, Das Kappen der historisch-systematischen Taue, in: BayVBl. 2006, S. 72-75/ 74; vgl. dazu auch ausführlich SCHENKE, Das „gefühlte" Misstrauen, in: ZfP 2006, S. 26-49/ 40 ff. A.A. SCHOCH, Vertrauensfrage und Parlamentsauflösung, in: ZSE 2006, S. 88-102/ 101.

verfassungsrechtlich nicht angemessenes Übergewicht verleiht. Es wird nicht zureichend berücksichtigt, dass es der Bundestag ist, der den Bundeskanzler und damit auch die Bundesregierung - wenngleich widerruflich - mandatiert. Infolge der Auslegung des Art. 68 Abs. 1 S. 1 GG durch das Bundesverfassungsgericht in seiner Entscheidung 2005 stellt sich die Handlungsfähigkeit des Bundestages nur noch als „nicht ernst zu nehmende Funktion der Handlungsfähigkeit des Kanzlers" dar.[269] Während der Bundeskanzler damit ein nahezu unbeschränktes Auflösungsrecht in die Hand bekommen hat[270], steht ein solches dem Bundestag nach derzeit geltendem Verfassungsrecht nicht zu. Insofern kann auch die Wiederherstellung der verfassungsrechtlichen Balance zwischen beiden Organen für die Aufnahme eines Selbstauflösungsrechtes des Bundestages in das Grundgesetz angeführt werden.

3. Erfahrungen der Bundesländer

Schließlich lassen sich auch die Erfahrungen der Bundesländer, die nunmehr durchweg ein parlamentarisches Selbstauflösungsrecht kennen, für die Aufnahme eines Selbstauflösungsrechtes in das Grundgesetz anführen.[271] Es stand - wie dargelegt[272] - in verschiedenen politischen Konstellationen als Lösungsinstrument zur Verfügung, ohne dass es einer Verfassungsmanipulation bedurft hätte. Die mit diesem Instrument gewonnenen Erfahrungen lassen nicht darauf schließen, dass die Stabilität des politischen Systems der Bundesrepublik bei Einführung eines Selbstauflösungsrechtes des Bundestages Schaden nehmen würde.[273] Jedenfalls ist ein Missbrauch des Selbstauflösungsrechtes durch die Länderparlamente nicht zu beobachten.[274] Warum sollte daher der Bund insoweit nicht verfassungsrechtspolitisch von den Ländern lernen?

Gegen diese Argumentation könnte zwar eingewandt werden, dass seit der Entstehung des Grundgesetzes eine allmähliche Verlagerung des politischen Entscheidungszentrums von den Bundesländern auf den Bund stattgefunden habe, weshalb die staatsrechtlich-politische Situation in den Bundesländern nur sehr begrenzt mit der des Bundes vergleichbar sei. Eine Ausdehnung des Selbstauflö-

---

269 MAHRENHOLZ, Die Vertrauensfrage des Kanzlers nach Art. 68 GG kann entfallen, in: ZRP 2005, S. 245 f./ 245

270 In diese Richtung zielend auch EPPING, in: v. Mangoldt/ Klein, GG-II, Art. 68, RN 25a, S. 1693 f.

271 Zur Aufnahme eines Selbstauflösungsrechtes aufgrund dessen Vorhandenseins in allen Landesverfassungen s. auch ACHTERBERG/ SCHULTE, in: v. Mangoldt/ Klein, GG-II, Art. 39 Abs. 1, RN 10, S. 1041 f.

272 Vgl. dazu oben 1. Teil, 2. Kap., § 4, II.

273 So auch REUTTER, Vertrauensfrage und Parlamentsauflösung, in: PVS 2005, S. 655-673/ 668.

274 ACHTERBERG/ SCHULTE, in: v. Mangoldt/ Klein, GG-II, Art. 39 Abs. 1, RN 10, S. 1042.

sungsrechtes auf den Bund hätte demnach eine ganz andere Bedeutung und ein ganz anderes Gewicht als ein solches in den Bundesländern.[275] Dieses Argument ist durchaus ernst zu nehmen. Doch erscheint ein Selbstauflösungsrecht des Bundestages damit keineswegs ausgeschlossen. Es ist zwar zuzugestehen, dass eine Verschiebung der Kompetenzen im Verhältnis Bund/ Länder stattgefunden hat[276], so dass die staatspolitische Verantwortung mehr beim Gesamtstaat liegt und damit die Folgen einer Selbstauflösung des Bundestages einschneidender als die eines Landtages wären. Dies ist aber eine Eigentümlichkeit der föderalen Struktur der Bundesrepublik, die zudem im Rahmen der Föderalismusreform in Bewegung geraten ist.[277] Die einschneidenderen Folgen einer Bundestagsauflösung fordern nur zu einer sorgfältigen Prüfung der verfahrensmäßigen Anforderungen auf.[278] Nach alledem sollte ein Selbstauflösungsrecht des Deutschen Bundestages in das Grundgesetz aufgenommen werden.[279]

§ 29 Die Vereinbarkeit eines Selbstauflösungsrechtes des Bundestages mit dem Grundgesetz

Bevor ein konkreter rechtspolitischer Vorschlag zur Aufnahme eines Selbstauflösungsrechtes für den Deutschen Bundestag in das Grundgesetz unterbreitet werden kann, bedarf es der Prüfung, ob dieses Institut mit dem Grundgesetz vereinbar wäre. Die maßgebliche Bestimmung für die Prüfung ist Art. 79 GG. Danach ist neben einem formellen Parlamentsgesetz, das den Wortlaut der Verfassung ausdrücklich ergänzt (Art. 79 Abs. 1 S. 1 GG), die Zustimmung von zwei Dritteln der Mitglieder des Bundestages *und* des Bundesrates (Art. 79 Abs. 2 GG) notwendig. Darüber hinaus bindet Art. 79 Abs. 3 GG den verfassungsändernden Gesetzgeber an die grundlegenden Verfassungsprinzipien.[280] Diese Erfordernis-

---

275 SCHENKE, Die verfassungswidrige Bundestagsauflösung, in: NJW 1982, S. 2521-2528/ 2528

276 Vgl. dazu EICHER, Machtverlust, insbes. Teil 3, S. 76 ff.

277 Zur Föderalismusreform in Deutschland vgl. den gleichnamigen Aufsatz von HÄDE, in: JZ 2006, S. 930-940.

278 So auch DEGENHART, GVK, 4. Öffentliche Anhörung (10.09.1992), S. 65 (Stellungnahme, S. 9).

279 Die Aufnahme eines Selbstauflösungsrechtes des Bundestages wurde neben den bereits Genannten unter anderem auch von VERSTEYL, in: v. Münch/ Kunig, GG-II, Art. 39, RN 41, S. 708; LINDEMANN, Das antiquierte Grundgesetz, 18. Kap., S. 223; ACHTERBERG/ SCHULTE, in: v. Mangoldt/ Klein, GG-II, Art. 39 Abs. 1, RN 10, S. 1041 f.; TOEWS, Verfassungsreform und Parlamentsauflösung, in: Schneider, H./ Götz, Im Dienst an Recht und Staat, S. 269-298/ 295 f.; ISENSEE, Mit blauem Auge davon gekommen, in: NJW 1993, S. 2583-2587/ 2586 und WINKLER, Vertrauensfrage und Parlamentsauflösung, in: ZSE 2006, S. 103-119/ 119 befürwortet.

280 DREIER, in: Dreier, GG-II, Art. 79 III, RN 14, S. 1805; vgl. auch STERN, Staatsrecht I, § 5 IV 2, S. 167.

se sichern, dass die Verfassungsänderung nicht missbräuchlich erfolgt und beugen dem Entstehen einer „Nebenverfassung" vor.[281] Danach wäre ein Beschluss der Abgeordneten des Bundestages, der zwar mit verfassungsändernder Mehrheit erfolgen, aber die Selbstauflösung in einem konkreten Einzelfall, d.h. ohne ausdrückliche Grundgesetzänderung regeln würde, verfassungswidrig und unzulässig.[282]

Zu prüfen ist im Folgenden, ob die Einführung eines Selbstauflösungsrechtes des Bundestages Art. 79 Abs. 3 GG entspricht, d.h. v.a. die in Art. 20 GG niedergelegten Grundsätze nicht berührt wären. Art. 1 GG ist vorliegend offensichtlich nicht berührt. Von den in Art. 20 GG genannten Grundsätzen ist hier insbesondere auf das Demokratie- und das Rechtsstaatsprinzip einzugehen. Dabei geht es zentral um die Wahrung der Identität der Verfassungsordnung in ihren elementaren Wesenszügen.[283]

I. Vereinbarkeit mit dem Demokratieprinzip

Zu den Grundsätzen des in Art. 79 Abs. 3 i.V.m. Art. 20 Abs. 1, 2 GG geschützten Demokratieprinzips gehören der Grundsatz der Volkssouveränität (Art. 20 Abs. 2 S. 1 GG), das Erfordernis der demokratischen Legitimation staatlichen Handels (Art. 20 Abs. 2 S. 2 GG), die Herrschaft auf Zeit, die Wahlrechtsprinzipien (Art. 38 Abs. 1 S. 1 GG), das Mehrparteiensystem, das Mehrheitsprinzip (Art. 42 Abs. 2 S. 1 GG), der Minderheitenschutz, das freie Mandat (Art. 38 Abs. 1 S. 2 GG) sowie die politische Meinungs- und Betätigungsfreiheit.[284] Der Grundsatz der Volkssouveränität i.S.d. unmittelbaren Rückführung des staatlichen Handelns auf das Volk (Art. 20 Abs. 2 S. 1 GG)[285], würde durch die Aufnahme des Selbstauflösungsrechtes nicht berührt werden - im Gegenteil, der demokratische Einfluss der unmittelbaren Träger der Volkssouveränität, also des Wahlvolkes, würde gestärkt. Aufgrund der Anordnung von Neuwahlen in festgelegter Frist nach einer Selbstauflösung bestehen auch keine Zweifel an der zeitlich begrenzten Herrschaftsausübung. Auch wären die Wahlrechtsprinzipien und das Mehrparteiensystem durch die Aufnahme eines parlamentarischen Selbstauflösungsrechtes in das Grundgesetz nicht berührt. Es ist aber zu prüfen, ob im Falle der Aufnahme eines Selbstauflösungsrechtes des Bundestages in das Grundgesetz das Mehrheitsprinzip, der parlamentarische Minderheitenschutz und das

---

281 Vgl. dazu LÜCKE, in: Sachs, GG, Art. 79, RN 6 f., S. 1564; TIEMANN, Neuwahlen als Parteivereinbarung?, in: JZ 1972, S. 510-512/ 510.

282 Vgl. zum Erfordernis einer Regelung in einer Verfassung bereits 1. Teil, 1. Kap., § 2, II.2.

283 Vgl. dazu auch HAIN, in: v. Mangoldt/ Klein, GG-II, Art. 79 Abs. 3, RN 43, S. 2197.

284 MAURER, Staatsrecht I, § 7, RN 13 f., S. 177 f.; DREIER, in: Dreier, GG-II, Art. 79 III, RN 37 ff., S. 1816 ff.

285 Vgl. dazu DREIER, in: Dreier, GG-II, Art. 20 (Demokratie), RN 86 ff., S. 75 f.

freie Mandat gewährleistet blieben. Aufgrund der mit einer Selbstauflösung verbundenen Neuwahl (Rückgabe der Legitimation an das Wahlvolk) ist aber zunächst zu untersuchen, ob die Selbstauflösung des Bundestages mit der Entscheidung des Grundgesetzes für ein parlamentarisch-repräsentatives System vereinbar wäre.

1. Grundsatz der repräsentativen Demokratie

Der Einführung eines Selbstauflösungsrechtes in das Grundgesetz wird mitunter der repräsentative Charakter des Grundgesetzes (Art. 20 Abs. 2 S. 2) entgegengehalten. Das Grundgesetz habe sich in bewusster Abkehr von „Weimar", d.h. von der Verfassung der Weimarer Republik, gegen plebiszitäre Verfassungselemente entschieden.[286] Rückbindungen an den Wählerwillen kämen demnach selbst bei „schwerwiegende[n] Entscheidungen innen- und außenpolitischer Art, die grundsätzliche, irreversible Weichenstellungen für die Zukunft enthalten" nur im Nachgang, also im Rahmen der nachfolgenden regulären Wahlen, in Betracht.[287] Es stellt sich daher die Frage nach dem Standort des Selbstauflösungsrechtes im Rahmen des demokratisch-parlamentarischen Systems.[288]

Auszugehen ist insoweit von der Unterscheidung zwischen mittelbarer (repräsentativer) und unmittelbarer (direkter) Demokratie. Das Prinzip der repräsentativen Demokratie besagt, dass das Volk eine parlamentarische Vertretung wählt, die an seiner Stelle politisch-rechtlich entscheidet. Das Wahlvolk trifft mithin eine Entscheidung über die Zusammensetzung des Bundestages, nicht hingegen unmittelbar über Sachfragen. Über diese entscheidet vielmehr das Repräsentativorgan.[289] Die Staatsgewalt kann aber auch unmittelbar durch das Volk ausgeübt werden (direkte Demokratie). Das bedeutet, dass dann Sach- und Personalfragen unmittelbar vom Volk entschieden werden.[290]

Zwar lässt das Grundgesetz in Art. 20 Abs. 2 S. 2 im plebiszitären Sinne auch Abstimmungen zu, jedoch sind diese nach h.M. auf Fragen der Gebietsneugliederung des Bundesgebietes (Artt. 29 Abs. 2, 118 und 118a) beschränkt.[291] Aber

---

286 Vgl. nur NEUBAUER, Neuwahlen und Grundgesetz, in: DÖV 1973, S. 597-599/ 598.
287 STEIGER, Selbstauflösungsrecht für den Bundestag?, in: Avenarius u.a. (Hrsg.), FS für Erwin Stein, S. 349-367/ 356
288 S. insoweit auch die Ausführungen zu Sachsen 3. Teil, 3. Kap., § 19, I.1.
289 Vgl. DREIER, in: Dreier, GG-II, Art. 20 (Demokratie), RN 98 f., S. 80.
290 MAURER, Staatsrecht I, § 7, RN 30, S. 198
291 Vgl. nur STERN, Staatsrecht I, § 18 II 5 a) β), S. 607; KRAUSE, in: Isensee/ Kirchhof, HdStR III, § 35, RN 19, S. 66 f.; SACHS, in: Sachs, GG, Art. 20, RN 32, S. 775. Genau genommen stellen diese Territorialplebiszite gar keine Abstimmungen i.S.d. Art. 20 Abs. 2 S. 2 GG dar, da die in Artt. 29 Abs. 2, 118 und 118a GG vorgesehenen Möglichkeiten einer Volksbefragung bzw. eines Volksentscheides nur auf die von der beabsichtigten Neugliederung des Bundesgebietes betroffenen Wahlberechtigten beschränkt sind, so auch DREIER, in: Dreier, GG-II, Art. 20 (Demokratie), RN 104, S. 82.

selbst wenn man Abstimmungen auch darüber hinaus zuließe, wären diese im Falle einer Selbstauflösung nicht berührt. Das Selbstauflösungsrecht kann zwar auch mit dem Ziel der Rückgabe der Legitimation an das Wahlvolk in einer Frage von grundlegender Bedeutung eingesetzt werden, jedoch ist es gleichwohl Bestandteil der repräsentativen Demokratie, da es im Anschluss an eine Selbstauflösung nicht um einen plebiszitären, sondern um einen Wahlakt geht, der sich im Rahmen des parlamentarisch-repräsentativen Systems bewegt. Es wird eben keine Sachentscheidung, sondern - durch Wahlen - eine Entscheidung über die Zusammensetzung der neuen Volksvertretung getroffen. Wie bei regulären Wahlen würden durch die vorgezogene Neuwahl für die kommende Wahlperiode das allgemeine politische Programm sowie die personellen Fragen festgelegt werden.[292] Die Grundsätze des parlamentarisch-repräsentativen Systems wären demnach bei einer Einführung eines Selbstauflösungsrechtes des Bundestages in das Grundgesetz nicht berührt.

2. Wahrung des Mehrheitsprinzips

Das Demokratieprinzip gem. Art. 20 Abs. 1 und 2 GG verlangt grundsätzlich, dass Entscheidungen von der Mehrheit getroffen werden.[293] Ein bestimmtes Quorum wird damit nicht vorgegeben.[294] Art. 42 Abs. 2 S. 1 GG bestimmt insoweit nur, dass - sofern das Grundgesetz keine andere Regelung trifft - zu einem Beschluss die Mehrheit der abgegebenen Stimmen erforderlich ist.

Angesichts der Bedeutung des Selbstauflösungsbeschlusses, insbesondere zur Vermeidung der Manipulation von Wahlterminen sowie im Interesse der Stabilität des politischen Systems, erscheint aber ein gegenüber Art. 42 Abs. 2 S. 1 GG erhöhtes Beschlussquorum notwendig. Es bedarf mindestens der Zustimmung der Mehrheit der gesetzlichen Mitgliederzahl des Bundestages (50 % + 1 Stimme), also der absoluten Mehrheit.[295] Obergrenze dürfte ein Beschlussquorum sein, das die Zustimmung von zwei Dritteln der Mitglieder des Bundestages vorsieht. Ein höheres Quorum, insbesondere von drei Vierteln oder gar vier Fünfteln der Mitglieder des Bundestages[296], könnte dazu führen, dass das Selbstauflösungsrecht leerläuft, zum einen da es praktisch kaum erreichbar erscheint und sich zum anderen mit dem für eine Verfassungsänderung erforderlichen Quorum überschnei-

---

[292] STEIGER, Selbstauflösungsrecht für den Bundestag?, in: Avenarius u.a. (Hrsg.), FS für Erwin Stein, S. 349-367/ 361.

[293] DREIER, in: Dreier, GG-II, Art. 79 III, RN 37, S. 1816; vgl. dazu auch HAIN, in: v. Mangoldt/ Klein, GG-II, Art. 79, RN 86 f., S. 2225 f.

[294] SACHS, in: Sachs, GG, Art. 20, RN 24, S. 773

[295] S. dazu für Sachsen 3. Teil, 3. Kap., § 19, I.2.

[296] So z.B. von *Versteyl*, *Mahrenholz* und *Mehlitz* und von der SPD auf ihrem Parteitag im Oktober 2007 (s.o. 5. Teil, 2. Kap., § 26, III.) favorisiert.

det. Letzteres ist schon deshalb problematisch, da es mit verfassungsändernder Mehrheit herabgesetzt werden könnte und weil es die Gefahr der Tyrannei der Minderheit beinhaltet. Bei einem über zwei Dritteln der gesetzlichen Zahl der Mitglieder des Bundestages liegenden Beschlussquorum wäre es einer sehr geringen Anzahl von Abgeordneten (1/4 bzw. 1/5) möglich, die Auflösung des Bundestages und damit die Wiederherstellung der Arbeitsfähigkeit desselben oder das Beschreiten eines demokratischen Lösungsweges zu verhindern. Insgesamt ist damit festzuhalten, dass für eine Selbstauflösung des Bundestages ein Beschlussquorum, das zwischen der absoluten und der Mehrheit von zwei Dritteln der gesetzlichen Zahl der Abgeordneten läge, mit dem Grundgesetz vereinbar wäre.

3. Wahrung der parlamentarischen Minderheitenrechte

Einer Verfassungsänderung entzogen ist auch der im Demokratieprinzip (Art. 20 Abs. 1 und 2 GG) wurzelnde Anspruch der parlamentarischen Minderheit auf Wahrung ihrer Rechte. Der Minderheitenschutz ist das notwendige Gegenstück zum Mehrheitsprinzip, denn erst über den Minderheitenschutz wird die Akzeptanz von Mehrheitsentscheidungen hergestellt.[297] Aus diesem Grund soll und muss die Minderheit imstande sein, ihren politischen Standpunkt frei und offen in den Willensbildungsprozess des Parlamentes einzubringen.[298]

Durch die Aufnahme eines Selbstauflösungsrechtes des Bundestages würden die bislang im Grundgesetz und in der Geschäftsordnung des Bundestages[299] vorgesehenen Befugnisse der Minderheit wie Rede- und Beteiligungsrechte nicht berührt werden. Die einer vorzeitigen Wahlperiode ablehnend gegenüberstehenden Abgeordneten könnten im Plenum ihre Haltung begründen und ggf. alternative Wege aufzeigen.

Für den umgekehrten Fall, dass eine Minderheit für eine vorzeitige Beendigung der Wahlperiode eintritt, dieses Vorhaben aber voraussichtlich nicht durchsetzen kann, ließe sich deren Schutz sogar durch eine entsprechende Ausgestaltung des Selbstauflösungsrechtes noch verstärken. So könnte einer bestimmten - aufgrund des Interesses an der Kontinuität der Parlamentsarbeit und der Stabilität des politischen Systems nicht zu geringen - Zahl von Abgeordneten ein Antragsrecht hinsichtlich der Auflösung des Bundestages zugestanden werden. So bekäme diese Minderheit ein Mittel gegen die Mehrheit an die Hand, könnte die Mehr-

---

297 Vgl. SCHNEIDER, H.-P./ ZEH, Parlamentsrecht, 2. Teil, § 5, RN 68, S. 196 f.; s. auch MAURER, Staatsrecht I, § 7, RN 62, S. 198.

298 Vgl. DREIER, in: Dreier, GG-II, Art. 20 (Demokratie), RN 80, S. 71.

299 Bekanntmachung vom 28.01.1952, BGBl. II, S. 389 i.d.F. der Bekanntmachung einer Änderung vom 26.09.2006, BGBl. I, S. 2210

heit zur Begründung ihres politischen Weges in einer bestimmten politischen Konstellation zwingen und so Einfluss auf die jeweilige politische Entscheidung nehmen.

Soweit befürchtet wird, dass das Institut der Selbstauflösung als „Spielmaterial" genutzt und mit in das politische Kalkül einbezogen werde oder sich zum „bloßen Instrument der Tagespolitik"[300] entwickeln könnte, ist zu sagen, dass Neuwahlen durchaus auch im Interesse der Opposition liegen können. Zudem kann die Übernahme der Regierungsgeschäfte gegen Ende einer Legislaturperiode für die Oppositionspartei wenig attraktiv und chancenreich sein.[301]

Ein entsprechend ausgestaltetes Selbstauflösungsrecht dürfte also den Interessen von Mehrheit und Minderheit hinreichend Rechnung tragen. Hierbei ist auch zu sehen, dass es letztlich durchaus demokratisch ist, wenn sich die Minderheit der Mehrheit fügt.[302]

4. Schutz des freien Mandates

Eine spezifische Ausgestaltung erfährt der Schutz der Minderheit, d.h. der Abgeordneten, die im konkreten Fall gegen eine Selbstauflösung sind, durch Art. 38 Abs. 1 S. 2 GG. Darin ist das freie Mandat der Abgeordneten als Ausdruck der in Art. 20 Abs. 2 S. 2 GG niedergelegten repräsentativen Demokratie gewährleistet. Die Freiheit des Mandates wird insbesondere durch seine Unentziehbarkeit geschützt.[303] Durch eine Selbstauflösung könnten jedoch die Abgeordneten von ihren parlamentarischen Rechten in der Zeit zwischen dem Zusammentritt des neuen Bundestages und dem regulären Ende der vorzeitig beendeten Wahlperiode keinen Gebrauch (mehr) machen und müssten zudem damit rechnen, nicht wiedergewählt zu werden. Hier stehen also nicht nur einzelne Rechte der Abgeordneten zur Debatte, sondern ihr Mandat als solches. Insoweit stellt sich eine vorzeitige Beendigung der Wahlperiode als einschneidender Eingriff in die Rechte der unterlegenen, insbesondere der nicht wiedergewählten Abgeordneten dar.

Allerdings findet die Unentziehbarkeit des Mandates ihre Grenze in den verfassungsmäßigen Verlustgründen. Einer davon ist der Zusammentritt eines neuen Bundestages nach Auflösung des vorherigen (vgl. Art. 39 Abs. 1 S. 1, 2, 4 GG).[304] Zu rechtfertigen ist dies mit dem Schutz anderer Verfassungsgüter, wie hier den gleichen Rechten der Abgeordneten, die für eine vorzeitige Beendigung der Wahlperiode gestimmt haben und der Funktionsfähigkeit des Bundesta-

---

300 STEIGER, Selbstauflösungsrecht für den Bundestag?, in: Avenarius u.a. (Hrsg.), FS für Erwin Stein, S. 349-367/ 352, 354
301 BULL, Parlamentsauflösung, in: ZRP 1972, S. 201-204/ 204
302 S. dazu bereits ausführlich zu Sachsen 3. Teil, 1. Kap., § 13, II.4.b), aa).
303 Vgl. MORLOK, in: Dreier, GG-II, Art. 38, RN 147, S. 1009.
304 So auch MORLOK, in: Dreier, GG-II, Art. 38, RN 147, S. 1009 i.V.m. RN 138, S. 1005.

ges.[305] Im Übrigen ist auch hier noch einmal darauf zu verweisen, dass das aufzunehmende Beschlussquorum ein doppelt qualifiziertes sein sollte (zwischen absoluter und Zweidrittelmehrheit der gesetzlichen Zahl der Abgeordneten) und es allein die Abgeordneten wären, die den Selbstauflösungsbeschluss fassen würden, also keine Fremdbestimmung vorläge. Eine Verletzung des durch Art. 79 Abs. 3 GG geschützten demokratischen Prinzips durch das Selbstauflösungsrecht ist damit nicht zu besorgen.

II. Vereinbarkeit mit dem Rechtsstaatsprinzip

Ein Selbstauflösungsrecht des Deutschen Bundestages müsste auch mit dem dem Schutz des Art. 79 Abs. 3 GG unterliegenden Rechtsstaatsprinzip vereinbar sein. Seine normative Grundlage findet das Rechtsstaatsprinzip in Art. 20 Abs. 3 i.V.m. Artt. 1 Abs. 3, 19 Abs. 4 und 28 Abs. 1 S. 1 GG sowie in der „Gesamtkonzeption des Grundgesetzes".[306] Es wird durch eine Reihe von Instituten und Regelungen, beispielsweise durch den Grundsatz der Gewaltenteilung (Art. 20 Abs. 2 S. 2 GG), die Rechtsbindung der staatlichen Organe (Art. 20 Abs. 3 GG), den Rechtsschutz durch unabhängige Gerichte (Art. 19 Abs. 4 GG), die Grundrechte, die Rechtssicherheit und den Verhältnismäßigkeitsgrundsatz näher ausgestaltet.

Vorliegend ist - angesichts des Umstandes, dass andere Konkretisierungen des Rechtsstaatsprinzips nicht berührt sind - nur auf den Grundsatz der Rechtssicherheit näher einzugehen. Die Rechtssicherheit ist zum einen durch das Erfordernis der Bestimmtheit des Rechtes und zum anderen durch das Bestreben nach dem Bestand des Rechtes (Aspekt des Vertrauensschutzes) charakterisiert.[307] Hierauf ist im Folgenden näher einzugehen.

1. Wahrung des Bestimmtheitsgrundsatzes

Die Funktion der Rechtssicherheit i.S.d. Bestimmtheitserfordernisses bezieht sich zunächst auf die einzelnen Normen. Darüber hinaus sichert der Bestimmtheitsgrundsatz auch die Klarheit des Normensystems insgesamt.

---

305 MORLOK, in: Dreier, GG-II, Art. 38, RN 147, S. 1009
306 BVerfGE 2, 380 (403)
307 Vgl. hierzu MAURER, Staatsrecht I, § 8, RN 46, S. 220.

a. Bestimmtheit des Selbstauflösungsrechtes

Die Forderung des Bestimmtheitsgrundsatzes im Hinblick auf die einzelnen Regelungen verlangt, dass der Rechtsanwender den Regelungsinhalt einer Norm genau ermitteln kann. Dies könnte beim Selbstauflösungsrecht dann problematisch sein, wenn keine expliziten materiellen Tatbestandsmerkmale in den Verfassungstext aufgenommen würden. Allerdings hängt der erforderliche Grad an Bestimmtheit davon ab, inwieweit es gelingt, den zu regelnden Sachverhalt unter Berücksichtigung des Normzweckes sprachlich genau zu formulieren. Es genügt insoweit, dass der Inhalt der betreffenden Norm durch Auslegung ermittelt werden kann.[308]

Beim parlamentarischen Selbstauflösungsrecht ist zu sehen, dass der Verfassunggeber auf eine offene Formulierung des Tatbestandes angewiesen ist, um den erstrebten Regelungszweck zu erreichen. Zweck der Regelung wäre es gerade, in verschiedenen - z.T. noch nicht absehbaren - politischen Konstellationen, in denen die Abgeordneten eine Fortsetzung der laufenden Wahlperiode für nicht mehr möglich halten, eine rasche Möglichkeit zur Wiederherstellung der Arbeitsfähigkeit des Parlamentes bzw. die Rückgabe der Legitimation an das Wahlvolk durch Neuwahlen zu eröffnen. Eine Begrenzung auf bestimmte Fallkonstellationen erscheint deshalb nicht sachgerecht. Eine Verletzung des Grundsatzes der Rechtssicherheit wäre daher mit einer Formulierung des Selbstauflösungsrechtes ohne explizite Nennung materieller Tatbestandsmerkmale nicht verbunden.

b. Klarheit des Normensystems

Neben dem Gebot der Bestimmtheit einer Norm verlangt das Prinzip der Rechtssicherheit auch die Klarheit des Normensystems.[309] Aus diesem Grund ist zu fordern, dass eine Verfassungsnorm nicht im Widerspruch zu anderen verfassungsrechtlichen Regelungen steht.

Es wurde bereits dargelegt, dass durch die Aufnahme eines Selbstauflösungsrechtes in das Grundgesetz eine verfassungswidrige Manipulation der Voraussetzungen der Artt. 68 und 63 GG vermieden werden kann.[310] Diese Normen könnten dann ihrem Zweck entsprechend angewendet und müssten nicht in verfassungswidriger Weise verbogen werden, nur um eine politisch erwünschte Bundestagsauflösung zu erreichen.

---

308 So auch MAURER, Staatsrecht I, § 8, RN 47, S. 220 f.; SOMMERMANN, in: v. Mangoldt/Klein, GG-II, Art. 20 Abs. 3, RN 289, S. 121.

309 STERN, Staatsrecht I, § 20 IV 4 f), S. 829

310 S.o. 5. Teil, 2. Kap., § 28, I.

2. Vertrauensschutz der Abgeordneten und der Wähler

Unter dem Aspekt der Rechtssicherheit ist schließlich noch zu prüfen, ob die Aufnahme eines Selbstauflösungsrechtes in das Grundgesetz gegen den Grundsatz des Vertrauensschutzes verstoßen würde. Hier geht es um die Verlässlichkeit einer betreffenden Norm und der mit ihr verbundenen Folgen.[311]

Gem. Art. 39 Abs. 1 S. 1 GG wird der Bundestag auf vier Jahre gewählt. Hierauf könnten die Abgeordneten an sich vertrauen und sich entsprechend einrichten. Durch eine Selbstauflösung würde dieser Zeitraum allerdings mehr oder weniger verkürzt. Jedoch enthält Art. 39 Abs. 1 S. 1 GG eine Einschränkung: Die Wahlperiode beträgt nur „vorbehaltlich der nachfolgenden Bestimmungen" vier Jahre. Damit wird derzeit implizit auf die Regelungen der Artt. 63 Abs. 4 und 68 GG verwiesen, mithin auf diejenigen Normen, nach denen eine vorzeitige Beendigung der Wahlperiode in Betracht kommen kann. Die Abgeordneten sind also von Beginn der Wahlperiode an grundsätzlich dem Risiko des vorzeitigen Endes ausgesetzt. Der Schutz des Vertrauens auf die reguläre Dauer der Wahlperiode ist somit verfassungsrechtlich begrenzt. In dieses System würde sich ein Selbstauflösungsrecht - ebenfalls als Ausnahmetatbestand - durchaus einfügen. Der Vertrauensschutz der Abgeordneten ist darüber hinaus insofern eingeschränkt, als sie selbst mit (doppelt) qualifizierter Mehrheit - ohne Beteiligung weiterer Organe - den Selbstauflösungsbeschluss fassen würden. Die Minderheit muss diese Einschränkung nach dem oben Dargelegten[312] hinnehmen. Der Vertrauensschutz der Wähler wiederum wäre aufgrund der mit der Selbstauflösung zwingend verbundenen Neuwahlen gewahrt.

Zusammenfassend kann festgestellt werden, dass gegen die Aufnahme eines Selbstauflösungsrechtes für den Deutschen Bundestag in das Grundgesetz weder unter demokratischen noch unter rechtsstaatlichen Aspekten Bedenken bestehen. Die in Art. 79 Abs. 3 GG geschützten Grundsätze würden nicht berührt. Das Selbstauflösungsrecht des Bundestages wäre danach mit dem Grundgesetz vereinbar. Dabei ist auch zu sehen, dass das in den Landesverfassungen geregelte Selbstauflösungsrecht grundgesetzkonform ist.[313] Wenn aber das Selbstauflösungsrecht auf Landesebene nicht im Gegensatz zum Bundesverfassungsrecht steht, kann dies auch für das des Bundestages nicht der Fall sein.[314]

---

311 STERN, Staatsrecht I, § 20 IV 4 g), S. 831

312 5. Teil, 2. Kap., § 29, I.2., 4.

313 S. dazu 3. Teil, 3. Kap., insbes. § 19.

314 Noch deutlicher PESTALOZZA, Verfassungen, S. LXIX f. Hinsichtlich der sich sonst aufdrängenden Frage einer bundesstaatlichen Spaltung des Demokratieprinzips (allerdings mit Schwerpunkt auf Volksinitiative und Volksentscheid) vgl. den gleichnamigen Aufsatz von HOFMANN, in: Hofmann, Verfassungsrechtliche Perspektiven, S. 146-160.

§ 30 Die Bedeutung des Weimar-Argumentes für das Grundgesetz

Gegen die Aufnahme eines Selbstauflösungsrechtes in das Grundgesetz könnte allerdings noch das sog. Weimar-Argument[315] sprechen. Als Grund für die Zurückhaltung gegenüber einem Selbstauflösungsrecht des Bundestages im Grundgesetz wird nämlich häufig die Handhabung des Auflösungsrechtes der Weimarer Republik angeführt.[316] Diesem Argument und seiner Überzeugungskraft ist im Folgenden näher nachzugehen. Dabei ist zunächst zu fragen, ob dieser Vergleich überhaupt passt. Insoweit sind zunächst die verfassungsrechtlichen Möglichkeiten der vorzeitigen Beendigung der Wahlperiode und ihre Handhabung in der Weimarer Republik zu untersuchen und weiter zu fragen, inwieweit das Selbstauflösungsrecht bei den Verfassungsberatungen zum Grundgesetz, insbesondere im Parlamentarischen Rat, eine Rolle gespielt hat. Anschließend sind die hieraus gezogenen Folgerungen einer kritischen Würdigung zu unterziehen.

I. Die Auflösung des Reichstages nach der Weimarer Reichsverfassung

Die Weimarer Reichsverfassung sah zwei Möglichkeiten zur Auflösung des Reichstages vor, nämlich Artt. 25 und 43 Abs. 2.[317] Nach Art. 43 Abs. 2 S. 1 WRV konnte der Reichspräsident auf Antrag des Reichstages durch Volksabstimmung abgesetzt werden. Da die Volksabstimmung jedoch vom Reichstag beantragt werden musste (Art. 43 Abs. 2 S. 2 WRV), führte eine Ablehnung der Absetzung des Reichspräsidenten in der Volksabstimmung zur Auflösung des Reichstages (Art. 43 Abs. 2 S. 4 WRV). Darüber hinaus galt gem. Art. 43 Abs. 2 S. 4 WRV die Ablehnung der Absetzung des Reichspräsidenten in der Volksabstimmung als neue Wahl des Reichspräsidenten. Diese Regelung ist in Anbetracht der gänzlich anderen Konstellation des Grundgesetzes hier aber nicht ein-

---

315 S. dazu GUSY, Einleitung - Weimar: Geschichte als Argument, in: ders., Weimars lange Schatten, S. 9-20.

316 Vgl. nur STERN, Staatsrecht II, § 26 III 3 b), S. 72.

317 Nach der Weimarer Reichsverfassung bestand keine originäre Möglichkeit zur Auflösung des Reichstages im Zusammenhang mit der Regierungsbildung, da der Reichskanzler und auf seinen Vorschlag die Reichsminister vom Reichspräsidenten ernannt und entlassen wurden (Art. 53 WRV). Die Auflösung war auch keine Folge des in Art. 54 WRV geregelten Vertrauensentzuges; die betreffende Person hatte zurückzutreten. Ein möglicher Volksentscheid bezog sich nur auf Gesetze, nicht aber auf Auflösung des Reichstages (Art. 73 WRV).

schlägig. Anders verhält es sich mit dem Auflösungsrecht und der Auflösungspraxis des Art. 25 WRV. Den damit aufgeworfenen Fragen ist im Folgenden nachzugehen.

1. Die verfassungsrechtlichen Vorgaben nach Art. 25 WRV

Wesentlicher Grundgedanke der Weimarer Reichsverfassung war die Volkssouveränität, d.h. Ausgangspunkt allen staatlichen Handelns sollte das Volk sein - unmittelbar oder durch seine gewählten Vertreter. Allerdings befürchteten zahlreiche Mitglieder der verfassunggebenden Deutschen Nationalversammlung, dass die Volkssouveränität durch einen sich entwickelnden „Parlamentsabsolutismus" eingeschränkt werden könnte und suchten daher nach einem Gegenmittel.[318] Als ein solches Gegenmittel wurde die Auflösung des Reichstages durch das Staatsoberhaupt angesehen, die als Instrument zur Herstellung des erforderlichen Gleichgewichtes zwischen Legislative und Exekutive galt.[319] Dem Reichspräsidenten wurde die Befugnis zur Reichstagsauflösung v.a. deshalb eingeräumt, um festzustellen, ob der vom Parlament mehrheitlich verfolgte politische Kurs noch mit dem Willen der Wählerschaft übereinstimmte.[320] Dies lag deshalb nahe, weil der Reichspräsident vom Volk gewählt wurde (Art. 41 Abs. 1 WRV). Aus diesem Grund wurde ihm auch ein Recht zur Auflösung des Reichstages gegeben, das er nach seinem freien Ermessen ausüben konnte. Eine Bindung an bestimmte Gründe war nicht vorgesehen.[321] Die Auflösungsbefugnis des Reichs-

---

318 KRALLMANN, Auflösung der Parlamente, C., § 1, S. 39; vgl. auch Abg. FISCHER (SPD), in: Verhandlungen der verfassunggebenden Deutschen Nationalversammlung (Band 336), 25. Sitzung (08.04.1919), S. 263-285/ 274. (Bis zur Zweiten Lesung im Verfassungsausschuss fand sich die Bestimmung des Art. 25 WRV in Art. 47 des Entwurfes.)

319 Die Grundlage hierfür bildeten die Arbeiten des Staatsrechtlers *Robert Redslob*. Das Recht des Staatsoberhauptes zur Auflösung des Parlamentes stellte für diesen das Wesentliche des parlamentarischen Systems dar, vgl. REDSLOB, Die parlamentarische Regierung, Erster Teil, S. 4 f. Hieran anknüpfend sahen auch der vom Reichspräsidenten *Friedrich Ebert* mit der Konzipierung einer Verfassung beauftragte Staatsrechtslehrer und Staatssekretär des Innern *Hugo Preuß* und der Jurist und Soziologe *Max Weber* in dem Nebeneinander von zwei einander „wesentlich ebenbürtige[n] höchste[n] Staatsorgane[n]", die sich gegenseitig kontrollierten, den echten Parlamentarismus. Diese Organe sollten jedoch nicht wie in Amerika neben- oder gegeneinander stehen, sondern müssten durch eine parlamentarische Regierung miteinander verbunden sein, vgl. PREUß, Denkschrift, S. 368-394/ 387; WEBER, Verhandlungsprotokoll der Sitzungen im Reichsamt des Innern, abgedruckt in: WEBER, MWS I/ 16, S. 1-24/ 18 ff. Die Theorie von Redslob wurde deshalb von ihnen dahingehend abgeändert, dass das Gleichgewicht nicht zwischen Regierung und Parlament, sondern zwischen dem Reichspräsidenten und dem Reichstag hergestellt werden sollte. Zur Aufrechterhaltung dieses Gleichgewichtes wurde - als Kernbestimmung - dem Reichspräsidenten das Auflösungsrecht eingeräumt, so auch MAUERSBERG, Ideen, VI. 4.e), S. 114 ff.

320 So auch KRALLMANN, Auflösung der Parlamente, C., § 2, S. 44.

präsidenten war lediglich durch das Erfordernis der ministeriellen Gegenzeichnung (Art. 50 WRV) und die materielle Anforderung, dass eine Auflösung *nur einmal aus dem gleichen Anlass* erfolgen dürfe, beschränkt.[322] Letztere Voraussetzung wurde bei den Beratungen im Verfassungsausschuss teilweise als zweifelhaft angesehen, vor allem was ihre praktische Umsetzung betraf: Da die meisten Auflösungen ihren Ursprung in einem Konflikt zwischen Regierung und Parlament hätten, würden sich Auslegungsschwierigkeiten ergeben - der Begriff des Anlasses wäre konturenlos.[323] Gleichwohl blieb es bei der Beschränkung auf die Einmaligkeit des Anlasses. Der Reichspräsident war nicht einmal verpflichtet, in der Auflösungsverfügung überhaupt einen Auflösungsgrund anzugeben.

Allerdings sollte der Reichspräsident - entsprechend den Erörterungen in der Nationalversammlung[324] - eine etwaige Auflösung nicht vom Interesse einer Partei abhängig machen, sondern stets das Gesamtwohl des Staates im Auge haben. Als Auflösungsgrund konnte - neben der Bereinigung von Gegensätzen zwischen Volk und Parlament - mithin auch die - möglicherweise aufgrund der Parteizerrissenheit bestehende - Unmöglichkeit einer Regierungsbildung in Betracht kommen. Der Reichspräsident musste dann über Art. 25 WRV im Wege von Neuwahlen versuchen, stabilere Mehrheitsverhältnisse zu schaffen.[325] Eine Auflösung war auch denkbar, wenn Fragen von besonderem Gewicht seitens der Regierung entschieden werden mussten.[326] Darüber hinaus wurde eine Parlamentsauflösung auch dann als mögliches Mittel zur Konfliktlösung angesehen, wenn eine einflussreiche Partei nur deshalb gegen zum Wohl des Volkes erforderliche Reformen stimmte, weil diese ihr parteipolitisch unpassend erschienen bzw. wenn eine dringend benötigte Budgetausgabe seitens einer Regierungspartei verweigert wurde.[327]

In den Weimarer Verfassungsberatungen wurden - soweit ersichtlich - Überlegungen zur Aufnahme eines Selbstauflösungsrechtes nicht angestellt. Diskutiert wurde allerdings intensiv über die Ausgestaltung der Auflösungsbefugnis des Reichspräsidenten, insbesondere im Verfassungsausschuss der verfassungge-

---

321 SCHELCHER, Entspricht eine wiederholte Auflösung des Reichstags der Verfassung?, in: DJZ 1924, S. 887-890/ 888

322 Die Eingrenzung ist eine Konsequenz der preußischen Politik 1862-66: Zu jener Zeit hatte die preußische Regierung versucht, die Verweigerungshaltung der oppositionellen Landtagsmehrheit durch wiederholte Auflösungen zu entkräften, so PREUß, in: Verhandlungen der verfassunggebenden Deutschen Nationalversammlung (Band 336), 23. Sitzung (05.04.1919), S. 244-253/ 251.

323 Vgl. Abg. SCHULZ (Bromberg) und COHN, in: Verhandlungen der verfassunggebenden Deutschen Nationalversammlung (Band 336), 23. Sitzung (05.04.1919), S. 244-253/ 251; SCHMITT, „Einmaligkeit" und „gleicher Anlaß", in: AöR 8 [1925], S. 162-174/ 163.

324 S. Abg. ABLAß, in: Verhandlungen der verfassunggebenden Deutschen Nationalversammlung (Band 336), 22. Sitzung (04.04.1919), S. 223-244/ 233.

325 Vgl. KRALLMANN, Auflösung der Parlamente, C., § 2, S. 44 ff.

326 POHL, Auflösung des Reichstags, S. 13

327 KRALLMANN, Auflösung der Parlamente, C., § 2, S. 46

benden Nationalversammlung, an den der Verfassungsentwurf[328] nach der Ersten Lesung in der Nationalversammlung[329] als DS 59[330] zur weiteren Beratung überwiesen wurde.[331] Ein Selbstauflösungsbeschluss einer Reichstagsmehrheit wurde als „verfassungswidrig und ungültig"[332] angesehen, da zum einen der Reichstag vom Volk dazu berufen sei, die gesamte Dauer der Wahlperiode seine verfassungsmäßigen Funktionen wahrzunehmen und zum anderen ein solcher Beschluss einen Eingriff in die „Machtsphäre des Reichspräsidenten" darstelle, da nur diesem das Recht zur Auflösung des Reichstages eingeräumt sei.[333]

Um die erheblich gestiegene Bedeutung des Reichstages hervorzuheben, wurde diesem allerdings ein *Selbstversammlungs-/ Selbstorganisationsrecht* eingeräumt. Dabei sollte nicht mehr der Reichspräsident - wie noch in Art. 45 Abs. 2 des Verfassungsentwurfes (DS 59) vorgesehen - auf Verlangen eines Drittels der Mitglieder des Reichstages zu dessen Einberufung berechtigt sein, sondern diese Aufgabe dem Präsidenten des Reichstages zufallen (vgl. Art. 24 Abs. 1 S. 2 WRV).[334] Gleiches trifft für Art. 46 des Entwurfes einer Verfassung des Deutschen Reichs (DS 59) zu. Danach sollte der Reichspräsident den Reichstag vertagen und schließen können, wobei zu einer Vertagung über einen Monat die Zustimmung des Reichstages erforderlich sein und der Reichstag bis zu einem Monat sich selbst vertagen können sollte. Im Rahmen der 23. Sitzung des Verfassungsausschusses fand hingegen zu Recht die Ansicht, dass allein der Reichstag selbst und nicht der Reichspräsident den Reichstag vertagen und schließen sollte, die Mehrheit. Nur das entsprach der veränderten Stellung des Reichstages.[335]

---

328 Zu Vorentwürfen s. TRIEPEL, Quellensammlung, Quellen 7 (Vorentwurf vom Dezember 1918), 13 (Entwurf vom 17.02.1919), 14 (Entwurf vom 21.02.1919); Deutscher Reichsanzeiger Nr. 15 vom 20.01.1919, Erste Beilage.

329 Verhandlungen der verfassunggebenden Deutschen Nationalversammlung (Band 326), 20. Sitzung (04.03.1919), S. 483-502/ 502. Die Erste Lesung umfasste die 14., 17., 19. und 20. Sitzung, a.a.O.

330 Vom 21.02.1919; in: DS der verfassunggebenden Deutschen Nationalversammlung, Band 306 (1919).

331 S. dazu näher Verhandlungen der verfassunggebenden Deutschen Nationalversammlung (Band 336), 22. Sitzung (04.04.1919), S. 223-244/ 231 ff.; 23. Sitzung (05.04.1919), S. 244-253/ 251; 24. Sitzung (07.04.1919), S. 253-262/ 254; 26. Sitzung (09.04.1919), S. 285-296/ 291. Vgl. auch die Zusammenstellung des Entwurfs einer Verfassung des Deutschen Reiches - Nr. 59 der Drucksachen - mit den Beschlüssen des 8. Ausschusses in erster Lesung, in: DS der verfassunggebenden Deutschen Nationalversammlung, Band 306, VII.

332 POHL, Auflösung des Reichstags, S. 10

333 Wie Pohl auch KRALLMANN, Auflösung der Parlamente, C., § 10, S. 71.

334 S. dazu auch Verhandlungen der verfassunggebenden Deutschen Nationalversammlung (Band 336), 23. Sitzung (05.04.1919), S. 244-253/ 249 f.; vgl. auch PREUß, a.a.O., 247.

335 Vgl. Verhandlungen der verfassunggebenden Deutschen Nationalversammlung (Band 336), 23. Sitzung (05.04.1919), S. 244-253/ 250 f.

2. Die vorzeitige Beendigung aller acht Reichstage der Weimarer Republik

Dem Reichstag stand nach der Reichsverfassung kein Initiativrecht zur vorzeitigen Beendigung der Wahlperiode zu. Daher stellt auch die erste Auflösung des Reichstages der Weimarer Republik vom 13. März 1924 durch den Reichspräsidenten[336] nicht etwa eine „nicht unpraktische Form der Selbstauflösung des Reichstages" dar. Zwar war durchaus erkennbar, dass der Reichstag mehrheitlich für eine Auflösung eintrat[337], so dass die Reichsregierung mit ihrer Hinwirkung auf die Auflösung am Ende dem mehrheitlichen Willen im Parlament Rechnung trug[338], jedoch bedurfte es verfassungsrechtlich zur Auflösung des Reichstages der Mitwirkung des Reichspräsidenten. Gleiches gilt für die Auflösung vom 20. Oktober 1924. Mit ihr wurde zwar - dem typischen Zweck einer Selbstauflösung entsprechend - die Bildung einer stabilen Regierung angestrebt[339], jedoch war Voraussetzung der Reichstagsauflösung eine entsprechende Anordnung durch den Reichspräsidenten. Von daher kann der Ansicht von *Versteyl*[340], dass Art. 25 WRV ein Selbstauflösungsrecht zu entnehmen sei, nicht gefolgt werden. Ein eigener Beschluss des Reichstages konnte gerade nicht zur vorzeitigen Beendigung der Wahlperiode führen. Das Recht zur Auflösung des Reichstages kam vielmehr allein dem Reichspräsidenten zu, so dass festzuhalten ist, dass zwar einerseits die häufigen Parlamentsauflösungen - alle acht Reichstage der Weimarer Republik wurden vorzeitig beendet[341] - wesentlich zur politischen Instabilität der Weimarer Republik und zum Vertrauensschwund in das parlamentarische Regierungssystem beigetragen haben, dies andererseits jedoch seinen Grund in der Handha-

---

336 Die Auflösung des Reichstages auf Verordnung des Reichspräsidenten vom 13.03.1924 erfolgte, „nachdem die Reichsregierung festgestellt hat, daß das Verlangen, die auf Grund der Ermächtigungsgesetze vom 13.10. und 08.12.1923 (RGBl. I 1923, S. 943 und 1179) ergangenen und von ihr als lebenswichtig bezeichneten Verordnungen zur Zeit unverändert fortbestehen lassen, nicht die Zustimmung des Reichstags findet", vgl. RGBl. I 1924, S. 173.

337 Der Reichskanzler erzielte angesichts der befürchteten Niederlage bei der Abstimmung über die von der Opposition erstrebte Aufhebung zahlreicher Verordnungen in den Besprechungen vom 6. und 11.03.1924 mit dem Reichspräsidenten Konsens über die Auflösung des Reichstages und die Reichsregierung einigte sich in Gesprächen mit den Führern der Opposition am 3. und 11.03.1924 über die Modalitäten der Auflösung, vgl. HUBER, Verfassungsgeschichte, Bd. 7, B., Kap. VI., § 30, I.3., S. 486.

338 WITTMAYER, Auflösung des deutschen Reichstages, in: AöR 7 [1924], S. 86-88/ 87

339 Die Auflösungsverfügung vom 20.10.1924 erfolgte mit der Begründung einer Regierungsunfähigkeit des Reichstages: „Parlamentarische Schwierigkeiten machen die Beibehaltung der gegenwärtigen Reichsregierung und gleichzeitig die Bildung einer neuen Regierung auf der Grundlage der bisher befolgten Innen- und Außenpolitik unmöglich", RGBl. I 1924, S. 713.

340 in: v. Münch/ Kunig, GG-II, Art. 39, RN 15, S. 696 bzw. RN 40, S. 708

341 Zu den jeweiligen Hintergründen vgl. UMBACH, Parlamentsauflösung, Zweiter Teil, G.III., S. 285 ff.

bung des Auflösungsrechtes durch den Reichspräsidenten und nicht in einem - verfassungsrechtlich gar nicht vorhandenen - Selbstauflösungsrecht gehabt haben kann.[342]

II. Auswirkungen der Weimarer Auflösungspraxis auf das Grundgesetz

Es wird dennoch häufig darauf verwiesen, dass die Mütter und Väter des Grundgesetzes aufgrund der Erfahrungen mit der Auflösungspraxis in der Weimarer Republik auf ein Selbstauflösungsrecht des Bundestages verzichtet haben.[343] Dies ist im Folgenden näher zu untersuchen. Dabei ist auf die Entstehungsgeschichte des Grundgesetzes im Hinblick auf die Auflösungsmöglichkeiten des Bundestages einzugehen und insbesondere zu fragen, welche Rolle das Selbstauflösungsrecht in den Verfassungsberatungen zum Grundgesetz gespielt hat. In diesem Zusammenhang ist auch der Frage nachzugehen, welcher Stellenwert dem Weimar-Argument in der bundesdeutschen Geschichts- und Verfassungsgeschichtswissenschaft verfassungsrechtlich zukommt und inwieweit es berechtigt ist.[344]

1. Von den Verfassungsvorentwürfen bis zum Herrenchiemseer Verfassungskonvent

Nachdem auf der Londoner Sechsmächtekonferenz von Februar/ März 1948 und von April bis Juni 1948 aufgrund sich verschärfender Gegensätze zur Sowjetunion wesentliche Eckpunkte zur Errichtung eines Weststaates festgelegt worden waren[345], wurden die Ministerpräsidenten der westdeutschen Länder von den Militärbefehlshabern am 1. Juli 1948 in den sog. Frankfurter Dokumenten beauf-

342 In den Ländern der Weimarer Republik, die ein Selbstauflösungsrecht vorsahen (vgl. insoweit 2. Teil, 1. Kap., § 6, III.5.), erfolgte kein Missbrauch dieses Institutes. Es diente damals ebenso wie heute insbesondere dem Zweck, stabile Mehrheitsverhältnisse zu erhalten. Dass dieses Ziel seinerzeit nur selten erreicht wurde, lag nicht an der Ausgestaltung des Selbstauflösungsrechtes oder seiner Anwendung, sondern an den politischen Machtverhältnissen, v.a. der Parteienzersplitterung und an den erheblichen wirtschaftlichen Problemen, die mit zum Aufkommen radikaler Parteien, die nicht mehrheitsfähig bzw.-willig waren, beigetragen haben.

343 Vgl. nur SCHENKE/ BAUMEISTER, Vorgezogene Bundestagswahlen, in: NJW 2005, S. 1844-1846/ 1845; ACHTERBERG/ SCHULTE, in: v. Mangoldt/ Klein, GG-II, Art. 39 Abs. 1, RN 10, S. 1041.

344 Vgl. insoweit insbesondere den gleichnamigen Aufsatz von PYTA, in: Gusy, Weimars lange Schatten, S. 21-62.

345 Vgl. hierzu näher Der parlamentarische Rat, Bd. 1, Dokument 1, S. 1 ff.

tragt, bis zum 1. September 1948 eine verfassunggebende Versammlung einzuberufen.[346]

Die Ministerpräsidenten beriefen zunächst einen Sachverständigenausschuss ein, der sich aus Vertretern der westlichen Länder zusammensetzte und in der Zeit vom 10. bis zum 25. August 1948 auf Herrenchiemsee tagte und die Grundlagen für die Tätigkeit des Parlamentarischen Rates erarbeitete. Ihm lag der sog. Bayerische Entwurf[347], erarbeitet von dem Bayerischen Innenminister *Josef Schwalber*, dem Leiter der Rechts- und Verfassungsabteilung der Bayerischen Staatskanzlei *Claus Leusser*, dem Leiter der Abteilung Verfassung und Staatsverwaltung im Bayerischen Innenministerium *Heinrich Kneuer* sowie dem Sachverständigen und Staatsrechtslehrer *Hans Nawiasky* zugrunde.[348] Hinsichtlich der vorzeitigen Beendigung der Wahlperiode des Bundestages sah der Bayerische Entwurf - offensichtlich in der Absicht, die Auflösungsmöglichkeiten einzugrenzen - nur die Auflösung nach gescheiterter Regierungsbildung (Art. 51) vor.

Seitens der CDU/ CSU wurden dem Parlamentarischen Rat „Grundsätze für eine deutsche Bundesverfassung“[349] vom 13. April 1948 zugeleitet, die auf dem Entwurf des Staatssekretäres im Hessischen Staatsministerium *Walter Strauß* basierten.[350] Eine Auflösung des Bundestages war nur durch den Bundespräsidenten auf Antrag des Bundesrates im Zusammenhang mit einer (gescheiterten) Regierungsbildung vorgesehen, „wenn die politischen Verhältnisse ein vertrauensvolles Zusammenarbeiten zwischen Bundesregierung und Bundestag unmöglich machen“ (Punkt 13 Abs. 3 S. 3).

Demgegenüber sahen die vom verfassungspolitischen Ausschuss der SPD[351] erarbeiteten „Richtlinien für den Aufbau der deutschen Republik“[352] ein parlamentarisches Selbstauflösungsrecht vor. Dieser Verfassungsentwurf wurde, nachdem er vom Parteivorstand und vom Parteitag angenommen worden war, von dem Nordrhein-Westfälischen Innenminister *Walter Menzel* ausgebaut, um

---

346 Der parlamentarische Rat, Bd. 1, Dokument 4, darin Nr. I, S. 30 f.

347 Abgedruckt in: Der Parlamentarische Rat, Bd. 2, Dokument Nr. 1, S. 1 ff. Er wurde auf der ersten Sitzung des Herrenchiemseer Konventes diesem übergeben, vgl. Der parlamentarische Rat, Bd. 2, Dokument Nr. 2, S. 63 f.

348 Vgl. UMBACH, Parlamentsauflösung, Zweiter Teil, H.II.1., S. 364, FN 17. Zur Genese und Inhalt vgl. näher in: Der parlamentarische Rat, Bd. 2, Einleitung, S. LII-LXIII.

349. Abgedruckt in: SÖRGEL, Konsensus, S. 297-307; zur Genese vgl. Der parlamentarische Rat, Bd. 2, Einleitung, S. XL-XLIX.

350 Vgl. dazu und zur Uneinigkeit innerhalb der CDU UMBACH, Parlamentsauflösung, Zweiter Teil, H.II.3., S. 368-372; vgl. weiter zu früheren Entwürfen bzw. Gedanken der Union UMBACH, a.a.O., S. 385-399.

351 Ihm gehörten der Hamburger Bürgermeister *Max Brauer*, der Bayerische Ministerpräsident *Wilhelm Hoegner*, der Parteivorsitzende *Kurt Schumacher*, der frühere Reichstagspräsident *Paul Loebe*, der Nordrhein-Westfälische Innenminister *Walter Menzel*, der Justizminister von Württemberg-Hohenzollern *Carlo Schmid* und der Stadtverordnetenvorsteher von Berlin *Otto Suhr* an.

352 Abgedruckt in: SÖRGEL, Konsensus, S. 263-266.

eine hinreichende Grundlage für den Parlamentarischen Rat zu schaffen. Der am 16. August 1948 veröffentlichte sog. „Erste Menzel-Entwurf einer westdeutschen Satzung"[353] gab der (gesetzgebenden) Versammlung, dem späteren Bundestag, in § 12 das Recht, sich durch Beschluss der Mehrheit ihrer Mitglieder aufzulösen. Eine Überarbeitung dieses - in Anlehnung an die Weimarer Reichsverfassung recht zentralistischen - Entwurfes, als deren Ergebnis der sog. „Zweite Menzel-Entwurf für ein Grundgesetz" vom 2. September 1948[354] entstand, brachte keine Änderungen hinsichtlich des Selbstauflösungsrechtes, das nunmehr in § 14 vorgesehen war. Weitere Möglichkeiten der vorzeitigen Beendigung der Wahlperiode waren im SPD-Entwurf nicht vorgesehen. Damit zog die SPD aus der Verfassungspraxis der Weimarer Reichsverfassung den Schluss, das Parlament zu stärken, was durch den Verzicht auf einen Staatspräsidenten noch intensiviert wurde. Dieser Zweite Menzel-Entwurf wurde dem Parlamentarischen Rat zugeleitet.[355]

Der SPD-Vorschlag fand jedoch beim Herrenchiemseer Konvent keinen Anklang. Das Selbstauflösungsrecht wurde entschieden abgelehnt. Insbesondere der Sachverständige *Hermann Brill* wandte sich gegen ein Selbstauflösungsrecht, da darin eine „Flucht in die Verantwortungslosigkeit" liegen könne.[356] Insgesamt wurde schließlich nur eine Möglichkeit der Bundestagsauflösung vorgesehen und zwar für den Fall einer gescheiterten Regierungsbildung: Das Recht zur 'Benennung' des Bundeskanzlers wurde in Art. 73 Abs. 1 des Entwurfes des für den Aufbau, die Gestaltung und die Funktion der Bundesorgane zuständigen Unterausschusses III[357] zuerst dem Bundestag eingeräumt; erst wenn dieser davon binnen eines Monates keinen Gebrauch mache, sollte der Bundespräsident den Bundeskanzler auf Vorschlag des Bundes*rates* ernennen können; für diesen Fall gestand Art. 73 Abs. 3 dem Bundespräsidenten während der gesamten Wahlperiode das Recht zur Auflösung des Bundestages zu.

Als Ergebnis der Beratungen bleibt die klare Aussage im darstellenden Teil des Berichtes über den Verfassungskonvent auf Herrenchiemsee festzuhalten, dass ein Selbstauflösungsrecht nicht in Betracht komme.[358] Eine Begründung hierfür wurde allerdings nicht gegeben. Auch hinsichtlich sonstiger Möglichkeiten der Auflösung des Bundestages ist der Bericht sehr zurückhaltend. Lediglich die in Art. 73 Abs. 3 des Entwurfes des Unterausschusses III vorgesehene Möglichkeit der Auflösung des Bundestages nach gescheiterter Regierungsbildung, konkret im Falle der Nichtbenennung eines Bundeskanzlers durch den Bundestag und der

[353] Abgedruckt in: SÖRGEL, Konsensus, S. 267-278.
[354] Abgedruckt in: SÖRGEL, Konsensus, S. 279-293.
[355] Die Verfassungsgrundsätze der Liberalen, die sich jedoch nicht mit Auflösungsbefugnissen befassten, finden sich in: Der parlamentarische Rat, Bd. 2, Einleitung, S. XLIX-LII.
[356] Der parlamentarische Rat, Bd. 2, Dokument 10, S. 283, (FN 17)
[357] Abgedruckt in: Der parlamentarische Rat, Bd. 2, Dokument 10, Teil B.
[358] Der parlamentarische Rat, Bd. 2, Dokument Nr. 14, S. 538

dann benötigten Reservefunktion des Bundesrates, wurde - nun in Artt. 87, 88 - übernommen. Dabei sind Einflüsse des Bayerischen Entwurfes deutlich erkennbar. Nur ein nicht arbeitsfähiges Parlament sollte aufgelöst werden dürfen.

2. Die Vorstellungen des Parlamentarischen Rates

Nachdem die Grundlagen für das Grundgesetz auf Herrenchiemsee erarbeitet worden waren, gelangte der Verfassungsentwurf in der dargelegten Form zum Parlamentarischen Rat als der verfassunggebenden Versammlung. Der Parlamentarische Rat bestand aus 65 Abgeordneten, die von den Landtagen aufgrund des Frankfurter Dokumentes Nr. I gewählt worden waren.[359] Hinsichtlich des Auflösungsrechtes stellten Artt. 87, 88 HChE die Basis für den heutigen Art. 63 GG dar.[360] In diesem Zusammenhang wurden die Befugnisse des Bundespräsidenten bei der Regierungsbildung und im Falle von deren Scheitern diskutiert.[361] Dies geschah besonders vor dem Hintergrund, dass der Parlamentarische Rat nicht mehr an der Gleichgewichtskonstruktion der Weimarer Republik zwischen Staatsoberhaupt und Parlament festhalten wollte.[362] Durch wiederholtes Betonen der „Krisis“ wurde deutlich, dass der Parlamentarische Rat das Instrument der Parlamentsauflösung nur als Mittel zur Lösung einer „Regierungskrise“ ansah.[363] An andere Zwecke wurde offenbar nicht gedacht.

Auf der dritten Sitzung des Hauptausschusses am 16. November 1948 wurde vom Redaktionsausschuss Art. 90a eingebracht, aus dem der heutige Art. 68 GG hervorgegangen ist. Danach sollte der Bundespräsident den Bundestag auflösen

---

359 Die CDU erhielt neunzehn Stimmen, die CSU acht (die CDU/ CSU-Fraktion somit zusammen 27 Sitze); 27 Abgeordnete entsandte auch die SPD; des Weiteren gehörten fünf Abgeordnete der FDP und je zwei KPD, Z und DP an. Zur näheren Zusammensetzung vgl. Der Parlamentarische Rat, Bd. 9, Einleitung, S. VII f.

360 Der Bericht über den Verfassungskonvent auf Herrenchiemsee bildete eine Grundlage der Ausschussarbeit, vgl. dazu 1. Sitzung des Kombinierten Ausschusses (15.09.1948), abgedruckt in: Der Parlamentarische Rat, Bd. 13/ I, Dokument Nr. 1, S- 1-3/ 2.

361 Zu verschiedenen Vorschlägen der Ausgestaltung des Art. 87 HChE vgl. näher 7. Sitzung des Kombinierten Ausschusses (29.09.1948), abgedruckt in: Der Parlamentarische Rat, Bd. 13/ I, Dokument Nr. 8 , S. 201-243/ 229; 8. Sitzung des Kombinierten Ausschusses (30.09.1948), a.a.O., Dokument Nr. 9, S. 244-297; Zusammenstellung der in der siebenten und achten Sitzung des Ausschusses für Organisation des Bundes in der ersten Lesung neu gefaßten Artikel 86 bis 96 des Kapitels VII „Die Bundesregierung“ (30.09.1948), a.a.O., Dokument Nr. 10, S. 298-300/ 298; 11. Sitzung des Kombinierten Ausschusses (07.10.1948), a.a.O., Dokument 14, S. 395-458 und Zusammenstellung der in der elften Sitzung des Ausschusses für die Organisation des Bundes neugefaßten vorläufigen Formulierung der Artikel 45 bis 64 des Kapitels IV. „Der Bundestag“ und der Artikel 86 bis 96 des Kapitels VII. „Die Bundesregierung“ (07.10.1948), a.a.O., Dokument Nr. 15, S. 459-465; s. auch Parlamentarischer Rat, Verhandlungen des Hauptausschusses, 3. Sitzung (16.11.1948), S. 25-39/ 27.

362 LEHR, in: Der Parlamentarische Rat, Bd. 13/ I, Dokument Nr. 5, S. 114-154/ 122 f.

363 So LÖWENTHAL auf der fünften Sitzung des Kombinierten Ausschusses (23.09.1948), abgedruckt in: Der Parlamentarische Rat, Bd. 13 / I, Dokument Nr. 5, S. 114-154/ 128.

können, wenn der Bundestag entweder dem Bundeskanzler mit absoluter Mehrheit das Misstrauen ohne Wahl eines neuen Bundeskanzlers ausspreche oder ein Vertrauensantrag des Bundeskanzlers nicht die entsprechende Zustimmung finde, wobei die Auflösungsbefugnis erlöschen sollte, wenn der Bundestag mit absoluter Mehrheit einen anderen Bundeskanzler wähle.[364] Erstaunlich an dieser Fassung ist das darin enthaltene „destruktive" Element - das Misstrauensvotum konnte auch ohne die Wahl eines neuen Bundeskanzlers erfolgen. Es steht im Widerspruch zu dem - nach den Erfahrungen mit der Weimarer Reichsverfassung für erforderlich gehaltenen - konstruktiven Misstrauensvotum.[365]

Über diesen neuen Vorschlag fanden - unter Berücksichtigung der Vorarbeit des Organisationsausschusses[366] - auf der dritten und vierten Sitzung des Hauptausschusses am 16. und 17. November 1948 heftige Auseinandersetzungen statt. Der Abg. *Dehler* (FDP) führte zur Begründung des Art. 90a das Ziel der Vermeidung einer „Dauerkrise" an: Es sei denkbar, dass zwar eine Mehrheit für die Abwahl des Bundeskanzlers bestehe, mithin lediglich ein Minderheitskanzler regiere, diese Mehrheit sich jedoch nicht auf einen neuen Kanzler einigen könne. Art. 90 HChE [Konstruktives Misstrauensvotum] allein löse daher die zugrundeliegende Krise nicht. In diesem Fall sei die Auflösung des Bundestages der einzige Weg zur Lösung der parlamentarischen Krise.[367] Neben dem Scheitern des Verfahrens nach Art. 90 HChE und der damit verbundenen Akzeptanz eines Minderheitskanzlers forderte der Abg. *von Brentano* darüber hinausgehend für Art. 90a einen konkreten Gegensatz zwischen Bundestag und Bundesregierung.[368] Mit der Streichung des „destruktiven" Elementes auf Antrag der SPD[369] in der vierten Sitzung des Hauptausschusses erhielt Art. 90a als Ergebnis der Ersten Lesung im Hauptausschuss seine endgültige Fassung. In den Diskussionen vor der Dritten Lesung im Hauptausschuss erfuhr Art. 90a nur noch redaktionelle Änderungen.[370]

---

364 Vgl. Parlamentarischer Rat, Verhandlungen des Hauptausschusses, 3. Sitzung, S. 25-39/ 34.

365 Bereits in der Endphase der Weimarer Republik gab es Überlegungen zur Ersetzung des Art. 54 WRV durch das konstruktive Misstrauensvotum, s. dazu FRAENKEL, Verfassungsreform, in: v. Brünneck/ Buchstein/ Göhler, Gesammelte Schriften, Bd. 1, S. 516-529/ 523 f.; KIRCHHEIMER, Verfassungsreform, in: Luthardt, Von der Weimarer Republik zum Faschismus, S. 96-112/ 102 f.

366 Vgl. Parlamentarischer Rat, Verhandlungen des Hauptausschusses, 3. Sitzung, S. 25-39/ 25.

367 Parlamentarischer Rat, Verhandlungen des Hauptausschusses, 3. Sitzung, S. 25-39/ 33 f.

368 Parlamentarischer Rat, Verhandlungen des Hauptausschusses, 3. Sitzung, S. 25-39/ 28

369 Vgl. dazu KATZ, Parlamentarischer Rat, Verhandlungen des Hauptausschusses, 4. Sitzung, S. 41-56/ 44; MENZEL, a.a.O., S. 44 f. Zur gegenteiligen Position von CDU und FDP vgl. V. BRENTANO, DEHLER, a.a.O., S. 44.

370 Vgl. dazu den Vorschlag des Fünfer-Ausschusses vom 05.02.1949, abgedruckt in: Der Parlamentarische Rat, Bd. 7. Dokument Nr. 7, S. 339-395/ 365.

Nicht umgesetzt wurde der Gedanke des Abg. *Dehler*, dass das Parlament die Auflösung *selbst* herbeiführen können sollte, wenn ein Misstrauensvotum gestellt werde, das nicht mit einem Vorschlag für einen neuen Bundeskanzler verbunden sei.[371] Dabei blieb es auch im Rahmen der Zweiten Lesung im Hauptausschuss.[372] Zwar brachte der Redaktionsausschuss zu Art. 90a erneut den Gedanken ein, das Initiativrecht zur Parlamentsauflösung neben dem Bundeskanzler auch dem Bundespräsidenten oder dem Bundestag *selbst* zu geben. Hierbei ließ er sich von der Annahme leiten, dass einem Minderheitskanzler in der Regel nur eine geringe Mehrheit gegenüberstehe, die nur deshalb auf Neuwahlen verzichte, weil sie eben eine geringe Mehrheit sei. In einem solchen Fall hielt der Redaktionsausschuss eine Auflösung des Bundestages für sinnvoll, insbesondere „wenn nach der gesamten politischen Situation damit gerechnet werden [könne], daß die schwache Mehrheit des alten Bundestags von einer starken Mehrheit im neuen Bundestag abgelöst [werde]", also „eine breitere Regierungsgrundlage geschaffen werden [könne]". Aus diesem Grund kam für den Redaktionsausschuss ein Auflösungsrecht des Bundespräsidenten nach destruktivem Misstrauensvotum oder das *Selbstauflösungsrecht* des Bundestages in Betracht. Allerdings favorisierte er die erste Variante, da er im Bundespräsidenten „die Gewähr für eine objektivere Abschätzung der politischen Situation" erblickte.[373]

Zusammenfassend ist hinsichtlich der erörterten Möglichkeiten der vorzeitigen Beendigung der Wahlperiode das Bemühen des Parlamentarischen Rates um eine Begrenzung dieses Rechtes auffällig. Erkennbar werden die Befugnisse des Bundespräsidenten zur Auflösung des Bundestages sukzessive eingeschränkt. Festzustellen ist aber auch, dass man sich im Rahmen der Beratungen des Grundgesetzes nicht gegen das Selbstauflösungsrecht als solches, sondern zuvorderst gegen ein nicht hinreichend begrenztes Auflösungsrecht des Bundespräsidenten wandte.[374]

---

371 Parlamentarischer Rat, Verhandlungen des Hauptausschusses, 4. Sitzung, S. 41-56/ 44

372 Parlamentarischer Rat, Verhandlungen des Hauptausschusses, 33. Sitzung (08.01.1949), S. 403-415/ 415

373 Vgl. DS Nr. 374 (16.12.1948), abgedruckt in: Der Parlamentarische Rat, Bd. 7, Dokument Nr. 4, S. 165 f.

374 So auch BVerfGE 62, 1 (42).

III. Grund und Grenzen der Parlamentsauflösung - Auseinandersetzung mit den Erfahrungen Weimars

Im Hinblick auf das „Weimar-Argument" sind nun die Auflösungsmöglichkeiten der Weimarer Reichsverfassung und die des Bonner Grundgesetzes miteinander zu vergleichen. Hierbei ist sowohl auf die unterschiedlichen Ausgangssituationen als auch auf die veränderte Verfassungspraxis und Verfassungswirklichkeit einzugehen.

1. Unterschiedliche Ausgangssituationen

Die Auflösung des Reichstages nach Art. 25 WRV ist „als Mittel zur Korrektur unbrauchbarer Parlamente" angesehen worden. Mit ihrer Hilfe sollte es gelingen, die unfruchtbaren letzten Monate der Volksvertretung entfallen zu lassen. Die Reichstagsauflösung avancierte damit zu einem Mittel der Regierung, ein „unbequemes" Parlament auszuschalten. Sie konnte aber auch zur Zuflucht der Regierung vor einem „feindseligen" Parlament werden. Dies führte schließlich zur Institutionalisierung der Präsidialregierung. Die Reichstagsauflösung wurde letztlich so in den Dienst der sich nach und nach etablierenden Diktatur gestellt. Das Recht zur vorzeitigen Beendigung der Wahlperiode ist so kaum zur demokratischen Anrufung des Volkes ausgeübt worden.[375]

Dies ist der Grund dafür, dass die Befugnisse des Bundespräsidenten der Bundesrepublik im Grundgesetz so stark eingeschränkt wurden. Ihm kommt kein bestimmender Einfluss auf die Regierung(sbildung) zu, weil dies als ein Makel der Weimarer Reichsverfassung angesehen wurde.[376] So wurde dem Bundespräsidenten im Falle von Meinungsverschiedenheiten ein nur eingeschränktes Auflösungsrecht eingeräumt. Demgegenüber ist nach den grundlegenden Veränderungen in der Verteilung der verfassungsrechtlichen Befugnisse und Gewichtungen im Grundgesetz die Bundesregierung im Verhältnis zum Bundestag relativ stark ausgebildet.

Im Falle des Selbstauflösungsrechtes geht es demgegenüber um etwas gänzlich anderes. Hier bedarf es keiner Abhängigkeit der Regierung von einem starken Präsidenten, was der Weimarer Republik mit zum Verhängnis wurde. Daher sind die beiden Institute „Auflösung des Reichstages durch den Reichspräsidenten" und „Selbstauflösung des Bundestages" nicht ohne weiteres miteinander ver-

375 So auch FROMME, Von der Weimarer Verfassung zum Bonner Grundgesetz, S. 55.

376 Vgl. nur SCHMID, in: Der Parlamentarische Rat, Bd. 9, Dokument Nr. 9, S. 429-503/440 f.; s. dazu auch NEUBAUER, in: Neuwahlen und Grundgesetz, DÖV 1973, S. 597-599/598.

gleichbar. Deshalb können auch die Argumente gegen ein (unbeschränktes) Recht des Bundespräsidenten zur Auflösung des Parlamentes nicht auf das Selbstauflösungsrecht übertragen werden.

2. Veränderte Verfassungsrechtslage und Verfassungswirklichkeit

Hauptgrund für die restriktive Haltung gegenüber der Selbst- bzw. allgemein der Parlamentsauflösung war das angestrebte Ziel eines stabilen Regierungssystems. Dieses ist mittels der im Grundgesetz getroffenen Sicherungen weitgehend erreicht.[377] Zudem ist der „Kurswert der Stabilität" gesunken, da sie teilweise auch als Stagnation empfunden wurde[378] und als solche empfunden werden kann. Des Weiteren haben sich die Gefahren der Weimarer Republik wie Parteienzersplitterung und radikale Massenbewegungen nicht wiederholt. Im Gegensatz zu Weimar stehen jetzt dem Wähler echte Alternativen zur Auswahl. Des Weiteren verhindert das Wahlsystem mit seiner Fünf-Prozent-Hürde das Wiederaufkommen eines Vielparteienstaates. Auch aus diesem Grund wird der Mangel an weiteren Auflösungsmöglichkeiten als eine „schädliche Behinderung der politischen Dynamik"[379] angesehen. Schließlich unterscheiden sich die Krisenlagen der Bundesrepublik sehr von denen der Weimarer Republik. Die Krisen der Bundesrepublik führten verstärkt zu innerparteilichen Auseinandersetzungen, verbunden mit der Bildung sich gegenüberstehender Flügel. Fraktionswechsel und Wählerfluktuationen taten ein Übriges, wie z.B. an der Konstellation von 1972[380] deutlich wurde.[381] Aus dieser Konstellation ist die Kritik an den bestehenden Auflösungsregeln hervorgegangen.

Das bestehende Auflösungsrecht behält aber seine Bedeutung insbesondere dann, wenn der Bundeskanzler nur mit einfacher Mehrheit gewählt wurde sowie bei etwaigem Koalitionsbruch, bei Parteispaltung und bei Mehrheitsverlust durch Parteiwechsel von Abgeordneten.[382] Das Auflösungsrecht ist mithin nicht mehr nur repressives Instrument der Regierung, sondern ebenso ein Mittel zur Austragung parlamentsinterner Konflikte.

---

377 So auch der Abg. WENDIG (FDP), Plenarprotokoll 8/ 73 (17.02.1978), S. 5776.

378 Beispielsweise unter *Adenauer*, vgl. dazu TOEWS, Verfassungsreform und Parlamentsauflösung, in: Schneider, H./ Götz, Im Dienst an Recht und Staat, S. 269-298/ 274 f.

379 STARKE, Parlamentsauflösung, E.III., S. 165; POKORNI, Auflösung des Parlaments, S. 150 f.

380 Zu den Hintergründen s.o., 5. Teil, 1. Kap., § 27, I.1.a).

381 TOEWS, Verfassungsreform und Parlamentsauflösung, in: Schneider, H./ Götz, Im Dienst an Recht und Staat, S. 269-298/ 274 f.

382 So bereits TOEWS, Verfassungsreform und Parlamentsauflösung, in: Schneider, H./ Götz, Im Dienst an Recht und Staat, S. 269-298/ 277 f.

Die Funktion des Selbstauflösungsrechtes ist heute vor dem Hintergrund der verfassungshistorischen Erfahrungen auch grundsätzlich neu zu durchdenken: Es geht nicht mehr nur um eine „Balancierung von Regierung und Parlament", sondern auch um eine stärkere Rückkopplung an das Wahlvolk in Fragen von erheblicher Bedeutung im Rahmen des parlamentarisch-repräsentativen Systems. Nach allem erweisen sich die Gründe, aus denen die Verfassunggeber das Selbstauflösungsrecht für das Grundgesetz abgelehnt haben, inzwischen als nicht (mehr) durchgreifend.[383]

3. Die schwindende Bedeutung des „Weimar-Argumentes"

Für die hier vertretene Auffassung spricht auch die zu diagnostizierende schwindende Bedeutung des „Weimar-Argumentes" in Staatsrechtslehre und Verfassungsgeschichte. Zwar flossen die Erfahrungen mit der Weimarer Reichsverfassung in die Verfassungsberatungen des Parlamentarischen Rates mit ein und beeinflussten insbesondere die Politik in der Bundesrepublik Deutschland in den 1950er und 1960er Jahren, ja noch darüber hinaus.[384] Jedoch verblasste in den 1970er Jahren allmählich die damit verbundene „Warnung vor der Verselbständigung demokratisch nicht kontrollierter Macht". Insbesondere aufgrund der institutionellen Festigung der Bundesrepublik und der Bewährung der parlamentarischen Demokratie[385], wurden so durch eigene Erfahrungen der Bundesrepublik die Weimar-Forschungen nach und nach ersetzt und damit „Weimar" allmählich historisiert.[386] Die aus der Weimarer Reichsverfassung zu ziehenden Lehren für das Grundgesetz wurden kritischer betrachtet[387] und „Weimar" als „geschichtliches Lehrstück [...] verbraucht".[388] So wurde beispielsweise herausgearbeitet, dass die Entscheidung des Parlamentarischen Rates für ein strikt repräsentatives System andere Gründe als die Weimarer Erfahrungen mit direkt-demokratischen Verfassungselementen hatte.[389] Deshalb und weil - wie dargelegt[390] - das

383 Gleichermaßen DEGENHART, GVK, 4. Öffentliche Anhörung (10.09.1992), S. 65 (Stellungnahme, S. 9).

384 Vgl. dazu BENZ, Die Rolle Weimars in der Verfassungsdiskussion, in: Gusy, Weimars lange Schatten, S. 199-214/ 200 ff., 213; KERSTEN, Parlamentarische oder stabile Regierung, in: Gusy, Weimars lange Schatten, S. 281-310/ 282 ff.

385 PYTA, „Weimar" in der bundesdeutschen Geschichtswissenschaft, in: Gusy, Weimars lange Schatten, S. 21-62/ 50 f.

386 GUSY, Einleitung - Weimar: Geschichte als Argument, in: ders., Weimars lange Schatten, S. 9-20/ 13

387 Vgl. nur hinsichtlich der Aufnahme direkt-demokratischer Elemente in das Grundgesetz WIRSCHING, Konstruktion und Erosion, in: Gusy, Weimars lange Schatten, S. 335-353.

388 PYTA, „Weimar" in der bundesdeutschen Geschichtswissenschaft, in: Gusy, Weimars lange Schatten, S. 21-62/ 61, 50 f.

389 Vgl. dazu näher WIRSCHING, Konstruktion und Erosion, in: Gusy, Weimars lange Schatten, S. 335-353/ 350.

390 5. Teil, 2. Kap., § 29, I.1.

parlamentarische Selbstauflösungsrecht dem repräsentativen System zuzuordnen ist, kann auch das „Weimar-Argument" gegen die Aufnahme eines Selbstauflösungsrechtes in das Grundgesetz nicht überzeugend angeführt werden.

Nach alledem ist festzuhalten, dass „Berlin" nicht „Weimar"[391] und die argumentative Bedeutung von „Weimar" im Abnehmen begriffen ist. Insoweit steht einer Einführung des Selbstauflösungsrechtes auf bundesdeutscher Ebene nichts entgegen.

§ 31 Rechtspolitischer Vorschlag für ein Selbstauflösungsrecht des Bundestages im Grundgesetz

Im Folgenden ist auf der Grundlage der vorstehenden Erörterungen ein verfassungsrechtspolitischer Formulierungsvorschlag für ein Selbstauflösungsrecht des Bundestages zu unterbreiten. Dabei ist zum einen näher auf die Anforderungen, die an das Selbstauflösungsrecht zu stellen wären, einzugehen und zum anderen ist zu prüfen, welche Auswirkungen eine solche Grundgesetzänderung hätte.

I. Anforderungen an ein Selbstauflösungsrecht des Bundestages

Hinsichtlich der Anforderungen, die an ein Selbstauflösungsrecht des Bundestages zu stellen wären, ist auf mögliche materielle und formelle Voraussetzungen einzugehen. Eine Mitwirkung anderer Verfassungsorgane - wie teilweise in der Literatur erörtert[392] - kommt dabei nicht in Betracht, da dies dem Charakter des Selbstauflösungsrechtes als autonomes Recht des Bundestages zuwiderlaufen würde.[393]

---

391 Angelehnt an ALLEMANN, Bonn ist nicht Weimar, IX, S. 411 ff.

392 Vgl. nur NEUBAUER, Neuwahlen und Grundgesetz, in: DÖV 1973, S. 597-599/ 598 f.; SANNWALD, Beratungen zur Reform des Parlamentsrechts, in: ZParl 1994, 15-32/ 23; BUSSE, V., Auflösung des Bundestages als Reformproblem, in: ZRP 2005, S. 257-260/ 260.

393 Vgl. entsprechend die Definition im 1. Teil, 1. Kap., § 1, vor. I.

1. Aufnahme materieller Voraussetzungen?

Zunächst ist zu fragen, unter welchen materiellen Voraussetzungen ein Selbstauflösungsrecht zum Zuge kommen soll. Die Aufnahme materieller Erfordernisse erscheint jedoch - wie bereits in den verfassungspolitischen Ausführungen zu Art. 58 SächsVerf dargelegt[394] - aufgrund des offenen Charakters des parlamentarischen Selbstauflösungsrechtes nicht zweckentsprechend und sowohl nach den verfassungshistorischen als auch nach den aktuellen Erfahrungen mit diesem Institut auch nicht erforderlich: Zum einen sind die Anwendungsfälle des Selbstauflösungsrechtes nicht schlechthin vorhersehbar - eine ggf. mögliche Aufzählung denkbarer Anwendungsfälle müsste unvollständig bleiben - und zum anderen wurde dargelegt, dass selbst der Versuch, materielle Tatbestandskriterien aufzustellen, nur schwer realisierbar wäre. So treten insbesondere Schwierigkeiten bei der Definition des eventuell als Tatbestandsmerkmal in Betracht kommenden Begriffes der „Krise" auf. Schließlich kann der Wahrung der Stabilität des politischen Systems auch durch formelle Anforderungen des Selbstauflösungsrechtes Rechnung getragen werden, die im Folgenden näher erörtert werden.

2. Beschlussquorum

Von Bedeutung ist v.a. die Höhe des Beschlussquorums. Hierzu kann auf die Überlegungen zu Sachsen[395] und die Vereinbarkeit eines Selbstauflösungsrechtes mit dem Grundgesetz[396] verwiesen werden. Die dort herausgearbeiteten Grenzen eines verfassungsrechtlich zulässigen und geeigneten Beschlussquorums können auch für das Grundgesetz nutzbar gemacht werden. Somit ist innerhalb des erörterten Rahmens (Mehrheit der Mitglieder des Bundestages und Mehrheit von zwei Dritteln der gesetzlichen Zahl der Abgeordneten) ein geeignetes Beschlussquorum zu benennen.

Für eine Beschlussfassung mit mehr als absoluter Mehrheit spricht, dass es sich um eine sehr weitreichende Entscheidung handelt. Das Beschlussquorum sollte allerdings unterhalb der für eine Verfassungsänderung vorgesehenen Mehrheit von zwei Dritteln der Mitglieder des Bundestages liegen, da diese Mehrheit nur schwer zu erreichen ist und daher zu einem Leerlaufen der Norm führen könnte. Auch sollte der im Vergleich zu einer Verfassungsänderung herabgesetzten Bedeutung einer parlamentarischen Selbstauflösung durch ein insoweit geringeres Zustimmungsquorum Rechnung getragen werden. Daher erscheint - unter Berücksichtigung der Handhabbarkeit und Nachvollziehbarkeit - ein Quorum zwi-

---

394 S. 5. Teil, 1. Kap., § 24, I.
395 5. Teil, 1. Kap., § 24, II.1.
396 3. Teil, 3. Kap., § 19, I.2; 5. Teil, 2. Kap., § 29, I.1.

schen der Ober- und der Untergrenze sachgerecht. Hier wird deshalb - in Anlehnung an die Ausführungen zu Sachsen[397] - eine Mehrheit von drei Fünfteln der Mitglieder des Bundestages vorgeschlagen. Dabei wird in der Regel ein Zusammenwirken von Regierungs- und Oppositionsfraktion(en) erforderlich sein[398], was einem einseitigen Missbrauch der Regelung vorbeugt und die Chancengleichheit der Fraktionen wahrt. Ein Quorum von drei Fünfteln der Mitglieder des Bundestages ist auch noch hoch genug, um die Stabilität des politischen Systems nicht in Frage zu stellen. Die Abgeordneten sind so gehalten, sich zunächst zu sachlichen Lösungen durchzuringen und nicht sofort zum Instrument einer Bundestagsauflösung zu greifen.

3. Antragsquorum

Bedeutsam ist weiter das Antragsrecht. Es ist namentlich für die Opposition ein effizientes Mittel zur Anregung einer Umgestaltung der politischen Verhältnisse: Auf diesem Weg kann möglicherweise eine andere Zusammensetzung des Bundestages herbeigeführt und über die notwendigen Neuwahlen eine handlungsfähige Regierung gebildet werden. Dabei ist über die Höhe des Antragsquorums sicherzustellen, dass eine große Anzahl (aussichtsloser) Anträge nicht zu einer Störung der parlamentarischen Ordnung führt.

Vorgeschlagen wird hier - wie schon zuvor für Sachsen[399] - ein Quorum von einem Drittel der Mitglieder des Bundestages. Auf diese Weise wird einerseits die Arbeitsfähigkeit des Bundestages hinreichend geschützt, andererseits aber auch berechtigten Interessen der jeweiligen Minderheit Rechnung getragen. Der jeweiligen Minderheit wird es auf diese Weise ermöglicht - auch wenn sie letztlich ihr Ziel nicht erreicht - ihre politische Ansicht zur denkbaren Lösung 'Selbstauflösung' zu artikulieren und andere Abgeordnete davon zu überzeugen. Ein Antragsquorum von einem Drittel verringert dabei die Wahrscheinlichkeit, dass - unabhängig von der jeweiligen Zusammensetzung des Bundestages, auf die es bei Verfassungsänderungen ohnehin nicht ankommen sollte - Auflösungsanträge allein aus wahltaktischen oder populistischen Gründen gestellt werden und dass Anträge, die von vorherein überhaupt keine Aussicht auf Erfolg haben, den Geschäftsgang der parlamentarischen Arbeit behindern.

397 Vgl. 5. Teil, 1. Kap., § 24, II.1.
398 Selbst eine Große Koalition verfügt nicht zwangsläufig über eine Mehrheit von deutlich über 50 % der Stimmen, wie beispielsweise in Sachsen (4. WP = 50,9 %) zu sehen ist.
399 Vgl. insoweit 5. Teil, 1. Kap., § 24, II.2.

Das Antragsquorum sollte aufgrund seiner Bedeutung im *Verfassungstext* (und nicht lediglich in der Geschäftsordnung des Deutschen Bundestages) verankert werden. Durch die Aufnahme des Antragsquorums in den Verfassungstext würde dem Antragserfordernis die entsprechende Bedeutung beigemessen werden. Für eine Aufnahme in den Verfassungstext spricht auch, dass dem Grundgesetz qualifizierte Antragsquoren nicht unbekannt sind (vgl. nur Artt. 42 Abs. 1 S. 2 Var. 1 [Ausschluss der Öffentlichkeit, 1/10 der Mitglieder des Bundestages], 44 Abs. 1 S. 1 [Einsetzung von Untersuchungsausschüssen, 1/4 der Mitglieder des Bundestages]).

4. Aufnahme einer Überlegungsfrist

Das Selbstauflösungsrecht des Bundestages sollte des Weiteren eine verfassungsrechtlich verankerte Überlegungsfrist zwischen der Einbringung und der Abstimmung des Antrages vorsehen.[400] Eine Frist von drei Tagen - wie auch für Sachsen vorgeschlagen - scheint notwendig, aber auch hinreichend, um die Gründe, die für oder gegen eine Selbstauflösung des Bundestages sprechen, zu überdenken und nach alternativen Lösungen zu suchen.[401] Es ist zwar in die Überlegungen einzustellen, dass Art. 68 Abs. 2 GG im Falle einer gescheiterten Vertrauensfrage lediglich eine Frist von achtundvierzig Stunden zwischen Antrag und Abstimmung vorsieht, jedoch erscheint die längere Überlegungsfrist im Falle einer parlamentarischen Selbstauflösung deshalb geboten, weil an einen solchen Beschluss - im Gegensatz zur Vertrauensfrage - keine expliziten materiellen Anforderungen gestellt werden. Insoweit werden die fehlenden materiellen Anforderungen des Selbstauflösungsrechtes über die strengeren formellen Voraussetzungen im Interesse der Stabilität des politischen Systems ausgeglichen.

5. Verfahrensmäßiger Abschluss nach dreißig Tagen

Zur raschen Wiederherstellung der Arbeitsfähigkeit des Bundestages sollte über einen Selbstauflösungsantrag nur *eine* Beratung erfolgen und keine Überweisung an einen Ausschuss vorgesehen werden. Entsprechend den Ausführungen zu Sachsen erscheint auch für das Selbstauflösungsrecht des Bundestages die zeitliche Begrenzung des verfahrensmäßigen Abschlusses innerhalb von dreißig Tagen nach Einbringung des Antrages in der Geschäftsordnung sinnvoll.[402]

---

400 S. insoweit auch schon oben zu Sachsen 5. Teil, 1. Kap, § 24, II.3.

401 Davon ging offensichtlich auch die Gemeinsame Verfassungskommission 1992 aus, die in ihrem Vorschlag (Art. 39 Abs. 1a S. 2) eine entsprechende Frist von zweiundsiebzig Stunden vorsah.

402 So schon zu Sachsen, 5. Teil, 1. Kap., § 24, II.4.

6. „Vorzeitige Beendigung der Wahlperiode"

Schließlich sollte nicht der Begriff „Auflösung" verwendet werden, da dieser den Eindruck nahe legen könnte, dass die Wahlperiode schon mit Verkündung der Auflösungsanordnung - mit den entsprechenden Konsequenzen - ende. Da seit der Verfassungsänderung von 1976 der nahtlose Übergang der Wahlperioden festgeschrieben ist, gilt dieser auch bei Bundestagsauflösungen als verbindlich und sollte durch die juristisch genauere Wortwahl, nämlich „vorzeitige Beendigung der Wahlperiode", verdeutlicht werden.[403] Der alte Bundestag bleibt, was seine Rechte und Pflichten angeht, bis zum Zusammentritt des neuen Bundestages nach der angestrebten Bundestagswahl weiter tätig (Art. 39 Abs. 1 S. 2 GG); die Abgeordneten behalten also bis dahin weiter ihr Mandat.

7. Einführung des Selbstauflösungsrechtes in einer laufenden Wahlperiode?

In der Literatur wird die Auffassung vertreten, dass das Selbstauflösungsrecht nicht für die laufende Wahlperiode, sondern erst für die kommenden eingeführt werden darf. Dies verlange die „Respektierung der einmal getroffenen Wahlentscheidung" sowohl hinsichtlich der Wähler als auch hinsichtlich der Gewählten.[404] Hier liegt indessen eine Verwechselung mit dem Problem der (verfassungswidrigen) Verlängerung der Wahlperiode vor. Im Gegensatz zu dieser geht es bei der Selbstauflösung nicht um eine „unzulässige Ermächtigungsverlängerung durch Selbstermächtigung"[405]. Vielmehr sucht das Parlament um erneute politische Legitimation nach.[406] Aus Art. 79 Abs. 3 i.V.m. Art. 20 Abs. 2 GG lässt sich jedenfalls kein Verbot für das Parlament ableiten, „früher als nötig vor das Volk zu treten"[407].

403 SCHNEIDER, H.-P., in: Wassermann, R., GG-II, Art. 39, RN 15, S. 70 f.; s. auch VERSTEYL, in: v. Münch/ Kunig, GG-II, Art. 39, RN 13, S. 696 sowie Einleitung und Vorschlag der Enquête-Kommission, BT-DS 7/ 5924 (09.12.1976), S. 34, 37.

404 MAURER, Vorzeitige Auflösung des Bundestages, in: DÖV 1982, S. 1001-1007/ 1007; s. auch PFEIFER, Bundestagsauflösung trotz Kanzlermehrheit?, in: VR 2005, S. 253-256/ 256.

405 ACHTERBERG/ SCHULTE in: v. Mangoldt/ Klein, GG-II, Art. 39, RN 10, S. 1042

406 So auch VERSTEYL, in: v. Münch/ Kunig, GG-II, Art. 39, RN 6, S. 692; ACHTERBERG, Parlamentsrecht, § 10 III 1, S. 208.

407 BRYDE, in: v. Münch/ Kunig, GG-III, Art. 79, RN 44a, S. 225

II. Art. 39 Abs. 3 n.F. - Formulierungsvorschlag

Das Selbstauflösungsrecht ist eng mit der Dauer der Wahlperiode verbunden. Aus systematischen Gründen empfiehlt sich daher - wie schon von der Enquêtekommission 1976 und der Gemeinsamen Verfassungskommission 1993 vorgeschlagen - die Einfügung dieses Rechtes in Art. 39 GG, allerdings nicht als Abs. 2 oder 1a, sondern als Abs. 3. Der bisherige Abs. 1 regelt nämlich Dauer, Beginn und Ende der Wahlperiode. Er sieht auch eine ausdrückliche Regelung einer Neuwahl für den Fall einer Auflösung des Bundestages vor und sollte daher - als Grund- oder Ausgangsnorm - an dieser Stelle belassen werden. Dies gilt auch für Abs. 2 des Art. 39 GG, der den spätesten Zeitpunkt des ersten Zusammentrittes nach einer Bundestagswahl festlegt. Daran sollte sich das Selbstauflösungsrecht anschließen. Der bisherige Abs. 3 des Art. 39 GG, der sich auf Schluss und Wiederbeginn der Sitzungen des Bundestages bezieht, würde dann zu Abs. 4. Nach alledem ergibt sich folgender Formulierungsvorschlag für ein Selbstauflösungsrecht des Grundgesetzes[408]:

Art. 39

(1) [...]

(2) [...]

(3) Der Bundestag kann mit einer Mehrheit von drei Fünfteln seiner Mitglieder die vorzeitige Beendigung der Wahlperiode beschließen. Der Antrag auf vorzeitige Beendigung der Wahlperiode ist von mindestens einem Drittel der Mitglieder des Bundestages zu unterzeichnen. Die Beratung und die Beschlussfassung finden frühestens am dritten Tag nach der Verteilung des Antrages statt.

***(4)** [bisher Abs. 3]*

Mit diesem Formulierungsvorschlag wird eine klare Regelung für das Selbstauflösungsrechtes des Bundestages getroffen. Das erforderliche Beschlussquorum ist im Vergleich zur sonst gem. Art. 42 Abs. 2 S. 1 GG ausreichenden einfachen Mehrheit doppelt qualifiziert und sichert auf diese Weise, dass das vorzeitige Ende der Wahlperiode eine Ausnahme darstellt. Das Antragsquorum kann eine Behinderung der Parlamentsarbeit durch von vornherein aussichtslose Anträge unterbinden, trägt aber zugleich berechtigten Minderheitsinteressen Rech-

[408] Änderungen gegenüber der geltenden Fassung sind ***fett kursiv*** gesetzt.

nung. Mit der Einräumung der Überlegungsfrist von drei Tagen werden übereilte und nichtreversible Beschlüsse vermieden und es wird ermöglicht, noch nach anderen Lösungswegen zu suchen.

1. Voraussetzungen einer Verfassungsänderung

Neben der Beachtung der formellen Voraussetzungen für eine Verfassungsänderung (Art. 79 Abs. 1 und 2 GG) schreibt Art. 79 Abs. 3 GG die Wahrung grundlegender Verfassungsprinzipien vor. Die Grundsätze des hier in Betracht kommenden Demokratie- bzw. des Rechtsstaatsprinzips werden jedoch - wie dargelegt[409] - durch die Aufnahme des Selbstauflösungsrechtes in das Grundgesetz nicht verletzt.

2. Auswirkungen der Einführung eines Selbstauflösungsrechtes auf Bundesebene

Es ist noch zu fragen, ob mit einer Einführung eines Selbstauflösungsrechtes des Bundestages weitere Änderungen des Grundgesetzes und begleitende Regelungen in der Geschäftsordnung des Bundestages verbunden sind. In Betracht kommen dabei solche formal-terminologischer, aber auch inhaltlicher Art.

a. Begleitende Änderungen der Artt. 39 Abs. 1 S. 4, 58 S. 2, 63 Abs. 4 S. 3, 68 Abs. 1 S. 1, 81 Abs. 1 S. 1, 115 h Abs. 3 GG

Dem seit der Verfassungsreform bestehenden nahtlosen Übergang zweier Wahlperioden sollte nunmehr einheitlich auch in den entsprechenden Vorschriften des Grundgesetzes[410] Rechnung getragen werden und der Begriff „Auflösung" bzw. „auflösen" in Artt. 39 Abs. 1 S. 4, 58 S. 2, 63 Abs. 4 S. 3, 68 Abs. 1 S. 1, 81 Abs. 1 S. 1 und 115h Abs. 3 durch „vorzeitige Beendigung der Wahlperiode" ersetzt werden.[411] Hierzu bedürfte es eines formellen Parlamentsgesetzes, das den Wortlaut der Verfassung insoweit ausdrücklich ändert (Art. 79 Abs. 1 S. 1 GG) sowie wiederum der Zustimmung von zwei Dritteln der Mitglieder des

---

409 5. Teil, 2. Kap., § 29

410 Die Geschäftsordnung des Bundestages enthält den Begriff „Auflösung" nicht.

411 Art. 136 Abs. 2 S. 1 GG [Kein Auflösungsrecht des Präsidenten den Bundesrates, der bis zur Wahl des ersten Bundespräsidenten dessen Befugnisse auszuüben hatte] ist durch die Wahl des ersten Bundespräsidenten am 12.09.1949 obsolet geworden.

Bundestages und des Bundesrates (Art. 79 Abs. 2 GG). Da mit dieser Grundgesetzänderung keine inhaltlichen Änderungen verbunden wären, ist von der Einhaltung der Grundsätze der Artt. 1 und 20 auszugehen.

b. Streichung der Vertrauensfrage?

Durch die Aufnahme des Selbstauflösungsrechtes in das Grundgesetz würde die Vertrauensfrage nicht entbehrlich.[412] Sie könnte vielmehr ihren eigentlichen Zweck erfüllen. Zwar kann auch über eine Selbstauflösung der Zweck des Art. 68 GG - Beseitigung einer bestehenden Regierungskrise - erreicht werden, aber schon allein die Existenz der Vertrauensfrage wirkt disziplinierend auf die Abgeordneten und damit stabilisierend bei knappen Mehrheitsverhältnissen.[413] Die Vertrauensfrage ist so ein wichtiges Instrument zur Krisenbewältigung.[414] Darüber hinaus stellt die Vertrauensfrage das funktionale Gegenstück zum konstruktiven Misstrauensvotum dar, da dieses ein Instrument des Bundestages ist, das Ende der Amtszeit des Bundeskanzlers und damit gem. Art. 69 Abs. 2 GG auch der Bundesminister herbeizuführen. Dieses austarierte System wird durch das Institut der Selbstauflösung ergänzt und sollte nicht durch einen Wegfall der Vertrauensfrage durchbrochen werden.

Dies ist vor dem Hintergrund, dass die Sächsische Verfassung keine Vertrauensfrage vorsieht, zu prüfen. Das Fehlen einer expliziten Regelung der Vertrauensfrage in der Sächsischen Verfassung lässt aber insoweit keinen zwingenden Rückschluss auf eine erforderliche Streichung des Art. 68 GG zu, als - wie dargelegt[415] - dem Ministerpräsidenten in Sachsen jederzeit das Recht zusteht, aufgrund seiner Organkompetenz und der Parlamentsautonomie die Vertrauensfrage zu stellen.

Weiter ist darauf zu verweisen, dass eine Regelungssystematik wie die für das Grundgesetz vorgeschlagene, d.h. ein Nebeneinander von parlamentarischem Selbstauflösungsrecht und Vertrauensfrage, in Brandenburg, Hamburg, Hessen, Mecklenburg-Vorpommern, im Saarland, in Sachsen-Anhalt, Schleswig-Holstein und Thüringen, mithin in der Hälfte der Bundesländer, gegeben ist.[416] Die Nichtaufnahme einer expliziten Regelung der Vertrauensfrage ist mithin gleich stark vertreten wie ihr Vorhandensein neben dem formellen Selbstauflösungsrecht.

---

412 So aber MAHRENHOLZ, Die Vertrauensfrage des Kanzlers nach Art. 68 GG kann entfallen, in: ZRP 2005, S. 245 f./ 246.
413 So auch EPPING, in: v. Mangoldt/ Klein, GG-II, Art. 68, RN 6, S. 1679.
414 Ebenso SCHOCH, Vertrauensfrage und Parlamentsauflösung, in: ZSE 2006, S. 88-102/ 95.
415 3. Teil, 2. Kap., § 16, I.1.a)
416 Vgl. dazu auch Übersicht 4 im Anhang (B.).

Auch sollten die Änderungen des Grundgesetzes auf das erforderliche Maß beschränkt bleiben. Das bedeutet vorliegend, die für ein parlamentarisches Regierungssystem zwar nicht zwingende, aber doch Klarheit bietende Vertrauensfrage neben dem einzuführenden Selbstauflösungsrecht beizubehalten.

c. Verlängerung der Wahlperiode auf fünf Jahre?

Zu überlegen ist schließlich noch, ob und inwieweit die Einführung eines Selbstauflösungsrechtes des Bundestages zwingend eine Verlängerung der Wahlperiode auf fünf Jahre zur Folge hätte, ob also - wie in Baden-Württemberg vertreten - die Aufnahme des Selbstauflösungsrechtes tatsächlich das „logische Gegenstück" der Verlängerung der Wahlperiode[417] ist. Ein solches Junktim zwischen dem Selbstauflösungsrecht und der Dauer der Wahlperiode besteht jedoch nicht sachlich zwingend. Ausschlaggebend ist die jeweilige parlamentarische Situation, die unabhängig von der Dauer der Legislaturperiode gegeben sein kann. Auch die Enquête-Kommission (1976) hat keinen solchen Zusammenhang zwischen der Einführung eines Selbstauflösungsrechtes des Bundestages und einer Verlängerung der Wahlperiode gesehen: Sie empfahl keine Verlängerung der Wahlperiode, wohl aber die Einführung eines Selbstauflösungsrechtes in das Grundgesetz.[418]

d. Begleitende Änderung der Geschäftsordnung des Bundestages

Für den verfahrensrechtlichen Ablauf müsste noch eine entsprechende Bestimmung in die Geschäftsordnung des Bundestages aufgenommen werden. Diese müsste die Regelung zur Einreichung des Antrages, zur Behandlung des Antrages in nur einer Sitzung, die Nichtüberweisung an einen Ausschuss sowie den Verfahrensabschluss spätestens am dreißigsten Tag nach Einbringung des Antrages enthalten. Aufgrund der Parallelität des Vorschlages kann insoweit auf die Ausführungen zum Änderungsvorschlag in Sachsen[419] verwiesen werden.

---

417 So der Abg. OETTINGER (CDU) anlässlich der Ersten Beratung des Gesetzentwurfes der Fraktion der CDU und der Fraktion der SPD (DS 11/ 5326 [27.01.1995]), Landtag von Baden-Württemberg, Plenarprotokoll 11/ 56 (01.02.1995), S. 4555; ebenso der Abg. GEISEL (SPD), a.a.O., S. 4557; s. dazu 4. Teil, 1. Kap., 20, III.6.b), cc).

418 BT-DS 7/ 5924 (09.12.1976), Kapitel 3, 1.2.1, S. 34; s. dazu bereits 5. Teil, 1. Kap., § 26, I.2.

419 5. Teil, 1. Kap., § 25, II.3., 4.

Als systematischer Standort bietet sich die Einfügung nach § 98 GO-BT als § 98a an, da in §§ 97 und 98 GO-BT verfahrensrechtliche Bestimmungen für weitere Instrumente der Lösung von Parlaments- und Regierungskrisen, nämlich Misstrauensvotum und Vertrauensfrage, getroffen werden. Danach ergibt sich nachstehender Formulierungsvorschlag:

§ 98a

Der Antrag auf vorzeitige Beendigung der Wahlperiode gem. Art. 39 Abs. 3 GG ist beim Präsidenten schriftlich einzureichen. Der Antrag wird in einer einzigen Beratung behandelt. Eine Überweisung in einen Ausschuss erfolgt nicht. Die Abstimmung über den Antrag muss spätestens am 30. Tag nach dessen Einbringung abgeschlossen sein.

Dieser Formulierungsvorschlag fasst die verfahrensrechtlichen Voraussetzungen einer Selbstauflösung des Bundestages zusammen. Damit soll die konzentrierte Behandlung des Antrages sichergestellt und die möglicherweise bestehende Arbeitsunfähigkeit des Bundestages auf einen verhältnismäßig kurzen Zeitraum begrenzt werden.

Gewiss sind Neuwahlen aufgrund einer Selbstauflösung des Parlamentes keine Garantie für klare Mehrheitsverhältnisse. Die Bildung einer mehrheitsfähigen Regierung könnte sich auch danach als schwierig bzw. nicht möglich erweisen. In erneuten Wahlen könnte die Wahlbeteiligung geringer und ein Abschmelzen der Parteien der Mitte zu besorgen sein. Dies verdeutlicht, dass auch das Selbstauflösungsrecht an das Funktionieren des parlamentarischen Regierungssystems gebunden ist und die Abgeordneten in ihrem politisch-rechtlichen Umfeld verantwortungsbewusst damit umgehen müssen. Ein Selbstauflösungsrecht des Bundestages in der vorgeschlagenen Ausgestaltung wird aber zur Stabilität des politischen Systems beitragen können.

Zusammenfassung und Ergebnisse der Arbeit

Ziel der Arbeit war es, das Selbstauflösungsrecht des Sächsischen Landtages in verfassungsrechtlicher, verfassungshistorischer und verfassungsvergleichender Perspektive zu untersuchen. Dazu wurde zunächst im Ersten Teil der Arbeit die verfassungsrechtsbegriffliche und verfassungsrechtssystematische Ausgangslage des Selbstauflösungsrechtes dargelegt. Um die aktuelle Regelung des Selbstauflösungsrechtes des Sächsischen Landtages einordnen zu können, wurden im Zweiten Teil der Arbeit die historische Entwicklung dieses Institutes in Sachsen sowie die Genese des Art. 58 SächsVerf untersucht. Daran anschließend wurde im Dritten Teil der Arbeit das Selbstauflösungsrecht des Sächsischen Landtages verfassungsrechtlich analysiert. Dabei wurden über Art. 58 SächsVerf hinaus auch andere Möglichkeiten der vorzeitigen Beendigung der Wahlperiode in die Betrachtung einbezogen. Darauf erfolgte die Untersuchung der Frage, ob und inwieweit das Selbstauflösungsrecht des Sächsischen Landtages mit dem Grundgesetz vereinbar ist. Im Vierten Teil der Arbeit wurde dann die Ausgestaltung des parlamentarischen Selbstauflösungsrechtes in den anderen Ländern der Bundesrepublik Deutschland untersucht. Daran schloss sich ein Vergleich mit ausgewählten europäischen Verfassungen an. Im Fünften Teil der Arbeit wurde zunächst auf der Grundlage der vorausgehenden Untersuchungen das Selbstauflösungsrecht des Sächsischen Landtages verfassungsrechtspolitisch einer kritischen Würdigung unterzogen und ein konkreter Änderungsvorschlag unterbreitet. Schließlich wurde aufgrund des föderalen Aufbaus der Bundesrepublik Deutschland der Frage nachgegangen, ob sich die Aufnahme eines Selbstauflösungsrechtes auch für den Deutschen Bundestag empfiehlt. Dies wurde bejaht und ein konkreter Formulierungsvorschlag zur Aufnahme des Selbstauflösungsrechtes in das Grundgesetz unterbreitet.

Im Einzelnen wurden im Ersten Kapitel des *Ersten Teils* zunächst begrifflich-systematische Vorabklärungen vorgenommen. Hierbei wurde gezeigt (§ 1), dass dem historisch gewachsenen Begriff „Auflösung" zunächst eine andere Bedeutung zukam als der Formulierung „vorzeitige Beendigung der Wahlperiode", dass aber bei entsprechender Auslegung des Begriffes „Auflösung" beide Begrifflichkeiten äquivalent verwendet werden können. Es wurde weiter dargelegt, dass die Formulierung „vorzeitige Beendigung der Wahlperiode" besser zum Ausdruck bringt, dass die Wahlperiode des alten Parlamentes erst mit dem Zusammentritt des neuen endet und daher diese Begrifflichkeit vorzugswürdig ist. Auch wurden formelles und materielles Selbstauflösungsrecht unterschieden und Art. 58 SächsVerf dem formellen Selbstauflösungsrecht zugeordnet. In § 2 wurde herausgearbeitet, dass es sich bei dem Selbstauflösungsrecht um eine Ausnahmeregelung handelt, da zum einen die Wahlperiode des Sächsischen Landtages gem. Art. 44 Abs. 1 S. 1 SächsVerf regelmäßig fünf Jahre beträgt und zum anderen weitere Lösungsinstrumente für schwierige politische Konstellationen in der Verfassung vorgesehen sind, z.B. das konstruktive Misstrauensvotum (Art. 69). Im Rahmen der systematischen Einordnung wurde weiter gezeigt, dass das Selbstauflösungsrecht, da die Gewaltenteilung inzwischen weniger zwischen Parlament und Regierung als vielmehr zwischen Regierungsmehrheit und Opposition relevant ist, in ganz verschiedenen innerparlamentarischen Konfliktsituationen zum Zuge kommen, aber auch zur Klärung von Fragen von grundsätzlicher Bedeutung herangezogen werden kann. Dabei wurde verdeutlicht, dass das Selbstauflösungsrecht gleichwohl kein plebiszitäres Institut darstellt und damit im parlamentarisch-repräsentativen System verankert ist, da das *Wahlvolk* im Auflösungsfall über die Zusammensetzung der neuen Volksvertretung, nicht aber oder doch nicht in erster Linie über eine Sachfrage entscheidet. In systematischer Hinsicht wurde anschließend weiter ausgeführt, dass das Selbstauflösungsrecht voraussetzt, dass das Parlament im Staatsgefüge verfestigt ist. Nur wenn das Parlament als Vertretung des Volkes souverän ausgestaltet ist, können ihm im Rahmen seiner Autonomie auch Selbstbestimmungsrechte wie die Möglichkeit der vorzeitigen Beendigung der Wahlperiode durch eigenen Beschluss zukommen. Ferner wurde herausgearbeitet, dass ein Selbstauflösungsrecht dem Parlament nicht per se gegeben ist, sondern angesichts der jeweils festgelegten Dauer der Wahlperiode einer ausdrücklichen verfassungsrechtlichen Normierung bedarf. Schließlich wurde dargelegt, dass das Selbstauflösungsrecht zwar eine ausschließliche Frage parlamentarischen Selbstverständnisses und der Autonomie des Parlamentes darstellt, zugleich aber aufgrund des Erfordernisses der Beschlussfassung mit mindestens zwei Dritteln der Abgeordneten verfassungsrechtspraktisch ein Zusammenwirken mit dem Ministerpräsidenten, der die Regierung tragenden Landtagsfraktion und ggf. weiterer Landtagsfraktionen erforderlich sein wird.

Im Zweiten Kapitel des Ersten Teils wurde eine Abgrenzung des Selbstauflösungsrechtes zu anderen Möglichkeiten der vorzeitigen Beendigung der Wahlperiode vorgenommen. In § 3 wurde dazu dargelegt, dass von einem Selbstauflösungsrecht nur dann gesprochen werden kann, wenn der diesbezügliche Beschluss autonom von der Parlamentsmehrheit gefasst wird, also verfassungsrechtlich nicht von der Mitwirkung weiterer Verfassungsorgane abhängig ist. Die daran anschließende Analyse bislang erfolgter und versuchter Selbstauflösungen deutscher Landtage in der Bundesrepublik Deutschland (§ 4) verdeutlichte den Einsatz des Selbstauflösungsrechtes als Instrument zur Lösung parlamentsinterner Streitigkeiten bzw. als Mittel, um in Fragen von grundsätzlicher Bedeutung die Legitimation an das Wahlvolk zurückgeben zu können. Hier zeigte sich auch, dass mit dem Selbstauflösungsrecht verantwortungsbewusst umzugehen und bislang auch umgegangen worden ist.

Aufgrund der Definition des Selbstauflösungsrechtes als ein autonomes Recht des Landtages und der damit erforderlichen starken Stellung der Volksvertretung im Verfassungsgefüge wurde im *Zweiten Teil* der Arbeit gezeigt, dass ein Selbstauflösungsrecht erst nach dem Übergang von der Monarchie zur Republik in der Verfassung gefunden werden kann und zu finden ist. Die verfassungshistorische Untersuchung beginnt im Ersten Kapitel mit der Analyse des Auflösungsrechtes des Königs nach der Sächsischen Verfassung von (§ 5). Es wurde dargelegt, dass Sachsen damit zwar eine konstitutionelle Monarchie geworden war, die Befugnisse der Kammern aber (noch) erheblich beschränkt waren. Von einer demokratischen Volksvertretung konnte angesichts der Wahlrechtsbeschränkungen und der Repräsentanz lediglich der entsendenden Körperschaft keine Rede sein. Daher war nach der Sächsischen Verfassung von 1831 an ein Selbstauflösungsrecht des Landtages nicht zu denken. Erste Ansätze in Richtung einer demokratischen Volksvertretung 1848/ 49 wurden in der anschließenden Reaktionszeit wieder zurückgedrängt, so dass es bis 1918 an der für das Selbstauflösungsrecht erforderlichen Parlamentsherrschaft und Parlamentsmacht fehlte.

Diese Stellung kam dem Sächsischen Landtag erstmalig mit der Etablierung des parlamentarischen Regierungssystems im Vorläufigen Grundgesetz vom 28. Februar 1919 und der Sächsischen Verfassung vom 1. November 1920 zu. In § 6 der Arbeit wurde daher näher auf die Bedeutung des Landtages als wichtigstes Staatsorgan der Republik Sachsen und die Verwirklichung des Gedankens der Volkssouveränität eingegangen. Hier waren die politisch-rechtlichen Voraussetzungen für eine Aufnahme des parlamentarischen Selbstauflösungsrechtes in den Verfassungstext erstmals gegeben. Das Selbstauflösungsrecht war in der ersten demokratischen Ordnung Deutschlands jedoch nur in einigen Länderverfassungen, nicht hingegen auf Reichsebene vorgesehen. Grund hierfür war insbesondere das Fehlen eines Staatspräsidenten in den Ländern. Da das Auflösungsrecht gleichwohl als unerlässlich für das parlamentarische Leben galt, wurde das Selbstauflösungsrecht aufgenommen. Weiter wurde herausgearbeitet, dass die Anforderungen an eine Selbstauflösung nach Art. 9 Abs. 1 S. 1, 2 i.V.m. Art. 14 Abs. 1 S. 1 SächsVerf 1920 (Beschlussfassung mit einfacher Stimmenmehrheit bei Anwesenheit von zwei Dritteln der gesetzlichen Zahl der Abgeordneten) deutlich niedriger waren als in anderen Länderverfassungen, die das Selbstauflösungsrecht vorsahen. Nach Darlegung der Beseitigung des Parlamentarismus durch die Nationalsozialisten wurde in § 7 auf die Art der Ausgestaltung des Demokratieprinzips in der Sächsischen Verfassung von 1947 eingegangen. Hier waren zwar im Verfassungstext das demokratisch-parlamentarische Prinzip und auch das Selbstauflösungsrecht (mit dem Erfordernis der Beschlussfassung mit der Mehrheit der Mitglieder des Landtages, Art. 44 Abs. 1 Var. 1, Abs. 2) verankert. Allerdings kam dem Landtag bzw. den Landtagen in der Praxis nur sehr geringe Bedeutung zu, da die föderale Ordnung infolge der schleichenden Auflösung der Länder 1952-1968/ 74 aufgehoben wurde.

Erst mit der Neubegründung des Freistaates Sachsen 1990 wurde der Sächsische Landtag wiedererrichtet und ihm erneut eine autonome und starke Stellung im Verfassungsgefüge eingeräumt. Dies wurde zu Beginn des Zweiten Kapitels (§ 8) dargelegt. Ein Selbstauflösungsrecht wurde im Vorschaltgesetz aufgrund des nur vorläufigen Charakters dieser Regelung nicht als notwendig angesehen (§ 9). Die Erforderlichkeit eines Selbstauflösungsrechtes des Sächsischen Landtages wurde dann allerdings in den die Entstehung der Sächsischen Verfassung von 1992 prägenden Verfassungsentwürfen erkannt, wie in § 10 herausgearbeitet wurde. Es war festzustellen, dass - abgesehen von dem Urentwurf der „Gruppe der 20" vom 13. März 1990 - die maßgeblichen Verfassungsentwürfe ein Selbstauflösungsrecht für den Sächsischen Landtag vorsahen. Das Selbstauflösungsrecht wurde für erforderlich gehalten, um - ohne in Konflikt mit der Verfassung zu geraten - in verschiedenen politischen Konstellationen einen Weg zu Neuwahlen beschreiten zu können. Die maßgeblichen Verfassungsentwürfe stimmten in dem vorgesehenen Beschlussquorum von zwei Dritteln der gesetzlichen Zahl der Mitglieder des Landtages überein. Eine Beschlussfassung mit der Mehrheit der gesetzlichen Zahl der Mitglieder des Landtages erschien den Schöpfern der Sächsischen Verfassung von 1992 nicht hinreichend, um zu häufige vorzeitige Beendigungen der Wahlperiode zu vermeiden. Einmütig sahen die Verfassungsentwürfe kein qualifiziertes Antragserfordernis vor. Auch hinsichtlich des Termins für Neuwahlen herrschte größtenteils Einigkeit hinsichtlich der Frist von 60 Tagen. In § 11 wurde die Behandlung des Selbstauflösungsrechtes im Verfassungs- und Rechtsausschuss und im Plenum erörtert. Es konnte verdeutlicht werden, dass das Selbstauflösungsrecht überwiegend als ein notwendiger Bestandteil des parlamentarischen Systems angesehen wurde und hinsichtlich seiner Ausgestaltung weitgehend Einigkeit bestand. Ein abschließender Vergleich (§ 12) verdeutlichte, dass die Anforderungen an das Beschlussquorum im Zeitablauf stetig erhöht wurden: von einfacher Mehrheit (1920) über die Mehrheit der Mitglieder des Landtages (1947) zur Mehrheit von zwei Dritteln der gesetzlichen Mitgliederzahl des Landtages (1992). Hinsichtlich der Verfassungsentwürfe zu Art. 58 SächsVerf wurde herausgearbeitet, dass sich diese lediglich geringfügig unterschieden.

Die verfassungshistorischen Untersuchungen bestätigten die Vermutung, dass und warum ein Selbstauflösungsrecht erst seit der Weimarer Republik zu finden ist. Ursprünglich handelte es sich um ein politisches Machtinstrument des Monarchen. Dieser konnte die Ständeversammlung nach eigenem Willen auflösen, die kein Mitspracherecht in dieser Frage hatten. Ein Rekurs an das Volk konnte demnach nicht stattfinden, da dieses vor 1919 angesichts der Staatsform der Monarchie in seinen Rechten sehr beschränkt war. Demgegenüber steht im demokratischen Parlamentarismus, was die Regierung angeht, die (Wieder-) Erlangung tragfähiger Mehrheitsverhältnisse und damit verbunden die Stabilisierung des demokratisch-parlamentarischen Systems im Mittelpunkt. Damit ist - im Gegensatz zur konstitutionellen Ära - der Kampf um die Parlamentsmehrheit für die Auflösung entscheidend.

Im *Dritten Teil* wurde die geltende Verfassungsrechtslage hinsichtlich des Selbstauflösungsrechtes des Sächsischen Landtages erörtert. Zunächst wurde im Ersten Kapitel die verfassungsrechtliche Ausgangslage analysiert. Art. 58 SächsVerf wurde mit Hilfe der herkömmlichen Auslegungsmethoden daraufhin untersucht, ob neben den formellen Anforderungen weitere, d.h. materielle, zu erfüllen sind. Da weder Wortlaut, Systematik, Sinn und Zweck noch historische Aspekte hierfür Anhaltspunkte liefern, war festzustellen, dass bezüglich des Selbstauflösungsrechtes der Beschluss und das Beschlussquorum die wesentlichen Tatbestandsmerkmale sind (§§ 13, 14).

Entscheidend für den Selbstauflösungsbeschluss ist das freie Mandat. Im Rahmen des freien Mandates kann eine Selbstauflösung aus ganz verschiedenen Gründen beschlossen werden. Dabei ist der Schutz der Abgeordneten, die gegen eine Selbstauflösung gestimmt haben, aber bei der Abstimmung in der Minderheit verbleiben, durch die Bestimmungen in der Verfassung und in der Geschäftsordnung auf freie Wahrnehmung ihrer Rechte, insbesondere der Rederechte in Ausschüssen und im Plenum, gesichert. Daneben rechtfertigen die - wie der Minderheitenschutz im Demokratieprinzip verankerte - Mehrheitsregel und die Notwendigkeit des Treffens von Entscheidungen, dass sich die Minderheit der Mehrheit beugen muss. Es wurde weiter dargelegt, dass das freie Mandat der Abgeordneten seine gesetzlichen Grenzen im Straftatbestand der Abgeordnetenbestechung (§ 108e StGB) findet, dass ein derartiger Verstoß aus Gründen der Rechtssicherheit aber keine Auswirkungen auf die Wirksamkeit des gefassten Beschlusses hat. Schließlich wurde als äußerste Grenze des freien Mandates der Missbrauchstatbestand untersucht. Es wurde gezeigt, dass die Selbstauflösung nicht zum Kampf gegen die freiheitlich-demokratische Grundordnung eingesetzt werden darf und dass ihm nicht zuletzt durch das Erfordernis der Beschlussfassung mit zwei Dritteln und der Notwendigkeit der Antragstellung von einem Drittel der gesetzlichen Zahl der Mitglieder des Landtages entgegengewirkt wird.

Es wurde weiter herausgearbeitet, dass es sehr wohl Konstellationen gibt, in denen typischerweise eine Selbstauflösung in Betracht kommt, z.B. das Vorliegen einer Patt-Situation im Landtag oder das Bestreben der Abgeordneten nach Rückgabe der Legitimation an das Wahlvolk in Fragen von grundsätzlicher Bedeutung. Insgesamt stellt sich das Selbstauflösungsrecht aber als offene Verfassungsnorm dar, die einer Vielzahl von Fällen und auch bislang noch nicht absehbaren Konstellationen Rechnung tragen soll.

Schließlich wurde dargelegt, dass und wie sich ein Abgeordneter, eine Landtagsfraktion oder eine Landtagspartei verfassungsgerichtlich gegen einen Selbstauflösungsbeschluss wenden kann. Insofern kommt ein Organstreitverfahren vor dem Sächsischem Verfassungsgerichtshof in Betracht. Im Falle einer festgestellten Verfassungswidrigkeit des Selbstauflösungsbeschlusses hätten die Abgeordneten - sofern der neue Landtag noch nicht zusammengetreten ist - Anspruch auf Fortsetzung der bisherigen Wahlperiode.

Darauf wurde das Selbstauflösungsrecht in das Funktionensystem der Sächsischen Verfassung eingeordnet (Zweites Kapitel). Insbesondere wurde die Erforderlichkeit des Selbstauflösungstatbestandes neben der Möglichkeit der vorzeitigen Beendigung der Wahlperiode im Zusammenhang mit einer gescheiterten Regierungsbildung erörtert (§ 15). Weitere Möglichkeiten der vorzeitigen Beendigung der Wahlperiode kennt die Sächsische Verfassung nicht: Eine Vertrauensfrage (und die damit verbundene Möglichkeit der vorzeitigen Beendigung der Wahlperiode) wurden in den Verfassungsberatungen als nicht erforderlich angesehen. Über die Möglichkeit der Landtagsauflösung durch Volksentscheid wurde im Verfassungs- und Rechtsausschuss zwar heftig diskutiert, aber schließlich als Ausgleich der Volksgesetzgebung der Vorrang eingeräumt (§ 16).

Insgesamt erweist sich das Selbstauflösungsrecht als notwendiges Instrument des parlamentarischen Regierungssystems (§ 17). Ohne ein Selbstauflösungsrecht bestünden nur sehr begrenzte Möglichkeiten zur Abberufung der Volksvertretung. Dies könnte zu verfassungsrechtlich bedenklichen Manipulationen für den Fall führen, dass gleichwohl eine Neuwahl angestrebt wird. Darüber hinaus bedarf es des Selbstauflösungsrechtes zur Verwirklichung der Volkssouveränität. Das Prinzip der Volkssouveränität wird stringenter umgesetzt, wenn den Abgeordneten verfassungsrechtlich die Möglichkeit eingeräumt wird, die Legitimation an das Wahlvolk zurückzugeben, falls dies erforderlich erscheint.

Im Dritten Kapitel des Dritten Teils wurde das Selbstauflösungsrecht auf seine Vereinbarkeit mit dem Grundgesetz untersucht. Hierbei wurden zunächst in § 18 die Vorgaben des Homogenitätsprinzips erörtert und danach in § 19 Art. 58 SächsVerf auf seine Vereinbarkeit mit den demokratischen und rechtsstaatlichen Vorgaben des Homogenitätsprinzips geprüft. Im Ergebnis konnte festgestellt werden, dass das Selbstauflösungsrecht weder unter dem Aspekt des Mehrheitsprinzips noch des Minderheitenschutzes verfassungsrechtlichen Bedenken begegnet. Es wurde weiter dargelegt, dass ein Beschlussquorum, das zwischen der absoluten Mehrheit und der Mehrheit von zwei Dritteln der gesetzlichen Mitgliederzahl liegt, mit dem Homogenitätsprinzip vereinbar ist. Schließlich sind Verstöße gegen das Rechtsstaatsprinzip, v.a. im Hinblick auf Vertrauensschutz und Missbrauchverbot, nicht zu besorgen.

Im *Vierten Teil* wurde eine verfassungsvergleichende Untersuchung hinsichtlich der Selbstauflösungstatbestände der Volksvertretungen vorgenommen. Dazu wurde im Ersten Kapitel zunächst die Verfassungsrechtslage in den anderen Bundesländern analysiert. In § 20 wurde dabei zwischen den Bundesländern, deren Verfassungen bereits vor dem Grundgesetz in Kraft getreten sind und den Bundesländern, deren Verfassungen erst nach Inkrafttreten des Grundgesetzes verabschiedet wurden, unterschieden. Aufgrund ihrer vergleichbaren Vergangenheit wurden die Verfassungen der neuen Bundesländer ebenfalls gesondert betrachtet. Im Ergebnis ist feszustellen, dass zwischenzeitlich alle Bundesländer ein Selbstauflösungsrecht für ihre Volksvertretung vorsehen und dass als erforderliches Beschlussquorum zwei Mehrheiten vorgesehen sind, nämlich entweder die der gesetzlichen Mitgliederzahl oder die von zwei Dritteln derselben. Gleich ist in allen Bundesländern, dass eine Selbstauflösung mit Neuwahlen und damit in der Regel mit einer Regierungsneubildung verbunden ist, wenn auch die dafür vorgesehenen Fristen unterschiedlich ausgestaltet sind.

Darauf wurde das Selbstauflösungsrecht in das Verhältnis zu anderen Möglichkeiten der vorzeitigen Beendigung der Wahlperiode gesetzt. Hier ist festzuhalten, dass die materiellen Auflösungstatbestände grundsätzlich Vorrang vor dem formellen Selbstauflösungsrecht haben.

Es wurde anschließend eine Gruppenbildung vorgenommen (§ 21). Hier konnte festgehalten werden, dass es für die Höhe des Beschlussquorums nicht darauf ankommt, ob die Landesverfassung vor oder nach dem Grundgesetz in Kraft getreten ist. Allerdings fällt auf, dass die Verfassungen, die kurz nach dem Ende des Zweiten Weltkrieges in Kraft getreten sind, entweder kein Selbstauflösungsrecht vorsahen oder dafür die Zustimmung der Mehrheit der gesetzlichen Mitgliederzahl des Parlamentes genügen lassen. Demgegenüber verlangen die Bundesländer, die erst später ihre Verfassung verabschiedet oder das Selbstauflösungsrecht im Zusammenhang mit einer Verfassungsänderung aufgenommen haben, eine Mehrheit von zwei Dritteln der gesetzlichen Zahl der Abgeordneten für die Beschlussfassung. Hinsichtlich des Antragserfordernisses ließ sich hingegen ein solcher Zusammenhang nicht feststellen. Auch konnte keine Wechselbeziehung zwischen der Dauer der Wahlperiode und dem Beschlussquorum festgestellt werden. Herausgearbeitet wurde aber die Besonderheit, dass das Antragsquorum in Sachsen nicht - wie in anderen Bundesländern - in der Verfassung, sondern in der Geschäftsordnung des Landtages geregelt ist. Insoweit stellt Art. 58 SächsVerf eine singuläre Regelung im Vergleich zu den Selbstauflösungsrechten in den Verfassungen der anderen Bundesländern dar. Wird von dieser Besonderheit abgesehen, ist hinsichtlich der Quoren eine Übereinstimmung der sächsischen Regelung mit den entsprechenden Bestimmungen in Bremen, Mecklenburg-Vorpommern und Thüringen festzustellen. Somit zeigt sich im innerdeutschen Vergleich, dass das Selbstauflösungsrecht des Sächsischen Landtages (hinsichtlich seiner Anforderungen) kein Einzelfall ist.

Der im Zweiten Kapitel des Vierten Teils angestellte Vergleich zur Ausgestaltung des (Selbst-) Auflösungsrechtes in ausgewählten Mitgliedstaaten der Europäischen Union verdeutlicht, dass Deutschland auf Bundesebene den Möglichkeiten der vorzeitigen Beendigung der Wahlperiode restriktiv gegenüber steht. So ist die parlamentarische Selbstauflösung in Österreich die gängige Form der Beendigung der Wahlperiode (§ 22). Im Gegensatz zu den deutschen Bundesländern stellt das BVG-Ö keine erhöhten Anforderungen an einen Selbstauflösungsbeschluss im Vergleich zur sonstigen Beschlussfassung. Dies ist größtenteils auch für das Selbstauflösungsrecht auf Landesebene festzuhalten. Die Anforderungen an eine Selbstauflösung in den österreichischen Bundesländern sind niedriger als in den deutschen, da lediglich auf die Zahl der abgegebenen Stimmen statt auf die gesetzliche Zahl der Mitglieder der Volksvertretung abgestellt wird. Dennoch bestehen keine Zweifel an der Stabilität des politischen Systems in Österreich.

Ansonsten war festzustellen, dass das parlamentarische Selbstauflösungsrecht in der EU nur noch in einigen Verfassungen der zum 1. Mai 2004 beigetretenen Mitgliedstaaten zu finden ist, namentlich in Litauen, Polen, Ungarn und Zypern (§ 23). Das maßgebliche Beschlussquorum liegt in diesen Staaten zwischen einfacher Mehrheit (bei Anwesenheit mindestens der Hälfte aller Abgeordneten) in Ungarn und zwei Dritteln der Abgeordneten in Polen (Art. 98 Abs. 3 S. 1 Verf PL) und damit - bis auf Ungarn - in der Bandbreite der deutschen Bundesländer. Wie in den deutschen Bundesländern werden damit in diesen Beitrittsländern - bis auf Ungarn, vgl. Art. 24 Abs. 1, 2 Verf U - an eine Selbstauflösung des Parlamentes erhöhte Anforderungen hinsichtlich des Beschlussquorums im Vergleich zu den sonstigen Entscheidungen dieser Parlamente aufgestellt. Allerdings sind in Ungarn, Litauen und Zypern die Anforderungen an eine Selbstauflösung geringer als an eine Verfassungsänderung, womit der dem Selbstauflösungsrecht eingeräumte Stellenwert zum Ausdruck kommt: Es soll sich nicht um einen alltäglichen Beschluss handeln, die Selbstauflösung wird aber auch nicht als so gravierend wie eine Verfassungsänderung eingestuft. Darüber hinaus ist anzumerken, dass das Selbstauflösungsrecht überwiegend neben andere Möglichkeiten der vorzeitigen Beendigung der Wahlperiode tritt. Lediglich in Zypern stellt das Selbstauflösungsrecht die einzige Regelung zur vorzeitigen Beendigung der Wahlperiode dar.

Schließlich wurden die Auflösungsmöglichkeiten des Parlamentes in Großbritannien, dem Mutterland des Parlamentarismus, untersucht. Ein Selbstauflösungsrecht des Unterhauses konnte hierbei nicht gefunden werden. Grund hierfür ist das sog. „Westminster Modell" Großbritanniens, das durch eine relativ starke Unterordnung des Parlamentes unter die Regierung gekennzeichnet ist. Dementsprechend geht das Auflösungsrecht des Premierministers sehr weit. Dieser kann ohne Angabe von Gründen dem Staatsoberhaupt, d.h. der Königin oder dem König, die Auflösung des britischen Unterhauses vorschlagen. Dabei wird sich der Premier in der Regel aber an den politischen Erfordernissen orientieren.

Im *Fünften Teil* wurde das Selbstauflösungsrecht einer verfassungsrechtspolitischen Würdigung unterzogen. Zunächst wurde die geltende sächsische Regelung kritisch betrachtet (Erstes Kapitel). Hier (§ 24) wurde dargelegt, dass materielle Kriterien nicht in den Tatbestand aufgenommen werden sollten, da anderenfalls der bewusst offen gestaltete Charakter des Selbstauflösungsrechtes eingeschränkt werden würde. Des Weiteren wurde in kritischer Würdigung verdeutlicht, dass das nach Art. 58 SächsVerf maßgebliche Beschlussquorum von zwei Dritteln der Mitglieder des Landtages zwar verfassungsgemäß, aber aufgrund der Höhe wenig praktikabel ist und so die Norm leerlaufen könnte. Vorgeschlagen wurde daher für einen Selbstauflösungsbeschluss ein Quorum von drei Fünfteln der Mitglieder des Landtages. Hinsichtlich des Antragsquorums von einem Drittel ist dagegen der sächsischen Regelung zuzustimmen: Ein Quorum in dieser Höhe ist erforderlich, um dem Landtag eine kontinuierliche Arbeitsweise zu ermöglichen und weiter zu verhindern, dass sich Antragsteller durch aussichtslose Anträge in Szene setzen. Aufgrund der Bedeutung des Antragsquorums wurde aber vorgeschlagen, dieses in den Verfassungstext aufzunehmen. Auch die bereits in der geltenden Geschäftsordnung vorgesehene Überlegungsfrist zwischen Antrag und Abstimmung sollte in die Verfassung aufgenommen werden, um den damit bezweckten Schutz des Landtages sowie der Abgeordneten zu gewährleisten und zu stärken. In der Geschäftsordnung verbleiben damit weiter rein verfahrensmäßige Regelungen. Auf der Grundlage dieser Überlegungen wurde in § 25 ein Vorschlag zur Neufassung des Art. 58 SächsVerf unterbreitet. Hinsichtlich der Geschäftsordnung des Sächsischen Landtages wurde eine Ergänzung des § 56 GO-SLT insoweit vorgeschlagen, als eine zeitliche Grenze von dreißig Tagen für den Abschluss des Verfahrens bestimmt wird.

Im Hinblick auf die föderale Struktur der Bundesrepublik Deutschland und angesichts des Umstandes, dass alle deutschen Bundesländer ein Selbstauflösungsrecht für ihre jeweilige Volksvertretung vorsehen, wurden im Zweiten Kapitel des Fünften Teils die Auflösungsmöglichkeiten des Deutschen Bundestages in die verfassungsrechtspolitischen Überlegungen einbezogen, wobei festzustellen war, dass ein Selbstauflösungsrecht des Deutschen Bundestages im Grundgesetz nicht vorgesehen ist. In § 26 wurden deshalb unter Einbeziehung der bisherigen Vorschläge und Empfehlungen zur Aufnahme des Selbstauflösungsrechtes zunächst Gründe für die restriktive Haltung des Grundgesetzes gegenüber einer Auflösung des Bundestages (durch eigenen Beschluss) dargelegt - entweder wurden entsprechende Vorschläge nicht konsequent verfolgt oder es wurden die erforderlichen Mehrheiten verfehlt. In § 27 alsdann wurde der Frage nachgegangen, ob es eines Selbstauflösungsrechtes im Grundgesetz, insbesondere angesichts der jüngsten Rechtsprechung des Bundesverfassungsgerichtes zur Auflösung des Deutschen Bundestages 2005, bedarf. Eine nähere Untersuchung der Bundestagsauflösungen 1983 und 2005 ergab, dass in beiden Fällen die Vertrauensfrage des Art. 68 GG ihrer materiellen Voraussetzung entkleidet und das Grundgesetz dem politischen Willen entsprechend umgebogen wurde. Nicht zuletzt zur Vermeidung künftiger Verfassungsmanipulationen - auch eine Umgehung der Voraussetzungen des Art. 63 Abs. 4 GG wäre verfassungswidrig - erweist sich daher ein Selbstauflösungsrecht auch im Grundgesetz als erforderlich (§ 28). Durch die Aufnahme eines parlamentarischen Selbstauflösungsrechtes in das Grundgesetz könnte auch die aufgrund der Rechtsprechung des Bundesverfassungsgerichtes 2005 entstandene Schwächung des Bundestages ausgeglichen und dem Bundestag ein ihm eigentlich originäres Recht eingeräumt werden.

Im Folgenden war die Vereinbarkeit eines Selbstauflösungsrechtes des Bundestages mit dem Grundgesetz zu prüfen. In § 29 wurde zunächst dargelegt, dass das Selbstauflösungsrecht mit dem repräsentativen System des Grundgesetzes vereinbar ist, weil nicht Sachfragen durch die Wähler entschieden werden sollen, sondern vielmehr die Zusammensetzung des neuen Bundestages zur Debatte steht. Da das Mehrheitsprinzip ebenso wie die Minderheitsrechte gewahrt bleiben, steht insoweit einer Einführung des Selbstauflösungsrechtes in das Grundgesetz nichts entgegen. Auch rechtsstaatliche Bedenken gegenüber einem Selbstauflösungsrecht sind nicht durchgreifend: Ein Selbstauflösungsrecht des Bundestages, wie es hier vorgeschlagen wird, wäre hinreichend bestimmt und würde sich in das Regelsystem des Grundgesetzes ohne weiteres einfügen lassen. Der Vertrauensschutz der Abgeordneten ist insofern gewahrt, als sie ohnehin mit einer vorzeitigen Beendigung der Wahlperiode rechnen müssen (vgl. Art. 39 Abs. 1 S. 1 GG „vorbehaltlich"), zumal sie es nicht zuletzt selbst sind, die diesen Beschluss mehrheitlich fassen.

Im Weiteren wurde im Gegensatz zu den häufig als Ursache für die Zurückhaltung gegenüber einem Selbstauflösungsrecht des Bundestages genannten Erfahrungen mit Art. 25 WRV in § 30 aufgezeigt, dass dieses Argument kaum gegen die Einführung eines Selbstauflösungsrechtes des Bundestages im Grundgesetz sprechen kann, da es sich bei Art. 25 WRV um ein Auflösungsrecht des Reichspräsidenten und nicht um eine Auflösung aufgrund autonomer Willensbildung des Parlamentes handelt. Beide Institute sind insoweit nicht vergleichbar.

In § 31 wurde darauf ein Formulierungsvorschlag zur Aufnahme eines Selbstauflösungsrechtes für den Deutschen Bundestag unterbreitet. Auch hier wurde - wie zu Sachsen - ein Beschlussquorum von drei Fünfteln der Mitglieder des Bundestages und ein Antragsquorum von einem Drittel der Abgeordneten vorgeschlagen. Durch diese Anforderungen kann einem (befürchteten) Missbrauch dieses Institutes und einer damit möglicherweise verbundenen Schwächung des politischen Systems entgegengewirkt werden. Bedenken, dass die Stabilität des parlamentarischen Regierungssystems in der Bundesrepublik Deutschland infolge der Einführung des Selbstauflösungsrechtes des Bundestages gefährdet sein könnte, sind nicht ersichtlich. Vielmehr kann das Selbstauflösungsrecht des Bundestages umgekehrt zur Wahrung und Stärkung des parlamentarisch-repräsentativen Systems beitragen.

Anhang

A. Rechtsquellen

I. Landes(verfassungs-)recht

1. Sachsen

a. Verfassungsurkunde für das Königreich Sachsen vom 4. September 1831
(Gesetzsammlung für das Koenigreich Sachsen, S. 241)

§ 3. Die Regierungsform ist monarchisch, und es besteht eine landständische Verfassung.

§ 79. Die Angelegenheiten, welche vor die Ständeversammlung gehören, sind in dieser Verfassungsurkunde bestimmt vorgezeichnet.
[...]
Die Ständeversammlung darf [...] sich nur mit diesen ihr zugewiesenen Angelegenheiten oder den vom Könige besonders an sie gebrachten Gegenständen beschäftigen.

§ 115. Der König wird längstens alle drei Jahre[1] einen ordentlichen Landtag einberufen, und außerordentliche so oft es Gesetzgebungs- oder andere dringende Angelegenheiten erfordern.
[...]

§ 116. Der König ordnet den förmlichen Schluß der Ständeversammlung an, kann auch solche vertagen und die zweite Kammer auflösen, wodurch zugleich die erste für vertagt erklärt wird. Die Vertagung darf nicht über sechs Monate dauern.[2]
Im Falle der Auflösung der zweiten Kammer soll die Wahl neuer Abgeordneter zu selbiger und die Einberufung der Stände ebenfalls innerhalb der nächsten sechs Monate erfolgen.

§ 118. Eigenmächtig dürfen die Kammern weder sich versammeln, noch nach dem Schlusse oder der Vertagung des Landtages, oder Auflösung der zweiten Kammer versammelt bleiben und berathschlagen.

---

1. Durch das Gesetz vom 03.12.1868 (GVBl. für das Königreich Sachsen 1868, S. 1365) wurde der Zeitraum auf zwei Jahre verkürzt.
2. Seit dem Gesetz, einige Abänderungen der Verfassungsurkunde vom 4. September 1831 betreffend, vom 12.10.1874 (GVBl. für das Königreich Sachsen 1874, S. 393) durfte die Vertagung „ohne ausdrückliche ständische Zustimmung" nicht über sechs Monate dauern.

b. Constitution, wie sie das saechsische Volk wuenscht vom 15. April 1831

(Verfassungsentwurf von Bernhard Moßdorf, Dresden 1831)

58. Der König kann die Kammer auflösen, aber die Auflösungsverordnung muß zugleich die Einberufung der Wähler binnen sechs Wochen und der Kammer binnen zwei Monaten enthalten.

c. Vorläufiges Grundgesetz für den Freistaat Sachsen vom 28. Februar 1919

(GVBl. für den Freistaat Sachsen 1919, S. 37)

§ 10. Das Gesamtministerium löst die Volkskammer auf, wenn sie es bei Anwesenheit von mindestens 2/3 der Zahl ihrer Mitglieder durch Mehrheitsbeschluß verlangt, sonst spätestens mit dem Ablauf des Jahres 1920.

§ 16. (1) Das Gesamtministerium kann über Gesetze, die von der Volkskammer beschlossen sind, binnen einem Monat die Volksabstimmung anordnen. [...]
(2) Die Beschlüsse der Volkskammer werden in diesen Fällen erst wirksam, wenn sie durch die Volksabstimmung bestätigt sind.
(3) [...]
(4) Entscheidet die Volksabstimmung gegen die Volkskammer, so kann diese vom Gesamtministerium aufgelöst werden. Sie muß in diesem Falle binnen 3 Monaten neu gewählt sein und wieder zusammentreten.
(5) Entscheidet die Volksabstimmung gegen das Gesamtministerium, so hat dieses zurückzutreten.

d. Entwurf der Verfassung für den Freistaat Sachsen vom 19. April 1920

(Volkskammer-Akten aus dem Jahre 1920, Vorlage 64)

Art. 9. Das Staatsministerium kann den Landtag auflösen.
Die Neuwahlen finden spätestens am sechzigsten Tage nach der Auflösung statt.

e. Verfassung des Freistaates Sachsen vom 1. November 1920

(GVBl. für den Freistaat Sachsen 1920, S. 445)

Art. 9. (1) Der Landtag kann sich selbst auflösen. Zu diesem Beschluß ist die Anwesenheit von zwei Dritteln der gesetzlichen Zahl der Abgeordneten erforderlich. Sind diese zwei Drittel nicht anwesend, so wird in der nächsten Sitzung abgestimmt, auch wenn weniger als zwei Drittel anwesend sind.
(2) Der Landtag kann auf Volksbegehren oder auf Antrag des Gesamtministeriums durch Volksentscheid aufgelöst werden.

Art. 36. (1) Wenn ein Zehntel der Stimmberechtigten der letzten Landtagswahl ein Gesetz oder die Auflösung des Landtags begehrt, so muß das Gesamtministerium den Volksentscheid herbeiführen.
(2)-(3) [...]

f. Erster Landesverfassungsentwurf der SED - Zentrale Mustervorlage vom 29. November 1946

(DS M, in: Sächsischer Landtag, 1.WP, Anfragen, Gesetzesvorlagen und Anträge, S. 14-18)

Art. 28. Der Landtag kann vor Ablauf der Wahlperiode aufgelöst werden:
a) durch eigenen Beschluß,
b) durch Volksentscheid.
Die Auflösung des Landtages durch eigenen Beschluß bedarf der Zustimmung von mehr als der Hälfte der gesetzlichen Mitgliederzahl.

g. Zweiter Landesverfassungsentwurf der SED - Zentrale Mustervorlage von Mitte Dezember 1946

(abgedruckt in: BRAAS, Die Entstehung der Länderverfassungen in der SBZ, Anhang, Dokument 2, S. 436-448)

Art. 44. Der Landtag kann vor Ablauf der Wahlperiode aufgelöst werden:
a) durch eigenen Beschluß,
b) durch Volksentscheid.
Die Auflösung des Landtages durch eigenen Beschluß bedarf der Zustimmung von mehr als zwei Dritteln der gesetzlichen Mitgliederzahl.

h. Landesverfassungsentwurf der CDU - Zentraler Musterentwurf vom 6. Dezember 1946

(DS G, in: Sächsischer Landtag, 1. WP, Anfragen, Gesetzesvorlagen und Anträge, S. 5-10)

Artikel 18. Die vorzeitige Auflösung des Landtags erfolgt durch eigenen Beschluß, zu dessen Wirksamkeit die Zustimmung von mindestens der Hälfte der gewählten Abgeordneten erforderlich ist, oder durch Volksentscheid.

i. Verfassung des Landes Sachsen vom 28. Februar 1947

(GVBl. Land Sachsen, Band 2, 1947-1948, S. 103)

Art. 44. (1) Der Landtag kann vor Ablauf der Wahlperiode durch eigenen Beschluß oder durch Volksentscheid aufgelöst werden.
(2) Die Auflösung des Landtages durch eigenen Beschluß bedarf der Zustimmung von mehr als der Hälfte seiner Mitglieder.

j. Verfassung des Landes Sachsen. Entwurf der parlamentarischen Arbeitsgruppe des Bezirkstages Dresden vom 19. März 1990

(abgedruckt in: JöR 1990, S. 417 ff.)

Art. 38. (1) Der Landtag kann vor Ablauf der Wahlperiode durch eigenen Beschluß oder durch Volksentscheid aufgelöst werden.
(2) Die Auflösung des Landtages durch eigenen Beschluß bedarf der Zustimmung von zwei Dritteln seiner Mitglieder.

k. Verfassung des Landes Sachsen. Textentwurf der „Gruppe der 20" vom 13. März 1990

(Private Aktensammlung Hans von Mangoldt)

Art. 45. (1) Ein Volksbegehren kann eine Volksabstimmung zur Auflösung des Landtages erzwingen, wenn sich ihm ein Sechstel der Stimmberechtigten anschließt. Sprechen sich bei dieser Volksabstimmung mehr als die Hälfte der abgegebenen Stimmen, jedoch mindestens ein Drittel der Stimmberechtigten für eine Auflösung des Landtages aus, so ist dieser binnen 14 Tagen aufzulösen.
(2) Binnen 60 Tagen nach der Volksabstimmung müssen Neuwahlen stattfinden.

Art. 49. Wird die Regierung nicht innerhalb von drei Monaten nach der Wahl des Landtages oder nach freigewordenem Amt des Ministerpräsidenten gebildet und bestätigt, so ist der Landtag aufgelöst.

l. Verfassung des Landes Sachsen. Entwurf der „Gruppe der 20" vom 26. März 1990

(abgedruckt in: JöR 1990, S. 427 ff.)

Art. 51. (1) Der Landtag kann sich auf Beschluß von mindestens zwei Dritteln seiner Mitglieder selbst auflösen.
(2) Ein Volksbegehren kann eine Volksabstimmung zur Auflösung des Landtages erzwingen, wenn sich ihm ein Sechstel der Stimmberechtigten anschließt. Sprechen sich bei dieser Volksabstimmung mehr als die Hälfte der abgegebenen Stimmen, jedoch mindestens ein Drittel der Stimmberechtigten für eine Auflösung des Landtages aus, so ist dieser aufgelöst.
(3) Binnen 60 Tagen nach der Volksabstimmung müssen Neuwahlen stattfinden.

Art. 55. Wird die Regierung nicht innerhalb von drei Monaten nach der Wahl des Landtages oder nach freigewordenem Amt des Ministerpräsidenten gebildet und bestätigt, so ist der Landtag aufgelöst.

m. Verfassung des Freistaates Sachsen. Gohrischer Entwurf - überarbeitete Fassung vom 8. November 1990

(Sächsischer Landtag, DS 1/ 25)[3]

Art. 54 (Vorzeitige Landtagsauflösung). (1) Der Landtag kann sich auf Beschluß von zwei Dritteln seiner Mitglieder selbst auflösen.
(2) Der Landtag ist vor Ablauf der Wahlperiode aufgelöst, wenn es in einem Volksbegehren verlangt wird und bei einem binnen sechs Wochen vorzunehmenden Volksentscheid die Mehrheit der abgegebenen Stimmen, jedoch mindestens zwei Fünftel der Stimmberechtigten, diesem Verlangen beitritt.

Art. 57 (Mißlungene Regierungsbildung). Wird die Landesregierung nicht innerhalb von drei Monaten nach dem Zusammentritt des neugewählten Landtages oder nach der sonstigen Erledigung des Amtes des Ministerpräsidenten gebildet und bestätigt, so ist der Landtag aufgelöst.

n. Verfassung des Freistaates Sachsen. Gesetzentwurf der Fraktion Linke Liste-PDS vom 9. November 1990/ Gesetzentwurf der Fraktion Bündnis 90/ Grüne vom 12. November 1990

(Sächsischer Landtag, DS 1/ 26 bzw. 1/ 29)[4]

Art. 66 (Legislaturperiode; Zusammentritt des Landtages). (1) Der Landtag wird auf vier Jahre gewählt. Seine Legislaturperiode endet mit dem Zusammentritt eines neuen Landtages. Die Neuwahl findet im letzten Vierteljahr der Legislaturperiode statt.
(2) Der Landtag kann jederzeit mit der Mehrheit von zwei Dritteln seiner Mitglieder unter gleichzeitiger Bestimmung eines Termins zur Neuwahl seine Auflösung beschließen.
(3) Der Landtag kann nach Ablauf eines Jahres seiner Legislaturperiode durch einen Volksentscheid aufgelöst werden, dem ein Volksbegehren vorausgeht. Der Volksentscheid hat binnen sechs Wochen nach dem Volksbegehren stattzufinden. Für die Auflösung ist die Zustimmung von zwei Dritteln derjenigen erforderlich, die am Volksentscheid teilgenommen haben.
(4) Im Falle der Auflösung des Landtages muß die Neuwahl innerhalb von sechzig Tagen stattfinden.
(5) Der Landtag tritt spätestens am dreißigsten Tag nach der Wahl zusammen. Er wird vom Präsidenten des alten Landtages einberufen.

---

3. Entspricht hinsichtlich der hier zitierten Bestimmungen dem Gohrischen Entwurf vom 05.08.1990 (abgedruckt in: SZ vom 24. August 1990, Ausgabe Dresden, [Nr. 197], Beilage, S. 5 ff.).
4. Entspricht hinsichtlich der hier zitierten Bestimmungen im Wesentlichen dem Entwurf sächsischer Hochschullehrer vom Oktober 1990 (abgedruckt in: Die neue Verfassung für das Land Sachsen, *Entwurf sächsischer Hochschullehrer. Mit Vorbemerkung von Thomas Mayer und Ausschnitten aus einem Referat des Mitverfassers Ekkehard Lieberam*, Oktober 1990).

Art. 96 (Vertrauensfrage). (1) Stellt der Ministerpräsident in einem Antrag die Vertrauensfrage, ohne hierfür die Zustimmung der Mehrheit der Mitglieder des Landtages zu finden, so kann er binnen zehn Tagen die Legislaturperiode des Landtages vorzeitig beenden. Zwischen dem Antrag und der Abstimmung müssen 48 Stunden liegen.
(2) Das Recht des Ministerpräsidenten zur vorzeitigen Beendigung der Wahlperiode des Landtages erlischt, sobald der Landtag mit der Mehrheit seiner Mitglieder einen anderen Ministerpräsidenten wählt.

o. Sächsische Verfassung. Leipziger Entwurf (Schimpff) Diskussionsstand 24. Juni 1990

(Private Aktensammlung Volker Schimpff)

Art. 30. (1) Der Landtag kann sich auf Beschluß einer Zweidrittelmehrheit selbst auflösen.
(2) Ein Volksbegehren kann eine Volksabstimmung erzwingen, wenn sich ihm ein Sechstel der wahlberechtigten Bürger anschließt. Sprechen sich bei dieser Volksabstimmung mehr als die Hälfte der wahlberechtigten Bürger für eine Auflösung des Landtages aus, so ist dieser aufgelöst.
(3) Der Präsident des Landtages löst ihn nach Artikel 38 Absatz 3 [Misslungene Wahl des Ministerpräsidenten] und Artikel 39 Absatz 4 [Misslungene Regierungsbildung] auf.

p. Verfassungsentwurf von Martin Böttger vom 27. Mai 1990

(SÄCHSHSTA DRESDEN, [13035/ Sächsisches Staatsministerium der Justiz, Nr. 4])

Art. 24. (1) Der Landtag kann sich auf Beschluß der Mehrheit seiner gesetzlichen Mitglieder selbst auflösen.
(2) Die Regierung kann den Landtag auflösen, wenn ein von ihr eingebrachter Gesetzesvorschlag abgelehnt wurde und dieser Gesetzesinitiative in einem nachfolgenden Volksentscheid gem. Art. 39 zugestimmt wurde.

q. Entwurf Geschäftsordnung des Sächsischen Landtages vom 23. Oktober 1990

(abgedruckt in: Sächsischer Landtag, Volkshandbuch, 1. WP, 1. Aufl., Rheinbreitbach 1991)

§ 57 Auflösung des Landtages. (1) Der Antrag, den Landtag aufzulösen, ist beim Präsidenten schriftlich einzureichen und vom Vorsitzenden einer Fraktion oder von mindestens einem Drittel der Abgeordneten zu unterschreiben. Die Beratung findet frühestens am dritten Tag nach der Verteilung des Antrages statt.
(2) Die Abstimmung über den Antrag ist auf die Tagesordnung der ersten Sitzung zu setzen, die 10 Tage nach Schluß der Beratung des Antrages stattfindet und muß spätestens am 30. Tag abgeschlossen sein. Die Auflösung des Landtages bedarf einer Stimmenmehrheit von zwei Dritteln der anwesenden Abgeordneten.

r. Gesetzentwurf der SPD-Fraktion. Gesetz zur Ergänzung des Vorschaltgesetzes, vom 4. November 1991

(Sächsischer Landtag, DS 1/981)

§ 1b. (1) Der Landtag kann sich auf Beschluß von zwei Dritteln seiner Mitglieder selbst auflösen.
(2) Der Antrag, den Landtag aufzulösen, ist beim Präsidenten schriftlich einzureichen und vom Vorsitzenden einer Fraktion oder von mindestens einem Drittel der Abgeordneten zu unterschreiben. Die Beratung findet frühestens am dritten Tag nach der Verteilung des Antrages statt.
(3) Die Abstimmung über den Antrag ist auf die Tagesordnung der ersten Sitzung zu setzen, die 10 Tage nach Schluß der Beratung des Antrages stattfindet und muß spätestens am 30. Tag abgeschlossen sein.
(4) Beschließt der Landtag seine Auflösung, so muß die Neuwahl binnen sechzig Tagen stattfinden. Die Wahlperiode des Landtages endet mit dem Zusammentritt eines neuen Landtages. Der neue Landtag tritt spätestens am 14. Tag nach der Wahl zusammen.

2. Andere Bundesländer (Auswahl)

a. Baden-Württemberg

aa. Verfassungsentwurf der CDU vom 30. Juli 1952

(abgedruckt in: FEUCHTE, Quellen zur Verfassung von Baden-Württemberg, Zweiter Teil, Beilage 118, S. 52 ff.)

Art. 43. (1) Der Landtag wird auf vier Jahre gewählt. Die Neuwahl muß vor Ablauf der Wahlperiode stattfinden.
(2) Der Landtag kann durch Beschluß von zwei Dritteln seiner Mitglieder sich selbst auflösen.
(3) Der Landtag ist vor Ablauf der Wahlperiode durch die Regierung aufzulösen, wenn es von 200000 Wahlberechtigten verlangt wird und wenn bei der binnen sechs Wochen vorzunehmenden Volksabstimmung die Mehrheit der Abstimmenden diesem Verlangen beigetreten ist.
(4) In den Fällen der Abs. 2 und 3 findet die Neuwahl spätestens am 40. Tag nach dem Auflösungsbeschluß oder der Volksabstimmung statt.

bb. Vorschlag der Grünen zur Einführung des Selbstauflösungsrechtes vom 5. Mai 1994

(Landtag von Baden-Württemberg, DS 11/3968)

Art. 30a. (1) Der Landtag kann sich durch Beschluß von zwei Dritteln seiner Mitglieder selbst auflösen.
(2) Die Neuwahl findet binnen sechzig Tagen nach der Auflösung des Landtages statt.

cc. Gesetzentwurf der Fraktion der CDU und der Fraktion der SPD. Gesetz zur Änderung der Verfassung des Landes Baden-Württemberg

(Landtag von Baden-Württemberg, DS 11/ 5326 [27.01.1995])

Art. 43. (1) Der Landtag kann sich auf Antrag eines Viertels seiner Mitglieder vor Ablauf seiner Wahlperiode durch eigenen Beschluß, der der Zustimmung von zwei Dritteln seiner Mitglieder bedarf, selbst auflösen. Zwischen Antrag und Abstimmung müssen mindestens drei Tage liegen.
(2) [...]

b. Bayern

Entwurf einer Bayerischen Verfassung vom 3. Mai 1946

(Stenographische Berichte über die Verhandlungen des Verfassungs-Ausschusses der Bayerischen Verfassunggebenden Landesversammlung", Bd. 1, S. 1-11)

Art. 14. (1) Der Landtag kann sich vor Ablauf seiner Wahldauer durch Mehrheitsbeschluß seiner Mitglieder selbst auflösen.
(2) [...]
(3) Die Neuwahl eines aufgelösten Landtags findet spätestens am vierten Sonntag nach der Auflösung statt.

c. Bremen

aa. Verfassungsentwurf der KPD Bremen für das Land Bremen

(abgedruckt in: KRINGE, Verfassungsgenese, Anhang, S. 287-298)

Art. 28. Der Landtag kann vor Ablauf der Wahlperiode aufgelöst werden:
a) durch eigenen Beschluß
b) durch Volksentscheid.
Die Auflösung des Landtages durch eigenen Beschluß bedarf der Zustimmung von mehr als zwei Drittel der gesetzlichen Mitgliederzahl.

bb. Verfassungsentwurf der SPD Bremen für das Land Bremen

(abgedruckt in: KRINGE, Verfassungsgenese, Anhang, S. 215-235)

Art. 82. Die Bürgerschaft kann sich durch einen Beschluß, für den mehr als die Hälfte ihrer gesetzlichen Mitglieder gestimmt hat, selbst auflösen. Ein dahingehender Antrag bedarf der Unterstützung von mindestens einem Fünftel der gesetzlichen Mitgliederzahl der Bürgerschaft.

d. Hessen

aa. Entwurf einer Verfassung für Hessen nach den Beschlüssen des Vorbereitenden Verfassungsausschusses für Groß-Hessen, in erster Lesung von der Verfassungberatenden Landesversammlung beraten am 5. und 6. August 1946

(Stenographische Protokolle über die Verhandlungen des Verfassungsausschusses der Verfassungberatenden Landesversammlung Groß-Hessen, Vergleichende Gegenüberstellung, S. 7 ff.)

Art. 63. Den Landtag auflösen kann:
1. der Landtag selbst durch einen Beschluß, für den mehr als die Hälfte der gesetzlichen Zahl seiner Mitglieder gestimmt hat;
2. der Ministerpräsident in den von der Verfassung hierfür vorgesehenen Fällen.

bb. Entwurf des Verfassungsausschusses der Verfassungberatenden Landesversammlung Groß-Hessen

(Stenographische Protokolle über die Verhandlungen des Verfassungsausschusses der Verfassungberatenden Landesversammlung Groß-Hessen, Vergleichende Gegenüberstellung, S. 7 ff.)

Art. 63. Der Landtag kann sich selbst auflösen durch einen Beschluß, für den mehr als die Hälfte der gesetzlichen Zahl seiner Mitglieder gestimmt hat.

e. Niedersachsen

Vorläufige Niedersächsische Verfassung. Regierungsvorlage vom 26. Mai 1950

(Niedersächsischer Landtag, 1. WP, LT-DS Nr. 2073)

Art. 8. (1) Der Landtag kann mit der Mehrheit aller Abgeordneten seine Auflösung beschließen.
(2) Über den Antrag auf Auflösung kann frühestens am elften und muß spätestens am einundzwanzigsten Tage abgestimmt werden.

f. Nordrhein-Westfalen

Regierungsvorlage. Entwurf eines Grundgesetzes für das Land Nordrhein-Westfalen vom 29. November 1949

(Landtag Nordrhein-Westfalen, 1. WP, DS Nr. II-1359)

Art. 28. 1. Der Landtag kann sich durch einen Beschluß, für den mehr als die Hälfte der gesetzlichen Zahl seiner Mitglieder gestimmt hat, auflösen.
2. [...]
3. Nach der Auflösung des Landtages muß die Neuwahl binnen 60 Tagen stattfinden.

g. Rheinland-Pfalz

aa. Entwurf der Verfassung für Rheinland-Pfalz. Amtlicher Vorentwurf vom 25. Oktober 1946

(abgedruckt in: KLAAS, Die Entstehung der Verfassung für Rheinland-Pfalz, S. 356 ff.)

Art. 103. (1) [...]
(2) Der Landtag kann sich durch Beschluß der Mehrheit seiner Mitglieder selbst auflösen.
(3) Die Neuwahl eines aufgelösten Landtags findet spätestens am 6. Sonntag nach der Auflösung statt.

bb. Entwurf der Verfassung für Rheinland-Pfalz nach dem Stand am Schluß der 1. Lesung des Verfassungsausschusses der Beratenden Landesversammlung, DS Nr. 11 vom 9. April 1947

(abgedruckt in: KLAAS, Die Entstehung der Verfassung für Rheinland-Pfalz, S. 356 ff.)[5]

Art. 87. (1) Der Landtag kann sich durch Beschluß der Mehrheit seiner Mitglieder selbst auflösen.
(2) Die Neuwahl eines aufgelösten Landtages findet spätestens am 6. Sonntag nach der Auflösung statt.

h. Saarland

aa. Verfassungsentwurf der Verwaltungskommission des Saarlandes

(zit. in: STÖBER, Die saarländische Verfassung, S. 106 ff.)

Art. 16. Der Landtag kann sich durch Beschluß der Mehrheit seiner Mitglieder selbst auflösen. [...] Die Neuwahl eines aufgelösten Landtages findet spätestens am 6. Sonntag nach der Auflösung statt.

---

5. Gleichlautend Art. 83 des Entwurfes der Verfassung für Rheinland-Pfalz nach dem Stand am Schluß der 2. Lesung des Verfassungsausschusses der Beratenden Landesversammlung, DS Nr. 12 vom 22. April 1947, abgedruckt in: KLAAS, Die Entstehung der Verfassung für Rheinland-Pfalz, S. 356 ff.

bb. Verfassungsentwurf zur 2. Lesung (der Verfassungskommission) am 4. September 1947, sog. Roter Entwurf

(zit. in: STÖBER, Die saarländische Verfassung, S. 14 ff.)[6]

Art. 91. (1) Der Landtag kann sich durch Beschluss der Mehrheit seiner Mitglieder selbst auflösen.
(2) [...]
(3) Die Neuwahl findet spätestens am 6. Sonntag nach der Auflösung des Landtages statt.

cc. Amtlicher Entwurf der Verfassungskommission vom 25. September 1970

(zit. in: STÖBER, Die saarländische Verfassung, S. 14 ff.)

Art. 70. (1) Der Landtag kann sich durch Beschluß der 2/3 Mehrheit seiner Mitglieder selbst auflösen.
(2) [...]
(3) Die Neuwahl findet spätestens am 6. Sonntag nach der Auflösung des Landtages statt.

II. Deutsches Reichs- bzw. Bundesverfassungsrecht

1. Verfassung des Deutschen Reichs vom 11. August 1919

(RGBl. Nr. 152 vom 14. August 1919, S. 1383)

Art. 25. Der Reichspräsident kann den Reichstag auflösen, jedoch nur einmal aus demselben Anlaß.
Die Neuwahl findet spätestens am sechzigsten Tage nach der Auflösung statt.

Artikel 43. (1) [...]
(2) Vor Ablauf der Frist kann der Reichspräsident auf Antrag des Reichstags durch Volksabstimmung abgesetzt werden. Der Beschluß des Reichstags erfordert Zweidrittelmehrheit. Durch den Beschluß ist der Reichspräsident an der ferneren Ausübung des Amtes verhindert. Die Ablehnung der Absetzung durch die Volksabstimmung gilt als neue Wahl und hat die Auflösung des Reichstags zur Folge.
(3) [...]

6. Gleichlautend Art. 76 des Verfassungsentwurfes zur 3. Lesung (der Verfassungskommission) am 16.09.1947, sog. Grüner Entwurf, a.a.O.

2. Entwürfe zum Grundgesetz

a. Bayerischer Entwurf eines Grundgesetzes für den Verfassungskonvent 1948

(abgedruckt in: Der parlamentarische Rat, Bd. 1, Dokument 1, S. 1 ff.)

Art. 51. Kommt binnen vier Wochen nach dem Zusammentritt des neu gewählten Bundestags oder nach dem Rücktritt oder Tod des Bundeskanzlers die Bildung einer Bundesregierung gem. Art. 49 und 50 nicht zustande, so kann der Bundespräsident entweder den Bundestag auflösen und Neuwahlen ausschreiben oder vorläufig mit Zustimmung des Bundesrats einen Bundeskanzler und auf dessen Vorschlag Bundesminister ernennen, die solange im Amt bleiben, bis die Zustimmung des Bundestags zur Bildung einer neuen Bundesregierung zu erlangen ist.

b. Erster Menzel-Entwurf einer „Westdeutschen Satzung" vom 16. August 1948

(abgedruckt in: SÖRGEL, Konsensus, S. 267 ff.)[7]

§ 12. Die [gesetzgebende] Versammlung kann sich durch Beschluß der Mehrheit ihrer gesetzlichen Mitglieder auflösen. Nach der Auflösung muß die Neuwahl binnen sechzig Tagen stattfinden.

c. Parlamentarischer Rat. Allgemeiner Redaktionsausschuß, 16. November 1948

(abgedruckt in: Der Parlamentarische Rat, Verhandlungen des Hauptausschusses, 3. Sitzung, S. 25-39/ 27, 34)

Art. 87 HChE. 1. Der Bundeskanzler wird vom Bundestag ohne Aussprache mit mehr als der Hälfte seiner Mitglieder gewählt und vom Bundespräsidenten ernannt.
2. Kommt binnen 14 Tagen seit Beendigung des Amtes des bisherigen Bundeskanzlers eine solche Wahl nicht zustande, so findet eine neue Wahl statt, in der gewählt ist, wer die meisten Stimmen erhält. Vereinigt der Gewählte nicht mehr als die Hälfte der Stimmen auf sich, so kann der Bundespräsident mit Zustimmung des Bundesrats den Bundestag binnen sieben Tagen nach der Wahl auflösen. Die Zustimmung des Bundesrats bedarf der Mehrheit seiner Mitglieder. Wird der Bundestag binnen dieser Frist nicht aufgelöst oder vereinigt der Gewählte mehr als die Hälfte der Stimmen der Mitglieder auf sich, so ist er vom Bundespräsidenten zu ernennen.

---

7. Gleichlautend § 14 des sog. Zweiten Menzel-Entwurfes für ein Grundgesetz vom 02.09.1948, a.a.O., S. 279 ff.

Art. 90a. 1. Spricht der Bundestag dem Bundeskanzler mit mehr als der Hälfte seiner Mitglieder ohne Neuwahl eines anderen Bundeskanzlers das Mißtrauen aus oder findet ein entsprechender Antrag des Bundeskanzlers, ihm das Vertrauen auszusprechen, nicht die Zustimmung von mehr als der Hälfte der Mitglieder des Bundestags, so kann der Bundespräsident binnen 21 Tagen den Bundestag auflösen. Das Recht zur Auflösung erlischt, sobald der Bundestag mit mehr als der Hälfte seiner Mitglieder einen anderen Bundeskanzler wählt.
2. Zwischen dem Antrag und der Abstimmung müssen 48 Stunden liegen.

3. Vorschläge zur Änderung und Ergänzung des Grundgesetzes

a. Zwischenbericht der Enquête-Kommission Verfassungsreform vom 21. September 1972

(Deutscher Bundestag, DS VI/ 3829, S. 89, Kommissionsdrucksache Nr. 052)

Art. 39. (1) Der Bundestag wird auf vier Jahre gewählt. Seine Wahlperiode endet mit dem Zusammentritt eines neuen Bundestages. Die Neuwahl findet im letzten Vierteljahr des vierten Jahres der Wahlperiode statt.
(2) Verlangt ein Drittel der Mitglieder des Bundestages die vorzeitige Beendigung der Wahlperiode, so kann der Bundespräsident innerhalb von sieben Tagen nach Ablauf einer Frist von einundzwanzig Tagen diesem Verlangen entsprechen und Neuwahlen innerhalb von sechzig Tagen anberaumen. Absatz 1 Satz 2 gilt entsprechend. Das Recht zur vorzeitigen Beendigung der Wahlperiode erlischt, wenn dem Bundeskanzler innerhalb dieser Frist das Vertrauen von der Mehrheit der Mitglieder des Bundestages ausgesprochen wird oder der Bundestag mit derselben Mehrheit einen anderen Bundeskanzler wählt. Art. 63 und 68 bleiben unberührt; jedoch sind nach Anberaumung eines Wahltermins Maßnahmen nach Art. 67 und 68 GG nicht mehr zulässig.
(3) Verlangen zwei Drittel der Mitglieder des Bundestages die vorzeitige Beendigung der Wahlperiode, so muß der Bundespräsident dem Verlangen entsprechen und Neuwahlen innerhalb von sechzig Tagen anberaumen. Absatz 1 Satz 2 gilt entsprechend.
(4) Der Bundestag bestimmt den Schluß und den Wiederbeginn seiner Sitzungen. Der Präsident des Bundestages kann ihn früher einberufen. Er ist hierzu verpflichtet, wenn ein Drittel der Mitglieder, der Bundespräsident oder der Bundeskanzler es verlangen.

b. Schlußbericht der Enquête-Kommission Verfassungsreform vom 9. Dezember 1976

(Deutscher Bundestag, DS 7/ 5924, Anhang, S. 247)

Art. 39. (1) [...]
(2) Auf Antrag eines Viertels seiner Mitglieder kann der Bundestag mit einer Mehrheit von zwei Dritteln seiner Mitglieder beschließen, die Wahlperiode vorzeitig zu beenden.
(3)-(5) [...]

c. Zwischenergebnis der CDU/ CSU nach der 13. Sitzung der Gemeinsamen Verfassungskommission am 26. November 1992
(abgedruckt in: GVK, Stenographischer Bericht, 13. Sitzung, S. 1-11/ 2)

Art. 39. (1a) Auf Antrag eines Viertels seiner Mitglieder kann der Bundestag mit einer Mehrheit von zwei Dritteln seiner Mitglieder beschließen, die Wahlperiode vorzeitig zu beenden. Zwischen dem Antrag und der Abstimmung müssen zweiundsiebzig Stunden liegen. Absatz 1 Satz 4[8] gilt entsprechend.

III. Europäisches Verfassungsrecht[9]

1. Österreich

a. Bundesverfassungs-Gesetz der Republik Österreich vom 10. November 1920 i.d.F. vom 7. Dezember 1929, zuletzt geändert am 28. Juni 2002

Art. 29. (1) Der Bundespräsident kann den Nationalrat auflösen, er darf dies jedoch nur einmal aus dem gleichen Anlaß verfügen. [...]
(2) Vor Ablauf der Gesetzgebungsperiode kann der Nationalrat durch einfaches Gesetz seine Auflösung beschließen.
(3) [...]

Art. 31. Zu einem Beschluß des Nationalrates ist, soweit in diesem Gesetz nichts anderes bestimmt oder im Bundesgesetz über die Geschäftsordnung des Nationalrates für einzelne Angelegenheiten nichts anderes festgelegt ist, die Anwesenheit von mindestens einem Drittel der Mitglieder und die unbedingte Mehrheit der abgegebenen Stimmen erforderlich.

Art. 60. (1) Der Bundespräsident wird vom Bundesvolk auf Grund des gleichen, geheimen und persönlichen Wahlrechtes gewählt; [...]
(2)-(4)
(5) Das Amt des Bundespräsidenten dauert sechs Jahre. [...]
(6) Vor Ablauf der Funktionsperiode kann der Bundespräsident durch Volksabstimmung abgesetzt werden. Die Volksabstimmung ist durchzuführen, wenn die Bundesversammlung es verlangt. Die Bundesversammlung ist zu diesem Zweck vom Bundeskanzler einzuberufen, wenn der Nationalrat einen solchen Antrag beschlossen hat. Zum Beschluß des Nationalrates ist die Anwesenheit von mindestens der Hälfte der Mitglieder und eine Mehrheit von zwei Dritteln der abgegebenen Stimmen erforderlich. [...] Die Ablehnung der Absetzung durch die Volksabstimmung gilt als neue Wahl und hat die Auflösung des Nationalrates (Art. 29 Abs. 1) zur Folge. [...]

---

8. Dieser lautet: „Im Falle einer Auflösung des Bundestages findet die Neuwahl innerhalb von sechzig Tagen statt."
9. Bis auf die Landesverfassungen von Österreich abgedruckt in: KIMMEL/ KIMMEL, EU-Verfassungen, 6. Aufl., München 2005.

Art. 100. (1) Jeder Landtag kann auf Antrag der Bundesregierung mit Zustimmung des Bundesrates vom Bundespräsidenten aufgelöst werden; eine solche Auflösung darf jedoch nur einmal aus dem gleichen Anlaß verfügt werden. Die Zustimmung des Bundestages muß bei Anwesenheit der Hälfte der Mitglieder und mit einer Mehrheit von zwei Dritteln der abgegebenen Stimmen beschlossen werden. An der Abstimmung dürfen die Vertreter des Landes, dessen Landtag aufgelöst werden soll, nicht teilnehmen.
(2) Im Fall der Auflösung sind nach den Bestimmungen der Landesverfassung binnen drei Wochen Neuwahlen auszuschreiben; die Einberufung des neu gewählten Landtages hat binnen vier Wochen nach der Wahl zu erfolgen.

b. Landesverfassungsrecht Österreich

aa. Landesverfassung Burgenland

(LGBl. Nr. 42/ 1981 i.d.F. LGBl. Nr. 44/ 2006)

Art. 13 [Auflösung des Landtages]. (1) Vor Ablauf der Gesetzgebungsperiode kann der Landtag durch Gesetz seine Auflösung beschließen. Die Beschlussfassung über dieses Gesetz kann erst am zweiten Werktag nach der Einbringung des Antrages erfolgen. Zu einem solchen Beschluß ist die Anwesenheit von mindestens der Hälfte der Landtagsabgeordneten erforderlich. Auch in diesem Fall dauert die Gesetzgebungsperiode bis zum Zusammentritt des neuen Landtages.
(2) Die Landesregierung hat binnen drei Wochen nach der Auflösung des Landtages Neuwahlen auszuschreiben und den Wahltag festzusetzen, daß die Wahl zum frühestmöglichen Zeitpunkt durchgeführt werden kann. [...]

Art. 31 [Beschlußerfordernisse]. (1) Zu einem Beschluß des Landtages ist, soweit in diesem Gesetz nichts anderes bestimmt wird, die Anwesenheit von mindestens einem Drittel der Mitglieder des Landtages und die Mehrheit der abgegebenen Stimmen erforderlich.
(2) Landesverfassungsgesetze oder in einfachen Landesgesetzen enthaltene Verfassungsbestimmungen können nur bei Anwesenheit von mindestens der Hälfte der Mitglieder des Landtages und mit einer Mehrheit von mindestens zwei Dritteln der abgegebenen Stimmen beschlossen oder geändert werden; sie sind als solche („Landesverfassungsgesetz", „Verfassungsbestimmung") ausdrücklich zu bezeichnen.

bb. Landesverfassung Kärnten

(LGBl. Nr. 85/ 1996 i.d.F. LGBl. Nr. 33/ 2007)

Art. 14. (1) Die Gesetzgebungsperiode des Landtages dauert fünf Jahre, vom Tag seines ersten Zusammentritts an gerechnet, jedenfalls aber bis zu dem Tag, an dem der neugewählte Landtag zusammentritt. [...]
(2) Der Landtag kann sich vor Ablauf der Gesetzgebungsperiode bei Anwesenheit von mindestens zwei Dritteln der Mitglieder des Landtages mit Beschluß auflösen. Ein solcher Beschluß darf durch die Geschäftsordnung von der Vorberatung in einem Ausschuß nicht ausgeschlossen werden. Im Falle der Selbstauflösung dauert die Gesetzgebungsperiode des Landtages bis zum Zusammentritt des neugewählten Landtages.
(3) Löst der Bundespräsident den Landtag nach Art. 100 Abs. 1 B-VG auf, so hat die Landesregierung Neuwahlen binnen drei Wochen auszuschreiben.
(4) In den Fällen des Abs. 2 und 3 hat die Landesregierung die Neuwahlen so auszuschreiben, daß sie binnen drei Monaten stattfinden können.

Art. 27. (1) Zu Beschlüssen des Landtages und seiner Ausschüsse ist, soweit in diesem Gesetz nichts anderes bestimmt ist, die Anwesenheit von mindestens der Hälfte der Mitglieder und mehr als die Hälfte der abgegebenen Stimmen erforderlich.
(2) Landesverfassungsgesetze können vom Landtag nur mit einer Mehrheit von zwei Dritteln der abgegebenen Stimmen beschlossen werden. Sie sind ausdrücklich als solche zu bezeichnen („Landesverfassungsgesetz").
(2a)-(4) [...]

cc. Landesverfassung Niederösterreich

(StF: LGBl. Nr. 205/ 1978 i.d.F. LGBl. Nr. 79/ 2007)

Art. 10 [Auflösung des Landtages]. (1) Der Landtag kann sich vor Ablauf der Gesetzgebungsperiode durch Beschluß auflösen. Die Beschlußfassung darf erst am zweiten Tag nach der Einbringung des Antrages erfolgen. [...]
(2) Im Falle der Auflösung des Landtages hat die Landesregierung binnen drei Wochen Neuwahlen auszuschreiben. Die erste Sitzung des neugewählten Landtages hat innerhalb von vier Wochen nach dem Wahltag stattzufinden.

Art. 18 [Beschlußfähigkeit und Beschlußerfordernis]. (1) Zu einem gültigen Beschluß des Landtages ist, sofern verfassungsgesetzlich nichts anderes bestimmt wird, die Anwesenheit von mindestens einem Drittel der Abgeordneten und die einfache Mehrheit der abgegebenen Stimmen erforderlich. Bei Stimmengleichheit gilt der Antrag als abgelehnt.
(2)-(4) [...]

dd. Landesverfassung Oberösterreich

(LGBl. Nr. 38/ 1930; WV: LGBl. Nr. 122/ 1991 i.d.F. LGBl. Nr. 79/ 2004)

Art. 20. Vor Ablauf der Gesetzgebungsperiode kann der Landtag durch Landesverfassungsgesetz seine Auflösung beschließen.

Art. 31. (1) Zu einem Beschluß des Landtages ist, soweit in diesem Gesetz nichts anderes bestimmt ist, die Anwesenheit von mindestens der Hälfte der Mitglieder des Landtages und die unbedingte Mehrheit der abgegebenen Stimmen erforderlich.
(2) Landesverfassungsgesetze oder in einfachen Landesgesetzen enthaltene Verfassungsbestimmungen können nur bei Anwesenheit von mindestens der Hälfte der Mitglieder des Landtages und mit einer Mehrheit von zwei Dritteln der abgegebenen Stimmen beschlossen oder abgeändert werden; sie sind als solche („Verfassungsgesetz“, „Verfassungsbestimmung“) ausdrücklich zu bezeichnen.

ee. Landesverfassung Salzburg

(LGBl. Nr. 25/ 1999 i.d.F. LGBl. Nr. 52/ 2002)

Art. 16. (1) Der Landtag kann sich vor Ablauf der Gesetzgebungsperiode durch Beschluss auflösen. Auch in diesem Fall dauert seine Gesetzgebungsperiode bis zum Tag vor dem ersten Zusammentritt des neugewählten Landtages.
(2) Binnen drei Wochen nach der Auflösung sind von der Landesregierung Neuwahlen auszuschreiben.

Art. 19. (1) Der Landtag ist beschlußfähig, wenn wenigstens die Hälfte der Mitglieder anwesend ist. Er beschließt mit unbedingter Mehrheit der abgegebenen Stimmen.
(2) Ein Verfassungsgesetz oder in einem einfachen Gesetz enthaltene Verfassungsbestimmungen sowie die Geschäftsordnung des Landtages oder ihre Änderungen können nur bei Anwesenheit von wenigstens der Hälfte der gewählten Mitglieder und mit einer Mehrheit von wenigstens zwei Dritteln der abgegebenen Stimmen beschlossen werden; sie sind ausdrücklich als Landesverfassungsgesetz bzw. als Verfassungsbestimmungen zu bezeichnen.

ff. Landesverfassung Steiermark

(StF: LGBl. Nr. 1/ 1960 i.d.F. LGBl. Nr. 94/ 2005)

Art. 10. (1) Der Landtag wird auf fünf Jahre gewählt. Die Gesetzgebungsperiode beginnt mit dem ersten Zusammentritt des neugewählten Landtages. [...]
(2) Vor Ablauf der Gesetzgebungsperiode kann der Landtag seine Auflösung beschließen. Die Beschlußfassung hierüber kann erst am zweiten Werktage nach der Einbringung des Antrages erfolgen.
(3) Der Landtag kann auch auf Antrag der Bundesregierung mit Zustimmung des Bundesrates vom Bundespräsidenten aufgelöst werden.
(4) Im Falle der Auflösung sind durch die Landesregierung binnen drei Wochen Neuwahlen auszuschreiben; [...].
(5) In jedem Fall dauert die Gesetzgebungsperiode bis zum Zusammentritt des neugewählten Landtages.

Art. 20. (1) Zu einem Landtagsbeschluß ist, soweit in diesem Gesetz nichts anderes bestimmt ist, die Anwesenheit von mindestens drei Siebenteln der Mitglieder und die unbedingte Mehrheit der abgegebenen Stimmen erforderlich.
(2) Ein Landesverfassungsgesetz kann nur bei Anwesenheit der Hälfte der Mitglieder des Landtages und mit einer Mehrheit von zwei Dritteln der abgegebenen Stimmen beschlossen werden. [...] Verfassungsgesetze oder in einfachen Gesetzen enthaltene Verfassungsbestimmungen sind als solche („Landesverfassungsgesetz", „Verfassungsbestimmung") zu bezeichnen.
(3) [...]

gg. Landesordnung Tirol

(LGBl. Nr. 61/ 1988 i.d.F. LGBl. Nr. 125/ 2003)

Art. 27 Beschlüsse, Wahlen. Zu einem gültigen Beschluß des Landtages und zu einer gültigen Wahl durch den Landtag sind, soweit verfassungsgesetzlich nichts anderes bestimmt ist und durch die Geschäftsordnung des Landtages keine strengeren Voraussetzungen festgelegt sind, die Anwesenheit von wenigstens der Hälfte der Abgeordneten und die einfache Mehrheit der abgegebenen Stimmen erforderlich.

Art. 28 Auflösung. (1) Der Landtag kann vor dem Ablauf der fünfjährigen Gesetzgebungsperiode seine Auflösung beschließen. Zu einem solchen Beschluß ist die Mehrheit von wenigstens zwei Dritteln der abgegebenen Stimmen erforderlich. Er darf frühestens am siebenten Tag nach dem Einlangen eines darauf gerichteten Antrages gefaßt werden.
(2) Die Gesetzgebungsperiode dauert auch dann, wenn der Landtag seine Auflösung beschlossen hat, bis zu dem Tag, an dem der neue Landtag zur ersten Sitzung zusammentritt.
(3) Die Landesregierung hat binnen drei Wochen nach der Auflösung des Landtages die Wahl zum Landtag so auszuschreiben, daß sie binnen drei Monaten nach der Auflösung des Landtages stattfinden kann.

hh. Landesverfassung Vorarlberg

(LGBl. Nr. 9/ 1999 i.d.F. LGBl. Nr. 52/ 2007)

Art. 23 Beschlüsse, Wahlen. (1) Der Landtag kann nur Beschlüsse fassen oder Wahlen durchführen, wenn wenigstens die Hälfte seiner Mitglieder anwesend ist. Soweit in Verfassungsgesetzen oder in der Geschäftsordnung des Landtages nichts anderes bestimmt ist, bedarf es zu einem Beschluss oder zu einer Wahl der unbedingten Mehrheit der abgegebenen Stimmen. Für Gesetzesbeschlüsse darf die Geschäftsordnung des Landtages keine Abweichungen von diesem Beschlusserfordernis festlegen. [...]
(2) Verfassungsgesetze können nur mit einer Mehrheit von zwei Dritteln der abgegebenen Stimmen beschlossen werden. Sie sind ausdrücklich als solche zu bezeichnen.
(3) [...]

Art. 27 Auflösung. (1) Der Landtag kann seine vorzeitige Auflösung vor Ablauf der Wahlperiode beschließen. Ein solcher Beschluss darf frühestens am dritten Tag nach der Einbringung des Antrages gefasst werden. [...]
(2) Im Falle der Auflösung des Landtages hat die Landesregierung binnen drei Wochen Neuwahlen auszuschreiben.

ii. Verfassung der Bundeshauptstadt Wien
(LGBl. Nr. 28/ 1968 i.d.F. LGBl. Nr. 33/ 2007)

§ 13. (1) [...]
(2) [Die Mitglieder des Gemeinderates] bleiben bis zur Angelobung der neugewählten Gemeinderatsmitglieder im Amt. Dies gilt auch für den Fall der Auflösung, die unbeschadet des Artikels 100 des Bundes-Verfassungsgesetzes vom Gemeinderat vor Ablauf der Wahlperiode beschlossen werden kann.

§ 113. (1) Der Gemeinderat der Stadt Wien ist auch der Landtag für Wien. [...]
(2) Die Gesetzgebungsperiode des Landtages fällt mit der Wahlperiode zusammen.

§ 124. (1) Der Landtag ist beschlußfähig, wenn wenigstens ein Drittel der Abgeordneten anwesend ist.
(2) Zu den Beschlüssen über eine Abänderung dieses Hauptstückes sowie über sonstige Landesverfassungsgesetze ist die Anwesenheit der Hälfte der Landtagsabgeordneten erforderlich.

§ 124a. Zu einem gültigen Beschluss des Landtages ist die unbedingte Stimmenmehrheit der anwesenden Landtagsabgeordneten erforderlich. [...]

2. Verfassung der Republik Litauen vom 25. Oktober 1992, zuletzt geändert am 20. März 2003

Art. 58. (1) Pre-term elections to the Seimas may be held on the decision of the Seimas adopted by not less than a 3/5 majority vote of all the members of the Seimas.
(2)-(4) [...]

3. Verfassung der Republik Polen vom 2. April 1997

Art. 98. (1) [...]
(2) [...]
(3) Der Sejm kann mit einer Mehrheit von mindestens zwei Dritteln der gesetzlichen Mitgliederzahl eine Verkürzung seiner Amtszeit beschließen. Die Verkürzung der Amtszeit des Sejm bedeutet zugleich die Verkürzung der Amtszeit des Senats. Die Vorschrift des Abs. 5 findet entsprechende Anwendung.
(4) [...]
(5) Ordnet der Präsident der Republik die Verkürzung der Amtszeit des Sejm an, so bestimmt er zugleich Wahlen zu Sejm und Senat und setzt als Wahltag einen Tag nicht später als 45 Tage nach der Anordnung der Verkürzung der Sejmamtszeit fest. Der Präsident der Republik beruft die erste Sitzung des neugewählten Sejm nicht später als für den 15. Tag nach dem Wahltag ein.
(6) [...]

4. Verfassung der Republik Ungarn vom 20. August 1949, zuletzt geändert am 8. Dezember 2003

Art. 24. (1) Das Parlament ist beschlußfähig, wenn mehr als die Hälfte der Abgeordneten anwesend ist.
(2) Das Parlament faßt seine Beschlüsse mit einfacher Mehrheit der Stimmen der anwesenden Abgeordneten.
(3)-(4) [...]

Art. 28. (1) [...]
(2) Das Parlament kann seine Auflösung auch vor Ablauf seines Mandats erklären.
(3)-(7) [...]

5. Verfassung der Republik Zypern vom 16. August 1960

Art. 67. (1) The House of Representatives may dissolve itself only by its own decision carried by an absolute majority including at least one third of the Representatives elected by the Turkish Community.
(2)-(3) [...]

B. Übersichten

Tabelle 1: Vergleich der Auflösungsmöglichkeiten nach den Sächsischen Verfassungen vom 4. September 1831 bis zum 27. Mai 1992

	Verfassungsurkunde für das Königreich Sachsen vom 4. September 1831[a]	Verfassung des Freistaates Sachsen vom 1. November 1920	Verfassung des Landes Sachsen vom 28. Februar 1947	Verfassung des Freistaates Sachsen vom 27. Mai 1992
Selbstauflösungsrecht	-	Art. 9 Abs. 1	Art. 44 Abs. 1 Var. 1, Abs. 2	Art. 58
Auflösung nach misslungener Regierungsbildung	-	-	-	Art. 60 Abs. 3
Auflösung durch Volksentscheid	-	Art. 9 Abs. 2 Var. 1 *und* auf Antrag des Gesamtministeriums durch Volksentscheid, Art. 9 Abs. 2 Var. 2	Art. 44 Abs. 1 Var. 2	-
Auflösung nach (gescheiterter) Vertrauensfrage	-	-	-	-

a. Auflösungsrecht des Königs, § 116 Abs. 1.

Tabelle 2: Vergleich der Auflösungsmöglichkeiten des Landtages nach den Entwürfen zur Sächsischen Verfassung vom 27. Mai 1992

	Selbst-auflösungs-recht	Auflösung nach miss-lungener Regierungs-bildung	Auflösung nach ge-scheiterter Vertrauens-frage	Auflösung durch Volksent-scheid/ Volksab-stimmung
Entwurf der Parlamentarischen Arbeitsgruppe des Bezirkstages Dresden vom 19.03. 1990	Art. 38 Abs. 1 Var. 1, Abs. 2	-	-	Art. 38 Abs. 1 Var. 2
Entwurf der „Gruppe der 20“ vom 13.03.1990	-	Art. 49	-	Art. 45
Entwurf der „Gruppe der 20“ vom 26.03.1990	Art. 51 Abs. 1	Art. 55	-	Art. 51 Abs. 2, 3
Gohrischer Entwurf vom 05.08.1990	Art. 54 Abs. 1	Art. 57	-	Art. 54 Abs. 2
Gohrischer Entwurf vom 08.11.1990	Art. 54 Abs. 1	Art. 57	-	Art. 54 Abs. 2
Entwurf sächsischer Hochschullehrer vom Oktober 1990	Art. 66 Abs. 2	-	Art. 96	Art. 66 Abs. 3
Entwurf der Fraktion Bündnis 90/ Die Grünen vom 08.11.1990	Art. 66 Abs. 2	-	Art. 96	Art. 66 Abs. 3
Entwurf der Fraktion Linke Liste/ PDS vom 09.11.1990	Art. 66 Abs. 2	-	Art. 96	Art. 66 Abs. 3
Sächsische Verfassung vom 27.05.1992	Art. 58	Art. 60 Abs. 3	-	-

Tabelle 3: Die Regelungen des Selbstauflösungsrechtes in den deutschen Bundesländern im Vergleich

Bundesland	Voraussetzungen[a]	Folge: Neuwahlen
Baden-Württemberg	Art. 43 Abs. 1 LV: Beschlussquorum: 2/3 Antragsquorum: 1/4 mind. 3 Tage zw. Antrag und Abstimmung	binnen 60 Tagen, Art. 30 Abs. 2 LV
Freistaat Bayern	Art. 18 Abs. 1 LV: Beschlussquorum: Mehrheit der gesetzlichen Mitgliederzahl	spät. am 6. Sonntag nach der Auflösung, Art. 18 Abs. 4 LV
Berlin	Art. 54 Abs. 2: Beschlussquorum: 2/3	spät. 8 Wochen nach dem Beschluss, Art. 54 Abs. 4 LV
Brandenburg	Art. 62 Abs. 2 LV: Beschlussquorum: 2/3	innerhalb von 70 Tagen, Art. 62 Abs. 3 LV
Bremen	Art. 76 Abs. 1 lit. a) LV: Beschlussquorum: 2/3 Antragsquorum: 1/3 Mitteilung mind. 2 Wochen vor der Sitzung	spät. an dem Sonntag oder öffentlichen Feiertag, der auf den 70. Tag nach dem Beschluss fällt, Art. 76 Abs. 3 LV
Hamburg	Art. 11 Abs. 1 LV: Beschlussquorum: Mehrheit der gesetzlichen Mitgliederzahl Antragsquorum: 1/4 Mitteilung mind. 2 Wochen vor der Sitzung	innerhalb von 10 Wochen, Art. 11 Abs. 2 S. 1 LV
Hessen	Art. 80 LV: Beschlussquorum: Mehrheit der gesetzlichen Mitgliederzahl	binnen 60 Tagen, Art. 81 LV
Mecklenburg-Vorpommern	Art. 27 Abs. 2 S. 1, 2 LV: Beschlussquorum: 2/3 Antragsquorum: 1/3 Gleichz. Terminsbestimmung zur Neuwahl Abstimm. zw. 1 Woche und 1 Monat nach Abschluss der Aussprache	zwischen dem 60. und dem 90. Tag nach dem Beschluss, Art. 27 Abs. 2 S. 3 LV
Niedersachsen	Art. 10 LV, § 44 GO NdsLT: Beschlussquorum: 2/3 der anwesenden Mitglieder des LT, mindestens jedoch von der Mehrheit der gesetzlichen Mitglieder Antragsquorum: 1/3 Beratg. früh. am 3. Tag nach der Verteilung Abstimm. zw. 11. u. 30. Tag nach Besprechg.	binnen zwei Monaten, Art. 9 Abs. 2 LV

Tabelle 3: Die Regelungen des Selbstauflösungsrechtes in den deutschen Bundesländern im Vergleich (Forts.)

Bundesland	Voraussetzungen[a]	Folge: Neuwahlen
Nordrhein-Westfalen	Art. 35 Abs. 1 LV: Beschlussquorum: Mehrheit der gesetzlichen Mitgliederzahl	binnen 60 Tagen, Art. 35 Abs. 3 LV
Rheinland-Pfalz	Art. 84 Abs. 1 LV: Beschlussquorum: Mehrheit der gesetzlichen Mitgliederzahl	spätestens am 6. Sonntag nach der Auflösung, Art. 84 Abs. 2 LV
Saarland	Art. 69 Var. 1 LV: Beschlussquorum: 2/3	innerhalb von 60 Tagen, Art. 67 Abs. 1 S. 4 LV
Sachsen	Art. 58 LV, § 56 GO-SLT: Beschlussquorum: 2/3 Antragsquorum: 1/3 Beratung und Beschlussfassung frühestens am 3. Tag nach Antragsverteilung	binnen 60 Tagen, Art. 44 Abs. 2 Var. 2 LV
Sachsen-Anhalt	Art. 60 LV: Beschlussquorum: 2/3 Antragsquorum: 1/4 Gleichz. Terminsbestimmung zur Neuwahl frühestens 6 Monate nach Beginn der WP Abstimm. zw. 11. und 30. Tag nach Beratung	binnen 60 Tagen, Art. 43 S. 3 Var. 2 LV
Schleswig-Holstein	Art. 13 Abs. 2 LV: Beschlussquorum: 2/3 Gleichz. Terminsbestimmung zur Neuwahl	innerhalb von 70 Tagen, Art. 13 Abs. 3 LV
Freistaat Thüringen	Art. 50 Abs. 2 S. 1 Nr. 1, S. 2 LV: Beschlussquorum: 2/3 Antragsquorum: 1/3 Abstimm. zw. 11. und 30. Tag nach der Antragstellung	innerhalb von 70 Tagen, Art. 50 Abs. 2 S. 3 LV

a. Bei der Angabe von Quoren wird von der gesetzlichen Zahl der Mitglieder des Landtages ausgegangen.

Tabelle 4: Überblick über die Auflösungsmöglichkeiten der Parlamente in den einzelnen Bundesländern[a]

Bundesland	Selbstauflösungsrecht	Auflösung durch Volksabstimmung/ Volksentscheid	Unfähigkeit des Parlamentes, eine (neue) Regierung zu bilden; Auflösung bei Rücktritt des MP	Auflösung nach gescheiterter Vertrauensfrage und/ oder erfolgreichem Misstrauensantrag[b]	Recht der Regierung, das Parlament aufzulösen
Baden-Württemberg	Art. 43 Abs. 1 LV	Art. 43 Abs. 2 LV	Art. 47 LV	-	-
Freistaat Bayern	Art. 18 Abs. 1 LV	Art. 18 Abs. 3 LV	Art. 18 Abs. 2 i.V.m. Art. 44 Abs. 5 LV	-	-
Berlin	Art. 54 Abs. 2 LV	Art. 54 Abs. 3 i.V.m. Artt. 62 Abs. 6, 63 Abs. 3 LV	-	-	-
Brandenburg	Art. 62 Abs. 2 LV	Art. 76 Abs. 1 S. 2 i.V.m. Artt. 77 Abs. 1, Abs. 3 S. 2, 78 Abs. 3 LV	Art. 83 Abs. 3 LV	*Art. 87 LV*	-
Bremen	Art. 76 Abs. 1 lit. a) LV	Art. 70 Abs. 1 lit. c) i.V.m. Art. 76 Abs. 1 lit. b), Abs. 2 LV[c]	-	-	-
Hamburg	Art. 11 LV	-	-	*Art. 36 Abs. 1 Nr. 3 LV*	-
Hessen	Art. 80 LV	-	-	Art. 114 LV	-
Mecklenburg-Vorpommern	Art. 27 Abs. 2 LV	-	*Art. 42 Abs. 2 LV*	Art. 51 LV	-

Tabelle 4: Überblick über die Auflösungsmöglichkeiten der Parlamente in den einzelnen Bundesländern[a] (Forts.)

Bundesland	Selbstauflösungsrecht	Auflösung durch Volksabstimmung/ Volksentscheid	Unfähigkeit des Parlamentes, eine (neue) Regierung zu bilden; Auflösung bei Rücktritt des MP	Auflösung nach gescheiterter Vertrauensfrage und/ oder erfolgreichem Misstrauensantrag[b]	Recht der Regierung, das Parlament aufzulösen
Niedersachsen	Art. 10 LV	-	*Art. 30 Abs. 1 LV*	-	-
Nordrhein-Westfalen	Art. 35 Abs. 1 LV	-	-	-	Art. 68 Abs. 3 LV
Rheinland-Pfalz	Art. 84 LV	Art. 109 Abs. 1 Nr. 2 LV	-	Art. 99 Abs. 5 LV	-
Saarland	Art. 69 Var. 1 LV	-	Art. 87 Abs. 4 LV	Art. 69 Var. 2 i.V.m. Art. 88 Abs. 2 LV	-
Freistaat Sachsen	Art. 58 LV	-	Art. 60 Abs. 3 LV	-	-
Sachsen-Anhalt	Art. 60 LV	-	*Art. 65 Abs. 2 S. 3 LV*	Art. 73 LV	-
Schleswig-Holstein	Art. 13 Abs. 2 LV	-	-	Art. 36 LV	-
Freistaat Thüringen	Art. 50 Abs. 2 S. 1 Nr. 1 LV	-	-	Art. 50 Abs. 2 S. 1 Nr. 2 i.V.m. Art. 74 LV	-

a. Die *kursiv* gedruckten Artikel kennzeichnen materielle Selbstauflösungstatbestände.
b. Bis auf Rheinland-Pfalz ist die vorzeitige Beendigung der Wahlperiode in den aufgeführten Fällen an eine gescheiterte Vertrauensfrage gebunden. In Hessen und im Saarland können sowohl eine gescheiterte Vertrauensfrage als auch ein erfolgreiches Misstrauensvotum zur Auflösung des Landtages führen.
c. Darüber hinaus kann in Bremen die Bürgerschaft nach Art. 70 Abs. 1 lit. b) LV einen Volksentscheid zur Auflösung der Bürgerschaft beantragen.

Tabelle 5: Anforderungen an das Selbstauflösungsrecht der Landtage in den Landesverfassungen Österreichs

Bundesland	wie	Anwesenheitsquorum (x/y der gesetzlichen Zahl der Mitglieder des Landtages)[a]	Beschlussquorum (mindestens x/y der abgegebenen Stimmen)[b]	zusätzliche Anforderungen/ Neuwahlfrist
Burgenland, Art. 13 LV	Gesetz	mind. 1/2 (sonst 1/3, Art. 31)	1/2+1St. (keine Besonderheit, Art. 31 Abs. 1)	- Beschlussfassung erst am 2. Tag nach der Einbringung des Antrages - Ausschreibung von Neuwahlen binnen 3 Wochen
Kärnten, Art. 14 Abs. 2 LV	Beschluss	mind. 2/3 (sonst 1/2, Art. 27 Abs. 1)	1/2+1St. (keine Besonderheit, Art. 27 Abs. 1)	- kein Ausschluss von der Vorberatung - Neuwahlen binnen 3 Monaten
Niederösterreich, Art. 10 LV	Beschluss	1/3 (keine Besonderheit, Art. 18 Abs. 1)	1/2+1St. (keine Besonderheit, Art. 18 Abs. 1)	- Beschlussfassung erst am 2. Tag nach der Einbringung des Antrages - Ausschreibung von Neuwahlen binnen 3 Wochen
Oberösterreich, Art. 20 LV	Landesverfassungsgesetz	1/2 (keine Besonderheit, Art. 31 Abs. 2)	2/3 (keine Besonderheit für Landesverfassungsgesetze, Art. 31 Abs. 2; sonst 1/2+1St., Art. 31 Abs. 1)	- Ausschreibung von Neuwahlen binnen 3 Wochen
Salzburg, Art. 16 LV	Beschluss	1/2 (keine Besonderheit, Art. 19 Abs. 1 S. 1)	1/2+1St. (keine Besonderheit, Art. 19 Abs. 1 S. 1)	- Ausschreibung von Neuwahlen binnen 3 Wochen

Tabelle 5: Anforderungen an das Selbstauflösungsrecht der Landtage in den Landesverfassungen Österreichs (Forts.)

Bundesland	wie	Anwesenheits-quorum (x/y der gesetzlichen Zahl der Mitglieder des Landtages)[a]	Beschluss-quorum (mindestens x/y der abgegebenen Stimmen)[b]	zusätzliche Anforderungen/ Neuwahlfrist
Steiermark, Art. 10 Abs. 2 LV	Beschluss	3/7 (keine Besonderheit, Art. 20 Abs. 1)	1/2+1St. (keine Besonderheit, Art. 20 Abs. 1)	- Beschlussfassung erst am 2. Werktag nach der Einbringung des Antrages - Ausschreibung von Neuwahlen binnen 3 Wochen - Neuwahl spätestens 10 Wochen nach der Ausschreibung
Tirol, Art. 28 LO	Beschluss	1/2 (keine Besonderheit, Art. 27)	2/3 (sonst 1/2+1St., Art. 27)	- Beschluss frühestens am 7. Tag nach Einbringung eines solchen Antrages - Ausschreibung von Neuwahlen binnen 3 Wochen - Neuwahlen binnen drei Monaten nach der LT-Auflösung
Vorarlberg, Art. 27 LV	Beschluss	1/2 (keine Besonderheit, Art. 23 Abs. 1 S. 1)	1/2 (keine Besonderheit, Art. 23 Abs. 1 S. 2)	- Beschlussfassung frühestens am 3. Tag nach der Einbringung des Antrages - Ausschreibung von Neuwahlen binnen 3 Wochen
Wien, § 13 Abs. 2 i.V.m. § 113 Abs. 2 Verf	Beschluss	1/3 (keine Besonderheit, § 124 Abs. 1)	1/2+1St. (keine Besonderheit, § 124a S. 1)	- keine explizite Neuwahlfrist

a. In Klammern ist angegeben, welche Mehrheit der Abg. für die sonstige Beschlussfassung anwesend sein muss.
b. In Klammern ist angegeben, mit welcher Mehrheit die sonstigen Beschlüsse gefasst werden.

Tabelle 6: Überblick über die Auflösungsmöglichkeiten der Parlamente in ausgewählten Mitgliedstaaten der Europäischen Union

Land	Auflösungsmöglichkeiten
Bundesrepublik Deutschland	- bei Scheitern der Wahl des Bundeskanzlers, Art. 63 Abs. 4 GG - nach gescheiterter Vertrauensfrage, Art. 68 Abs. 1 GG
Republik Litauen	- *Selbstauflösungsrecht*, Art. 58 Abs. 1 Verf Lit - durch Präsidenten der Republik bei Versagung der Zustimmung zum Regierungsprogramm, Art. 58 Abs. 2 Nr. 1 Verf Lit - durch Präsidenten der Republik nach Misstrauenserklärung gegenüber der Regierung auf deren Antrag, Art. 58 Abs. 2 Nr. 2 Verf Lit[a]
Republik Österreich	- *Selbstauflösungsrecht* des Nationalrates, Art. 29 Abs. 2 B-VG Ö - Bundespräsident kann auf Vorschlag der Bundesregierung nach GZ des Bundeskanzlers und auf Vorschlag der BReg den Nationalrat auflösen[b], Art. 29 Abs. 1 S. 1, 67 B-VG Ö - wenn ein Antrag der Bundesversammlung auf Absetzung des Bundespräsidenten nicht die Mehrheit der anschließenden Volksabstimmung findet, Art. 60 Abs. 6 B-VG Ö - durch Bundespräsidenten auf Antrag der Bundesregierung und mit Zustimmung des Bundesrates LANDTAG auflösbar, Art. 100 B-VG Ö
Republik Polen	- *Selbstauflösungsrecht* des Sejm, Art. 98 Abs. 3 S. 1 Verf PL[c] - durch den Präsidenten der Republik nach Anhörung der Marschälle und des Senats in den von der Verfassung vorgesehenen Fällen (Art. 98 Abs. 4 S. 1 Verf PL), so wenn im Zuge der Wahl dem Ministerrat kein Vertrauen ausgesprochen wird, Art. 154, 155 Verf PL
Republik Ungarn	- *Selbstauflösungsrecht*, Art. 28 Abs. 2 Verf U[d] - durch Präsidenten der Republik nach Vertrauensentzug der Regierung, Art. 28 Abs. 3 lit. a) Verf U, bei gescheiterter Wahl des MP, Art. 28 Abs. 3 lit. b) Verf U[e]
Republik Zypern	- *Selbstauflösungsrecht*, Art. 67 Abs. 1 Verf Z
Vereinigtes Königreich von Großbritannien und Nordirland	- Auflösung des Unterhauses durch den Monarchen auf Antrag des Premierministers, constitutional convention

a. Nicht in den letzten sechs Monaten der Amtszeit des Präsidenten oder wenn der Seimas noch keine sechs Monate gewählt ist, Art. 58 Abs. 3 Verf Lit.
b. Jedoch nur einmal aus dem gleichen Anlass.
c. Beinhaltet zugleich eine Verkürzung der Amtszeit des Senats, Art. 98 Abs. 3 S. 2 Verf PL.
d. Nicht während des Ausnahmezustandes oder Notstandes, Art. 28a Abs. 1 Verf U.
e. Nach Einholung der Meinung des MP, des Parlamentspräsidenten und der Fraktionsvorsitzenden, Art. 28 Abs. 5 Verf U.

Dresdner Schriften zum Öffentlichen Recht

Herausgegeben von Jochen Rozek

Band 1 Matthias Röhl: Die Regulierung der Zusammenschaltung. Voraussetzungen und Rechtsfolgen der Zusammenschaltungsanordnung nach §§ 35, 36, 37 Telekommunikationsgesetz durch die Regulierungsbehörde für Telekommunikation und Post. 2002.

Band 2 Georg Mester: Die Volksinitiative in Sachsen. Ein Beitrag zur verfassungsgeschichtlichen und verfassungsrechtlichen Entwicklung des legislativen Einleitungsverfahrens seit der Verfassung von 1831. 2003.

Band 3 Ansgar Hense (Hrsg.): Denkmalrecht unter Denkmalschutz? Aktuelle rechtspolitische, verfassungs- und verwaltungsrechtliche Probleme von Denkmalschutz und Denkmalpflege. 2003.

Band 4 Jördis Bürger: Carl Friedrich Wilhelm von Gerber als sächsischer Kultusminister. Eine rechts- und verfassungsgeschichtliche Untersuchung zu seinem rechtlichen und politischen Wirken im Spannungsfeld von Staat und Kirche im ausgehenden 19. Jahrhundert. 2007.

Band 5 Diana Zschoch: Die präventiv-polizeiliche Rasterfahndung. Im Spannungsverhältnis zwischen der Staatsaufgabe Sicherheit und dem informationellen Selbstbestimmungsrecht der betroffenen Nichtverantwortlichen. 2007.

Band 6 Christian Zentner: Die Bedeutung der Beihilfevorschriften des EG-Vertrages für die Vermögensprivatisierung. Unter besonderer Berücksichtigung der Privatisierung von Unternehmen. 2008.

Band 7 Kerstin Heinig: Das Selbstauflösungsrecht des Sächsischen Landtages. Eine verfassungsrechtliche, verfassungshistorische und verfassungsvergleichende Untersuchung mit rechtspolitischen Folgerungen für den Sächsischen Landtag und den Deutschen Bundestag. 2008.

www.peterlang.de

Marc Diekmann

Das Verhältnis des Bundesrates zu Bundestag und Bundesregierung im Spannungsfeld von Demokratie- und Bundesstaatsprinzip

Versuch einer Konfliktlösung unter Berücksichtigung der historischen Entwicklung des Föderativorgans

Frankfurt am Main, Berlin, Bern, Bruxelles, New York, Oxford, Wien, 2007.
LVII, 322 S.
Europäische Hochschulschriften: Reihe 2, Rechtswissenschaft. Bd. 4492
ISBN 978-3-631-55328-2 · br. € 59.70*

Es ist zu bezweifeln, ob mit der jüngsten Föderalismusreform die Probleme des bundesstaatlichen Verhältnisses von Bund und Ländern gelöst werden können. Die vor der Reform mit dem Schlagwort„Blockadepolitik" bezeichnete Konfliktlage aufgrund unterschiedlicher Mehrheitsverhältnisse in den Gesetzgebungsorganen wird in ihren historischen Anfängen und dogmatischen Grundlagen beleuchtet. Lösungen, die in die Reform Eingang gefunden haben, werden kritisch hinterfragt. Hierbei werden Vorteile und Probleme aufgezeigt, die mit einer Abschaffung der Rahmengesetzgebung, der Reduzierung zustimmungsbedürftiger Materien und einem Zugriffsrecht der Länder auf die konkurrierende Gesetzgebung verbunden sind. Ein besonderes Augenmerk gilt der Gefahr der Rechtszersplitterung, die durch das unkoordinierte Nebeneinander von Bundes- und Landesrecht droht (Art. 72 III, 125a GG) und nunmehr durch die Einführung des Zugriffsrechts der Länder auf die konkurrierende Gesetzgebung des Bundes (Abweichungsgesetzgebung) institutionalisiert worden ist. Ein gesondertes Kapitel ist der Rechtsprechung des Bundesverfassungsgerichts zur Erforderlichkeitsklausel gewidmet.

FSC
www.fsc.org
MIX
Papier | Fördert
gute Waldnutzung
FSC® C083411

Kolibri 360 GmbH
Ferdinand-Jühlke-Straße 7
99095 Erfurt, Deutschland
produktsicherheit@kolibri360.de

Druck:
CPI Druckdienstleistungen GmbH
im Auftrag der
Kolibri 360 GmbH
Ferdinand-Jühlke-Str. 7
99095 Erfurt